BBC

十萬年人類史

A HISTORY OF THE WORLD

Andrew Marr

安德魯・馬爾 ——著　邢科 汪輝 ——譯

目錄

第二部 為戰爭一辯

第三部　劍與道

西元前三〇〇年到西元六〇〇年前後：中國、印度與歐洲的古典帝國與新興宗教的遭遇

第四部　走出混亂的大熔爐

七〇〇年到一四八〇年：伊斯蘭教的偉大時代，遊牧民族建立帝國以及歐洲的覺醒

第五部　世界走向開放

一四九二年到一六四〇年：歐洲全面爆發和世界其他地方的掙扎

第六部 自由的夢想

一六〇九年到一七九六年：啟蒙與革命，從印度到加勒比海

第七部　資本主義及其敵人

一八〇〇年到一九一八年：工業革命如何翻轉人類生活而又毀滅自身

第八部　一九一八年到二〇一二年：我們的時代

致謝

我想在此感謝以下諸位人士。首先是我的家人——我的太太賈姬和我的孩子哈利、伊莎貝爾及艾蜜莉——他們長年忍受我帶來的麻煩，包容像我這種心不在焉，常常不在家的糟糕人類。對朋友們來說，撰寫這本書也使我變得不夠朋友，我也要向他們致歉。我將改過自新，再度開始在午餐時間來喝一杯。

少了出色的艾德・維克托，這本書就不會實現。多年以來，他一直關照我，並不時提出批評意見。麥克米倫出版社的優秀團隊也不可或缺。這個團隊的成員包括喬恩・巴特勒、喬治娜・莫莉、塔尼亞・王爾德和賈桂琳・格雷厄姆，我已經與他們合作多年。瑪麗・格里納姆負責打點我大部份的工作與生活，為防止我走火入魔，她付出了巨大努力。至於她是否成功，大家自有高見。我還得到了許多歷史學家的幫助。他們提出了許多中肯的建議，閱讀了部份書稿，或者幫我查找了相關資訊，其中包括瑪麗・比爾德和來自英國開放大學協助我拍攝紀錄片的團隊。凱特・斯萊特的工作非常出色，她在書中挑出了許多令人尷尬的錯誤；而蘇・菲爾波特則是一名極好的審稿人，我要感謝她們二人。當然，我要強調，本書若還有錯，文責依然在我。

這項計畫始於英國廣播公司，原始構想來自克里斯・格蘭隆德。格蘭隆德既是我的同事，也是我的朋友，我們共同完成了一部時長二十二小時的電視紀錄片。和從前一樣，如果沒有書香馥鬱的倫敦圖書館，我很難全力以赴地工作。儘管沒有專業人員參與本書創作，但英國廣播公司團隊中的許多人都提供了有益的想法、批評和建議，我在下面會提到他們的名字。凱瑟琳·泰勒負責領導這個團隊，她要兼顧紀錄片和戲劇拍攝，後者的拍攝地選在南非。負責拍攝現場的工作的是導演兼製片人：羅賓·達什伍德、蓋伊·史密斯、倫尼·巴特利特、尼爾·羅里斯和馬克·雷迪斯。我們在異常顛簸的貨車上、在機場、在令人狐疑的小旅館、在塵土飛揚的外景地，共度了一段很長的時光。馬克·雷迪斯在騎自行車時曾遭遇了可怕的事故，所幸已日見好轉。尼爾·哈威負責攝影，在這快樂的幾個月，他總會提醒我的站位，往左一點，或向後一點，他是業內最好的攝影導演。西蒙·帕爾門特是音效方面的天才。克里斯·歐唐納是整個團隊中最熱情又聰明的人。最後，我還要感謝愛麗森·米爾斯、朱莉·威爾金森、凱薩琳·伍頓和米凱拉·岡卡維斯，他們一起奮鬥了很多年，共同完成了英國廣播公司史上最大規模的紀錄片拍攝。

最後，本書的完成也仰賴地方歷史學家和考古學家的熱情幫助。此外，還有很多國家和地區的工作人員也提供了幫助，他們分別來自俄國、烏克蘭、德國、法國、荷蘭、瑞士、西班牙、義大利、希臘、土耳其、以色列、埃及、印度、中國、蒙古、澳大利亞、日本、馬利、南非、秘魯、巴西、美國以及英國的什羅普郡。

導論

……人創造的，人才能理解。

——以賽亞・柏林，引自維柯

……歷史……是乏味的，一再被戰爭打斷。

——德里克・沃爾科特，《福賜》

動筆寫一部世界史是件很荒唐的事。因為資訊量太大，任何個人都難以消化。作者需要閱讀海量文獻，並可能犯下無數錯誤。寫作和閱讀世界史的唯一理由是，對世界史缺乏瞭解本身更加荒唐。回顧過去有助於我們更能看清自己。如果能更加了解為何統治者會脫離現實，為何革命催生的獨裁者會多過它們帶來的福祉，為何世界上某些地區會比其他地區更富裕，我們就能更加理解我們身處的時代。這個課題規模龐大，充滿風險：一方面可能陷入乏味的抽象觀念；另一方面則可能讓生動的故事眾聲喧嘩，混淆視聽。我挑選了一些自認為有代表性的主題和時刻，並嘗試將它們與更宏大的敘事串聯起來。不過，只要選擇幾乎不同的時刻與段落，我就可以寫出另一本書，再寫下一本也不是問題。

本書的主旋律簡單明瞭。我們有能力理解和塑造周圍世界。憑藉這項能力，我們人類注定要積累技藝與思維，從而在數量和力量上加速增長。如今，我們已破解許多難題，如地球生命的起源、周遭環境的結構及地球在宇宙中的位置等。我們甚至開始探索人類的自我意識。正如一位哲學家所說，在「逐漸覺醒的世界」中，人類的自我意識就好似一顆閃亮的星星。今天，人口數量太過龐大，地球也許無法長久承受（當然，這取決於我們選擇何種生活方式）。但是，科技能力至少能帶來一線生機，就像我們曾經克服挑戰、渡過難關一樣。

另一方面，我們在政治上的表現就遜色得多，根本無法與科技上的卓越成就相提並論。

想像一下，你可以找來耶穌時代的農婦或阿茲特克的勇士並跟他們交談。如果你把自己的手機拿給他們看，並試著向他們解釋手機的運作原理（假設你知道），他們根本無法理解你在說什麼。你首先要向他們描述一個由聞所未聞的概念組成的世界—這就是一部歷史書的容量。但如果你給他們講史達林的故事，揭露政治家的腐敗，或談論當今阿拉伯世界人民與獨裁者的鬥爭，他們會很快瞭解個大概。我們還是有些進步。在世界大部份地區，暴力事件都比先前的社會少了很多。儘管有聯合國存在，貧窮的膿瘡與戰爭的悶響卻仍未消失。但與帝國爭霸的時代相比，當今世界還是祥和了許多。然而，一旦牽涉欲望、怒火和權勢，我們所謂的進步就不值一提了，完全無法與科技發展相提並論。一旦我們更深入瞭解早期狩獵—採集社會的歷史、漫長的農業社會的歷史，世界貿易與工業發展突飛猛進，引領我們進入現代的歷史，今日的世界就顯得不那麼神祕。最後，我希望本書的內容，不僅能促使讀者思考那些消逝已久的帝國和遙遠的異邦，也能促使讀者思考此時此地的問題。

同時，我們對歷史的認識也不斷改變。對歷史愛好者而言，這是個黃金時代。每年，出版社都會出版大量主題新鮮、細節豐富的歷史書，涵蓋領域從貨幣史到歐洲被遺忘的地區，從羅馬帝國與中華帝國的比較研究到對史達林與「二戰」的重新解讀，不一而足。沒人會期望讀完所有書，但本書已經從各個領域的出版著作中獲得大量養份。我已經壓縮了章節附註，只留下基本的參考資訊。不然，冗長的「延伸閱讀」對讀者來說將是沉重的負擔。我統計了一下，小冊子和期刊除外，本書正文大約參考了兩千冊圖書。

我還有幸參與了英國廣播公司製作的世界史的八集紀錄片。借此機會，我走訪了大約六十處歷史遺址。從秘魯沙漠到烏克蘭，都留下了我的足跡。造訪歷史發生地—例如托爾斯泰的莊園和埃及修建帝王谷的工匠所居住的村莊—確實有助於理解歷史事件。而且，紀錄片的拍攝也改變了我的寫作方向。電視敘事具有放大效果：它會強調某人做的**某件事**或說的**某句話**，**然後**造成了**某種後果**。電視節目最忌諱抽象表述，它需要具體的人物、日期和事件。結果，儘管吸收了新興的環境史、經濟史和社會史的研究成果，但本書的主要內容仍遵循如今已不再流行的寫作方法，即以「重大人物」為核心的寫作方法。

歷史不是抽象的，任何變化都是實實在在的。其中一些因素與人無關，如氣候變化、火山噴發、疾病傳播、潮汐運動、氣流轉變，以及動植物分布等。這些因素都能影響人類。但是，大部份歷史都是由人的選擇和人的力量塑造的。也就是說，歷史是由社會中的人創造的。其中，有些人的影響力超越群倫，成為改變歷史的重要推手。由於我們生於其中的民主文化有些病態，人們都在大聲呼喊平等，避談財富與權力上的鴻溝，因而對談論「大人物」的影響有些過度敏感。農業家庭在家務操作的細微變化，或近代早期商業網絡中婦女的作用，會比皇帝或發明家的所作所為更「真實」嗎？

總之，不是。歷史學關注變化，它將注意力集中在重大的變革者身上。當然，在尊嚴和潛能上，人人平等；在法律面前，所有人的地位也都平等。不過，大部份人的生命都在平淡中流逝。倘若說每個人的經歷或成就沒有不同，擁有相等的價值，那就滑稽可笑了。一個依靠耕牛的勃艮第農民，他辛勤勞作，養家糊口，為人清清白白。在他四十二歲去世後，村民們都為他掬一把淚。儘管如此，他的歷史重要性肯定比不上一些歷史人物，如西班牙國王查理五世或佛陀悉達多。閱讀歐洲水手的故事非常有趣。他們在歐洲近海發現了新漁場，在捕撈鱈魚時會航行到越來越遠的陌生海域。而且，在此過程中，他們還會改造船隻，雖然只是小小的改進，但很有用。克里斯多夫·哥倫布正是依靠他們積累的知識跨越了大西洋。不過，就個人而言，哥倫布的故事要重要得多。

考慮到行為與思想的侷限性，所有歷史上的重大人物都植根於身處的社會和時代。除了宗教領袖，沒有歷史人物會毫不猶豫地說，沒有他或她，某件事就絕對不會發生。倘若詹姆斯·瓦特早生了一百年，或生活在西伯利亞，他就不會發明蒸汽機。正是站在其他發明家、機械師、教育家和商人的肩膀上，他才能做出自己的貢獻。他在正確的時間出現在了正確的地點。倘若瓦特沒有發明分離式冷凝器，其他人早晚也會發明。不過，他確實發明了新型蒸汽機，至於他如何發明及為何發明蒸汽機才是問題的關鍵。蒙古草原的遊牧民族早已意識到馬匹是一種重要武器。在饑餓的驅使下，他們會經常襲擊周邊的定居社會。但是，假如成吉思汗沒有統一爭鬥不休的各個部落，沒有建立殘酷無情但鼓舞人心的領導權威，亞洲許多地區的歷史恐怕都要重寫。

因此，本書內容必然是菁英的歷史。因為，唯有出身特權階層的人才有能力、金錢，或閒暇去改變社會。有時這指的就是「國王和王后們」。在蒙兀兒王朝的統治家族中，只有一人能成為印度皇帝，就像奧朗則布那樣。事實上，也正是奧朗則布深刻影響了印度，而不是他的某位兄弟。因為他是個宗教狂熱份子，使蒙兀兒王朝走向衰落，並在無意間為英國人打開了國門。克麗奧佩脫拉出身於統治埃及的希臘家族（其血統並不純正）。在尤利烏斯·凱撒和馬克·安東尼時代，是她主宰了埃及，進而影響了古典世界，而不是她的兄弟。

後來，教育的普及激盪出更多的人物，也擴大了變革者的出身階層背景。但是，唯有具備智慧、勇氣或運氣的重大人物才能取得旁人無法企及的突破。「原子彈之父」羅伯特·奧本海默比同時代的傑出物理學家更有影響力，因為他們無緣進入洛斯阿拉莫斯實驗室。希特勒本是出身中下階層的零工工人，後來成了厲害的煽動政客。沒有希特勒，德國的歷史就會是另外一番景象。與那些在啤酒館發表演說的極端民族主義者相比，希特勒的故事要重要很多。因為前者所屬的黨派逐漸衰落，並最終消失在歷史中。所以，我想清楚地表達自己的觀點：「大人物」並不是指這些人脫離了所處的時間和空間——那些成就他們或扼殺他的社會時刻。我說「重大」也不代表道德上的贊同，有些大人物也是混帳無比。

隨著故事的進展，我希望讀者會喜歡這些帶來啟發的瑣碎冷知識，所有事實都是我從真正的歷史學家那裡「搶」來的。一本新近出版、研究義大利的著作告訴我們：在西元一八六一年義大利統一之初，只有大約百分之二點五的義大利人會說所謂的義大利語。[1] 另一本書告訴我們，為考取功名，十五、十六世紀的中國官員要記住四十三萬一千兩百八十六個漢字。[2] 第一個例子說明，義大利正努力成為一個現代國家。第二個例子則提醒我們，中國為何要花費很長時間才能培養出數量龐大的知書達理的中間階層。假如中國像義大利那樣運用二十多個表音字母，中國的歷史將會截然不同。

我們可以通過數字來描述人類的歷史形態。地球人口不斷增加：上一次人類幾近滅絕的時候，人口總數只有幾千人；但到了今天，世界人口規模已達七十億，不久將會躍升至九十億。如果我們用圖表來表示，將時間軸當作橫坐標，那麼人口增長就是一個加速躍升的過程。

在開始階段，當人口總數幾乎不變的時候，圖表上只是一條長而平緩的線。此後，狩獵—採集部落開始慢慢從非洲向外遷移，這一過程大約持續了七萬年。人類發明農業生產大約經歷了一萬年。在這一階段，部落社會和小型城鎮逐步發展，人口曲線才開始緩慢上升。

隨後，文明出現了。大約五千五百年前，人類在農耕之後又創造了文字。在接下來的人類歷史中，貿易和工業革命先後成為主角。在我們身處的時代，人口數量直線上升，這主要歸功於清潔水源和醫藥。人口為何會激增？為何緩慢增長之後會出現人口爆炸？這源於現代智人（*Homo sapiens sapiens*，這是個多麼自吹自擂的詞，竟然連用了兩個「智慧」（sapiens））改造自然世界的能力。其他物種也在努力適應環境，並不斷改進自身的特性和習性，以獲得自然界中的一席之地。僅僅為了生存，它們會改變環境。凡是見過白蟻巢穴或觀察過河狸在河流上築壩的人都會認可這一點。所有生命都在改變世界，世界在不斷變化。

然而，人類擁有更高級的心靈和溝通技巧，他們利用這些能力在截然不同的水準上塑造世界。我們捕捉或驅趕其他哺乳動物，直至趕盡殺絕。我們還圈養並馴服一些動物，使它們完全變換了模樣。看看現代牛的祖先或蘇格蘭高地獵犬的祖先，我們就能明白這一點。我們也改變了植物的模樣。以玉米為例，起初它們只有指骨大小，後來則發展成營養豐富、籽粒飽滿的圓柱形。如今，通過漁場養殖，我們甚至改變了魚類的大小、形狀和肉質。它們給我們帶來了充足的能量，這是其他獵食者難以想像的。利用這些技藝，人群由家庭演變成部落，由部落演變成村莊和城市，直至形成國家。利用這些技藝，我們還改變了最初的生活環境。我們通過使河流改道獲取能源，還通過開採煤炭、石油和天然氣，利用在人類出現之前的古代植物儲備（活著的和滅絕的）獲取能源。在現代，我們通過積累的知識發展醫藥科技，目的是大幅延長生命。

再次強調，上述種種情況均是人力所為，是無數人類行為累積的結果。人們都在為眼前利益奔忙，就像一個個微小的生物築成了巨大的珊瑚礁。當然，這些小生物都沒有自我意識。否則，它們也會連續記錄評論自己的所作所為。一項人類史的研究得出了直白的結論：「驅動歷史發展的是人類的野心。為達成願望，人們會改變生存境遇。」[3]一種更易咀嚼的根莖、一隻更肥美的山羊、隱藏在森林中躲避入侵者、一首歡快動聽的樂曲、一段更有趣的故事、一種新調味品、生育更多子女頤養天年、一種避稅的方法、一塊手錶、一台軋布機、一輛自行車和一張飛向太陽的機票都是誘惑和鞭策。正是這些誘惑和鞭策促使我們不斷前進，直到下一位領袖為我們帶來新飛躍。

在本書涵蓋的時間範圍內，沒有證據表明人類的生物特性或本能發生了改變。但在進化過程中，人類確實發生了細微的變化。例如，隨著飲食的改變，我們上下齒的咬合方式也發生了變化。當然，由過多咀嚼穀物導致的「覆咬合特徵」要到很晚時才出現。為攝入牛奶，部份人類群體開始飼養乳牛，他們由此形成了與之相適應的消化系統。相較而言，亞洲人則沒有喝牛奶的習慣，所以他們的消化系統也稍有不同。走出非洲後，人類沿不同方向行進。最終，他們都在肥沃的土地上定居下來，彼此分隔開來。因此，人類形成了不同的外貌：皮膚的顏色、眼睛的形狀和顱骨都有細微的差別。當遠隔千山萬水的種族再次相遇時，相互猜疑是必然的。但是，人類在體型、力量、想像力、理性、交流能力、使用手的方式、處事方法和辛勤勞作等方面並沒有太大差異。我們的知識越來越多，但我們並沒有變得更聰明。

如果沒有變得更聰明，人類數量何以成倍增長？我們在提高物質生活水平方面何以如此成功？答案很簡單，我們是一種善於合作和學習的物種，不斷積累前人的勞動成果和成功經驗，並在此基礎上永續發展。我們不僅站在巨人的肩膀上，還站在我們祖父母及曾曾曾祖父母的肩膀上。例如：近期有一個聰明的研究者試圖製造一台簡易的烤麵包機，這台麵包機要依靠電力驅動，可以將麵包片自動彈出。如果他希望從頭做起，是完全不可能的。因為他需要首先瞭解石油勘探和塑膠等工業材料的歷史。隨後，他還要學習專門的工業生產知識。

如果這套機制順其自然發展（不被戰爭、自然災害或饑荒打斷），必然會導致人口加速增長。美索不達米亞地區發明文字之後（中國、美洲和印度也都獨立發明了文字），一旦在地中海地區傳播，那裡的人們就會迅速運用和改進，並不需要由法國人、土耳其人或丹麥人重新發明文字。在一萬兩千年至五千年前，世界不同地區曾七次發明了農耕技術。但是，正如剛才所說，蒸汽機並不需要發明七次才能傳播到世界各地。[4]

而它引發的另一個後果則會使人感到畏懼。無數人各自獨立研習農作物的形態、管護方法和灌溉手段，農業生產由此產生。這種變化內化於人類的家庭經驗，因此具有謹小慎微的特點，儘管它會帶來重大且意料不到的後果。工業革命則迥然不同，蒸汽動力的獲得需要煤礦工人、冶金學家、律師和資本家的通力合作，但搭乘火車的旅行者或身穿由蒸汽動力機器縫制的衣服的人則根本不需要領會這項技術。總體而言，專業化意味著生產進步不再依賴個人，大部份人只要信任他人即可。人類文明日益複雜化，但我們對其原理的瞭解卻越來越少。因此，大部份人影響社會進程的能力似乎正在消失。今天，數十億人依靠數位技術和現代醫學生活，但沒幾個人真正明白其中的原理。作為個體，我們幾乎不能控制任何事物。這就是為何政治依然重要的原因，但就是這唯一的槓桿也並不可靠。

當更多的人使用更多的能源去構建更大的社會時，人類歷史就成為一個充滿顛簸和挫折的故事。縱觀早期歷史，自然災害會導致重大挫折：劇烈的火山噴發足以毀滅莊稼、氣候和生態系統；氣候系統的劇烈變化可以摧毀整個人類文明；危害較小的自然災害如洪水、地震及河流改道也會造成大災難。在早期大部份宗教信仰中，恐懼和疑惑的人們都在祈求神祇多降雨水或停止大地的轟鳴。一旦人類擁有了應對之策—如建造堤壩、灌溉系統或遷往他鄉，歷史就變得更加有趣。

後來，自然災害仍會阻斷人類的發展進程，但這時的罪魁禍首已是人類自己。在定居之後，人類迅速成為懶惰和無知的犧牲品。他們將容易捕獲的動物斬殺殆盡，毀壞森林以種植莊稼，結果造成水土流失。復活節島上的居民就犯了這樣的錯誤。古希臘人和日本人也犯了同樣的錯誤，但他們都找到了彌補過失的方法。隨著人們貿易範圍的擴大，他們就將某些疾病傳給了那些體質較弱的人。疾病傳播使得晚期羅馬帝國和中國的發展倒退。在歐洲人抵達美洲時，兩大種族已經隔絕了一萬三千年，歐洲傳染病造成的後果就更加可怕。

我們再看看開頭引用的加勒比海詩人德里克・沃爾科特的悲觀反思，他認為歷史是乏味的，一再被戰爭打斷。歷史上爆發了無數戰爭。新研究表明，早期的狩獵—採集社會極其好戰：王國和帝國僅僅意味著參戰人數更多，武器更先進，戰爭規模更大。

戰爭的影響不可一概而論。毫無疑問，戰爭是恐怖的。但戰爭也催生了新發明，促使人類更深入地思考社會問題。戰爭摧毀了一些國家，但也孕育出新的國家。能從逆境重生者將更加強大。由於容易捕捉的魚或鹿逐漸絕跡，人類被迫發展出新的捕魚方式和狩獵方式。洪水則迫使人類設計出新的防洪堤壩和灌溉系統，由於需要各個村落聯合在一起，人類就此踏上了締造國家的道路。瘟疫除了導致人口銳減，也能使倖存者自由冒險，踏上不同的人生，十五世紀的歐洲就是如此。戰爭不僅僅傳播恐懼、製造毀滅，也能促進技術、語言和觀念的發展。

在如此之多的大膽論斷中，我們需要謹記：絕大多數故事都已湮沒無聞，唯有少量歷史碎片殘留至今。某些歷史上最美妙的進步時刻，其人、其地與其事如今皆已遭人遺忘。是誰首先意識到那些雜亂的線條可以作為表音文字的組成部份，而不只是描繪其他事物的小圖畫？是誰首先意識到不必大聲念出來也能閱讀文字？是誰發酵了穀物獲得酒水，並一飲而盡？這些問題都已無從獲知。從中國南方到阿拉伯半島，潮濕的土壤和移動的沙漠掩埋了盛極一時的文明，我們永遠無法明瞭它們衰敗的緣由。

我們無法知道的事情太多了。我們不知道希臘青銅時代的壯麗宮殿為何會遭遺棄，他們如何遺忘了自己創造的文字。就大部份歷史而言，遺存下來的東西都是偶然所得，都是那些不會腐爛或能經受時間淘洗的東西。在大多數地區，木質建築、夯土建築、彩色織物、語言、繪畫、詩歌、音樂和故事都永遠消失了。主要由木頭和羊毛、歌曲和故事塑造的文明已很難復原。

正文部份的結構極不平衡。史前一望無際的大草原和人類社會演化的漫長穩定期，都只在一兩段中簡單述及。但在小片地區於數十年間發生的社會大變動，則會連篇累牘的書寫，如大約西元前四〇〇年至西元前三〇〇年的希臘和一五〇〇年前後的歐洲。變化有時循序漸進，有時則會一蹴而就。革命性突破的根源可以被回溯至幾百年或幾十年前，但突破發生的時刻才是故事的高潮部份。

不過，在開始之前，我們要先停下來向百分之九十九的人表達敬意。這些平凡年代的無名英雄為生計埋頭苦幹，持續努力生存。他們是驅趕耕牛的農民；他們是辛勤勞作、養家糊口跟繳稅的農夫，還小心不被蒙古騎兵殺死或被拿破崙徵召入伍；她們還是在千百萬村莊中生育兒女的婦女。本書的內容是重大變革者及其時代，但是倘若沒有他們身邊的餘下眾人，這場人類劇碼將無法上演。

蘇聯時期的傑出小說家瓦西里·格羅斯曼（我們會在後面具體介紹）在其名著《生活與命運》中曾這樣寫道：

> 人永遠也不會明白，他們親手建造的城市並非自然界的必要組成部份。如果他想自己的文化免遭狼群和暴風雪的侵襲，如果他想讓自己的城市不被野草吞沒，他就必須時刻準備著掃帚、鏟子和步槍。一旦入睡，或花費一兩年的時間考慮其他事情，他就會失去一切。狼群走出森林，薊草四處蔓延，所有東西都將被塵埃和積雪掩蓋。想想看，有多少偉大的都城屈服在塵土、積雪和野草之下。

這段出自非專業史家的箴言，在本書寫作的過程中，不時在我的腦海中回蕩。

第一部 走出熱帶，走向冰原

Out of the Heat, Towards the Ice

從七萬年前到早期地中海文明

那麼，我們該從哪裡開始說起？物理學和生物學都將起點追溯到極古遠的時代，讓我們的大腦打結。一百三十七億年前，宇宙發生了「大爆炸」（可能只是若干次中的一次），結果是元素、星系和星球的誕生。這是相當久遠的事情。直到今天，人們仍能從夜空中看到這次宇宙大爆炸遺留的部份痕跡。其中的奧秘，就是當今世上最聰明的人也無法破解，如暗能量和暗物質。

拉近一點，我們可以從地球的早期史談起。地球誕生於大約四十五億年前，當時只是由鐵和岩石構成的球體，在宇宙中飛速轉動。地球表面形成了一層脆弱的薄膜，這是生命的搖籃。我們還可以從碳捕捉談起。地球大氣層的五分之一是氧氣。沒有氧氣，地球將會是另一個地表褶皺的炎熱球體，無法誕育生命。這是現代人類的「創世記」故事，只不過沒有長著羽毛的長蛇，沒有巨大的神龜，也沒有至善的造物主用六天創造天地萬物。但是，這個恢宏、神秘的故事，依舊令人歎為觀止。

我們可以快速掠過地球誕生的頭五億年，當時這片原生岩表面被水體覆蓋（今天，大約百分之七十的地球表面仍被水體覆蓋），然後來談談陸地出現後生命的演化。[1] 我們可以再講述達爾文的學說，講到第一批小型哺乳動物（我們的祖先），如何利用那些大蜥蜴，也就是恐龍滅絕的契機繁衍壯大。按比較常見的做法，我們還可以梳理出一幅有關猿類和古人類的複雜而精緻的演化圖譜，人類正是從其中演化而來。

上述任何一個起點都富含資訊，很有用處。按照今天的講法，一系列緊湊的天文物理事件、化學反應和生物演化宛如一部巨大的「前言」，而人類的歷史不過是最後一頁。我們沒有將造物主利用泥土或鮮血創造男人和女人作為歷史的開端，也沒有從伊甸園開始講述我們的故事。不過接下來，我們要談的是遍佈全球、群居人類的歷史：讓我們從一個女人，和一種起源說起，姑且把她詩意地稱為「非洲夏娃」。

母親

她還有另一個名字。但七萬年來，沒人知道她的名字。她確實會有名字，因為她生活的人群具備語言能力，而且高度社會化。我們也確實可以稱她為「母親」，理由你們等等就知道了。她大概很年輕，堅韌、結實，皮膚黝黑，跟隨所在群體不斷遷徙。她生過許多孩子。她的族人都是狩獵者和經驗豐富的採集者，他們採集漿果、貝類動物、根莖植物和草本植物。他們身穿獸皮、攜帶工具，嬰兒會隨他們一起遷徙。不過，在行進隊伍中，孩子很少見。那些不能很快學會行走的人、那些無法保持安靜的人及那些落單的人都會遭遇不測——被尾隨的獵食者捕獲。

然而，這群遷徙者也令人生畏。他們擁有石矛和鋒利的石器，這些武器是在長達十萬年的狩獵生活和部落鬥爭中發展出來的。他們的平均年齡很小，這種狀況一直延續到近代之前的所有人類社會。不過，有些人或許能活到五、六十歲。今天，人們推測婦女的更年期可能就是為了適應環境而演化出來的。在成為祖母後，當更年輕的婦女懷孕時，她們就能擔負起照顧母嬰的責任：擁有祖母的部落可以將更多孩子撫育成人，勝過沒有年長婦女的部落。

在狩獵中掛彩留下傷疤的男人會成為有發言權的戰術師，他們瞭解動物的習性，是圍獵的高手。部族中最年長的「族長」大約六十多歲。狩獵者在三、四十歲的時候捕獵能力最強。他們經年累月地遷徙，慢慢向北穿過今天的肯亞和索馬利亞地區，往一條可以橫渡的狹長水域前進。水流比以往都要淺，露出了一塊塊陸地。橫渡水流很冒險，但值得一試，因為周圍的獵物和果蔬已越來越難找到。對岸的生活也許會好過一些。

這群人沒有意識到，他們即將離開人類誕生的大陸。他們也沒有意識到，自己的後代將會跋涉多遠。他們沿海岸線前進，一年只走上一兩英里。他們挖掘貝類動物，在退潮後的灘塗中尋找螃蟹，以擱淺的鯨魚為食，用石矛獵殺漫不經心的可笑山羊。整個生命就是一次旅程。通常，他們會找尋新的路線。無論身前身後，一旦他們離開居住地，那些獵物就會返回，但滯留一地則不太自然，而且危險。倘若定居一地，你就會餓死。因此，儘管涉水是個挑戰，但他們在橫渡時還會彼此照應。因為這群人擁有語言能力，可以交流自己的計畫——這又是平凡的一天。

某些跡象顯示，人類可能已穿上衣服。對體蝨ＤＮＡ的研究表明：十萬年前，體蝨就已經寄生在人類的衣物上。因此，有人認為，人類在數百萬年前就已褪掉身上大部份的毛髮。這群人類的規模已遠遠超過單個家族的規模。他們很善於分工合作，而這與「母親」的分娩之痛直接相關。像所有婦女一樣，「母親」深知分娩的痛苦。在很久以前，人類嬰兒的腦袋就大得出奇，母親在分娩過程中要承受極大的痛苦。「母親」很可能是在姐妹們的簇擁下站著分娩的。小嬰兒很柔弱，無法行走，極易受到攻擊。因此，人類嬰兒的哺育期要遠遠長過其他動物的幼崽。

在漫漫長夜，人類會圍在一起講故事，但他們到底會講些什麼依舊是個謎。現代人類的嬰兒很脆弱，這迫使家族和部落必須持續進行分工合作。今天的狩獵—採集社會一般都有明確的分工：男性負責狩獵動物，女性負責採集植物，而這一切早在「母親」生活的時代就已經定型。還要再過幾萬年之後，人類才意識到，導致步履蹣跚和分娩痛苦的大腦袋竟然是演化勝利的結果，因為這使人類這種動物具有了講故事的能力。

出於相同的理由，研究人類演化史的學者懷疑：人類的好戰傾向、排外意識和相互敵對特性，在非洲的時候便已演化成型。部落的規模超越了家族，並且具有家族無法比擬的優勢。如果部落成員能齊心協力，即使他們的行動一時令個體非常危險或不適，也能保障部落的順利發展。這說明部落的團結非常重要，如果沒有歸屬感和相互依存，部落就會解體。另一方面，在一個不斷遷移、到處尋找獵物的群體裡，對其他部落的敵意很可能會強化部落內部的團結。很顯然，這兩種強化部落團結的方式一直在發揮作用。

在這顆星球的各個角落，早期的人類社會似乎都在竭力將自己與相鄰的人類社會區分開來。他們佩戴不同的飾品，穿著不同的衣服。最重要的是，他們講不同的語言。英國動物學家馬克・佩奇爾指出，即便在文化高度同化的今天，人類使用的語言仍有七千種之多，彼此無法直接溝通。這是為什麼？這點和其他動物完全不同。佩奇爾認為，人類有許多優秀品質——善良、慷慨和友善，使我們可以相互合作，聯合成更大的群體，「彼此和睦相處」。但人類也有黑暗面：「我們建立了相互競爭的社會，非常容易導致衝突。」以狩獵—採集部落為例，成員相互爭奪土地，衝突司空見慣，而部落戰爭則成為生活的一部份。

人類曾經是狩獵—採集者。我們從事狩獵—採集活動的歷史要遠遠超過務農為生的歷史，前者至少是後者的十到十五倍。直到最近，我們才成為在城市定居的物種。如果說城市主宰了人類生活一、兩百年，那麼狩獵—採集活動就影響了人類生活至少十萬年。因此，人類的行為方式與狩獵—採集社會密切相關。其中最重要的影響是，人既具有社會性，又相互猜忌。這些特性都可以回溯到「母親」生活的時代。

她幾乎是我們所有人的母親。（還有一個生活年代更早、形象更模糊的女人——「線粒體夏娃」。她是所有人的母親，包括非洲人。她生活在大約二十萬年前，其故事鮮為人知。）我們可以從字面意思理解人類特質中的「母性」，這並不是隱喻。人們對此還存有爭論，而早期社會的方方面面也尚無定論。但在綜合各種意見後，我們可以確定她就是人類的「超級祖母」。無論是生活在紐約的律師、在腫瘤醫院就醫的太平洋島民、德國農民、日本辦公室的清潔人員，還是在倫敦讀書的巴基斯坦裔大學生，其祖先都可能是同一個夏娃。牛津大學的史蒂芬．奧本海默是研究ＤＮＡ的專家，他告訴我們：「任何一個生活在澳大利亞、美洲、西伯利亞、冰島、歐洲、中國或印度的人，其遺傳基因的起源地都可以追溯到非洲。」[2] 也就是說，我們來自同一群體，踏上了同一旅程。

如今，上述觀點似乎已成共識。但乍看之下，這個觀點仍然不可思議。生了一個孩子的女人如何成為絕大多數人的祖先？我們可以通過「母系漂變理論」來回答這個問題。在每一代人中，總會有一些家族無法成功繁衍後代。由於疾病、狩獵時發生意外或近親結婚等原因，一些母系血統會消失。經過漫長時間，母系血統幾乎都會消失，而且是永遠消失。這一過程就像一把舞動的大鐮刀，將過往成千上萬代人都一掃而光，只留下一片虛空。正像研究演化論的理查．道金斯所說，我們都是倖存者的後代。

看起來矛盾的是，在鐮刀沒有收割到的地方還有一塊更寬廣的三角洲，人們得以在那裡繁衍生息。這該如何解釋？對那些活到生育年齡的人來說，如果其子女的倖存比率恰好高於二比二的自然淘汰率（以此類推，這一規律也適用於那些倖存子女的後代），根據數學法則推算，其後代的人數就會出現壓倒性增長的現象。因此，今天的人類一定都是早期倖存者的後代（當然，人類也有父系祖先，只是我們無法通過追蹤ＤＮＡ的痕跡來追溯父系世代的歷史）。雖然這似乎很難理解，而且給人感覺是遺傳上的幻覺，但一旦想起那個時代—人口增長極其緩慢，預期壽命也很短暫，「漂變理論」就可以幫助我們更理解人類的演化現象。夏娃是所有現存人類的母親，因為老虎、毒蛇、山崩和病菌奪走了其他母親的生命。

衝破重重險阻，夏娃的部落得以倖存。當時，有幾十萬人生活在非洲，他們正與其他聰明的猿猴進行競爭。人類突破了「吃與被吃」的迴圈，不再是其他物種的獵物。我們掙脫了自然界的束縛，開始塑造身處的世界。也就是說，人類不再是偶然的存在，人類開始創造機會。

然而，智人只是人科動物中的一支。其他人科動物也逐漸學會了改變環境，只是能力不及智人。關於人類起源，學術界存在極大爭議。事實上，這場爭論的複雜性和激烈程度超過了任何一場爭論。答案很簡單：人類在ＤＮＡ研究和骨骼碎片的年代學研究等方面的進步不斷挑戰，甚至推翻以往的理論。人類起源是人類歷史研究中最久遠的課題，進展比二戰史研究更加迅速。這個領域著實令人著迷，但作為業餘的歷史愛好者，還是不越雷池為好。

不過，學術界已有一個共識：氣候變化在人類演化中發揮了舉足輕重的作用，遠超我們的想像。在太陽活動的影響下，地球時冷時暖。除此之外，隕石撞擊、火山噴發或地球旋轉角度的微小變化都會影響沙漠的盈縮和大陸橋的隱現，從而影響人類演化。例如，大陸橋的變化就對人類遷徙產生影響。總體而言，氣候變化越劇烈（有時候，劇烈的氣候變化甚至導致某些動物滅絕），人類演化的速度就越快。

適應性強的生物才能浴火重生。在兩百萬年前，寒潮和乾旱襲擊了非洲，生活在樹上的類人生物開始直立行走，這是第一次嘗試。氣候變化形成了遼闊的草原，早期的類人動物被迫學習奔跑、狩獵和遠眺。科學家相信，正是這些因素最終導致直立人的出現。直立人是早期人類非常重要的一支，他們的腦容量大約只有現代人類的三分之二。

在溫暖的上新世之後，地球進入了更新世的冰河期，新挑戰隨之而來。在逆境中，人類大腦有了進一步發展。根據現代人的推測，類人動物在非洲大陸內部不斷演化，整個演化過程非常複雜。在長途跋涉離開非洲後，直立人首先演化成為腦容量更大的海德堡人。五十萬年前，海德堡人曾生活在今天的英格蘭地區，捕捉獵物、製造石斧。他們的腦容量僅比我們小一點：現代人類的腦容量約為一千五百克，而海德堡人的腦容量約為一千二百克。這種「不相上下的腦容量」是在非洲演化形成的，時間是在十五萬至十萬年前之間。在同等體型的動物中，人類的腦容量最大，大約是一般比例的七倍。[3]

我們只是極為簡略地勾勒出人類發展的畫卷。如果將史前人類編成目錄，一定令你大吃一驚：他們在身高、頭骨形狀、股骨形狀和體重方面都存在巨大差異。儘管科學家已經將他們逐一命名，通過分類歸入進化譜系，但實際情況仍要複雜得多。倫敦自然歷史博物館的克里斯．斯特林的提醒很有幫助，他說：「畢竟，物種只是人為創造的概念，它只是自然界真實情況的近似值。」[4]同一時代的頭骨具有相似性，但又不完全一樣。早期人類的頭骨只存在細微差異，所以我們不應被一堆錯綜複雜的科學名詞嚇倒。

我們最需要瞭解的是，現代人類不是唯一具有超級智慧的物種，也不是唯一征服了這顆星球的猿類。有人會產生錯覺，認為早先的世界屬於一群呆頭呆腦的猿類，而現代人類仿佛借由魔法突然跳到了這個世界上。事實並非如此。早期的人類——包括尼安德塔人和亞洲的丹尼索瓦人——也從劇烈的氣候變化中倖存下來。像先輩們一樣，他們也隨身攜帶切割工具和武器，不斷向陌生地域遷徙。尼安德塔人和丹尼索瓦人都晚於海德堡人，他們可能已懂得打扮自己，並且具有某種語言能力。在邊緣地帶，他們甚至可能已經與新到來的智人雜交。但是，我們最感興趣的是，與現代人類相比，他們欠缺什麼？

因此，我們還要回到「母親」及其不斷遷徙的部落。事情果真如此嗎？人們普遍認為，非洲大陸保留了人類基因的多樣性，同樣的情況在其他大陸還沒有發現。而且，所有人種都起源於非洲。不過，學術界還存在一項大爭議：即是否所有非洲以外的現代人類都是在七萬年前一次性離開非洲大陸、擴散到世界各地的？有一種不同的觀點認為：還有一些在更早時期離開非洲、移居歐亞大陸的人種，事實上也存活下來了。他們是否也演化為智人並在某地繁衍生息呢？

在這兩個極端觀念之間還存在大片灰色地帶，直接導致了看待現代人類的截然不同的觀點。一種觀點認為，從本質上看，非洲人以外的所有人都是近親，都是「母親」的後代。另一種觀點則認為，不同的人種發源於世界的不同地區，是緩慢演化而來的。這可以解釋為什麼人類的外貌和行為方式會存在巨大差異，後一種觀點在非西方傳統的學術界中比較很盛行。而我們的觀點幾乎無需贅言。這不只是枯燥的學術爭論，我們到底是親人還是敵人？

科學界更傾向「走出非洲說」或「單地起源說」。因為科學家們通過追蹤一種特殊形式的DNA標記（即線粒體DNA）發現，現代人類的線粒體DNA都可以追溯到非洲。大約二十萬年前，現代人類（即智人）已在非洲出現。過去的觀點認為，古猿越來越聰明，然後「命中註定」要走出非洲，開始在空曠的歐洲和中東地區繁衍生息。現在看來，這個觀點似乎不正確。和其他動物一樣，原始人類早就踏上了遷徙之路。最近在南非的考古發現表明，早在大約二百萬年前，直立人就已經學會用火烹飪食物，儘管這一發現仍存在極大爭議。不過，這一發現有助於解釋人類的腦容量為何會不斷增大——烹飪可以極大提高食物的熱量。也就是說，烹飪過的食物可以使人攝取更多熱量，而大腦的運轉非常消耗能量。

無論如何，在我們踏上遷徙之路前，其他人種就已經在世界許多地區定居了。那他們到底發生了什麼變故？也許，他們成了氣候變化的犧牲品。當氣溫再次下降時，寒冷和饑餓最終毀滅了他們。或者，他們是被現代人類消滅的，因為後者的組織性更好、適應力更強。歐洲人曾一度認為，現代人類經由埃及離開非洲，首先進入地中海世界和歐洲，但事實並非如此。我們首先向南進發，沿印度和東南亞的海岸前進，邊走邊撿食甲殼類動物，就像之前一樣。最終，我們跨越海洋，到達澳大利亞。這一觀點再次引發了科學家的爭論。不過，澳大利亞的土著居民到達居住地的時問似乎要比法國或西班牙的土著居民早幾千年。我們通過追蹤DNA發現，歐洲克羅馬儂人的祖先曾居住在今天的印度，他們隨後才轉而向北遷徙。早在哥倫布或愛爾蘭人抵達美洲之前，人類歷史就已經定居與遷徙參半了。

是什麼因素導致智人離開非洲的？在這一點上，也有許多針鋒相對的理論。

大約七萬三千五百年前，今天的蘇門答臘地區發生了大規模的火山爆發。這是過去二百萬年中最嚴重的一次自然災難。[5] 當時，火山灰遮天蔽日，地球氣溫急劇下降。一些科學家認為，現代人類差點沒挺過這場大災難。還有一些人認為，當時的人口數量迅速下降，全部人類只剩下生活在非洲南部的幾千人。這場突如其來的震盪使數萬年的人類演化遭遇瓶頸，但也催生出更堅毅、更有組織性的人性。待環境改善後，人類便以更好的狀態重新踏上征途——也就是「母親」所在的組織良好部落。另一些人則認為上述說法誇大其詞：畢竟環境雖然惡劣，但許多物種仍然生存下來了。

然而，人類一旦離開非洲，接下來的冰與火就塑造了他們的行動和最終勝利。人類經過漫長的歲月才打開了從今天的中東通往歐洲的道路。但三萬九千年前人類剛一抵達歐洲，位於義大利的火山就突然噴發。之後，不定期地出現的「海因里希事件」讓氣候變得很不穩定。「海因里希事件」是指崩裂坍塌的冰山掉入大西洋後導致的極寒期。北方的冰蓋逐漸消退，然後又捲土重來，並多次反覆。鹿和野牛等動物的遷徙模式隨之發生改變。舒適的避難所變成嚴寒之地，但這些寒冷的荒野隨後又煥發生機。為了生存，人類不得不一再改變生活習慣和行為方式。這又一次說明：適應性強的人才能克服逆境。

走出非洲後，為數不多的智人似乎比其他人種更能適應氣候變化。如果情況屬實，則達爾文的古典進化論沒有辦法解釋這種現象（因為沒有足夠的時間演化），反而是源於文化的加速發展——語言能力、學習能力、模仿能力和記憶能力的加速發展——才更有說服力。我們的手越來越靈巧。在更大規模的組織中，人們各施所長——最優秀的獵手追蹤獵物、最耐心的人編織繩索、最靈巧的人削磨箭頭。分工合作使我們成為更有殺傷力的優秀獵人。人類群體在寒冷、乾燥的世界中頑強生存，不得不學習新事物，其中包括構造更複雜語言的能力，和瞭解獵物習性的能力（哪種動物行動更敏捷）。他們和敵對部落既相互鬥爭，又相互學習。

克里斯・斯特林格認為，上述能力使人類進入了加速發展期，代替了此前「長達兩百萬年的沉悶期」。「與單純依靠某位領袖的才能相比，模仿和來自其他部落的回饋使人們能更適應環境。因為領袖的思想永遠無法超越他或她身處的山洞，而且突如其來的死亡很可能使他或她的思想消逝。」[6] 其他智人群體也具備語言能力，還能預定計劃，但他們做得不夠出色。因此，當周邊環境發生劇烈變化時，他們就被淘汰了。此外還有一種可能，就是他們被我們消滅了（有可能被我們吃了）。布萊恩・費根是研究早期人類史的專家。他認為，這種新型的合作關係不僅催生出語言能力，還導致了抽象思維能力的出現。而且，最早出現的抽象思維囊括了藝術，也許還有宗教。

具備上述能力後，我們首先進入亞洲，隨後又到達歐洲。大約四萬年前，我們抵達遠東地區；大約兩萬年前，我們跨越「白令海峽」的陸橋（早已消失）進入美洲；大約一萬兩千年前，我們來到南美洲的南部地區。太平洋中部的各個島嶼則是我們最後到達的地方。一千年以前，人類才最終到達夏威夷和紐西蘭。他們的文化本質上屬於石器文化，但他們發展出了令人驚歎的星象導航技術和造船技術。與一百四十萬年前的早期人類相比，智人的擴散速度更快；與我們的直立人祖先相比，智人的進化速度也更快。[7] 在生物演化的時間軸上，現代人類的演化就像一場人爆炸。有證據表明，在我們所到之處，都會有其他大型哺乳動物滅絕。

坐在咖啡館裡或駕駛汽車的現代人通常會有自鳴得意的感覺。他們認為，自己在智力上肯定勝過那些在非洲苦苦掙扎了數百萬年的狩獵—採集者。但事實並非如此。與現代都市人相比，那些狩獵—採集者更加能力非凡。據估算，與上一個冰河期的人類相比，現代男性的大腦尺寸減少了百分之十，而現代女性的大腦尺寸則減少了百分之十四。澳大利亞科學家提姆・弗蘭納里指出，與在野外生長的祖先相比，圈養動物也出現了類似的情況。他認為，造成這種現象的原因是相同的：「總的來說，混合飼養的牲畜都大幅改變了行為方式，大腦獲取的能量隨之逐漸減少……如果你懷疑我們的文明會在多大程度上將我們變成自我馴服的無能動物，那麼看看周圍世界你就明白了。」[8]這話聽起來可能有些刺耳，但卻有助於糾正當代人的驕傲情緒。走出非洲的早期人類具有非凡的特質，令人生畏。

天才的洞穴

我們對第一批歐洲定居者（克羅馬儂人）所知較多，而對第一批在亞洲和澳大利亞定居的人類知之甚少。造成這一現象的主要原因是考古學的發展趨向和歐洲人的自鳴得意。對早期歷史妄加揣測是危險的，但幾乎不難推測，新的重大發現將會出現在中國及東亞其他地區。另外，歐洲人樂此不疲的發掘人類骸骨，這為他們的早期文化增添不少詩意。這些骸骨屬於「奧瑞納人」「馬格德林人」或「格拉維特人」。儘管這些名稱令人混淆不清，但總比學術界習慣的術語「歐洲早期現代人」要好得多。

那麼，他們是誰？那時，大多數人類都生活在小群體裡。據估計，在很長一段時期內，地球上各個人群的規模幾乎都沒有超過三百人。不同群體之間一定存在雜交現象，否則人類在遺傳上必會付出慘痛代價。因此，在邊緣地帶，各群體之間一定會相互交流。我們知道他們已經具備了語言能力，但他們究竟使用何種語言？在凱爾特地區和中國文化中，居住在不同山谷中的定居者會說不同的方言。每隔幾英里，語言就會有所不同。同樣的情況也出現在巴布亞新幾內亞、澳大利亞、歐洲人到達前的北美洲及亞馬遜盆地。

世界各地產生了不同的語言。通過追溯發音相同的詞彙，我們可以發現一些「原初語言」。但是，相隔更遠的距離，語言的發聲方式就存在巨大差異。例如，有使用嘴部發音還是喉部發音的不同，以及如何使用嘴唇和舌頭發音的差異。與澳大利亞土著居民一樣，克羅馬儂人也擁有數不勝數的方言，但也有夠多發音相同的詞語，使不同部落之間可以相互交流。

我們知道，後來的農耕社會經常會崇拜一些與其生存息息相關的神祇，如水神、雨神、太陽神和玉米神。因此，狩獵—採集社會也可能會敬拜那些人類賴以生存的自然物，如供他們獵殺和驅使的動物。今天的狩獵—採集者會對和他們生活密切相關的鳥類和動物表達敬意，還會饒有興致地觀察它們的生活。我們知道，非洲的狩獵者會模仿他們的獵物，以便捕捉它們的內心世界。那麼，原始人在洞穴的石壁上畫野牛是否也出於同樣的目的？現代的狩獵—採集者創造了各種講述人類起源的神話。我們皮膚更加黝黑的祖先可能早已這樣做了。

迄今為止，人們在西班牙和法國已發現了大約三百幅洞穴壁畫。這意味著，原始人可能已經形成了一種基於動物和自然世界的信仰體系。借助雙手、眼睛和記憶，他們觀察、繪畫和臨摹。這構成了最初的人性特徵。洞穴壁畫很可能是「為藝術而藝術」的創作，並沒有特殊的精神訴求。不過，非洲人和澳大利亞人的洞穴藝術——反覆出現特定的意象——則暗示了某種宗教體系的出現。我們發現了年代很古遠的骨笛，而昏暗洞穴的牆壁上畫著壁畫。

它們背後一定有很多故事。我們可以展開合理的想像：人們在音樂的伴奏下舉行秘密儀式，目的是驅趕鹿群和馬匹不斷遷徙，或是祭奠死於獵人之矛的某種大型動物。在歐洲人的想像中，幽暗、公牛和神秘總是連在一起，密不可分。其他地方也會出現這類藝術，但都已經失傳。最近，在中國北方的內蒙古地區，人們發現了六千多年前的洞穴壁畫。我們在歐洲西南部發現的洞穴壁畫仿佛響亮的號角，證明現代人類已到達那裡。他們的藝術創作圓熟、生動，完全可與魯本斯和梵古的作品媲美。

我們與眉骨高聳、眉毛粗重的尼安德塔人是近親，但彼此交往的歷史卻是一段黑暗往事。尼安德塔人可以被界定為一個單獨的人種，或是與我們有共同祖先的一個分支。但他們的體貌特徵與我們不同：骨骼更粗重，頭骨形狀迥異，語言能力較弱。直到大約十三萬年前，他們才完成進化。在三萬到兩萬四千年前之間，尼安德塔人仍生活在歐洲，但他們在亞洲已銷聲匿跡。作為「不成功的」人種，漫畫家們經常嘲笑他們一無是處。然而，粗略算來，他們大約生存了十萬年，比智人離開非洲的時間要長得多。這大約是從耶穌時代到今天的歷史的五十倍。

尼安德塔人發生了什麼？可以確定的是，當時並未發生災難性事件。現代人類與其近親共存了大約三萬年。散佈各地的考古發現表明，尼安德塔人可能通過模仿這些新來的超級獵人改進了自己的工具。生物學家對這兩個人種是否有過雜交觀點不一。最新的觀點確認了兩個人種之間確實有雜交的現象，但並不多見，因為科學家只在一些零散的群體中找到了少量ＤＮＡ證據。顯然，「新人」佔有優勢。尼安德塔人可能通過哼唱的方式進行交流，而不是嚴格意義上的語言。有科學家認為，由於生活在小群體裡，他們並不需要傳遞複雜資訊，能表達情感即可。[9] 據我們所知，儘管他們有埋葬死者的習俗，甚至可能還會化妝，但他們既不會製造藝術品，也沒有發明弓、魚叉、針或飾物。

當時的氣候條件極其惡劣，但尼安德塔人卻安然無恙地存活下來。「舊石器時代」的冰蓋盈縮不定，挑戰著人類適應能力的極限。尼安德塔人必須依靠捕殺動物、獲取皮毛禦寒，而現代人類卻擁有一件秘密武器。這件秘密武器就是縫紉工具，其重要性要遠勝於精緻的切削器和遠距離獵殺動物的矛或弓。我們已發現許多做工精美的針和用來鑽針眼的錐子。克羅馬儂人已穿上合體的多層衣服，就像今天的因紐特人。與熊皮相比，縫製的衣服給人更多保護，使人更靈活。布萊恩·費根說：「有了針，女性就能將各種動物毛皮（如狼皮、馴鹿皮和北極狐皮）縫製在一起，充分利用每一種皮毛的特性。在不斷變化的極端環境中，這些衣物可以有效降低凍傷和體溫過低帶來的風險。」

針、更精良的武器，和通過更完整的語言制訂的群體計畫使克羅馬儂人立於不敗之地。在競爭中，尼安德塔人逐漸走向滅亡。情況或許更糟。在法國的萊斯羅伊斯（Les Rois），考古學家發現了令人不安的證據——有個尼安德塔人的頭骨上有被宰殺過的痕跡。這意味著，現代人類可能吃掉了競爭者。至少在一段時期內，尼安德塔人可能曾經是食人族。而我們和尼安德塔人的交往絕非僅止於社會觀察，也不止有過鮮少的相互雜交，當時的現代人類可能是這樣想的：「尼安德塔人？呃……實在太好吃了，只跟他們眉來眼去就太可惜了。」

當然，關於那些住在叢林中的遠古人類，我們擁有的只是些骨質和石質的小碎片。他們的生活中充滿了生動、豐富的歌曲、故事和對宇宙的遐想，其具體內容現在已無從知曉。然而時間長河已經在我們身上留下了他們的印記。一些人類學家相信，我們熟悉的家庭和朋友圈子不包括臉書上的朋友，大約就是史前狩獵部落的規模。社會需要分工，伴隨狩獵和採集活動，剝皮、醃製、切削、縫紉和烹煮等活動應運而生。性別分工成為現實。有人認為，男女之間的微妙差異暗合了狩獵—採集者的生活狀態。今天的男性更喜歡重口味的食物和飲品，如咖喱、醃菜和威士忌酒。在那時，男人們通常要到遠方覓食，親嘗各種動物屍體和漿果，以確定是否可以食用。

我們大腦處理視覺資訊的方式——注意力特別集中在會運動物體——確實是在早期狩獵（和逃跑）的過程中形成的。當冬季來臨時，我們更願意拉上窗簾，蜷縮在電視機前。這樣的行為不正映襯了一段遠古記憶嗎？當時，我們就是藉著蜷縮在地下洞穴中來獲取安全感。我們對早期社會知之甚少，因此，在想像那段失落的漫長歷史時，我們的想像力受了限制。但也許，想像越大膽，我們就越接近現實。

然而，我們能從史前狩獵—採集社會汲取什麼經驗呢？

首先，從很早開始，我們已經是氣候變化的人質了。地球的氣候變化不定，人類文明恰好產生於溫暖、潮濕的時期。在人類歷史早期，全球曾經變冷，差一點使人類滅絕。而且，沒有證據表明，地球氣候的冷暖迴圈會終結。現在人類正使得地球再度急速升溫，很可能會自食惡果。但歷史提醒我們，我們很善於應對變化。正是憑藉良好的適應力，我們依然生存在這個地球上。

其次，我們既擁有非凡的創造力，卻也有極度的破壞力。事實上，這兩種能力甚至是令人憂心的密不可分。很多現代的歷史學家和考古學家已經戳穿了「高貴的野蠻人」迷思。這是一個從十八世紀的啟蒙運動到共產主義運動，再到我們這個時代，曾深刻影響歐洲思想家的神話——他們以此來反對自己國家領袖發動的戰爭。不過，實際情況卻是在製造戰爭的國家出現之前，人類歷史上也存在著兇殺和大屠殺。在石器時代，從歐洲到新幾內亞的高地，從阿拉斯加和美洲大陸到亞洲大草原，無不如此。[10]雖會我們看到這不是普遍現象。但是，歐洲被害人頭骨上留下的斧鑿痕跡已足以說明，史前人類會的不只是創作藝術。

在仔細觀察了歐洲人到達之前生活在墨西哥的阿納薩齊人打仗和屠殺的證據後，考古學家史蒂芬·勒布朗（Stephen LeBlanc）和凱薩琳·雷吉斯特（Katherine Register）對史前戰爭進行了長期研究，他們最後得出結論，史前戰爭定期發生，並且非常殘酷。他們是如此看待那些著名的洞穴的：

> 人們在拉斯科（Lascaux）的洞穴壁畫及法國、西班牙等國的其他洞穴壁畫中甚至發現了更多有關戰爭的證據。這些已知最早的人類藝術品生動地表現了野牛、猛　象和鹿，其中還包括長條狀的人類形象，被長矛刺穿身體。不知出於什麼原因，這些世界奇觀中不太和諧的一面並沒有出現在旅

行手冊中。由於先入為主地認為過去很和平，人們往往不會主動搜集有關戰爭的證據，反而會採取視而不見的態度。[11]

正如我先前所說，這可能與我們強烈的部落團結感有關。它使我們美化「自我」、醜化「他人」，最終使我們率先佔領了整個世界。我們消滅了其他哺乳動物，也許還消滅了其他人種。縱觀人類歷史，在創作藝術和表達愛意的間隙，我們一直在竭力消滅彼此。從一開始，我們就是動盪之源，至今還是如此。

農業之謎

在導言中，我曾提醒讀者，本書是一部以「偉大人物」為切入點的人類史。雖然國王通常比農民更重要，但這也是因為有農民，才能成立。農業產生後，世界人口迅速增長。狩獵－採集者停止遷徙，選擇定居，以便照料莊稼和牲畜。他們先後發展出村落、城鎮和文明。更粗壯的原生玉米、更飽滿的亞洲草種，和中國人移植的野生稻穀，都是微不足道的小東西，但正是這些小東西成了阿茲特克人、蘇美人、埃及人及許多早期王朝崛起的基石。我們也不例外。沒有農業，就沒有階層分化，就沒有供給國王和祭司的剩餘糧食，就沒有軍隊，就沒有法國大革命，也就沒有登月。

那困惑在哪裡？困惑在於人類起初竟然會選擇農業，因為農業並沒有使我們的日子變好。如果你此刻正在閱讀本書，情況很可能是這樣的，你是全球七十億人口總數中生活在富裕地區的十億人口中的一員，而且是十億人口中生活在城鎮或城市中的一員。我們已經遺忘了農業的重要性，無法體會農業的艱辛、希望，和春種秋收的節奏。對能閱讀本書的大部份人來說，農事根本無須他們操心。在近代歐洲史上，唯有戰爭或政治失能才會導致饑荒。由於我們太富裕了，即使災難片的製片人也不會想到要把饑荒當作西方社會背景的電影故事主線。

然而現在，曾經極其辛苦、乏味的農業又開始困擾我們了，我們就是人類史上成功發展農業的受害者。農業推動了人口增長。農業誕生之後，地球人口用了將近十萬年增至十億。但今天，每過十二年，地球人口就會增長十億。世界應急糧食儲備非常少。這意味著，人類只有不斷提高單位面積的農業產量才能避免饑荒。這很困難。根據美國國家科學院的研究，在地球上的動物總數中，人類總數所占比例不足千分之五，但卻消耗了地球物產總量的百分之二十五。是時候讓人們瞭解農業本身是多麼有意義、多麼重要了。

我們還要向發明農業的人致敬。考古學證據清晰地顯示：與從事狩獵—採集活動的先祖及其對手相比，早期農民的健康狀況更差，壽命也更短。彎曲變形的脊椎、膝關節炎和蛀牙講出了故事的真相。在世界各文化中，這樣的故事不斷重複出現。西元一九八四年，人類學家勞倫斯・安傑爾（J. Laurence Angel）做了一項研究。這項研究表明：在二萬五千年前的舊石器時代，狩獵—採集者的平均壽命約為三十五歲六個月；但到大約五千年前，也就是農業革命達到高峰的時候，人類的平均壽命下降到大約三十三歲。從事農業生產後，男性的平均身高降低了十五點二釐米，而女性的平均身高則降低了十二點七釐米。

在後世的笑話中，農民總在抱怨天氣，或愁眉苦臉，這些都是有事實依據的。農民的生活非常艱難，愁苦之情溢於言表。對早期的農民來說，砍伐樹木、灌溉農田、翻耕土地和收割莊稼都是基本的勞動過程。同時他們還要擔憂野獸偷食莊稼、獵手（他們武器更精良，也更兇悍）偷盜糧食。

那麼，我們又產生了困惑：在鮭魚騰躍、羚羊成群的世界裡，在人口相對稀少、食物充沛的世界裡，人類為何選擇在土裡刨食？在伊甸園的古代神話中、在黃金時代的古代傳說中，人們都無憂無慮地生活在森林中。這提醒我們，農業——塑造自然，而不是掠奪自然——從來就不是一筆划算的買賣。後來統治階層出現，他們經常以獵人的形象示人，這不是偶然的。即使在近代社會，狩獵仍是國王們喜好的運動。沒有君主會以耕田或挖馬鈴薯的農夫模樣出現在畫像中。在世人眼中，農民的形象總是面朝黃土背朝天，要不就是守著羊圈惴惴不安；而獵人的世界似乎更高貴、更恢宏、更激動人心。

農業為何興起？有一個很簡單的答案，就是它能養活更多人。據估算，十平方英里土地上的獵物和漿果僅能養活一個狩獵—採集者；而一平方英里土地上的農業產出足夠養活五十個人。人口越來越多，而狩獵的土地卻越來越少。這意味著，農業成為唯一的化解之道。不過，這個答案會把我們的思路引向錯誤的方向。事實上，人口增長發生在農業興起之後，而不是之前。在世界各地，那個時期狩獵者佔有的土地比農耕者多得多。在印度的森林、歐亞大陸的草原、東亞島嶼的熱帶雨林和美洲的遷徙人群中，絕大多數人都沒有從事農業生產，但他們的故事都已湮沒無聞。然而，人類還是在世界上許多地方發明了農業，這些地區相互隔絕、沒有聯繫。

農業首先出現在「肥沃月彎」。這一弧形地帶從今天的約旦和以色列向北延伸至土耳其的安納托利亞，隨後掉頭往東，蜿蜒進入伊拉克，形狀就像一把鐮刀。隨後，中國的北部地方也出現了農業。在美洲，墨西哥、安地斯地區和今天美國的東部地區都是在沒有外來影響的情況下發明出農業。而非洲和新幾內亞的農業也可能是自力更生的結果。在數千年時間裡，世界各地出現了多個獨立產生的「農業發源地」，這並不是巧合。農業技術一旦出現，就會逐漸向外傳播。例如，在農業出現後的四百年時間裡，農耕技術就從「肥沃月彎」傳到了歐洲，也傳到了今天巴基斯坦的印度河流域和埃及。[12]

歷史學家對農業產生的原因一直爭論不休，但他們都有一個共識——氣候變化非常重要。正如之前所說，在地球歷史上，出現過多次「冰河期」。但是在大約一萬年五千前，也就是在上一個冰河期最寒冷時段即將結束的時候，主要大陸赤道以北地區的氣溫逐步回升。如果植物的繁殖力無法提升，農業就不會產生。在更溫暖、潮濕的氣候下，動物數量有所恢復，狩獵者的日子也好過得多。但是，來自美洲和澳大利亞的很多證據表明，在人類到來後，許多大型哺乳動物都滅絕了。這說明，為了存活，我們的狩獵技術已相當精熟，甚至過猶不及。隨後，獵物越來越難尋覓。儘管鹿群、馬群和羚羊等動物還在遷徙，但數量越來越少，遷徙路線也不斷改變。隨著時間的推移，在人類聚居點附近發現的動物骨骼變得越來越小，因為體型較大的成年動物已經被趕盡殺絕。

大約在一萬一千年前，一些人類部落逐漸意識到，在定居點附近飼養動物可以確保肉類和皮毛的來源。最初，人們飼養的是原生的綿羊、山羊和豬。同時，人們還會收集一些可以食用的植物種子。但幾百年後，人類開始將種子栽植在土地中。每年，他們都會回到相同的地方，收穫果實飽滿的草本植物或營養豐富的豆類植物。當然，對人類而言，大多數動植物都沒有利用價值：有的植物葉子難以消化，有的植物根莖有毒，有的植物果肉太少，有的飛禽和昆蟲難以捕捉。因此，人們必須對動植物精挑細選，才能獲得豐厚的回報。我們可以想像一下某人的發現，這個場景可以不斷重播：在一段斜坡上，牧草和穀粒飽滿的穀物在改道的河灣旁隨風搖曳。那個人不斷過來收集穀粒，最終將這些穀粒種植、繁育後代。在遠古社會，男人們通常會到很遠的地方狩獵。因此，農業技術的突破很可能是女人的功勞。

以此觀之，生活在近東的人尤為幸運。世界各地有五、六種可食用的野生草本植物，包括小麥、大麥、玉米和稻子這樣的穀物。其中，至少有三十二種生長在「肥沃月彎」的丘陵和平原，即今天土耳其的南部地區、敘利亞、約旦、以色列和伊拉克。相比之下，非洲和美洲只有四種，而西歐只有燕麥這一種土生土長的植物。生活在「肥沃月彎」的人們可以接觸到許多原生植物，如雙粒小麥、大麥、鷹嘴豆、豌豆、扁豆和亞麻等。而且，那裡還有很多適合圈養的動物。在後來的歷史中，這個地區曾被幾乎所有在它周邊的民族——埃及人、波斯人、阿拉伯人，乃至十字軍——侵略過，因此，說不上是一塊福地，但在最初的時候，生活在那裡的人們確實很幸運。

美洲人有羊駝，中國人有豬。但在「肥沃月彎」，可供人們馴服的大型動物有十三種之多。他們不僅有豬，有附近的野馬，還有牛、山羊和綿羊，再加上三十二種可食用的植物。賈德・戴蒙（Jared Diamond）指出，相比之下，智利最肥沃的地區只有兩種可食用的植物，「加利福尼亞和非洲南部都只有一種，而澳大利亞西南部連一種也沒有。這一事實有助於我們解釋人類的歷史進程」。[13]

所以，早在一萬三千年前，生活在「肥沃月彎」的納圖夫人（Natufians）就開始採集穀物。為了接近那些珍貴的穀物，他們定居下來，建立村落，而不再像狩獵—採集者那樣四處遷徙。不過他們不是唯一對穀物感興趣的人類。有學者認為，大約在同一時期，生活在中國長江流域的一群狩獵者也在採集和食用野生稻穀。

就在此時，氣候再次發生變化。儘管氣溫降幅沒有上一個冰河期劇烈，持續時間也不長，但降幅已足夠巨大。我們將這個短暫的寒冷期稱為「新仙女木期」。「仙女木」是一種植物，研究者可以通過觀察它的生長範圍的擴張或縮減來判斷氣候的冷暖變化。納圖夫人發現，他們喜愛的穀物逐漸在寒冷、乾燥的平原上銷聲匿跡。在這個寒冷期，高海拔的地方蓄積了大量淡水，很多動物得以倖存。丘陵地帶仍有穀物生長，但納圖夫人要跋涉很遠才能採集到它們。與此同時，猛瑪象也滅絕了。[14]有跡象表明，中國也發生了類似的事件。永遠不要低估懶惰的力量：在壓力之下，人類邁出了符合邏輯的一步。以前，人們被迫四處遷徙，修建新的村落，摸索野生穀物的生長過程。如今，人們開始收集剩餘穀物，帶回家栽植。這個改變看起來無關緊要，只是節省勞動力，免去長途跋涉。但結果卻對人類非常重要。在「肥沃月彎」和中國（獲得稻米和粟米的方法發生了同樣的改變），農業產生了。

這或許可以解釋為何首批村落出現在農民勞作的地區。山區和丘陵地帶擁有最豐富的生物多樣性，但人們寧願住在有遮擋的山谷地區。他們發現，山谷是個好地方，人不會過多暴露在大風中，也離野生植物比較近，他們可以採集並試種這些植物——從玉米、豆子、南瓜、鱷梨、墨西哥番茄到阿特拉斯山脈（Atlas Mountains）的草本植物和豆類植物。毫無疑問，人們會經常採摘和挑選各種作物，只留下最有希望的——營養豐富、果皮堅實、易於改良——種類。最初，養殖和狩獵仍和並存，持續了很長的時間。人們會獵殺遷徙的羚羊，也會把捕獲的鹿和魚帶回家。

然而，掌握農耕技術的人類已踏入陷阱。我們邁出了決定性的一步，其後果難以預料。一旦走上這條路，就不能回頭。在後世，我們還會遇到類似的情況。

所謂陷阱，就是定居的農業人口會迅速增長。以石器時代晚期的技術水準而言，每畝農業用地養活的人口是每畝狩獵用地養活人口的十倍。這不僅與食物有關。就我們所知，狩獵群體經常要拖家帶口，四處遷徙。這限制了女性生育子女的數量。一旦定居下來，人口出生率就會上升。更大的家庭意味著養育更多的子女，種植作物和飼養家畜就愈發重要。一旦開墾，就不能讓土地荒蕪，也不能放任家畜自生自滅，任其恢復野性。農民變得更矮，更易生病，也更早去世，因為寄生蟲和害蟲會在定居地蔓延滋生。人類可能活得更久，但煩憂也更多。人類曾信步穿越荒野，探索各種神奇的地方，如今已不再這般自由。因為他們更多孩子要養，包括子侄和孫輩。

但人類無法停止。過去，他們不斷改造和馴化動植物；如今，動植物要改造和馴化他們了。

他們還要發展其他技藝，如磨碎、篩選和儲藏穀物的方法。他們也要保護那些珍貴的家畜免遭野獸攻擊，並且引導這些家畜在合適的地方覓食。人們剪羊毛，撚成線，織成布；還給動物放血，以豐富自己的飲食。一些農民則養成了奇怪的習慣——飲用羊奶。大多數歐洲人的後裔至今仍能順利地消化乳糖。人類逐漸學會了加工毛皮，編織有助於犁地的繩索，製作盛放物品的籃子，打造烹煮穀物的陶器。這是一個新世界，家庭生產技藝應運而生。

農業革命是人類歷史上最重要的一次革命。它不僅帶來了巨大的政治變革——窮苦的農民和成功的農民分化為不同的階層，而且引發了人類意識中一些難以覺察的變化。據推測，農民失去了與廣闊地域接觸的機會，而他們狩獵的祖先則見多識廣。而且，農民也不再與「陌生人」接觸，與世隔絕。村民們遠離了野獸出沒和獵人遊蕩的區域，更專注於自己的命運。農業產生的餘糧可以供給領袖和祭司，使他們不事生產也能存活。

農業的興起也意味著家庭或家鄉的產生。正如考古發現表明的那樣，定居生活使人們可以用穀物或皮毛換取「奢侈品」，如鹽、切削石器、美麗的貝殼和香草等。所以，從很早開始，攜帶商品的商人們就已經在新踩出的道路上穿梭往來。事實證明，談生意要比打一小把糧食複雜得多。

農業的興起塑造了此後的全部歷史。由於缺少家畜，中美洲的農業文明要比歐洲晚三千年，這就是他們的命運。因此，中美洲的居民也就無力抵禦外部的入侵。兩河流域的土地退化導致了蘇美爾文明的衰落。在古典世界，由於人們過度使用耕地，北非地區日益沙漠化。農業的失敗使這兩個地區陷入政治真空——廣袤的土地上人煙稀少，最終加速了伊斯蘭教的擴張。貧瘠的土地還驅使著維京人和蒙古人四處遷徙。但首先發生的是城鎮的出現。

溫暖的無政府社區

有朝一日，東京、倫敦、洛杉磯和莫斯科都會從地球上消失，被人遺忘。在未來，起伏不定的石堤、奇形怪狀的植披、被掩埋的牆壁、高速公路和金屬物都會靜置在地表，就像一道道傷疤。如果這樣的場景難以想像，你不妨回想一下，人類最早的城鎮如今何在？其中一些城鎮已深埋在今天的城鎮之下。當約書亞的祭司吹響號角後，耶利哥的城牆應聲坍塌。在此之前，耶利哥曾是世界上最古老的城鎮之一。城中有清泉流出，人們用泥磚修築民居，還有城牆和塔樓佇立在城鎮四周。不過，有人認為，城牆和塔樓的作用是抵擋洪水，而非防禦侵略者。

在耶利哥城以北，也就是今天土耳其境內的安納托利亞高原上，有許多奇形怪狀的土堆。這些土堆大致對稱分佈，略高於現今的農田——農田上種植了小麥、大麥和玉米。這些土堆很可能是新石器時代的城鎮遺跡，每個城鎮都居住過幾千個居民。這個失落的世界曾經人聲鼎沸，住著早期的農民和他們的家眷，數百年間，人們共同勞作，共同崇拜豹神。他們為購買遠方的商品節衣縮食，一起玩笑嬉戲、談婚論嫁、埋葬親友。

上述猜測都很合理，因為研究者們已發掘了其中一座土丘，最初是由一位英國考古學家主持的。事實證明，這些土堆是一部啟示錄，是一座巨大的知識寶庫。它能告訴我們，人類進入農耕社會後究竟發生了什麼。這處遺址就是哈塔爾赫尤克（Catalhoyuk）。今天，哈塔爾赫尤克只是一小塊考古發掘區，遺址上面是由金屬支架搭起的棚子，附近有考古隊員的駐地，看上去就像電影導演為拍戲而搭建的攝影棚。哈塔爾赫尤克的知名度遠不及羅馬城或吳哥窟，但對人類史而言，它的重要性並不亞於後者。

這片建築群在大約九五〇〇年至七七〇〇年前之間，都有人居住。這裡沒有城牆，也沒有格外宏偉的建築或單獨設計的建築。考古發掘表明，這裡沒有統治者、祭司和戰士的居所，也沒有臨時的工棚——這是一個平等的蜂巢。在某些方面，這些居所頗為現代。裡面有一座灶台、一間起居室，旁邊還有食物儲藏室，其他房間似乎都是臥室。典型的家居都非常乾淨，人們會定期把牆壁和地面刷成白色。走入其中，陌生感頓失。居室面積和現代城市公寓或村舍大體相當，雖然樸實無華，但足夠寬敞。

然而，雖然表面上看起來有些熟悉，這裡卻不是我們想像的那種城鎮。哈塔爾赫尤克沒有街道，也沒有廣場或公共建築。通過開在屋頂的門，人們進出蜂巢般的家。在屋頂和地面之間有梯子相連，整個居所就像一座人造洞穴。我們認為，這群人已經完全社會化。各家屋頂相互連通，形成了開闊、安全和平坦的空間。在屋頂上，人們可以做手工活兒，也可以聚在一起談天說地，甚至還可以搭建遮陽棚——土耳其這片地區在夏天非常炎熱，人們常常坐在屋頂的陰涼處納涼，晚上甚至會整晚睡在那裡。在翻修或重建房屋時，人們會拆掉舊房屋的一部份，然後在廢墟上繼續加蓋。因此，他們的房屋就像人造珊瑚——一層疊著一層。在某些地方，房屋總共疊到十八層。居室中有許多華麗的裝飾，如公牛頭、描繪豹子和狩獵場景的圖畫，以及一些石雕和泥塑。這些石雕和泥塑主要表現了女性和各種動物的形象。與耶利哥等早期城鎮不同，在哈塔爾赫尤克，人們似乎都是在家中活動。史丹福大學的考古學家伊安·霍德目前正主持遺址的發掘工作。他說：「在現代城鎮，我們可以辨別出不同的功能區和建築群，如工業區和住宅區，如教堂、清真寺、寺廟和墓地。但在哈塔爾赫尤克，這些功能區都集中在家裡。」[15]

在這些居室中，人們將足夠所有族人吃的食物儲藏在巨大的木質容器內。他們編織籃筐和草席，用燧石和骨頭製造匕首和衣扣，將黑曜石打磨成鏡子，製作手鐲和其他飾品，篆刻一些古怪的印章——這些印章可以在財物或皮膚上做記號。而且，他們還會烹煮食物，定期清理房間。在這裡，土地肥沃，溪水潺潺，魚躍池塘，鳥翔空中。哈塔爾赫尤克的人口逐漸增至七千人左右，甚至可能達到一萬人。這裡成為當時世界上規模最大的人類居住地。我們從城鎮外的垃圾坑遺址可以判斷，他們的生活很優渥，其食物包括野豬、鴨子、鵝、羊、魚、大麥和燕麥。

在哈塔爾赫尤克，最驚人的莫過於埋葬死者的地方。人們小心翼翼地蜷起死者的身體，依依不捨地將其葬在居室之下、灶台之下或人們睡覺的平臺之下。有人認為，他們先把屍體暴露在野外，讓禿鷹啄食乾淨。但當前的觀點是認為，當時人們其實很習慣腐屍的氣味，而不需要先那樣做。有些屍體的頭顱會被割下來，人們會在頭骨上塗灰泥，繪製圖案，以長期保存。據推測，這些頭骨都屬於傑出人物或一家之主。人們還會再將頭骨挖出，重新塗上灰泥後再次埋入地下。一代代人不斷重複著這一過程，類似一種家族紀念儀式。在一座房屋內，至少會有六十具遺骸。

哈塔爾赫尤克還有更多神秘之處：居室內通常懸掛公牛頭，還繪有豹子圖案。這說明人們崇拜外部世界的自然力量和攻擊行為。哈塔爾赫尤克人並不需要大衛・愛登堡（編按：David Attenborough，英國博物學家，參與製作了很多自然歷史紀錄片）將光天化日下的危機感帶入洞穴般的家中，他們自己就能意識到。但是，人們將房屋層累般地建在一處，連死去的家人也葬在這裡，並長期保留死者的頭顱，這些都說明哈塔爾赫尤克人存在祖先崇拜。祖先崇拜在中國和日本很常見，在地中海世界，其歷史源頭也只能追溯至古羅馬時代。

人們生活在核心家庭中，或至少是核心居室中，他們通過父母、祖父母和歷代先祖來構建自我認同。他們會這樣說：「我們生長在這片土地上，這裡留下了我們的足跡。在成千上萬年的漂泊之後，我們決意在這裡定居。」這些話很奇怪嗎？如果你覺得奇怪，那是因為我們大多數人都已在城市定居，與我們先祖的安身立命的那片土地失去聯繫。在人類史上的大部份時期，血緣世系和土地的認同結合在一起是司空見慣的事情（儘管將祖母埋在灶台之下並不常見）。

哈塔爾赫尤克傳遞的第二個資訊是平等。隨著時間流逝，房屋層層累加，有些房屋就變得比其他房屋更宏大、更壯觀，埋葬的死者也更多。這說明哈塔爾赫尤克逐漸出現了更具權勢的家族，但那裡依然沒有統治階層或祭司階層。哈塔爾赫尤克向人們展示了產生階級分化之前的社會形態，那裡並沒有後世城鎮中的軍人、首領和國王。這個世界更平等，正處在介於早期農業村落與好戰帝國之間的歷史階段。有些人非常推崇哈塔爾赫尤克，認為這裡是平等的伊甸園。婦女受到尊重，沒有戰爭爆發，每個家庭只有少量財產。人們和睦相處，共同勞作。

經驗告訴我們，這種純樸的無政府主義天生就不穩定。儘管如此，哈塔爾赫尤克人仍成功地維繫了社會運行至少一千四百年。他們擁有充足的剩餘財產，可以繪畫、製陶、編織，也能吃上好東西；又不至於多到開始鑄造刀劍或徵收賦稅。他們實在是太幸運了。

巨石陣裡的赤子心

我們對早期人類總是心存偏見，認為他們茹毛飲血、好勇鬥狠。哈塔爾赫尤克相對和平和友善的狀態是孤例，還是普遍現象？要回答這個問題，我們可以回到過去，但是是去一個和哈塔爾赫尤克不一樣的、更原始的地方，來做個比較。

由於氣候更惡劣，今天被稱為不列顛的地區發展得比「肥沃月彎」緩慢。九千年前，也就是哈塔爾赫尤克剛剛興起之際，不列顛高原上的冰川才開始消融，只有少量的狩獵者和採集者居住在那裡。冰川消融後，濃密的森林——橡樹林、榆樹林、樫木林、酸橙樹林，以及北方地區的樺樹林和柳樹林—覆蓋了不列顛的大部份地區。據說，當時一隻松鼠可以從不列顛的一端跳到另一端，雙腳都不用著地。

又過了兩千年，在哈塔爾赫尤克走向衰落之後，不列顛仍然是一塊貧瘠的土地，並不適宜農耕，但農民們正努力改變環境。他們首先在沿海地帶整理出小塊土地，然後又返回森林，在林中空地種植小麥。刀耕火種無法持久，因為土地的肥力很快就被耗盡。於是，人們就會整理出更多空地，而之前的「耕地」又變為林地。由於人們仍然處於變化非常緩慢的歷史階段，因此一千年之後，人們整理出的土地面積才大了起來。專門的耕地逐漸出現，特別是在今天英格蘭的南部地區。人們翻耕土地，還會施肥和除草。

人們開始種植原始的小麥和大麥，或許還有亞麻。他們似乎沒有種植蔬菜，但其食物中包含漿果和堅果。他們使用公牛耕地，圈養了牛、豬和羊。在很早的時候，人們就馴服了狗。研究人員發現了一些狗骨骸，看上去有點像現代的拉布拉多犬和梗犬的骨頭。在人類馴養的第一批動物中，狗非常重要，因為它既能看家護院，又能參與狩獵。不過，歷史學家羅德尼．卡索頓（Rodney Castleden）根據一些骨骸判斷出，「一些狗年老之後，失去了工作能力，就會被主人冷落」。[16]

養狗的人類壽命也不長。在不列顛諸島中，奧克尼群島相對發達。學者們研究了島上某人群的骨骸，發現其中百分之七十的骨骼都屬於十幾歲至二十幾歲的青少年。只有百分之一的骨骼屬於五十歲以上的人。顯然，這是一個年輕的社會。從頭骨判斷，他們身材纖瘦，面容姣好，和傳說中的早期不列顛人完全不同。根據傳說，早期的不列顛人身強體壯，面露凶光。我們沒有發現他們的衣服。這處文化遺址的氣候溫暖潮濕，大部份建築都是木質結構。人們身穿羊毛和皮革製的衣服，可能還有亞麻斗篷、帽子和束腰外衣，這些材質都不易於長期保存，所以沒有留存下來。通過研究歐洲大陸類似文化遺址中的殘留衣物及不列顛人遺留的帶扣和針等工具，我們可以做出假設：不列顛人已穿上了針腳細密的舒適衣服。

儘管我們將這一時期稱為「新石器時期」，但更準確的名稱應為木質時代和皮革時代。人們開始住在長方形木屋中，穿皮質衣服（一種噁心的技術，使用大量尿液、牛糞和動物腦髓，將皮革質地變得柔軟光滑。後來，又開始穿著紡織的衣服，住進面積更大的公共住宅和村莊。這些村莊通常以構思巧妙的圓形房屋為中心。圓形房屋非常大，可以住進數百人。

現在，我們談談住在斯卡拉布雷（Skara Brae）的人們。五千年前，他們用石頭在奧克尼群島的弧形港灣畔建起了一座美麗的村莊。西元一八五〇年，一場風暴揭開了它的面紗。卡索頓說，這座村莊的家居生活非常舒適，「普通人的生活水準至少不比四千多年後中世紀的不列顛人差，甚至還要更好一些」。[17] 今天，在斯卡拉布雷的屋畔和小路上漫步時，我們就能聯想到哈塔爾赫尤克舒適的家居生活：房屋都是石質的，而不是土壘的；屋內有臥室和走廊，還有帶梳粧檯的起居室。還不確定這裡是否有酋長和祭司，但肯定沒有遭受戰火蹂躪。

在石器時代中後期，奧克尼群島（Orkneys）和昔德蘭群島（Shetlands）都不是邊緣的海島，而是文化很先進的地方。當地製造的陶器傳播到不列顛各地。那裡的石圈建築、墓地和村莊不僅規模宏大，設計還特別複雜。其發達程度遠超英格蘭南部的沼澤地區一今天的倫敦地區。

幾百年來，歷史學家們始終認為，僅靠緩慢發展，早期的不列顛文化是無法創造出像巨石陣這樣的不朽傑作的。一定是某位戰士或宗教領袖菁英帶領民眾完成了這樣的創舉，也有可能是某個來自歐洲大陸的入侵者帶來了這樣的文化。但是，我們既沒有發現這些菁英存在，也沒有發現文化傳播的證據。因此，沒有理由不相信，不列顛人就像哈塔爾赫尤克人，平等地生活在一起，散居在數百塊耕地間，依靠商業彼此聯繫在一起。現代人曾想像各種各樣活人獻祭和暴力死亡的生動傳說，但新石器時代的不列顛沒有留下任何曾爆發過戰爭和有組織的暴力活動的證據。那時也還沒有城堡或宮殿。

倘若事實如此，不列顛人是如何動員了那麼多人力去建造巨石陣和錫爾伯里的宏偉「山丘」呢？這樣的工程需要搬運的土石量相當於建造一座埃及金字塔。又或者，奧克尼群島及昔德蘭群島上的石頭村莊與紀念碑又是如何建造起來的呢？

上述建築都是驚人的成就。這群人沒有金屬，沒有城鎮，沒有所謂的文字。他們住在島嶼上，有道路將千百個村莊聯繫在一起。在薩默塞特郡的沼澤地，有一條「斯威特小道」。這條小道長約三英里，由橡木條建成，耗費了大約一萬顆木釘。它建成於六千年前，是歐洲最古老的橋路。他們也已經能製造必要的工具，包括燧石刀片和斧子，已經達到工業的規模。燧石礦非常深，礦工下井時必須手提一盞小燈。運載貨物沿海岸航行的船勢必很大，有的則是將幾艘獨木舟捆綁在一起，有的是用木頭龍骨、動物皮革製造的大船。有證據表明，當時的不列顛已經擁有起重工具、巧妙的木質品和精細的石器。這是一種精緻、沉穩的文化。

最關鍵的是，他們有時間以及合作。巨石陣的修建過程長達千年。它最初只是一座土方工程，後來逐漸發展成為一座巨型建築。巨石陣包括八十二塊藍砂岩和許多砂岩。藍砂岩是從一百五十英里之外的威爾斯運來的，而砂岩則是從二十英里以外的地方運來的，每塊都重達五十三噸。人們在切割和打磨岩石之後，將其放置在其他岩石之上，形狀就像過樑。人們是如何做到的？他們開闢了各種水陸運輸線運送石材。當時，人們已經發明了車輪，但由於石塊太重、道路太崎嶇，木質車軸很難承受。他們可能就在石塊下墊上圓木，滾動前行，但這也太耗費時間了。現在看來，利用雪橇的可能性更大。從船上卸下石材後，人們用牛或人力將雪橇拉到目的地。

有幾個可行的辦法可以解決切割石材和提舉石塊的問題。利用楔子和火烤就可以使石材碎裂；挖掘深坑，鋪上木條，就可以將石塊提舉起來；修建坡度很緩的平臺，就可以將巨大的過樑放置到位。這是一個偉大的工程，但既不需要巨人，也不需要獨裁者。當地有大規模部落型聚落共同合作，沒有時間限制（這就像後世修建大教堂，常常需要花費幾代人的時間），在不斷進展中，便足以完成巨石陣，以及其他偉大的新石器時代錫爾伯里山金字塔型的超級建築。

幾乎所有人對巨石陣的用途都無異議。石頭的排列方位與夏至日出光線有關，說明巨石陣是某種神廟殿堂。有人認為，巨石陣是一部精確的石造月曆。但事實並非如此，它是一種複雜的、觀察月亮升降的標記。由此可見，當時的不列顛人對月亮的週期變化興趣濃厚。最近，研究者對淺坑中提取的樣本0進行碳年代測定。結果發現，樣本的年代可追溯到大約一萬年前，比哈塔爾赫尤克還久遠，令人難以置信。那麼，早期不列顛人的信仰是什麼？我們對細節知之甚少，只知道他們的信仰與日月有關。太陽可以帶來溫暖和豐饒，而月亮則與週期性的慶典和祈福有關。這種慶典和祈福很常見，幾乎每一個地區的農業民族都有類似的活動。考古學家通過龐大墓葬發現，人們在埋葬死者前會打碎並焚燒屍骨。這些古墓既反映了不列顛人存在祖先崇拜，又反映了群體或家族的延續性，與哈塔爾赫尤克文化非常相似。不列顛人的信仰主要包括黑暗與死亡、季節變化、敬畏太陽和家族記憶。

我們可以想像，遠古的不列顛文化是一種細膩、沉穩、精工細作、朝氣蓬勃的文化，與白鬍子的德魯伊（Druids）和恐怖、嗜血的酋長文化不同。隨後，不列顛人進入了青銅時代，巨石陣和龐大的圓形房屋都被遺棄。我們不知道原因。或許，持續增長的人口迫使人們為爭奪耕地爆發了衝突，最終導致了這樣的結果。無論如何，他們將步入更血腥的時代，「肥沃月彎」和新石器時代的中國也面臨同樣的命運。然而，那樣和平的時代應被記得：農耕者聚居一地，共同敬拜日月，照看耕地和家畜。在邊境地帶，人們與其他群體進行貿易，最終修建了偉大的建築。這些建築在不列顛屹立了數千年之久，其歷史遠超越帝國、王朝或民主制度存續的時間。那樣的時代一去不復返——無論是在不列顛，還是在歐洲。最後，且用羅德尼．卡索頓的話作為這一部份的結語：

> 新石器文化近於生態平衡，聚落之中人們群體合作，和平的生活在一起，這可以為西方現代工業經濟和社會提供借鑒。工業革命有兩、三百年的時間，沒有跡象表明這種經濟形態會長盛不衰。新石器時代的經濟形態存續了幾千年，歷史是前者的十倍。

這是一個嚴厲的警告。但我們太過於依賴消費，常常將這種警告當作耳旁風。無論如何，修建巨石陣的不列顛人神秘地消失在歷史中，人類即將步入新階段——城市時代。

平原上的城市

哈塔爾赫尤克的東南方有兩條奔流入海的大河。「肥沃月彎」見證了第一批農耕者和第一批大型聚居點。因此，從那裡孕育出第一批城市和第一批帝國也就不足為奇。「美索不達米亞」意為「兩條河流之間的地方」，這兩條河流是底格里斯河和幼發拉底河。臨近大海之時，這兩條河流河面變寬，流速變慢，蜿蜒匯入地形複雜的三角洲。在沼澤區之前，有一片肥沃、濕潤的黑土地，非常適宜農耕。它與哈塔爾赫尤克附近鬆軟、濕潤的土地有異曲同工之妙，但面積更大，吸引了大批來自周邊地區的人。他們在此安家落戶。最初用蘆葦建屋，後來用泥磚蓋房。房屋鱗次櫛比，逐漸形成村落。大約七千年前，也就是哈塔爾赫尤克被廢棄後不久，埃利都（Eridu）誕生了，這可能是世界上第一座城市。接下來的數百年間，這個地區的城鎮越來越多。埃利都是一座由泥磚建成的聚居點，城中的神廟建築層層疊加。這座城市可能是由公共聚會場所發展而來，各地的村民都來此祭拜神祇。從總體上看，這裡規模更大，並不是一處溫情脈脈、無政府的場所。

農業所需的灌溉系統和堤壩系統非常複雜，所以各個村落必須聯合建造和維護。要完成這些工作，就需要將勞動者組織起來。農業進步帶來糧食剩餘，而糧食剩餘又導致統治者和祭司的出現。他們修建神廟，雇傭僕人侍奉自己。美索不達米亞世界是一個泥濘、濕潤、陽光灼人的平原，那裡最有特色的主建築就是金字塔神廟，人們在其中敬拜神祇。在世界各地，人們都把神祇想像為高高在上。因此，在一馬平川的平原上，使神祇高高在上的唯一方式就是大興土木。人們將埃利都建在一處臺地上，靠近一片淡水湖。城市的一側是沙漠，另兩側分別是沼澤和耕地。

不同地貌和各色神祇在埃利都水乳交融。男神阿普蘇和女神提亞瑪特是眾神之首，他們分別是淡水之神和鹹水之神。然而，這兩位水神並沒有給這座城市足夠的眷顧：大約四千年前，埃利都可能發生了大洪水，失去了主宰地位。與此同時，另外一座偉大的城市——烏魯克——趁勢崛起。在鼎盛時期，這座城市的人口達到約八萬人，成為當時世界上最大的人類聚居區，是哈塔爾赫尤克人口規模的十倍。烏魯克國王吉爾伽美什是世界上第一部文學作品的主人公，也是歷史上第一位有名有姓的英雄人物。吉爾伽美什是否實有其人還存在爭議，但他的故事涉及《聖經》裡所記載同等規模的大洪水，還囊括了性愛和背叛、友情和失敗及旅程和死亡等題材。

由於被記載下來，我們才能獲知這些故事。在烏魯克和美索不達米亞平原的其他城鎮，人們在泥板上刻畫各種符號。這些符號可以代表穀物的收穫量和所有權，也可以代表正在交易的啤酒和其他商品。經過數百年的時間，這套符號和記錄體系逐漸演變成書寫體系，人們以此記錄故事和思想。文字誕生的原因與烏魯克誕生的原因大致相同。氣候變化使環境愈發炎熱、乾燥，農民們被迫修建更龐大、更複雜的灌溉系統以維持農業產出。單個家族或村莊沒有能力，也沒有時間完成所需工作。只有在某些人的領導下將大量的人力組織起來才能渡過難關。領導者可能是祭司，或者至少來自神廟。他們可以站在高大的神廟中，監督大型水利工程的建設。一旦勞動力和專業工匠被組織起來，領導者就有能力修建更龐大的神廟。成功的灌溉工程使建造者獲得回報：久而久之，那些領導者就宣稱，他們能向神祈求、與神交談、代神發聲。他們對本地居民的生死存亡擔負重任，最初的統治階層由此產生。他們站在高臺之上，側耳傾聽神的教誨。統治者之下是書記員或中級官員，他們從下層勞動者那裡搜羅統治階層所需的穀物、啤酒、肉類和金屬。有組織的等級制社會少不了文書工作。在烏魯克的例子中，所謂的文書工作就是「製作泥板」。

「反饋」（feedback）是一個重要的觀念。它可以解釋，為什麼人們一旦被組織起來，擠進城牆環繞的城市，社會就會加速發展。蘇美人及其後生活在古代美索不達米亞的民族——如阿卡德人和巴比倫人——都經歷了快速的社會變革，這是以往任何群體未曾經歷過的。祭司們都希望謀求特殊地位，以震懾人心，使其更接近神祇。為達到這一目的，統治者需要大量勞動力和全職工匠，還需要進行測量和規劃工作，而這就意味著要有詳細的記錄和書寫工作。為使勞動力能夠持續勞作，人們還需要獻上大量糧食、啤酒和各種原材料。

向民眾徵稅並不是一件令人愉快的事，有時還需使用暴力。與此同時，積累的財富還可能招惹強盜，甚至是敵對城市的覬覦。人們為此築起城牆，一些男性成了專職的守護者，軍人階層誕生了。很遺憾，沒有任何手段比戰爭更能推動技術進步。在燧石和骨頭之後，青銅成為切割工具的主要材料，使蘇美人獲得了短暫的發展優勢。隨後，戰車出現了。起初，戰車有四個輪子，行駛緩慢，後來逐漸發展成為兩輪車（最初可能是上流社會為了狩獵取樂而發明出這種車輛）。

宗教祭司、大興土木、文字、賦稅、軍人、國王及發動戰爭的能力逐一出現在人類歷史中。上述事物都以人類的第一批城市（人類最早的財富聚集地）為基礎，而這些城市的基礎則是河流沿岸的農耕文化。農耕文化需要人們團結一致，共同馴服自然。這種轉變比舊的部落紐帶、家族紐帶和血緣紐帶更強大，使人類完成了農耕文化之後的又一次飛躍。城市和民族之間的競爭加速了社會發展，直到爆發全面戰爭，帶來巨大災難為止。這種狀況在人類歷史上周而復始。訓練有素的官吏及其掌握的書寫楔形文字的技能，使不同地區、不同語言的人們能夠相互交流，蘇美爾語成為美索不達米亞的通用語言。書記員通常都會說兩種語言。一股新的動能發生了，沛然莫之能禦，此後或許會一時中斷，但整體而言從此這個發展趨勢永不止息。

第一批城市也孕育出繽紛多彩的抽象思維。像國王和祭司這樣的統治階層有閑暇思考各種問題，特別是思忖頭頂之上的神秘世界，其閃爍的星光和運行的天體也曾使巨石陣的建造者們著迷。由此，美索不達米亞諸民族為我們留下了數學——運用簡單的算術方法統計貿易和稅收，運用複雜的算術方法追尋星辰的軌跡。仰望天空，蘇美人和巴比倫人常常對夜空中蘊藏的訊息迷惑不解：天空究竟是什麼形狀？天空的常規運行模式是什麼？如果神祇能降示消息，那星相就是神祇的文字嗎？天空的運行模式是否能夠影響人類生活的節奏？

觀測星辰需要測量角度。蘇美人觀測了五顆行星的運行軌跡，這五顆目力所及的行星是水星、金星、火星、木星和土星。然後，他們用這五顆行星分別為五天命名，再用月亮為一天命名，用太陽為另一天命名，這樣一星期就有了七天。「七」被視為完美的數字。顯而易見，蘇美人的星期就是我們的星期。儘管用羅馬文字或古英語指代，但這七天的名稱仍沿襲了蘇美人的命名方法。土星（Saturn）

變成了星期六（Saturday），太陽（拉丁語為「Sol」）成了星期日。月亮（Luna）成為星期一，在法語中為「lundi」，英語為「Monday」（「Moon」加上「day」）。火星（Mars）成了星期二，在法語中為「mardi」，在英語中則因一位北歐神祇的緣故被稱為「Tuesday」）。同樣，星期三（Wednesday）意為「沃丁神之日」（Wodin's day），而沃丁神與水星有關。木星（Jupiter）是星期四，法語中的「jeudi」，但在英語中為「Thursday」；（「Thursday」的詞根是「Thor」，即雷神索爾，索爾是位北歐神祇，他與代表木星的朱庇特神有關）。金星（Venus）是星期五（法語為「vendredi」，英語是「Friday」）。此外，蘇美人還發展出一套以六十為基礎的計數系統。「六十」可以被除自身之外的十一個數整除，對青銅時代的曆法而言，這顯得尤其方便。後來，我們的一分鐘是六十秒，一小時是六十分鐘，一年是三百六十天，一圈是三六〇度。在巴比倫時期，書記員的計算要既快速又準確：一塊來自當地城市尼普爾的考試用泥板問道：「你知道乘法、倒數、係數、帳目平衡和管理會計嗎？如何進行各種形式的收入分配，如何分割財產，如何分配土地份額？」[18]

這些成就已足夠令人驚歎，但仍不完全，第一批城市還帶來了繁花似錦的藝術設計：巧妙的石膏雕刻、華麗的馬賽克鑲嵌畫、精美實用的印章（烏魯克人用來在包裹上蓋章）、鑲嵌裝飾的棋盤、各種樂器、來自烏爾的黃金飾品及亞述和巴比倫令人讚歎的浮雕等。今天，這些華美的藝術品並沒有收藏在伊拉克，而是收藏在柏林和倫敦（倫敦收藏了一小部份），這都要「歸功」於十九世紀的考古學家。美索不達米亞的每座城市都有自己的神祇、文化和榮耀。烏魯克之所以聞名於世，不僅因為宏偉的金字塔神廟和天空之神，還因為一位性感的伊南娜女神。伊南娜象徵著豐產，祭祀伊南娜儀式曾經震懾了一位巴比倫文人。他寫道：「烏魯克……是一座娼妓、交際花、應召女之城……紈袴子弟和狂歡之人把陽剛氣交換成陰柔。」[19]（而要讓見多識廣的巴比倫人震驚可不容易）。

因此，在人類的故事中，第一批城市是重要的遺跡之一。隨後的大洪水將一些城市變成殘垣斷壁，更將另一些城市徹底摧毀。這些遺跡屢遭戰亂破壞，後起的文化對它們缺乏興趣，它們逐漸被人遺忘。在維多利亞時代，考古學家陸續來到這一地區，但他們急功近利、尋珍覓寶的作法，使得最珍貴的雕刻和其他文物被收入歐洲的博物館，遺址本身卻無人問津。這實在令人悲傷，因為蘇美人、阿卡德人和早期的巴比倫人成就非凡，從某些角度上看要遠遠超過名氣更大的埃及人。美索不達米亞的城市文化是一種官僚文化，在某些方面很明顯也是一種剝削文化，高度依賴農民，後者必須為運河和水井繳納大筆賦稅，因為他們要依靠這些設施保證農業豐產。從這種城市文化中誕生出國王，國王們有足夠實力發動戰爭，相互攻伐，締造了世界歷史上的第一批帝國。與帝國相伴而生的是無盡的痛苦和殺人如麻的劊子手，阿卡德的薩爾恭就是一例，他給這片土地帶來萬般不幸。不過，第一批城市也充斥著華美事物、奇思妙想和各種奇觀。民眾獲得了很大樂趣，儘管這些樂趣已不再質樸、純真。

從大禹到你

你或許會想像，中國第一位有名可考的英雄要麼是位能征慣戰的國王——就像吉爾伽美什那樣，要麼是位長鬚飄飄的聖人。但你錯了，他是一位公僕，一位水利工程師。這位英雄就是大禹，他恰好站在歷史和神話的分界線上。大禹馴服了黃河，雖然這條大河養育了中國人，但經常氾濫肆虐。據傳說，大禹的父親名鯀，地方統治者命他治理氾濫成災的黃河。在大多數早期文化中，特別是亞洲和歐洲的早期文化中，都有大洪水的傳說。這說明，人們確曾經歷過洪水滔天的時代。當時的洪災實在厲害，它在人們的意識中存在了幾千年。

在中國的例子中，鯀曾試圖用修築堤壩的方法治理洪水，可能使用了夯土技術。考古學家發現，中國的早期城鎮建設就運用了這項技術。然而，當更大的洪水襲來時，土牆輕而易舉就被衝垮。那位統治者處死了鯀，大禹——此刻他或許非常焦慮——接替了鯀的工作，繼續完成父親未竟的事業。

據傳說，大禹工作非常勤勉，但他並沒有用修築堤壩的方式治理洪水。首先，他考察了黃河的上下游，遍訪地方部落，勸說人們攜手合作，在中央權威的領導下化解難題。顯然，這一過程與美索不達米亞城市的興起十分相似。其次，通過挖掘溝渠，他將黃河水引入其他河道。再通過建立灌溉系統，使河水最終流入農田。大禹沒有直接攔截洪水，而是用分流的方法削弱洪水的力量。十三年間，他一心專注在工作上，手腳都長滿了老繭。據傳說，在治水期間，大禹三過家門而不入。第一次，他聽見妻子正在分娩，但他沒有停下腳步，回家看看。第二次，兒子已能呼喊父親的名字，但他還是沒有停下腳步，因為洪水還在肆虐。第三次，兒子已長成翩翩少年，但他仍沒有停下腳步，繼續治水大業。倘若在今天，大禹或許會被「兒童撫養局」調查，受到專欄作家的齊聲譴責。但那時的情況與今天完全不同。

統治者被大禹的勤勉和獻身精神所感動，將王位傳給了他。大禹建立了夏朝。

後來，人們又在這個故事中加入了許多虛構情節，從大禹用神斧劈開山峰，到黃龍和墨龜來幫他治水，可謂無奇不有。然而，研究中國早期史的歷史學家認為，這個故事的關鍵是：中國的第一個王朝始於治水。這個猜測有一定的道理。大約四千年前，中國的一批聚居點走向衰亡，而同一時期中東和埃及也發生了類似的事情。回顧那些大洪水傳說，如挪亞方舟等神話，歷史學家伊恩·莫里斯（Ian Morris）提出一個疑問：「難道是氣候變化使舊世界陷入危機？」[20] 那部記載大禹生平事蹟的史書還提到了一場暴雨。據說，這場暴雨連下了九年之久，導致了一場毀滅性大洪水的暴發。

但中國既沒有挪亞，也沒有方舟：中國的歷史傳說起源始於一位公僕式的英雄，一位為國家工作的組織者。這個故事感覺很不西方。

幾乎從一開始，中國文化就極具中國特色。如果你將來自中國的一件新石器時代晚期陶器，或年代久遠的青銅器，或一組用來書寫的最早的表意符號，放到一個受過一定教育的人面前，大概都會脫口而出：「這是中國的」，即使他們從未見過這些東西。中國人的起源仍被考古上的不確定和政治爭論包圍在迷霧裡。許多中國人堅持認為，他們與世界上的其他人種不同，不是來自非洲，而是由一種更早遷徙的猿類單獨在中國進化而來，就是直立人。因此，中國人從生物學上和與外國人判然兩分——這種觀點迎合了中國人的世界觀，即使在中國以外的科學研究共識早已斷定這種觀點是錯誤的。

總的來說，在中國的人類發展歷程與「肥沃月彎」很相似，只是比後者晚了二千年左右。然而，在某些方面，如製陶，中國更加領先。在馴化動植物上的突破、村落的出現和墓葬中的祖先崇拜等方面，二者基本相似。但是，當神話時代慢慢過渡到歷史時代之時，中國的器物已經明顯不同了。今天的考古學家更強調古代中國的多樣性和複雜性——在遼闊的大地上分佈著多種文化、多樣的陶器和建築。過去，人們認為中國北方只有一個文明中心。隨後，文明逐漸擴展到邊緣地區，而其核心部份並未發生很大變化。但是，近期的考古發現挑戰了這一觀點。不過，與歐洲人的經驗不同的是，中國人的想像當中，有著強烈的情感紐帶，緊抓著自遠古以來一脈相承的連續性。

例如，「龍山文化」存續了一千年左右，從大約距今五千年至四千年前起，與不列顛新石器文化的各個階段大致同時。但是，歐洲人對巨石陣人的記錄或記憶已經永遠失落了，而中國歷史卻聲稱和最早的君王和文化一脈相連。有五位神話的帝王，他們都是神一樣的統治者，向人類傳授了至關重要的文明技藝，如烹飪、耕種、用火、醫藥、婚姻和馴化牲畜等。據傳說，「五帝」的最後一位帝王發明了文字、陶器和曆法——這些發明確實使龍山文化與其他早期文化有別。[21]早期的中國人曾宣稱，人類源於造物主盤古身上的蛆蟲，這或許可以被看作是早期人類的自我批判精神吧。

在「五帝」時代之後，中國進入了歷史朝代：夏朝、商朝和周朝。這三個王朝歷經兩千年之久。我們知道這三個王朝歷任國王的名字，留有當時日益精巧繁複的手工藝品，還有城市、寺廟、城堡的證據，以及顯然是現代中文祖先的文字。簡而言之，這是我們所知的中國。

然而，早期中國的歷史仍然晦暗不明，神話色彩多於歷史證據。西元前三百年左右的《尚書》，意思是「上古之書」，是所謂中國第一個朝代「夏」的最早文書紀錄。其中記載，夏代的中國同時存在一萬個方國，因此，夏朝並不能被視為中國歷史的分界線。考古學發現也證明了當時存在多個相互敵對的方國。根據傳說，夏朝建立於西元前二二〇五年，創建者就是馴服了河流和洪水的大禹。早期中國的歷史是王朝輪替的歷史，就像英國的學生曾背誦的王室譜系那樣。其實，大禹是後世樂於宣揚「一個中國」的文人們從幾乎被遺忘的口頭傳說中挑選出的人物，使他成為歷代帝王的始祖。據傳說，他將華夏劃分為幾大區域（「九州」）。九州的中心就是帝王所在，領導著週邊的四夷，再週邊則是蠻荒之地。這一切聽上去就像中國版的「中央王國」，有理由懷疑這只是一種宣傳說法。

姑且不論大禹，夏朝的國王都實有其人嗎？直到最近，還有一種觀點認為夏朝只是神話傳說。畢竟，直到將近二千年後，人們才記錄下相關歷史。但是，在二里頭可能是龍山文化的都城，考古發現顛覆了上述觀點。夏朝或許不是一個強大的王朝，但它確實存在於黃河岸邊，由龍山文化發展而來。西元一九五九年，考古學家在河南省發現了二里頭遺址，發掘出一批精美的青銅酒器——中國人稱之為「爵」。這是一種優雅的酒器，外形纖細，非常具有現代感。二里頭遺址的中心是一座宏偉的宮殿，由多面夯土牆構成。「夯土」是一種建築技法，需要耗費大量勞動力，但能建造出如岩石般堅硬的建築。現在，在中國各地仍保留了許多夯土建築。[22]

中國的考古令人興奮，因為還有很多未知等待去發現：在最近發掘的墓葬中，考古人員發現了精美的花瓶、玉石製成的飾品、青銅武器、非常古老的文字，以及與養蠶和祖先崇拜有關的證據。與哈塔爾赫尤克不同，這是一種等級森嚴的文明，由世俗的君王或擁有神權的君王統治，他們能夠動員大量勞動力。

我們知道，黃河及其支流沖積出大片平原。對中國農業而言，這片肥沃的平原非常重要。人類的聚居點在這片土地上持續發展，與兩河流域、尼羅河流域或印度河流域的人類發展並無不同——產生了城市、國王和複雜的宗教。河流既帶來沃土，又造成危險。正如我們看到的那樣，河流經常氾濫成災。為最大限度提高農業產量，人們需要控制水量，將其分流至農田。與野生動植物一樣，河流也要被馴服。這項工作需要精密地組織和領導，社會等級和統治者由此產生。如果只種植莊稼和飼養動物，村莊沒有聯合的必要；但如果要改造河道、修建灌溉網路和防洪系統，村莊就必須聯合起來。在人類歷史上，土木工程扮演著重要的角色，但常常被人們忽視。

因此，大禹的故事能解釋政治權力為何發展的原因。他能成為夏朝的君王，是因為他可以將百姓組織起來，帶領人們為公眾利益服務。一般而言，國王和皇帝會帶來壓迫，但這個觀點算不上激進。起初，統治者不過是些小人物，他們是一群修建堤壩的勞動者。後來，他們開始修築城牆，組建軍隊，任命稅吏。大禹的傳說潛藏的訊息是：與其混亂無序，人們寧願接受權威。在這個例子中，混亂無序主要體現在河流改道導致的災難，大洪水奪走了數百萬條生命。換句話說，接受統治者的領導比好過在災難面前束手無策。埃及的法老和巴比倫的祭司一定會點頭贊同這個觀點。

大禹治水的故事和夏朝之後王朝起落的歷史都被人們記錄下來，成為國家敘事的一部份。早年將人們組織起來，協力控制自然，在這一過程中產生的權威，也因此而代代相傳。與西方一樣，中國的統治者也聲稱他們的權威不只來自善於組織百姓或恐嚇臣民，而是他們和神靈有特殊的連結。他們可以與神靈溝通，消弭饑荒，停止降雨。因此，中國在藝術和技術領域的長足進步都與宗教禮儀密切相關。在中國的考古遺址中，人們總能發現許多文物，如鑄造工藝出眾、雕刻精美的青銅器，以及樂器和焚燒之後用於占卜的獸骨。巨大的三足鼎和青銅酒器有許多精美的紋飾，其外壁就如珊瑚礁那般複雜。對早期文化來說，人們為何要花大力氣製造這些物件，顯得非常古怪。事實上，鑄造青銅器是政治的需要：它們是權力的象徵。

尼羅河的夢魘

我們的第三個大河文明，古埃及文明，似乎是個常常令人目瞪口呆，而非惹人喜愛的文明。它與現代世界幾乎毫無聯繫。獅身人面像和金字塔已成為一種全球化的媚俗視覺品味。在世界各地的博物館，參觀者都排起長隊，爭相目睹黃金或彩色遺物。乘坐飛機去看帝王谷神廟和墓葬群的文化旅行者絡繹不絕。埃及文化雖然綿延長遠，也很有成就，但對後世的思維影響不大。對荷魯斯和歐西里斯的崇拜曾在二十世紀復興了一段時間，但追捧的人不過是些喜歡超自然現象的半吊子或馬戲團的潑皮無賴。神秘的法老曾吸引電影製片人拍出不少荒誕劇。但相較於猶太教、古希臘思想和古羅馬政治的影響力，甚至與早期中國和印度思想家的影響力相比，古埃及思想的影響力都微乎其微。與古埃及的物質遺跡相比，美索不達米亞泥磚遺跡多已風化消散，簡直不值一提，但他們在科學、數學和技術等領域的創造力遠超前者，因為生活在沙漠邊緣的埃及人只熱衷於創造各種死亡儀式。

埃及學家（更不用說埃及人）或許會說上述觀點無知、褊狹。古埃及人是可敬的藝術家和建築師，他們發展出一種複雜的宗教，護佑埃及人達數千年之久。一些位階較低的墓葬展現了埃及文化的多樣性：與鄰國相比，埃及人更尊重女性。他們熱愛生活，醉心自然世界，沉醉於啤酒、美食、性愛和各種逸聞趣事。埃及人癡迷死後的世界，他們相信，今生的預備會為死後帶來更多享樂。

埃及文化遺留下很多令人生畏的鳥首或犬首的神祇，還有神化的甲蟲以及法老們冷峻的目光。那些大型紀念建築至今仍屹立在原地，但似乎僅此而已。為何會這樣？在歷史上，古埃及文化缺乏與時俱進和因地制宜的靈活性，缺乏有形的變化——也就是說，埃及文化過於故步自封。古埃及文化存續了大約三千年，從前王國時期一直延續到古羅馬時代，希臘化的法老們最終銷聲匿跡。在早期，尼羅河流域的藝術簡單、質樸，顯得與眾不同。其中一些農民和動物的泥塑與美索不達米亞人的早期藝術頗為相似。但是，埃及的藝術風格很快就固化了，變得呆板、僵硬。雖然內行人能辨別出不同王朝、不同地區的藝術風格，但在兩千年的時間裡，埃及的藝術風格幾乎沒有發展。

法老哈謝海姆威（Khasakhemwy）的雕像完成於西元前二六七五年，這尊精雕細琢的雕像與一千五百年後的法老雕像沒有太多區別。[23]西元前三三二年，亞歷山大大帝在埃及登基。為慶祝他成為法老，人們在盧克索神廟內部又修建了一座小神廟。這座小神廟的壁畫對面是一千多年前新王國時期的壁畫，儘管前者在細節方面略遜一籌，但兩者非常相似。一個明顯的理由是，對古埃及人來說，不存在「為藝術而藝術」。藝術只是宗教和世俗權力的表現，用來描繪有力量的神祇們所居住的隱秘世界；記錄人與神的關係；以及用法老的權力恐嚇旅行者或反抗起義者。為此之故，埃及的藝術便必須經常重複同樣的場景，有時將主人公描繪得異常高大。埃及藝術不是為了展現人性，也不是寫實的藝術。

在埃及的故事中，尼羅河既是惡人，又是英雄。尼羅河是世界上最長的河流，與眾不同之處是自南向北流。由於盛行風從北向南吹，乘船出航的人會發現，尼羅河是一條絕佳的雙向傳輸帶。更好的是，尼羅河不僅為埃及人提供大量魚類和野禽，而且（在現代埃及總統納瑟修建亞斯文水壩之前）每年定期氾濫，洪水帶來的淡水和淤泥使土地非常肥沃。洪水並不是非常規律。來得太早或太晚，太凶或太弱，都會破壞農業生產，引發饑荒。

週期性的混亂、叛亂和文明倒退，是古埃及史的特點，這些似乎都與尼羅河的異常氾濫有關。然而，與兩河流域、黃河流域和印度河（在今天的巴基斯坦境內）流域的文明相比，埃及人是幸福的。這不僅是因為他們擁有一塊四千英里長的沃土（這片沃土呈帶形，北端是位於地中海沿岸的尼羅河三角洲，是由洪水氾濫衝擊形成的平原），還因為他們擁有許多天然屏障：東部和西部有沙漠和高山，南部是人煙稀少的非洲內陸地區。利比亞人、波斯人和神秘的「海上民族」都曾侵入埃及；但埃及人遭受的外來入侵已是相對較少。平坦的美索不達米亞平原，以及作為陸路通道的巴勒斯坦地區，更容易成為戰車和騎兵的爭奪對象。

埃及易守難攻，無法被長期佔領。因此，在上古世界，它總能夠恢復。

尼羅河也對政治產生了影響。事實上，所謂的「埃及」分為兩大區域。這條「雙向傳輸帶」將生活在廣袤土地上的人們凝聚在一起，使黝黑的非洲努比亞人和地中海沿岸的居民同住一個國度。「上埃及」位於埃及南部，更靠近非洲內陸；「下埃及」位於埃及北部，更靠近地中海。在大部份時間裡，上埃及人都統治著下埃及人。如果不瞭解這一點，我們就無法全面理解埃及人的地理觀。今天，埃及人仍存在差異，體型和膚色均有所不同。與美索不達米亞相比，埃及是後起之秀，這部份是由於其生長繁衍的土地。在很長一段時間裡，這片土地物產豐富，有很多動植物資源，人們根本無須過定居生活。隨後，沙漠逐漸侵蝕了土地。來自南方的法老第一次統一了全埃及，他有一個響亮的名字——納爾邁（Narmer），意為「兇惡的鯰魚」。[24]

大禹和夏朝的故事說明，唯有集中化的王權才能將分散的村落凝聚成單一國家。為有效利用河流，埃及人也需要複雜的溝渠網路和灌溉系統，並且每年還要清理、挖掘和修復這些水利設施。因此，人們很早就形成了共同勞動的習慣，願意離開農田，在遠方修渠建堤。

這種習慣對修建法老的神廟非常有利。埃及人相信，尼羅河是從陰間流出來的。可以理解，他們對尼羅河每年的氾濫憂心忡忡。在埃及人的信仰體系中，尼羅河諸神早就佔據了重要地位。因此，當法老將自己與這條奔流的大河聯繫在一起的時候，他們就獲得了巨人的象徵權力。地理不能決定一切。我們對河流方位或海岸形狀的認知可能會被某一個人或某一種思想顛覆，這樣的例子在人類歷史中屢見不鮮。但倘若「地理決定論」在某個地方有效的話，它正好就在這片由尼羅河塑造的土地上應驗。這片土地受尼羅河保護，為尼羅河的統治者服務，並最終被尼羅河抑制了發展。

在古埃及的遺跡中，很少像德爾麥地那（Deir el-Medina）那般動人。德爾麥地那坐落在帝王谷的山腳，與盧克索神廟隔河相望。在它的周邊遭有許多宏偉的遺跡。底比斯的卡納克神廟氣勢恢宏。哈布城的拉美西斯三世神廟令人生畏，其起造是為了慶祝法老的軍事大捷，這座神廟的規模異乎尋常，足以使任何一位二十世紀的獨裁者忌妒到目瞪口呆。法老阿蒙霍特普三世也有自己的神廟，「門農巨像」——一對沒有臉的怪物的巨大雕像——矗立在神廟門口。而女法老哈特謝普蘇特的神廟則保留了一些如舞臺佈景般的遺跡。這一切正是我們所期待看到的古埃及。這些地方就像納粹或史達林風格般令人望而生畏。

德爾麥地那則不同，它是一座由石牆和磚牆構成的灰色迷宮，目前殘存的牆體只有幾英尺高。德爾麥地那看上去像一個巨大的羊圈，或是蘇格蘭高地廢棄村落，不知為何，失落在炙人的沙漠的山丘上。德爾麥地那的上方有無數洞穴，在地勢較高處被開鑿在淡紅色的峭壁之上。有的洞穴旁，坐落著磚砌的小金字塔。與周邊遺址相比，德爾麥地那幾乎無人光顧。然而這裡曾經是一處居民點，居民都是為祭司和法老工作的工匠及其家眷。他們不是奴隸[25]。他們工作非常勤勉，為趕在墓主去世前建成陵墓，他們常常要在地底下拚命趕工。這些工匠的酬勞通常是小麥、衣物，以及添加了蜂蜜的啤酒。工匠們週末休息（埃及的一周有十天，所以他們休息的頻率比較低），平日則要工作八小時，每四小時休息一次。他們會召集貧困農民和奴隸來協助自己，以減輕工作強度。有兩名監工負責監督工匠們的工作，他們就住在德爾麥地那。每當法老去世，工匠們都會歡呼雀躍，因為這意味著更多的工作及收入。在節日期間，工匠們會徹夜狂歡，喝得酩酊大醉。他們的手藝代代相傳，製作木乃伊的技藝就是其中之一。

尤其引人矚目的是，工匠們會抽空修建自己的陵墓，為死後做準備。他們的日常工作是修建龐大的建築，或深挖地下的岩石層，為新王國時期的上層統治者準備安息之所。但同時，工匠們也為自己準備身後事，修建小型的金字塔和刻有精美壁畫的墓室。這些墓室通常被建在地下二十至三十英尺的地方。壁畫是彩色的，顏色鮮亮到令人驚訝的地步。壁畫的內容包羅萬象，例如歌頌夫妻恩愛、勞動者的家庭、周圍的自然世界（包括農作物、鴨子和猴子），以及豐收的糧食等。在這裡，安葬著普通人，遠離那些宏偉的、彷彿在說「來挖我呀」的巨大陵寢，後者即便在古代，也已經吸引來無數盜墓賊去挖法老的墳墓。這些平民的墓葬直到現代挖掘之前都未遭到破壞。

不僅如此，這些人還會將自己的思想記錄在小塊的石灰岩（通常是挖掘墓穴時產生的建築廢料）、破碎的陶片或莎草紙上。在三千年前用簡化的通行文字寫出而後丟棄，其中許多留存下來。這些陶片記錄了民間故事、法律訴訟、愛情詩、解夢、流言、爭鬥、智慧箴言，有一位婦女剝奪了自己孩子的繼承權，因為她認為自己年老時這些孩子沒有好好地贍養她，衣物清單，跛驢引發的麻煩等，甚至還有治療痔瘡的藥方（將麵粉、鵝的脂肪、鹽、蜂蜜和綠豆混合成膏狀物，在臀部連續塗抹四天）。

在這些記錄中，有個叫帕尼卜的工頭。他心腸歹毒，經常殘忍地威逼其他工匠。他從法老的陵墓中盜取財物，逼迫其他婦女為其縫製衣物。他與一個叫圖伊的已婚婦女通姦，也與其它有夫之婦通姦。最終，法老的官員將帕尼卜捉拿審問，剝奪了他的職務，但他最後的下場我們一無所知。這場官司或許是由村民之間的糾紛引發的，但這也說明了埃及有一個受到信賴、有效的司法體系在運作。

這座村莊的故事乘隙按了一個罕見的例子，來自遙遠歷史的普通工匠及其家眷發出了他們的聲音。這些工匠不是普通的勞動者，他們擁有專業技藝，受人尊敬。他們與統治者擁有相同的宗教信仰，共用死後的世界。這些人是石匠、畫師、木匠、裁縫和廚師，以手藝為傲。他們的伙食不錯，有魚有肉有蔬菜，還有麵包和啤酒。他們擁有豐富的精神生活，並借此理解整個世界。他們相信法律體系能懲惡揚善、公正無私。考慮到這些情況，我們有關古代勞動者生活在一個半奴役的世界中的想法就就受到了否定。這些村民的生活難道比不上成千上萬今天生活在公寓樓裡薪水微薄或失業的人嗎？

回到公牛時代

米諾斯文明是第一個歐洲文明（從大約西元前三六〇〇年至西元前一一六〇年）。儘管如此，米諾斯文明的中心克里特島位於希臘半島的南方，遠離希臘本土。米諾斯人是善於貿易和航海的民族，他們製作的陶器遠播埃及，其藝術也深受埃及人的影響。米諾斯人有自己的文字，但我們尚未破譯。他們看上去並不好戰。米諾斯的藝術和建築令人矚目，宮殿的牆壁繪有躍出海面的海豚。在人們的最初印象中，這裡是一個快樂、平和、由女性主導的社會。在粗大的紅色廊柱和完備的排水系統之間繪有公牛起舞的圖案，還有人們採集番紅花的場景。不過，米諾斯文明可以拿來作為一種有關歷史的教訓——它警示我們如何將歷史浪漫化。

克里特島的克諾索斯王宮是地中海東部最負盛名的旅遊景點之一，被發掘面世已有一百多年的歷史。克里特島是一個散發著迷迭香氣味的炎熱小島，觀光客都會愛上這個世外桃源般的島嶼。克里特島曾毀於一場大地震，震央就在聖托里尼島。人們竊竊私語，認為這裡簡直就是「失落的亞特蘭提斯」。許多現代歐洲人都會如此想像自己的先祖：他們崇尚和平、愛好藝術、無憂無慮，卻慘遭厄運。這個故事一半是伊甸園，一半是鐵達尼號。不過，這些都是胡扯。

至少以我們的標準而言，克諾索斯王宮是一棟老建築。它的建造日期可以追溯到西元一九〇五年到一九三〇年之間——不是西元前，而是西元後。一位考古學家認為，這是克里特島上第一批鋼筋混凝土建築。與莫斯科紅場的列寧墓和柯比意（Le Corbusier）設計的現代建築相仿。如今，日益擴張的城市正逐漸蠶食這片遺跡。但凱茜・吉爾（Cathy Gere）發現，克諾索斯王宮恰好適合這種局面：「今天，全希臘到處都是爛尾的現代主義廢墟，低矮，『瘦骨嶙峋』，樓梯通往無有之處。」[26]

英國考古學家亞瑟・伊文思爵士（Sir Arthur John Evans）終其一生都致力於重建一座半真半假的青銅時代王宮——其中充斥著各種仿古畫。克諾索斯王宮是由一位希臘當地的古物學家發現的，並於十九世紀七〇年代開始發掘。伊文思受過良好的古典學教育，其從事造紙生意的家庭非常有錢。在克里特島從奧斯曼帝國獨立後，伊文思就買下了整個王宮遺址。伊文思的朋友德國考古學家海因里希・施里曼在一八七一年發現了特洛伊城遺址（但不慎毀掉了其中一部份）。與他這位朋友一樣，伊文思也把自己視為溝通古今世界的橋樑。他認為，古典時代更質樸、更高尚，喚醒這段記憶有助於抹去骯髒的工業社會給現代歐洲留下的污點。正如吉爾所言，精神的渴望為伊文思注入動力，令他神采奕奕，希望在現代世界中「重現異教文化的魅力」。

為實現夢想，伊文思首先用木料和石膏加固嚴重受損的建築物。隨後，他又逐步運用新近發明的具有柔韌性的鋼筋混凝土改造這些建築。有專家認為，伊文思重新構想的克諾索斯王宮建築群範圍還算精確、合理。不過，也有專家認為，那只是個現代主義的臆想。伊文思在尋找得是一處安靜祥和、沒有性禁忌的天堂。而在克里特島，他沒有發現任何軍事要塞存在的證據；不久之後，他委派了一批現代藝術家去「潤色」那些古老的壁畫，但做得太徹底，簡直是在創作全新的畫作。有一組瑞士裔的法國人父子檔，兩個人的名字都叫埃米爾・吉耶隆（Émile Gilliéron）創作了許多仿古畫，完全沒有事實依據，與米諾斯文明相去甚遠。儘管如此，這些仿古畫在世界各地一再被複製，而他們後來還可能做了更全面的造假。

這些仿古畫中根據伊文思的臆想加入了非洲黑人戰士的形象。他們受米諾斯人的雇傭，侵入希臘本土。伊文思經常把希臘人與日爾曼人的窮兵黷武聯繫在一起。精明的觀察者一定感覺事有蹊蹺。在參觀伊拉克利翁博物館展出的畫作時，英國小說家伊芙琳・沃（Evelyn Waugh）寫下了自己的疑惑：「這些畫家將精準重現米諾斯文明的狂熱與《時尚》封面的癖好混在一起了。」[27] 即使是「米諾斯」這個名字也源於伊文思的信念，他認為自己發現了米諾斯王那座著名迷宮的原址在這裡，古典神話英雄提修斯殺死了半牛半人的怪物米諾陶洛斯。這則神話將米諾斯王安置在克里特島上，而米諾陶洛斯則在迷宮中吞食雅典的童男童女，是一個帶有虐待狂色彩的故事。至於實際上米諾斯人是如何稱呼自己的，我們已不得而知。

從這些殘垣斷壁中，我們能獲知哪些有關米諾斯人的真實資訊？他們的文明存續了大約一千三百年。米諾斯人經歷了一系列自然災害，其中包括一次極具破壞力的大地震、一次火山大爆發，以及一場大海嘯。這場海嘯摧毀了沿海的居民區和他們所有的重要船隻。近期的考古發掘表明，克里特島經歷過類似西元二〇〇四年亞洲大海嘯造成的巨大破壞。米諾斯人的「宮殿」分佈在克里特島各地，由石子路連接在一起。那裡是城市中心、宗教中心和貿易中心。米諾斯人的商品包括錫、繪有圖案（而非仿製）的精美陶器、各種食物和油品等日用必需品。他們的農業生產很發達。人們信奉公牛崇拜，通常由女祭司主持宗教活動。在娛樂活動和宗教儀式中，米諾斯人會縱身躍過公牛，抓住牛角以控制公牛的身體——我們可以在古代壁畫中看到這一場景。與現代的鬥牛相比，這種行為要危險得多。即使他們的藝術品沒有後世贗品那般華麗，其線條的繁複程度已足夠吸引人們的眼球。

米諾斯文明也有黑暗的一面。當代人認為，米諾斯人確實爆發過戰爭，也確實有用於防禦要塞的城牆。在克諾索斯王宮附近，有一處名為阿尼莫斯皮利亞（Anemospilia）的考古遺址，那裡挖掘出一座神廟，它質樸無華，一如伊文思想像中克諾索斯王宮的樣子。西元一九七九年，由希臘人領銜的考古隊在神廟中發現了三具骸骨。顯然，這些人死於火山爆發的餘波。考古人員認為，其中一具骸骨屬於一位二十八歲的女祭司，另外一具骸骨屬於一位男祭司，而第三具骸骨則屬於一個十八歲的男孩。男孩被綁縛著，身體蜷縮成胎兒的姿勢，身上插著一把精美利刃。黑色的骨頭與白色的骨頭排列在一起，這說明在災難來臨時，他已失血過多，瀕臨死亡。於是人們推測，這個男孩是人祭，用來平息火山爆發。

米諾斯文明遠不是一個寧靜祥和、羅衫飄逸，喜愛海豚的社會，其血腥程度不亞於任何社會。就像最早的克羅馬儂人一樣，他們可以將藝術之美與同類相食融合在一起。同樣，在歐洲文明初始階段，人們也會將美麗事物和活人獻祭融合在一起。大自然反覆無常，人們難以適應氣候，狩獵—採集者只有更加努力才能應對大自然的挑戰。同樣，他們的後裔米諾斯人也要努力應對大自然的威脅，而這些威脅足以毀掉他們的生活方式。隨後後，人類才開始學習如何改造自然。然而，除一些宜居的河谷外，此時人類能否取勝還是未知數。

米諾斯文明的結局撲朔迷離。許多學者認為，米諾斯文明不可能毀於某一場大災難，儘管這是導遊和民間常見的說法。但反覆出現的火山爆發和大地震使米諾斯人元氣大傷，對於從希臘本土入侵克里特島的邁錫尼人來說，米諾斯人簡直就是個「軟柿子」。講希臘語的民族取代了已經滅亡了的米諾斯菁英階層。但好景不長，希臘人的文明也很快神秘消失了。正如我們即將看到的那樣，地中海世界生機勃勃的青銅時代戛然而止，留下的謎團不斷撩撥人心。

到此為止，夏娃的後代已經奠定了現代世界的基礎。在五萬年的時間裡，早期的人類已完成了大部份的文明奠基工作，他們的名字早已失傳，而他們使用的大多數語言也仍然成謎。他們清理森林、發明農業、建造第一批城鎮，並且進步到學習使用數學和文字，留下名字和故事。他們也開始創建了一整套等級制度，培養出軍事菁英。是的，他們已經發明了戰爭！

第二部 為戰爭一辯

The Case for War

第一個輝煌的帝國時代，從亞述人到亞歷山大大帝，戰爭如何推動了宗教、著述和哲學的巨大飛躍

戰爭越來越頻繁：枯燥的編年史充斥著傲慢、嗜血的國王，充斥著化為焦土的城市，蒼蠅在屍體上嗡嗡亂飛。歷史果真只是如此嗎？確實，早期的地中海世界、印度和亞洲見證了無休無止的戰爭，帝國、軍隊攪動在一起。你可能認為人類文明會因此退回黑暗時代。確實，大約在三千年前，人類文明的搖籃曾神秘般地陷入崩潰。各地考古學家發現：人口銳減，宮殿廢棄，技藝（包括文字體系）失傳。

但是，災難過後，新帝國重新崛起。這些帝國擁有鐵製武器，記錄了自己的歷史和戰爭進程。無論如何殘酷，一個尷尬的事實是，戰爭是人類歷史變革的巨大推動力。當我們伸手從錢包或口袋掏出銅板的時候，當我們爭論著民主體制中極端分子的危害，或討論文化交流的時候，當我們使用字母文字記錄我們的思想的時候，當我們閱讀報紙頭條關於傳統家庭面臨威脅的報導的時候，我們都在使用那個遙遠時代發明的工具和思想。那是一個帝國的時代、思想家的時代、戰士國王的時代。

所以，我們在下面會分別談到希臘、印度和中國的戰爭。

希臘的榮耀和第一波帝國的建立

> 女神啊，請歌唱佩琉斯之子阿基里斯的致命的憤怒，那一怒給亞該亞人帶來無數的苦難，把戰士的許多健壯英魂送往冥府，使他們的屍體成為野狗和各種飛禽的肉食……
>
> ——荷馬，《伊利亞德》

有一個歷史文獻中記載的故事，我們至今仍在閱讀。故事起源於激戰正酣之時，以英雄阿基里斯的憤怒開端。故事的時間跨度只有兩個星期，蘊含了爭吵、勇氣、憤怒和城牆下的血腥死亡等情節。而事情發生在十年圍城的尾聲。這就是荷馬的《伊利亞德》。在這部史詩和另外一部講述旅程和磨難的偉大史詩《奧德賽》中，荷馬開始創造出希臘。對古典希臘人而言，這兩部史詩堪稱《聖經》和莎士比亞的綜合體，是文化認同的淵源。這兩部史詩也是修辭表達的集大成之作，更是演說家的寶庫。

在西元前五世紀，有教養的希臘人都以能背誦長詩為傲。從那時起，荷馬的故事、誘拐海倫和特洛伊木馬等神話就進入了全世界的想像力當中，影響及於羅馬的將軍、莎士比亞時代的英格蘭詩歌和現代的電影製片人。在這裡誕生了真正的世界文化，是已知最古老的西方文學作品。《伊利亞德》講述的是戰爭的故事，而且是個異乎尋常地令人信服的故事：軍事領袖心胸狹隘，有時甚至會投入敵營；疾病在軍營中肆虐，傷痛消磨著人的意志；敵人也值得尊敬，而不僅僅是仇恨。在這個故事中，好人也會死。這部史詩將暴力與榮耀連接在一起，但作者認為人類對戰爭的渴望是愚蠢的，自討苦吃。他在內心深處排斥戰爭，因此創作出一部反映人類處境的不朽之作。

在這幾百年間，人類的核心文明從青銅武器發展到鐵製兵器，從口頭傳說發展到用文字記錄故事。戰爭是一股黑暗的力量，但它推動變革的作用無法忽視。在中國、印度和地中海世界，衝突促進了諸多事物的發展，如金屬冶煉、車輪、馬術、航海、數學和算術，以及建築和宗教。顯然，這個問題不是非黑即白。考量到鐵器時代之前的歷史及後續的發展，希臘是個不錯的敘述起點。在進入鐵器時代以前，希臘曾面向一個美好的未來，但這個未來尚未來臨便遭扼殺。黑暗降臨希臘的邁錫尼，也就是荷馬英雄們生活的世界。宮殿和城市遭到破壞，人們逃離家園，最終竟喪失書寫能力。劫後餘生的希臘人用荷馬史詩喚醒身份認同，他們將自己的困境歸罪於戰爭。

我們並不瞭解當時究竟發生了什麼。西元前一千年前後，某場大災難或一連串災難襲擊了地中海的東部地區，導致各地人口銳減。倘若，在古典時代早期，大災之後到達這裡的希臘人認定這場浩劫與特洛伊戰爭有關，那麼或許戰爭是原因之一。歷史學家認為在北方的多利安人部落入侵時，當地的希臘小國已被地方性的衝突摧殘得奄奄一息。多利安人乘虛而入，毀滅了希臘諸國。但還有另一種說法，認為這些小國的崩潰可能與自然災害有關——氣候變化或一系列大地震是罪魁禍首，隨後，為了生存便爆發了戰爭。不過，任何單一理由似乎都不夠充分。

在這場神秘的大災難降臨前，青銅時代的地中海世界一片繁榮。出土的文物和銘文已經成為我們知識結構的一部份。例如其中最引人矚目的考古發現之一，是一艘在特洛伊戰爭爆發前一百年沿土耳其海岸航行的商船。西元一九八四年，一名潛水夫在海底發現了這艘沉船。在此後十年間，水下考古學家發掘並復原了這艘名為「烏魯布倫」的沉船。通過對船上木柴進行分析，考古學家將這艘沉船的歷史追溯到西元前一三一〇年左右。根據研究，這艘由黎巴嫩的香柏木和橡木製造的商船可能是從賽普勒斯或巴勒斯坦出發，目的地則可能是羅德島或西臺帝國。在航行到靠近海岸的時候，這艘商船突然沉沒。當時，水手們正在吃飯，殘餚中的骨頭都在遺跡中被復原。[1]

不過，這艘商船運載的貨物更令人稱奇。船上有大量精製的銅錠，來自賽普勒斯的銅礦，其形狀製作成很適於牲畜背負。船上還有一些錫錠，是人們用來冶煉青銅的原料，而青銅則是鑄造盔甲、武器和各種工具的原料。考古學家還發現了幾袋鈷礦石、綠松石、薰衣草色的玻璃、多件樂器、幾罐珠子、產自迦南地區的橄欖和染料、非洲的黑色硬木、埃及的黃金首飾、象牙和河馬牙、鴕鳥蛋殼和龜殼，以及產自義大利、巴勒斯坦和希臘的刀劍。除此之外，船上還有一些兵器。一般認為，這些兵器產自保加利亞和阿爾卑斯山區。船上的工具也不少，如斧子、鑽頭、鉗子和鋸子。食物五花八門，有松子、無花果、芫荽、杏仁和石榴。此外，人們還發現了產自波羅的海的琥珀和埃及王后娜芙蒂蒂（Nefertiti）的印章，以及兩本用黃楊木、象牙和蜂蠟製成的的小冊子——上面刻有字跡，這是一種荷馬曾描述過的記事本。

這還僅僅是一艘沉船上的發現，這艘船體積不大，竟奇蹟般地保存了三千三百年。船上運載的貨物彷彿是一個節點，將義大利、巴爾幹、撒哈拉以南非洲、波羅的海、亞述、邁錫尼和埃及連接在一起。它鮮活地呈現了一種失落的文化——一種富庶、成熟的世界主義文化。這艘偶然發現的商船顛覆了許多有關青銅時代的陳舊觀念，讓人認為文明也許是從數百年的商業競爭中誕生的，而不是軍事對抗的產物。

然而，事實並非如此。在鐵器時代，一再激起變革的是戰爭，而非貿易。荷馬史詩的聽眾們隱約記得的戰爭終將讓位給一個衝突碰撞的時代，而這個時代帶給了我們人類今天的文明許多禮物。包括西方的拼音字母，東方的象形文字；偉大的古典希臘哲學和中國的儒家思想；我們現在仍然在運用的建築樣式，以及啟發數十億現代人的宗教觀念。

民主是一個強加給希臘步兵方陣的觀念，強調士兵人人平等，彼此保護，共同對抗騎馬的富人。一神教出現在一個在帝國夾縫中求生存、屢遭野蠻入侵和奴役的弱小部落中。而諸侯國曠日持久的戰爭與失序則催生了中國有關秩序和責任的觀念。相對而言，那些很少受到戰爭或入侵威脅的文化——如埃及文化——往往保持不變，很少給人類共同的歷史留下有價值的元素。因此，我們不得不追問：如果地中海世界一直很寧靜祥和，向外部世界輸出原材料和奢侈品，但自己卻主要依靠畜牧和捕撈為生，這樣的社會經濟環境可以孕育出索福克勒斯或伯里克里斯嗎？戰爭是最糟糕的人類集體經驗，燒殺劫掠、饑荒和有形無形的毀滅都由此產生。然而，戰爭也帶來改變，有時候，甚至有好的改變。

在荷馬史詩中，戰爭的不確定性令人糾結。他筆下的希臘和特洛伊的英雄們都不同凡響，他們年輕、高貴、充滿活力。回首英雄時代，荷馬的許多聽眾相信，在特洛亞（Troad）海岸登陸的希臘人都是巨人。人們將史前巨獸的骨骸當作超級英雄們的遺骨，認為英雄們的作為攪擾了奧林匹斯眾神沒完沒了的下午茶時間。然而，荷馬展現了英雄們人性的一面，他們也會怒髮衝冠、牢騷滿腹、吹噓膨風、追名逐利。在生命終結時，他們並沒有前往南方那座榮耀的英靈神殿，也沒有躺入處女們的溫柔鄉，而是就此逝去，進入了陰森、恐怖的冥府，成為影子一般的陰魂。[2]

荷馬史詩將激情與憂傷的智慧融為一體，要了解荷馬史詩，必須認識荷馬的聽眾及其身處的時代。當時希臘人正處在青銅時代邁錫尼的史詩隕落之後與古希臘城邦誕生之前的時期。我們對荷馬幾乎一無所知。傳說他是個盲人。一些學者甚至否認他的存在，認為「荷馬」只是某個匿名團體的簡稱或說書人傳統的代稱。但其他學者並不認同這種觀點，他們認為荷馬史詩結構精巧、內容連貫，肯定出自一人之手。無論他或他們（出於簡化的目的，下面我將使用單數人稱代詞）是誰，荷馬使用的是一種希臘方言——愛奧尼亞語。這種語言曾流行於今天的土耳其西海岸，也就是特洛伊城所在的地區。

根據史詩中隱含的線索，如今的歷史學家判斷荷馬大約生活在西元前七五〇年左右，在特洛伊戰爭之後五百年。然而，《伊利亞德》的部份章節似乎更古老，尤其是著名的「船錄」。這份目錄羅列了組成希臘軍隊的許多城邦和民族，描述的是青銅時代的政治格局，而不是荷馬時代。荷馬可能只是記錄了史詩，而不是創作了史詩。因為早在大約五十年前，希臘人就開始使用改良後的字母記錄事物了。

特洛伊城是真實存在的。從西元一八七一年到一八七三年，上文提到的德國冒險家海因里希．施里曼（Heinrich Schliemann）首先發現了一系列古代聚居點和軍事要塞，他認為這裡與荷馬描述的攻城戰的地理與方位十分吻合。非常不幸，施里曼的考古經驗不足，他挖掘得太深，也太倉促，可能毀壞了特洛伊城的大部份遺跡。特洛伊城的遺址是諸多考古發掘層中的一層（但究竟是哪一層，現在仍有爭論）。由石灰岩城牆保護著的「特洛伊VI」大約建於西元前一三五〇年，擁有數座七米高的高塔、一座內城和一口深井。這座遺址中的黃金珍寶令人歎為觀止，其中包括一頂王冠。施里曼認為這頂王冠屬於特洛伊的海倫。但事實上，它的年代更古老。特洛伊城無疑是座舉足輕重的強大城市，地理位置絕佳，便於對外貿易和向過往船隻索取貢物。

特洛伊或伊利昂（Ilium）是西臺世界的一座城市，為其提供保護的西臺帝國統治著整個安納托利亞地區。西臺人很早就使用鐵器，是駕馭戰車的帝國主義者。直到最近，通過一系列重要的考古發現，西臺帝國的歷史才重見天日。對西臺人來說，特洛伊只是帝國西部邊緣地區的一個附庸國。西臺人有自己的文字。考古學家在其都城哈圖沙發現了許多石板，上面主要記錄了外交等方面的內容。通過這些內容判斷，當時存在一個富庶、繁密的軍事和貿易網路，而特洛伊只是其中的一個節點——西臺人稱其為「威魯沙」（Wilusa）。

我們對圍攻特洛伊的希臘人也有所瞭解，因為他們的城鎮遺址保存了下來。這些希臘人也有自己的文字，這種原始的文字被稱為「線形文字B」。人們通常稱他們為邁錫尼人，這名稱源於邁錫尼城，一座城門上有獅子裝飾的宏偉城堡，荷馬說是阿伽門農王的都城。那裡是希臘早期最主要的防禦據點之一。不過，最近有學者指出，底比斯城（Thebes）也一樣重要。希臘人在特洛伊戰爭爆發前五百年已經侵入這些以他們為名的山谷和島嶼。他們都是戰士，以氏族制度為基礎，在希臘本土的山頂上修建了防禦要塞。他們很快成了老練的水手和劫掠者，加速了米諾斯文明的滅亡。

邁錫尼的希臘人將戰敗者擄為奴隸，他們很可能就是令古埃及人聞風喪膽的神秘的「海上民族」。他們發展了殖民地和海外貿易，他們的陶器出現在地中海東部各地。西臺人的歷史文獻將這些希臘人視為單一民族，抱怨他們惡貫滿盈。有一次，他們曾將七千人從安納托利亞擄掠到邁錫尼。[3] 希臘人的歷史文獻也羅列了戰利品和奴隸數量：「俘虜了二十一名尼多斯婦女及其子女：十二個女孩和十個男孩。

另外，還有米利都和特洛伊的婦女。」[4]

曾有一個在邁錫尼時代的希臘人聯盟與特洛伊人開戰嗎？很有可能。特洛伊城很近，很富裕。今天的歷史學家認為戰爭很可能是由徵收貿易稅引發的，而不是因為一名美艷的斯巴達的王后名叫海倫被誘拐。不過，在青銅器時代，婦女的社會地位很高，經常在戰爭中被俘虜，而在斯巴達有一支對海倫的崇拜一直延續到古典時代，因此部份故事情節可能有些遙遠的史實基礎。遺憾的是，在特洛伊戰爭之後，不過兩代人的時間，一塊巨大的黑幕就降臨地中海世界。多座宮殿被遺棄。邁錫尼人傑出的黃金加工技藝失傳，文字也消失。

荷馬最早的聽眾是一群貧困而遷徙的人民。這群難民紛紛逃離家園，追憶往昔美好的歲月，他們總在問：「到底哪裡出了問題？」《伊利亞德》是一部更長的史詩的一部份，那部史詩至少有六個組成部份，但如今大部份已經遺失。整部史詩講述了戰爭的起源和結束——以特洛伊的陷落和毀滅為結局。[5]荷馬史詩長一萬五千七百行，根本無法一次背完或聽完。它很可能是為長達數天的節日準備的，或者像現代的電視連續劇，一段一段地由人誦讀。

無論它是如何被講述的，荷馬史詩展示了一個巨大的悖論：戰爭在剝奪的同時，也給予。沒有特洛伊戰爭，就沒有荷馬。沒有荷馬，就沒有我們熟悉的希臘古典文化（至少會少出許多）。因為，當這群人在歷史中重新現身，訴說著他們的阿基里斯和赫克托，帕里斯與海倫的傳奇時，他們正是在創造出整個古代最光輝燦爛的文明。

關於知識—汝當謙遜

而他們創造文明的方式是透過利用一種新的發明，這種發明簡單、靈活，塑造了西方世界。據我們所知，發明者不是一個人。這個發明神祕地誕生於一個民族。除了這個發明之外，這個民族並沒有給世界留下其他痕跡。

「關於知識：此時此地，在此墓室，汝當謙遜！」這句簡短、直白的警語出現在一座王陵的地下通道中。西元一九二五年，在黎巴嫩的港口城市比布魯斯（Byblos），人們發現了這位國王的石棺。石棺上畫著國王亞希蘭端坐王位之上，一位女祭司向他獻上一朵蓮花，一位國王的日常生活場景。國王的身邊有幾隻人面獅身，還有一段更長的銘文，似乎在講述對父子的葬禮。並且用隱晦的文字警告盜墓者：「凡人應當抹去痕跡，在供奉犧牲的祭奠管（libation tube）前。」這些話在當時是一種狠毒的威脅。另一段被翻譯過來的話則比較直白，兒子埋葬父親後，奉勸掘墓者離開：「願他的權杖被剝奪，願他的王位傾覆。」

然而，使亞希蘭國王的石棺卓爾不凡的並不是銘文的內容，也不是其藝術形式，而是它使用的文字。這是已知最早的腓尼基字母，出現在三千年前的比布魯斯。銘文中包括二十二個簡練的字母，簡單，便於記憶，所有字母都是輔音字母。腓尼基字母先後衍生出了古希臘文、亞蘭文和義大利的伊特拉斯坎文，還有拉丁語和所有歐洲語言。許多學者相信，印度—雅利安語和婆羅米文都來源於亞蘭文。這意味著，腓尼基人的創造幾乎覆蓋了除中國和遠東之外的世界各個地區。「Byblos」（比布魯斯）一詞演變成「Bible」（聖經）一詞絕非巧合：比布魯斯城出口用於書寫的莎草紙，希臘語的「莎草紙」一詞又用來指代書籍（按：biblos）。後來，這個詞又衍生為「聖經」。

腓尼基人是誰？這又是一個希臘詞語，意指起源於迦南地區的一個沿海貿易民族。他們生活在今天的黎巴嫩、敘利亞和以色列，可能是被殘酷的亞述人戰爭機器驅趕到海岸地帶。對當時的各民族而言，亞述人士當時的主要侵擾者。沿海地帶的迦南人是傑出的造船者和水手，他們將推羅港和比布魯斯港，以及後來偉大的殖民城市迦太基變成了地中海的貿易樞紐。在古埃及語中，「比布魯斯船」用來指稱那些能夠進入遠海航行的船舶。根據傳說，在西元前六〇〇年，腓尼基人曾經圍繞非洲海岸航行了一圈。這個傳說雖然有些荒誕，但有個奇怪的事實使這則傳說聽上去有幾分可信——他們聲稱發現正午的太陽高掛於船舷的右側。我們對腓尼基人崇拜的神祇和他們的模樣略知一二。他們頭戴錐形的帽子，身穿簡單的棉袍，佩有黃金首飾。男人會梳理長鬚並且上油。根據浮雕和銘文的記載，腓尼基女性似乎比其他古代世界女性更有權勢，也更加自由。

最著名的腓尼基神話人物是泰爾的蒂朵，即人們熟知的埃麗莎。西元前八一三年，她利用智慧騙過了北非的土著人，創建了迦太基城。當地的土著人原本應允她一塊只有牛皮大小的土地。但是，狄多將整塊牛皮切割成一根根細繩，圈出一大片土地，在那裡定居下來。狄多還愛上了埃涅阿斯，他是從特洛伊逃難來到迦太基的，準備前往義大利。當埃涅阿斯執意離開的時候，狄多自焚了。不過，這只是羅馬人的說法。牛皮的故事說明，在青銅器時代，人們認為腓尼基人是狡猾的騙子，這是所有時代商人難逃的命運。後來，腓尼基人還曾為波斯人和馬其頓人效力，提供作戰船隻。腓尼基人是精明的仲介人，掌握了記錄商貿情況的便捷方法。

他們的字母使用了高度簡化的象形文字，本來是以圖形表意，後來則轉變為發音字母，一個符號代表一個讀音。腓尼基字母的名稱「gimel」、「dalet」和「sin」原本來自三種意象，分別指稱「駱駝」、「門」和「牙齒」。它們的發音我們今天聽來還有些熟悉。腓尼基文字的頭四個字母分別讀為「aleph」、「beth」、「gimel」和「deleth」。在我們看來，這些字母有點奇怪，它們與希臘字母或希伯來字母更相像。一旦符號和唇舌發音形成固定搭配，人們就可以用這些字母模仿我們說話的語言。這看起來平淡無奇，卻是巨大的飛躍。

只要知道這些字母的發音，就能讀出文字。無須辨識數千個微小的圖形，就能讀懂它們的含義。這樣記錄資訊的速度就會很快，因為字母很簡單。而且，文字還能刻在蠟版上，就像在那艘沉船上發現的蠟版一樣——這種文字肯定是用在記載商業資訊，記錄資訊的商人非常繁忙，不能浪費時間。當然，發音文字還可運用在不同語言，就像德語和葡萄牙語可以用同樣的字母書寫。因此，腓尼基人的經驗可以傳遍地中海世界，很快被各民族採用。我們確信，大約在西元前八〇〇年，也就是荷馬講述故事的前夕，希臘人接受了腓尼基字母，並進行了完善——在其中加入了母音。

撒馬利亞人有他們的拼音文字，源自一個更古老的聯合經典；希伯來文的源頭也可以追溯到這種文字。所以，荷馬史詩和《聖經》的作者都要向那個罕為人知的民族致敬。在世界歷史中，平淡無奇的目的會推動偉大的發明，字母文字的出現就是一個最好的例證，它本是商人在多種語言混雜的市場中使用的註記，卻超越了原初的目的並改變了人類的生活。美國的軍事通信系統發展成為互聯網也是個類似的例子，但其重要性卻比發明拼音字母來的遜色。令人遺憾的是，腓尼基人沒有留下有意義的著述——只有一些平淡的宗教詩歌和各種清單，以及死去國王們留下的禁令。

希伯來人的思想

若非創造了一種偉大的一神論觀念，希伯來人在世界歷史上本應十分邊緣，只不過是又一支起源模糊不清的近東民族。希伯來人信奉唯一的神，祂和每位信徒有一種一對一的聯繫。這種信仰在寫本中發展，借助文字的力量廣泛傳播。它躍出發源地，像一連串思想風暴席捲世界各地，直至世人習以為常。一神論對世界的變革遠超皇帝、技術或科學發現。

希伯來人信仰全知全能的神，祂不在某個特定的寺廟中居住，不在某條潺潺流動的溪水中，也不在某座霧靄籠罩的山頂上。祂傾聽信徒們的呼求，回應人類內心深處的需求。不過，當希伯來人最早發展出這種觀念時，它顯得很怪異。英國首席拉比（Chief Rabbi）喬納森·薩克斯認為這是一種轉型，即從根植於現世的宗教轉變為超越現世的宗教。人們不再在看得見、摸得著的世界中尋找意義：「多神教的諸神吵嚷、喧囂，根本無法超越宇宙。他們受制於自然，而沒有創造自然。」相比之下，猶太人的神從外部世界賦予人類生命的意義，給人類降下新的政治盟約。「人們相互盟誓，服從共同利益，形成『我們人民的』政治。」[6]這種新的理解方式將人們緊密地團結在一起。但遺憾的是，它也能用一種新的暴行使人群產生分裂。

歷史學家對希伯來人如何形成一神崇拜有過激烈的爭論。我們甚至不知道希伯來人最初來自何方。根據希伯來人的傳說，一位名叫亞伯拉罕的人是最早的先知。他有可能真實存在過，降生於烏爾城。烏爾城沿河而建，以磚鋪路，是一座日漸衰落的帝國城市，人們信奉美索不達米亞諸神。美索不達米亞人的宗教是猶太教的前身。傳說猶太人被困在埃及長達四百年之久。後來，在一位有著埃及名字「摩西」

的人的帶領下，猶太人打破枷鎖，贏得自由，通過艱苦跋涉到達「應許之地」。他們趕走了當地的民族，在那裡定居下來。然而，埃及的歷史文獻並沒有相關記載，考古學研究也沒有發現相關證據。《舊約》中的故事大約是在事件發生七百年後才被記錄下來的。

我們知道大約在西元前一二〇〇年，確有一個名為「以色列」的民族居住在今天以色列國的山區。這是因為埃及法老麥倫普塔赫（Merenptah）遺留下一塊自我誇耀的碑銘，上面列舉了他曾擊敗的居住在這一地區的各個民族。這塊銘文寫道：「以色列淪為廢墟：其種不存！」[7]（這可能是指埃及人毀掉了農民的莊稼，而不是消滅了全部男人。）考古學家發現，這些人的文化與迦南人的文化非常相似，迦南人居住在離此不遠的沿海地區。他們擁有相似的器皿、房屋和文字。更關鍵的是他們似乎崇拜相似的神祇。生活在北部地方的希伯來人將他們的神稱為埃爾，即迦南人的主神，而不是耶和華。希伯來人有十二個支派生活在這一地區，其中一些支派可能較晚一些到達此地。他們可能曾是沙漠民族，起源於阿拉伯半島，後來不斷向肥沃地區遷移。「希伯來」一詞的含義是「對岸的人」，即幼發拉底河對岸的人。因此，這些「遷徙者」或「流浪者」，從一開始就將自己與鄰近民族區分開來。

起初，希伯來人的神並不是宇宙唯一的神。埃爾（El，名字來自「以色列」，Isra-el）是一位父神，在神的家族中地位相當於宙斯。他的妻子名叫亞瑟拉；兒子是風暴之神巴力；也會帶來豐饒，女兒是阿娜特。人們對巴力的崇拜一期延續了很長時間。慢慢地，以色列部落開始將自己與鄰近民族區分開來。耶和華取代了埃爾。原本的「神」像希臘風格的「神祇」般可以在地上行走，發表自己的意見，介入人類的事務，正如我們在荷馬史詩中看到的那樣，喧鬧得神祇就像足球場上的觀眾。後來，這種觀念逐漸消退，人們逐漸將神視為一種更超驗、更隱晦、更可畏的存在。這一轉變過程歷經數百年之久。學者們通過研究猶太人著作中最古老的部份——今天基督徒所謂的《舊約》——逐漸揭示了這一過程。

今天以色列、巴勒斯坦和黎巴嫩所處的沿海帶狀地區自古就是歷經戰火蹂躪之地。很不幸，生活在這一地區的民族發現自己身處兩個偉大的河流民族之間，即埃及人和美索不達米亞人之間（包括底格里斯河流域的亞述人）。我們再腓尼基人的例子中已經見識了貿易如何推動發明。而正如之前提到的，本段的主題是驗證戰爭也能推動發明創造，以色列人就是主要的例證。衝突迫使他們走向成熟的一神教。

大約西元三〇〇〇年前，以色列人建立了王國，其王室包括幾個著名的人物，如掃羅、大衛和所羅門。他們擊退了另一個先進的沿海民族——非利士人。在人們的記憶中，這個王國是古代獨立的以色列國的頂峰。在那裡，由士師和先知組成的菁英階層發展出一種有關宗教和倫理的嶄新思維方式。以賽亞和耶利米等先知都曾說過，在全知全能上帝的永恆律法之下，才有公義和平等存在。這些律法比由國王或皇帝頒佈的法律重要得多。

然而，在西元前八世紀，這個王國分裂為兩個國家：北方的以色列王國以撒瑪利亞為都城，而南方的猶大王國則以耶路撒冷為都城。當時，戰爭的一個積極後果就是驅逐戰敗的社會菁英。戰敗的國王、教師和工匠沒有遭到屠殺，而是被擄掠至戰勝國的都城，從事各種強制性勞動。這會使戰敗國群龍無首，在某種程度上是一種去文明化的方法。西元前七二二年，以色列王國遭此厄運，居住在王國內的十二個以色列部落有十個被消滅，大約二萬五千人遭到放逐。征服以色列王國的亞述帝國，它的國都是宏偉的尼尼微城，擁有多位戰功赫赫的國王。他們兼用言語恫嚇和酷烈手段將中東的大部份地區變為自己的屬地。在當時，裝備精良的亞述軍隊是一支最專業的軍事力量，與他們作對的人會受到斬首、剝皮、穿刺或流放等懲罰。我們之所以瞭解亞述人的殘忍行徑，是因為他們在泥板文字中自吹自擂，並用石板雕刻來銘記。這些製作精美的物件完全是恐怖的戰爭宣傳，目的是威懾到訪尼尼微城的人們。

以色列王國陷落二十年後，猶大王國起兵反抗亞述人，於是亞述軍再度兵臨城下。拉吉城

（Lachish）毀於一旦，但耶路撒冷卻倖免於難，因為耶路撒冷城付出大筆金錢賄賂征服者，或許也是由於亞述軍隊在圍城期間突然爆發了疫病。後來大祭司希勒宣布他在聖殿的一角發現了一卷耶和華頒賜給摩西的律法書。在國王約西亞統治之下，祭司們擔負起任務，以為字典籍為基礎，宣講猶太人的全部歷史，主旋律變得愈發激進、尖銳，開啟了宗教發展的嶄新時期。[8] 古迦南人的偶像——巴力神和阿施塔特神被摧毀。男妓被逐出聖殿。但猶大王國仍然很弱小，是個軟柿子，受到相互競爭的帝國鉗制。在下一個新帝國到來之前，約西亞已經先被埃及人擊敗了。

新來的征服者是可怕的巴比倫人，他們的國王是尼布甲尼撒。巴比倫人的攻勢分兩個階段。在第一階段中，猶大王國的國王及其一萬名子民被俘。然而，猶大王國並未徹底毀滅。他們隨後發動了一次大起義，領導者之一是先知耶利米。西元前五八六年，巴比倫大軍再次來犯，耶路撒冷遭受猛烈圍攻。長達數月的圍攻使城中爆發了饑荒，甚至出現了人吃人的現象。百姓慘遭蹂躪，城市幾近毀滅。又有兩萬人被俘，但這次的目的地不是尼尼微，而是巴比倫。耶和華的聖殿幾乎被夷為平地。[9] 著名的「巴比倫之囚」開始了。被俘的人們俯伏在河邊痛哭，懷念家鄉的錫安山。

對耶路撒冷人來說，他們的城市只是一座塵土飛揚的小城，而巴比倫則是一個驚人的奇觀。巴比倫是最重要的世界中心之一，是中東各民族的大熔爐。在巨大的城門之下，在金字塔墓的近旁，在各座神廟和空中花園之間，各民族混居雜處，相互往來。藍色和黃色的琉璃瓦閃閃發光，公牛、獅子和龍的雕像矗立在街道旁。城中還有很多寬闊的道路，人們可以在這裡列隊遊行。如果明智的話，這些被俘之人應儘快適應當地生活，並融入其中。但猶太人卻拒絕這樣做。他們的書吏和祭司遍查經書，認定耶和華並沒有隨聖殿一起滅亡。相反，祂像一片巨大的樹蔭，始終跟隨祂的子民，在囚禁之地與他們共存。然而，神只與謹守律法的人同在。最初，這些律法只與祭司有關。他們必須使自己有別於外邦人。

割禮、禁食豬肉、日常禱告及對聖典的進一步精煉都增強了被俘猶太人的族群認同感。雖然身處熔爐之中，但他們未被同化。當然，猶太人也受到了巴比倫的影響。《聖經》中的許多故事如大洪水反映了美索不達米亞的著名神話，又如，巴別塔得多與建造工程故事也反映取材自當地的傳說。同時，耶路撒冷的可怕遭遇使猶太人的宗教蒙上了一層陰影，諸如上帝之怒和末日審判這樣的觀念愈發強烈。

所有這些對於世界宗教史來說都很重要。在戰爭和流放的影響下，希伯來人逐漸形成一套上帝的觀念。這套觀念以文本為基礎，對待所有信徒一視同仁（但將他們和不信仰上帝之人區分開來）。這個宗教包含了一部經典、平等的觀念和在信仰合一，並主張具有普世性。雖然在此之前，也曾出現其他一神論信仰和成熟的宗教體系，如波斯的瑣羅亞斯德教，但遠不及如此的高度。後世的猶太教、基督教和伊斯蘭教將會沿用這個模式。對劫後餘生的猶太人來說，耶和華仍掌管著空蕩蕩的聖殿和聖所，祂必將重返那裡，接受信徒的膜拜。然而，與其他神祇不同，耶和華不是某一處神廟或某一片土地上的神祇。祂不需要通過某一處聖地與信徒進行溝通。

現代一神教誕生了。巴比倫之囚為時不久，僅僅四十五年（相較而言，猶太人傳說曾在埃及流亡了四百年之久）之後，波斯大王居魯士擊敗了巴比倫人。他釋放希伯來人，後者攜新事物返回了家鄉。

跨越文化的居魯士

猶太人得以返回猶太王國——並因此發展了他們的信仰，且後世的基督教和伊斯蘭教也都根基於此，歸功於一個人。他是唯一被授予「彌賽亞」尊稱的非猶太人。在今天的伊朗，歷史上曾經輝煌一時的都城帕薩爾加德已成陳跡，遍佈塵土的遺跡上矗立著一根石柱。人們相信，石柱上的雕像刻畫的就是他的形象。這個蓄鬚的男人穿著飄逸的外袍，頭戴奇特的王冠，身後長有四個翅膀。石柱上的銘文內容很簡單：「我，居魯士大王，是阿契美尼德人。」

顯然，居魯士的服飾是跨文化風格的。他的外袍是居住在伊朗西部高原的埃蘭人的風格；王冠是埃及人的風格，但繩結卻是亞述人和腓尼基人的風格；而四個翅膀則是波斯人的風格。[10] 他想傳遞什麼資訊？居魯士留下了另一段字數更多的銘文，這段銘文幫助我們回答了這個問題。銘文被記錄在一個鼓狀石柱上，人們稱其為「居魯士圓柱」。這根圓柱被發現於巴比倫，現存於倫敦的大英博物館。製作圓柱的年代是在居魯士佔有巴比倫（他堅稱是和平佔領）及將猶太人自流亡中釋放之後。與之前提到的那個有翼浮雕一樣，製作這個圓柱的目的也是為了宣傳。居魯士二世希望以此影響後世對這段歷史的看法。銘文以「凝望我」開篇，這是一種常見的格式。隨後，銘文以一種居高臨下的口吻述說：「我，居魯士，是寰宇之王、偉大的君王、強大的君王、巴比倫人的君王、蘇美人和阿卡德人的君王……世界四極之主……」

到此為止，還算是標準格式。但居魯士想告訴我們的第二件事是，擁護猶太人上帝的大王對巴比倫人的馬爾杜克神也青睞有加——「我每天都敬拜牠」。除了釋放奴隸和重建家園，居魯士還重建了各種聖殿，不僅供奉馬杜克神，也供奉牠的新帝國中的各種低階神祇，「在底格里斯河的對岸，有些聖殿早已成為廢墟，有些神祇暫居我們的土地。我將讓祂們回到祂們的土地，永居聖所」。

希臘人對居魯士及其後嗣非常著迷，他們相信，與其他民族相比，波斯人對外來影響持更加開放的態度。有人認為，波斯人最初是遊牧民族，他們往往通過借鑒和吸納定居民族的建築、服飾、戰術和神祇來推動自身文明的進步。但歷史也有很多反例：野蠻的侵略者只是燒殺搶掠，然後轉身離去。希臘人曾試圖理解鐵器時代的這個歷史迷思：一個鮮為人知的部落何以突然在亞洲崛起，並建立、維繫了如此偉大的一個帝國。然而，與猶太人不同，希臘人誤解了居魯士。

居魯士很清楚，他的波斯人只是少數群體，但卻征服了許多古老且盛極一時的文明。居魯士發明了新的統治方式。在他統治下，只要不謀反，人們可以自由地信奉宗教、延續風俗。這是歷史上第一個多元文化的帝國。但這個帝國並沒有因此不好戰，不壓迫敵人。居魯士二世幾乎一生都在與人交戰，儘管他修建了一座著名的瑰麗都城，城中有巨大的、精心營造的花園，人們稱之為「paradeiza」（後來這個詞演化成「paradise」——天堂）。大多數歷史文獻記載都說，居魯士戰鬥到生命的最後一刻。其中最生動的記載是，當時他正與一個由名叫托米麗斯的女性領袖帶領的兇悍部落作戰，位在今天的哈薩克。他騙敵人喝下了一種不常見的烈酒，使他們醉倒，因而獲得了一場戰役的勝利。但托米麗斯隨即展開報復，率領軍隊發動了第二輪攻擊，這是古代最慘烈的戰役之一。結果，居魯士身首異處。他的屍體被運回都城帕薩爾加德，其巨大的石灰岩陵墓至今仍矗立在那裡。

這個故事出自「歷史學之父」希羅多德——後世心懷嫉妒的對手稱其為「謊言之父」。希羅多得可能拜訪過巴比倫城，為其終身之作搜集資料，這部著作記錄了希臘人和波斯人的戰爭史。希羅多德的故事扣人心弦，他傾力搜集第一手資料，並廣泛遊歷了古代世界。他有著新聞記者般的熱情，善於對故事情節抽絲剝繭，從不乾巴巴地記錄史實。他生活的世界中充滿了神祇。人們迷信又輕信（程度遠勝於我們）神諭和睚眥必報的諸神。也許，他並沒有告知我們歷史的真相，他也說不清因果關係。但是，希羅多德告訴我們當時街頭巷尾普通人認為發生過的事，以及背後的原委。

希羅多德說，居魯士是米底國王阿斯提阿格斯的孫子，這可能是真的。他還說，居魯士的祖父阿斯提阿格斯曾夢到女兒「撒了大量的尿，這尿不僅漲滿了全城，而且淹沒了整個亞細亞」。[11] 夢中女兒這不得體的行為很不得體，被視為不祥之兆。因此，阿斯提阿格斯將其嫁給一個溫順、敦厚的人，名叫岡比西斯。在女兒懷孕後，年邁的阿斯提阿格斯又做了一個夢。這次他夢見女兒的子宮裡生出了葡萄枝蔓，遮住了整個亞洲。當時，佛洛伊德博士還尚未降生，但麻葛（古波斯祭祀階層的稱號）將其解釋為阿斯提阿格斯的孫子將篡奪王位。所以，老國王下令奪走並處死男嬰。

僕人不忍下手，將任務交給了一對窮困的牧羊人夫婦。他們帶走了男孩，視如己出，將其撫育成人。長到十歲的時候，這個男孩（即居魯士）和其他孩子玩一種名為「國王」的遊戲。他舉手投足都顯露出高貴的氣質，因而引起人們的懷疑。當年沒有殺死居魯士的僕人受到懲罰，他自己的兒子被烹煮成菜肴端到自己的面前。在麻葛的建議下，阿斯提阿格斯放過了居魯士。後來，居魯士率領波斯士兵起義對抗國王。阿斯提阿格斯認為麻葛應為糟糕的局面負責而將其處死。但他自己最終還是被推翻了。

居魯士善待他殘暴的外祖父，允許他繼續在王宮裡居住直到過世。雖然希羅多德的敘述夾雜了淫穢的傳聞和傳統的神話故事，但他揭示出居魯士的真實一面。這位歷史學家在市井鄉間搜集了很多見聞，反映了當時人們對居魯士的看法。居魯士是一個奇怪的混合體，他既殘忍，又寬容。他來自一個古老的「軍人—統治者」家族，其血緣和權威都存疑。作為戰士，居魯士將不同民族的軍隊聯合在一起，並從亞洲各地引進了新戰術，這為他贏得了一場又一場輝煌的勝利。

其中最著名的一場勝利是居魯士擊敗了呂底亞國王克洛伊索斯。呂底亞位於今天土耳其西部。對希臘人來說，呂底亞人並不陌生。希羅多德說他們發明了金幣和銀幣。這個觀點很可信。因為在呂底亞，富含礦石的河流流經一處非常早期的鑄幣廠考古遺跡。考古學家在那裡發現了一座年代久遠的鑄幣廠遺跡，人們在那裡冶煉金屬、鑄造錢幣。呂底亞鑄造的錢幣以重量和成色著稱，因此，這種鑄幣的流通使用範圍遠超過呂底亞這個小國。居魯士將這套貨幣系統引入了波斯帝國。而戰爭更使呂底亞鑄幣在亞洲廣泛傳播。

希羅多德還曾提到梭倫。在古典時代，梭倫為雅典人建立了第一套完整的法律體系。據希羅多德所說，梭倫曾到訪呂底亞，告誡克洛伊索斯國王：人直到死前，都無法判斷幸福與否，因為他們永遠無法知道接下來會發生什麼。當克洛伊索斯被架到柴堆上等待火刑的時候，他將梭倫的話告訴了波斯大王。居魯士聯想到自己，忽然心生慈悲，饒恕了克洛伊索斯，使其成為自己的囚徒與謀士。居魯士曾問這個戰敗的呂底亞人，他是否真的好戰。克洛伊索斯的回答是希羅多德所搜集到的言論之中最經典的句子：「沒有人蠢到好戰甚於和平——在和平時，是兒子埋葬父親；在戰時，則是父親埋葬兒子。」

和其他希臘作者一樣，希羅多德對波斯文化的興趣也是迫於現實需要。居魯士及繼承他的偉大君主們是否解決了如何善於治理的難題？他們締造了一個帝國，用快速、筆直的大道將各地連接在一起，地方官員或總督各司其職。由於採取了寬容的宗教政策，波斯人無須使用強力來維持統治。看上去，他們對其他民族的觀念保持相當開放的態度。波斯軍隊規模龐大，由多民族組成，且其主要城市令人印象深刻。

希羅多德注意到，在街上相遇時，波斯人會相互親吻，而不是交談。人們不會因為冒犯國王而被處死，希羅多德非常欣賞這一習俗。波斯人厭惡謊言和債務，從不向河水中「排尿或者吐唾沫」，以免污染河流。他們甚至不用飲用水洗手。他們的決策方式也很有趣：

> 他們通常都是在飲酒正酣的時候才談論最重大的事件。而在第二天當他們酒醒的時候，他們聚議所在的那家的主人便把前夜所做的決定在他們面前提出來；如果這個決定仍得到同意，他們就採用這個決定；如果不同意，就把這個決定放到一旁。但他們在清醒的時候談的事情，卻總是在酒酣時才重新加以考慮。

這套系統也流傳下來了：現在在西敏寺，英國人就用這種方式踐行民主。顯然，波斯人是一個令人印象深刻的民族，值得學習，也使人畏懼。

希臘奇蹟

前面我們講到希臘世界支離破碎，難民離開家園。在第一代文明廢墟中居住下來的人們正聆聽荷馬講述英雄時代的故事。大約在西元前八〇〇年至西元前五五〇年之間，希臘逐漸復甦，其基礎是一種獨特的共同體——「波利斯」（poleis，單數形式是 polis，我們一般譯為「城邦」）。這些城邦大小不一。雅典是一個少見的例子，它是一座從青銅時代倖存下來的城邦。它對周邊地區的霸權失而復得，成為諸城邦中最大的一個。大多數城邦的佈局都很相似，包含一個易守難攻的高地或衛城，城鎮環繞其外，村落和農地又在城鎮之外。其他農村地區的希臘人仍居住在部族或氏族中。

最早的城鎮幾乎沒有防禦設施，後來才出現石牆和城門，目的不是為了抵禦波斯人，而是為了抵禦希臘人彼此的侵襲。百分之九十的古代希臘人是農民，他們在相對貧瘠的土地上勞作，努力適應森林消失造成的影響。他們用木柴和木炭作燃料，用木材修屋造船。從很早開始，他們就登上希臘列島上的山丘，砍伐並不茂盛的森林。儘管如此，他們還是不得不從黑海和亞洲進口木材。古希臘人幾乎不吃肉，飼養山羊和綿羊的主要目的是製衣和擠奶。地中海世界的飲食習慣在很久之前就定型了，他們非常依賴大麥、小麥、橄欖、葡萄和無花果。像埃及人那樣愛喝啤酒，就會讓人感到奇怪。

希臘的地理環境對其文明發展至關重要。許多陡峭的山峰延伸入海，將一座座城邦割裂開來。因此各城邦都是獨立的，他們可能會實驗出不同的方法來治理自己的事務。與安納托利亞的第一批城鎮相似，這些早期城邦並非人人平等。大多數城邦都是由半部族化的群體發展而來，武士貴族居於領袖地位，佔有大部份的土地和財富。甚至在更多希臘人湧入城市、政府轉變為共和制之後，這一點也變化不大。遲至雅典的黃金時代，城邦被尖銳的階級衝突撕裂，富有的貴族受到民眾的仇恨。

然而，如果把這個極為複雜的故事簡單地說，便是隨著城市生活愈加重要，貴族逐漸失去了政治基礎。首先，他們輸給了「僭主」（這個亞洲詞語的本來含義是「篡奪者」），僭主徹底掌控了城邦的權力。隨後，他們又輸給普通民眾做成的集體決議，通常在家族會議或部落會議上決策。在西元前七世紀至前六世紀，希臘人有一套複雜的宗教眾神，包括奧林帕斯眾神家族——這個神族可能是由第一批雅利安入侵者帶到希臘的，和地方信仰的各種神祇。希臘人有共同語言，但各種方言使相互溝通存在障礙。在文化上，希臘人之間也存在差異。亞洲沿海地區的希臘人比較富有，而且比居住在西邊伯羅奔尼撒半島上的希臘人更溫和。

通過作戰方式，他們取得了早期最重要的發展。西元前七世紀，希臘人掌握了一種步兵作戰技巧，即將士兵組成緊密的方陣。每人一隻手持盾，保護左側的戰友；另一隻手持矛，近戰時則換成刀或劍。這一戰術產生了兩個後果。第一，它需要士兵接受基本的訓練，並且相互信任，城邦由此形成了互信的美德。第二，它要求士兵擔負基本的裝備，包括一頂青銅頭盔、一雙護腿甲、一面盾和一支矛。這使普通的農民、工匠和商人都可以入伍從軍。傳統上，少數貴族騎兵處於主宰地位，他們的目的無非是保護自己的土地。但如今，共同作戰的普通民眾取而代之。這一變化的政治意義不言自明：一位歷史學家指出，如果沒有步兵戰術的發展，就「沒有人敢消滅城邦的主要軍事力量——貴族」。[12]

希臘人為何發明步兵戰術？山勢險峻、河谷狹窄的地形既不適合騎兵作戰，也不適合亞洲人青睞的車戰。在阿提卡半島作戰，士兵們通常會人仰馬翻或摔掉所有戰車的輪子。這裡不是帝王建功立業之地，有點像瑞士或阿富汗。後來，同樣的人民力量會出現在海上，因為希臘城邦的海軍需要訓練有素、經驗豐富、配合默契的划槳手。那些無力負擔軍事裝備而無法成為重裝步兵的人被招募進海軍。從一種共同的指揮體系和相似的地理環境，催生出一種共同情感，而同仇敵愾的戰鬥又強化了這種情感。總之，戰爭催生了團結。

在宗教觀念、語言和荷馬史詩之外，希臘人還普遍熱衷競技運動，喜歡赤身裸體在運動場上一決高下。在早期，全希臘規模的體育競賽和音樂競賽將希臘人凝聚在一起。由於各個城邦曆法不同，甚至連一年的都從不同的時間起始。因此，體育競賽就成為人們推算日期和時間跨度的重要方式。從西元前七七六年開始，每一屆奧林匹克運動會冠軍的名字都會成為人們計年的代稱，就像我們如今所說的耶穌紀元「二〇一二年」或「一九四五年」。在運動場上，男人們會在赤裸的身體上塗滿油，這催生了一種強烈的同性傾慕的文化，以及男孩與男人之間的愛慕之情。

這些都是早期希臘文化的特點，但這些共同的特點並未使各城邦在政治治理和權力問題上發展出一樣的答案。政治上的競爭使希臘人變成了歷史學家和哲學家。其中，最極端的政治體制就是斯巴達人的政治體制。對其他城邦而言，斯巴達始終是個威脅。儘管阿哥斯的斐東早在大約西元前六七〇年就將方陣戰術引入了斯巴達，但是一直要到被阿哥斯人擊敗之後，斯巴達人才開始癡迷於這種戰術。斯巴達人是好戰的民族，他們征服了大批農民和希洛人（helots，即「農奴」（serfs）），使他們處於半奴役的狀態。還有一些村莊也附屬於斯巴達人，為他們生產糧食，這使斯巴達人可以專注於自己的嗜好——戰爭。

斯巴達人締造了一個有意識地排斥溫和文化的國家，與其他城邦截然不同。彷彿預示了未來的日本武士道和法西斯主義。斯巴達人會遺棄身體虛弱的嬰兒。七歲的時候，男孩和女孩會被分開養育。男孩們在軍事訓練營中長大，稍後會被委派去偷取和為自己補獵食物。同樣，女孩們也要赤身裸體地奔跑和摔角訓練。成年後，這些女孩會成為斯巴達公民兄弟幾個人共同的妻子。在戰爭中，戰敗或落單的斯巴達人通常會自我了斷。斯巴達人有兩位國王和一個由六十歲以上男性公民組成的長老會議。長老會議有權將議案提交給由所有男性公民組成的公民大會。

這種「均勢」政體既杜絕了僭主的出現，又使戰士獲得了平等的發言權。斯巴達人拒絕了很多現代化的事物，如貨幣和為村莊修築圍牆，他們完全依賴組織嚴密的半職業化軍隊。一個軍事力量主宰下的城邦由此誕生，常使其他希臘城邦緊張不已，但他們也會借助斯巴達人的力量推翻僭主或抵禦敵人。

斯巴達人率領希臘城邦聯盟擊敗波斯人，使斯巴達的聲望達到頂峰。當西元前五四六年居魯士擊敗了克洛伊索斯後，是斯巴達人發出了要求波斯人退兵的消息。四十七年之後，斯巴達人又聯合西邊的希臘人在愛奧尼亞發動了反抗波斯人的戰爭。在隨後的二十五年裡，始終是斯巴達人始終維繫著這場史詩般的鬥爭。然而其他希臘人（特別是雅典人）常常嘲笑斯巴達人粗鄙的生活方式，認為他們是披頭散髮，不講衛生，缺乏教養的殺人狂。

斯巴達的死敵雅典也是一座奴隸制城邦，但它將投票權和其他權利賦予男性公民。西元前五一〇年，在斯巴達人的幫助下，雅典人推翻了最初的僭主。兩年後，雅典的統治者克里斯提尼建立了一套激進的選舉制度和代議新制度，其基礎是以地方行政區或村落為單位的選舉及規模更大的「德莫」（deme）。「德莫」是古希臘的一種地理區劃單位，規模可大到與小型城鎮相仿。「德莫」取代家族名成為人們主要的歸屬標誌。這是一個重要的轉變。克里斯提尼本人是一位雅典僭主的孫子。他認為，家族之間的敵對和權力鬥爭將不可避免地導致政權崩潰和僭主的出現。只有終結對家族或「血緣」的迷信，人們才能重建政治秩序。

至關重要的是，克里斯提尼的方案造就了公民大會，所有年滿三十歲的男性公民都能參與重大決策。在雅典，符合要求的公民人數太多——大約有兩萬五千人，導致方案的實施存在困難。於是，人們又選舉產生了一個五百人的議事會，負責管理雅典的日常事務。公民大會還是會召開。在每年的大部份時間裡，大約會有六千名雅典人湧入城市聽政、投票。這這就是人們耳熟能詳的雅典民主的實際運行方式。由於這套制度相對平和中庸，所以展現了頑強的生命力。那些對政治制度構成威脅的人不會被處決，而會被「放逐」——公民大會的成員會用碎陶片投票，決定一個人的去留。很多被放逐的雅典人在經過一段時間後會被允許返回雅典。

作為一項政治制度，民主在雅典斷斷續續地存在了將近兩百年。但是，在古代世界，民主制度從未普及。民主制度的實施是以一個有教養的公民群體為前提的，雖然其中只有百分之十的人真正能閱讀，也需要人民懂得如何在公眾場合發表演講，能夠理性地分析，並理解複雜的辯論。「公民社會」與投票的結果同樣重要。

雅典的「民主」並不涵蓋女性、年輕男性或奴隸。雅典人創造了絢麗的建築和雕塑，其戲劇、音樂和哲學成就燦爛輝煌，但他們對奴隸的依賴程度絲毫不亞於不苟言笑的斯巴達人。雅典人並不生產糧食，他們通過開採銀礦來購買穀物。因此，雅典引入了大批奴隸來開採銀礦。有資料顯示，雅典曾一次就引入了十五萬奴隸。[13] 在農業勞動中，雅典人也非常依賴奴隸。歷史學家色諾芬曾提到，在斯巴達人入侵期間，有大約兩萬名奴隸從農田中逃跑。此外，奴隸還會充當工匠，包括修建大型公共建築。據估算，每名自由的雅典男公民大約擁有兩名奴隸。如果沒有這些戰場上擄來的奴隸，希臘的農民就不會有閒暇去學習演說和參加投票，成為活躍的公民。同樣，希臘的貴族也就無福享用財富，無暇研究哲學。

這再一次印證，是戰爭支撐了「希臘奇蹟」，其程度遠超許多欽佩希臘文化的人所願意承認。

抵抗波斯軍隊的戰爭同時在陸地和海洋爆發。這場戰爭始於西元前四九九年愛奧尼亞人的反抗。在亞洲的希臘人發動了起義，但最終還是敗於波斯人之手。在化解了內部叛亂後，居魯士的繼任者大流士（在一些較不偉大的眾王之王後即位）決定懲罰雅典人，因為後者曾支持叛亂者。最初的戰局對波斯人非常有利，他們橫掃許多希臘島嶼小邦，摧毀了反叛的埃雷特里亞。隨後進入阿提卡半島，準備對雅典發動攻勢。西元前四九〇年，雅典人在馬拉松出乎意料地贏得一場大勝。本來，雙方實力相差懸殊，甚至是現代的歷史學家也認為波斯軍隊的規模是雅典的二到十倍。而且，波斯軍隊還配備了騎兵和弓箭手，這些都是雅典人缺乏的。但這支由雅典公民組成的軍隊做出了驚人之舉：他們向波斯軍隊發起猛攻，佯攻中路，強攻兩翼，將其壓縮在中路，隨後擊垮敵軍，展開大屠殺。

心懷偏私的希羅多德這樣描述希臘人：

> 和波斯人列隊廝殺，以令人永難忘懷的方式戰鬥。據我所知，他們是第一批奔跑著向敵人進攻的希臘人，也是第一群不怕看到波斯人的衣服和穿著這種衣服的人的；而在當時之前，希臘人一聽到波斯人的名字就給嚇住了。

波斯人退到戰船上，準備對雅典發動又一輪攻勢。但是，雅典軍隊再次戰勝了。據說身披盔甲的士兵跑回雅典，是現代二十六英里的馬拉松長跑的起源。另一則傳說則說是，雅典的傳令兵菲迪皮德斯跑了二十六英里返回雅典，告訴人們勝利的消息，以堅定人們抵抗的決心。在傳遞完消息後，這個士兵就死去了。很遺憾，我們無法通過歷史文獻來印證這個傳說。

在大流士死後的十年裡，希臘人和波斯人一直相安無事。但在第十個年頭，大流士的兒子薛西斯發動了一場規模更大的戰爭，希望徹底解決希臘人。在那時，由雅典和斯巴達領導的聯盟吸納了七十多個希臘城邦加入，但更多的城邦選擇觀望或站在了波斯人一邊。據希羅多德估算，波斯軍隊的規模達到了五百二十萬人，這個數字荒謬絕倫。不過，波斯軍隊的規模的確龐大。借助索橋和駁船（其中還有專門運輸馬匹的駁船），波斯人渡過了赫勒斯滂海峽（即今天的達達尼爾海峽）。希羅多德繪聲繪色地描述了溫泉關戰役——這場發生在狹窄孔道上的著名戰役，斯巴達國王列奧尼達斯率領三百名勇士抵擋波斯軍隊長達數日之久。這些勇士都是列奧尼達斯親自挑選的，他們「正值壯年，已為人父」。最終，由於被人出賣，三百名勇士全部壯烈犧牲。

薛西斯的軍隊湧向了阿提卡半島。雅典人被迫撤離，城市在他們身後付之一炬。最終，在狹窄的薩拉米斯海峽，希臘聯合艦隊擊敗波斯人，取得了決定性的勝利。在此後的兩場重要戰役中——陸地上的「普拉提亞戰役」和海洋上的「米卡雷戰役」，希臘人也全部獲勝，終結了波斯人的入侵。歷史學家認為，這些戰役的勝利對西方文明至關重要，因為西方文明的發展端非常倚賴古希臘的思想、藝術和政治。倘若戰敗，波斯人的專制獨裁將把西方文明扼殺於無形。像其他歷史性的軍事轉捩點一樣，雙方軍事實力的差距可能被誇大了，但希臘人的勝利確實是「戰爭拯救文明」的典型例子，後來，「博羅金諾戰役」前的俄國軍隊，和西元一九四〇年的英國軍隊等都使用這個比喻。

希臘人的勝利將雅典帶入了黃金年代，特別是斯巴達，雖然在在戰場上成就非凡，但卻未能取得領導地位。在西元前四五〇年之後的八十年時間裡，雅典出現了偉大的政治家伯里克里斯，產生了第一批歷史著作（包括希羅多德的著作）；並在雕刻家菲迪亞斯的領導下，重建了帕德嫩神殿。源出於聖歌表演的雅典戲劇藝術也蓬勃發展。在索福克勒斯、艾斯奇勒斯和尤里比底斯的悲劇作品之外，喧鬧、粗鄙的喜劇傳統也得以蓬勃發展。這些喜劇作品持續批判和嘲諷雅典人的生活，但大部份作品都已失傳。

由於雅典富人競相贊助各種文藝演出（與後世的羅馬皇帝競相贊助大型競技比賽如出一轍），戲劇表演變得日益華麗和昂貴。最初，舞臺上全部由人聲合唱伴奏，主演戴著奇異的面具，有韻律地吟誦臺詞。每逢節日，城中都會舉行盛大的戶外慶典活動，能吸引數萬名觀眾，享受街邊美食佳釀，交流各種奇聞逸事。現在我們只能看到一些戲劇的台詞，但透過台詞理解戲劇就像通過歌詞理解韓德爾和威爾第的歌劇。同樣地，我們現在看到美術館中矗立著雅典英雄和諸神的雕像，它們都是精心雕刻的藝術珍品，但是這些冰冷的白色石頭並不能反映他們在公眾面前被鮮活呈現的樣子，那才是他們真正來源地所在。當然，希臘還有一些卓爾不群的哲學家，他們經常爭論諸如現實的本質、如何構建良善生活，及如何組織人類社會這樣的命題。

這樣的財富和信心都源於偉大的戰爭——面對當時的亞洲超級大國，希臘取得了決定性的軍事勝利。這些批判和嘲笑來自於民主的贏家，他們也的確有嘲笑的資本。他們都有強烈的求知慾——亞里斯多德致力於理解一百五十八個希臘城邦的政治制度，希羅多德希望發現亞洲社會與希臘社會的差異，修昔底德嘗試探索內戰的起因，而蘇格拉底和柏拉圖則試圖搞清良善社會的本質——所有這些好奇心都不是沒有意義的，而且並不簡單，它們都是戰爭產生的碩果。

原住民與雅利安人

據希羅多德所言，由薛西斯率領攻打斯巴達的波斯大軍中有這樣一群人：他們身穿棉衣，手持鐵頭藤弓，駕乘由馬或野驢牽引的戰車。這群人來自印度。歐亞大陸這塊巨大的三角形半島地帶的早期歷史極為生動有趣，至今仍是不斷發展中的研究課題。正如前文所說，人們現在認為，人類自非洲移民而出改變了整個世界，而人類到達印度的時間要早於人類到達地中海、歐洲或中國。在印度的南部，居住在森林中的土著居民更像澳大利亞和東亞海島上的土著居民，他們都屬於第一批向南遷徙的人類。而印度北方的雅利安人則要很久之後才到來。

十九世紀，在印度探險的英國學者揭開了印度早期歷史的面紗，當時人們便推測，偉大的印度文明是來自外部世界，而不是在本土孕育成長的。在印度西北部，也就是在喜馬拉雅山和印度洋之間，有一條通道。一波又一波移民和征服者——從亞洲的遊牧部落到希臘人、波斯人和蒙古人——都從這裡湧入印度。每一波移民和征服者都使這片次大陸變換容顏。英國人（也包括葡萄牙人和法國人）唯一的不同之處是他們從海上進入印度。然而，也有可能印度最早的人類文明——印度河流域的神秘城市中心或摩亨佐·達羅（Mohenjo-Daro）——完全是土生土長的文明。在西元一九四七年新生的印度共和國剛剛建立的時候，一位重要的政治家亞伊帕爾·辛格就宣稱自己是部落民族（或森林民族）的發言人，要為印度河流域的古代文明發聲。他把其他印度人都視為後來者：「我們民族的全部歷史就是一部土著居民不斷被外來民族剝削的歷史。」[14]

這個有可能是本地原生的文明有著怎樣的面貌？這座由泥磚構建的城市坐落在印度河平原，擁有良好的給排水設施和有趣的手工藝製品，而其文字至今尚未破譯。人們在城市遺址中發現了許多人像。其中一尊小型人像動作好似是在做瑜伽，而另一尊人像則可能是印度教濕婆神的早期形象。這裡出土了許多雕刻精美的印章，刻畫著公牛、大象和老虎的形象。對印度的宗教藝術而言，這些形象至關重要。還有一尊非常性感的裸身舞女像，佩戴著手鐲，姿態充滿挑逗性，讓人不禁聯想到後世印度教神廟裡的情色雕塑。不過，她有一張原住民的臉。因此有可能（也僅只是可能），在北方的入侵者進入印度很久之前，來自「非洲之角」的第一批人類移民就已經在印度定居，創造出印度宗教和藝術的精髓。

在希波戰爭中，印度人曾在波斯人統帥下與希臘人相互搏殺。但是，從種族而言，這兩個民族實際上有著親緣關係。在西元前五世紀至前四世紀，由於各個帝國已經接壤，印度人已經獲知希臘人的消息，他們稱後者為「約那人」（Yona）。這個詞語源於波斯語中的「愛奧尼亞人」（Ionians）。與波斯人一樣，這些北印度人的語言與希臘語、拉丁語及今日主要的歐洲語言有共同的淵源。這個觀點並不新的，最先是由一位英國人在一七八五年提出。這位熱愛印度的英國人就是威廉・瓊斯爵士，他曾被委派擔任加爾各答高等法院的法官。[15]

瓊斯是一名出色的語言學家，他是最早學習梵文這種印度學術語言的歐洲人之一。根據在關鍵字語和語法結構中發現的線索，瓊斯發現梵文屬於所謂的「印歐語系」。這是源於雅利安人的語言，而雅利安人又是後世諸多民族的祖先。雅利安人原本是遊牧民族，靠牧養牛羊為生。他們可能發源於裏海地區或烏克蘭，隨後一波又一波地向外遷徙。在納粹之後的歐洲，「雅利安」一詞暗含了某種種族優越性，可能會使許多現代人感到刺耳。不過，它只是個有用的標籤而已。我們也可以說印度人、地中海民族和歐洲人都是「都是裏海人」或「都是烏克蘭人」（儘管我們並沒有使用這樣的詞）。

我們可以通過詞彙和石碑追溯古代民族的淵源，一般認為雅利安人一路向西遷移，進入了今天的土耳其、希臘和巴爾幹地區，也到達了今天的伊朗和印度。在特洛伊戰爭爆發的那個時代，他們可能來到了今天的巴基斯坦。又經過幾百年的遷徙，到達了肥沃的恒河平原。多利安人也是雅利安移民大軍中的一支，他們征服並同化了邁錫尼的希臘人。這樣看來，在馬拉松戰役中，相距遙遠的兄弟民族在戰場上相遇了，儘管他們已認不出彼此。

印度雅利安人的古老聖歌——《吠陀經》——口耳相傳地保存了下來，聖歌的內容反映了這個民族的好戰傾向及對馬匹的癡迷。另一方面，他們的語言中沒有「耕地」、「書寫」和「大象」等詞語。[16]因此，他們可能不得不向當地的原住居民學習，也就是向被他們擊敗、驅逐及同化的民族學習。我們已無法獲知當時究竟發生了什麼，但這些雅利安人有一種偷盜牲畜及用牲畜獻祭的文化，恰好適合他們從遊牧者變成侵略者的文化。雅利安人明顯曾屬於一個更龐大的近東民族體系。《往世書》的故事與美索不達米亞的傳說及《聖經》的記載頗為相似，大洪水的傳說就是例證。在這則傳說中，毗濕奴神警告編纂法典的摩奴要建造一艘大船，然後為了將摩奴帶往高山上，拯救了他。

雅利安人的歷史軌跡並沒有什麼不同之處，他們也是逐漸從放牧為生轉變為定居生活。最古老的梵文故事集《梨俱吠陀》中的一幅插圖反映了當時的部落文化，其中刻畫了酋長、祭司和有組織的獻祭活動。在當時，人們普遍用牛作為通行的貨幣。歷史學家約翰・凱伊（John Keay）將雅利安人的部落文化與蘇格蘭高地的氏族文化進行了比較。這樣的比較令人印象深刻：「印度人和蘇格蘭人的語言和社會體系都很相似。人們的社會地位都是由出身決定的，而財富和聲望都是以牲畜的多寡進行衡量。在蘇格蘭和印度，偷盜其他部落的牲畜既是消遣，也是儀式。」[17]

但是，無論是在印度，還是在蘇格蘭，農耕文化都是最終的勝利者。在蘇格蘭氏族文化時期，當地的原始森林已經消失。為獲取燃料和發展農業，人們砍伐了大片森林，這使當地的生態環境非常脆弱，無法養活很多人口。但是，印度的雅利安人就要幸運得多。當時的印度北部地區並不像今天的黃褐色平原那般人口稠密、耕田密佈。根據歷史文獻的記載，侵略者從旁遮普地區出發，逐漸向東遷徙。他們發現了茂密的森林和許多野生動植物，整片森林一直延伸到潮濕的恒河三角洲。林中的部落都是狩獵—採集者，其生活方式與居住在亞馬遜叢林和新幾內亞高原的人們相差無幾。甚至在二十世紀，印度還有人生活在森林中，對周圍的城市文化和農耕文化疑慮重重。

鐵器時代是犁與劍的時代。為了耕種土地，人們將森林一點一點燒毀，播種大麥。野生動物一步步退卻，村莊則逐漸發展為城鎮。雅利安人由此定居下來。森林消失的地方出現了鬆軟的土地，但那裡最終並未成為稻田。這是一個長期、穩定的變化過程。在今天印度的部份地區，例如在比哈爾邦與尼泊爾的交界處，還有一些用木材和蘆葦搭建的村落。村民以牛耕地，種植稻子和蔬菜，並以牛糞充當燃料。自鐵器時代以來，他們的生活一成不變。很快地，人們開始利用印度河進行貿易和運輸，道路網絡將印度北部連接在一起。於是，在喜馬拉雅白色山脊和藍色臂彎之間，在河谷和平原之上，北印度文明逐漸發展起來。

與希臘文化、閃族文化、北歐文化和美索不達米亞文化一樣，吠陀時代的印度人也擁有一整套神族系譜，其中既有男神，也有女神。人們為他們進行周而復始的複雜祭祀活動。侍奉諸神是婆羅門祭司的主要職責，他們在逐漸發展的種姓制度中佔據最高的地位。

種姓制度飽受爭議。最初，人們只是根據職位分工對人群進行分類，就像歐洲和俄國的制度那樣。按照印度人的設想，在婆羅門祭司之下是武士和官員階層，即「剎帝利」；再之後是農民和商人階層，即「吠舍」；最後是受奴役的階層，即「首陀羅」。這個制度本身並不奇怪。在農業社會和早期城市社會，技術和知識通常只在家族內部代代相傳。在大眾教育興起之前，專業技藝非常寶貴，並不會隨意傳授。人們通常秘而不宣。製陶匠人只把手藝傳給自己的兒子，馬夫也只把轠繩留給自己的子嗣。

然而，歷史文獻中的證據表明，人們可以在種姓之間流動。另一方面，一些DNA的證據（但這些證據引發了很多爭議）也表明，今天高級種姓的印度人與歐洲人的血緣關係更近。從這個角度觀察，婆羅門、剎帝利和吠舍階層可能都是印歐語系侵略者的後代，而那些從事粗鄙、骯髒工作的低階種姓的人則很可能是早期印度人的後裔。如果這是真的，那麼這真是一個文化延續性的案例。但我們也要記得，

「古代歷史」畢竟不是昨天。以生物學視角來看，如果以現代人的生命週期是七十年來計算，那麼馬拉松時代（西元前四九〇年）的希臘人和古印度的雅利安人之間只有四十個生命週期的距離。

毋庸置疑吠陀時代的種姓制度與統治權力密不可分，很難改變。隨著城鎮和貿易的發展，社會分工愈加細密。人們就需要重新定義各種分工，並將其納入更複雜的結構，就像把抽屜插入大櫃子中一樣。與其他文化類似，城鎮和國家的發展使權力和財富的等級愈加複雜和獨斷，也就是我們所說的社會流動性越來越低。在社會最底層從事最苦最累工作的人逐漸形成了所謂的「賤民」階層（untouchables，即「不可接觸者」）。不過，畢竟彼時的希臘也還存在著奴隸制。

樹下的反叛者：悉達多

印度北部與希臘世界還有其他的相似之處。定居此地的雅利安人部落逐漸形成了諸國林立的局面。有的國王是家族世襲，有的國王是選舉產生。其他部落則發展出今人所謂的「部落合議制度」。簡而言之，這是一種共和制。在定期召開的大會上，大多數男子都擁有發言權。「王公」一詞的含義近似於「具有選舉權的公民」和「統治者」。大約在古典希臘誕生的時代，印度北部的政治版圖顯得多采多姿，制度各異的國家林立並存，就像希臘世界的城邦。希臘城邦也有採用「合議制度」者，與僭主制度競爭。

截至西元前六〇〇年，在印度北部——從西部的印度河流域到恒河及其支流地區——有「十六王國」，其中包括摩揭陀、離車、拘薩羅、拘樓和般遮羅等。這些國家與歐洲東南部的雅典、斯巴達、科林斯和忒拜有異曲同工之妙。君主制國家與共和國相互競爭。何謂最良善的統治？何謂最美好的生活？

這些問題對印度人和雅典人同樣重要。印度諸國也有聯合與結盟，也有戰爭與衝突；人們對完美的均勢和公民責任等議題抱有著極大興趣。當然，這裡也有野蠻的戰爭。其中，強大的摩揭陀國的頻婆娑羅王與離車國的共和派「騎士們」的戰爭尤為持久。離車國的都城毗舍離有一位名叫阿姆拉巴莉的妓女。在頻婆娑羅王的引誘下，生下一個孩子。整場戰爭由此而起，人們可把阿姆拉巴莉視為「恒河的海倫」。直到今天，印度人仍在講述這樣的古老故事。她後來還成為一位歷史名人的追隨者，這位名人不僅僅是個傳說。

在佛陀喬達摩．悉達多（Siddhatha Gautama）涅槃大約六百年後，有關他的傳記才開始出現。這些傳記中記錄了地名、時日和貌似可信的生平事蹟。不過，由於時間久遠，相關史實已經晦暗不清，因此，在偉大帝國時代的主要宗教倫理革命家中，佛陀是最缺少歷史記載的人物。孔子也是，大約四百年後才由中國的歷史學家司馬遷才為他作傳。但是，在孔子死後百年間，孟子對孔子的追述及孔門弟子對先師談話的整理都填補了歷史空白。與佛陀和孔子相比，耶穌的歷史面貌要清晰得多。據推測，在西元七〇年，也就是耶路撒冷陷落之際，聖馬可就記下了耶穌的言行，當時距其離世僅僅四十年。人們有理由相信，聖馬可記載的許多故事直接源於聖彼得，後者曾陪伴在耶穌身旁。而且，非基督教的歷史文獻也佐證了耶穌的事蹟。例如：猶太歷史學家約瑟夫斯（Titus Flarius Josephus）和許多羅馬的主流作家都記載，在離世後不到百年時間，「Chrestus」（「基督」一詞的拉丁文拼寫）就擁有了大量追隨者。

不過，考古學和古代文獻確實能解釋佛陀出現的社會背景和他的教義。在他的時代，尊奉祭司等級制和祭祀活動的婆羅門教已經在印度紮根，但仍會受到持不同思想的雲遊教師和教派挑戰。這可能反映了當時印度北方的混亂局面。人口迅速增長，民眾的生活發生劇變。村莊和地方市場不斷膨脹，大的城鎮、甚至是人口達到三萬五千的城市不斷湧現。貨幣文化、商鋪、車道、護城河和防禦牆也隨之出現。

與利用石頭營造房屋的希臘人或波斯人不同，古代印度人的建築材料主要是夯土、泥磚和木頭。因此，他們的建築遺跡難得一見。但是，古代經卷和詩歌保留了大量古代印度人的言辭，甚至荷馬史詩也相形見絀。與建築、陶器或鐵器相比，這些言辭似乎更經得起時間的淘洗。婆羅門教的權威在所謂的共和國（republics，或作gana-sanghas）[18]受到的質疑比在王國要大得多。喬達摩・悉達多就來自共和制的部落小國釋迦國。這個國家位於今天的尼泊爾境內，其領袖是由選舉產生的。學術界對悉達多的出生年月尚存爭論，最新的研究成果將其出生日期往後延了八十年，從大約西元前五六六年延至西元前五世紀中葉。不過，人們常常引述一種說法，認為悉達多是個王子，曾過著奢華的皇家生活。但是，這一說法與已知的有關釋迦部落的情況不符，其中可能含有虛構的情節。[19]更加可信的推測是，佛陀是一位生活優渥的酋長家族成員。

悉達多和表妹結婚，生下一個兒子，家庭幸福美滿。但在二十九歲的時候，他告別家人，義無反顧地外出尋求精神的解脫。某些傳統的說法認為，悉達多是在拒絕捲入另一場血腥的部落戰爭之後才離家出走的。在佛陀生活的時代，男人外出尋求精神的解脫並非異常之舉。根據當時的傳統，男人們會離開村莊和家庭，到森林中尋求精神真理，或者沿街乞討。衣衫襤褸、剃光頭髮的「追尋者」廣受尊敬，即使他們的觀點與眾人格格不入。我們可以用跋涉在曠野中的以色列先知來比擬這一傳統，或者把他們想像成後世走遍鄉村的基督教聖徒和托缽僧。

在社會變革和內戰不斷的時代，人們渴求新的思想。一九四九年，德國哲學家卡爾・雅斯培將西元前八〇〇年至西元前二〇〇年這段時期稱為「軸心時代」。因為在這段時間裡，人類的思想發生了革命性的變革。這種變革如此劇烈，以至於後來的人類歷史都圍繞其轉動。隨著城市文明日益興起，人類有了更多閒暇和財富，但國家之間的混戰也給社會帶來困擾。考慮到這些情況，「軸心時代」的產生似乎是必然的。作為一個學術概念，「軸心時代」已然過時。但是當時，從希臘到中國，很明顯有一波舊有信念重新構思在發生。在佛陀生活的時代，印度諸小國之間的衝突便是絕佳的例證。

我們瞭解到，悉達多曾嘗試許多「追尋者」使用過的方法——從離家苦修到沿街乞討。後來，他放棄了這些做法，開始雲遊四方，追隨隱修的高僧冥思苦想。悉達多反對極端的苦修，因為禁食的修行方法會使人瘦成皮包骨。他提倡一條介於苦修和放縱之間的修行之路（有趣的是，米飯布丁似乎幫了大忙）。在印度北部的一座小村莊，悉達多坐在一株神聖的無花果樹（或菩提樹）下冥思苦想了四十九個晝夜。他在三十五歲時，獲得頓悟，理解了人類痛苦的根源。他的結論是什麼？生、老、病、死之苦產生的原因，是人類貪圖感官上的歡愉和生命的更新，這些痛苦將在生死輪迴中不斷重複，直到用心靈和道德的意志力加以克服。此時此刻，這位追尋者打破了這個不幸的輪迴。他超越了物質世界，達至心靈純淨、平和的狀態，也就是「涅槃」。

現在人們將悉達多稱為佛陀或「覺者」。他開始聚集門徒，門徒出家修行，成為僧侶。佛陀和門徒們一起在恒河平原上雲遊，向願意傾聽的人們宣講自己的思想。上文提到的那位被視為引發戰爭的妓女阿姆拉巴莉成為佛陀的忠實信徒，她的兒子也選擇出家修行。佛陀建立了很多寺廟，其中包括一些專門給比丘尼居住的庵堂。他反對動物獻祭和種姓制度，躲過了多次由婆羅門教支持者策劃的暗殺活動，活到了八十歲高齡。我們是如何得知這些資訊的？

佛陀的生平故事和言行通過有條理的吟唱來傳播，而不是在傳統的學校中死記硬背，由此代代傳承。儘管會出現訛誤，但誤差已降至最低。許多早期歷史都是口頭傳承的歷史，但通常會被意外的考古發現證實，因此，我們不能對口述歷史一概抹殺。

佛陀的故事與耶穌和穆罕默德的故事有很多相似之處：拋棄平凡的生活，在僻靜處尋求精神解脫

（在樹下、在山洞中或是在曠野裡）；然後，聚集信眾；透過故事向眾人（不僅僅是菁英）宣講道理；以及，拋棄較早的信仰體系。與一神教的創立者不同，佛陀從未宣稱自己是神，或是由他創立的體系是神聖的。許多人認為，嚴格來講，佛教不是一種宗教，而是一套自我調伏的體系，讓信徒們能脫離日常生活的侷限和痛苦。

佛教包含了一種和平主義和寬容的態度，這使它成為一種公共信仰，而不僅僅是私人的信教行為。佛教向每一個人開放，無論他們過去的信仰、社會地位或種族是什麼。在佛陀涅槃後的數百年時間裡，佛教徒挖掘了印度已經存在的思想資源，如棄絕財富和權力、素食主義及和平主義，將這些思想發展為「捨身為人」的信念。與之相比，基督教經常與晚期羅馬帝國的塵世權力糾纏不清，而伊斯蘭教更是政教合一。

佛教的確與眾不同。從本質上看，佛教抵制一切構成我們所謂歷史的東西，如世俗的帝國、不斷發展的技術和不斷改變的政治制度和觀念等。佛陀教誨信眾：「出離這一切，向自己的內在尋找答案。」因此，毫不奇怪，佛教很少成為塑造歷史的信仰體系。（有一個例外，我們稍後會講到。）但這不表示它沒有巨大的影響力。在傳播到東南亞地區後，信仰佛教的國王們修建了宏偉的寺院；佛教僧侶和佛教藝術也在中國的影響也很大，並由此傳入朝鮮半島和日本，這兩個國家的早期藝術品幾乎完全是佛教藝術。在上述大部份地區，佛教徒都曾遭受過迫害。但佛教並未形成它自己的政治或帝國體系。倘若有，佛陀一定會覺得很驚嚇。

後來，佛教在印度本土幾乎完全消失，這種情況一直持續到近代。在維多利亞時代的英屬殖民印度，人們才承認佛陀是真實存在過的歷史人物。佛教是一種重要的信仰體系。那位形容枯槁的貴族曾在菩提伽耶的無花果樹下入定達到開悟。如今，那裡已成為世界最具吸引力的宗教聖地之一。來自泰國、緬甸和斯里蘭卡的男女僧眾都在古剎的綠蔭下吟唱佛經。在藏紅花和梅花叢中，他們表情恬淡，面露微笑。菩提伽耶空氣清新，使人心曠神怡。與羅馬、耶路撒冷或麥加的信徒相比，這些衣著樸素的佛教信眾要更瘦弱，更謙卑，也更溫和。

在同一時期，印度的東方出現了另一個偉大的文明，情況又是如何呢？

孔子的中年危機

在一個四分五裂的國家，有一位五十四歲的中階官員覺得他受夠了。他辭去魯國大司寇的官職，告別親朋好友，外出遊歷了十三年之久。這不是佛教徒為尋求隱居和開悟的出走，而是一場政治之旅。他走訪了許多互相敵對的國家，但很少感到喜悅。這位公僕再次回到家鄉，為壯志難酬而自嘲和慨嘆。在他去世的時候，只有一小群朋友和學生追隨左右。孔子的政治生涯實在稱不上璀璨。

然而，他的影響是巨大的。無論好壞，孔子被很多中國皇帝奉若神明。他對中國人的生活產生了難以估量的影響。孔子也曾受到後世的批判（包括毛澤東和共產主義革命），但在二〇一二年，中國人開始尋求新的價值觀以超越庸俗的物質主義的時候，他的影響力再次復興。在政府的資助下，中國人拍攝了一部講述孔子生平的電影。過去，皇帝們在北京的孔廟（在中國各地有大約三千座孔廟）祭祀這位思想家。如今，憂心忡忡的家長們也把孩子送到這裡，希望他們在知識之外學習一些儒家思想。

無論怎樣估算佛陀的出生時間，孔子與他都大致生活在同一時代。中國人更善於保存歷史文獻。因此，我們相信孔子的生活年代大致是從西元前五五一年到西元前四七九年。和悉達多一樣，他也出生在一個小國，戰亂頻仍、社會失序。印度有身穿黃袍、隱居森林的「追尋者」，中國則有四處遊歷的哲學家。這些哲學家流派紛呈、百家爭鳴。和佛陀一樣，孔子也能與統治者們直接交流，不受拘束。他宣揚「己所不欲，勿施於人」思想的重要性，且從未以神明自居。但在後世，孔子卻被弟子們奉為聖人，成為一個具有宗教色彩的思想流派的核心人物。

如同佛陀時代的印度和黃金時代的希臘，孔子時代的中國也正處於四分五裂的狀態。在孔子死後，中國的諸侯爭霸愈演愈烈。在中國，故事的主角不是雅典、斯巴達、般遮羅、摩揭陀和撒克拉等城邦，而是鄭、齊、晉、楚等諸侯國。但從政治上觀察，中國的局勢似乎更混亂。中國的編年史書記載了超過一百四十個諸侯國的史事，各國統治者和巫祝的行為在同時代的希臘人、波斯人或印度人看來沒什麼奇異之處。他們焚燒牛肩胛骨或者龜殼，通過觀察表面的裂紋來占卜未來。與希臘人和羅馬人相比，這樣的習俗並不顯得更愚蠢——希臘的女祭司在吸入有毒的蒸汽後會以瘋癲的狀態傳授神諭，而羅馬人則嗜好用手指伸入雞的內臟來探測神意。

中國的與眾不同之處，在於曾有過統一。孔子抱持著一種浪漫的復古主義，深深地懷念那個失落的黃金歲月。孔子時代的諸侯國都是由周王朝分封的，這個王朝在滅亡商王朝後存續了七百多年。在外國人眼中，中國的帝國史實在不可思議。不過，在孔子生活的時代，故事卻一目了然。商王朝是中國第一個有史可證的王朝，在它之前就是處於迷霧之中的夏王朝（據說由大禹創建）。

商代的中國與早期的印度一樣，還處於比較蠻荒的狀態，各地都密佈森林和無法通過的沼澤，尚未排水疏濬以種植稻子。中華文明很可能發源於黃河流域，那裡有很多野生動物，如老虎、熊、大象、犀牛和黑豹。當時的氣候非常嚴酷，冬天寒冷，夏天酷熱，還有洪水定期氾濫。從某種角度觀察，商代社會與印度早期的雅利安人社會很像，貴族和武士階層靠劫掠和狩獵集聚了大量財富，完全依靠窮困的農民來供養。

與亞述人和波斯人一樣，商代軍隊也運用戰車和弓弩作戰。諸侯、貴族、地方統治者和武士的位階都源於商王的分封。今天的考古發掘證實，城市和要塞都築有高牆，稜角分明、非常堅固。他們的建築都是木質的，這種具有碩大的矩形屋頂的建築樣式一直流傳到後世。（木材最終會被磚取代，茅草的屋頂會被黃綠色的琉璃瓦淘汰。但是，基本建築樣式很長時間一直保持不變。歐洲的建築受到外來樣是和混搭的影響而多采多姿，但中國的傳統建築幾乎不受到外來影響。）商代貴族死後會葬在方形的廊柱式陵墓中，隨葬品豐富多彩，包括精美的青銅器、絲綢和漆棺。他們沉迷於活人陪葬，大量奴僕和囚犯被殺掉（甚至被肢解）以陪伴貴族前往陰間。

商代也不是漆黑一片。在商王朝的統治下，人們平整土地、挖掘水渠以發展農業生產。不同凡響的是，有一套至少包含有四千個字的書寫文字——書寫於占卜用的獸骨之上——與現代漢字非常像，考古學家可以直接解讀出來。商文化與阿茲特克文化有很多相似之處，都有活人獻祭及繁複、粗獷的藝術。就像中美洲那樣，生機勃勃、擬人化的「民俗藝術」逐漸被更繁複、更嚴肅、更呆板的禮儀取代，折射出城市和宮廷中等級森嚴的社會狀態。[20]商代的青銅器世界聞名，他們的鑄造工藝舉世無雙。不過，這些青銅器引發的是敬畏，而不是打動人心。

商王朝被國運綿長的周王朝取代，孔子對周王朝非常傾慕。一位歷史學家認為商王朝的滅亡是罪有應得：「酗酒、亂倫、食人、靡靡之音和酷刑均違反禮制至極。」[21]剷除這些惡行的人是周公，在特洛伊城被攻陷大約一百五十年之後，周公的兄長（武王）在「牧野之戰」大獲全勝，最終推翻了商王朝，周王朝順應「天命」取而代之。周公的兄長不久就去世了，繼位的周天子還很年幼，無法處理政事，周公代為攝政。

「天命」是中國歷史上一個非常重要的概念。周王朝的統治家族興起於商王朝的邊陲之地。因此，他們在治國理政時就格外謹慎。周天子維持了政策的連續性，爭取了前朝追隨者們的效忠。後世王朝也面臨同樣的問題。周公宣稱，周王朝只是公正的上天用來懲罰商王朝的工具。承此天命，周天子必須敬天愛民。周公說道，平民百姓會誤入歧途，也會犯錯，但濫用刑罰的人是無法久居王位的，身為天子，要以美德垂範天下。那麼，升斗小民就會起而效仿。[22]

對孔子來說，這是一個關鍵的信條。有德行的君王能教化出有德行的百姓。唯此，義務和互助才能形成良好的迴圈。如果每個人都盡其所能做好分內之事—扮演好母親、廚師、教師或士兵的角色，生活就會美好，社會就會和諧。「謹守名份」是一種社會美德，而不僅僅是馴服。這是一種以家庭為基礎的思維方式，它反對個人主義。如果我們沉浸在極端（甚至過度）的個人主義文化中，不試著去理解這種思維方式，就無法理解孔子和中國的歷史，甚至無法理解當今的中國。

在向民眾解釋了「天命」之後，周公將權力交還給真正的統治者——他的侄子周成王。這一謙卑的姿態在中國歷史上十分罕見。孔子經常談到周公。周代的盛世對孔子及其同代人意義重大，如同逝去的英雄時代對古希臘人的意義。周王朝在中國的核心地區分封了很多諸侯國。但在孔子生活的時代，分封制已名存實亡。諸侯親自統轄屬地內的城池，統治權世襲罔替，逐漸發展壯大，成為相互敵對的獨立國家。有一位歷史學家的見解很精闢：在諸侯爭霸的世界中，周王室僅僅是名義上的權力來源……血緣和效忠的紐帶早已斷裂。[23] 簡而言之，這是一個動盪的時代。孔子認為自己肩負匡正謬誤的責任。

孔子出生在魯國陬邑的昌平鄉，而魯國與日漸衰微的周王朝關係十分密切，它們正是周公當初平定天下後，受周王封侯之地。魯國十分忠於周王室，這在諸侯國中很少見。據說，孔子的父親叔梁紇身材魁梧，是一位著名的武士。他與顏氏女野合生下了孔子。出生時，孔子的頭顱碩大，面部凹陷，有人說他頭頂長了大腫塊，也有人說他是顱骨下陷。[24] 成年後，孔子身材異常高大。在當時的中國，他很可能會被遺棄夭折。但孔子並沒有遭受這樣的厄運，這或許可以解釋他為何終身都摯愛著母親。孔子幼年喪父，儘管可以繼承父親的頭銜，但他的幼年生活似乎很艱辛。

《論語》是有關孔子言行最權威的記載。他曾說道：「吾少也賤，故多能鄙事。」但是，孔子飽讀詩書，希望為分裂、動盪的魯國效力。他曾擔任「委吏」（管理倉庫）和「乘田」（管理畜牧）等低級官職，後來先後成為「中都宰」（掌管刑罰的地方官員）、「司空」（掌管水利、營建的高級官員）和「大司寇」（掌管刑獄、糾察的高級官員）。孔子結過婚，但他的妻子鮮為人知（他可能與她離婚了）。孔子對捏造事實的文人極盡嘲諷。因此，我們這些以筆墨為生的人要小心了！後世的歷史學家司馬遷認為孔子的為官之路很順利。在他的治理下，魯國「粥羔豚者弗飾賈，男女行者別於途，途不拾遺」。[25]

現代人理解孔子的最大障礙是了解他為何如此癡迷禮制。禮制規範著葬儀、節慶和日常飲食，不同身份的人都有禮制可循。據估計，一位有教養的君子需要謹守三千三百條禮法。我們主要通過一部簡略的魯國史書《春秋》來瞭解那個時代。這部史書主要記述了各國的外交，有可能出自孔子之手。此外，《左傳》是我們另一處資訊來源。

「春秋」只是當時的人們對「一年」的詩意表達，但如今已成為我們指稱特定歷史時期的名稱。當時的編年史書非常關注正統、地位、禮節和儀式等方面的內容。對孔子而言，上文提到的遵從禮制就是重中之重的事情。在一次祭祀活動之後，魯公未能依照禮制分配祭肉，這可能導致孔子憤而離職、周遊列國。在母親去世後，孔子堅持依照禮制發喪，即使傳統的葬禮花費不菲也在所不惜。隨後，他為母親守孝了三年。

「禮制」為何如此重要？

用一個字來回答就是「家」。孔子也許是不可知論者，從不妄談怪力亂神。他認為，恪守禮制既是自我約束的方法，又是維繫社會秩序的正途。在禮制社會中，家族間的紐帶編織成一張大網。在傳統中國，長幼有序的家族（這與希臘城邦恰恰相反）是社會的基本單位。哀悼逝者、慶祝節日、緬懷先人、聚集家人和祭拜神明等一系列活動將家族成員凝聚在一起，使他們獲得了身份認同。在戰勝對手後，勝利者會銷毀失敗者的禮器，清除敵人的集體記憶、傳統習俗和身份認同。禮制塑造了人。倘若不循禮制、肆意妄為，人就不成其為人。

在早期中國，家族紐帶是維繫各邦國的社會基礎，其功能就像組織有序的部落。但在良善社會中，這種紐帶（以禮為標誌，受禮的約束）會超越血緣關係。地主與農民、買家與賣家、統治者與被統治者及附屬國與宗主國之間都存在紐帶。儘管這些紐帶超越了家族關係，但同樣受到禮制的約束。然而，在孔子生活的時代，這種古老的生存方式（謹守名分、向善而行）逐漸受到諸侯爭霸的挑戰，岌岌可危。將這樣的國家界定為專制主義或極權主義略顯草率，但這些日益崛起的諸侯國確實謀求民眾的順從，通過與家族無涉的官僚制度實行威權統治。我們確實可以嗅到一點共產主義或法西斯主義（它們都敵視家族紐帶）的味道。

在孔子的理想世界中，好的統治者就像慈父，擁有權威，但也很慈愛。我們可以在《論語》中讀到這樣的句子：「道之以政，齊之以刑，民免而無恥。道之以德，齊之以禮，有恥且格。」[26]「仁」的含義近似於「德行」，是指引人的「道」。在這裡，我們可以把「道」比擬為《聖經》中的「稱義之路」。禮制要求人們互相尊重。因此，孔子思想中的「黃金法則」聽起來很像耶穌的教導：「出門如見大賓，使民如承大祭。己所不欲，勿施於人。」

這種思想看起來很保守，甚至是抗拒變革。但正如人們常說的那樣，孔子的保守主義是一種取代暴力和苛政的溫和之舉。莎士比亞也有保守主義思想。他認為，如果國王的言行符合自己的身份，父親的態度變得公正、正直，那麼世界就會更加美好。在中國，禮制要求人們自我約束，甚至是自我征服。在《論語》中，孔子曾提醒禮制的重要性，他的弟子引用《詩經》的句子回應：

如切如磋，如琢如磨。

作家凱倫·阿姆斯壯（Karen Armstrong）闡述道：君子「不是天生的，而是後天塑造的。就像雕刻師將一塊礪石雕琢成美玉一樣，人的修行也是如此。」[27]這說明，「恰當的禮制」與冥想、禱告等自我提升的方法並無不同。禮制似乎是某種古代文明的回聲，關乎個人和社會秩序的穩定。

在孔子生活的時代，諸侯爭霸愈演愈烈，社會日益浮華和動盪，甚至魯國也被篡位者攪得國無寧日，國君逐漸喪失了權威。在這種情況下，恢復禮制就成了當務之急。在邊鄙之地，蠻夷戎狄虎視眈眈。在華夏內部，一場更具破壞性的內戰正在醞釀，將帶來難以想像的災難。後來的思想家發展了觀點各異的論述。例如，孟子就認為孔子的論述過於菁英主義，他提出的有關社會正義的思想更簡單、質樸。但是，正如印度北部的動亂激發了悉達多、戰爭和被俘的經歷刺激了猶太人一樣，沒有暴力和衝突的話，孔子可能永遠不會成為一位教師。

魯國的對手齊國擔心：魯公會在孔子的教誨下奮發圖強，進而侵略齊國。於是，齊國的統治者就給魯公送去了財寶和美女，希望消磨他的意志。根據傳說，這個招數奏效了。魯公整日沉湎於聲色犬馬，不再遵循禮制。孔子出於憤怒決定另擇賢君輔佐。看起來，孔子是個稜角分明的人。佛陀被化為面如滿月、金身的神的形象，身上覆蓋著經文，孔子則被塑造成一位威嚴懾人，身著官服，留著長鬚的老法師。

然而，這不能怪孔子。後世御用的儒學摻入了很多刻板的教條，認為凡是背離傳統的事情都是非法的。孔子首先被奉若神明，繼而成為國家宗教的象徵。不過，偉大的思想家的命運就是他們往往只能通過翻譯被認識。我們是通過耶穌的門徒瞭解基督的。儒家思想也是如此。在孔廟中，繼承和實踐儒家思想的哲學家們分列孔子的兩側，就如同四位福傳者，次一級的則是「十二哲」，如同十二使徒。縱然西方沒有孔子一樣的人物——一位值得尊敬的保守的道德主義者，而非宗教的創始人——但是我們很容易就能對孔子產生親近感。

顯然地，中國歷史上最糟糕的時期，也是屠殺與壓迫最嚴重的年代，來自反對儒家的那一派。破除傳統和氏族的專制皇權，運用恐怖和野蠻的懲罰來統御這個國家，毛澤東也是，他的共產革命在二十世紀中葉更打算將中國傳統家庭這個強而有力並持續不墜的結構連根拔起。過去曾為中國農民帶來教誨與指引的儒家經典語錄遭受遺棄。毛澤東知道若人民不再認識、關心自己過去的祖先，其自我認同便可輕易剝除，人民也就成為國家可掌控的對象。早在孔子的年代，他就知道了這一行為的邪惡與徒勞無功。

孔子終其一生都未能找到可以效力的理想國家。他遊歷了很多地方，招收了很多弟子。他們將孔子的教誨和學說發揚光大。孔子又做過不少奇怪的工作，但終其一生再未回到諸侯的宮廷效力。《論語》等文獻生動地刻畫了孔子的形象。他善於自嘲，喜歡美食（儘管他只吃得起家常便飯），酒量也不錯。與古希臘的偉大導師蘇格拉底不同，孔子與弟子們交談是為了獲得真理，而不是糾纏於繁複的邏輯，也不是為了顯示自己的辯才。不過，與蘇格拉底的相似之處是，孔門弟子都很敬重老師，他們將孔子的思想傳揚光大。那是一個百家爭鳴的時代，戰爭迫使人們思考何為良善社會、如何達到良善社會的問題。

死得其所：蘇格拉底

蘇格拉底也能喝酒，特別是他那最後一飲。

民主政治史上最悲劇性的一幕不是由劇作家創作的，而是由哲學家留下的。戲劇的主角蘇格拉底是柏拉圖的老師。他鼻樑塌陷，其貌不揚，脾氣暴躁。人們指控他腐蝕雅典青年的思想，褻瀆了諸神。不過，大多數歷史學家都認為，這些罪名都是莫須有的。而且，對蘇格拉底的審判也不公正，甚至有些滑稽可笑。沒人知道「腐蝕」到底是什麼意思，只除了蘇格拉底對民主而言是個桀驁不馴的敵人，而且他不肯閉嘴。蘇格拉底是個名人，很多年來雅典城的喜劇詩人一直譏諷他，其中就包括一些用心險惡的貴族。

得知被判有罪後，蘇格拉底神情自若，他對法庭的判決嗤之以鼻。這也許刺激了法官們，使他們加重了刑罰，判其死刑，而非流放。在案件定讞後，蘇格拉底又拒絕越獄潛逃——這對他並非難事。或許，雅典人正希望他能出逃，以使雙方都能有臺階可下。但是，蘇格拉底卻認為逃亡是對自己的羞辱。他接受了法庭的判決，在法庭上宣佈是時候離開了：「我即將死去，而你們還活著；我不知道我們誰更幸福，只有神靈才知道。」

在行刑的當天，門徒們陪在蘇格拉底的身邊，蘇格拉底將喝下一種有毒的藥水了結自己的生命。現代生物學家告訴我們，這種有毒藥水的成份來自毒芹屬植物，可以麻痺人的肌肉系統，令人窒息而亡，整個過程非常痛苦。在沐浴更衣後，蘇格拉底向妻子和三個兒子道別（因為他不想要有歇斯底里的悲痛）。有一位名叫克力同的門徒想到要埋葬老師便非常悲傷，蘇格拉底以自嘲的方式寬解弟子：你們埋葬的不是蘇格拉底，只是一具軀殼而已。蘇格拉底是不可知論者。他不知道死亡是終點、是遺忘，還是轉入另一個世界，希臘人想像的由死人靈魂居住的「冥府」。如果是遺忘，那就無所畏懼，因為他不再有知覺。但假若是冥府，他將遇到一些古代先賢，與他們談天說地。

執行死刑的日子到了。日頭西沉，獄卒來通知時間已到。這個獄卒也很悲傷，蘇格拉底覺得他實在「可愛」，命令他把毒藥拿來。克力同指出，太陽還未落山，還不到行刑的時間，老師不要急著離去，再和朋友弟子們待上一時半刻。蘇格拉底又拒絕了。在他眼中，貪戀人世也是自辱。獄卒拿來了毒藥。蘇格拉底問他是否要倒一些毒藥獻給諸神，使他們能在黃泉路上幫襯自己。獄卒說不行，因為毒藥的量僅剛好致他於死。

在《斐多》中，柏拉圖說道，蘇格拉底「把杯子舉到嘴邊，高高興興、平平靜靜地乾了杯。我們大多數人原先還能忍住眼淚，這時看他一口口地喝，把毒藥喝盡，我們再也忍耐不住了。我不由自主，眼淚像泉水般湧出來」。蘇格拉底喝藥前問過獄卒，喝了毒藥之後要怎麼做。獄卒讓他到處走走，直到雙腿變沉，就躺倒在地上。蘇格拉底照此做了，

> 之後他臉朝天躺下，因為陪侍他的人叫他這樣躺著。給他毒藥的那人雙手按著他，過一會兒又觀察他的腳和腿，然後又使勁捏他的腳，問有沒有感覺；他說「沒有」；然後又捏他的大腿，一路捏上去，讓我們知道他正漸漸僵冷。那人再又摸摸他，說：「當毒藥到達心臟，就結束了。」[28]

蘇格拉底最後的遺言是讓克力同向醫藥之神獻祭一隻公雞——他視死亡是一種治療方法。隨後，他就雙手掩面，一言不發，離開了人世。

我們如何解讀這個故事？故事的背景又是戰爭。在雅典與斯巴達聯手擊敗波斯軍隊後，雅典的權勢不斷膨脹。雅典花費了很長時間（大約二十年）才清除了波斯帝國在亞洲希臘城邦中的勢力。為了保證海軍完成這項艱巨的任務，雅典組建了一個聯盟，即「提洛同盟」。起初，小的城邦向聯盟提供船隻。不久，出於便利的考慮，他們轉而提供金錢。於是，這些城邦逐漸由雅典的盟友變成了臣屬，而雅典則從霸道的城邦變成了小型的帝國。儘管民主制度猶存，但城邦的傳統精神已經喪失。更多的財富和移民使雅典公民間的階級差距越拉越大，傳統農民兼士兵的模式已經動搖。單一共同體的意識日益消解。

雅典的老對手斯巴達也開始艱難轉型。最終，隨著兩方商業競爭加劇，雅典的權勢和野心威脅到斯巴達的盟友——科林斯時，希臘世界就陷入了內戰。斯巴達和盟友主宰了陸上的戰爭，而雅典則統治了海洋。斯巴達人年復一年地發動攻勢，雅典人只能退守堅固的長牆。這座長牆將城市和港口連接在起來，形成了骨狀的防禦結構。由於從海路輸入大批糧食，雅典人可以端坐城中，觀察圍攻者的一舉一動。在漫長、血腥的拉鋸戰中，雅典和斯巴達雙方不斷簽訂協定，又不斷毀棄協議。後來，雅典人犯下大錯。在深孚眾望的軍人亞西比德（Alcibiades）的慫恿下，雅典人同意攻打敘拉古。富庶的敘拉古位於今天的西西里，是科林斯的盟友，而科林斯又是斯巴達的盟友。貪婪是戰爭爆發的原因之一。因為攻佔西西里，乃至最終佔領整個義大利，會使雅典勢力大增，足以統治整個希臘。

然而，這場戰爭的結果卻是災難性的。在斯巴達人的援助下，敘拉古擊退了兩支雅典艦隊，並在陸上痛擊了雅典人。這座曾傲視群雄的城邦因此破產。戰爭持續的時間很長，在敘拉古戰役結束後，戰爭又接連不斷。斯巴達人與希臘人的老對手波斯人簽訂了協議。因此，在上一次戰爭中獲得獨立的很多愛奧尼亞城邦又落入了波斯人的掌控。在一次海戰中，雅典喪失了主要的糧食供給地。饑餓最終迫使雅典屈服，斯巴達人笑到了最後。斯巴達人推倒了雅典的長牆，控制了這座城市。希臘的黃金時代結束了。

結局已足夠悲慘。但敘拉古慘敗的故事又與古希臘史上最有魅力而又陰險的人物糾纏不清。亞西比德是伯里克里斯的親戚，相貌英俊，俘獲了許多男女的心。同時，他也是蘇格拉底最喜愛的學生之一。柏拉圖說，蘇格拉底曾在戰場上救過亞西比德的性命。在雅典人的眼中，這兩人總是纏在一起。不過，蘇格拉底似乎抵住了亞西比德在性上的誘惑。據說，他們曾同床而眠，但什麼也沒有發生。

正如我們所知，亞西比德是煽動遠征敘拉古的始作俑者。他勸說雅典人擴充艦隊，災難性地加大了賭注。但在艦隊啟航之前，有人指控他捲入了一起破壞赫爾墨斯神像事件——它們常被放置在城市周圍——這可能是貴族醉酒後開的一個玩笑。由於受到瀆神罪的指控，亞西比德被召回。隨後，亞西比德叛逃到斯巴達。在幫助斯巴達擊敗雅典人之後，此人又投入了波斯人的懷抱。

雅典缺席判處亞西比德死刑。但此後不久雅典的盟邦設法將其召回，撤銷了指控。亞西比德再次執掌軍事大權。但這一次，命運似乎並不眷顧他。亞西比德接連幾次敗在斯巴達人的手下，再次被逐出雅典。他死於流放的途中。顯而易見，亞西比德遭到了斯巴達刺客的偷襲。當時，他正在情人家中幽會。遭到襲擊後，他雙手持刀，赤身裸體地衝向刺客，但最終死於亂箭之下。普魯塔克（Plutarch）宣稱，兇手是蘇格拉底的另一位弟子克里提亞斯，此人曾是亞西比德的好友。美國記者斯通的評論很有道理。他認為，這個故事是為莎士比亞量身打造的。莎士比亞很喜愛普魯塔克的著作，尤其是那些有關重大陰謀的情節。[29] 莎士比亞本該將其改編成戲劇，但他並沒有這麼做。這個故事提醒了我們：古代的希臘世界何其小。

亞西比德和克里提亞斯都是危險分子。在兵敗敘拉古之後，所謂的「四百人會議」曾短暫地將雅典的民主制度一腳踢開。西元前四一一年，一群貴族推翻了雅典政府，接管了政權。這一行動導致了殺戮和恐怖氣氛。據說，亞西比德也曾參與其中。不過，陰謀家集團內部發生了內訌，政變以失敗告終。雅典的中間階層和貧民聯手恢復了民主制度。西元前四〇四年，雅典最終敗於斯巴達手下，民主制度再次崩潰。這一次，在「三十僭主」的統治下，克里提亞斯領導建立了由富人掌權的寡頭政治。他們暫停了雅典公民的投票權，組建了為少數貴族利益服務的大陪審團。「三十僭主」的統治比「四百人會議」更為血腥。他們與斯巴達軍隊共同主宰了雅典民眾的利益，有點像法國維琪政權下與納粹德國合作的那群人。「三十僭主」利用揮舞著棍棒的暴徒來維持秩序[30]，許多民眾領袖遭到放逐或處決。

在「三十僭主」統治時期，蘇格拉底留在了雅典，但許多傑出公民選擇離開，踏上了相對舒適的放逐之旅。後來，蘇格拉底曾這樣為自己開脫：「三十僭主」脅迫他逮捕並處決某人。但事實上，他趁機逃脫，把任務交給了其他人——這實在難稱英雄之舉。中間階層的反抗再次取得勝利。「三十僭主」遭到放逐，民主制度得以重建。僅僅四年之後，蘇格拉底被判死刑，這時雅典政權似乎仍處於風雨飄搖之中。但蘇格拉底已經被它遺棄。

蘇格拉底之死是個悲劇。這不是因為蘇格拉底心中潛藏的有關世界關鍵哲學難題的答案已經隨他而去，而是因為在一個相對開放的社會，最偉大的思想家也不能隨心所欲地表達自己的觀點，或者如其所願地追尋未解之謎。真正的民主制度和開放社會不僅僅是選舉體制下的瑣碎細節，甚至也不僅僅是合理的權力平衡，儘管能做到這兩點已經很難了。民主制度和開放社會的關鍵是如何對待看起來會威脅自己的批評者，就像西元前三九九年的蘇格拉底，儘管他已垂垂老矣。這樣的評價標準同樣適用於啟蒙運動時期的法國革命家和美國的「麥卡錫時代」，以及今天西方社會與伊斯蘭極端主義勢力的鬥爭。

在向恐懼屈服之前，你能將言論自由和思想自由的原則堅持多久？

作為哲學家，蘇格拉底致力於消解確定性。他是一個懷疑論者，也是一個自嘲者。蘇格拉底很少參與雅典城邦的公共服務活動，盡其所能地逃避公民的責任。他曾為國而戰，但並沒有在公共集會上施展政治辯論上的偉大技藝，而是喜歡私下教學。批評者們斥責他是「詭辯家」，意指他在辯論技藝上是個玩世不恭的教師，玩弄邏輯以適合各種情況。這樣的評價不公平。蘇格拉底的激進懷疑和自我質疑無法使他能夠提出過上美好生活的準則，也不能構建政治制度。但在促進人類心智走向成熟方面，他做出了重要貢獻。

學會質疑比學會相信更重要。蘇格拉底的思想變化萬千，他的弟子及再傳弟子們各自以不同的方式展現了他的思想。柏拉圖的專制共和國思想就與亞里斯多德有關捍衛城邦的精妙論述截然不同。像在中國一樣，孔子的弟子和敵人曾鬥爭了幾個世紀，而蘇格拉底之死同樣也開啟了無盡的爭論。

沒那麼偉大的亞歷山大：大帝的功與過

我們已花費許多時間討論希臘人、中國人、印度人、希伯來人和波斯人，目的是觀察數百年來戰爭如何孕育了延續至當代社會的許多變革與觀念。隨著複雜金屬冶煉技術的發展，隨著戰車和文字的傳播，隨著遠洋航行的實現，技術變革也發生了，儘管變革的步驟並不統一。

在這幾個世紀中，還有一些民族也很重要。人類的先頭部隊還在美洲一路前行，他們開始平整土地、發展農業。美洲第一個沿海文明的誕生就可以追溯到這一時期。在太平洋地區，航海家們正在發現和探索最後尚未被人類佔有的島嶼。這是一個勇氣和航海的時代，但很遺憾，沒有人將其記錄下來。在歐洲，凱爾特人早已將土著居民驅趕到邊緣地帶，他們將在下一個章節中露面。在日本、緬甸、泰國和朝鮮半島，人們建立了第一批土生土長的王朝。在其他地區，包括俄國和非洲，除了遊牧部落的遷徙和定居，我們所知並不多。

這些地域和民族都很有趣，也產生了諸多研究。但與人類的四大文明中心（中國平原地區、印度北部地方、波斯和近東，以及環地中海地區）相比，它們還稍顯遜色。這些地區的最大難題是戰爭。在這一時期，戰爭甚至比貿易更頻繁。顯而易見，戰爭推動了變革。不過，地方戰爭也具有破壞性（向來如此），常常使繁榮一時的文化和城市毀於一旦。

我們還要最後一次返回希臘世界，在那裡有一位人物正是這些悲劇而矛盾的訊息的化身——「馬其頓的亞歷山大三世」，我們常常稱其為「亞歷山大大帝」（Alexander the Great）。

在他的領導下，希臘人突破了列島的侷限，在戰爭的怒火中，向東和向南席捲，跨越了中亞地區。亞歷山大來自北部的邊陲之地馬其頓，但他卻是黃金時代的產物。在希臘學習步兵方陣戰術的時候，亞歷山大總會隨身攜帶一部荷馬史詩，夜晚充當枕頭。他的老師是偉大的亞里斯多德。亞里斯多德是蘇格拉底衣缽的傳承者，也出生在馬其頓。在亞歷山大十三到十六歲的時候，父王腓力就聘請亞里斯多德來教育這位王子及其同伴。他們的學校隱藏在林木茂盛的深山之中，今人已經發現了其遺址。在學校中，亞歷山大學習了有關波斯人（包括居魯士）的知識——大多得自希羅多德的著作。另外，教學課程還覆蓋了自然史、植物學、地理學及數學等內容。亞里斯多德晚年有關教育的著作暗示了亞歷山大並不是好學上進的學生。或者，他只是說，青少年性格頑劣，並不喜歡聽課。從很早的時期開始，亞歷山大就夢想一統東西方，將希臘善於思考的戰士與亞洲的安逸、財富和習俗融合在一起。然而，對於景仰希臘黃金時代的人來說，亞歷山大將成為一位致命的傳信人。

希臘人向世界傳遞的資訊是，城鎮是人類自我表達的最佳環境。在那裡，公民之間享有大體平等的政治權利，人們自由地發言、認真地傾聽，都生活在明晰、公認的法律之下，可以創造更美好的未來——

更優雅、更哲學，甚至更科學。法律（將公平原則行諸文字，並編纂成體系）使人們可以超越家族或部落的侷限，在更大的群體中自在地生活。因此，希臘城邦以自己的法律為傲，很敬重那些立法者。希臘哲學很關注法律問題。除奴隸之外，希臘城邦的貧富差距都不會過大，以防止破壞共同體的意識。

這些城邦也展現了競爭的力量。在城邦之間的競爭過程中，法律、制度、政治體制、手工技藝和作戰藝術都獲得了發展。希臘城邦間的競爭引發了很多問題和答案，至今仍縈繞著整個世界。一個國家可以同時是真正的共和國和帝國嗎？答案是否定的。貧富差距過大會毀掉民主制度嗎？答案是肯定的。勝利會導致墮落嗎？會的。

在經歷了伯羅奔尼撒戰爭的困難後，那個朝氣蓬勃的競爭世界崩潰了。民主國家變成了帝國。先是雅典，後是斯巴達，再是底比斯，它們都成為了弱小城邦的主宰。

猜忌和失敗毀掉了由公民組成的重裝步兵，雇傭軍取而代之。正如一位歷史學家所言，「貧民、喪失公民權的民眾、失去土地的人、難民、外邦人和奴隸越來越多……在個別的城邦，公民的聲音或許還有表達的渠道，但這些城邦已無力控制自己的命運。」[31]最終，在西元前三三八年，希臘最大的城邦被馬其頓征服，城邦時代終結了。馬其頓人將領袖崇拜和王權統治帶到整個希臘世界。儘管很喜歡荷馬史詩，但亞歷山大只不過是一位魅力超群的僭主。

歷史上有很多這樣的例子：邊陲之地的民族突然崛起，突破傳統的邊界限制，征服或主宰了周邊更富庶的文明。波斯人曾一文不名，但他們推翻了盛行戰爭文化的亞述人。在中國，來自西部邊陲的秦國迅速強大起來，擊潰了更富庶但更軟弱的對手。馬其頓也位於希臘世界的邊疆地區，在其之外就是所謂的蠻族。馬其頓人講希臘語，儘管口音有些奇特。那裡林木茂密、沼澤密佈、氣候嚴酷——降雪很多，即使春季也很寒冷。因此，馬其頓人非常堅忍。

馬其頓人是部落民族，不在城鎮中居住。他們很難統治，但忠於自己的貴族。只在不久之前，馬其頓人才完全臣服於以沿海地區為基地的國王們。這些國王都很熱衷於捕獵熊和獅子，他們從希臘本土輸入了很多文化元素，包括華麗的宮殿。在新都佩拉，有一座龐大的中央開放區域，人們稱其為「阿果拉」。那裡製造陶器、金屬器具、玻璃製品和雕像，也出售好酒，售賣來自地中海世界的各種商品。宮殿都用色彩豔麗的壁畫和精美的馬賽克裝飾；他們製造的黃金飾品美豔、高貴。不過，馬其頓人也有些自卑：他們不得不從更富庶、更發達的南方諸國進口很多東西。更有現實意義的是他們發展和完善了希臘的重裝步兵方陣，可以有效地補充皇家騎兵的不足。但是，南方的希臘人相當看不起馬其頓人。有人曾建議蘇格拉底逃往馬其頓以躲過死刑，但他對此一笑了之，認為這個想法實在荒謬。

馬其頓的第一位偉大國王是腓力二世，也就是亞歷山大的父親。趁希臘城邦爆發內戰之際，他將馬其頓打造成了一個軍事強國。腓力發動了一系列戰役，征服了鄰國伊利里亞和色雷斯。在戰爭中，他失去了一隻眼睛，肢體也嚴重受傷，大量出血。馬其頓騎兵部隊的馬匹沒有安裝馬鐙，作戰時呈V字形陣列；步兵手持大約十九英尺長的長矛。因此，在軍隊快速推進的過程中，他們就像一隻憤怒的大刺蝟。通過賄賂、威逼、武力和計謀，腓力將混亂的希臘城邦（包括雅典）都置於自己的統治之下，這是偉大的成就。只剩下斯巴達人能與馬其頓人相抗衡。腓力曾向斯巴達人發出威脅，如果率兵攻入斯巴達的領土，他將摧毀所有城市，殺光所有人。斯巴達人勇敢地回應了馬其頓人，他們只回答一個詞——「如果」。在此之後，腓力還計畫入侵亞洲。但當他正在備戰之時，馬其頓的國內形勢急轉直下。

腓力有好幾個妻子。西元前三三六年，腓力不知做了甚麼激怒了他已經離婚的原配妻子。我們不知道他們夫妻失和的真正原因。儘管腓力已經迎娶了一位年輕的妻子，但原配夫人是個不容小覷的女人。她就是奧林匹婭——一位來自呂底亞的公主，也是亞歷山大的母親。她也是酒神狄奧尼索斯的敬拜者，據說她與蛇共眠而聲名遠播，儘管這可能只是指祭祀酒神的儀式。後世有人傳說，她曾與波斯國王偷情，生下了亞歷山大。波斯國王之所以把她送回國，原因是奧林匹婭有口臭。

無論如何，腓力確與奧林匹婭失和。為孤立她，腓力決定將女兒（與另一個妻子所生）嫁給奧林匹婭的哥哥，即呂底亞國王。亞歷山大會因此失去了王位繼承權。然而，激怒自己的希臘妻子（或前妻）並不是個好主意。腓力在忙於籌備女兒婚禮時被一名侍衛刺死。許多人認為，刺客是由奧林匹婭指使的。她這樣做既報復了丈夫，又確保兒子登上了王位。[32] 經過一場血腥的家族內鬥，亞歷山大最終成為馬其頓的國王。他繼承了一支能征善戰的軍隊，還有與波斯帝國的世仇。而此時，波斯帝國已被內亂攪擾得奄奄一息。

登上王位時，亞歷山大年僅二十歲。他一頭長髮，鬍鬚刮得很乾淨，雙眼炯炯有神。不過，亞歷山大顯然個子不高。他從十六歲起就幫助父王治理國家，並在戰場上與敵人搏殺。十三歲那年，亞歷山大馴服了一匹野性難馴的公馬。於是，父親就將這匹黑馬賜給他。這匹坐騎就是赫赫有名的「布塞弗勒斯」。赫費斯提翁在亞歷山大十幾歲時成了他的同性愛人。在亞歷山大短暫的一生中，赫費斯提翁和布塞弗勒斯常常陪在他的身邊。他父親的心腹隨從也先後效忠於亞歷山大。在腓力征服了希臘之後，偉大的作家和藝術家紛至遝來，匯聚於馬其頓的宮廷，其中就包括劇作家尤里比底斯和畫家阿佩利斯，還有很多音樂家和哲學家。亞歷山大從小就與很多舉止粗魯的馬其頓貴族子弟廝混，他們都是作為侍從和人質生活在馬其頓的宮廷中。

通過波斯流亡者和旅行故事，亞歷山大開始癡迷於東方。希羅多德使他瞭解到很多有趣的事情，如米底人、波斯人和埃及人的生活習慣。荷馬也使他受益匪淺，令亞歷山大崇尚單打獨鬥和追尋榮耀。與荷馬一樣，亞歷山大認為特洛伊人（狡詐的古代亞洲人）也有值得欽佩之處。如上所述，亞里斯多德曾親自教導這位馬其頓王子。這位薪酬不菲的老師向亞歷山大傳授了自然哲學、政治學和治國理政的知識。這是古代世界任何一位王子所能接受的最好的教育——荷馬的尚武精神、馬其頓的嚴酷世界、希臘的傑出思想及對亞洲的好奇與開放。亞歷山大已經為征服世界做好準備，他將以超人的毅力將廣袤的土地納入自己的統治。

腓力的軍隊就地補充給養，杜絕奢侈浪費，一天可以行軍三十英里（四八點二八公里）。整支軍隊配備了攻城設備、弓箭手和投槍兵。這些士兵擁有超凡的能力，橫掃亞洲，進入印度。其中一些人就像年老的蒼鷹，可以一直搏殺到六十歲以上。亞歷山大的征服是古代世界中最令人瞠目結舌的史詩性事件之一。在撲滅了希臘人的叛亂後——曾經烜赫一時的雅典人甚至沒有抵抗就繳械投降——亞歷山大開始率軍攻打波斯帝國的末代國王，號稱萬王之王的大流士三世。大流士三世起初並沒有把這個魯莽男孩的入侵放在眼中。

在特洛伊城附近，也就是今天的土耳其，亞歷山大首先贏得了幾場勝利。在許多城市紛紛投降之後，他遵循波斯人的傳統，讓這些城市實行自治，只需繳納貢賦即可。西元前三三三年，亞歷山大在伊蘇斯擊敗了由大流士親自率領的波斯軍隊。大流士士兵敗落荒而逃，連王冠和妻子也丟棄不顧。隨後，亞歷山大又攻陷了兩座重要的貿易城市推羅和阿卡。埃及人也敞開了大門，將亞歷山大視為解放者。亞歷山大加冕為埃及法老，成為拉神和歐西里斯神的化身。馬其頓軍隊隨後長驅直入，進入了美索不達米亞。在高加米拉戰役中，亞歷山大贏得了一生中最偉大的勝利。儘管波斯軍隊的規模遠超希臘軍隊，亞歷山大還是擊潰了大流士，並對其緊追不捨。最終，大流士死於自己的部將之手。

亞歷山大宣佈自己是萬王之王和波斯統治者。隨後，他又攻陷了巴比倫城。在遭到波斯人的伏擊而罕見落敗後，他最終佔領了宏偉的波斯波利斯城（Persepolis），整座城市被付之一炬。

克雷圖斯是亞歷山大手下的一名將軍。在早先的一場戰役中，他砍下了一個波斯士兵的手臂，救了亞歷山大一命。西元前三二八年，在撒馬爾罕召開的一次軍事會議上，克雷圖斯捲入一場酒後紛爭——馬其頓人喜歡喝烈酒，參加會議的將軍們常常處於醉醺醺的狀態。行軍遲緩而致軍事失利可能是這次爭吵的誘因。克雷圖斯當面頂撞亞歷山大，直陳其父腓力才是更偉大的國王。在隨後的打鬥中，怒火攻心的亞歷山大用一根長矛刺死了克雷圖斯。據說，亞歷山大當時已處於精神癲狂的狀態。後世的作家們將克雷圖斯描繪成敢於向權貴進言的人。這位誠實的老戰士意識到，亞歷山大的頭腦已經膨脹到難以復加的地步。的確，亞歷山大不是行事謹慎之人。他之所以醉酒，不是因為美酒太烈，而是他已陶醉於一系列的驚人勝利。在埃及人承認其為世界主宰之後，亞歷山大宣稱他的父親是一位神祇，類似希臘人的宙斯和埃及人的阿蒙神的混合體。

然而，亞歷山大的問題是他太成功了。在其統帥的聯軍中，馬其頓人只佔一小部份；而在其征服的人口中，馬其頓人更是微不足道。亞歷山大需要新臣服的亞洲人尊敬他，即使傷害到希臘人的情感也在所不惜。因此，他改穿波斯人的服飾，見面時用親吻表達敬意。波斯人和米底人認為這是尊重之舉，但希臘人卻認為這種風俗是無可救藥的墮落。如今，亞歷山大自稱神祇，但民眾卻竊竊私語。他以盛大的婚禮迎娶粟特人羅克珊娜（Roxana）為妻。粟特人屬東伊朗語族，生活在今天的阿富汗和烏茲別克。這一舉動可能是精明的政治伎倆，也可能是心血來潮，甚至是出於愛情。不可否認，亞歷山大試圖將馬其頓希臘人和亞洲人融為一體，使自己成為真正的世界之主。他將三萬名亞洲男孩訓練成希臘式的戰士，授予愛人赫費斯提翁波斯式的頭銜和職位。

古希臘羅馬歷史學家阿里安撰寫的著作是現存最完整的有關亞歷山大的生平資料。根據他的記載，亞歷山大在波斯故都蘇薩為希臘人和波斯人舉辦過一場盛況空前的集體婚禮。他自己也迎娶了大流士的長女為妻，並將她的妹妹許配給赫費斯提翁。這樣，他們的後代就是表親關係。亞歷山大還為八十名馬其頓侍衛挑選了妻子，這些女子均來自波斯和米底的貴族家庭。他為新人們安排這場集體婚禮，有點像世界和平統一教熱衷的婚禮儀式。阿里安說：

婚禮是波斯式的。給這些新郎按順序擺好座位，大家一起祝酒之後，新娘就進來，各自坐在自己的新郎旁邊，新郎握住新娘的手，親吻。由於婚禮是在一起舉行的，所以一切動作都由國王帶頭。人們認為，在這件事情上，亞歷山大還能俯身下士，表現了戰友精神。這種事倒是不多見的。新郎得到新娘之後，就都領著回家。對每一對新人亞歷山大都送了禮物。對其餘娶了亞洲女子的馬其頓人，亞歷山大也都送了禮。33

他還命人將另外一萬名迎娶了亞洲婦女為妻的馬其頓人的名字記錄下來。這是一項令人瞠目結舌的文化融合實驗，就好像維多利亞女王命令來自英格蘭、愛爾蘭和蘇格蘭的士兵迎娶印度教徒和穆斯林為妻，或者好像卡斯特將軍試圖撮合美國騎兵和蘇族女子成婚，而不再與印第安人在巨角開戰。但遺憾的是，在帝國分裂之後，儘管亞歷山大的繼承者們確實在亞洲各地紮下了根，但這些婚姻幾乎都沒能長久。不過，這種聯姻模式使希臘文化遠播到地中海世界之外的地方。

在這場集體婚禮之前，亞歷山大又發動了一場戰爭。他率軍進入了今天的巴基斯坦和印度，在那裡首次和象軍交戰。他的愛駒布塞弗勒斯在印度河東岸戰死，他的情人赫費斯提翁也在不久後去世。悲痛、創傷和酗酒影響到亞歷山大的身體健康。在已知世界的盡頭，馬其頓軍隊已經筋疲力盡。在進軍攻打印度統治者的緊要關頭，士兵嘩變了。他們要求返回家園，甚至連亞歷山大也束手無策。他宣佈撤軍，返回了巴比倫。在那裡，亞歷山大為赫費斯提翁舉行了火葬。如今，亞歷山大控制了世界上的廣袤地域，從喜馬拉雅山脈一直延伸到巴爾幹地區。他籌畫了新的戰役：首先攻打阿拉伯地區，然後沿北非海岸線進軍，進入義大利。倘若活得更久，他甚至可能將羅馬城毀滅。在那時，羅馬還是一座默默無聞的城市，但羅馬人野蠻好戰、雄心勃勃。有人認為亞歷山大是被毒死的。但他感染病菌去世的可能性更大，或許是傷寒。西元前三二三年六月，年僅三十三歲的亞歷山大死在了尼布甲尼撒的宮殿中。

亞歷山大的神奇一生既詮釋了戰爭的積極意義，又展現了戰爭的消極影響。他深受希臘文化的影響，對波斯人和印度人充滿了好奇心。他的所作所為像一部巨大而血腥的文化攪拌機。如今，希臘世界對小亞細亞、埃及和美索不達米亞腹地產生了巨大的影響。儘管亞歷山大帝國很快土崩瓦解，但希臘風格的新城市如雨後春筍般不斷湧現。亞歷山大的將領們瓜分了古典世界的大部份地區，希臘文化或希臘化文化進入了繁榮時期。哲學家開辦了新學校，雕刻家和畫家在新的地方找到了工作，某種通用語逐漸傳播開來。

但正是這些殺戮、大規模放逐和熊熊烈火使得穩定或有吸引力的政治體制無法形成。他傳播的是古希臘的皮毛，而不是其內涵。事實上，他根本無法做到這一點。因為，希臘文化的本質是思想獨立和公民精神，是自下而上形成的，而不是自上而下產生的。長矛不能帶來民主制度。亞歷山大的國家是一種囊括多種文化的帝國，但他的偉大軍事勝利卻使地中海世界倒退回由國王、皇帝、地方豪強和王朝主宰的世界。讀者或許會聯想到後世很多相似的例子。亞歷山大為羅馬人鋪平了道路——至少羅馬的皇帝們是這樣認為的。荷馬史詩中的英雄激勵了亞歷山大，使他自已也成為一名英雄。然而，他的所作所為也向世人展現了英雄能力的侷限。亞歷山大是掘墓人，他葬送了偉大的希臘實驗；或說，他從來就不是希臘實驗的捍衛者。

第三部　劍與道

The Sword and the Word

西元前三〇〇年至西元六〇〇年前後：

中國、印度和歐洲的古典帝國與新興宗教的遭遇耶穌誕生時，地球上大約有一半的人口都生活在兩大帝國中。但他們自己並沒有意識到這個事實：遠離大城市的農民很難接觸到外面的世界，他們只能瞭解到有限的資訊。這是世界歷史上空前絕後的情況。羅馬帝國和漢帝國大致同時興起，其統治的人口也大體相當：在鼎盛時期，羅馬帝國有四千五百萬人；根據稅收狀況推斷，漢帝國有五千七百六十萬人。兩大帝國的領土面積也不相上下，大約都是四百萬平方公里。不同的是，一個帝國坐落在內陸海洋的邊緣，另一個帝國坐落在河流交錯的遼闊平原。它們的軍隊看上去也很相似：統一配備了盔甲和武器，行軍列隊整齊劃一，都有戰車和騎兵配合作戰。

羅馬人崇拜家神和祖先，中國也是如此。他們都講求實際，注重現世生活，也都唯我獨尊，認為自己比任何潛在的對手都更嚴肅、守禮和文明。羅馬皇帝宣稱要統治「全世界」，中國皇帝則認為「普天之下，莫非王土」。羅馬人修建了令人讚歎的高牆以抵禦異族入侵，漢帝國也是如此。羅馬人擁有筆直的道路，中國人挖掘了漫長的運河。兩大帝國就連行政區劃的數目也大致相當。兩國政府也都會用實際利益來激勵軍隊——戰鬥結束後，中國軍人可以憑敵人的首級獲得金錢和更高的地位，而英勇的羅馬軍人則可以贏得家鄉的土地。

在地中海世界的邊緣，羅馬帝國擊敗了眾多敵人，崛起為強大的國家。在中國，地處邊陲之地的秦國統一了六國，終結戰亂，為漢帝國的崛起奠定了基礎。羅馬人和中國人彼此知之甚少。他們相隔大約四千五百英里（約七千多公里），炙熱的沙漠和高大的山脈阻擋了人員往來。而海路則更長，比陸路遠了大約二千英里。[1] 儘管如此，兩大帝國仍可能存在微弱的交流。羅馬人對中國的認識很模糊。在他們的認知裡，中國是個神話般的國家，位於遙遠的東方。在古羅馬語言中，「賽里斯」一詞可能就指中國人。

西元九十七年，漢朝將軍班超曾派遣使節出使羅馬帝國，但使節本人並未見到羅馬皇帝圖拉真。由於路途實在遙遠，使節半途而廢，返回國內。因此，歷史上一次偉人的「假使……發生了」情境就在埃及以東某個塵土飛揚的驛站中夭折了。[2] 這位名叫甘英的使節搜集到許多關於羅馬人的傳聞。他報告說羅馬帝國有四百多座城池，都城坐落在一條大河的出海口。羅馬人身材高大、為人誠實。他們從傑出的人物中選舉國王。在遭遇災禍時，這些傑出人物會代替民眾接受懲罰，毫無怨言。[3] 甘英說，羅馬「國王」手下有三十六位大臣參與議政，他也會接受老百姓的請願。這內容大抵真實可靠，因為他大致勾勒出羅馬元老院的模糊輪廓。很明顯地，中國人對這種政治觀念（同時容納勝利者和失敗者）感到既陌生又好奇。

這不是唯一令人著迷的事情。甘英還興致勃勃地彙報說羅馬的雜耍藝人很神奇，可以口吐火焰，並能同時拋接十二個球。

根據中國史書的記載，七十年後，一個羅馬使團經海路抵達越南（當時越南是漢帝國的一部份）。這個使團有可能是偉大的哲學家皇帝馬可·奧理略派遣的。但是，使團被遣返回國，兩個帝國便只有依靠長途貿易間接聯繫。大約在耶穌生活的時代，羅馬婦女開始穿著半透明的絲綢裙子，這引起羅馬衛道人士的強烈不滿。這些絲綢來自中國，經由長途海上航行從越南運到今天的斯里蘭卡，然後再轉運至埃及。而在中國已經發現了來自羅馬帝國的玻璃器皿和硬幣。此外，還有一種可能的交會：在西元前五四年，帕提亞人曾經俘虜過一些羅馬士兵（羅馬第一次三巨頭之一的蘇拉軍團）。之後，使用「魚鱗陣」的羅馬軍團可能曾與漢帝國的士兵在今日的吉爾吉斯兵戎相見。

兩大帝國延續的時間也大體相當。起初，羅馬人只是生活在義大利中部的城鎮居民，默默無聞的他們逐漸發展壯大，吸引移民，在血腥暴亂中屢戰屢勝。亞歷山大死後，馬其頓帝國分裂成多個希臘王國。當羅馬崛起爭奪霸權的時候，這些王國已紛紛衰落。從西元前一四九年到西元前一四六年，羅馬人摧毀了他們在北非的競爭對手——迦太基人。大約在七十年前，秦始皇統一了列國。幾個世紀之後，羅馬世界分裂成兩大帝國：西羅馬帝國於西元五世紀瓦解，而東羅馬帝國（又稱拜占庭帝國）則一直延續到西元一四五三年被奧斯曼土耳其人攻陷君士坦丁堡為止。漢帝國於西元二二〇年壽終正寢，但中國直到西元三一七年才最終四分五裂。在當時，中國的南方地區較少受到入侵，在文化上更保守。我們可以將其與歷史悠久的東羅馬帝國進行比較。

兩大帝國存在了大約五百年。與美索不達米亞和埃及的早期文明相比，它們存續的時間並不算長。但以現代民主制度的標準來衡量，兩大帝國的表現令人驚歎不已。隨著中國的崛起，歷史學家們開始專注於這樣一個疑問：我們的世界——統一的中國和破碎的歐洲——是否以某種方式延續了羅馬帝國和漢帝國的經驗？畢竟，在第一位皇帝出現後，中國大約有一半的時間在政治上都大致保持了統一；而在羅馬帝國衰亡後，地中海和歐洲西部就再也沒有統一了。原因何在？

地理環境可以提供一些答案。儘管河谷和山嶺將中國分割成不同的區域，但整個國家又被沙漠和海洋環繞，這切斷了中國與世界其他地區的聯繫。政治統一的實現非常艱難。根據統計，從西元前六五六年到西元前二二一年，中國斷斷續續爆發了至少二五六場戰爭。然而，一旦形成大一統的帝國，這個由漫長海岸線圍繞的單一地理區域就會形成很強的地形邏輯。道路、運河和城牆劃出了交通線和防禦線，這些線不會輕易變動。儘管外來入侵者不斷挑戰中國，但他們無法抹掉「一個中國」的文化版圖。

然而，地中海和歐洲世界則截然不同。確實，「陸地中間的海」使羅馬帝國的交通更加便利，但能抵禦侵略者的天然屏障也少之又少。同時，星羅棋布的河水奔流四方，這些河流與縱橫交錯的山脈將歐洲大陸分割得支離破碎。從地理學上觀察，歐洲是一個淩亂、分裂的半島，很難實現政治統一。

這種解釋乍看之下合理，但似乎又過於膚淺。因為，中國也曾分裂長達數個世紀。中國南、北方人的生活方式不同，方言不同，有時分別由各自的皇帝統治。中國曾派出龐大的遠洋船隊，整個國家幾乎已走向世界。但事實上，中國並未真正走向世界，這主要是出於政治上的考量。在西方，儘管存在河流與山脈的阻隔，東羅馬帝國曾有機會統一地中海地區，且在很久以後，哈布斯堡家族的查理五世和科西嘉島的拿破崙．波拿巴也都有統一全歐洲的可能。

還有其他因素嗎？外來者扮演的角色非常重要。中亞的遊牧民族全副武裝，驍勇善戰。他們引發了數次移民浪潮，席捲了整個歐洲。這些游牧者稍事安定之後，下一波移民潮又迫使他們再次遷徙。在蒙古入侵之前，中國的中央政權大體能有效地抵擋遊牧民族。但蒙古人最終戰勝了中原王朝，他們快速、徹底地征服了整個中國，取代中原王朝，建立了他們的帝國統治，也仍然維持了統一。

中國和歐洲都受到外來宗教的挑戰。但與佛教對中國的影響相比，一神教（如基督教和伊斯蘭教）對西方的影響更加顯著。中國皇帝受到佛教的影響較小，歐洲宗教戰爭中的尖銳對立和以命相搏是中國所不曾經歷過的。儘管遵循的模式有所不同，但一神教反覆將西方社會的民眾劃分為「信仰者」和「異教徒」兩大類。中國則從未發生這種情況，正如我們將要提到的，中國法律和保守的社會思想比宗教的影響更大。另外，中西還存有不少文化差異，如中國文字的學習難度更大。因此，中國形成了一個獨立、強大的官僚菁英階層，這是西方社會所沒有的。關於這些問題，我們將稍後討論。

不過，中國和羅馬世界的歷史同樣血腥、殘酷。憤世嫉俗的統治者、國家的恐嚇行動，以及對持異見者的迫害充斥在各自的歷史中。中國和歐洲都出現了富有吸引力的人文思想家和恢宏華美的建築（但漢朝的建築大多是用木材和夯土建成的，而如前文所述，這樣的建築很難保留下來），但這些建築都是通過暴力和恐嚇才得以建成的權力結構。絕大部份的建造者都是農民，我們唯有透過他們被汗水濕透的脊背才能真正詮釋這些建築的美學和哲學意涵。羅馬帝國的成就依賴於地方菁英集團和軍隊的榮譽，而中國則更多依靠赤裸裸的武力。然而，無論那些有教養的菁英是否學習過孔子或耶穌的訓誡，是否向皇帝磕頭叩拜，是否會閱讀元老院的公告，軍隊都會在集權政府的指揮下屠殺叛民，也都會通過公開、令人生厭的刑罰來昭示權威。倘若權威就是正當，中央集權組織和動員的權威就比正當更正當。

阿育王

在羅馬帝國和漢帝國臻於鼎盛之前，世界上還存在另一個偉大的帝國。它的故事截然不同。印度的孔雀王朝可能擁有全世界四分之一的人口。除南部的偏遠地區外，這個帝國幾乎囊括了現代印度的所有版圖，再加上今天的巴基斯坦和阿富汗的許多地區。據推測，在西元前二世紀，孔雀王朝的人口大約是五千萬。在這個王朝創建的西元前三二四年，羅馬人尚在義大利中部艱苦奮鬥，而中國人也還未擺脫諸侯爭霸引發的慘烈戰爭。儘管孔雀王朝最偉大的統治者阿育王非常英明神武，但這個帝國還是在西元前一八五年崩潰了。孔雀王朝曾經挑戰古典世界的大軍並打敗他們。在孔雀王朝之後，印度再無力對外擴張，主宰其他地區。今日世界的政治版圖與宗教格局很大部份都是在兩千年前，就由我們熟知的歷史人物奠定了的。

然而，孔雀王朝的統治者們卻處在可知和不可知的邊界。詹姆斯・普林塞普是十八世紀一名業餘語言學家，他的日常工作是在加爾各答經營英國的薄荷園。經過他的努力，人們才終於認可阿育王是真實的歷史人物，而不是虛構的神話人物。與羅馬帝國和漢帝國相比，阿育王帝國的知名度並不高，相關史料也很少——印度歷史一貫如此。關於阿育王及其帝國，我們主要有三個史料來源。一個來自希臘歷史學家麥加斯梯尼，他曾為塞琉古・尼卡特效力。塞琉古・尼卡特是亞歷山大大帝的將軍，他以波斯和今天的巴基斯坦為中心，建立了一個小帝國。麥加斯梯尼很可能到訪過孔雀王朝的都城華氏城。如今，華氏城已被掩埋在現代城市巴特那地下，而這座城市無疑是世界上秩序最混亂、污染最嚴重的大都市之一。不幸的是，麥加斯梯尼的著述早已散佚。我們只能通過後世歷史學家的引用才能略窺其內容。第二個來源是一本關於印度治國之道的手冊，其中部份內容的作者有可能是孔雀王朝的宮廷謀士。第三個來源是阿育王的言談，它們被鐫刻在印度許多地區的石柱上。

阿育王的祖父是旃陀羅笈多，一般認為他就是麥加斯梯尼所說的「月護王」，曾見過亞歷山大大帝。月護王率領民眾奮起反抗印度北部的王朝——難陀王朝。在一位精明、殘忍的謀士的幫助下，他推翻了難陀王朝，於西元前三二一年創立了自己的王朝。月護王的一貫戰略是：首先在邊遠地區消耗敵人的力量，然後再向中心地區挺進。經過漫長的消耗戰，敵人的領土逐漸縮小。相傳，月護王曾聽到一位婦人教訓她的孩子，吃飯時不要從盤子中間開始，因為中心一定比邊緣燙。受此啟發，他想出了這一戰略。

如今，旃陀羅笈多轉而進攻當時所向披靡的希臘人。大約在西元前三〇三年，他擊敗了塞琉古王國。不過顯然希臘人並沒有被徹底擊垮，因為旃陀羅笈多從他擁有的數千頭戰象中挑選了五百頭送給塞琉古王國，以此換取新獲得的領土。[4] 亞歷山大的軍隊是首次見識印度戰象威力的西方軍隊。他將一些戰象帶回巴格達，配備到私人護衛隊。對希臘人來說，塞琉古王國得到的這些禮物，相當於印度人給他們配備了幾個團的「虎式坦克」或武裝直升機。希臘國王們經常將這些大象用於交易、出借及饋贈。例如，埃及的國王們就曾利用印度戰象鎮壓揭竿而起的猶太人。在此之後，這些戰象還被用來對抗日益崛起的羅馬人。

旃陀羅笈多的帝國擴張到了印度次大陸的絕大部份地區。如果有關政府的歷史文獻可信的話，那麼旃陀羅笈多的帝國不僅好戰，而且熱衷干涉別國事務，非常官僚化，行事偏激。但我們對這位被描述成印度凱撒的統治者所知甚少，對他的兒子則瞭解得更少。西元前二九七年，旃陀羅笈多退位，由他的兒子繼承王位。據說，旃陀羅笈多是因虔誠的苦修絕食而亡。不過，我們對他的孫子阿育王更為關注。阿育王的統治從大約西元前二六八年一直延續到西元前二三三年。他的「詔書」散落在印度各處的石柱上。在這些神秘的「詔書」被成功破譯之後，現代世界才有機會傾聽他的聲音。而在此之前，人們主要通過佛教典籍來瞭解他。阿育王是何許人？我們並不很清楚。西元一八三七年，一位英國的鑄幣監管員破譯了一些詔書，上面記載了一個令人驚訝的故事。

阿育王的名字可以直譯為「無憂無慮」。起初，阿育王經歷了血腥的王位繼承戰爭。根據銘文記載，他殺死了九十九個與自己為敵的兄弟，這點未必為真，不過然而，從其父親去世到阿育王登基，印度出現了一段「空位期」。這暗示當時有可能發生過慘烈的廝殺。此後，阿育王開始進攻那些自己統治之外的地區，羯陵伽便是其中之一。經過一場可怕的戰爭，阿育王重新征服了這個地區。根據阿育王留下的銘文，有十萬名士兵在戰鬥中被殺，更多的人死於重傷或戰後的大屠殺，更有十五萬人遭到流放。

羅馬皇帝會吹噓殺敵人數，中國的王侯或旃陀羅笈多也會如此。但是，阿育王的內心似乎經歷了一場劇烈的變化。他皈依了佛教，很可能是受到妻子的鼓勵。在一段銘文中，阿育王說道，他為這場戰爭感到自責，「當一個獨立的國家被征服時，百姓會遭受屠戮，而民眾的死亡和流離令他極其悲痛……如今，倘若有百分之一、甚至千分之一的民眾再罹患災難，神所鍾愛之人（指阿育王自己）的心就會異常沉重」。上面這段話出自第十三塊石刻詔書。在這份詔書的後文中，阿育王繼續告誡自己的後代，警示他們避免新的征戰，要求他們只可對民眾施加「輕微的刑罰」。

假如阿育王沒有再發動戰爭，這將成為人類歷史上意義非凡的時刻，他將是史無前例的為勝利而致歉的征服者。這就仿佛是拿破崙在奧斯特利茨戰役後宣稱自己痛悔在政治上的肆意妄為，並將成為貴格會教徒。阿育王試圖建立的是以佛教的「達摩」觀念為基礎的帝國，「達摩」意為美德、良善與莊重，勸諫民眾善待下人和親屬，避免殺生（既不能殺人，也不能殺死動物），實現宗教寬容。在印度，從北部冰封的山脈到南部炎熱的森林，鐫刻阿育王詔書的石柱隨處可見。他號召人們茹素，禁止獻祭，尊重不同宗教教派，將所有人都視為自己的孩子。

語錄被人們用各種語言記錄下來，其中有在西北部希臘世界邊緣地帶使用的亞蘭語，有梵文及其各種方言，還有一份用婆羅米文書寫的手稿。最早的詔書被鐫刻在岩壁和巨石之上。旅行者聚在一起，坐著聽人們宣讀銘文的內容。後來，阿育王又在華氏城創設了很多作坊，用於製作頂部雕刻獅子的巨大石柱。印度人利用恒河等河流運輸這些石柱，將它們豎立在印度的核心地帶。對早期歷史的國王而言，這種宣傳方法很可行，將拋光過的砂岩當作「廣播」一般使用。阿育王並不是謙卑之人，他也在詔令中誇耀自己的功績：在道路兩側栽種遮蔭的樹木，建立形制規整的客棧，挖掘水井以供人畜飲用。阿育王公開宣佈棄絕戰爭和暴力。為了將這些話語傳揚到更遙遠的地方，他開始向國外派遣佛教僧侶，命他們將和平的信息帶往緬甸、斯里蘭卡和埃及，甚至是希臘。

一切聽上去太過美好，很難讓人信以為真。事實或許是這樣的：印度有太多相互競爭的宗教，不同的種姓和語言使社會四分五裂。因此，如果謀求長治久安，任何王朝都要依靠統一的理念。很顯然地，阿育王有意識地創造出了現代統治者所謂的意識形態。儘管這種意識形態高貴而溫和，但孔雀帝國的統治可能未必有多自由。阿育王保留了一定程度的死刑，而且他不時在詔書中對未歸化、不領他的開明之情的森林居民發出憤怒的咆哮。甚至他奉行的素食主義也不是絕對的，他將鹿肉和孔雀排除在禁食名單之外，這是兩種他覺得特別好吃的肉類。畢竟，我們只能憑藉阿育王自己的話來理解當時的歷史。如果只通過那些溫情脈脈的人道主義演說來理解史達林，我們很可能會認為他是一個溫柔慈愛之人。不過，由於阿育王屢次痛悔早年的血腥戰爭，他很可能真的皈依了佛教，並力圖建立一個「良善的帝國」。

這種解釋似乎更合理，因為阿育王很快就失敗了。他很可能在晚年散盡了家財。在彌留之際，阿育王的手中只有半顆芒果，但心中充滿喜樂。在阿育王死後，大量印度社區都不再效忠，統一瓦解。我們對阿育王的繼任者知之甚少。唯一確切的資訊是，孔雀王朝的最後一任國王遭遇暗殺而亡，整個帝國在長達半個世紀的混亂之後最終滅亡。在此之後，印度在笈多王朝的統治下又迎來了一個興盛的白銀，甚至是黃金時代。笈多王朝始於西元三二〇年，在這個時期有梵文書寫、十進位算數與其他發明進展。在穆斯林闖入印度北部地區後，佛教徒被趕出當地。加之印度教的敵視，阿育王的信仰幾乎在印度銷聲匿跡。

阿育王並不只是歷史的注腳。在現代印度，不同宗教和種族之間存在著一道道裂縫，人們發現實現宗教寬容實在難上加難。因此，他們把阿育王奉為睿智的英雄。阿育王的三頭獅是印度共和國最為人熟知的形象，如今已被印製在貨幣的背面。一九五六年，印度爆發了一場反對宗教偏執的抗議運動，這表明阿育王的政治上的佛教思想並沒有完全消亡。

阿姆倍伽爾是印度早期民主政治的重要人物之一。他出身於「賤民」階層，後來成為一名傑出的律師。阿姆倍伽爾曾任憲法起草委員會的主席，這個委員會負責起草新生共和國的憲法[5]，新憲法廢除了「賤民」身份，將特別投票權賦予工人、鞋匠、清潔工及從事骯髒工作的邊緣群體。但是，阿姆倍伽爾仍然對於印度政府未能為自己的人民做更多的事情，深感沮喪和憤怒。在他看來，無論法律條文如何規定，印度教的種姓偏見（包括宗教偏見）仍存在於現實生活中。因此，在西元一九五六年，就在他去世前不久，阿姆倍伽爾在一次眾人參加的儀式上公開皈依了佛教。有百萬人參加了他的葬禮。許多低種姓階層的民眾追隨阿姆倍伽爾，也先後成為佛教徒，這促進了佛教信仰在當今印度的復興。顯然，阿育王石柱上的某些道德訊息至今仍然散發出影響力的電波。

秦始皇

中國的第一位皇帝與阿育王的仁慈形象相去甚遠。秦始皇嬴政與阿育王是同時代的人，他也在山頂豎立石柱，頌揚自己的功績。然而，嬴政並不是因其言論而被後人記住的，其偏執、殘忍和無情的名聲來源於後世一段臭名昭著的歷史。近幾十年來，對宏偉的秦始皇陵的部份發掘又加強了人們這種印象，其中最引發世人矚目的就是兵馬俑。如果說阿育王希望克制欲念和自私，那麼嬴政則希望通過用泥土和青銅構造的官僚機構和軍事機器來護衛自己。那些繪有圖案的兵馬俑正時刻準備擊退惡魔。

嬴政的願景源於征服與恐懼，非常現實。對羅馬人，甚至埃及人來說，嬴政的願景比阿育王的佛教避世思想更容易讓人理解。在今天的中國和世界各地，嬴政的影響力遠超阿育王。然而，與那位印度統治者一樣，秦始皇的王朝也很短命。漢帝國迅速取而代之，並延續了嬴秦的政治成就，但少了些許暴虐。儘管不是令人喜愛的歷史人物，但嬴政統一了中國的文字，修建了偉大的公共工程，終結了延續幾個世紀的內戰，擴大了中國思想的內涵。就人性而言，秦始皇的形象實在糟糕，但也牢牢留下了印記。

有關嬴政的最大問題之一就是我們所能獲得的史料。這些史料的作者是司馬遷，在前文中曾提到過，他也是第一個為孔子作傳的人。司馬遷堪稱是亞洲的普魯塔克，是中國最偉大的歷史學家之一，他的人生有一場悲劇。與同時代的羅馬歷史學家一樣，司馬遷很清楚，逾越雷池批評統治者的後果可能是流放或死亡；抑或像他那樣，被迫遭受宮刑。不過，司馬遷似乎也意識到，歷史學家可以通過評價過去的統治者（尤其是那些失敗的統治者）而對現實的統治者進行勸諫。因此，司馬遷將有關嬴政的負面傳言保存下來。他的歷史著作《史記》是中國第一部紀傳體通史。根據這部史書的記載，嬴政很可能是一位大商人的兒子，這位名叫呂不韋的商人是衛國人，而非秦國人。呂不韋的一位美妾趙姬受到秦國公子異人的垂青。於是，他將懷有身孕的美妾送給了這位秦國公子。趙姬則謊稱這個孩子是異人之後。待異人繼承王位後，趙姬就成了王后。嬰兒隨後誕生了。

這個嬰兒就是嬴政。因此，秦始皇是個私生子，且其出身是個騙局。十三歲時，嬴政的「父親」莊襄王（異人）去世，他登上了王位。故事進展到這裡已經很糟糕，但隨後的情節發展就近乎猥瑣了。大商人呂不韋重回舊愛的懷抱，但身為太后的趙姬已然心生倦意。在這裡，我們最好直接引述司馬遷的原話，（太后）「乃私求大陰人嫪毐以為舍人，時縱倡樂，使毒以其陰關桐輪而行，令太后聞之，以啗太后」。[6]

如此行徑確實駭人聽聞。為禁絕流言，呂不韋羅織罪名對嫪毐施以宮刑。但那是個假的行刑，嫪毐小心翼翼地刮淨了鬍子，以太監的面目示人，從此嫪毐被留在宮中，繼續與太后縱情淫樂。太后賞賜嫪毐許多禮物，並為他生了兩個孩子。此時，圍繞在嬴政身邊的是一位舉止荒誕的母親、一位老奸巨猾的「謀士」（根據傳言，是他的生身父親）、一位假冒的太監，以及兩位同母異父的兄弟（他們都是王位的潛在繼承人）。是時候解決這個荒謬的局面了！嬴政放逐了自己的母親（儘管最終又將其召回）和呂不韋，而後者寧願服毒自盡，也不願面對刑罰。他還殺死了這兩個同母異父的兄弟，對性欲旺盛的嫪毒施以車裂之刑。這些人的黨羽或是被斬首，或是被流放。假使電影製片人昆汀·塔倫提諾親自指導拍攝莎士比亞的名劇《哈姆雷特》，也不會比這個故事更血腥。

當然，所有這一切都可能是虛構的。我們可以選擇相信司馬遷的記錄，也可以認為這是後世匿名史家摻入的不實之言。這些歷史記錄都是為漢帝國的統治服務的，他們沒有理由為前朝歌功頌德。不過，司馬遷至少是一位苦心孤詣的史學大家。後來，在為朋友（一位戰敗的將軍）辯護的時候，司馬遷冒犯了皇帝。為了完成這部歷史著作，他不得不選擇接受宮刑，放棄男人的尊嚴苟活於世。

在付出失去親人及面對後世史家嘲諷的巨大代價後，嬴政完全控制了這個最強大、最具侵略性的諸侯國。在贏得了一系列戰爭之後，秦國最終統一了中國。秦國的先王們已經為統一奠定了基礎。他們用計謀騙過了蜀人，蜀人生活的四川，地處難以逾越的秦嶺的另一側。根據史書記載，秦惠王向蜀王展示了幾頭製作精美的石牛，牛的下身鑲上了黃金。這位蜀國的國君輕信了秦王，向其索要能排泄金塊的石牛，並應允修建一條穿山越嶺的棧道，以便將這些禮物運回蜀國。棧道修好後，秦軍尾隨石牛而至，出其不意地擊敗了蜀國軍隊，佔領一片廣闊的新領土。

之後，秦軍又相繼攻取或智取了其他諸侯國。在稱帝後，秦始皇又派兵深入中國的南方地區，最終完成了統一中國主要地區的任務。統一戰爭非常殘酷血腥，戰鬥的主力是步兵和弩兵，但對農業和城鎮的破壞尚不及戰國時期的爭霸戰爭。我們永遠無法知道生活在平原地帶的「黔首黎民」如何看待他們的第一位皇帝，因為他們能做的只是拼命收割莊稼，並避免被強征入伍而已。

除了王侯興替外，世界其他地區還受到宗教的強烈影響，但中國截然不同。正如上文所言，中國崇拜祖先靈魂和地方神祇的傳統非常悠久。人們把這套複雜的習俗信仰稱為「道教」。在不同的歷史時期，民眾都會利用道教支援或挑戰皇權。後來，佛教也從阿育王的印度傳到中國各地。佛寺與僧侶時而受到包容，時而受到壓制。但中國並沒有出現像地中海世界那樣能夠感化民眾或顛覆王朝的新興宗教。有教養的中國人都被哲學義理凝聚在一起。不過，在秦始皇時代，孔子宣導的人道、保守的社會思想

（儒家思想）遭遇了新興政治學派的挑戰，即通常所謂的「法家思想」。

法家把秩序和服從置於一切之上。這種信念基於對社會失序的恐懼，其最終目的是引起統治者的關注。嚴厲、公正、明確的法律是最高的社會福祉。法家認為，政府應組織民眾、灌溉土地、規範度量衡，保證官員和士兵能按照嚴格、可行的標準晉升。例如，按照殺敵的數量來計算功勞。與之相應，政府還要對家庭和村莊實行保甲制，令民眾互相監督。政府還有許多恐怖的懲罰手段：包括車裂、烹煮、砍頭和腰斬等。如果運氣好的話，刑罰僅僅是切掉手指或挖掉膝蓋骨。另一方面，近期發現的歷史證據表明，執法過程至少是審慎和公正的，實務上的刑罰可能也沒有聽上去那麼恐怖。[7]

在著名法家人物商鞅的遊說下，法家思想成了秦國的立國之本。秦國位於中國西北地方的邊緣地帶。在敵國眼中，秦國是化外之地，民風野蠻。法家思想則使秦國愈加嚴酷、強硬和壓迫。秦國的戰爭哲學是大規模地屠殺敵人，以及恐怖的手段。就軍事化程度而言，秦國可以和斯巴達及現代的獨裁國家相比。在秦始皇執政時期，商鞅已經離世很久了（他是被處死的，被他自己設計的密告體系逮捕），但他的影響並未減弱。

商鞅一定會贊同嬴政另一項更為臭名昭著的行動。在信奉法家思想的大臣李斯的建議下，嬴政命人收集並焚毀了中國大部份竹簡，其中包括大量詩歌、歷史和哲學著作。根據司馬遷的記載，秦始皇的目的是蒙蔽民眾：藉著毀滅歷史記錄，秦宮廷得以消除人們徵引傳統和歷史以挑戰新法的能力，也就是說，秦始皇就像毛澤東主義者般試圖消除記憶。事實上，歷史學家指出，大多數歷史著作和指導實際生活的書籍還是留了下來。相對來說，藏匿竹簡比較容易，儘管可能受到的刑罰是黥刑和活埋。中國的傳統觀點堅持認為，嬴政確實活埋了許多儒家學者，若毛澤東可能會讚賞，建議嬴政應該殺更多。但是，司馬遷有可能誇大了事實，以使其職業生涯更具犧牲精神和英雄色彩。當然，中國人記錄歷史和創作詩歌的熱情從未泯滅。

吞併諸侯國的戰爭並不是嬴政留給中國的最後遺產。他僥倖躲過了一次著名的暗殺行動（編按：荊軻刺秦王）。當時，刺客帶來了敵國的地圖和叛將的頭顱（這位將軍也參與了刺殺計畫，他用自己的頭顱襄助這次行動），才得以接近嬴政。根據司馬遷的記載，刺客在卷起的地圖中藏匿了一把匕首。嬴政通過與刺客近身肉搏才僥倖獲勝，而眾大臣則被驚呆，只是從旁觀望。難怪嬴政變得更加多疑，他在多座宮殿之間修建了封閉的通道，以使外人無法得知他的行蹤。

修建大型建築工程（包括運河和水道）對嬴政變得越來越重要。他下令對各國原有的長城進行修繕和擴建以抵禦蠻族，其中部份建築就是我們今天耳熟能詳的萬里長城。他還修建了馳道，將帝國的各個地區連接在一起。在列國紛爭的時代，各國都有自己的貨幣、度量衡、車軸形制和文字，嬴政終結了這樣的局面。有人特別指出，倘若沒有秦始皇，中國就不會出現統一的文字體系，也就不會有共同的文化認同。

秦始皇在中國各地巡遊，向帝國的臣民們展示權威、炫耀武力，並在各地刻石紀念。極度自我膨脹的嬴政還「懲罰」了一座被閃電擊中的山丘，他下令砍掉山上所有的樹木，將其塗滿紅色。嬴政想盡辦法尋求長生不老，並用十字努六補了巨大神秘的海中生物。嬴政還服食了含汞的丹藥，他可能就是這樣致死的。方士告訴他，服用那些丹藥可以長生不死。

他可能也真的不朽了，因為如今使嬴政聞名於世的是宏大的秦始皇陵。據估計，這座陵墓中有八千座陶俑，包括馬匹、戰車和官吏，所有這一切都被掩埋在西安附近的一座山丘之下。我們還要最後一次回到歷史學家司馬遷那裡。根據他的記載，嬴政本人被安葬在陵墓的中心，環繞在他四周是一個中國人心目中的世界：有水銀仿製的河流和頭頂的星空。這段記載很可能是真實的。有證據表明，陵墓附近的山丘之下確實存在超高量水銀的情況，而且山體的形狀非常可疑，是長方形，與地宮的規模和形狀大致吻合。或許，在未來幾十年裡，世界歷史上最重大的考古發掘將向世人揭示嬴政的本來面目。

與其他中國人一樣，嬴政也相信存在死後世界（陰間），那裡和現世非常相似，必須提早做準備。在更早的時候，中國的王公貴族會殺死自己的僕人陪葬，也會用特製的仿製品陪葬。埃及人、希臘人和維京人等古老民族都相信，安葬遺體是對來生的準備。對他們而言，嬴政的觀念並不古怪。而對嬴政來說，在神的面前人人平等，或死後要面對道德審判的宗教思想，才是十分荒謬。這就如同我們會認為，用陶俑軍隊護衛皇帝免遭邪魔侵害是不可思議的。

嬴政第二個有關不朽的觀念十分奇妙。他自稱「始皇帝」，因為他認為自己的王朝會千秋萬代、世襲罔替。但嬴政沒有想到秦王朝會迅速土崩瓦解，皇位的傳承也就此中斷。但是，中國皇權承襲不止的觀念卻緊緊抓住中國的想像，延續直至二十世紀的國族主義與共產主義革命。這種觀念使人們永遠記得秦始皇是第一個達成大一統的人，也可以說是一種死後猶存。共同的語言文字、安全的交通運輸和眾人共戴一君的觀念使中國人創造出最持久，也最統一的古代文明。中國文明從未產生能解放人性、擾動人心和分裂社會的一神教信仰，而正是這種具有私人性、普世性和流動性的宗教使唯一可與秦漢帝國匹敵的西方社會分崩離析。

馬加比之刺

在中國以西的所有民族中，猶太人恐怕是最令其感到困惑的民族了。我們上一次提到以色列人的時候，這個被迫流徙至巴比倫的民族正在完善他們非比尋常的宗教。猶太王國是以耶路撒冷和耶利哥為中心的小國，夾在亞歷山大大帝遺留下的兩個希臘化國家之間生存。這兩個國家分別是埃及的托勒密王朝和敘利亞的塞琉古王朝。大約在西元前二〇〇年，猶太國家被塞琉古王朝的希臘人控制了，一場文化戰爭由此爆發。一方是擁有博大精深、崇尚快樂哲學傳統的希臘人，另一方則是在大祭司領導下謹小慎微、崇尚內省的以色列人。

如今，希臘文化或希臘化文化已成為西方世界的共同財產，它提供了一整套歷史故事、英雄人物、思維方式、飲食習慣及行事風格。在地中海東岸的各座城市中，雕像、繪畫和建築（包括劇院和體育場）都展現了希臘文化的無窮魅力。其吸引力堪與二十世紀的美國電影、音樂和飲食相比。除非有很強的意志力才能抵禦這種文化的誘惑。很多猶太人（尤其是富人）根本無法抗拒希臘文化的誘惑，他們日益變得「希臘化」。他們開始進行體育比賽，穿著希臘服飾，據說有人還試圖抵制猶太人的割禮傳統。塞琉古王朝的國王們希望由耶路撒冷的大祭司擔任殖民地的總督，最終目的是將猶太國家完全改造成希臘社會。因此，猶太國家出現了瀆職、賄賂，甚至謀殺等醜惡現象。這些醜聞削弱了祭司階層的權威。西元前一六七年，塞琉古王朝的安條克四世宣佈禁止許多猶太人的傳統儀式，割禮、猶太節日和獻祭都成了非法活動。最糟糕的是，宙斯的雕像竟然被放置在猶太教的聖殿中。

以色列人與那些試圖推行「現代化」的人們展開了鬥爭。他們的英雄壯舉被記錄在《舊約》的《馬加比書》中，新教教徒對這卷經書知之甚少。在這部始於亞歷山大大帝的記述中，以色列人恰如其份地展現了生存困境的根源：「（他）征服各地、各族、各王，使他們向他納稅進貢。此後，當他患病在床，自覺將要去世。」《馬加比書》還列舉了安條克的累累暴行，著實駭人聽聞。例如，這個暴君殺死了正在為孩子行割禮的母親，而孩子也一同被吊死。隨後，猶太國家出現了一位名叫瑪塔提雅的祭司，他拒絕向希臘人卑躬屈膝。當一個希臘化的猶太人按照安條克的命令向一尊異教的偶像獻祭時，瑪塔提雅親手將這個猶太人和國王的使者殺死，然後逃入深山。

抵抗軍隊逐漸發展壯大。起初，由於宗教狂熱壓倒了軍事常識，猶太人拒絕在安息日作戰，有一千人因此命喪黃泉。安息日停戰的禁忌很快被廢止。在老瑪塔提雅以一百四十六歲高齡去世後，他的兒子猶大．馬加比成為軍事統帥。在這卷經書（寫於事件發生後不久）的餘下部份，作者記述了猶太人對希臘軍隊發動的遊擊戰爭。希臘軍隊配備了戰象，看上去十分強大。猶太戰士抓到了許多孩子，強行對他們施行了割禮，異教的神壇也被搗毀。最終，猶太人的起義軍隊奪回了耶路撒冷。相較於《聖經》的許多內容，這卷經書的內容著實激動人心。

瑪塔提雅另兩個兒子約拿單和西門成了新王朝——哈斯摩尼王朝（又譯為馬加比王朝）——的國王。他們為猶太國家開疆拓土，摧毀了周邊的弱小鄰國，並結交了一個強大而又危險的盟友——羅馬。儘管對羅馬所知甚少，但他們還是與這個正在崛起的城邦結成了同盟關係。對猶太人來說，馬加比王朝的獨立戰爭是件新鮮事，也是重大的政治勝利。然而，獨立的代價也很可怕——戰爭導致大量死亡。大約在這一時期，猶太神學似乎開始吸收有關來世的觀念，這是早前猶太教很少探討的。應該是人們開始覺得，那些殉難者不是白白死去。[8] 在這一時期成書的《但以理書》說：「睡在塵埃中的，必有多人復醒，其中有得永生的，有受羞辱、永遠被憎惡的。」這一新觀念為具有兩千年歷史的基督教教義打上了深刻的烙印，而它的出現似乎是源於一場遊擊戰。

奇怪的是，起義的勝利並未消除希臘文化的影響。在哈斯摩尼王朝時期，希臘語同希伯來文、亞蘭語一起成為人們廣泛使用的語言。猶太人開始從事貿易活動，並擴散到整個希臘世界。據說，僅在亞歷山卓一地就生活著大約一百萬猶太人。這個數字肯定是被誇大了，但它反映出猶太社群的規模。大馬士革成為猶太人聚集的另一個中心。大多數大型港口都有猶太人居住，他們在那裡興建了用於聚會的場所，即希臘語中的「會堂」（synagogue）。猶太人在會堂中整理、編纂聖書，並用其教導民眾。這些典籍陸續被翻譯成希臘文，因為許多信徒似乎都不講希伯來語和亞蘭語。擁護猶太會堂、信奉猶太教的非猶太人有一個特別的稱謂，即「敬畏神者」。

西元前六三年，短命的猶太王國走到了盡頭，終結這個獨立國家的人物是格涅烏斯・龐培（Gnaeus Pompeius Magnus，「Magnus」一詞是向亞歷山大大帝致敬）。龐培是一位有著公牛般面龐的著名將領，他的輝煌戰績使羅馬共和國後期的各位將軍黯然失色。正如我們所知，龐培是一位富有魅力的職業軍人，性格粗暴、孔武有力。但他也是情感細膩的人，尤其是面對尤莉婭——尤利烏斯・凱撒的女兒——之時。不過，龐培並不是個專情的人，他有五個妻子和一個情婦。這個情婦曾向人炫耀，龐培喜歡在做愛的時候咬她的身體以留下記號。在很年輕的時候，龐培就在北非贏得了第一場大捷。隨後，他先是鎮壓了西班牙的叛亂，而後又擊敗了地中海的海盜。在最後一場戰役中，他橫掃了本都和小亞細亞，兵鋒幾乎抵達裏海。隨後，龐培開始進攻敘利亞，消滅了安條克十三世統治的王國。這位國王的先祖正是激起馬加比起義的統治者。

很不幸，猶太國家的兩位國王激戰正酣。他們都是王后莎樂美的兒子，各自獲得了一個主要黨派的支持。這兩個黨派分別是撒都該派與法利賽派。兄弟中的一人名叫阿里斯托布魯斯，他正被圍困在耶路撒冷的聖殿（這裡已成為巨大的堡壘）。阿里斯托布魯斯賄賂了羅馬人，希望後者能施以援手。龐培的將軍因此來到耶路撒冷，收穫了大量黃金和白銀。但龐培自己開始對新盟友心生猜忌，他轉而支持兄弟中的另一人許爾堪，他的軍隊包圍了聖殿。龐培的軍隊使用投石車、攻城塔和攻城槌攻破了這座堡壘。羅馬軍隊闖入至聖所，這個位於位於聖殿中心，只有大祭司才有權進入的聖地，將之洗劫一空。有些負責守衛聖殿的猶太人震驚恐懼到自殺了。龐培把許多猶太俘虜作為戰利品擄掠到羅馬。在羅馬，一些猶太人重獲自由，並在那裡定居下來。他們的居所就位於今天的聖彼得大教堂附近。

猶太國家就此完全淪為羅馬的領地，羅馬人迅速扶植了一個名叫希律的傀儡國王。令人驚奇的是，猶太民族對其他民族的影響力在不斷增長。猶太人失去了國王，被迫離開他們的小世界，但猶太人繼續在整個地中海地區繁榮發展。猶太人向外傳教的規模如何？這個問題引發了猶太歷史學家的激烈爭論。傳統觀點認為，猶太人並沒有向其他民族傳教。如若事實如此，那我們該如何解釋猶太教在這一時期的劇烈擴張呢？猶太歷史學大家薩羅·巴隆指出，在西元前五世紀，猶太人只是一個人口數量約為十五萬的小民族。但到了西元一世紀時，猶太人已佔到羅馬帝國人口總數的百分之十左右。另一位研究猶太史的美國歷史學家諾曼·康托爾推算：「在拿撒勒人耶穌生活的年代，也就是希律的聖殿被毀的時代，約有六百多萬猶太人生活在羅馬帝國……其中三分之二是以離散群體的形式生活在各個地區。」[9]由於這一增長比例太大了，我們根本無法用出生率或人口遷移進行解釋。

由於後世猶太人曾受到基督教和穆斯林傳教團體的衝擊，他們似乎不太情願承認這樣的事實，即猶太教本身就是個對外傳教的宗教。早在西元前一三九年，猶太人就因勸說羅馬公民皈依猶太教而被逐出羅馬。稍晚的時候，偉大的法學家兼政治家西塞羅曾對那些傳教的猶太人頗為不滿，而兩位羅馬皇帝提比留和克勞狄烏斯也曾以向羅馬人傳教的罪名將猶太人逐出羅馬。[10]許多羅馬作家，如賀拉斯、塞內卡、尤維納爾和塔西佗都討論過這一問題。後來，在基督教時代，皇帝狄奧多西頒佈法令嚴懲那些皈依猶太教的人。

人們把猶太教及隨後產生的基督教（羅馬人起初視二者為同一種宗教）視為具有破壞性的宗教信仰。因為，它們都強調上帝面前人人平等，否定皇帝的神聖性。這兩種宗教的信徒認為在帝國日常生活的現實世界之外，還存在另一個世界。基督教逐漸在羅馬世界中有教養的中產階級、在遠離政治的小商人和小地主，以及行伍出身的猶太人（他們起初不是基督徒）中流行起來。這些人代表了一股躁動不安的社會力量，而且這股力量越來越強大。猶太歷史學家施羅默・桑德認為，「每種一神教都包含著潛在的宣教元素。不同於寬容的，接受其他神靈的存在的多神教，一神教只相信唯一真神的存在……鼓勵信徒傳播唯一真神的理念……當其他人接受對唯一真神的崇拜，就證明了這位神高於世界的力量與權能」。[11]

對西方社會而言，這個故事很重要，也很複雜。我們在此需要對其進行總結。

希伯來人自己首先脫離了地中海普遍存在的多神信仰，這個過程非常緩慢，並充滿爭論。之後他們將注意力集中在唯一真神耶和華的身上。在當時，許多猶太人並不認同這種觀念。但隨著時間的推移，信奉一神教思想的先知贏得了這場爭論。在第一王國被摧毀後，猶太人的領袖被擄掠到巴比倫，祭司們進一步發展了一神教思想。耶和華既是唯一的神，也是全能的神，祂的存在並不侷限於某個地區。耶和華並不只是在猶太人的土地上行走，而是無處不在。神與每位信徒都有聯繫，祂的律法被人們記錄下來。這些律法可以隨身攜帶，易於傳播。

隨後，猶太國家又爆發了一場爭取自由的戰爭，戰況非常慘烈。正如我們所見，在許多猶太人殉難之後，在世的猶太人逐漸形成了一種影響深遠的觀念：在死後，可能仍有各自的生命。隨著古代世界軍事政治的發展——希臘征服及隨後的羅馬帝國——信仰虔誠的猶太人得以在地中海地區擴散開來。這些商人有著獨特的社會組織和建築樣式，自認為已掌握了終極的真理。他們要傳播這個真理，讓其他民族接受自己的信仰。後來，正統的猶太人不再是傳播一神論信仰的主要推動者，拿撒勒人耶穌的信徒逐漸取而代之。猶太人被擠壓到邊緣，反而是耶穌的信徒認為人人都應該皈依到的信仰。

這是人類不斷探索意義、歸屬與慰藉的歷史。中東的地理環境、古代戰爭和貿易路線，以及羅馬帝國令人生畏的力量共同推動了歷史的發展。基督教（和後世的伊斯蘭教）可能扼殺了古典世界以中國模式完成統一的任何機會。不過，沒有帝國征服者、沒有那些追求物質利益的世俗將領，一神教信仰也不會獲得發展，也就不會反過來征服它的征服者了。

羅馬的興衰

猶太人的征服者信仰多神教。與早期的猶太人王國一樣，位於希臘世界邊緣的羅馬城起初也沒沒無聞。羅馬可以與秦國進行比較，後者也是地處邊鄙之地的國家，奉行嚴刑峻法，要為生存而奮鬥。在巴比倫人擊敗猶大王國的同時，弱小的羅馬也正遭受強大鄰邦伊特拉斯坎人的蹂躪。和猶太人一樣，羅馬人也有關於民族起源的故事。猶太人曾在埃及流亡，而羅馬人則講述了埃涅阿斯從特洛伊流亡到應許之地（一處沼澤旁的山丘）的故事。羅馬人還有另一個故事，即羅馬城是由名叫羅慕路斯的流浪者建立的。他由母狼哺育長大，後來殺了自己的兄弟。

因此，從一開始，羅馬人的故事就包含了炫耀（在古代世界，特洛伊是人們能想像到的最佳的起源地）、流徙與暴力。羅馬城的地理位置恰到好處。它距離希臘世界的核心地區足夠遙遠，在大部份時間裡可以自由發展。台伯河穿城而過，部份水域可以通航海船，而構築了防禦工事的山丘又使整座城市免遭海上入侵者的劫掠。最後，羅馬城位於義大利上伊特拉斯坎人統治的南部邊緣地區。伊特拉斯坎人既是商人，又是戰士，他們使用腓尼基人發明的字母文字，與希臘諸城邦保持著密切聯繫。他們的很多習慣影響了羅馬人，包括將公民編組為「百人隊」。伊特拉斯坎人從一開始就使羅馬這座小城市沐浴在廣闊的地中海文化之中。有一段時期，羅馬人由伊特拉斯坎國王直接統治，儘管他們最終背叛並趕走了外族的國王。

羅馬史的精髓是政治和戰爭，而非宗教。傳統的羅馬宗教擁有複雜的神譜，羅馬人後來又試圖將其與希臘諸神融合在一起。羅馬人是兼容並蓄的民族，或者如歷史學家瑪麗．比爾德所言，他們是「吸收知識的海綿」。祭司們會通過鳥兒飛行的軌跡來預測未來，或通過家禽啄食何種食物來判斷吉凶。[12]他們向神獻祭動物，發佈預言，用酒澆地，赤身裸體地舞蹈，並鞭打路過的行人。所有這些都是原始祭拜的慣用手法，除了體現施行者的盲目相信之外，並無迷人之處。向地方神祇和祖先表達敬意在中日兩國很普遍。但是，善於吸收不同觀念的社會變化很快。甚至「維斯塔貞女」也不像她們聽起來那麼有趣。一點也不奇怪，後來羅馬人確實變成終極吸收機，從希臘哲學到非洲的偶像崇拜，從埃及人的宗教儀式到猶太教，都被羅馬人吸收。但羅馬式的宗教則要等到羅馬皇帝自稱為神之後，才變得真正有趣；其實那更多與政治有關，而非真正的宗教。

羅馬的政治總是讓人興致昂然。在羅馬最後的幾任國王中，有一位國王是行伍出身的伊特拉斯坎人。他頒佈了多部法典，並組織公民定期召開公民大會。在推翻國王統治之後，羅馬人像大多數希臘城邦一樣實行貴族統治。但是，在護民官的庇護下，羅馬平民逐漸確立了自己的基本權利。從很早的時期開始，羅馬的貴族與平民就大致形成了均勢。與大多數地方不同，羅馬非常歡迎外來者。羅慕路斯的故事表明，羅馬城很可能就是由流民建立的：移民和被釋放的奴隸都可以成為羅馬公民，為共和國而戰。不過，羅馬是一個崇尚陽剛的等級社會，父系家長在家庭中擁有無可動搖的權力，而女性則被完全排除在公共生活之外。由於強敵環伺，羅馬人必須在義大利的肥沃地帶爭奪生存空間。因此，羅馬就成了一個軍事化的社會。

羅馬共和社會的頂層是貴族家庭，他們是元老院的成員，其影響力可以追溯至國王時代。這個移民社會相對較早地開始在關鍵政治職位上實行選舉制，以挑出重要的領袖。西元前三六七年，羅馬發生了一場重大變革。在擁有足夠財力的前提下，所有階層的成員都有被選舉為執政官的權利。而在此之前，只有貴族才擁有這樣的權利。複雜、繁瑣的選舉制度和執政經驗的累積使元老院演變成一個堅強、有力的統治機構。有兩位執政官負責執行元老院的決議。執政官每年選舉一次，擁有崇高的政治地位。其餘普通公民則以部落為單位組成公民大會，以簡單多數表決通過新法律。

這個制度聽起來非常民主，但事實並非如此。羅馬選區的劃分很不公正，還存在妨礙投票和恐嚇選民的現象，選舉在很大程度上受到富人的操控。共和國只是沒有國王，並不是代議制度。但是，元老院可以不斷吸納新人，在富有的公民派系之間維持平衡。選舉制度和不同群體間的緊張關係可以制衡絕對權力，也就是民間記憶中的暴君。令人印象深刻的是，元老院可以在自己的傳統權威與外來者和較為貧窮的公民——無論是生活在城裡的居民，還是生活在城外的農民——之間保持平衡。

緊張關係隨時都存在。在糧食短缺或軍事失敗的時候，常會點燃類似革命精神。在地中海世界中，羅馬公民是最在乎土地和正義問題的群體。羅馬人可能比雅典人更庸俗、更鄉民，但羅馬人進化出一種巧妙的政治均衡，大抵杜絕了內亂的可能性。這個制度源源不斷地產生優秀的行政官和立法者，而且吸納了大量來自羅馬以外的「新公民」。羅馬人以節儉和正直而自豪。在共和國早期，羅馬人並沒有發展出我們熟知的文學或哲學。他們的建築樣式也是模仿其他民族。但是，在戰場上，羅馬人無人能敵。

許多軍事領袖都明白，使用恐怖手段令敵人聞風喪膽是制勝的法寶。當羅馬人在義大利中部擴張時，他們就是利用恐怖手段，或至少以恐怖為基礎。如果一座城市投降，就成為羅馬人的附庸城。如果據城反抗的話，羅馬人在勝利後就會摧毀整座城市，不留任何活口，孩子、家畜，乃至老鼠都不放過。羅馬公民都有應徵入伍的義務，就像希臘自由的重裝步兵一樣。公民和戰爭、團結和進攻都是密不可分的。羅馬軍隊配備了長矛和短劍，以方陣的形式協同作戰。到西元前三世紀早期，羅馬軍團的前身已經是一支令敵人畏懼的勁旅。

勝利孕育了新的勝利。望風而降的城市可以提供新公民，也就是新的兵源。而且，源源不斷的奴隸也能擔負其他工作。羅馬並沒有足夠的軍事力量可以一勞永逸地毀滅或征服義大利其餘地區。但是，羅馬人有能力拉攏各地方的菁英，通過安撫被征服地區的民眾，使他們心甘情願充當馬前卒。加之其恐怖手段已經人盡皆知，所以羅馬人的每次勝利都會帶來更多的人力資源，為下一次勝利奠定基礎。高盧人曾多次企圖洗劫羅馬城，但羅馬人最終將其擊敗，將老冤家驅逐到遙遠的北方。隨後，他們調轉方向，向義大利南部的希臘殖民地進發。

最後，希臘世界再也不能對這個在西邊突然崛起的霸權城邦置之不理。而他們擁有連羅馬人都心驚膽戰的武器——戰象。如上文所述，戰象從印度來到了希臘世界。在那個時期，它們似乎成為一種可改變戰局的軍事力量。伊庇魯斯的國王皮洛士從埃及統治者那裡借來了戰象。當義大利的希臘城邦遭到羅馬人的攻擊後，他們紛紛向皮洛士求援。皮洛士將戰象運往義大利，這是它們首次出現在那裡。藉著這項武器，皮洛士先後兩次擊敗了羅馬人。

令人驚奇的是，儘管對戰象心懷畏懼——在一頭戰象的鼻子被割斷後，羅馬人才相信眼前的生物是血肉之軀——但羅馬人並未落荒而逃。羅馬人與亞歷山大大帝的繼承者們形成血腥的拉鋸戰。皮洛士由此留下了那句著名的話：「再有一場這樣的勝利，然後我們就輸了。」後來，羅馬人在豬身上塗滿油脂，點火後將受驚的豬趕向象群。儘管手段卑劣，但似乎很管用。皮洛士最終撤回希臘，在那裡他還會繼續利用戰象進行戰鬥，直到被一位憤怒的婦女用屋頂的瓦片砸死。[13]

對羅馬人而言，這些勝利都是很好的熱身。他們即將迎來與迦太基的戰爭，會面對更多猛獸。這一次，統帥象軍的領袖是漢尼拔。

迦太基，失落的未來？

人們對古典時代的歷史有幾個重要猜想，其中之一是，假如迦太基贏得布匿克戰爭，歷史將會如何？迦太基最偉大的將領漢尼拔離勝利曾經只有一步之遙。在西元前二一六年的坎尼會戰之後，羅馬軍隊損失了五萬至七萬人，通向羅馬城的道路已經向迦太基人敞開。羅馬的盟友都倒向了迦太基，羅馬城內人心惶惶。迦太基的騎兵司令敦促漢尼拔迅速向羅馬城挺進，以徹底摧毀這座城市。但他放棄了這個機會，而當時迦太基聯軍擁有巨大優勢。假使漢尼拔攻克了羅馬城，我們的世界將會截然不同。

迦太基位於北非海岸，在龐大港口牆的保護下，這座城市歷經六個世紀而不衰。迦太基是海上強國，其海軍總噸位可與十八世紀的英國、西班牙及法國媲美。它的商船可以駛往加那利群島進行貿易活動，可以沿非洲西海岸南下航行，可以從不列顛諸島運回錫礦，還可以往返於地中海世界各地。據說，一個名叫韋斯特的迦太基人曾航行至美洲，這比歐洲人到達美洲的時間早了十幾個世紀。迦太基還是一個製造業大國，生產價格昂貴的紫色染料。羅馬元老院的成員們都喜歡使用這種染料漂染外袍。此外，迦太基還出產烈酒、陶瓷、各種金屬製品和布料。迦太基人大規模生產的船舶構件可以迅速組裝成船體，就像今天的木質傢俱一樣。後來，這項技術漸漸被後人遺忘。直到威尼斯人崛起之後，人們才又重現這項技術。羅馬人正是以此仿造出迦太基人的船艦，在海上自由航行。

迦太基有劇院、有著名的演說家，還有一部憲法。儘管國王和寡頭政府先後執掌最高權力，但普通公民仍有表達意見的眾多管道。很多迦太基人都移民海外，在那裡建立殖民地。亞里斯多德的《政治學》完成於迦太基城淪陷二百年之前。他在這部著作中盛讚迦太基人的制度：「他們憲法的優越性是基於一個事實，即普通民眾信賴這個制度。迦太基人從未發動一場值得一提的叛亂，也從未屈從於僭主的統治。」[14]在其毀滅的時刻，迦太基城無疑是地球上最偉大的城市之一，它的人口遠遠超過羅馬城。而且，這座城市位於非洲。如果古典世界的主宰力量是北非，而不是義大利半島，我們很難想像那是怎樣的情況。

迦太基人的生活也有黑暗的一面。羅馬的批評者宣稱迦太基人用兒童獻祭，這個傳統歷代相承。然而，這一說法受到現代歷史學家的質疑。且在坎尼會戰之後，羅馬人也做過同樣的事情。迦太基軍隊與羅馬不同，主要由來自西班牙、努米底亞、利比亞和巴利阿里群島的雇傭兵構成。[15]迦太基人只有一支三千人左右的步兵軍團，被稱為「神聖軍團」。迦太基人疑慮重重，對僭主政治有著偏執的恐懼。與羅馬將軍可以享受凱旋式不同，迦太基的將軍們不得不時刻提防被暗算，即使是贏得大捷也是如此。羅馬人在第三次布匿戰爭中徹底摧毀迦太基城之後，地中海世界的歷史留下了一段難以彌補的空白。我們無法獲知迦太基人建築樣式的細節，因為只剩一些地基和殘柱供我們遐想。

我們對迦太基人的文學、詩歌、戲劇、藝術、歷史、家庭故事或願景所知甚少。這就像是倘若第二次世界大戰後，所有的德語文獻、德國音樂和德式建築被人為毀掉會出現的情形。當然，假使戰爭結果略有不同的話，羅馬帝國也就不會存在於世了。若是如此，學齡兒童就將溫習布匿語的動詞用法，學習迦太基英雄航行至加勒比海的傳奇故事，列舉迦太基演說家有關哈米爾卡的笑話。有時，我們在探索歷史的深層因素時會產生一種錯覺，以為歷史發展具有必然性。也許，迦太基人的最終失敗有可能是因為它對待公民權的態度上缺乏較不靈活開放，缺乏羅馬那種有韌性的政治制度。也可能，迦太基城的覆滅只不過是戰爭決策上的錯誤。微不足道的原因都有可能造成重大的不同。

無論如何，儘管在義大利、西西里島和北非浴血奮戰，迦太基最後還是覆亡了。在史詩般地翻越阿爾卑斯山之後，漢尼拔的騎兵（而非象兵）發揮決定性的作用，血戰重創羅馬軍團。但「非洲征服者」西庇阿最終擊敗了漢尼拔，終結了迦太基人對義大利的蹂躪。隨後，漢尼拔被他自己的國人放逐。西元前一四六年，羅馬人攻陷迦太基城。在一番燒殺搶掠之後，迦太基退出歷史的舞臺。

滅亡迦太基後，羅馬人的兵鋒轉向了亞歷山大大帝遺留下的希臘王國——馬其頓王國和塞琉古王國。希臘王國覆蓋的地域極廣，從今天的土耳其直到中亞的草原地區。希臘世界本來是一個強大軍事力量的體系，但現在正開始土崩瓦解。不過，由於美學、哲學、藝術和數學的成就，希臘世界得以在羅馬人的統治下延續輝煌，誕生了一批偉大的思想家和發明家。而羅馬帝國真正的開始，就以迦太基和希臘諸王國的陷落為起點，翻開篇章。

錢與權

為什麼這樣說？因為儘管羅馬共和國以勤儉和美德自誇，擁有團結一致的愛國主義精神，但這些並不能確保國家持盈保泰，越來越多的戰爭劫掠，不斷流入的戰利品，腐蝕了羅馬的政治制度。至少，羅馬的稅收和支出體制岌岌可危。戰爭使個人積累了大量財富，政府根本無從控管。例如，羅馬富人的財富據估計是漢帝國最富有階層的二倍。一開始，先用糧食補貼和公共娛樂收買窮人，到了西元前一六七年，國馬公民乾脆都不用繳稅了，取代的是來自西西里、希臘、西班牙和非洲的「貢賦」。

羅馬的外派的地方官員通常負責管理與澳大利亞新南威爾斯州面積相當的地區。他們在職位上累積自己的財富，回到羅馬時有足夠的財力賄賂安排出路，謀取更大權力。腐敗現象變成城市政治中的流行瘟疫。由於窮人仍須繳納間接稅，他們的日子愈加艱難。因為耕地被鉅富兼併，用奴隸取代平民成為農業勞動的主要力量。原本，農民被視為羅馬美德的棟樑，現在卻被取代成為城市中的失業者。我們發現，這一時期出現了一種新病——「奢靡症」或「浮華症」。簡言之，就是「揮霍無度」。戰爭延續幾十年，帶來了更多俘虜、盟邦和奴隸，羅馬軍隊由此變成了半獨立、危險的軍事集團，而不再是公民服役的軍事團體。

一場階級戰爭即將爆發。一方面，新的奢靡之風使羅馬的衛道人士深感震驚。羅馬人似乎接受了希臘人的同性戀風尚，孌童的價格直線飆升。源於伊特拉斯坎人的角鬥士表演一直在羅馬盛行。如今，富人們為博取大眾歡心以謀求官職，引入了異族的鬥士和猛獸，「遊戲」變得愈加奢華。與此同時，大量失地農民與城市貧民都擁擠在街頭，成為易受煽動的烏合之眾。羅馬湧現了許多激進的演說家，其中最著名的是格拉古兄弟，即提比略·格拉古和蓋約·格拉古，他們呼籲進行土地改革，清除政壇的腐敗現象。在一場暴動中，兩兄弟都被殺害，暴亂逐漸向全國蔓延。元老院的貴族成員極力阻止改革，但他們之間也存在分歧。最終，政治強人蘇拉將羅馬推向了內戰的邊緣，並借此成為獨裁者，擴充了元老院和軍隊的勢力。

這一系列事件在其他的大帝國也出現過：海外戰利品的湧入導致了極端不平等；選舉制度與代議機構腐敗橫行；民眾聚集在街頭要求實現變革；暴力活動暗潮洶湧；軍隊以清除政治亂象的名義耀武揚威。帝國造成了權力失衡，反過來又損害了帝國本身。羅馬的生活陷入混亂，局勢完全失控。元老們繼續高談闊論，策畫陰謀，好像一切如常。民眾已不再信任軍隊，社會動盪加劇。角鬥士斯巴達克斯在維蘇威火山山腳下，領導一場大規模奴隸起義，動搖了這個奴隸社會的核心。由前角鬥士和農民組成的七萬人大軍在西元前七一年連續擊敗兩支羅馬軍隊。但是，政府最終把所有能動員的大部份軍事力量集結再一起，才擊敗了這支起義軍隊。在西班牙，一位叛變的執政官倒戈，在亞洲麻煩更多。但是，比這一切更糟的是為恢復秩序而採取的措施。

龐培從東方回到羅馬，隨軍駐紮在城外。按照慣例，羅馬人會為得勝而歸的將軍舉行「凱旋式」。整個軍團六隊遊行城市，勝利者乘坐戰車，一位奴隸在其身後作為提醒：他仍是個早晚會死的凡人。俘虜戴著鐐銬走在隊伍前方，還有一些從戰場繳獲的戰利品。隨著羅馬人的影響和欲望不斷增強，凱旋式也越來越奢靡，民眾會連續數日狂歡。龐培曾史無前例地舉行過三次凱旋式。在最後一次凱旋式上，他向民眾展示了令人目瞪口呆的奇珍異獸、炫目的戰利品、俘獲的王侯和祭司，以及士兵和金錢。

事實證明，身為政治家，龐培不夠足智多謀，沒有用他的批評者擔心的方式掌握權力。另外兩位軍事權貴正在覬覦他的權力。克拉蘇曾是一位手段狠辣的戰士，現已成了一位財閥，他曾在斯巴達克斯戰爭之後，在羅馬北邊的主幹道上把六千多名俘虜釘死在十字架上。另一個對手則是尤利烏斯．凱撒。

凱撒是我們最熟知的羅馬人，我們至今還在使用他制定的曆法測度時間。凱撒被暗殺是羅馬政治史上高潮的一幕。儘管後見之明並不可靠，而且我們所依靠的史料是親凱撒的歷史學家所記述，不過他似乎年紀輕輕就顯得卓爾不群。凱撒出身顯赫，年輕時曾在政治鬥爭中站錯邊，名列廣場上貼出的死刑名單，但他幸運地躲過了獨裁者蘇拉的謀殺。他在十幾歲時就從軍，闖出名號，最有名的事蹟包括向一群綁架過他但又蠢得把他放走的海盜復仇。通過陰謀詭計和金錢收買，凱撒在危險的羅馬政治世界中，開闢了一條加官晉爵的通道。在這場昂貴的金錢遊戲中，他不斷晉級，最後到達了最高的職位。西元前五九年，凱撒成了羅馬執政官。接下來，他繞過元老院，利用金錢及與克拉蘇和龐培的關係，獲取了有利可圖的軍職。羅馬最偉大的演說家西塞羅本以為他在利用凱撒，但結果是被凱撒利用。凱撒如願以償，避開了許多政敵，在阿爾卑斯山的另一頭去打仗。他率軍屠殺了高盧人和日爾曼人的部落，將羅馬的勢力範圍擴張到不列顛，儘管他在那裡停留的時間不長。

凱撒深知，在羅馬取得權力的途徑是將戰場上贏得的聲望與同樣是靠征服贏來的巨大的財富結合在一起。但他在外的征戰，也是為了國內權力鬥爭的需要。凱撒是一位傑出的將軍。在戰爭期間，他為自己的征戰撰寫了很多宣傳文字，用以樹立光輝形象。凱撒在這些文字中顯示了清晰的戰略思想和愈挫愈勇的能力，冷峻地記錄了敵對部落的風俗和弱點，機敏地塑造著個人神話。他在《高盧戰記》中刻意隱瞞了發動戰爭的原因——為謀取更高的權位，不惜毀滅另一個文明。這場戰爭不是種族屠殺，因為他時刻準備與投降的部落進行交易，他對俘獲奴隸與斃傷敵人同樣感興趣。不過，這場戰爭仍然是文化浩劫。

凱爾特人的建築材料主要是木材。他們有口傳文化，沒有書面文字。二十世紀下半葉的考古研究表明，他們的成就遠超我們的想像。凱爾特人可能比羅馬人更早修建道路。這些道路穿越沼澤和森林地區，是用捆紮成排的橡木鋪成，因此，大多已經朽壞，只在愛爾蘭、威爾斯和德國有零星遺存。後來凱撒會致力於修訂他的新曆法，但據說凱爾特人的曆法要更為精確：被鐫刻在青銅器物上的寇里尼曆法非常成熟。一些研究凱爾特的歷史學家認為，他們有規模可觀的城市中心。而由於人們輕信了羅馬人的宣傳，遂將這些城市中心稱為「部落寨堡」，而不是城鎮。羅馬史學者則無法苟同，認為是誇大其詞。一些凱爾特城鎮呈圓形，另一些南方的城鎮則擁有長長的石牆。高盧人的房屋也不只是小窩棚：他們有雙層建築，甚至還有庭院。高盧人似乎還有一整套人口統計制度。[16]

高盧人開採金礦和銀礦，用以打造金飾品，其繁複和精美的工藝絲毫不遜於羅馬人。他們的戰術也很精妙，其戰車和巨盾震撼羅馬人。他們使用的鐵製農具和打穀機械都比羅馬農民先進。沒錯，高盧人處於古老的部落組織形態，但拉丁人原本也是如此，直到近期才改變。羅馬人總強調信奉德魯伊教的高盧人擁有可怕的習俗，他們將人放在柳條筐中活活燒死以撫慰神靈，還會割下敵人的頭顱，實在十惡不赦。但是，沉溺於血腥角鬥場、喜歡將敵人釘死在十字架上的羅馬人道德也沒有多高尚。有一些高盧人見多識廣，曾在希臘和埃及軍隊中服役，並定居在那裡。高盧女性比羅馬女性擁有更多的自由。在遭受虐待時，她們有權解除婚約。一些高盧女性還有可能成為政治領袖，布狄卡女王的起義就證實了這一點。而且，我們在法國和德國也發現了裝飾華麗的女性墓地。就像後世的美洲原住民之於威士忌，高盧人對希臘人和羅馬人賣的葡萄酒很感興趣。對常喝啤酒的人來說，葡萄酒顯得很新奇。我們對高盧人的詩歌和音樂知之甚少。他們並不像迦太基人那般英勇善戰。高盧人缺少羅馬世界擁有的公民體制和龐大的動員能力。在國家與部落的戰爭中，一定是國家有更大的勝算。

凱撒對高盧文化的毀滅不僅體現在有一百多萬高盧人戰死沙場（根據凱撒自己的保守估計是一百二十萬人），而且體現在有相當數量的高盧人因饑餓而亡或被迫淪為奴隸。這意味著，三分之一的高盧人從此消失，這樣高的比率可與二十世紀慘絕人寰的種族屠殺相提並論。換言之，從某個角度來看，凱撒的影響堪比黑死病，而黑死病曾殺死大約百分之三十的中東人，以及百分之三十到六十的歐洲人。不過，與「鼠疫耶爾森氏菌」或攜帶病菌的跳蚤不同，凱撒主要關切自己的政治生涯。凱撒的軍事勝利及其對勝利的宣揚，加上他為羅馬帶來的奴隸和戰利品，使其聲望日益高漲，個人財富也水漲船高。實際上，凱撒已成為征服歐洲大片土地的戰神。[17] 在任期屆滿之時，他與龐培和克拉蘇做了一筆交易，即通過分享戰利品延長自己血腥暴力又有利可圖的職位。日爾曼人部落的襲擊曾殺死了七十名羅馬人。作為報復，凱撒屠殺了大約四十三萬人，其中包括婦女和兒童。這讓一些羅馬人心生厭惡，例如加圖。

在準備返回羅馬時，凱撒已經擁有了金錢、軍隊和很高的聲譽，幾乎可以為所欲為。凱撒的敵人非常恐懼，視他為元老院、舊秩序和羅馬共和國憲法的敵人。為對抗憲法，凱撒籠絡了很多貪贓枉法和耽於淫樂的人——這些人把他看作重要的領袖人物。同時，凱撒的軍團也已整裝待發。如今，凱撒唯一的問題是，倘若他卸除軍團司令官的職位回到羅馬，他有可能因為多年前在擔任執政官時的失當行為而被判處死刑。凱撒並沒有把握別人不會將他繩之以法。

凱撒跨過了高盧行省與羅馬本土之間的界河——盧比孔河，率軍向羅馬城進發。如果憲法是個威脅，他就要將其廢除。龐培直到很久之後才發現凱撒已成為羅馬共和的巨大的威脅，他宣佈自己是元老院的捍衛者。隨後，龐培和眾多元老院成員一同逃離羅馬，在其他地方繼續對抗凱撒。凱撒抵達羅馬，宣佈繼承了這份偷來的遺產。民眾都已準備好接受凱撒發放的賄賂，而凱撒的親屬則對其受到的控告進行辯護。局勢混亂，供養軍團的難度比預期更大，但凱撒的大部份敵人都已跟隨龐培出逃，凱撒得以對這座城市發號施令。於是，凱爾特人屍堆和寂靜空蕩的村莊便成為凱撒的政治紀念碑，曾讓羅馬引以為傲的共和傳統已經死亡。

「凱撒主義」已成為政治學中的貶義詞，這是其來有自的。

克麗奧佩脫拉和凱撒：關於失敗的故事

若要看清克麗奧佩脫拉的真面目，我們必須避開詩歌中的渲染和螢幕上的閃光，將視線穿過莎士比亞和好萊塢，穿過羅馬社會的流言蜚語和維多利亞時代的情色畫。克麗奧佩脫拉不是蕩婦，也不是花瓶。她是一位傑出的政治家，是一位堅毅、智慧的希臘統治者。她並不是一個畫著誘人眼線、追求淫樂生活的的女人。在羅馬共和國崩潰之際，她試圖控制政治局勢。為扭轉埃及托勒密王朝（地中海的大國之一）的頹勢，克麗奧佩脫拉付出了不懈努力。她是古典歷史上最偉大的失敗者之一。隨著克麗奧佩脫拉的去世，一個可以追溯至亞歷山大大帝時代的帝國消失了，古老的法老統治也就此終結。

這既是一個有關內戰的故事，也是一個有關愛情的故事。西元前三二三年，年僅三十三歲的亞歷山大在巴比倫城去世。他手下的將軍們繼續東征西討，希望完成他未竟的事業——締造一個比繼之而起的羅馬帝國更偉大的希臘帝國——但這個夢想最終隨「獨眼」安提柯的去世而破滅。安提柯曾在巴爾幹小國馬其頓隨侍亞歷山大的父親，他繼續征戰的目的是為了完成亞歷山大的遺願，直到八十歲時戰死沙場。在亞歷山大死後出現的諸王國中，埃及可謂其中的佼佼者，其統治者正是克麗奧佩脫拉的先祖——托勒密．索特爾。

托勒密．索特爾曾是亞歷山大的密友，也是他手下的重要將領。托勒密目睹亞歷山大大帝在埃及建造了一座新城，即亞歷山卓。索特爾迅速採取行動，控制了這座城市。而且，在亞歷山大的遺體被運回希臘安葬的途中，他劫取了屍體，將其安葬在亞歷山卓一座宏偉的神廟中。托勒密擊退了其他對手，強行將屍體留在那裡。亞歷山大的遺體具有一種圖騰般的力量，就像後世基督教聖徒的遺骸對歐洲人的影響力一樣。威尼斯人從埃及偷來了聖馬可遺骨，使得年輕的共和國具有了相似的合法性。索特爾成為托勒密一世，征服了今天的以色列、黎巴嫩和賽普勒斯島，這些勝利鞏固了他在埃及的地位。

托勒密王朝統治埃及約三百年，比波旁王朝統治法國或金雀花王朝統治英國的時間都漫長。這不是一個傳統的普通家族。托勒密二世迎娶了自己的姐姐阿爾西諾伊；亂倫和名字的混亂迴圈成為這個王朝的特點。起初，與其他希臘繼承者的戰爭耗費了托勒密王朝很大精力。埃及最終成功地戰勝了所有對手，特別是塞琉古王朝。塞琉古王朝建都於敘利亞的安條克，整個帝國延伸至亞洲的腹地。托勒密王朝曾侵入非洲南部地區，在現代的蘇丹地區捕獲大象，以此來抗衡孔雀王朝贈予塞琉古王朝的印度戰象。托勒密王朝曾派遣使者前往印度，而阿育王也派遣了佛教使團造訪亞歷山卓港。

在托勒密三世統治下，埃及繼續贏得勝利。然而，統治埃及的希臘人是一群人數很少的菁英，不安的坐在權力的頂端，底下是一大群傳統而和他們不同的埃及人口，就像是征服了英格蘭的諾曼人一樣，而且托勒密王朝的統治者根本沒有學習當地的語言。對後世的歷史學家來說，這是極好的恩賜，因為它留下了一些用兩種語言或三種語言寫成的文告。著名的羅塞塔石碑就是一例，它幫助後人破譯了埃及的象形文字。但對托勒密家族來說則不太妙。他們不斷費盡心力地鎮壓地方叛亂，叛亂的領導者都是可能會成為法老的埃及人。

因此，這個王國是古代埃及和希臘的奇怪混合體。大多數人都崇拜古埃及的神祇，保留了傳統的祭司和神廟，以及神聖的動物和繁複的儀式。許多人期盼埃及人奪回王位，拯救民眾於水火，這與猶太人期盼彌賽亞的降臨有相似之處。隨著時間推移，人們創造出了新的神祇。根據現實需要，這些神祇將希臘風格和埃及風格融為一體。埃及的神祇逐漸希臘化，如伊希斯神；而希臘人則將埃及歐西里斯神和荷魯斯神請進了萬神殿。在一神教出現之前，神祇混雜並不是大問題。不過，托勒密王朝的統治者須謹言慎行：克麗奧佩脫拉將一頭彩繪的聖牛送進神廟，這為她贏得民眾的普遍支持，而這些支援正是她所需要的。在托勒密家族中，她是第一個既會講埃及語，又會講希臘語的人。

克麗奧佩脫拉的土地非常富饒。羅馬的早期計畫之一就是吞併埃及，在那裡安置羅馬農民，並將之作為廉價糧食的來源地。與法老時代的埃及一樣，托勒密王朝的大多數土地都是國家財產，神廟也擁有大量田產以供養自己。如同英國人統治印度一樣，托勒密家族在埃及的統治沿用了傳統的書吏制度，由村長負責收集資訊和徵收稅賦。一些埃及頭銜轉變成了希臘頭銜，但本質是一樣的。另外，托勒密王朝試圖將希臘人的嚴謹引入埃及。他們引進了以貨幣為基礎的經濟體制，將所有臣民登記造冊。他們訂定了商品價格，將神廟祭司轉變為國家官員。這些人能為國家籌集資金，用以供養陸軍和海軍。

農業歉收和戰爭失利之後，年幼的孩童登上了王位，這都是不祥之兆。托勒密王朝開始接二連三地喪失國土。猶大王國這樣的小國要盟友保護，埃及這樣的大國也是如此。托勒密家族選擇了一座距離遙遠、但以好戰聞名的城市——羅馬。這為苟延殘喘的王朝贏得了時間，但也不可避免地付出了代價。日益強大的羅馬人先後戰勝了迦太基人和希臘人，他們逐漸變成了威脅者，不再是保護者。羅馬的元老院開始頻繁地干涉埃及事務。他們把這片擁有巨大財富、龐大人口和軟弱統治者的土地視為附庸，而不是盟友。托勒密王朝治下的亞歷山卓港漸漸被羅馬人榨乾，瀕臨死亡。

這或許是大勢所趨。托勒密王朝沒有高效的議政方式和選拔優秀官員的管道。實際上，現代學者們相信，與希臘體制應有的精巧相比，托勒密王朝的埃及要低效得多。例如，農民經常以荒廢田地為手段威脅徵稅者；貪污腐敗現象四處盛行；許多官員都未經專門的訓練。有學者認為在克麗奧帕特拉生活的時代，埃及有七分之一或六分之一的人口是希臘人或猶太人。這是因為托勒密王朝只能依靠這些「可信賴的」非埃及人去作戰和管理國事，從而吸引了大批的移民。埃及的希臘人對馬其頓或雅典抱有強烈的情感，就像僑居在印度的英國人對漢普郡或威爾斯的情感一樣。與羅馬不同，希臘化的埃及沒有什麼「政治參與」可言，它是一個王室獨裁國家。與羅馬和英屬印度不同，希臘化埃及的主要城市甚至不是國家領土的一部份。

如果不瞭解亞歷山卓港這座迷人的城市，我們就無從理解克麗奧佩脫拉的故事。締造這座城市是托勒密王朝最偉大的成就。這座城市確實由亞歷山大建造，是一個擁有自治權的城邦。它在埃及境內，但不受埃及管轄。或者我們可以這樣說，亞歷山卓港只是「毗鄰」埃及。後世的英國也有相似之處，就像過去的香港或今天的新加坡。亞歷山卓港也是一座大熔爐，移民和商人比鄰而居，人口迅速膨脹到五十萬人，與當時中國的首都大體相當。在西方，只有羅馬城才能相提並論。舉世無雙的法洛斯燈塔連中國人都有所耳聞。這座燈塔是古代世界的七大奇蹟之一，高達三百英尺，宙斯的銅像聳立其上，熊熊燃燒的燈火引領船隻進入港口。合理的城市規劃和希臘化的宏偉建築是亞歷山卓港的驕傲。其中，博物館和圖書館舉世聞名。

「博物館」（museum）一詞源於人們對繆斯女神（muse）的崇拜。如今，博物館已遍佈世界各地。不過，最早出現在亞歷山卓港的博物館不僅是收集和陳列物品的地方，更加是一個學術研究中心，那裡有住宅區、餐廳和全職研究者。托勒密一世還建造了一座圖書館，收集圖書的工作可能是由亞里斯多德的一位學生完成的。在當時，圖書館並不對公眾開放。這座圖書館是國家文化自豪感的體現，它試圖搜集每一部希臘文著作的抄本。在古典時代，這意味著它要收集除中國文獻之外的幾乎所有書籍。圖書館精心整理館藏的紙草書卷，將其編成一百二十本目錄。紙草書卷的總量大約在五十萬至七十萬卷之間。圖書管理員對搜集圖書抱有很高的熱情，他們會花大錢去雅典借閱艾斯奇勒斯、尤里比底斯和索福克勒斯的著作，以供謄抄（有傳言說，他們留下了原始文本，還回去的是抄本）。船隻一抵達亞歷山卓港，船上的人就必須交出書籍以供謄抄。

因此，亞歷山卓港匯集了大量古代文獻，涵蓋文學、數學、哲學和歷史等多個領域。時至今日，大多數文本都已經散佚。在亞歷山卓港，有人將《舊約》譯為希臘文。在基督教開始傳播之際，此舉具有非常重要的意義。此外，在整編兩部偉大的史詩（即我們熟知的荷馬史詩）方面，圖書館也做了大量工作。

由於在贊助和蒐羅知識上的成就，並不令人意外，亞歷山卓港發展成為文學中心和科學中心。但與發明和科學發現上的成就相比，這座城市在詩歌方面可就乏善可陳了。歐幾里得發明了現代幾何學，他在質數、圓錐曲線和透視等領域做出了開創性的貢獻。在前往亞歷山卓港之前，歐幾里得可能曾在柏拉圖學園學習過。據說，數學家和工程師阿基米德就是他在亞歷山卓港的學生。相傳，在羅馬人攻陷敘拉古時，阿基米德因為因為不肯丟下正在研究的問題離去，而遭到羅馬士兵殺害，據說他當時說：「不要干擾我的圓。」這些名字如今已經享譽全世界。

但是，厄拉托西尼是何許人？據我們所知，他是第一個精確測量出地球周長的人，也是第一個精確繪製出古代世界地圖的人。希羅又是誰？很顯然，他製造了一台蒸汽機模型。但遺憾的是，亞歷山卓港人沒有掌握金屬加工技術，否則他們就會造出希臘式或羅馬式的汽車。當時，能立即投入實踐的是由騾力驅動的水車，這種水車至今仍在使用。希羅菲盧斯發現了人體解剖學知識，包括人體消化系統和循環系統。直至啟蒙運動時期，歐洲的醫學才達到這個水準。希羅菲盧斯似乎還可以用水漏鐘測量脈搏。其他人物還發明了速射弩，發現了太陽系，學會了利用壓縮空氣驅動機械的方法。「法尤姆肖像」使我們看到了自古典時期以來最寫實、最動人的「面龐」，這些畫像完成於克麗奧佩脫拉時代終結後不久，不過它可能源自一種古老的繪畫傳統。這種繪畫傳統（以及現存的雕塑作品）反映了高超的藝術技巧。如果這是一種墮落，那麼世界需要多一點這樣的墮落。

簡言之，托勒密王朝的亞歷山卓港就是一座發明創造的大蒸鍋，可與啟蒙運動時期的蘇格蘭及工業革命伊始的英格蘭中部、中國的宋朝或早期的穆斯林西班牙比肩而立。在這些例子中，只有第一個例子中的創造力和科學研究轉化成了經濟革命。經濟革命的出現與人類智慧無關，只有當求知欲、科技、法律、物質和動機等因素罕見且「恰到好處」地結合在一起才能產生那樣的效果。在克麗奧佩脫拉時代，埃及的托勒密王朝在軍事和經濟上正處於衰敗期，智識水準也可能在走下坡路，因為上述發明大多出現在托勒密王朝的前期。不過，事實也可能不是這樣，我們無法看清歷史走向哪個未來。

然而，關於克麗奧佩脫拉我們可以知道的是，她與羅馬及其他對手抗衡，所要捍衛的不只是領土和權力，更是知識和文化。原因何在？儘管我們對她的早年生活所知甚少，但托勒密家族會從博物館延請老師來教導孩子。據說，克麗奧佩脫拉掌握八種語言，還寫了多部著作，其中還包括有關度量衡的研究。她曾聘請過一位哲學家來教導自己的兒子們。

克麗奧佩脫拉的父親是托勒密十二世，很依賴羅馬，又天真地周旋於羅馬共和後期互相角力的領袖人物之間，付出大筆金錢行賄，其中大部份都送給了龐培。這導致他大量舉債，多徵賦稅，還丟掉了賽普勒斯島，使其淪為羅馬的殖民地。上述情況激起了民間起義，托勒密十二世逃往羅馬，他的妻子和長女被擁立為統治者。但是，在羅馬人的幫助下，托勒密十二世最終奪回政權。之後，他展開了瘋狂的復仇行動。那時，他的妻子已經去世，他就將自己的女兒貝勒尼基斬首。托勒密十二世任用羅馬人掌管埃及的稅收，恐怖統治蔓延整個國家。他還任命羅馬人負責照顧自己倖存的孩子，其中年齡最大的兩個孩子就是克麗奧佩脫拉和她十歲的弟弟（另一位托勒密）。

這個家族的傳統是兄妹或姐弟成婚，擁有繼承權的各方通常會鬥爭到兩敗俱傷。托勒密十二世死後，十八歲的克麗奧佩脫拉不打算和弟弟共享政權，儘管埃及沒有女王獨自執政的傳統。她迅速採取行動爭取盟友的支持。克麗奧佩脫拉自稱「敬愛父親的女神」，為自己增加虛假的頭銜也是這個家族的傳統。她還將自己的頭像刻鑄在錢幣之上。在短期內，克麗奧佩脫拉似乎佔據了上風。然而，保守勢力的聯合和埃及的大饑荒使她的弟弟及其支持者獲得了扭轉局勢的良機。他們推翻了克麗奧佩脫拉的統治，將其逐出埃及。克麗奧佩脫拉被迫流亡海外，但她立即著手重整大軍，以便捲土重來。他雖然年輕，卻很有膽識。

就在此時，幸運女神眷顧了克麗奧佩脫拉。她的弟弟托勒密十三世犯下了嚴重的錯誤。上文提到，龐培與凱撒這兩大巨頭發生決裂，雙方為爭奪權力而纏鬥不休。最終，歷史證明龐培不僅拙於領兵打仗，政治謀略也是一塌糊塗。儘管獲得了羅馬元老院的全力支援，而且軍隊規模也更大，但龐培還是在希臘中部的法薩盧斯被凱撒和安東尼擊敗。凱撒把法薩盧斯戰役的勝利視為一生最重要的勝利。龐培幾乎走投無路，埃及是唯一的選擇。畢竟，他曾大肆接受託勒密十二世的賄賂，還曾保護過他的孩子們。

然而龐培沒有料到，他屈辱戰敗的消息已經傳開，速度甚至比他的戰艦還要快。為了討好獲勝的凱撒，年輕的托勒密十三世及其謀臣決定，一旦龐培登陸，就將其殺掉。隨後，龐培被下屬殺死，頭顱被砍下，而他的妻兒都目睹了這血淋淋的一幕。他們將龐培的頭顱做了防腐處理，放入箱子，當作禮物寄送給凱撒。

如果說龐培打錯了算盤，托勒密及其謀士也失算了。他們不理解羅馬內戰的規則：相互鬥爭的人物惺惺相惜，彼此還維繫著家族紐帶。龐培曾迎娶凱撒的獨生女朱利亞（儘管她已經去世很久）。對凱撒而言，龐培既是可敬的強敵，也是自己的女婿。他本不應遭此毒手，被外邦的黃口小兒斬殺在海灘之上。凱撒率軍殺向亞歷山卓港，托勒密十三世的王位再次動搖。

許多關於克麗奧佩脫拉的故事都含有傳說的成份，都是由羅馬和希臘的歷史學家事後追述的。但是，普魯塔克在凱撒傳記中生動、直白地描述了她的故事。他說道，在凱撒率軍抵達亞歷山卓港之後（冒險只帶領一小隊人馬），凱撒並沒有考慮托勒密是否歡迎他，而是徑直派人去找克麗奧佩脫拉。如果被她的兄弟發現，克麗奧佩脫拉很可能會在路上遭到暗殺。普魯塔克寫道：

因此，克麗奧佩脫拉只從朋友中挑選了西西里人阿波羅多洛斯隨行。他們在夜色初上之時乘坐小船在宮殿附近登陸。而且，為了掩人耳目，克麗奧佩脫拉躺進了一條足夠長的大被套中。阿波羅多洛斯用繩子捆紮好被套，將其抬入室內，放在凱撒的面前。據說，凱撒一下子就被克麗奧佩脫拉迷住了，因為她的果敢和美豔。

凱撒被克麗奧佩脫拉折服，兩人共享魚水之歡。第二天早晨，趕來的托勒密十三世懊悔不已，因為他二十一歲的姐姐給予凱撒的是自己無法給予的。

凱撒這個浪漫的傳說講述了一位戰士無可救藥地愛上了一個風流成性的埃及女人的故事。我們不知道克麗奧佩脫拉之前和之後的情史，只能確認她的最後一個著名的情人是馬克·安東尼。克麗奧佩脫拉的王國行將就木。埃及保存了人類文化中最珍貴的一份財富，但這個國家實際已經破產，已無力對抗高效的戰爭機器——羅馬。除了接受那個時代唯一超級大國的保護，埃及還有別的出路嗎？尤利烏斯·凱撒——這個筆鋒精簡有力的政治宣傳家、這個屠殺了一百多萬人的劊子手、這個對同胞的宗教信仰冷嘲熱諷的傢伙—根本不是埃及的救世主。埃及是一個曾經支持凱撒敵人的國家，引人垂涎的寶地，而它的統治菁英階層——那些噴著香水、崇拜狄奧尼索斯、喜歡尋歡作樂的希臘人——則被所有真正的羅馬人認為是自甘墮落，毫無價值的一群人。

必須有人做點什麼，而克麗奧佩脫拉在床笫之間抓住了凱撒的心。亞歷山卓爆發了慘烈的戰爭，凱撒統帥的軍隊人數太少，無法控制叛亂和街頭混戰。他差一點就命喪黃泉。著名的圖書館遭到部份損毀。克麗奧佩脫拉堅守在凱撒的身邊，直到羅馬的援軍到來。作為回報，她成為埃及的實際統治者，在乘船出巡享受尼羅河的旖旎風光時，她還懷上了凱撒的獨子。凱撒並沒有被勝利衝昏頭腦，他正忙於研究他長期以來計畫改進的曆法。一個亞歷山卓當地人建議他將一年劃分為三六五天，每隔四年就多出一天。與此同時，克麗奧佩脫拉也採取了自保措施。為防萬一，她將孩子命名為「凱撒里昂」（意為「小凱撒」）。

征服者被愛情征服了嗎？可能不完全是。凱撒率軍離開埃及，回國繼續參加內戰，以對抗敵人。如今，他的對手包括龐培的兒子（急於為父報仇）和原先的政敵（像是加圖）。他留下一些軍隊，目的只是為了監視克麗奧佩脫拉。

克麗奧佩脫拉建造了一座敬拜凱撒的神廟。凱撒和克麗奧佩脫拉都希望達到神一人的境界，雖然方式不同。克麗奧佩脫拉將自己與古老的伊希斯信仰連繫在一起，將其子與荷魯斯神聯繫在一起。由於凱撒屢戰屢勝，羅馬只得對凱撒讓步，通過表決的方式授予他無上榮耀。這座異教徒之城，它的文學和建築如此輝煌燦爛，將凱撒奉為應被崇拜的人，宣佈凱撒在未來十年都將擔任獨裁官一職。羅馬宣布將為凱撒舉行比龐培更盛大的凱旋式。在凱撒從血腥的內戰中獲得的戰利品源源不斷湧入羅馬城之後，民眾開始重建宏偉的建築。在他面前，羅馬人謙卑至極。凱撒推行了一系列改革，但從未制止人們對他進行崇拜。他的住所裝飾得像一座神廟，他的戰車矗立在朱庇特的戰車對面。克麗奧佩脫拉也去到羅馬，見證了嗜血的戰爭給凱撒帶來的榮耀，以及凱撒崇拜的日益增長，並確保凱撒不會拋棄他們的孩子。

至少對克麗奧佩脫拉而言，她還有機會徹底重塑政治。在新政治中，她和凱撒兩個神祇一般的領袖會聯手統治人類已知的世界。儘管不是異想天開之人，但凱撒也有這樣的夢想。他將克麗奧佩脫拉的雕像放入生育之母維納斯的神廟。據說，這位女神是凱撒的祖先。羅馬的好事之徒開始竊竊私語，認為凱撒打算娶克麗奧佩脫拉為妻，並將都城遷往日益衰敗的亞歷山卓港。當然，他還需要不斷操控羅馬政局的方方面面，但是他對宗教的態度一貫都是充滿譏誚。對他來說，宗教只是權力的支柱、一個有用的槓桿，其形態可以不拘一格。

凱撒和克麗奧佩脫拉用不同的方式都回歸到一個我們熟悉的舊希臘化世界。在那個世界中，成功的統治者都會號稱擁有神格，亞歷山大就是一例。自我們已知的世界誕生以來，宗教勢力和世俗權勢就總是糾纏不清，祭司和國王互為奧援。得意揚揚的凱撒將自己的臉塗成紅色，就像朱庇特的雕像。他再次宣佈擔任獨裁官，這一次是終身獨裁官。事實上，凱撒的行為冒犯了憤怒的貴族和贊成共和制的保守派，他們聯合成頗具威脅的聯盟。西元前四四年，他們打算刺殺凱撒，這可能是為了阻止他攻打帕提亞人，因為這場戰爭會使凱撒的地位再難撼動。攤牌的時刻到了。凱撒前往元老院開會，六位密謀者趁機圍住他，將其亂刀刺死。人們在凱撒的身上發現了二十三處傷口。他最後的舉動是遮住臉，避免讓人看到他痛苦掙扎的表情。凱撒倒下的位置極富戲劇性，血泊的旁邊就是龐培的雕像。對凱撒來說，龐培曾經是偉大的盟友，後來又成為自己的對手。

凱撒終結了一個延續四百多年的共和國。儘管這個共和國有無數缺陷，它的公民觀念及其對君主專制的摒棄給後世留下了珍貴的遺產。凱撒沒能以合適方式來統治這個多元化的複雜社會。然而，他的共和國刺客們也低估了民眾對這樣一位有錢、處處模仿神的強人的愛戴。很快，刺殺凱撒的人也陸續離世。而羅馬世界，宗教勢力與世俗勢力結合卻愈加緊密了。羅馬帝國第一位真正的皇帝是凱撒．奧古斯都，他去世時，是由元老院將他奉為神明。在共和國早期時期粗魯的士兵和農民；後來搖身一變，成為帝國富有的政客；現在，他們則成為皇帝的奴僕。

末代法老克麗奧佩脫拉不久也去世了。凱撒之死最終激起又一場內戰。對當時的羅馬公民而言，戰爭似乎永不止息。但實際上，戰爭即將結束。凱撒的養子屋大維和凱撒愛將馬克．安東尼為爭奪最後的勝利展開了激戰。他們的思想並無二致，都毫不懷念逝去的共和之夢，而且對權力極度渴望。如果屋大維（即後來的奧古斯都）宣稱自己是一位神祇，那麼馬克·安東尼則相信自己是赫拉克勒斯的後代。在勝負局勢明朗之前，克麗奧佩脫拉極力避免站錯隊伍。然而，馬克·安東尼將其召至塔爾索斯，讓她表明態度。在緊要關頭，克麗奧佩脫拉又施展了慣用的伎倆。這次，她沒有裹在毯子裡出場，而是坐在一艘金色的帆船中。

後來，莎士比亞對此曾有一段諷刺性的描述。這段優美的文字廣為人知，與普魯塔克的記載相得益彰。在書中的其他部份，普魯塔克強調，他認識一些熟知克麗奧佩脫拉的世界的人。他說：

> 這位女法老乘坐一艘金色的帆船暢遊在塞得納斯河上。紫金的風帆迎風鼓蕩，槳手們握住銀槳，隨著笛聲、管樂聲和琴聲有節奏地劃行。她躺在金色的華蓋之下，穿著仿佛畫中的維納斯。男童們像小愛神一樣分立在兩旁，輕輕地搖動扇子……沁人的芳香從香爐中溢出，沿河岸飄散。

誰能抵擋這樣的誘惑？擁有神聖血統的馬克·安東尼也很難拒絕。此時，在羅馬世界的霸權爭奪戰中，他似乎已經勝利在望了。

二人返回埃及過冬天，整日尋歡作樂。克麗奧佩脫拉又懷孕了，這一次是雙胞胎。她以太陽和月亮為兩個孩子命名，即亞歷山大·赫利俄斯（赫利俄斯是太陽神的名字）和克麗奧佩脫拉·塞勒涅（塞勒涅是月亮女神的名字）。這兩個繈褓之中的神祇也將統治世界。馬克·安東尼開始重組中東地區的政治秩序，將原屬埃及的土地歸還埃及，但其中不包括猶太行省，後者仍由希律王進行統治。隨後，他準備拔除羅馬人的眼中釘——那些在亞洲平原上策馬奔騰、箭術精湛的帕提亞人。凱撒曾計畫攻打這群入侵者。帕提亞人原是生活在伊朗地區的部落民族，後來轉型成為帝國，同時與地中海世界和漢帝國進行貿易活動。他們掌握了威力更大的弓和更靈活機動的戰術。在面對帕提亞人時，羅馬軍團似乎也束手無策。

馬克・安東尼不是第一個征討帕提亞人的羅馬人。他最終鎩羽而歸，人員傷亡數萬人。戰敗削弱了馬克・安東尼的實力。當時，他的對手屋大維正在西部地區崛起。安東尼夢想創建一個更龐大的「亞洲羅馬帝國」。這場戰役不但戳破了他的夢想，甚至使他與對手平分地中海世界的願望也無法實現。歷史上的任何事情都不是直線發展的。安東尼後來贏得一場大勝。他擊敗了亞美尼亞人，在亞歷山卓港和克麗奧佩脫拉舉行了慶祝儀式。安東尼被宣佈為活著的酒神狄奧尼索斯，而克麗奧佩脫拉則是「諸王的王后」「和「最年輕的女神」。

屋大維迅速煽動起羅馬人對這個自大狂的敵意：他向元老院宣讀了安東尼的遺囑。在遺囑中，安東尼堅定地表示，他愛亞歷山卓港勝過羅馬。元老院宣佈向安東尼開戰，元老們分成兩派，各自擁護一方。羅馬軍團已經枕戈待旦。

一場戰役的勝負就決定了屋大維與安東尼的命運。如果說這是古代歷史上最重要的戰役，那麼它確實沒有什麼戲劇性。這場海戰爆發於西元前三一年，地點是希臘以西的亞克興海。克麗奧佩脫拉親自統帥埃及艦隊。但當她與安東尼深陷屋大維的封鎖而謀求突圍時，克麗奧佩脫拉由於恐慌率領艦隊退出作戰海域。隨後，她返回了埃及。安東尼敗局已定，他的軍隊因感染瘧疾而實力大減。他的五層戰船速度太慢，無法有效地撞擊敵艦。他手下的一位將軍叛逃到屋大維一方，告發了安東尼的秘密作戰計畫。無論如何，這是古典時代最後一場重要的海戰，但這場海戰在開始前就已經結束了。看到克麗奧佩脫拉離開戰場後，馬克・安東尼也率領戰船隨她而去。

此役之後，克麗奧佩脫拉和安東尼的霸業已註定失敗。這對情侶盡情享受最後的狂歡時刻，而屋大維正在向亞歷山卓港進軍。馬克．安東尼自殺身亡，死在了愛人的腳邊。克麗奧佩脫拉代表兒子凱撒里昂與屋大維進行談判。當她知道屋大維準備在羅馬的凱旋式上將自己遊街示眾時，克麗奧佩脫拉也決定以死來避免羞辱。在凱旋式上，凱撒曾將克麗奧佩脫拉的姐姐遊街示眾。不過，由於羅馬民眾都很同情這個埃及女人，凱撒並沒有將她處死。後來，埃及豔后殺害了自己的姐姐，這絕不是富有浪漫色彩的壯烈之死。在凱旋式上，屋大維展示了一幅畫。在畫中，克麗奧佩脫拉被一條毒蛇咬死。可能是受到這幅畫的影響，坊間出現了一種傳說：有人將一條體型較小但卻足以致命的毒蛇藏在一個無花果籃子中，偷偷拿給克麗奧佩脫拉。她將毒蛇放在胸口上，隨後被蛇咬死。或者，她只是服用了一種致命的毒藥。當時，她還不到四十歲。克麗奧佩脫拉的死並沒有挽救凱撒里昂，他在被捕後被處死。

羅馬和平

不僅克麗奧佩脫拉聯合馬克．安東尼的戰略失敗了，她最初的夢想—將埃及、希臘和羅馬的世界合併，由一位「神王」進行統治—也破滅了。屋大維宣佈自己是奧古斯都．凱撒。內戰使羅馬精疲力竭，屋大維則趁勢締造了長期的帝國式和平。英國傑出的歷史學家愛德華．吉朋認為隨之而來的一段時光是人類史上的甜蜜期，那時，羅馬帝國

> 據有世上最富饒美好的區域，人類文明最進步的部分……法律和習俗的影響溫和而有力，逐漸將各行省融合成為整體。享受太平歲月的居民盡情揮霍的財富和奢華，自由憲政的意象備受尊崇：國家主權似乎仍舊掌握在元老院手中。

他的著作（在西元一七七六年至一七八八年之間出版）以上述分析開篇，主要關注人類如此的甜蜜期最終為何會終結的問題。他將書命名為《羅馬帝國衰亡史》。

吉朋給出的答案是基督教的興起，這一點我們即將談到。大多數現代歷史學家都不大敢將羅馬世界崩潰的責任推給耶穌的門徒。在吉朋的文字中，他又談到了另一部份原因，即「自由憲政的意象」和「元老院似乎握有大權」。在西元前二七年屋大維贏得最終的勝利之後，他恢復了共和政府的外在形式，但保留了尤利烏斯・凱撒曾擁有的權力。屋大維成為軍事統帥、獨裁官和官方宗教的領袖。他既是睿智的統治者，又是個幸運兒。在最初的一系列征伐後，屋大維將羅馬的領土向北擴張至中歐，向南擴張至阿拉伯地區，但他或多或少地抑制了羅馬的擴張欲望，使其專注於城市復興計畫。我們今天所謂「羅馬的榮耀」的大多數內容——如恢宏的建築、維護整潔的道路、作為征服者的和平，以及城市物質生活的富足——都源自奧古斯都締造的和平環境。他的統治其實就是君主專制，只是披了一件共和主義的外衣。很快，羅馬就會再變成真正的帝國。

這種政治體制的弱點是國家有可能落入瘋子或暴君之手。在屋大維將權力傳給自己的女婿提比略之後，羅馬人將飽受奧古斯都家族出身的瘋子和暴君之苦，其中包括瘋子卡里古拉和殘暴的尼祿。隨之而來的是「四帝之年」，而粗鄙的稅吏之子維斯帕先最終攫取了權力。在維斯帕先的兒子被謀殺後，一位元老院成員涅爾瓦回歸舊傳統，指定品行良善之人為皇位繼承人。這一傳統調和了政治與王權的矛盾，造就了一批睿智神武的皇帝。第一位這樣的皇帝是圖拉真，他建造了著名的拱門和石柱，征伐大軍進抵波斯灣地區。隨後是哈德良，他修建了舉世聞名的長牆。

生活已然高枕無憂，以至於繼任的皇帝——安東尼・庇護——在其執政的二十五年時間裡從未離開過義大利。他從未走進羅馬軍團周圍數百英里以內的地方。不過，在這個奢靡浮華的社會中，他卻面臨著「過度」的問題。安東尼・庇護曾舉辦過一場馬戲慶典，由於表演的長頸鹿、大象、犀牛、鱷魚和老虎花費得太多，他不得不用貶值貨幣的方式來沖抵這筆開銷。隨後即位的馬可・奧理略則是一位明君。我們今天所熟知的是他用斯多葛派觀點來思考生命和責任。奧理略的兒子很懦弱，不受歡迎，年紀輕輕就被人殺死，這預示著另一段充滿紛爭的時代的到來。

然而，這場帝國的實驗是個相當重大的政治成就。與許多後世的王朝一樣，羅馬帝國的大權最終旁落於軍隊手中，這可以解釋為何各大軍團必須長期駐紮在遠離羅馬的地方和新的國境線附近，如日爾曼、不列顛和北非。羅馬統治階層通過各地的菁英人物來推行法治。最初，這些菁英可能是不列顛人、高盧人、達契亞人或猶太人；但後來，他們逐漸認為自己至少部份是羅馬人了。

在羅馬帝國的長牆之內，新的生活方式逐漸繁榮起來，地中海地區的中產階層應運而生。城裡人——如工匠、商人、店主、法律人、教師和建築師——積累了充足的財富，他們享受山珍海味、公共娛樂和設備齊全的私人住宅。在這個階層之下和龐大的奴隸階層之上是普通勞動者，他們的生活雖然沒有保障，但羅馬城鎮中的速食小吃、廉價酒水和各種娛樂活動（如彩票、賭博和雜耍表演）也使他們的生活有聲有色。他們的生活方式與今天數以百萬計的城市居民沒有太大區別。儘管大多數生活在偏遠村落的牧人或農夫可能對這些一無所知，但羅馬的帝國主義還是為他們帶來了明顯的物質利益。

一致的信仰體系可以將民眾緊緊凝聚在一起，或給他們一套解釋命運的說法，但羅馬沒有這樣的信仰體系。假使羅馬有這樣的信仰體系，則吉朋的怪物——基督教信仰——可能就不會那麼狂熱的發展。尤利烏斯・凱撒和克麗奧佩脫拉混淆了宗教和政治，認為它們都是美化權力的面紗，目的是獲取民眾的忠誠。如同後世的皇帝，凱撒將戰利品和賞賜分給許多人，廣施恩惠以取悅民眾，但他無法激發人們的信念。凱撒誕生在一個，共和制已經瀕臨瓦解的世界，人們日益變得憤世嫉俗而貪婪，且已經歷過蘇拉的短暫軍事獨裁統治。然而，羅馬仍然將認為自己擁有高尚、穩固的未來。此時，理性、秩序和政治妥協尚能發揮作用。但在凱撒離開之後，它們都變得無效了。

情況相似的中國

中國的第一個皇帝與他的戰士國家——秦國，在經過一系列殘酷的戰爭後，佔領了東方世界的核心地區。像凱撒一樣，嬴政對個人權力也有不切實際的幻想。而秦始皇的失敗也與尤利烏斯·凱撒有相似之處。嬴政駕崩後不久，帝國迅速陷入內戰，群雄為爭奪皇位相互征伐。與羅馬內戰相比，中國內戰的慘烈程度有過之而無不及。不過，這兩個例子中，都是從混亂恐怖當中崛起一個新的中央集權帝國，是比較有機會實現和平的。這種現象或許可以部份解釋成兵疲馬頓了，就像是西歐的「放血療法」那樣。儘管漢朝的統治者並不像「奧古斯都」那樣世界知名，但成就完全可以媲美。

他們減少兵員和兵役，廢除秦朝大部份嚴刑峻法，創建基於公平競爭的考選制度。據我們所知，這是世界上第一個任人唯賢、運轉高效的行政系統。確實，這是一項領先羅馬世界的偉大創舉。漢軍使用的「弩」也是一項了不起的發明。訓練有素的漢朝軍隊邊行進，邊發射這種半機械化的弩，就像後來使用毛瑟槍的歐洲軍隊那樣。如果羅馬軍團和漢朝軍隊爆發戰爭，漢帝國毫無疑問會取得勝利。與羅馬一樣，漢朝也從位於帝國邊緣的部落徵兵，加入帝國軍隊，即所謂的「以蠻制蠻」。事實證明，無論是羅馬帝國，還是漢帝國，蠻族都是一個大隱患。

漢代中國的建築大部份都是雕樑畫棟的木質結構，藝術品則以絹畫為主，因此鮮有上乘的佳作傳世。或者說，漢朝的傳世珍品遠少於羅馬。總體而言，與喜歡發牢騷和詆謗他人的羅馬作家相比，漢朝的文學家更謹小慎微。不過，漢朝的確是一個非常成熟的社會。

歷史學家伊恩．莫里斯獨具匠心地劃分出人類能源的消耗等級，以此說明各個社會的興衰。從這個角度觀察，羅馬帝國和漢帝國十分相似：與生活在冰河時期的祖先相比，兩國民眾消耗的能源總量都增加了七到八倍。漢朝時常苦於瘟疫流行，而這些疾病又通過商路傳到了地中海地區。因此，在同時代的羅馬世界，人們或許會抓撓來自中國的小蟲子。他們也深受乾旱和蠻族入侵之苦，但嬴政的中央集權體制使中國人取得很多成就。在和平時期，他們開鑿新運河，修築新馳道，傳播灌溉的新理念，發展度量衡、法律和貨幣，這些都被人們廣泛接受。漢帝國將使中國融合成一個世界。在充滿殺戮的「戰國時代」，這樣一個世界幾乎不可想像。

羅馬帝國的發展道路也有相似之處。在鼎盛時期，羅馬帝國的威儀和繁榮令人敬畏，希望構建一種永恆的西方新秩序。從蘇格蘭南部到北非。從葡萄牙到敘利亞，地中海世界出現了一張設計巧妙、精心維護的道路交通網。通過這張交通網，羅馬公民能夠以比先人更快的速度進行陸上旅行。而且，在鐵路出現以前，羅馬人的出行速度絲毫不落人後。毫不誇張地說，輸水管、下水道、公共浴室和火炕供暖系統強化了「羅馬和平」。行政官員是可以被信賴的群體，儘管他們沒有中國官僚那麼高效。隨著周邊部族逐漸被吸納、馴服，羅馬軍團逐漸變成了異族的軍團。

或許，很多人都會採納愛德華．吉朋的觀點，認為這段最偉大的文明時期給當時的已知世界帶來了和平，儘管像民主這樣的事物正在消失，奴隸不斷揭竿而起，遠方的部落兵戈相向。然而，正如吉朋在《羅馬帝國衰亡史》中試圖解釋的那樣，那個秩序井然的世界將會分崩離析、轟然坍塌。許多理論都嘗試解釋其中的原因。現在，我們需要探討一個在十九世紀（編按：吉朋的年代）不曾被提出的觀點，那就是氣候變化。現在我們對當時中國的歷史了解更多，這個論點顯得更有說服力。在所謂的「羅馬溫暖期」，農業傳播到了歐洲的北部和東部，增加了糧食產量。但在溫暖期結束之後，也就是西元二〇〇年到五〇〇年之間，世界變得越來越冷。

氣候突變不僅重創了農業，造成了特定時期的饑荒，而且迫使許多中亞部落遷徙到其他地區，否則他們只有死路一條。這些部落民族的流動性很強，他們的西遷迫使前一波遷徙者繼續向西走，直到闖入羅馬帝國境內。正如史料記載的那樣，民族遷徙和貿易往來傳播了不為人知的病毒，使瘟疫在羅馬世界大規模肆虐，威脅著西元一八〇年以後的每一代人。三世紀五〇年代是最糟糕的時期。當時，羅馬每天都有數千人在垂死掙扎。[18] 羅馬世界疲於應對饑餓和疾病，以及全副武裝、意志堅決的移民帶來的挑戰。漢代中國遭遇了同樣的危機——農業歉收、瘟疫及遊牧部落的不斷侵擾，他們主要的對手是匈奴人。儘管漢代中國沒有基督教狂熱分子帶來的破壞性影響，但面對大規模的農民起義。漢帝國失去疆土的速度比羅馬帝國更快。

兩大帝國都將分崩離析。有一段時間，東、西方社會陷入半無政府狀態，相互敵對的派系勢力彼此殘殺，都聲稱自己順應天命。無論是在西方，還是在東方，帝王們都遭受了嚴重的通貨膨脹和農業歉收之苦，被外敵入侵和內部叛亂搞得心力交瘁。在中國，漢政權分裂成三個王國，即魏、吳、蜀。但是這僅僅是開始：北方防線崩潰，由遊牧民族建立的不穩定的政權開始取代漢人進行統治。儘管退居南方偏安一隅，但晉朝仍然聲稱天命所歸，就像拜占庭聲稱自己是羅馬帝國的正統繼承人那樣。按照秦始皇嬴政最初的設想，應出現一個永恆的中央政權，之前，這個政權已經被漢帝國取代；而現在，它卻成了一個夢想，一個希望。神聖羅馬帝國也曾經有過類似的夢想。但與西方不同的是，中國統治者可以重新實現夢想。

氣候、生活水準、經濟發展和政治活動等因素很難截然二分。研究者測量了冰核和湖泊沉澱物，研究其污染程度（人類活動的結果），發現隨著地中海文明和中國文明雙雙走向衰落，相關數值在西元二○○年以後出現了急劇下降。伊恩．莫里斯寫道，西元二○○年以後，羅馬世界的「牛骨、豬骨和羊骨變得越來越小、也越來越少，這揭示了生活水準的下降。到三世紀二○年代，富裕市民建造的華麗房屋和紀念碑也越來越少」。[19]

在西方，古典時代的舊神祇逐漸式微，羅馬公民轉向了埃及教派，這些教派的信仰可以追溯到波斯時期的瑣羅亞斯德教和希臘哲學的極端版本。此外，其中還摻雜了來自中東的新宗教觀念。奧古斯都時期，社會環境比較穩定，借助所有道路和港口，這些信仰體系能夠更快地傳播到各地。其中一些信仰體系似乎將古老的宗教信條與佛教思想及印度教思想融合在了一起—這就像兩千年前的「新紀元」信仰。公共文化變得冷漠、脆弱和空洞，缺乏深刻的人性意涵。在中國，道教團體揭竿而起，「五斗米道」運動便是其中一例。起義者聲稱，腐敗已經蔓延至宮廷。他們要求平均分配土地，主張道德復興。

這些聽起來都很熟悉。追尋人生意義的強烈願望激發了中國民眾對抗官府和自我犧牲的熱情，西方也出現了同樣的情況。但是東西方的觀念是如此不同，以至於它們將各自民眾帶往了不同方向。然而，有一種觀念超越了其他觀念，將會撼動整個羅馬世界，而中華世界則未受影響。

我們現在回頭看一神教。在別過安東尼之後，克麗奧佩脫拉在回國途中拜訪了一位當地的國王。後來，這位國王吹噓說克麗奧佩脫拉曾與他調情。這位國王就是希律。一位即將在猶太行省誕生的思想家的故事，將會使他的統治惡名傳遍世界。

煽動者的勝利

即使最偉大的征服者也無法預見他們行動的後果。龐培曾征服一座希臘城市，將其納入羅馬的統治。這座名叫塔爾索斯（Tarsus）的城市位於今日的土耳其，在當時是一座繁華的亞洲聚落。安東尼在那裡召見了克麗奧佩脫拉，被她的金色遊船所魅惑。該城的居民都擁有羅馬公民的身份。其中一部份居民從事帳篷製造業，他們的生意欣欣向榮。在這些工匠中，有一部份說希臘語的猶太人，其中一個家族出自便雅憫支派。掃羅就誕生在這個家族。掃羅就是後來的聖保羅，很多神學家認為他是基督教這個世界性宗教的實際奠基人。他向生活在地中海西部地區的人們傳教，其中既有猶太人，也有外邦人。

這位塔爾索斯城的帳篷工匠對全人類的影響幾乎無人能及。保羅生活的年代與耶穌大致相同，但他從未見過耶穌。在一封著名的書信中，保羅坦承自己曾是虔誠的猶太教徒，時常前往耶路撒冷學習摩西律法。保羅曾告訴加拉太人——當時他們剛剛建造了一座教堂——自己在早期狂熱迫害基督徒的行為，以及「我又在猶太教中，比我本國許多同歲的人更有長進，為我祖宗的遺傳更加熱心」。基督教徒的第一次殉難，即司提反殉道事件發生時，他可能就在現場。司提反因宣揚耶穌就是彌賽亞而被亂石砸死，此事發生在耶穌被釘十字架的數年之後。

保羅絕非空有一腔宗教熱情，作為大眾化的法利賽教派的一員，他曾經竭盡所能地圍捕和摧毀這個雖然不大卻很惱人的地方異端教派。不過，部分由於保羅是羅馬公民，能夠在帝國境內自由走動；而且保羅會講希臘語，能夠與受過教育的人輕鬆交流；後來，保羅發揮了無人能及的作用，將一個地方性的麻煩，推廣成一個世界性的信仰。最終，這場運動促使古代羅馬世界走向終結，改變了西方世界。

保羅寫給各地（他協助建立）的基督教社群的書信，成為保存下來的最早一批基督教文獻。有七封一般認為確實出自保羅之手，它們大約完成於耶穌死後二十年內。這些書信只從側面告知了我們有關保羅這個人，但我們關於其生平更多的了解源自他的朋友路加在《使徒行傳》中的記述，可能是五十年後編纂而成的。保羅和路加都是羅馬的仰慕者，猶太人反抗羅馬統治的起義招致了悲劇。在餘波未平之際，他們完成了自己的著述。儘管兩人都是猶太人，但他們都希望將耶穌的福音傳講給猶太同胞和世界其他地區的人們——希臘人、羅馬人、埃及人及一切願意傾聽福音的人——使福音成為一道亮光照亮外邦人的心。一位聖經學者認為，如果沒有保羅，那些拿撒勒人——人們對早期基督徒的稱呼——「可能只是猶太人中的一個教派。他們只會侷限在猶太教中，而不會試圖建立一種新宗教」。[20]

下面這段故事廣為人知：保羅從耶路撒冷前往大馬士革，準備徹底根除拿撒勒人。此刻「忽然從天上發光，四面照著他。他就撲倒在地，聽見有聲音對他說：掃羅，掃羅，你為什麼逼迫我？」他問是誰的聲音，聲音回答說：「我是耶穌……」[21]隨即，他雙目失明，被人帶往城中等待進一步的指示。在大馬士革的一座拿撒勒人的教堂，一位名叫亞拿尼亞的信徒幫他恢復了視力——儘管亞拿尼亞可能並不情願這樣做——並為他施洗，使他皈依新的信仰。保羅說道，被上帝揀選之後，他急忙趕往阿拉伯，考慮過全新的生活。此外，還有另一個版本。按照路加的說法，保羅留在了大馬士革，跟隨當地的信徒在那裡學習基督教教義。

根據一般的說法，掃羅很可能患有某種癲癇病或幻想症，其道德極端主義的傾向使他突然從猶太教轉向基督教。當然，信徒們說基督確曾向他顯現。但是，這個帳篷工匠和迫害基督徒的人確實受到了極大的震撼，促使他改變了自己的生活和名字─改成了羅馬式的名字「保羅」─，還促使他將十二年至十五年的時間都投入到熾熱的傳教事業中去。保羅的足跡遍佈中東各地，傳教的熱情永不止息，直到尼祿在一次宗教鎮壓中將其處以死刑。根據保羅的自述，他曾多次遭受鞭打，幾近死亡。他還曾被人用石塊襲擊，遭遇海難，忍受饑渴和嚴寒，時刻處於異教徒和猶太人的威脅之中，匪徒和野獸也環伺左右，連「所謂的兄弟」和自然災難也不放過他。很顯然，保羅患有某種神祕的惡性疾病，並時常被捕入獄。

保羅始終與原本舊有的猶太教信仰保持良好的聯繫，但他總試圖向猶太教徒解釋為何基督的福音要超越他們的信仰，因而時常與猶太教徒陷入對抗。他給未受割禮的希臘人和羅馬人施洗，其中包括一位百夫長。猶太人的上帝是唯一的，也不受地域限制，而且無視階級差異，這個信仰已經傳播開來。儘管是星星之火，但還是傳遍了整個古典世界。如今，這個上帝又多了一個屬性：祂是世間每一個人的上帝。

基督教的傳播適逢其時。在羅馬大火和保羅被斬首（由於他是羅馬公民，因而免受釘死在十字架上的痛苦）的兩年之後，猶太人爆發了反抗羅馬統治的起義，地點是凱撒利亞。宗教衝突和抗稅鬥爭是起義的導火線。但在羅馬軍團出現在叛亂的城市之後，騷亂演變成人起義。羅馬人野蠻地鎮壓了這場起義。經過長期圍攻後，羅馬軍團於西元七〇年攻陷了耶路撒冷城。城中的居民要麼被屠殺，要麼被賣身為奴。希律王時代著名的第二聖殿毀於一旦，猶太人被迫散居世界各地，直至現代。由此看來，如果拿撒勒人只是以耶路撒冷為據點的猶太教的一個教派，他們的信仰恐怕早就被扼殺了。除宗教學者外，恐怕再無人知曉他們的信仰。舉例來說，在耶穌的門徒中，有一個排斥猶太教的小團體。起初，這個團體是由耶穌的弟弟雅各領導的。在起義被鎮壓後，這個團體土崩瓦解，其信徒逐漸消失在歷史的塵埃中。

非猶太人的「基督教」（這一字眼最早出現在安條克，在拉丁語中含有貶義）及時融入了更廣闊的地中海世界。起初，基督教只是猶太教的一個叛逆的孩子。但正如保羅在著作中反覆申述的那樣：基督教是在不得已的情況下才與傳統的猶太教進行區隔的。儘管命喪羅馬人的屠刀之下，但保羅仍欽慕羅馬帝國。他謹慎地選擇了幾座重要的羅馬城市——如科林斯、安條克和腓利比——來傳播耶穌的福音。在被當作囚犯押解到羅馬之後，他或許還曾期待贏得羅馬人的支持。在此後很長一段時間裡，基督徒不是遭到處決，就是被流放。然而，羅馬世俗權力與這種新興宗教最終達成和解，這種可能性從很早的時候就露出端倪。耶穌既不像悖逆的猶太教領袖——他們自稱虔信者，也不像起義（西元六六年到七一年）的領導者，他避開了世俗政治，聲言凱撒的要交由凱撒管理。羅馬的模範公民保羅也同意這一點。

保羅重新闡述了拿撒勒人耶穌的信條。此舉影響深遠，但也備受指責。有人指責他使基督教與世俗權力同流合污，還指責他厭棄女性、恐懼性愛和缺乏寬容。他的詩歌體現了偉大的仁愛精神：「愛是恒久忍耐，又有恩慈，愛是不嫉妒，愛是不自誇，不張狂，不做害羞的事，不求自己的益處，不輕易發怒，不計算人家的惡。」在局勢幾近失控的情況下，保羅試圖將自己的觀點推廣到各個傳統的團體。和追隨自己的信徒一樣，保羅也認為彌賽亞將會在榮耀中再次降臨。這一天將會很快到來，就在他的有生之年。彌賽亞會拯救他的信徒，審判餘下的人。信徒們要樹立信心，不惜一切代價，全身心地為彌賽亞的降臨做好準備。這些都是迫在眉睫的事情，絲毫不能懈怠。

上述關於愛的詩歌出自《哥林多前書》。在同一封書信中，保羅還對基督徒發出了告誡：「時候減少了。從此以後，那有妻子的，要像沒有妻子……快樂的，要像不快樂；置買的，要像無有所得……因為這世界的樣子將要過去了。」上述言論表明，保羅是一個控制欲很強的人，他脾氣暴躁，行為專斷。他試圖使人相信，時間已經不多了。然而，他為人又很友善，嚴於律己，思想深刻。有時保羅聽起來就像是二十世紀的革命者，周旋於各個團體和派系之間，努力使他們團結在一條「正確的」意識型態主線上。他恩威並施，像是既放出地獄中的硫黃火，又帶著領袖魅力。保羅就如同許多皈依改信的人，後來變成狂熱的強硬派；或者如同有些革命領袖，有著喜歡自吹自擂的缺點。

聖彼得是在羅馬殉難的。他要求將自己倒釘在十字架上，這樣人們就不會將他的死與耶穌相提並論。而保羅很可能是在聖彼得之後在羅馬殉難的。當時基督教團體已經在帝國的首都發展壯大。。那是一個宗教大混亂的時期。猶太教正在自我重組，基督教的各個派別也在整個古典世界中互相競爭。學者迪爾梅德．麥卡洛赫曾指出，當時的羅馬——曾經的反基督教中心——突然間變成了一座基督教城市，這種轉變發生在羅馬而不是巴格達，這著實有些奇怪。其實，基督教本可以變成東方宗教，而不是西方宗教。接下來的幾個世紀裡，在埃及、敘利亞、猶太城市（如安條克、加沙和凱撒利亞）、今天土耳其的安納托利亞，以及在羅馬，基督教團體獲得了蓬勃發展的良機。在這些地區，基督徒大多為外來移民。但在北非和希臘，基督教卻很難紮根。儘管保羅曾幫助過以弗所人、哥林多人和帖撒羅尼加人，但這三地的基督教團體都沒能延續下來。[22] 在各地站穩腳跟的猶太人團體，與共同的語言希臘語，和新宗教的傳播有很大關聯；宗教迫害造成的團結效應也產生了同樣的影響。這聽上去似乎自相矛盾，但在許多運動的初始階段，確實會被鎮壓強化運動的發展。從歐洲猶太人到新教徒，再到伊斯蘭主義者，他們都有被鎮壓的經驗。正如這個字的詞源所暗示的那樣，「鎮壓」一詞既有「擊退」的意思，也有「壓在一起」的意思。因此，鎮壓強化了歸屬感和認同感。

線條和螺旋：另外四分之一個世界

大體上，本章內容已經涵蓋了當時世界四分之三的人口中發生的故事：羅馬世界有四分之一，漢代中國有四分之一，笈多王朝及後世的印度有四分之一，那麼剩下的人呢？

美洲文明的出現比歐亞大陸晚了幾千年，但其獨立發展出的文明成果令世人欽佩不已。墨西哥的特奧蒂瓦坎有許多金字塔和神廟，即使埃及人也會由衷讚嘆；猶加敦半島和瓜地馬拉誕生了偉大的瑪雅文明，創造出了複雜的文字系統和發達的曆法體系。他們的曆法依據星辰運轉的規律，將世界劃分為幾個很長的時期。能與瑪雅文明相提並論的古代文明出現在美索不達米亞，比它早了二千多年。

但由於沒有輪子和歐亞大陸的很多動物，中美洲帶給世界文明的新觀念不多。他們擁有才華橫溢的建築師和雕塑家，但其宗教比大西洋地區的許多文明更嗜血，也更悲觀。當西班牙人最終到來的時候，他們被阿茲特克人的大規模人祭震驚了。這種祭祀形式極其普遍，以致形成了一種新的戰爭形態。這種戰爭形態以俘虜敵軍為基礎，目的是為了在阿茲特克的祭壇上挖出他們的心臟。美洲文明沒能產生媲美孔子或耶穌的思想觀念，這種空白值得深思。

人們提出過一種理論，認為動植物分佈的差異導致美洲農業發展緩慢，使中美洲文化遠遠落於歐洲文化。另一種經常被提及的觀點認為，這兩個人群居住的陸地在地理形態上存在差異：歐亞板塊從東向西延伸，環繞地球；而美洲板塊是南北走向。與美洲板塊相比，歐亞板塊的氣候差異相對較小，因而文化傳播起來會比較容易。但上述原因肯定是不夠的。在思想領域，美索不達米亞和埃及肯定也有黑暗面，但並沒有像大西洋彼岸那樣，衍生出悲觀厭世、血腥、暴力的宗教。儘管美洲文化比歐洲文化和中國文化「落後」一兩千年，但直到十五世紀初期，每周都還沒有出現堪比希臘的黃金時代或猶太教改革期的盛世。

最近，人們對另外兩個差異表現出濃厚興趣，有助我們解釋洲際之間斷層。其中一個差異是地質的，而不僅是地理的：美洲大陸的地質活動非常活躍，經常發生地震和火山爆發。這在很大程度上與全球的板塊構造有關。頻繁應對自然災害（包括太平洋的氣候迴圈）有可能使人類產生黑暗的想像力。唯有將自然災害視為神怒，也就是神對人類的懲戒，這些現象才能獲得解釋，人的心靈才能得到慰藉。在人類歷史上，那些可怖的神靈最青睞人這種高級祭品。最近，劍橋大學歷史學家彼得・沃森犀利地指出：美洲人創作的是關於痛苦和死亡的狂歡劇，而不是歐洲人或印度人意義上的宗教。在創作過程中，美洲人可能使用了大量致幻劑和麻醉藥。[23]

美洲人培植出了新的農作物，比如玉米、蕃茄、可哥豆、馬鈴薯和南瓜，這是美洲文化對世界做的最大貢獻，世界其他地區將會積極引入這些農作物，它們徹底改變了歐洲人和非洲人的飲食習慣。前羅馬時代失落的凱爾特文化，從某種程度上說，是典型的發達帝國周邊民族的文化。印度南部森林、非洲、俄羅斯草原和北美平原的部落群體都保留了薩滿教和自然宗教的信仰，擁有精緻的農耕技術。在一些地區，還建造了小型的城市中心。

比起那些幸運可以使用石材建築、可以書寫，因而被記住的文明，有些消失的王國或許更加有趣和令人驚訝。成百上千種的語言、思想觀念、藝術系統和宗教信仰都永遠消失了。在許多地區，考古學家還在努力尋找各種攸關被遺忘民族的證據。在羅馬帝國和漢朝，有許多民族生活在歷史的邊緣。這類例子還有很多，我們可以任擇一個進行仔細考察。然而，在這些邊緣民族中，生活在南美洲西海岸的納斯卡人（Nazca）最令人著迷。

當中國人正在修建長城抵禦外敵之際，當羅馬人正在忍耐一個又一個昏君之時，納斯卡人正在修建一座有金字塔和廣場的聖城——卡瓦奇古城。今天，這座城市看起來不過像是沙漠中的幾個小山丘，和荒原中砂石。人們在其中發掘出一座中央金字塔，並用混凝土和石膏做了不甚美觀的「復原」。當在這一地區時，你會注意到遍佈各處的小洞，然後發現有人體骨骼和編織精美的衣物殘片，以及磚紅色的陶片。這些是盜墓者留下的殘餘，被暴露在空氣裡，年代大概可以追溯到羅馬人撤離不列顛的時代。在不遠處的一座墓葬中，還有保存完好的納斯卡人的遺體，看上去就像一兩周前才剛剛辭世。

秘魯沿海平原的沙漠是地球上最乾燥的地方之一，埋藏在這裡的任何東西幾乎都很難腐爛。但從發掘出的遺體和頭骨來看，我們很難看出這些是人類的骸骨。世界各地的祭司都青睞奇怪的帽子和頭飾，以使自己異於常人，納斯卡的祭司也不例外。從孩童時代開始，他們的頭顱就被緊緊地擠壓在幾塊木板之間，骨骼被迫向上生長，最終形成了瘦長的頭顱。這些人頭骨非常怪異，看起來就像外星人，或是孟克的名作《吶喊》。在生活中，納斯卡的祭司如果不是令人恐懼的話，至少也會讓人心生敬畏。[24]

類似於其他早期文明一樣，納斯卡文明的形成也得益於優越的自然條件。儘管沙漠非常乾燥，但那裡還有河谷，而且地下水也非常接近地表。即使是今天，這個地區在極其乾燥、有如月球表面的沙漠與鬱鬱蔥蔥的綠地間，地形的過渡非常戲劇化，比世界上其他地方毫無不及。這讓人想起了尼羅河谷地和伊拉克南部。的確，與古埃及和古美索不達米亞一樣，納斯卡文明也是大河文明。因此，納斯卡人也必須學會控制河水的流動方向，最大限度地用於灌溉。對他們來說，關鍵問題不是像埃及那樣修建運河，也不是像美索不達米亞那樣在田間修建水閘或者提升地表高度，而是修建地下水渠和過濾池。這些設施通過「水眼」與地面連接。這些造型優美的「水眼」能確保地下水渠的清潔和水體的流動，使水源可用於飲用、洗浴、洗滌和灌溉。

與其他大河文明一樣，納斯卡的水利系統也需要統一指揮眾人合作完成，而且需要發展特殊的石料加工技術。如同古埃及，這點推動農耕文化向權力更集中、等級更森嚴的文化形態發展，產生了城市和祭司階級統治——祭司甚至親自製作木乃伊和修建金字塔。因此，人們往往把納斯卡人視作美洲的埃及人，只是他們出現的年代更晚，人口規模更小。在一段很長的時間裡，納斯卡人的生活都很安逸。在這個沙漠中的綠洲地帶，現代農民種植了棉花、酪梨和蘆葦，以及世界市場需要的其他農作物。納斯卡人則以玉米、番薯、花生、豆子、木薯、駱馬、豚鼠肉和南瓜維生。

納斯卡人用漁網和充氣的獸皮筏子在海上捕魚，馴養駱馬運輸貨物。他們還生產出精美的棉織品。在辛苦勞作時，納斯卡人使用可可葉提神。即使在今天，口嚼興奮劑在南美洲仍頗為流行。但在文明初始階段，他們是從仙人掌植物中提取迷幻藥成份的。納斯卡人會根據常規頻率和標準音調製作出精緻的陶制排簫和喇叭。他們將漢堡貝的殼視作珍寶，塗成惹眼的緋紅色，用於裝飾或交易。納斯卡人的服飾包括長袍、斗篷、頭巾和涼鞋。根據陶器上的記錄，這個民族存續興盛了數百年之久。他們大約從布匿戰爭初期興起（編按：西元前三世紀），一直延續到汪達爾人滅亡西羅馬帝國時期（編按：西元四九五年）。儘管納斯卡人沒有發展出（或沒有必要發展出）像羅馬人那般偉大的工程技術，但他們的水利系統和「水眼」確實是偉大的成就，其中一些設施直至今天仍在發揮作用。

從某些方面來說，納斯卡文化非常有魅力。他們的陶器設計精巧，塗色豔麗，而且隨著社會的發展，形式也越來越複雜。我們可以通過現代學者的命名想像納斯卡人的神靈及諸神的造物——花斑貓、神秘的收割者、可怕的鳥和神秘的扇頭虎鯨。根據當時的陶像透露的資訊，納斯卡婦女會在外陰周圍紋上虎鯨的圖案，這可能是一種可怕的警示標誌。納斯卡人以沙漠畫聞名於世，展現了高超的藝術技巧。在當地的博物館中，納斯卡人的木乃伊令人印象深刻，彷彿是在呼喚到訪的參觀者。

然而，納斯卡人也很恐怖。與凱爾特人等古代民族一樣，納斯卡人也有人祭。他們將割下的頭顱視為權力的來源。納斯卡人會砍下受害者的頭顱，然後在頭顱上鑽孔，用繩子穿過串在一起，而嘴唇則用仙人掌刺刺穿。在這一地區，這樣的頭顱比比皆是。在時間的沖刷下，他們的辮發和面部特徵已變得模糊不清。近期，美利堅大學的研究團隊的相關調查表明，這些頭顱屬於納斯卡人，而不是戰俘的。學者們對納斯卡人的獵頭習俗展開激烈爭論，但毫無進展。在納斯卡文化的晚期，這種習俗似乎演變成一種狂熱。根據最新的推測，大約有十分之一的人被砍掉頭顱。原因何在？

幾乎在同一時期，其他變化也出現在了那些神秘的圖案和線條中。撥開沙漠表層的紅色石頭，下面光亮的白色土壤就顯露出來，納斯卡人通過這種方式在沙漠中創作圖案和線條。在早期，納斯卡人的畫作都有模式可循，代表性的形象包括鳥、猴子、魚和蜂鳥，以及眼球突出的神秘生物。後來，這些線條被拉長，向不同方向延伸數英里，就像現代的機場。有些人認為，地上的這些線條肯定是由外星人所為，目的在於引導ＵＦＯ。當你從附近的山坡上觀察時，這些圖案看起來就像工程師用金屬尺和鉛筆刻畫出來的，佔地面積超過一九〇平方英里。這些圖案的用途是什麼？它們是怎樣被繪製出來的？從空中俯瞰，我們才能更好地觀察這些圖案。所以，直到二十世紀三〇年代，人們才注意到這些線條。曾經有人推測，納斯卡人擁有某種灌滿煙的熱氣球，但這種理論現在已被推翻。

研究表明，這些線條和圖像可能是納斯卡人用彩色的線繩和棍子依照按比例放大的方法完成的。這種說法似乎更有說服力。[25]當今的科學家們已經達成共識，認為這些線條可能與地下水的走向有關，也與為保護非常重要的含水層而舉行的宗教儀式有關。但是，這個共識是基於一些大膽的假設。在後世的歷史中，納斯卡人既增加了人祭的數量，又畫出了越來越長的線條。

一些東西正在改變他們的世界。

這所有的變化都與氣候劇變吻合。西元五三五至五三六年是眾所周知的「沒有陽光的一年」。是年農作物歉收，天空一片黑暗。這可能是受火山噴發或隕石墜落的影響，其結果是毀滅性的。在接下來的數十年裡，世界各地經常大雨傾盆。西元五〇〇年，全球出現一次聖嬰現象，太平洋沿岸的氣候極大地惡化，引發了洪水和農作物減產。此後，每隔一段時間，都會發生大型自然災害——地球板塊相互擠壓引發的地震和海嘯，還有超大型火山噴發和隕石撞擊。對此，沒有任何社會能找到救世良方，歷史經驗也無能為力。

西元五〇〇年發生的聖嬰現象、五三五年爆發的全球性災難和綿延不絕的暴雨非常具有破壞性，但並沒有毀滅納斯卡人。儘管隨後發生了乾旱，但之前的大雨很可能已貯滿了所有重要的地下水渠。劍橋大學研究團隊的研究表明，納斯卡人滅亡的部份原因是他們砍光了當地特有的胡阿蘭戈樹。[26] 這些樹木不僅能遮陰，提供燃料和建築材料，同時也用龐大的根系固定住了沖積平原——胡阿蘭戈樹森林是美洲至今最大的根系。它們發揮了固氮的作用，提高了土壤肥力，被人們視為這一地區的「重點生態物種」。一旦砍光森林，人們在清理出來的土地上改種棉花和玉米後，太平洋帶來的洪水使這片奇特的綠洲谷地飽受摧殘。洪水不僅摧毀了村莊和田地，還摧毀了數世紀以來人類勤勉勞作發展起來的文化。

納斯卡人的宗教充斥著祭祀的人頭、細長頭顱的祭司、蜂鳥、猴子和筆直的線條，卻沒有告訴納斯卡人他們犯下的致命錯誤。納斯卡人是自身認知侷限的犧牲者。一直以來，我們自然而然地認為，「土著人」更瞭解自然界，但事實絕非如此。納斯卡人掌握了錯誤的資訊，做出了錯誤的選擇。他們本該為大量砍伐樹木擔憂，而不是忙於砍掉更多的人頭。他們代表了其他許多早期文明，這些文明沒有與自然和諧相處，而是毀掉了自己的環境，最後，他們也沒有存活下來。

基督徒的勝利

基督教徒從猶太人的思想中吸收了殉道的觀念，並且極大地擴展了這一觀念。據記載，大批早期基督教徒曾主動犧牲，這迫使舉棋不定的羅馬官員堅持嚴懲基督教徒。在羅馬帝國境內，這就意味著以痛苦和羞辱的方式死去。基督教徒被野獸撕裂以取悅大眾的場景絕不僅僅是後世想像力超群的畫家或者電影製片人憑空杜撰的。早期的聖徒傳記對種種可怕的死刑方式做了極為詳細的記載，比如烤炙、剝皮、開膛破肚和火燒。羅馬法比很多法律都顯得更公正，但其刑罰方式是為公開施行而設計的，以達到威懾的效果。不必懷疑基督教殉道者當時經歷了這些可怕的結局，刑事犯和叛變的軍人也是一樣。

一份罕見的古代文獻記錄了一名早期殉道者「受難」時的真實言行。人們發現了這份文獻的希臘語和拉丁語版本，其中的主人公是伯爾都亞及其懷孕的女奴斐利琪。伯爾都亞是一位二十二歲的女性，出自迦太基的一個富裕家庭，西元二〇三年被人殺害。她們因接受這種新宗教的宣導而被捕，並且拒絕放棄信仰。當她們與一些男信徒一同被捕入獄時，伯爾都亞還在哺乳她的男嬰。這份古代文獻的可信度很高，它可能是伯爾都亞親筆所寫，也可能是她口述給那些獲准探監的基督教徒的。在整個古典時代，這份文獻一直保存在希臘的修道院，很可能是有關基督教婦女最早的一手材料。

被拖進地牢後，伯爾都亞寫道，「我非常害怕，從未感受過如此的黑暗。噢，真是可怕的一天！噢，在擁擠的人群面前，士兵用酷熱使我休克！我開始為孩子擔心，這使我非常痛苦。」她的父親再三勸說她改變信仰，但均未成功，而她的丈夫似乎一早就拋棄了她。在監獄中，伯爾都亞看到許多幻象，有天堂和金光閃閃的天梯，似乎還有因癌症而去世的哥哥。在幻象中，她的哥哥已經痊癒。[27] 她夢到自己與毒蛇搏鬥，與暴怒的埃及人搏鬥，而這些都與撒旦有關。她的女僕斐利琪也一心殉道，竟然祈求孩子能夠在行刑日前出生，因為孕婦會被暫緩行刑。

她們的殉道之日一直拖延到了皇帝生日那天。斐利琪的祈禱應驗了，她的孩子提早降生，並被人收養。當這位母親的乳頭還滴有乳汁的時候，伯爾都亞和她的女僕就被剝光衣服接受鞭笞。隨後，她們被渾身纏著網帶到了競技場。男性殉道者會遭到豹子、熊和野豬的攻擊，而女性殉道者則要面對發怒的乳牛，直至最後被角鬥士所殺。一位目睹這場屠殺的匿名觀眾說，儘管忍受著劍傷的疼痛，但伯爾都亞還是幫助那個緊張不安的年輕角鬥士完成了工作—了結她的性命。「她將角鬥士顫抖的右手放在自己的喉嚨上」，引頸而死。我們不難猜測，觀眾中肯定有她心如刀絞的異教徒父親，還有一些親友和基督教的支持者們。

殉道者們似乎是自求一死，成全自己的信仰。他們通過羅馬的法律達到了目的，在基督教團體中贏得了聲譽。這些人相信，他們激動人心的故事將被後世的宗教領袖（後來的主教）廣為傳頌。羅馬人會不定期地迫害基督教徒，但每次迫害之間通常要間隔上很長時間。而且，帝國各地的迫害程度也有所不同。在一些地區，當地人非常痛恨基督教徒，要求當局嚴懲他們。例如，有證據表明，高盧的基督教徒主要是外來移民，多為來此尋找生計的工匠，因而受到當地人的厭惡，這促進了他們的死亡。在另一些地區，大多數基督教徒遭遇孤立。每當出現全國性的宗教迫害時，他們可能會失去工作，聖書也可能被焚毀，但通常沒有發生更惡劣的事件。

迫害沒有起作用，基督教團體繼續發展壯大。但據推測，到西元三〇〇年，僅有大約十分之一的羅馬人改宗基督教。大多數人依然固守從前的宗教，但基督教受到的挑戰並未因此而減少。基督教徒註定無法輕易融入羅馬世界。他們拒絕參加敬拜皇帝的儀式，羅馬人的古老宗教信仰使他們既不能入伍從軍，也不可能在政府中任職。他們拒絕在公共浴池中洗浴，對周圍的人來說，這個舉動很不受歡迎。在宗教儀式背後，基督教徒刻意保持教義的神秘性，尤其是聖餐禮。因此，關於如何舉行聖餐禮的可怕流言四處散佈。基督教徒也用他們的信念和猶太人對抗，有時，他們甚至會在猶太人的會堂裡，激發生爭執和騷亂。因此，他們經常成為一場可怕的城市大火或一場抗議活動的臨時替罪羔羊，也就不令人意外了。

基督教既提供了一套道德律例，也提供了一套關於個人救贖的學說，使全知全能的神與每個信徒都建立直接的關係。只要你願意成為基督教徒，神就向你敞開大門，不分民族、種族、部落或階層。由於古代世界的人們對獻祭的觀念很熟悉（無論是用人還是動物獻祭），耶穌的自我犧牲——接受懲罰在十字架上被釘死—因此並不顯得很怪異。當時，瘋癲狂躁的皇帝們正折磨著羅馬世界，饑荒時有發生，富豪與平民出現嚴重的分化。因此，基督教教義中有關大災難即將來臨、時間將會終結的觀念便可能極具吸引力。即使有迫害，基督教還是大量吸引信徒，因為這恰是天災人禍導致社會紛爭和饑荒的時期。羅馬的眾多城市正忙於修建新的城牆（通常為了保護富人），農田被任其荒蕪。

迫害基督徒的皇帝們不只是虐待狂，他們還想重現奧古斯都時代的輝煌，試圖回到過去。戴克里先可能是奴隸之子。對他這樣的人來說，氾濫的宗教儀式和缺乏愛國心的異教組織都是社會混亂的明證，需要連根拔起。戴克里先是個惡名昭著的迫害者，後世的基督教作家對他口誅筆伐。但是，他也是一位偉大的政治改革家：從西元二八五年起，他將羅馬帝國分置於兩個皇帝的統治之下（他是其中之一），兩個皇帝都被稱為奧古斯都。然後，他還設置了兩個級別稍低的統治者，被人們稱為凱撒。另外，他還改革了徵稅體系。戴克里先擊退了入侵的外敵，切實恢復了法律和秩序。然而，正是由於他迫害基督教徒，分裂羅馬的帝國統治，才出現了基督教早期歷史上一位怪異的人物。這個人是在約克，而非羅馬被稱作皇帝。

後世記憶中的君士坦丁大帝是改宗基督教的羅馬皇帝，他保護並發展了基督教，最終將其定為國教。從這個轉捩點開始，基督教會日益崛起成為一個世界性的權力機構。教會以帝國的舊都為基地，教宗們與後來的「神聖羅馬帝國皇帝們」攜手並進。基督教改變了羅馬，羅馬也改變了基督教。在這一變化過程中，君士坦丁起了核心的作用。數百年來，基督教會一直頌揚他的美名，稱他是最偉大的領袖和道德楷模。而且，至少在東正教會中，他還被稱為聖徒。然而，今日的一些基督教徒指責君士坦丁利用基督教信仰來鞏固帝國權力，認為他將宗教政治化，並抽掉了其中關於革命和救贖的教義。

伯爾都亞會做何感想呢？

君士坦丁無疑是一位非常怪異的聖徒。在其軍人父親君士坦提烏斯於西元三〇六年突然去世後，君士坦丁憑藉駐紮在約克的軍隊掌控了政權。他宣佈自己是戴克里先指定的四帝之一，統轄範圍包括不列顛、高盧和西班牙，並在摩澤爾河畔的特里爾（今屬德國）建立了政權。隨後，他入侵義大利。經過一場血戰，君士坦丁最終從競爭者馬克森提烏斯手中奪得羅馬城。後來，他曾向教會作家尤西比烏斯講述，在擊敗馬克森提烏斯之前，他看到空中顯現出一個十字架，緊接著聽到一句話：「憑此異象你將得勝。」於是他命令軍隊將基督的標誌——一個希臘字母組合——放在他的盾牌和旗幟上。這是和平的基督、天國的基督第一次與一場戰爭的結局發生聯繫。我們有充分理由懷疑這個故事的真實性。在此之前，君士坦丁曾將自己與阿波羅——即「戰無不勝的太陽神」——聯繫起來，他的軍隊也效仿；他在羅馬城建造的凱旋門是獻給太陽神的，而不是獻給基督的。

西元三一三年，君士坦丁與在東方共治的皇帝李錫尼聯合發佈了「米蘭敕令」，結束了對各種宗教的迫害。但是，敕令並非只針對基督教，而是泛指各種「宗教崇拜」。君士坦丁似乎接受了一種籠統的一神論觀念，但他也沒有排除其他選擇。從西元三二四年至三二五年，他終於將矛頭指向了李錫尼及其東部帝國，並最終戰勝。這一回他又使用了基督教的符號。此時，他已完全沉浸在政治殺戮的狂歡中。他殺害了李錫尼及其年僅十歲的兒子，這個孩子也是君士坦丁唯一的外甥。當時有一些謠言，說他的私生子克里斯普斯——當時已升任執政官——與自己的妻子弗斯塔有染。後來，這兩個人相繼死去。人們對具體發生了什麼爭論頗多。不過，原始史料表明，克里斯普斯死於中毒，而弗斯塔則是在浴室中溺亡。

有一位歷史學家認為，克里斯普斯實際上是自殺的，而身懷六甲的弗斯塔本打算在熱水中讓孩子流產。[28] 但是，其他人仍堅持認為這是政治謀殺。讓克里斯普斯死於冰冷、讓弗斯塔死於滾燙都是君士坦丁下的命令。無論如何，這都讓人聯想到中國秦朝的宮廷生活，而不是模範的基督徒統治者的所作所為。西元三三〇年，君士坦丁大帝為重獲統一的帝國選定了遠離羅馬的新首都——拜占庭。拜占庭是一座位於希臘的異教小城，君士坦丁用異教神祇的雕像裝飾了這座城市。

君士坦丁大帝很看重教會，特別是主教們。在整個東地中海世界，他們已成為權威人物。當某座城鎮的帝國官員出缺時，主教們通常負責維護當地秩序。在教會內部，有關基督屬性的分歧引發了劍拔弩張的爭論，主教們相互攻擊，例如所謂的「亞流教派」。在這種情況下，君士坦丁被推向了教會事務的風口浪尖。為化解爭端，他於西元三二五年召集各對立派別舉行了宗教會議，即尼西亞大公會議。君士坦丁迫使與會代表達成妥協，通過了著名的《尼西亞信經》。

作為皇帝的君士坦丁視自己為秩序的創建者。如有必要，他也會創建基督教會的秩序。在他看來，教會應團結、統一，就像帝國那樣。君士坦丁實施了龐大的建築工程。在羅馬聖彼得可能的埋骨之地、在耶路撒冷耶穌可能的埋葬洞穴，他都修建了教堂。作為回報，西元三三六年，他的傳記作者尤西比烏斯當面告知他已獲得「天國權威」的護持，羅馬帝國擁有了「神聖的根源」，成為「上帝的君主國」。君士坦丁從耶穌那裡獲得的不是謙卑和慈愛，而是權力。在「世世代代的皇帝中，唯他不可抵抗，唯他不可征服，他是唯一的勝利者」。[29]

這話聽起來很像頌詞。像這樣的頌詞，連身為異教徒的尤利烏斯·凱撒和奧古斯都都會欣然接受。伯爾都亞及其他成百上千人就是為了這個目的而付出生命的嗎？也許，這就是君士坦丁一直想達成的交易。是「戰無不勝的太陽神」？還是耶穌基督？其實都不重要，只要能夠維持帝國的權力和團結就好。君士坦丁可能覺得自己找到了辦法，化解由皇帝和殉道者，由耶穌、保羅、凱撒和龐培留給西方社會的一道未解之謎，即找到了終結精神渴望與世俗權力相爭的辦法。

當然，君士坦丁未能如意。隨著教徒數量的大幅攀升，基督教徒的安全日益獲得保障，信基督教甚至變成有利可圖的事。隨著教會在地中海世界發展壯大，其所作所為也越來越像世俗化的強權了。教會會發生分裂和內鬥，也會唆使國王和皇帝為它而戰，甚至會以羅馬式的殘忍迫害對手。在此之後，基督教會將面對一個更大的危險——是一個新的宗教。這個新宗教也以猶太人的故事為基礎，他們依靠武力，以雷霆之勢從沙漠中崛起。

宗教閃電戰

全世界都記住了這樣的畫面，久久難忘：成千上萬的貝都因戰士騎在駱駝背上，從阿拉伯荒蕪頹敗的沙漠中突然衝殺出來。他們舉著閃閃發亮的彎刀，侵襲毫無戒備的富庶城鎮。這些城鎮都曾在羅馬帝國晚期和波斯帝國時期繁盛一時。偉大的城市——如開羅、亞歷山卓、耶路撒冷、泰西封和阿卡——紛紛傾覆，勝利者吹響了號角，如同雷聲，直升雲霄。倘若不是伊斯蘭軍隊於西元七一七年進攻固若金湯的君士坦丁堡時受挫，整個歐洲或許將遍佈清真寺和尖塔，而不是教堂和鐘樓。這麼一來，伊斯蘭勢力不但會瓦解波斯帝國，還會改變中國；而且，藉由切斷西方基督教與更為神秘傳統的亞洲基督教傳統之間的聯繫，也會劇烈地改變西方社會。所有這一切都與一個生活在沙漠邊緣的中年商人密不可分。他在山洞中獲得神啟，這確實有點不可思議。

然而，這個故事的大部份情節都不甚準確。首先，伊斯蘭教崛起的古代阿拉伯地區並非不毛之地。在史前時代，也就是在大約西元前八千年到大約西元前四千年之間，這裡是鬱鬱蔥蔥的肥沃之地。人們在那裡發現了許多動物的殘骸，如犀牛、長頸鹿、野豬和鱷魚等。這說明那裡曾是某些非洲部落的狩獵佳地，他們在那裡留下了一些岩壁藝術。乾旱期使北方出現了大片沙漠，這片「空曠之地」一直延伸到敘利亞。但在沿海地區，尤其是南方的沿海地區，土地仍很肥沃。在伊斯蘭時代到來之前，一系列複雜的文明社會已經在這片沃土上繁衍生息了很長時間。在東部地區，也就是我們今天所說的海灣國家和阿曼，有一個叫迪爾穆恩的國家。其優良的港口將美索不達米亞、印度河谷文明與地中海地區聯結在一起，各地之間的貿易商品包括羊毛、銅和穀物。

在古代世界，人們都知道阿拉伯福地是片繁榮富庶的地區。後來，在亞述、巴比倫和波斯帝國的統治下，這一地區逐漸衰落。亞歷山大大帝非常渴望佔領阿拉伯土地。這片財富充盈的土地極具吸引力，那裡出產沒藥、乳香和肉桂等珍貴物產。然而，亞歷山大去世得早，尚未享受到這片土地的好處。在廣袤的阿拉伯半島南部曾出現一系列強大的王國，其中一些王國可以溯源至挪亞的兒子閃。在這些王國之中，由於聖經的記載，以塞巴王國（即示巴女王的國度）最為有名，後來被希米葉爾王國征服。如果以地中海為中心看待歷史的話，這些王國都處於文明的邊緣。但事實上，這些國家不但富庶，而且延續了很長時間。塞巴王國存在了大約一千年，奧古斯都派遣的羅馬軍隊都戰勝不了他們。塞巴王國修建了複雜的水利系統，包括龐大的地下排水設施，有一些設施至今仍在發揮作用。除此之外，他們還修建了一座大壩——即馬利卜大壩。這座水壩不但能儲蓄季風帶來的降水，還能灌溉農田。

塞巴王國國富民安達數世紀之久。大約西元前五七〇年，在希米葉爾王國的侵襲下，塞巴王國土崩瓦解，引發了大規模的移民潮，人們紛紛從阿拉伯半島南部遷徙到北部。在此之前，塞巴人以經營香料和油類貿易聞名於世，他們的農業也被描述為「花園天堂」。《聖經》記載了有關示巴女王的傳說（這個地區在伊斯蘭教出現之前，有女主統治的傳統）。據說，她曾率領一隻龐大的駱駝商隊，攜帶大量黃金、香料和寶石拜訪了所羅門王。這個故事可能是有關這一富庶國度的民間記憶。《聖經》中示巴女王的統治時間大約在西元前九五〇年，但確切的訊息也許並不重要。然而，確實有一座宏大的「月神廟」存在，位於今天葉門的瑪胡姆別爾基斯（Mahram Bilgis）是「別爾基斯的神聖轄區」，「別爾基斯」是示巴女王的別名。這座神廟佔地約一萬兩千平方碼。儘管只發掘了部份區域，但人們已經發現一幅撩人心弦的壁畫碎片、一個光潔雪白的女性頭像和一些美麗的石灰石雕像，以及巨大的柱子和精美的石雕。直到西元七世紀，朝聖者仍然絡繹不絕。

這些盛極而衰的文明對穆罕默德生長於斯的阿拉伯地區非常重要。因缺水而遷徙的移民創建了許多人口稠密的綠洲城鎮，沿海地區則形成了商業城鎮和漁業城鎮。穆罕默德將會在這些地方生活，宣講他的信仰。居住在沿海城市和南部城市、從事商業和農業的阿拉伯人與生活在沙漠地區的部落民眾差異很大。沙漠部落以放牧駱駝、山羊和綿羊為生，不斷向北方發展。他們利用駱駝（阿拉伯人的駱駝由一種小型的駱駝科動物演化而來。在史前時代，這種駱駝科動物從美洲遷徙到亞洲）在綠洲之間穿行，其他民族難以效仿的。在東羅馬帝國時期，羅馬人和波斯人發現，他們不得不利用緩衝國來遏制阿拉伯人的突襲。這些緩衝國由信仰基督教的阿拉伯人組成，他們維護了地區之間的和平。真正生活在沙漠中的貝都因人以其緊密的部落聯繫聞名於世。部落之間的緊密聯繫對生存至關重要。他們有關戰爭的詩歌與荷馬史詩的部份篇章有異曲同工之妙。

我們幾乎沒有關於穆罕默德生平的直接記載。似乎一開始有關穆罕默德生平的書寫記錄就很少，湯姆·霍蘭近期指出，其中許多可能被後世審查刪除了。在人約兩個世紀中，穆罕默德的故事和言語的合集，《聖訓集》，曾經流傳，但到了七世紀初期一系列偉人的歷史事件發生時，這些文獻資料都已經遺失。霍蘭德說：

我們所掌握的西元八〇〇年前的文字證據要麼是一些毫無價值的碎片，要麼是一些朦朧幻象的節錄……阿拉伯戰士肢解了古代波斯帝國和羅馬帝國，但他們的聲音、他們兒子的聲音和他們孫子的聲音最終都消失在歷史中，更不用說他們的女兒和孫女的聲音了。無論是書信、演講，還是日記都已經不存在了……[30]

大約從先知時代開始，基督教徒的著作中就有一些關於這位阿拉伯領袖的零星記載，幾乎沒有人懷疑過他的存在，但我們仍必須小心踏勘這段歷史。

就目前所知，西元六二二年，穆罕默德與所屬的古萊什部族的長老們在麥加發生決裂。穆罕默德聲稱他從唯一真神那裡獲得了新啟示，但這一說法遭到長老們的反對。之後，穆罕默德帶領他的追隨者一路向北，艱苦跋涉到達一個更友好的綠洲城市葉斯里卜。後來，這座城市更名為麥地那。在那裡，穆罕默德繼續將真主的教導傳達給其他人。起初，穆罕默德曾獨自在山洞中祈禱，接受了真主的教誨。他將真主的話記錄下來，這些來自阿拉的教誨後來成了《古蘭經》。毫無疑問，在麥地那，穆罕默德也開始傳達信徒該如何生活的法則。包括女性的社會角色、貿易中的誠信問題（穆罕默德是商人）和正確的戰爭觀等許多內容。他似乎保留了很多阿拉伯部落的習俗，可能為了贏盡可能多的信徒。倘若如此，正是這種「靈活性」塑造了今日飽受爭議的穆斯林的家庭和著裝規範。此時麥地那對猶太教徒和基督教徒——其他的「聖書子民」——仍很友善。從那裡出發，穆罕默德開始沿著阿拉伯世界的商隊路線擴大自己的影響力。

關於伊斯蘭教迅速崛起的秘密，理由之一是，這是穆罕默德及跟隨者首度將生活在沿海地區的富裕阿拉伯人與生活在沙漠地區的貝都因人團結在一起。當時似乎出現人口爆炸性成長，一旦這些以劫掠為生、相互敵對的沙漠部落接受了先知的權威，除了派他們向外征討非信徒之外，沒有太多選擇。伊斯蘭教在中亞地區以神速傳播，並讓阿拉伯軍隊有效挺進了許多人煙稀少的地區。如果不是向外擴張，阿拉伯半島可能會陷入崩潰和內戰。[31]不過這可不是一支是邊緣的遊牧民族，突然改頭換面，進入文明社會。在伊斯蘭教產生很久之前，阿拉伯人就認為自己不但文明開化，而且舉足輕重。

第二個誤解是認為阿拉伯人攻擊了一個和平而團結的基督教世界。他們的第一波攻擊僅僅是在阿拉伯世界傳播伊斯蘭教。在早期，最引人注目的受害者是波斯的薩珊王朝。薩珊人曾與羅馬人共存了四百年之久，他們的帝國尊崇瑣羅亞斯德教，以及基督教和猶太教的各種教派，並與中國和印度保持著密切聯繫。薩珊王朝代表了波斯文化的一個黃金時代。然而，他們與拜占庭人曠日持久的戰爭耗盡了國力。當阿拉伯人於西元六三二年發起進攻時，他們正處在一個年幼國王的昏庸統治之下，經濟嚴重衰退。在當時，敘利亞和「聖地」才剛剛從瘟疫和戰爭中恢復過來。那裡曾遭遇了一場災難性的大疫病，導致城鎮村莊人口減少，田地荒蕪。此前不久，拜占庭皇帝赫拉克利烏斯終於贏得了對薩珊人的重大勝利，將他們逐出佔據了二十年之久的巴勒斯坦和敘利亞，並將薩珊人歸還的「真十字架」帶回耶路撒冷。之後，他試圖在此的強行推動拜占庭的基督教正教。但是，這一地區有很強大的敵對傳統。

因而，當伊斯蘭軍隊到來之時，他們攻擊的是正從疫病和戰亂中恢復元氣的土地。幾十年前，這一地區還能體現羅馬基督教世界的自信或是波斯世界的自信。但現在，這些自信已經蕩然無存。儘管先知的軍隊使用了駱駝，但是他們的馬在戰鬥中似乎更重要。在交戰時，他們使用的是從印度進口的傳統直刀，而不是用彎刀。

這可以解釋早期伊斯蘭教取得驚人軍事勝利的原因嗎？答案是否定的。上述內容只是對最簡化的歷史事實做了一些有益的修正。儘管如此，伊斯蘭教的勝利仍是一個震驚世人的故事。在穆罕默德去世後，阿拉伯人僅用了一代人的時間就摧毀了薩珊帝國。佔領了包括古代埃及文明在內的整個北非海岸，佔領了巴勒斯坦、敘利亞和現在的土耳其，兵臨君士坦丁堡城下。或許，日期比言辭更能說明問題：西元六三七年，敘利亞淪陷；西元六三八年，耶路撒冷失守；西元六三九年，攻佔美索不達米亞；西元六四二年，佔領埃及。同時，賽普勒斯和迦太基也遭受了大規模的進攻。在東方，阿拉伯人於西元六六四年佔領了喀布爾，在大約西元七一〇年佔領了印度北部地方。那時，他們已經闖入西班牙，結束了西哥德王國在那裡的統治。西元七三二年，他們的擴張達到極限，伊斯蘭軍隊進入了法蘭西中部地區。在那裡，他們受到了頑強抵抗，不得不鎩羽而歸。自此之後，地中海地區、中東和歐洲再也無法像羅馬人曾期盼的那樣統一如初了。它再也不可能成為「西方版的中華帝國」，因為宗教已經將其撕扯得四分五裂。

毫無疑問，這一事實會讓穆罕默德感到失望。因為，他相信他的啟示是為所有民族和所有有信仰的人準備的。鮮有思想觀念能有如此巨大的有形衝擊力。讓所有人都信奉唯一真主，讓所有人都聽從先知穆罕默德的教導，這是一個簡潔明瞭的信條。但是，正是這個信條推動了那些令人驚訝的征服。這與更高明的軍事技術或戰術無關，也與擁有特殊財富和人才無關。與古典時代晚期的軍隊相比，伊斯蘭征服者們的「部落」武裝在規模上並不大。他們的一神教剝離了猶太教的排他性和基督教的謙卑性，而且從一開始就利用武裝反對異教徒。伊斯蘭教給入侵和擴張賦予了宗教的含義。這是第一次，帝國是由信徒自願組成的，而不是由某位皇帝強加的。這是一次群眾運動，由宗教領袖和軍事將領指揮，但其推動力是一種全新的歸屬感。

儘管歷史學家對穆罕默德知之甚少，但他肯定是一位偉大的領袖。與大多數宗教先驅一樣，我們現在很難想像當初人們如何看待穆罕默德。但是，他確實是歷史的一個最佳例證，可用來說明一個人能造成多大的不同。穆罕默德對世界造成的改變，輕易就超越了亞歷山大和凱撒。到目前為止，可能只有中國第一個皇帝嬴政和聖保羅能與他相提並論。但作為一個宗教人物，耶穌贏得更多的信徒——今天，世界上大約有三分之一的人是基督教徒，有大約五分之一到四分之一的人是穆斯林。當亞洲人和北非人改信伊斯蘭教的時候，基督教傳教士正在向北進發，進入今天的德國、法國和英國。但正如我們看到的，基督教是很多領袖合力的成果。當初，耶穌也只是在向猶太人佈道，而不是向羅馬和西方傳教。

就像基督教一樣，伊斯蘭教也會發生分裂，也會被權力和政治這樣的世俗問題搞得焦頭爛額。在不同的佔領區，伊斯蘭教會出現不同的形態。與基督教相似，伊斯蘭教也會有過思想活躍的進步期，和渾渾噩噩的衰退期。起初，伊斯蘭教自豪地宣稱，自己是一個向所有人平等開放的宗教。第一個呼籲穆斯林去祈禱的人名叫比拉勒，一位曾經的黑奴。然而，伊斯蘭社會很快就變成了一個擁有奴隸和進行奴隸貿易的社會。最初，穆斯林聲稱自己單純而團結，但圍繞誰應該繼承領導權的問題，他們分裂成兩個劍拔弩張的派系。大部份遜尼派穆斯林支持阿布·伯克爾，他是穆罕默德最親密的追隨者之一，也是他的岳父；而什葉派穆斯林則支持阿里，即穆罕默德的堂弟和女婿。正如我們所知道的那樣，即便到了今天，這兩個伊斯蘭教派仍然互生嫌隙。

伊斯蘭教為世界帶來的改變為本章提供了一個很好的結論。自羅馬帝國興起和中國統一以來，最大的難題就是世俗政權和新興的大眾宗教該如何共存。與以往任何時代相比，這些帝國的組織性都更強，疆域都更大。但是，除武力和安全外，它們沒能提供更多東西。上層統治危機、氣候變化、經濟衰退和戰爭失利都曾重創這些帝國。任何一位領導人——甚至是凱撒和奧古斯都——都不能將自己變成一場成功的宗教運動的核心。對大多數民眾來說，忠誠和歸附是一個實際的問題，而不是情感問題。

相反，能滿足人們需求的倫理觀念和思想觀念都來自社會邊緣人群。例如，身處帝國邊陲、喜歡爭吵的猶太人；印度北方的理想主義者，成了佛陀的追隨者；生活在羅馬帝國邊緣的基督徒；以及南部沙漠中的阿拉伯人。有些統治者只想鎮壓那些對他們而言棘手的宗教運動，我們看到這在中國已經變成一種習慣。但其他人，如君士坦丁，則試圖對其進行全面掌控。

只有伊斯蘭教認為世俗權力和宗教信仰應該合而為一。劍是強大的，這是一個舊觀念；道是強大的，這是一個新觀念。然而，在歷經一個世紀急劇的崩潰和變革之後，事實最終證明，那個用劍武裝起來的道才是無往不勝的。

第四部　走出混亂的大熔爐

Beyond the Muddy Melting Pot

七〇〇年到一四八〇年：伊斯蘭教的偉大時代，
遊牧民族建立帝國以及歐洲的覺醒

在西元八〇〇年，領導世界的兩大文化，分別是中國人和穆斯林。相比之下，從九世紀到文藝復興，這六百年來的歐洲幾乎是一潭死水。在那裡，從亞洲遷徙來的部族，以及曾經被羅馬人統治的、分散的民族，慢慢地凝聚在一起。他們首先組成由家族統治的封建王國，之後發展成為擁有固定領土和語言的民族國家。他們相信曾經有個天堂般的時代，原始富足，但人類祖先的罪惡將世界推向了「墮落」，推向了痛苦。當基督重返世間，人類的種種行為面臨審判的時候，這個世界將會終結。此後，時間將不復存在。另一方面，儘管他們善於用石頭修建各種建築，而且逐漸提出更多有趣的思想，但他們的文明依舊比其他人落後。

對今天受過教育的歐洲人來說，這個觀點或許有點古怪。畢竟，歐洲許多重要的歷史事件都發生在這幾個世紀，包括教宗地位的提高、曾經輝煌而今已渺茫的查理曼帝國，以及十字軍東征。許多民族也是在這段時間形成的，並一直延續到今天。這是英格蘭、法國、西班牙崛起，形成統一國家的時代，也是蘇格蘭和葡萄牙這種小國奮力求存的時代。這個時代也是現代俄羅斯和現代波蘭的開端。在這幾個世紀中，歐洲出現了第一批哥德式大教堂，基督教的修道院發展到了頂峰；騎士傳統方興未艾，穿著鎧甲的騎士取得了支配地位。正如我們所知，不久之後，歐洲的影響力擴展到世界各地。那個通常被稱為「黑暗時代」的「中世紀」為歐洲影響力的擴展打下了堅實基礎。

儘管如此，在這六百年的大部份時間，歐洲仍然落後於伊斯蘭世界和中國。伊斯蘭世界有著高度發達的科學和建築。時至今日，伊斯蘭式建築仍然存在於西班牙和法國南部的部份地區，伊斯蘭建築風格最遠影響到了中亞。相比之下，同時代的歐洲不但文化水準較低，而且四分五裂，沒有一座城市比得上巴格達或開羅，更不用說中國的大都市長安和開封。歐洲的道路系統和運河系統沒有得到適當養護；城鎮治安很差，鄉村的旅行者也不安全；圖書館少得可憐；有公平、明確法律的地方很少；邊界的爭戰多而穩定少。

歐洲人對曆法的認識還很膚淺，計時方法也很原始，生產的奢侈品也不多。地中海地區最大城市用後來的標準也稱不上「歐洲」。君士坦丁堡僅僅處於拉丁歐洲認識範圍的邊緣。而且，在這幾個世紀中，君士坦丁堡變得越來越「東方」；另一方面，西班牙的哥多華，在規模上最能與之匹敵的城市，被穆斯林佔據了幾百年。在「收復失地運動」（reconquest）之前，這座城市一直是伊斯蘭文化的中心。巴黎、倫敦和羅馬都無法與之相比。直到這一階段的末期，義大利的城邦——佛羅倫斯、威尼斯、米蘭和西耶納——入全盛期，歐洲文化才開始能與伊斯蘭世界以及唐宋中國的大城市相提並論。

我們可以將歐洲落後的部份原因歸結為自然原因：瘟疫和氣候。在羅馬帝國末期（西元四〇〇年前後），帝國的人口約為五千五百萬。有人認為爆發於西元五四一年的「查士丁尼瘟疫」使當時的人口減少了一半。之後又有數波淋巴腺鼠疫流行帶來衝擊，這種情況一直持續到八世紀早期。總之，瘟疫肆虐加上農業萎縮，使得歐洲在古羅馬時代結束之後，一時很難快速復興。

查士丁尼是一位有遠見的皇帝，以東羅馬帝國的首都君士坦丁堡為根據地，他手下的將軍——貝利撒留和納爾西斯——奪回了北非和義大利，一度重建起一個統一的帝國。查士丁尼的妻子狄奧多拉是個聲名狼藉的人物，據說她原本是馬戲團的表演者，也是個妓女，她對男人無止盡的慾望堪比查士丁尼對土地的慾望——據說她曾憤憤不平地抱怨道，為什麼上帝只給她三個孔。拉文那的聖維塔教堂中，有一幅著名的查士丁尼和狄奧多拉的馬賽克肖像畫，兩人站在各級官員中，向下發出光芒，顯得知曉一切、堅定不拔。查士丁尼取得了令人驚訝的成就，但他沒有足夠的軍事人力和財稅資源，去重建羅馬，恢復它曾經的榮耀。歐洲太衰弱了，無法重建軍團、法律、道路，以及過去帝國所依賴的水道。查士丁尼可以對抗蠻族國王，卻無法對抗瘟疫和饑荒。

在羅馬以東，希臘以西之間，有一道橫跨整個地中海的鴻溝。查士丁尼費盡心機，試圖化解羅馬教宗和東正教會牧首們之間的分歧，但兩邊的仇恨實在太深了。羅馬天主教的領導人，最初只是羅馬當地的教派領袖，堅守在衰敗不堪的羅馬帝國的舊都，要經過幾百年的時間，才成為有權統管所有基督徒的「教宗」。教宗之所以能有這種威望，是來自聖彼得和聖保羅的墓地都在羅馬，耶穌基督曾將聖彼得稱為「磐石」，說普世的教會都將建造在這塊磐石之上。儘管羅馬帝國的宮殿已經解體，廣場講壇上牛羊隨處漫走，羅馬仍然有它獨特的歷史，而且這座城市中早期基督教社群規模也相對比較大。雖然最初羅馬曾出現過幾位懦弱、甚至邪惡的教宗，但也有幾位教宗能力出眾，既有能力與拜占庭帝國的東正教領袖從容論辯，也能夠周旋於暴力的強權政治，以生存於戰亂叢生的義大利。

此後數個世紀中，羅馬教宗與強大世俗領袖的結盟，好幾次似乎有望再次統一西方世界。如果能征善戰的東哥德國王狄奧多里克（西元四九三年到五二六年統治義大利）不是異端的話，或許他們的結盟會比查士丁尼戰爭還要早。複雜的移民聚落逐漸改寫了歐洲的政治版圖，大部分時候教宗必須與法蘭克或日爾曼的軍事領袖結盟。最典型的例子是教宗與查理曼大帝交好。查理曼大帝是法蘭克國王，他曾短暫地建立起一個帝國——從西班牙北部和法國西海岸一直延伸到德意志西部地區、瑞士和巴伐利亞。他的父親丕平就曾經保護教宗，並且給了教宗一塊領地。後來，教宗在這塊領地上建立了「教宗國」，這個王國一直存續到十九世紀——直到變得不合時宜，激怒了義大利民族主義者為止。[1]

西元八〇〇年，查理曼前往羅馬。當時，統治拜占庭的是伊琳娜女皇。羅馬人和法蘭克人都以其男性的心態，極為輕蔑女主統治，因而認定羅馬皇帝的位置是空缺的。於是，教宗李奧三世將查理曼加冕為神聖羅馬帝國皇帝（可能連查理曼自己都很驚訝）。然而查理曼大帝死後，法蘭克帝國迅速瓦解，留下無人保護的教宗。西元八四六年，當信仰伊斯蘭教的阿拉伯人從北非入侵義大利，到達並洗劫了羅馬時，教宗才記起自身如此脆弱。縱觀歐洲，從蘇格蘭中部地區到西班牙北部地方，羅馬人築起的長牆已經倒塌，修建的大道也告荒廢，只剩古老的步行小道和供馱畜行走的小徑。

然而，東方並沒有處於「黑暗時代」，至少中國肯定不是。當查士丁尼的將軍們在試圖收復羅馬帝國在地中海地區的失地時，中國的隋文帝成功地推翻了南方衰弱的陳朝。隋軍在戰役中動用了巨大的戰艦，有五層甲板，宛若水上的堡壘。在經歷了北方遊牧民族的入侵後，中國又統一在單一的有效政府底下，將種植稻子為主的富饒南方與更加發達的北方整合起來。

尤其重要的是，中國修建了一座總長約一五五〇英里的水路交通網。這個名為「大運河」的水路交通網由人工運河、天然河流和無數的水閘構成，將中華文明聯繫在一起，其緊密程度教歐洲人難以想像。對中國歷史而言，這座運河系統比長城更加重要。大運河於西元六〇五年開工，六一一年竣工。它將長江三角洲與北方心臟地帶的重要城市——也就是北京的前身——聯結起來。大運河運輸著穀物、食鹽、蔬菜和各種奢侈品。商人、軍隊、稅收官在運河上往來穿梭。運河沿線，大城市如雨後春筍般發展起來。一位歷史學家將其比喻成「就像北美洲有了第一條橫貫大陸鐵路。大運河使中國得以實現經濟整合」。[2]另一位歷史學家認為，「大運河的作用就像有了一座人造的地中海，改變了東方的地理，使中國終於擁有了像古羅馬那樣的水道。便宜的南方稻米源源不斷地運到北方，餵養蓬勃發展的北方城市」。[3]

一些大型的伊斯蘭帝國，比擁擠的基督教城市更成功地擺脫了瘟疫的侵襲。在這幾個世紀的大部份時間裡，這些帝國的運輸系統在效率上毫不遜色於中國的大運河，駝隊和馬車隊在布哈拉和撒馬爾罕等要塞之間的沙漠商道上穿行。一個軍事系統應運而生，由具有相同信仰的波斯人、阿拉伯人、北非人、印度人以及中國邊疆的部族組合而成。像巴格達和開羅這樣的城市本身就位於重要的水系旁邊。運用了單桅帆船、新式帆架，以及其他的新式航海設備，水手們將伊斯蘭教和世界貿易拓展到了歐洲人做夢都想不到的遙遠地方。

無論如何，生活在歐洲的人還沒有意識到自己是「歐洲人」。歐洲人只是「基督教世界」的一部份，在這段期間，東方人一直在努力弄清「歐洲」這個詞的意涵。歐洲是一個在地理上受到包圍的地區：與地中海之間的連結大部分被穆斯林切斷，且在北方和東方經常受到部落移民的壓力——歐洲被夾在了大海和撒拉森人之間。（「撒拉森人」（Saracen）這個名字雖然後來變成是貶義的，但最早是來自亞伯拉罕的妻子——「撒萊」（Sarah）。據稱，穆罕默德是撒萊的後代。）

事實上，「基督教世界」並非單一的實體，希臘教會和拉丁教會之間存在難以調和的矛盾。但在歐洲內部，這是一個十分重要的觀念，因為這有助於消除種族、地理和部族之間的芥蒂。促使未信教者皈依基督教，讓他們加入基督徒大家庭的動機，使得羅馬的古老家庭和法蘭克軍事領袖之間能夠建立聯盟；能將愛爾蘭的僧侶派到蘇格蘭和英格蘭，將英格蘭的傳教士派往日耳曼；也使得東方的森林和沼澤地帶的部族領袖能夠加入這個宏大的觀念。歐洲有許多敵對民族，他們使用的語言是拉丁語的變體，夾雜著凱爾特語和日爾曼語的詞語。儘管這些民族相互競爭，統治者互相討伐，但從某個程度上，只要不是異端、異教徒或猶太人，他們都感到彼此能在基督的名義下團結在一起。

這當中有種急迫性。因為人們期待基督會在不久的將來，便再次降臨。這使得已失落的古典時代的民間記憶，相比之下算不上什麼。聖保羅的警告深入人心。緊跟在有東西吃、有地方住的需求之後，人類生活中最要緊的事就是為基督的再次降臨做準備，這件事將標誌著人類歷史的終結；建立塵世文明只能往後排在遙遠的第二順位。

歐洲最重要的名勝古跡都是宗教建築。幾代人營建的修道院和大教堂都在平靜地等待最後時刻的來臨。當時最大的政治工程是建立「神聖羅馬帝國」，但無論是在法蘭克人，還是日耳曼人的統治下，這個帝國都無法與之前的羅馬帝國相提並論。「神聖羅馬帝國」是一個漫長的哥德式白日夢，最後被拿破崙擊碎。但從一個更加實際的角度看，歐洲的宗教生活已被緊固地聯繫在一起。希臘語基本上已經被遺忘，但教會使用的通俗拉丁語仍然鮮活。西元六世紀早期，聖本篤將希臘的修道院傳統帶到了義大利，他立下的「聖本篤會規」要求僧侶應保持貞潔、貧窮，並服從修道院的院長。這份會規傳遞出一種在當時極為罕見的和平與希望的訊息，吸引了許多來自貴族家庭的年輕人加入，使他們遠離搶奪與戰爭的事業。

歐洲日後成功的秘密，可以歸功於三件事。但在當時，它們看上去都不是什麼好消息。

第一件是持續不斷的部族遷徙潮。遷徙潮的原因是中亞大草原上發生了饑荒，對於那裡的畜牧文化來說，人口只要出現小幅度波動便難以承受；此外，像是斯堪地那維亞等的農業貧瘠地區，也出現了相似的情況。於是，一個部落開始擠壓它西邊的部落，被擠壓的部落又會去擠壓更靠西的部落，如此下去，直到他們發現自己跨過了多瑙河或萊茵河，進入羅馬帝國的疆域。西元三七六年，當東哥德人到達今天塞爾維亞和保加利亞一帶，引發了第一波騷亂。繼東哥德人之後，其他部族也相繼來到歐洲，先是阿蘭人，隨後是西哥德人。在進入西班牙之前，西哥德人曾定居在法國中部地區。西元四〇六年，趁河水結冰的時候，更多的部族跨過萊茵河，進入高盧。西元四四一年，匈人抵達歐洲。汪達爾人迅速進入西班牙和北非，隨後洗劫了羅馬。

大體上，日耳曼部族可以被分為：一、斯堪地那維亞人；二、居住在北海地區的部族，如朱特人，與後來遷移到英格蘭、蘇格蘭、法國部份地區，以及低地國的盎格魯人和撒克遜人；三、包括倫巴底人、勃艮第人、汪達爾人、哥德人，以及其他途經法國湧入西班牙和義大利的部族。[4] 在日耳曼人身後，還會有下一波的移民入侵者來到，那就是斯拉夫人。

這些遷徙而來的部族，摧毀了城鎮和教堂，定居在舊羅馬帝國疆域內的農民屢次受到襲擊，苦不堪言。多個王國被創建起來，由它們的軍事領袖塑造，但又很快消失，是一種變動非常快的寄生和占領模式。羅馬的統治結束，留下的是許多設有防禦城牆的城鎮，已被開墾的田野和大型的地產，當掠奪者到來時，這些都還在原地。無論是在法國南部種植釀酒葡萄的地主、圖盧茲或米蘭的市政官員，還是河谷地區的莊園主人，都不知道自己的世界即將終結。除了不列顛，入侵者搶佔這些他們從沒見過的肥沃土地，幾乎不曾遭遇有組織的抵抗。農民已做了最壞的準備。

在如此危險的時期，明智之舉是去尋求保護。在遷徙潮的衝擊下，一些農民自願成為農奴，接受當地武裝地主或騎士的掌控，作為回報，他們要在保護人的土地上工作一定天數，同時上繳一定數量的穀物或牲畜。這種新的權利義務關係導致了封建制度的確立，而封建制度的確立了又導致了新的政治認同。對許多人（或許也是大部份人）來說，這種認同感的比較清楚的對象是地主，而不是國王——例如在珀西家族、史福札斯家族、道格拉斯家族和布蘭登堡家族的朝代中。歐洲的語言和文化原本就是多種多樣的，凱爾特人、拉丁人、伊比利亞人、猶太人和希臘人的數量仍很龐大，而日耳曼部族的移民潮又進一步豐富了語言和文化的多樣性。

從本質上看，接下來幾百年的歐洲歷史就是這些入侵者被消化吸收、定居下來的過程。那麼，這件事怎麼會是個好消息呢？

答案是：競爭發揮了作用。雖然一開始會有幾個世紀的砍砍殺殺，但日耳曼部族的定居和合併造就了歐洲生機勃勃的競爭文化。在隨後的歷史中，這些部族逐漸發展成為王朝國家和領地國家。倫巴底人、諾曼人、東法蘭克人和西法蘭克人發展成為義大利人、法國人和德國人。生活在英國的布立吞人與來自北歐的入侵者進行了長期鬥爭，最終鍛造出了英格蘭和蘇格蘭；西元一〇六六年的諾曼征服創造出這一地區最強大、最成功的民族之一。歐洲的發展並非來自單一一位皇帝的統治，也不是特定神學權威的支配，而是透過競爭與衝突，受躁動和勢利的文化推動所致。歐洲承受了長達數個世紀的內部遷移，使得這樣的變化成為必然。

第二個成功的秘密，我們之前已經提到過了，那就是歐洲北部地方被隔絕於世界其他地區之外。這在當時看來也不是什麼好事。強大的伊斯蘭哈里發國從庇里牛斯山北麓經北非一直延伸到中東和中亞，這些國家構成了一道宗教和軍事的封鎖線，幾乎沒有基督徒願意冒險進入這些國家。來自世界其他地區的發明，從代數學到紙張，從火藥到瓷器，都要經過很長時間才能傳到歐洲。地中海曾經是羅馬帝國的內海，失去了對地中海的掌控力量，意味著「基督教世界」只能向北發展。從前羅馬帝國的行省，即是後來成為法蘭西、勃艮第和不列顛的這些地方，被完全整合進基督教世界。

在歐洲的平原上，有著一層厚厚的黏土和沃土。人們砍倒森林，預備好重犁，準備在那裡種植大麥和小麥。教宗沒有別的地方可去，只能向法蘭克和日耳曼的統治者尋求保護；另一方面，法蘭克人、倫巴底人和哥德人也反過來被南方的文化影響馴服。義大利北方的城市變得越來越重要。熱那亞和威尼斯將自己建立為獨立的共和國。日耳曼和尼德蘭地區的獨立城市和行會組織發展出自己的技術和工藝。加入漢薩同盟的貿易城市之間形成一張關係密切的網絡。英格蘭的羊毛貿易拓展遍及歐洲大陸。自從羅馬軍團撤離後，英格蘭人、愛爾蘭人和蘇格蘭人對歐洲而言很邊緣，現在作為傳教士、武士和商人而重回歐洲主流。勃艮第、哈布斯堡、波蘭的亞蓋隆和英格蘭的金雀花都建立起了王朝國家，創造出超大的封建領地，而且領地在地理上未必相連。

歐洲處於相對封閉的狀態，但有一個非常重要的例外，那就是安達盧斯地區（位於今天的西班牙和葡萄牙）的伊斯蘭文明，關於這點我們稍後會提及。但是面對穆斯林世界的擠壓，無論是西班牙北部的亞拉岡王國、卡斯提爾王國和萊昂王國，還是巴爾幹半島上的塞爾維亞王國和瓦拉幾亞王國，基督徒的集體認同是視自己為一種戰鬥、前線的文化。這點最有名的例子是四次主要的十字軍東征，目的是從信仰伊斯蘭教的阿拉伯人手中奪回耶路撒冷和位於巴勒斯坦的「聖地」，由教宗發動，為的是讓歐洲人被激勵行動起來，強化羅馬的權威。儘管有些中東地區的土地已經被佔領了好幾代，儘管號召對異教徒作戰激發了大規模的獻身投入，但戰爭中的暴行和死亡人數都昭示著十字軍運動的失敗。十字軍破壞了兩大亞伯拉罕信仰之間的關係，這種破壞是致命且半永久性的，最後證明，君士坦丁擁抱拿撒勒人耶穌，實際上是腐蝕了他所傳達的啟示——當象徵著受苦、憐憫和寬恕的十字架，成了侵略的騎士放在旗幟上的紋飾，只會變得毫無意義。

十字軍帶著軍事精神回到了歐洲的心臟地帶。條頓騎士團在普魯士和立窩尼亞創建了自己的國家，他們從一個既是朝聖者又是武士、致力於推翻北方異教徒的兄弟團體，進化成自己的微型帝國。法國朗格多克地區掀起了針對「純潔派」異端分子的宗教戰爭，由於久經沙場的好戰騎士加入，變得愈發殘酷。也別忘了歐洲大陸和島嶼上，還有其他不和歐洲主流使用同一種語系，或不擁有同樣政治觀念的人，例如愛爾蘭的凱爾特人，和斯堪地那維亞薩滿追隨者，他們在歐洲已經越來越難安身。蘇格蘭產生了一種新型的王權觀——這種王權不建基在領土上，而是基於人民自願稱他為王。日耳曼的部份地區不是由傳統的封建領主統治，而是由主教統治。歐洲不只擁有許多相互對抗的民族，這些民族更留下了比世界上其他地區都要多元、多樣的政治體制。這些不同的體制就像化學反應中的元素一樣，被混合、壓縮在一起。

「基督教世界」最終分裂成了兩個陣營，一個是西方的拉丁—羅馬—天主教陣營，另一個是希臘—拜占庭—東正教陣營。後來證明了這樣的分裂是優點，而不是缺點。拜占庭帝國延續了若干個世紀，它受到了來自兩個方向的攻擊：西北方是日爾曼人和斯拉夫人，東方是韃靼人和穆斯林。我們將在後面再講拜占庭的故事。在查士丁尼之後，拜占庭就很難對義大利施加真正的影響力了。因此，羅馬可以自由地發展自己的神學，在歐洲大陸的範圍內建立教區系統和修道院，可以將羅馬帝國的殘磚片瓦拼合在一起。在宗教藝術、宗教文化、封建土地制度和自由城市方面，西歐都獲得了獨立的發展。最後，當城邦和地方統治者足夠富有，並重新獲得古典時代的學問和技術時——這些失落的學問保存在伊斯蘭世界和拜占庭——他們可以用自己的力量熱切挖掘這些古典知識。

但在當時，沒有人能預見這些。當撒克遜人吟誦著他們的戰爭詩歌時，日本的紫式部正以精巧的風格寫作長篇小說《源氏物語》。當奧發這樣的軍事領袖決定在威爾斯邊境地區鑄造硬幣的時候，他只能模仿穆斯林的第納爾，做出拙劣的山寨版。隨後，當第一批大教堂在西西里、日耳曼和法蘭克拔地而起的時候，在世界其他地區，托爾特克人和馬雅人也能建造同樣傑出的石製建築。在歐洲人見到紙之前，中國人已經開始使用紙幣了。在十二世紀，當英國人正在為金雀花王朝的崛起而打打殺殺，日爾曼人和義大利人正在為王位繼承戰爭流血犧牲的時候，柬埔寨的高棉文明正在修建吳哥窟（吳哥窟是世界上最大的宗教建築之一，它起初是印度教寺廟，之後成了佛教寺廟）。總之，歐洲看上去並沒有什麼特別令人興奮的地方。

伊斯蘭的黃金時代

今天，西元七一一年發生的事大多已經被人們遺忘。但就在那一年，穆斯林入侵了西班牙，這件事震驚了整個基督教世界，使北方各國的統治者不寒而慄。在往後七個世紀的大部份時間裡，伊斯蘭君主統治下的城堡、清真寺和城市，挑戰了「基督教」等於「歐洲」的觀念。在阿拉伯軍隊跨過直布羅陀海峽後，西班牙的西哥德王國很快就瓦解。西哥德王國是後羅馬時代歐洲的典型政權，統治者是日耳曼人，儘管內部經常互相爭鬥，且接受與天主教官方對立的基督教教義，但他們還是試著建立起一個組織相對比較完善的社會，說著退化的拉丁文，在羅馬時代的廢墟上耕種跟生活。這些西哥德人與法國的加洛林人、英格蘭的撒克遜人，或義大利的東哥德人，並沒有多大區別。不過在阿拉伯人進入西班牙後，西哥德人在九年內就幾乎丟掉了整個半島。阿拉伯軍隊的腳步停在了法國的普瓦捷，但他們停止進攻僅僅是因為戰線已經拉得太長。

進入西班牙的「阿拉伯人」事實上由多個民族組成。其中一些人來自今天的阿拉伯和葉門，一些人來自敘利亞，還有一些是來自北非的柏柏爾人，不久前才皈依伊斯蘭教。歐洲人將他們稱為「摩爾人」。歐洲人害怕他們，但也向他們學習。例如，英格蘭的「莫里斯舞」實際上就是摩爾人的舞蹈，起源於生活在非洲的穆斯林。觀望的歐洲人不知道的是，摩爾人之所以突然入侵西班牙，是因為在地中海的另一端發生了一場災難。

伍麥亞王朝曾是個縱橫將近五千英里的大帝國，而且是先知真正的繼承者，但這個王朝在西元七五〇年，於一場血腥的叛亂中被阿拔思王朝推翻了。哈里發是伊斯蘭政治的核心，已經變得無比重要。許多阿拉伯人非常痛恨接管統治的前拜占庭官吏和波斯官吏，以及那些為統治者而戰的敘利亞人。於是發動了起義。阿拔思王朝的哈里發政權延續了數百年，它將伊斯蘭世界的中心從大馬士革遷到了巴格達。這產生了許多重要的影響，因為這一決定使伊斯蘭世界的重心更加偏向東方。但這個新生的哈里發國家並不包括安達盧斯地區。伍麥亞王朝被推翻後，一位哈里發的孫子逃到西班牙，和他的繼任者統治著一個獨立的國家，成為了「穆斯林世界的溫和西部」。

與巴格達的哈里發國不同，安達盧斯伊斯蘭政權，深入了過去基督徒的領土，這頗具挑釁意味。阿拔思王朝在知識和貿易上取得了非凡的成就。而安達盧斯地區一直與這個競爭對手保持著密切的聯繫。於是，在安達盧斯的影響下，基督教世界也發生了不可逆的變化。阿拔思王朝認為，自己不但是古希臘知識的繼承者，而且是波斯知識和印度教知識的繼承者。阿拔思王朝的哈里發聲稱反對拜占庭基督徒的部份理由是：拜占庭已經忘記或刻意迴避古典時代留下的豐厚遺產。他們是對的；歐洲西部的基督教國家也在有意地遠離古典時代的知識，轉向一種熱切的、到處都充滿上帝與象徵的基督教世界觀。

這種世界觀豐富了法蘭克人、日爾曼人和英格蘭人等民族的精神世界，但卻無助於他們瞭解身邊的物質世界。他們說不出一天裡的準確時間，受制於有缺陷的糟糕曆法。他們的數學只有小學生的水準，地理知識也沒有豐富到哪兒去。歐洲之外的世界和近東究竟是什麼樣子？對於他們來說完全是個謎。世界或許是平的，如果走得太遠，就會掉下去。相比之下，阿拔思人則為他們的好奇心和自然科學感到自豪，他們測量世界的周長，並將他們所瞭解到的世界繪製成地圖。這幾乎與十八世紀的地中海世界形成了完美的鏡像。到那時，基督徒將開始熱衷於研究科學和技術，而伊斯蘭世界則在宗教上趨於保守，反對探求知識。

這必然和伊斯蘭在領土上的野心有關係。就像之後善於航海的歐洲人，接觸到其他大陸，努力理解印度文明和中國文明一樣，阿拔思人建立的是一個縱橫四千多英里的大帝國，從大西洋一直延伸到印度邊境。歐洲人需要新工具幫助他們能跨越大洋；阿拔思王朝的穆斯林也需要新的工具幫助他們跨越沙漠、山脈和海洋並繪製行進的路線圖。歐洲人發現了新的地貌、植物和動物，這些新發現檢驗（之後更推翻）了他們關於世界創造的觀念。而穆斯林思想家從更早的時候起就要面對來自不同文化各種觀念的挑戰。在一個充斥著猶太人、希臘人、信仰瑣羅亞斯德教的波斯人和非正統基督徒的帝國裡，他們要努力將各種觀念融合到一起。

這些穆斯林思想家非常輕視信仰基督教的歐洲人。阿拉伯地理學家馬蘇第解釋說，歐洲寒冷、嚴酷的氣候造就了「歐洲人高大的身材、魯莽的性格、粗魯的舉止、低下的理解力和低落的語言表達能力」。[5]穆斯林思想家的成功首先表現在數學方面。西元七六二年，當時的哈里發曼蘇爾開始營建新都巴格達，這座城市呈現出完美的圓形，以向希臘數學家歐幾里得致敬。曼蘇爾是一位自信的統治者，他鼓勵波斯學問的復興，還向中國人提供幫助——他曾派遣了數千名雇傭兵，幫中國人平定內亂（編按：助唐朝平定安史之亂）。巴格達有一座「智慧宮」，差不多是研究中心、圖書館和學院的綜合體。學者們在那裡就法律、占星學、醫學、地理學和其他學科的相關問題展開激烈爭論。而他們尤其重視數學。

為什麼呢？背後的原因之一與占星學密切相關。跟基督徒一樣，穆斯林認為解讀星星的變化可以預知未來，但觀測星星需要「極其精密的儀器和計時器，天文曆表不僅要精確到分、秒，甚至比秒還要更精確」。[6]重視數學的另一個原因則是製作地圖。他們需要對土地進行精確測量，這樣才能為廣闊的疆域繪製出精準的地圖。而且瞭解地球的旋轉和曲率可以計算出麥加的準確方向，這對他們的禱告非常有幫助。除了神秘學、國家和宗教方面的需求之外，他們也喜愛數字和模式本身，阿拔思人沉迷於數學帶給他們的完美感受。

為了獲得地球周長的精確數字，哈里發馬蒙派遣測量員進入沙漠地區，測量太陽的高度。這些測量員被分為兩組，分別往相反的方向前進，一路測量，直到結果顯示他們已經走完一個經度。直到九世紀二〇年代，歐洲人或許都無法理解他們在做什麼，更不關心他們為什麼要這麼做。他們對穆斯林測量活動的了解，大概跟南太平洋原住民對庫克船長的六分儀跟望遠鏡的了解差不多。但穆斯林數學家並未閉門造車。在若干年前，也就是西元七七一年，一群印度學者來到巴格達，帶來許多科學著作，包括何謂正弦函數。後來，伊斯蘭思想家進一步發展了正弦函數，並創造了近代的代數學。

穆罕默德．花拉子米是那個時代最偉大的數學家，他可能是烏茲別克人。他改良了數學計算表格，以便展示太陽、月亮和五大行星的精確位置，因此能夠顯示精確的時間。對花拉子米的新研究領域而言，印度的數字系統（也就是今天所說的「阿拉伯數字」）、0的使用，以及十進位小數都至關重要。他對代數頗有研究，在《還原與平衡》一書中，他借助數學表格來證明更古老的幾何學。他的專長也包括二次方程式，對現代的電腦科學也相當重要。

除此之外，阿拔斯帝國還廣泛地翻譯和研究了希臘文和梵文資料，在天文學、醫學、自然科學、工程學、水資源管理和繪製地圖方面也都有所建樹。只有將這些都考慮在內，才能理解這個帝國有多麼先進。這是一個年輕的伊斯蘭國家，一個望向世界的伊斯蘭國家。它不但探索新的領域，虔誠但也十分務實，在知識領域雄心勃勃。這個國家的視野開闊，不但包括撒哈拉以南的非洲、印度和紅海沿海地區，甚至遠及俄羅斯。阿拔思王朝取得的成就影響了一些西方人，他們準備向這個伊斯蘭國家學習，西西里的諾曼國王羅傑二世就是其中一例。但教宗的權力變得越來越大，教宗希望能找到一個共同的目標，他們將伊斯蘭國家的哈里發視為極其邪惡的實行一夫多妻制的異教徒。對十字軍來說，反對某些人的同時又要向他們學習，這顯然是很困難的。如果安達盧斯不存在，那麼這些寶貴的知識或許就不會在接下來的幾個世紀傳入歐洲了。

儘管迅速地擊敗了西班牙的西哥德貴族，並將信仰基督教的統治者圍在半島北部一個狹小、潮濕、多山的角落裡，但這些伊斯蘭征服者從來沒有完全穩固。西元一四九二年，格拉納達王國——摩爾人在西班牙的最後一個立足點——被攻陷。從八世紀到格拉納達王國滅亡，安達盧斯的政治史裡充滿了王朝紛爭、叛亂、入侵和改朝換代的大場面，這與歐洲其他地區沒有什麼區別。從很早的時候開始，北非的宗教狂熱分子和維京入侵者所構成的威脅就比來自北方基督徒的挑戰更嚴重。此外，柏柏爾人也有幾次叛亂成功——在阿拉伯人領導的軍隊中，柏柏爾的部落男子佔有很大比例。

那位出逃的伍麥亞王子名叫阿卜杜・拉赫曼。他從北非出發，率領一小支軍隊進兵安達盧斯，並在那裡建立了一個王國。西元七五六年，拉赫曼在哥多華宣佈自己成為「埃米爾」（Amir），「埃米爾」就是國家的統治者。在鎮壓作亂的阿拔思人時，拉赫曼砍下他們的頭顱，將這些人頭浸在鹽水裡，送回巴格達。這顯然是宣佈獨立的有效手段。阿卜杜・拉赫曼一世在位三十三年，他將半島劃分成幾個區域以便管理，打造一支強大的軍隊（是由奴隸組成的，其中許多人是基督徒），並在哥多華修建一座漂亮的都城。哥多華如今還看得見拉赫曼一世建造的大清真寺，只不過中間硬塞了一座像婚禮蛋糕一樣的哥德式教堂。這座清真寺有世界著名的拱廊森林，由許多米黃、粉紅相間的石造拱門構成，本身就是安達盧斯的完美隱喻。雙層拱門是模仿古羅馬的建築，遍佈西班牙的水道也更是如此，但這造成一種效果，令人想起記憶中遠方沙漠中搖曳的棕櫚樹，一塊古典世界的綠洲。這座清真寺的舊址原本是基督教堂，但穆斯林統治者也給了基督徒其他可以興建教堂的地點。儘管這是一座典型「穆斯林」風格的建築，但內部的馬賽克裝飾卻是出自拜占庭工匠之手。相互敵視的信仰在這座建築展開了一段複雜的對話。

這個由外來者建立的王國始終是多元的。當地的大多居民仍然是基督徒，但後來逐漸改宗伊斯蘭教，因為如果不改變信仰的話，就要繳納特殊的人頭稅。當時，西班牙的基督徒被稱為「莫扎勒布」（Mozarabs），他們在伊斯蘭國王的統治下過著平靜的生活；那些新皈依伊斯蘭教的人被稱為「穆瓦萊迪」（Muwallads）。一些穆瓦萊迪認為自己受到了阿拉伯人的蔑視，因而特別具有反抗精神。隨後，在伊本．瑪爾萬的領導下，穆瓦萊迪發動了一場長期而血腥的叛亂。瑪爾萬是個具有個人魅力的強盜頭子，後來又重新皈依了基督教。猶太人的待遇一般比任何一個基督教王國來得更好。奴隸也可以在哥多華的官僚系統中步步高升。女性基督徒可以嫁給穆斯林為妾（這使事情變得更加複雜），結果一些最有權勢的埃米爾都長著略帶紅色的頭髮和一雙藍眼睛，他們看上去更像是歐洲人，而不是阿拉伯人。

這是一塊五方雜處的土地，也是一塊充滿欺騙的土地。基督教王國在發生長期爭鬥的時候，會向穆斯林統治者尋求支持；穆斯林也會和基督徒結成聯盟。如果報酬夠好的話，甚至連熙德（El Cid）這樣的基督教英雄有時也會為穆斯林統治者而戰。西班牙的中部和南部散落著許多基督徒和摩爾人修建的城堡、防禦工事和荒廢的要塞，這說明了這是個狂野的邊境國家，但其背後意義遠比天主教與伊斯蘭教間的對抗要複雜得多。

當安達盧斯發展到鼎盛的時候，對於地處歐洲北部貧窮、混亂的王國來說，這個伊斯蘭國家無疑是輝煌的鞭策。哥多華成了當時世界上最大的城市之一，那裡有一座大型圖書館，館藏圖書超過四十萬冊。相比之下，當時就連最重要的基督教修道院也不敢吹噓自己有這麼多藏書。在阿卜杜．拉赫曼三世——後伍麥亞王朝最偉大的統治者—的統治下，哥多華出現了數百個公共浴室和極佳的供水設施。但與此同時，即便是最尊貴的基督教國王，身上也散發著臭氣。在哈卡姆二世執政時期，這位統治者希望將哥多華打造成足以匹敵巴格達的知識中心。因此，他聘請了許多專家，特別是那些會使用星盤的專家。星盤是一種漂亮、精緻的儀器，可以用來測量太陽、月亮和星星的角度，知道了這些天體的角度後就可以推算出人所處的經度位置。星盤由希臘人發明，後來在伊斯蘭世界成了一種應用廣泛的簡單測量工具，從占星學到建築學，幾乎每件事都會用到星盤。當穆斯林的知識傳到歐洲北部地方，星盤也成了新式自然科學的象徵：許多人都為星盤的出現歡欣鼓舞，喬叟就是其中之一。

儘管安達盧斯已經成為獨立的王國，但麥加朝覲和永不停息的貿易不僅將地中海的兩端緊密地結合在一起，而且確保了哥多華的聲望。拉赫曼修建的巨大宮殿和城堡讓基督教世界（如巴黎、羅馬和君士坦丁堡）以及伊斯蘭世界（如開羅、巴格達和大馬士革）來參觀的使者都感到驚奇。哥多華的街道是由石頭鋪成，非常乾淨，而且晚上還有照明。人們可以在哥多華的圖書館裡接觸到當時最尖端的思想，這些圖書館促進了數學、占星學、語法學和天文學的發展。

後來當這個哈里發國家走向衰落，穆斯林西班牙分裂成許多相互敵視的小國，這些小國又被稱為「泰法」（taifas）。儘管如此，那些學問和專業知識還是被保留下來了。今天，我們最容易見到的是設防牆和壯觀的城堡遺跡，這些景觀見證了西班牙幾個世紀的邊界變遷和宗教戰爭。但阿拉伯人還帶來了更重要的東西，其中包括對水產養殖、灌溉和水車的正確知識。一些從近東和印度傳入的新作物則在西班牙南部滋長，例如茄子、桃、杏、柳丁、檸檬、瓜類植物、梨、棉花、稻子，甚至還包括葡萄園。隨後，柏柏爾人入侵，終結了混亂的泰法時期，並建立起穆瓦希德王朝，但這個王朝比以往的政權更加嚴苛。儘管如此，安達盧斯仍然有許多在歐洲聲名卓著的大思想家。其中包括伊本·魯世德，基督徒又將他稱為阿威羅伊（Averroës）。伊本·魯世德生活在哥多華，他是法官，也是律師。他是當時最重要的伊斯蘭思想家，也是研究亞里斯多德的專家。另一位則是猶太人摩西·邁蒙尼德，他既是物理學家和哲學家，也是《迷途指津》（Guide for the Perplexed）一書的作者。

當時，一些激進的思想家對宗教上的正統觀念提出了挑戰，這引發了一場哲學上的大辯論，震動了整個伊斯蘭世界。這場辯論是由波斯人阿維森納（Avicenna）引起的，他試圖將宗教信仰與亞里斯多德的理性主義哲學結合在一起。從十一世紀二〇年代起，阿維森納開始著書立說，他將遙遠但永恆的造物主和複雜且有因果關係的日常世界區別開來。如此，他覺得就能夠認識和了解日常界的本來面目。他認為，造物主僅僅是創造這個世界，然後就放手讓這個世界按照它自己的軌道發展，人類能夠發現世界運行的規律。

這種說法吸引了求知欲強的人和信仰虔誠的信仰者。按照阿維森納的觀點，造物主是消極的，是疏遠人類的，但這種觀點違背了伊斯蘭正統思想家的主張。在後者看來，真主一直在忙於主宰世界上的各項事務。在這些正統思想家中，最著名的是嘎札利（al-Ghazali）。他在十一世紀後半寫了一本書反擊阿維森納，書名頗為響亮：《哲學家的矛盾》。不過，他也受到阿威羅伊的攻擊。阿威羅伊認為存在兩個不同的世界：一個是游離於時間之外的永恆世界，真主就存在於這個世界中；另一個則是時間推移、存在因果關係的世界，這個世界雖然五光十色，但也臭氣熏天，亞里斯多德闡釋的就是這個世界。與阿維森納相似，阿威羅伊也為人類的理性和探索創造了一個空間——這個空間彷彿是真主所創造的宇宙中的一個泡泡，在這個泡泡裡，啟蒙思想可以茁壯地成長。對於那個時代的世界來說，沒有哪個命題能比這個論辯更加包羅萬象。只有這樣做，才能讓希臘人在第一個理性時代留下的思索、哲學遺產，在亞洲和歐洲的猶太教、基督教和伊斯蘭教信仰中重新煥發生機。這思想促使人們重新思考，如同戰場上的吶喊，提醒人們不要將一切都被動地歸因於真主的意志。阿威羅伊認為這是一場個人的挑戰。這是個激烈的論點。阿威羅伊的其中一本重要著作，就是在反駁嘎札利的觀點，書名更是漂亮：《矛盾的矛盾》。

儘管安達盧斯哈里發贊助阿威羅伊激進地思考問題，但是他做得太過火了。阿威羅伊於西元一一九五年被驅逐出哥多華，著作也遭到焚毀。但他的著作已有拉丁文譯本，後來隨著基督徒攻佔穆斯林的軍事要塞，大大影響了西方世界。歷史學家喬納森・萊昂斯認為，他給了歐洲「一種純粹理性主義的哲學方法，永遠地改變了西方的思想面貌。這使得阿威羅伊領先笛卡爾將近五個世紀……在西方，他是近代哲學創始人的傳統候選人」。[7]與阿威羅伊並列的還有阿維森納和摩西・邁蒙尼德。邁蒙尼德是一位安達盧斯猶太人，他也採取了類似的激進叛逆觀點，他認為在「泡泡」空間中，人可以理解和爭辯。他們應該像伏爾泰、休謨或孟德斯鳩那樣，在人群之中享有大名。

西元一〇八五年，基督徒從穆斯林手中奪得了托雷多。在那裡，他們發現了一批來自哥多華和巴格達書籍和手稿，於是阿拉伯和安達盧斯的哲學思想流入了基督教世界。緊接著，僧侶和譯者也參與了這場思想傳播。學者們——如牛津的鄧斯・司各脫——向基督教聽眾介紹了阿威羅伊和亞里斯多德。在巴黎和那不勒斯，偉大的基督教思想家湯瑪斯・阿奎納借鑒了他的辯論風格，但阿奎納對亞里士多德的看法與阿威羅伊並不一致。他發現這個安達盧斯人能帶給人們重大的啟發。後來，身處佛羅倫斯的但丁也接觸到了這股來自伊斯蘭世界的思潮。這批早期推崇亞里斯多德的基督徒感受到了來自教宗和主教的阻力，就像阿威羅伊和邁蒙尼德承受了來自哈里發和伊瑪目的壓力一樣。在伊斯蘭世界，學者們就造物主的本質和人類能在多大程度上理解自然展開了爭論；另一方面，在位於巴黎、波隆納和羅馬的歐洲大學裡，教師和學生之間也進行了類似的辯論。

歐洲正在覺醒。現在，伊斯蘭世界的天文學知識和數學知識同時傳播到了基督教世界，影響了之後的歐洲思想家，如哥白尼和斐波納契。這種知識傳播為歐洲的文藝復興鋪平了道路。在文藝復興之後，歐洲又開始了啟蒙運動。如果沒有安達盧斯，歐洲的思想運動未必會發生或發生的那麼早。伊斯蘭西班牙開始走下坡，並最終瓦解，這不僅是因為摩爾人的墮落——太多的浴室、太多的雪酪，也是因為一個更加現實、更加常見的原因，那就是政治分裂。起初，阿拉伯人之所以能推翻西哥德人，是因為西哥德的統治者自相殘殺；但現在，安達盧斯也發生了同樣的慘劇。埃米爾原本是國家的宗教權威和道德權威，但血統的混亂和叛亂動搖了埃米爾的地位。新一波的入侵者從北非來到西班牙，他們奉行更加嚴格的伊斯蘭教教義，重建了當地的秩序，只有他們自己才能挑戰自己，只有他們自己才能將自己置於死地。當新的千禧年開始，伊斯蘭世界的每一次分裂和動盪都意味著北方的基督教國家又獲得了一次崛起的機會。

維京人的河流

俄羅斯的政治史要從一條貿易路線和一個終日擔心受怕的民族說起。斯拉夫人主要從事農業和畜牧業，他們居住在現在俄羅斯的南部地區、東歐地區、烏克蘭、黑海北部和裏海西部。拜占庭歷史學家在六世紀中的一次提到他們，將他們說成是一群貧苦的村民和原始戰士，說著一種粗野、令人費解的語言。但斯拉夫人並不是另一支跨越歐亞大陸，向西遷徙的遊牧民族。考古發現說明了他們擁有修築在山上的要塞、鐵犁和陶器。他們在肥沃的黑土地上耕種，狩獵大量獵物，在湖泊和河流中捕魚，他們有能力度過異常寒冷的冬天。然而，儘管近代的民族主義史學家努力研究，但早期的斯拉夫人仍相對神秘。

斯拉夫人經常發生內鬥，一波一波到來的遊牧民族——例如跨越亞洲向西推進的匈人和保加爾人——也會使他們受到傷害。在這個時期，當地最引人注目的文化來自可薩帝國。可薩帝國是一個封建國家，在這裡，斯拉夫人可以過上相對安全的生活。在世界歷史中，可薩人（Khazars）發揮了重要作用，因為他們阻擋了穆斯林前進的腳步。在七世紀和八世紀的時候，信仰伊斯蘭教的阿拉伯人跨過高加索山脈，繼續向北擴張。可薩人與拜占庭結盟，阻止了穆斯林對現代俄羅斯和東歐地區的征服。如果沒有可薩汗國，日後俄羅斯或許就不會發展成為一個國家。可薩的領導者希望找到一種更加先進的宗教來取代他們的古老信仰（這種古老信仰包括儀式性地殺死失敗的統治者），於是他們皈依了猶太教。可薩帝國在文明世界的邊陲存續了六個世紀。在這個王國的偉大軍事領袖中，至少有一位是女性。即便他們如此吸引人、不尋常，而且十分重要，但在他們的文字和文化能被適當保留下來，或能被現代人理解之前，就已經開始衰落。於是，可薩成了世界上最令人好奇的失落文明之一。

擊敗可薩人的民族聲稱，他們是受請託來保護斯拉夫人免受部落內戰以及外來入侵者的傷害。這聽來就像是古代的政治宣傳，但很可能是真的。無論如何，這個擔心受怕的民族——如果我們可以這樣稱呼的話——發現自己已經由這些來自北方的陌生人所統治。

斯拉夫人的居住地有個巨大的優勢：一條河川水系。這條水系四通八達，將繁華、富庶的拜占庭和近東地區，與生活在斯堪地那維亞半島和北歐的農耕民族和狩獵民族聯繫在一起。順著河流向北，他們可以得到穀物、酒、黃金、白銀和奢華的布料；順著河流向南，他們可以得到毛皮、奴隸、琥珀、木材和蜂蜜。便捷的水路交通催生出城市中心。商棧、築有防禦工事的城鎮，然後是城市開始出現在聶伯河、伏爾加河及其支流。這有點類似美國中西部各州的發展歷程，城鎮都聚集在高速公路和鐵路旁。而俄羅斯的起點則是河流。

這些外來者被稱為「羅斯人」（the Rus），俄語中又將他們稱為「瓦蘭吉亞人」（Varangians）。他們更常見的名字是「維京人」。維京人是戰士兼水手，也是農民，原本住在今天的挪威、瑞典和丹麥。自西元八世紀起，他們開始向外大舉遷移。維京人的探險家、商人和入侵者進入了世界其他地區，這是歐洲人第一次向外擴張。他們先是前往遙遠的地方，並試圖在那裡定居，但卻以失敗告終，包括北美的「文蘭」和格陵蘭；但在另外一些歐陸沿海地區，他們成功地定居下來，這些地方包括英國東部的部份地區、冰島和法國北部地區。他們的後代被稱為「諾曼人」。諾曼人在西西里建立了王國，並征服了盎格魯─撒克遜人的英格蘭。在英國這個混血國家的創建過程中，斯堪地那維亞人發揮了關鍵性的作用；而在同為混血國家的俄羅斯創建過程中也是如此。儘管其他的入侵者──尤其是蒙古人──也對東歐平原產生了巨大影響，但除了維京人之外，沒有證據表明其他民族是俄羅斯的實際建立者。

維京人經常駕駛平底商船順流南下，但過了很長時間之後，他們的活動範圍才穿過東歐平原，最終到達黑海。他們用以跨越海洋的著名維京長船同樣展示了高超的造船技藝。這種海船使他們能夠突襲歐洲沿海地區的修道院和城鎮，也能夠順著河流航行，到達別人到不了的地方。

俄羅斯的主要水系充滿了各種障礙，例如瀑布、激流和藏在水下的岩石。這意味著船隻需要左躲右閃，避開水流湍急的區域。基輔南邊的瀑布群是最難逾越的障礙，在長達四十英里的河道上，如刀刃般鋒利的石頭緊密排列，阻斷了河水的流動：維京人給它們取了很多名字，例如「不可通行」、「兇險無匹」、「洶湧」和「浪濤大軍」。[8] 然而，在劫掠芬蘭以及與其貿易的過程中，東邊的維京人──主要來自今天的瑞典及其主要島嶼──已經體認到，他們的船其實十分輕便，能夠攜帶著穿過陸上的屏障。因此，他們可以到達別人到不了的地方。從九世紀五〇年代開始，維京人從北方的拉多加湖出發，順著河流向南方和東方進發，並在沿岸各處建立起一個個定居聚落。

維京人向東南方航行最遠到達今天的阿富汗境內，那裡有一個富庶的穆斯林聚落，擁有巨大的銀礦礦藏，很有貿易的潛力。對於維京人來說，拜占庭則是「密克拉迦德」（Miklagard，意思是「偉大的城市」），充滿無數的好貨。拜占庭的故事容後再說，先注意俄羅斯歷史相關的內容，即早在西元八三八年，維京人就已經到達了這座「黃金之城」。之後，他們曾兩次襲擊君士坦丁堡，但帝國的艦隊用神秘的「希臘火」（Greek fire）擊退了他們。最後，他們逐漸習慣了與這個國家進行友好貿易。拜占庭允許他們結隊進入君士坦丁堡交易，但人數不得超過五十人，而且不能攜帶武器。後來，由於維京人驍勇善戰，拜占庭皇帝開始招募他們加入皇家衛隊，即著名的「瓦蘭吉衛隊」。他們在所到之處刻下盧恩文字。時至今日，這些文字仍可散見於地中海東部地區。

與此同時，維京人在北方的聶伯河和伏爾加河沿岸地區逐漸成為外來統治階級。根據他們自己的傳說，在西元八六二年前後，斯拉夫人要求三個瑞典兄弟留下來，於是當地出現了一種新的統治形式。《往年紀事》是一部記載羅斯人事蹟的編年史，又被稱為《古羅斯第一部編年史》，作者是一名僧侶，於十一至十二世紀間住在基輔一座漂亮的洞窟修道院裡。寫作的素材很可能是取自一些鄉間野史。按照這部編年史的記載，當地人「沒有法律，部落之間經常發生爭鬥」，於是他們告訴羅斯人，「我們的土地很遼闊，也很肥沃，卻沒有秩序。所以請你們來統治我們吧」。[9]

但這裡有幾個問題。首先，維京人為什麼會背井離鄉，冒險前往遙遠的地方？有什麼證據表明他們就是建國者？畢竟，對於西歐人來說，維京人是令人恐懼的異教掠奪者，沒有法律，也沒有仁慈心，簡直是貪婪的海上野獸。英格蘭人向上帝祈禱：「主啊，請保護我們，使我們免受北方人的蹂躪。」許多現代歷史學家認為，人口飽和是維京人向外擴張的重要原因，人口問題導致的擴張在世界歷史上屢見不鮮。在羅馬帝國即將終結的時候，地球進入了溫暖期，於是如之前所述，自然條件相對嚴苛的北方地區，在農業上變得更加成功。而這成功使北歐地區在不久的將來出現了人口瓶頸。自從上一個冰河時代結束後，農業和漁業的聚落就一直生活在今天的丹麥、挪威和瑞典。那裡的人們發現，男孩的數量越來越多，但耕地的面積卻不會相應增加。維京人的傳統是以長子為先。因此，如果留在家鄉的話，過剩的年輕男性將毫無前途可言。

從事捕魚和地方貿易長達數個世紀，加上擁有充足的林木，使維京人練就了出色的航海技術。因此，他們必然會萌生念頭，想要渡過看似無邊無際的「鯨路」（代指海洋），冒險前往遠方。維京人是強大的戰士，殘忍而無情。但在八世紀的時候，這種特質並不稀奇，尤其那些遠離家庭，全部由男性組成的軍事團體更是如此。維京人不全是斯堪地那維亞人，其中也包括芬蘭人、蘇格蘭人、日爾曼人和威爾斯人。[10]在人們的印象中，他們比撒克遜人、法蘭克人或勃艮第人還壞，但這僅僅是因為維京人打劫的效率更高一些。事實上，這些軍事團體很快就定居下來，不但娶當地的婦女為妻，也學習當地的風俗習慣。否則他們也無法在那麼短的時間內，在英格蘭北部地方、法蘭西和地中海站穩腳跟。這些擁有血腥神話和龍頭戰船的「狂暴戰士」已經逐漸本土化。他們有些人成了諾曼第公爵，有些人則成了英格蘭的國王。

維京人的東邊分支成了俄羅斯人。在前來統治斯拉夫人的三兄弟中，留里克（Rurik）是年齡最大的一位，他或許是半神話人物，但他創建的王朝卻延續了五百年。早期的編年史並不完整，但留里克的兒子伊戈爾（Igor）確實存在於歷史之中。九四一年，伊戈爾率領一千艘船襲擊拜占庭，卻以失敗告終。在羅斯人中，他的妻子奧爾加（Olga）是第一個皈依基督教的人。丈夫死後，奧爾加開始掌權，並前往拜占庭接受洗禮。在奧爾加執政時期，基輔逐漸改頭換面，從小木屋、工坊、倉庫雲集的貿易集市，變成了皇家基督教要塞，融合了瑞典的武士風俗與從可薩人和拜占庭人那裡學來的新思想。[11]

南方貿易的大宗是奴隸、猛禽和毛皮。穆斯林鑄造的銀幣早已流通於瑞典的貿易市鎮，特別是哥特蘭島。但隨著阿富汗的銀礦開採殆盡，基輔的經濟也一步步走向崩潰。奧爾加的兒子－他拒絕接受基督教的洗禮－先是攻擊可薩人，之後又將矛頭對準了拜占庭，導致了災難性的後果。這對俄羅斯的早期歷史至關重要，因為他的一個私生子弗拉基米爾（Vladimir）先逃到了瑞典，然後帶著大隊人馬回國幫助父親。在北方的貿易城鎮諾夫哥羅德站穩腳跟後，弗拉基米爾順著聶伯河南下，佔領了基輔，殺死他同父異母的兄弟，成了羅斯的統治者。

弗拉基米爾為自己豎立了一座巨大、威風的塑像，從高處眺望他的城市，藉此自我神化，但他終究是崇拜偶像的異教徒，對待婚姻的態度也不符合基督教義（一位編年史家描述他與人私通不知節制）。他早期的成功主要是靠掠奪部落和城鎮，並將各地的貢金帶到基輔。但在敗給信奉伊斯蘭教的保加爾人之後，弗拉基米爾於十世紀八〇年代決定自己要信奉宗教。但在各式各樣的一神教中，他並沒有想好要皈依哪一個。因此，據說他召集了西方天主教、東方東正教、猶太教和伊斯蘭教的代表，讓他們在自己的面前辯論。根據傳說，這位瑞典武士國王排除了伊斯蘭教，因為他被伊斯蘭教堅決禁酒的主張嚇壞了。但這則傳說可能是杜撰的。最後，他選擇了東正教，這是一個意義重大的決定。按照編年史家的說法，他派往拜占庭考察的使者對他頗有影響。這些使者在報告中盛讚了君士坦丁堡聖索菲亞大教堂的富麗堂皇：「我們已經搞不清自己是在天堂還是人間了。」[12]

拜占庭帝國雖然富有，但政治處境危機四伏。當時，保加爾人的叛亂讓拜占庭皇帝巴西爾二世焦頭爛額，急需維京人的幫助。於是雙方達成協議，其中一項條款是，巴西爾要將二十五歲的妹妹安娜·波爾菲羅格尼塔送到遙遠的基輔，嫁給弗拉基米爾（成為他最新一任的妻子）。對這位高貴的公主來說，這樣的命運似乎極為醜惡，但這計策奏效了：在六千名維京戰士的幫助下，拜占庭的軍隊擊敗敵人。安娜公主跨過黑海，順著聶伯河來到基輔，與弗拉基米爾完婚。弗拉基米爾受了洗，並選擇「巴西爾」為教名，這主要是為了向他的新朋友和大舅子—拜占庭皇帝巴西爾二世表示敬意。之後，他下令推倒基輔人膜拜的主要偶像，將其拴在馬匹身後慢慢地拖行，並用棍棒象徵性地擊打，最後拋入河中。其他的偶像也都被擊碎，代之以聖徒的形象，教堂也在那些地方建造起來。

羅斯人的土地上早就有基督徒。但自從統治者改變信仰後，便出現了皈依基督教的運動。

弗拉基米爾從拜占庭請來工匠和石匠，為他修建一座裝飾華麗的石造教堂，後來他和妻子就埋葬在這座教堂裡。此外，他也請來僧侶和文人，並在基輔周圍修築了巨大的防禦工事。修道院和教堂拔地而起，這些木造建築擁有許多塔樓和洋蔥形屋頂，它們吸收了希臘建築和拜占庭建築美輪美奐的藝術風格，並將這種風格提高到新的層次。俄羅斯的城市典型樣貌如彩繪木造建築、克里姆林宮式堡壘和鍍金的圓形屋頂等，就是創始於弗拉基米爾和基督教城市基輔。從此以後，羅斯人的聚落由各條大河往外擴散，向未開發的部落領地進發，俄羅斯漫長的建國過程也由此開展。經過與斯拉夫人和其他民族融合後，瑞典人變成了俄羅斯人，異教徒變成了基督徒。這個生活在聶伯河與伏爾加河上的民族皈依東正教，接受了香氣熏人、令人著迷的禮拜儀式，以及眼光悲傷的聖母瑪利亞塑像。單一家族對基輔羅斯進行著統治。有一天，這個家族將效仿拜占庭對凱撒的崇拜，將自己稱為「沙皇」。以貴族——也稱「波雅爾」（boyars）——為主的俄羅斯官僚系統也開始成形。

當基輔羅斯發生這些變化的時候，諾曼人也止在英格蘭建立統治。這兩個地區有著相似的歷史進程：先是征服，然後同化。撒克遜人和斯拉夫人都使諾曼人發生了變化。在這兩個地區，血腥的王位之爭持續了數個世紀。但與此同時，城鎮慢慢地發展壯大，商人變得越來越富有。因此，無論是英格蘭還是俄羅斯都遠遠超越了維京人的老家。就如同他們信奉的古老神祇，諾曼人也會改變自己的模樣。

馬利帝國與曼薩・穆薩

如同俄羅斯一樣，穆斯林擴張的成功與失敗深深地影響了非洲的歷史。撒哈拉以南的西非和東非沿海地區有許多文明—它們都以城鎮為基礎，因此文明一詞當之無愧—都是在穆斯林商人和冒險家的影響下成形。

當拜占庭受到穆斯林步步進逼，羅斯人也正逐步擴張版圖的時候，西非則由一位人稱曼薩・穆薩的國王所主宰。「曼薩」（Mansa）在當地語言中即為國王之意。他的財富多到令人不可思議。西元一三二四年，穆薩到訪開羅，隨後赴麥加朝覲。他沿途發送黃金當贈禮，結果引發金價大跌。在歐洲，穆薩也是個知名人物。在一本加泰隆尼亞的地圖集中，穆薩被描繪得像個歐洲國王：他坐在王座上，頭戴金冠，手裡拿著一個寶球和一支權杖。當歐洲人手裡沒有多少黃金的時候，他的馬利帝國非常出名。儘管非洲有許多神話，但這並不是個神話。一位非洲近代歷史學家認為，「與歐洲任何一個基督教政權相比」，穆薩的帝國「都要更加強大，組織更加嚴密，甚至更有文化修養」。[13] 或許這種說法有誇大的成分，但並不過分。

然而這也引起許多重要問題。當時，撒哈拉以南的非洲究竟是什麼模樣？是否還有其他我們知之甚少的帝國？如果曼薩・穆薩真的是足以比肩基督教君王和阿拉伯哈里發的君主，那麼為什麼非洲沒能繼續發展出更加強大、更加成熟的文明，來與歐洲抗衡呢？

要回答這些問題，我們需要回到遠古時代，因為非洲的發展歷程涉及氣候、礦產和運氣。在史前時代，撒哈拉地區並不是沙漠，而是一片濕潤、富饒的大草原。那裡有許多動物，是許多大河的發源地。我們在洞穴壁畫看到了長頸鹿和鱷魚。這說明了，在幾千年之前，那裡是個狩獵的好地方。直到大約五千年前，撒哈拉地區才開始變得非常乾旱。那裡出現了一大片乾旱區，其面積與現代美國大致相當，這片乾旱區影響了許多社會。它將生活在地中海和近東地區的民族與生活在撒哈拉以南非洲的民族隔絕開來。事實證明，一望無際的炎熱沙漠所發揮的阻隔作用，並不亞於寒冷的海洋。在撒哈拉北邊，人們正在書寫著歷史；但在撒哈拉的南邊，按照現有史料的記載，卻是一片沉寂。

在撒哈拉以南的非洲，大多數動植物都不容易馴養或栽培；同時，繁多的獵物和野果使人們無需積極墾殖。考古則填補了文字記錄的空白，並明確指出，非洲的文明也如同其他地區，正在快速發展。到西元前二〇〇〇年前後，西非氣候濕潤的地區很可能已經出現了農業革命，範圍及於撒哈拉邊緣，包括查德湖、塞內加爾河與尼日河周邊。西元前八〇〇年左右，該地區出現了鐵製品和雕刻。因此，儘管與歐亞大陸相比，西非地區的狩獵—採集時代結束得比較晚，但毫無疑問，那裡的發展階段與法國或土耳其並沒有什麼區別。該地區的技術新知可能來自埃及及周邊的努比亞人，也可能來自迦太基等地中海城市。他們沒留下甚麼文字記錄，但農民們趕著牲畜穿過荒漠；一小群商人繼續冒著炎熱和乾燥的風險販運貨物，並從大約西元前一五〇〇年起，使用馬車運送貨物。

古希臘人曾記錄下西非戰士駕駛著兩輪戰車，沙漠壁畫中也可見到馬拉戰車。迦太基航海家漢諾（Hanno）曾試圖在非洲西海岸建立海港以利貿易。但當時他使用的是靠划槳驅動的船，而不是後來歐洲人使用的帆船，因此很難到達南端。羅馬人並沒有試圖前往西非地區，但他們聽說那裡住著一群擁有許多黃金的人。[14] 埃及以南非洲擁有城市生活的最早證據來自尼羅河上游，也就是今天的蘇丹和衣索比亞。從上古到十世紀中葉，曾有許多王國和帝國未能留下詳細記錄，例如庫施王國和之後的基督教國家阿克森姆。在阿克森姆衰落後的二百年間，鐵器開始在非洲大陸上傳播。後來，非洲幾乎每個地方都開始使用鐵器，只有兩個例外：一個是居住在森林深處的俾格米人（Pygmy）；另一個是生活在非洲西南部，更加乾燥的大草原的布希曼人。

但自此之後，非洲大部分地區的農業相較於歐洲和亞洲就沒有更大的發展了。這是為什麼呢？一種理論認為這是由於缺少可以拉犁的大牲畜。非洲的氣候與疾病因素令馬或牛難以生存。這些大型牲畜在今日能夠存活下來，是因為得到人類更好的保護，免受微生物和肉食性動物的攻擊。非洲大部份地區依靠的是畜牧和小規模種植塊根作物，因此很難創造出足夠的剩餘財富來發展大型社會。但是，也有一些例外。其中一個是辛巴威，這個東非文明用乾石牆來建造宮殿和城鎮。從西元一二五〇年到一四五〇年，辛巴威發展到了頂峰。辛巴威人可能來自馬篷古布韋王國（Mapungubwe）。馬篷古布韋王國位於今天的南非，是由牧人和商人組成的國家，商人主要販運黃金和象牙。他們居住的城鎮已經建有石牆。辛巴威王國建設的郭謨相當龐大。日後歐洲探險家來到此地時，甚至不能相信這個國家是由非洲人獨自建設的。

辛巴威也曾參與非洲沿海貿易，當時在穆斯林主導下十分興盛。在前殖民時期，伊斯蘭教對非洲的宗教和文化影響最大。有證據表明，非洲東海岸的貿易網可以追溯到更早時期，甚至到古典時代：尚吉巴島和坦尚尼亞都曾發現來自希臘、拜占庭和波斯的硬幣。[15]與非洲人進行貿易的外來者可能是南下的庫施人。但事實上，首先發掘（並開發）撒哈拉以南非洲財富的是穆斯林。八世紀以後，阿拉伯人開始襲擊撒哈拉以南非洲，並與之通商。主要路徑有兩條：一條是穿越撒哈拉沙漠，另一條是沿著非洲東海岸南下。阿拉伯人在非洲建立「飛地」，並從那裡掠奪三樣東西：奴隸、黃金和象牙，之後到來的歐洲人要的也是這三樣。在阿拉伯商人記錄非洲歷史之前，撒哈拉以南非洲始終沒有寫成文字的歷史。由於有了這些記載，我們才能發現一些重要的例外，也就是撒哈拉以南非洲西部的幾個帝國。

該地區的突破是馴養駱駝。與馬相似，駱駝也發源於美洲，儘管美洲的駱駝已經滅絕了，進入亞洲的駱駝體型逐漸變大。西元前二〇〇〇年，阿拉伯半島馴養了駱駝，這或許是人類第一次馴服這種動物。考古發現顯示，到西元前七〇〇年的時候，駱駝已經在埃及出現。在古典時代，軍隊用駱駝運輸物資；西元二〇〇年前後，圖阿雷格人借助駱駝的力量跨越了撒哈拉沙漠。駱駝的馱載能力十分出色，在穿越沙漠的旅途中既可以馱人也可以拉車。但這種動物非常難以馴服，也非常難以駕馭。儘管駱駝一年到頭都可以交配，但在野外，它們的繁殖速度非常的慢。早期使用駱駝的人取得了一個重要突破，就是學會為這種牲畜進行人工授精，這有助於擴大駱駝群。有了輔助繁殖技術之後，駱駝成了重要的運輸工具，可以為人們打開撒哈拉以南非洲的大門。駱駝可以滴水不飲下連續走九天，馱載能力是公牛的二倍，牠們很快便擔負起運送大量金屬和布料到撒哈拉以南非洲的任務。

沙漠商隊也販運一種平凡無奇，但在南方很稀少的重要維生物資，那就是鹽。在狩獵—採集時代，人類可以透過獵獲的動物攝取足夠鹽分。然而，一旦開始定居的農業生活，就需要更多的鹽。一來供人類自己食用，二來是為了牧養牲畜。撒哈拉沙漠的地下蘊藏著許多鹽，但鹽礦的工作條件極差，採鹽的通常是奴隸。到西元八世紀，廷巴克圖逐漸發展成為季節性的貿易中心。在此，人們將鹽裝上一種在河道航行的大獨木舟（這種獨木舟今天仍在使用），然後這些獨木舟會將鹽運到非洲的內陸地區。售完帶來的貨物後，來自北非的穆斯林商人會在當地購買黃金，通常是金錠或金末這兩種形式。這些黃金主要來自一個帝國，以及位於其南方的幾個更小、更神秘的王國。現在我們將這個帝國稱為迦納，但這很可能不是它最初的名字。正是因為有了「黃金換食鹽」的貿易，伊斯蘭世界才會注意到西非，也才會記錄下那裡發生的事。

在來自北非的柏柏爾商人和牧人的衝擊下，迦納的政治實體走向了瓦解。柏柏爾人在西非建立了自己的帝國，也就是強大的穆拉比特（Almoravids），這個帝國的勢力範圍曾一度到達西班牙。西元一〇七六年前後，他們向南進發，開始攻擊加納。儘管統治這一地區的時間並不算長，但他們將自己的宗教帶入了西非，而且為一個新帝國的崛起創造了機會。說曼丁哥語的非洲人是這個新帝國的創建者，他們將自己的國家稱為「馬利」或「馬勒爾」（Mallel）。馬利王國是撒哈拉以南非洲有史以來最強大的國家。直到今天，這一地區的農業仍比非洲大陸的其他地區都要發達。更靠南的地方有一片幾乎無法穿越的森林。寬闊的尼日河及其支流成了一條紐帶，將農業興旺發達的灌溉區聯繫在一起。這些河流不但提供了便利的運輸，而且提供了豐富的漁業資源。馬利邊境是富庶的採金區；在這一地區縱橫馳騁的騎兵不但可以維持治安，而且可以拓展國家的疆域。到十三世紀末，這個信奉伊斯蘭教的非洲王國已經相當穩固。它的影響力向兩個方向擴展：一個往西影響住在海岸的非洲人；另一個是向內陸，影響了非洲大陸的核心地區，也就是今天的奈及利亞。

前述的綠洲貿易集市廷巴克圖，現在已經發展為一座皇家城市；更南方的傑內（Djenne）也是如此，這座河畔城市擁有當今世界上最大的泥造建築——一座宏偉的大清真寺。十三世紀六〇年代，當時的國王曼薩．烏利前往麥加朝聖。西元一三二四年，著名的曼薩．穆薩也展開朝聖之旅。他和他的行李運輸車隊花了一年的時間，跨過沙漠來到埃及。曼薩．穆薩和他的皇家儀仗隊進入了開羅。一抵達開羅，他的陽傘、他的財富、他的慷慨大方，以及那些關於他的誇大故事，立刻引來了阿拉伯作家仰慕的目光。到達埃及的時候，穆薩身邊跟著八千名隨從，其中一些人是奴隸。據說，他有一支不少於十萬人的軍隊。除了宗教動機之外，朝聖之旅也是為了提高國王和國家的聲望。事實上，曼薩．穆薩確實做到了，這次朝聖使他名聲大噪。

有許多阿拉伯作家描寫過曼薩．穆薩，來自大馬士革的烏馬里（Al Umari）便留下了生動的描述。他寫道：「這個人在開羅大施恩惠，他和他的隨從在開羅買賣和施捨，開羅人從他們那裡獲得了不計其數的好處。他們花掉了很多黃金，結果導致埃及黃金貶值，金價大跌。」穆薩誇誇其談地講述自己的故事，他告訴開羅的統治者，他征服了二十四座城市，統治著一個富庶的國家，這個國家裡有數不盡的牛、綿羊、山羊、馬、騾子、鵝、鴿子和雞——這或許是真的。但穆薩又聲稱他的黃金來自一種「黃金植物」，這種植物在春雨後開花，它的根是黃金。這或許是因為穆薩並不知道他的財富是怎麼來的，因為他又補充說，另一種「黃金植物」會把它的根留在河邊的洞裡，人們收集它的根，就像在河邊撿石頭或沙礫一樣。穆薩還曾向開羅的統治者表示，他的王國中有許多如花似玉的女孩，他可以將這些女孩送給他，「不用舉辦婚禮，就可以佔有她，就像佔有奴隸一樣」。但對方拒絕了他的提議，並表示對於穆斯林來說，這種行為是不可接受的，「他說：『甚至連國王也不行嗎？』我回答說：『不行！就算是國王也不行！去問問學者吧！』他說：『向真主起誓，我不知道啊。我從此不再做這種事，而且還要徹底禁止這種事！』」[16]

曼薩・穆薩是否真的進行了改革，我們不得而知。但他在位期間（約西元一三一二至一三三七年）確實用其他方式接觸了伊斯蘭世界的其他地區：邀請學者和建築師在他的家鄉修建了許多清真寺。曼薩・穆薩在西元一三五二年或一三五三年去世。他辭世後，當時最偉大的旅行家和作家伊本・巴圖塔從丹吉爾出發，來到馬利，並記錄下了他對這個國家的印象。他發現，這是一個公正、安全、對旅行者十分熱情的地方。在到達馬利之前，他在沙漠中行走了很長一段時間。即便對這位堅定的世界旅行家來說，這也是一段特別煎熬的旅程。有一次，巴圖塔回憶起自己曾遇到一個迷路的人，當時他已經渴死了，躺在地上，「身上蓋著衣服，手裡拿著一條鞭子，在一棵小樹下……水源離他至少有一英里遠」。[17] 還有一次，巴圖塔在河邊方便，這時過來一個當地人，站在他附近，注視著他。這使巴圖塔感到冒犯。原來當時河裡有條鱷魚，這個人是擔心這條鱷魚攻擊巴圖塔，所以好心地站在他和鱷魚之間。

然而，在馬利，巴圖塔再一次受到了冒犯（阿拉伯人認為非洲人的風俗非常粗野，幾個世紀後到來的歐洲探險家也持同樣的觀點）。伊本・巴圖塔希望獲得一些品質上乘的長袍和金錢作為接風的贈禮。但事與願違，新登基的國王只給了他三條麵包、一片煎牛肉，外加一些優酪乳。但他很快就打起精神，瞪大眼睛觀看「蘇丹」富麗堂皇的宮廷，以及衣裝華麗的武裝侍衛、樂師、雜技演員和舞者。

與基督教傳教士一樣，伊本．巴圖塔既受不了非洲婦女赤身裸體——「他們的女僕、奴隸女孩和小女孩在男人面前一絲不掛，甚至連下體也暴露在外面」，又受不了非洲人的飲食習慣——他們會吃腐肉、狗肉和驢肉。但他也欣喜地發現，這個民族非常尊崇《古蘭經》。在做週五的禱告時，馬利的公民都會穿上乾淨的白色衣服。他寫道，這個國家普遍來說沒有什麼「壓迫」的情形，而且非常安全——但奴隸和婦女或許不這麼想。用日後一位歷史學家的話說，「從整體而言……這是一個富裕、興旺、和平、井然有序的帝國，這個帝國有著高效的政府、組織化的通信系統和繁榮貿易。馬利的貿易範圍很廣，向西可以到達大西洋，向東可以到達現代奈及利亞的邊境，向南可以到達森林地區的邊緣，向北可以延伸到沙漠」。[18]

帝國內部，大部份人都從事農業生產，他們種植小米和稻子、牧牛、捕魚。銅和鹽等商品貿易為政府帶來了可觀的稅收，當地還有一種可以用作貨幣的貝殼。伊本．巴圖塔也記錄了馬利的一些問題：蝗蟲的危害，野生動物也時時刻刻威脅著人們的安全。他提到了一種長得像馬一樣的大型動物，這種動物生活在河流中——他所說的應該是河馬。儘管如此，他還是將馬利描繪得像天堂一樣。在馬利的管轄範圍之外，有食人族（他們會吃掉奴隸女孩）、恐怖的鹽礦和銅礦，以及許多極度危險的事物。總之，他的結論是正向的，但我們必須謹慎看待。我們無法確認這些穆斯林旅行家和歷史學家的記載是否屬實，而這些人往往會相互抄襲。[19]

或許，迦納並不是真正「敗給」了馬利，馬利也不是敗給下一個新生的桑海（Songhai）帝國。或許每個西非的帝國都只是單純地不斷擴張人口，當人口飽和，甚至到養活不了的程度時，國家就會瓦解。不過，在馬利面臨到的問題中，有一個世界各國王室也會遇到，那就是王位繼承問題。按照非洲的傳統，有權決定王位歸屬的通常是長老會議，有時是一位女性族長。這種制度或許比僵化的血統繼承制度更合理，因為可以排除掉最愚蠢和最無能的競爭者。但這種制度也會導致嚴重的內部鬥爭，無法在龐大領土的帝國內解決。按照另一位阿拉伯歷史學家伊本·赫勒敦的說法，這種繼承制度通常也選不出什麼好國王。在穆薩之前，有一位馬利國王，「為人頗為愚蠢，經常用箭射殺他的臣民，只為了消遣。因此，馬利人起來反抗他，最終將他置於死地」。[20]（這結局似乎相當公平）。在曼薩·穆薩之後，馬利也出現了一系列的篡位奪權和叛亂。於是，居住在沙漠地區的圖阿雷格人和位於尼日河流域的桑海帝國開始逐漸蠶食馬利的領土。

阿拉伯人創建了統一的伊斯蘭社會，並將這種社會模式推廣到北非和西班牙。相比之下，儘管馬利的統治者前往麥加朝覲，並修建了宏偉的清真寺，但他們從來沒有創造出像阿拉伯人那樣的社會。非洲的本土宗教有著強大的勢力，這是馬利統治者失敗的部份原因。自然崇拜和萬物有靈論可謂根深蒂固，很難撼動，在主要城鎮以外的地區尤其如此。即便到了今天，這些宗教思想在非洲仍然很流行。伊本·巴圖塔發現，在穆斯林禱告者身旁，有一些戴著面具的舞者，面具上繪製了各種圖案，還有人在一旁背誦部落的故事（在他看來，這些故事既冗長又乏味）。甚至連宮廷中也會出現這種情況。這使巴圖塔感到非常憤怒。婦女們覲見國王的時候，仍然是赤身裸體；大臣參見國王的時候，要在自己的頭上撒些灰。[21]這些都不是穆斯林應該做的。而後起的桑海人則是完完全全的萬物有靈論者。根據阿拉伯編年史家的記載，一位名叫穆罕默德·圖雷的穆斯林勇士擊敗了桑海人。當哥倫布起錨出航，準備去尋找「印度」的時候，圖雷正在著手重建原先馬利帝國的樣貌。

但長期的紛爭和分裂同樣削弱了桑海帝國。西元一五九〇年，桑海帝國在摩洛哥軍隊的進攻下土崩瓦解。值得一提的是，與摩洛哥人一同進攻西非的還有一支由基督徒傭兵，由一位西班牙船長率領，用駱駝載著大砲一路馱過沙漠。這場陸上的冒險比得上任何一次跨越大西洋的航行；與在美洲的西班牙人一樣，摩洛哥人也在當地建立了一塊殖民地，這塊殖民地大約居住著兩萬名移民。[22]今日馬利的建築仍然看得到他們留下了影響。但摩洛哥人對西非大地的佔領並沒有持續很長時間，但他們的入侵加劇了當地日益嚴重的政治分裂，一些更小的城邦正在互相傾軋，爭奪這一地區的霸權。其中包括豪薩人（Hausa）與富拉尼人（Fulani）統治的城邦。豪薩人的起源不明，他們的語言不屬於西非語言；而富拉尼人的個子要更高一些，膚色要更淡一些，主要從事牧牛業。與美洲開發的歷史相似，外來入侵者在當地各民族中引發了進一步的破壞和混亂。到此時，大量的微型城邦已經形成，許多來自歐洲的海船正在岸邊出沒。

我們接著會跳到歐洲人販賣非洲黑奴的歷史。然而，我們需要記住一個重點：在葡萄牙人和其他基督教徒到達非洲很久之前，那裡已經有了規模很大、很活躍的奴隸貿易。前述的阿拉伯作家便視蓄奴為理所當然，外出旅行時也會購買奴隸隨行。非洲黑人被帶到北方，在伊斯蘭國家從事一些卑賤的工作。後來，當摩洛哥和伊拉克開始栽植糖料作物，大量的黑奴被販賣到那裡，充當農業勞動力。在曼薩・穆薩結束他的朝聖之旅，返回馬利的時候，一位歷史學家指出：「馬利人非常需要土耳其和衣索比亞等地的年幼女奴，也非常需要閹人和突厥年幼男奴。可見，奴隸貿易是雙向的。」[23]奴隸大多是劫掠而來。在無數小規模衝突中，他們被人抓住，然後再被賣出去。少了先前深厚的蓄奴傳統，之後的大西洋奴隸貿易也不可能發生。穆斯林的蓄奴史與基督教的運奴船相比也不遑多讓。

迦納、馬利、桑海和辛巴威是前殖民時期最著名的王國，但非洲還有許多沒有留下文字記錄的王國。這些王國通常會留下精湛的藝術，暗示著它們曾經擁有高度發達的文化，但如今已被人遺忘。伊費（Ife）文化位於今天的奈及利亞，可以追溯到西元八世紀，其前身諾克（Nok）文化能夠創造出精美的陶像。伊費的約魯巴人（Yoruba）最著名的藝術品則是青銅雕刻頭像。後來，貝寧帝國（Benin）取代了伊費。貝寧帝國從十二世紀一直延續到十九世紀末。在歐洲文藝復興時期，貝寧人為他們的「奧巴」（Oba），也就是國王，製造出了極佳的黃銅鑲板。就連義大利和德意志的工藝大師恐怕也會羨慕貝寧人的技術水準。這些雕刻品的黃銅原料是由歐洲進口，貝寧人則不免以黃金和象牙作為交換。

貝寧王室允許象牙製品出口海外，但將黃銅製的藝術珍品留在國內。西元一八九七年，英國軍隊佔領貝寧。隨後，這些黃銅藝術品流出非洲，歐洲人和美國人爭相目睹貝寧人的技術和美感。大英博物館的館長寫道，乍看之下，「這個意外發現立刻讓我們瞠目結舌。並感到十分困惑，一個完全野蠻的種族怎麼能創造出如此精美的藝術品呢？」[24]但只要看過一小部分非洲社會的木雕（在歐洲殖民時代之前留下的），任何人都會意識到，這些藝術品所展現的技巧與天賦，並不侷限在帝國興衰交替的西非一隅。

在西元一四〇〇年前後，非洲大陸的兩端存在著許多強大的國家，其中包括信奉基督教的衣索比亞，以及許多較小的王國，農業和貿易也比較不發達的王國。早在外來者到達非洲之前，這裡就是一塊充滿遷移、戰爭和政治活動的土地。加上較為艱困的氣候條件，使得以城市為基礎的文明不易發展壯大。產出黃金、象牙以及具有奴隸傳統，也不幸地引來了擁有更精良的冶金技術與帆船的穆斯林和基督徒冒險家。但要不是歐洲人的醫學已發達到足以使他們免受非洲可怕疾病的攻擊，恐怕也很難入侵、瓜分非洲。那麼一來，非洲的發展歷程肯定會有所不同，會更貼近非洲自身的傳統和歷史。曼薩．穆薩也可能是非洲諸多著名君主中的一位，或許是非洲的查理曼或亨利八世，而不是在鏡中稍縱即逝，失落明日的匆匆一瞥。

成吉思汗

這個瘦弱的男孩有一頭略帶紅色的頭髮，幾乎赤身裸體，手裡抓著一張弓。他趴在地上，慢慢地爬向一頭小鹿。他悄悄搭箭在弦，用箭頭指向一個神秘的洞穴，然後將箭射出去。這是一種經過巧妙設計的箭，能發出獨特的尖銳聲響。這聲音引起了小鹿的注意。正當牠感到驚恐的時候，這支箭不偏不倚地射穿了牠的喉嚨。這個男孩沒有父親，而且遭到了眾部落的排斥，因此他和母親只好住在森林裡。這個男孩既大膽，又粗魯，但也十分聰明。他有一種才能，可以洞察別人的內心。不久之後，他和同父異母的兄弟因打獵問題發生了爭執，結果殺死了這位兄弟。儘管這件事發生在文明世界最偏遠的角落裡——那裡沒有建築物，卻有著一望無際的綠色大草原和廣闊的天空——但這個男孩將會撼動並重塑半個地球。他的名字叫鐵木真，人們通常稱他為成吉思汗。

在足以形塑人類歷史的事件中，個人比單一國家更有影響力的情況並不多見。但成吉思汗的生涯確實跨越了大量國家，並影響了世界歷史的走向，這點恐怕無人能出其右。然而假使沒有這個失去父親、在野地裡長大的孩子，蒙古人恐怕不會以同樣的力度跟方向擴張。關於成吉思汗身世的說法多到令人驚訝。就在他去世後一年，一個原本沒有文字的遊牧民族接受並改造了另一種語言，創造出蒙文並寫下第一部著作，其中敘述了成吉思汗的崛起過程。這部名為《蒙古秘史》的著作創作於「鼠年公　月，蒙古人舉辦大會的時候（這次大會於西元一二二八年在蒙古中部地區召開），當時蒙古人正在七孤山安置諸宮」。[25]

在幾千年的時間裡，遊牧民在棕色平原和綠色草原所構成的海洋上遷徙。「畜牧生活」是歷史學者所用的無趣字眼，但他們的生活可並不無聊。這些人生活在一片寬廣的土地上，那裡既沒有山，也沒有沙漠，但也不適合發展農業。儘管他們也從事狩獵和採集，但他們並不是單純的狩獵－採集者。過去人類從狩獵－採集、農業，再一路到城鎮，但他們也不遵照這種簡單直線的發展路徑。

大約六千年前，居住在亞洲大草原上的民族第一次馴服了馬。起先，他們馴養馬是為了吃馬肉。（馬源自於廣闊的美洲平原，但美洲的馬幾乎很早就被人類獵殺殆盡。因此美洲原住民並未發展出跟亞洲類似的牧民文化。）到了大約四千年前，亞洲草原民族學會了騎馬。這使他們可以用車拉著他們的家（用木頭和氈子製成的帳篷），趕著他們的其他動物（包括綿羊、山羊、牛、駱駝和犛牛）逐水草而居。他們從來不在一個地方久待，久到足以使他們開始務農。因此，他們不用石頭或木材建造村莊，也從來沒有修建過一座城市。他們只是輕輕踏過地球的表面，沒有留下什麼可以與其他人類相比的痕跡。

除了那部蒙古人自己寫成的史書之外，用其他文字寫成的歷史對遊牧民族都沒有太多正面評價。這並不令人驚訝：歷史都是由定居民族寫成的，他們懼怕遊牧民族，這並非沒有理由。草原上的人口過剩或饑荒都可能引發移民潮，最終使得這些高機動性的草原民族洗劫或入侵定居世界。

在早期，最著名的例子是匈人，他們擊敗了日爾曼各部落，推動了「大遷徙」。最終，這場大遷徙導致了西羅馬帝國的滅亡。當騎馬的匈人迫近，會引起人們的恐懼，匈人對他們來說就是有如野獸的「他者」，其所作所為悖於定居社會與文明中的一切。六世紀五〇年代，一位名叫約達尼斯的哥德編年史家寫道，匈人是女巫和惡靈的後代，他們「生育了這個野蠻的種族，他們住在沼澤中……是矮小、邪惡、孱弱的民族，他們幾乎不能算是人類。他們沒有語言，但可以發出一種令人生厭、像似人類語言的聲音。這些人——如果我可以這樣稱呼他們的話——長著一個形狀不明的肉球，而不是腦袋；肉球上有針孔，而不是眼睛」。中國受到了匈奴的攻擊，他們和匈人或許屬於同一民族。中國人也有同樣的感覺，他們將匈奴稱為狼、成群捕食的鳥和「兇狠的奴隸」。

但除了累累白骨和燃燒的莊稼之外，遊牧民族的入侵者也留下了其他的東西。西元二〇〇三年，研究者在《美國人類遺傳學雜誌》上發表了一篇論文。論文研究了散佈於歐亞大陸的一千六百萬名男性，結果發現，每二百位活著的男性中，就有一個人有著共同的基因。而這些人的基因來自一個生活在大約九百年前的男性。[26]眾所周知，強大的蒙古統治者留下了重要的遺傳足跡。從冰島到非洲的廣闊區域裡，我們都能找到相關的例子。但在不同地區，遺傳足跡的強弱也不盡相同。研究者們認為最有可能的解釋是，這位超級成功的祖先就是成吉思汗。Y染色體的遺傳標記群與成吉思汗所處的時代和蒙古帝國的擴張範圍十分吻合，因此不太可能有其他解釋。所到之處，這位偉大的入侵者會劫掠戰敗民族的婦女，他並不在意孩子是嫡子還是庶出。但無論這件事帶來多大的影響，也只不過是這個不識字的草原之子表現其超凡力量的方式之一。

成吉思汗統一了蒙古各部落。之後，蒙古人征服中國，建立了元朝。他們毀滅了中亞地區許多高度發展的伊斯蘭城市和社會。他們征服了羅斯人，幾乎佔領了當地每一座重要的城市，基輔羅斯的大公由此成為向蒙古人納稅的臣屬。蒙古人進入歐洲，最遠到達了今天的匈牙利。他們擊敗日耳曼的條頓騎士，兵臨維也納城下，引起一波又一波的恐慌與恐懼。在大約二十五年的時間裡，成吉思汗征服了歐亞大陸上的大片土地。他征服的土地面積比延續了四個世紀的羅馬帝國的領土面積還要大。他創建了世界歷史上最龐大的陸上帝國，儘管並沒有持續很長的時間。若干年後，忽必烈登上了汗位，他對中國產生了深遠的影響。他的第一座都城，上都——英國詩人柯立芝稱之為「仙納度」（Xanadu），即世外桃源——深深地吸引了馬可波羅。後來，忽必烈來到今天的北京，重新打造了這座城市。他成為第一位以北京為首都，統治全中國的皇帝。[27]幾百年後，蒙古人，或稱蒙兀兒人，向南發展，進入了印度。

中國人最終接受了蒙古統治者。按照中國人的標準，元朝是個短命王朝，儘管它重新統一了中國。但蒙古人的到來卻對俄羅斯的發展產生了大影響——包括這個國家的文字、姓名、服裝、食物和稅收系統，並導致俄羅斯人對「亞洲式」統治者產生厭惡。許多俄羅斯人都擁有蒙古血統，例如說家屠格涅夫、詩人安娜·阿赫瑪托娃和作曲家林姆斯基—高沙可夫。金帳汗國下有個叫作卡爾梅克（Kalmyks）的遊牧部落，列寧便擁有此部落的血統，他的臉形帶有一些蒙古人的特徵。[28] 在印度，蒙兀兒帝國的第一位皇帝巴布爾也是成吉思汗的後代。可以說，沒有成吉思汗，就不會有繁榮的蒙兀兒帝國、泰姬瑪哈陵和現代巴基斯坦的出現。

成吉思汗建立了一個軍事帝國，這個帝國改變了中國、波斯、印度和俄羅斯的歷史進程。除此之外，他還在其他方面對世界產生獨特的影響。儘管蒙古人非常殘酷，而且愈來愈暴烈，但他們創建了一個聯結起東方和西方、中國和地中海的國度，這是前所未有的。蒙古帝國建立後，成吉思汗和他的繼任者為南來北往的客商提供一條安全且管理良好的商路。通過這條商路，絲綢和白銀等商品可在歐洲諸國和中國之間流通。歷史學家伊恩·莫里斯更進一步闡述，他認為蒙古人嚴重破壞了偉大的伊斯蘭文化和重要的伊斯蘭城市，如巴格達、莫夫、撒馬爾罕和布哈拉。在蒙古人到來之前，這些都是美麗、發達的城市，是熱鬧的文化和知識中心。這使得地中海地區逐漸後來居上：「因為蒙古人沒有洗劫開羅，所以它仍然是西方最大、最富庶的城市；因為他們沒有入侵西歐，所以威尼斯和熱那亞仍然是西方最重要的商業中心。傳統的伊斯蘭核心地區的發展受到了阻礙……到十三世紀七〇年代，當馬可波羅啟程前往中國，西方的核心已經確定轉移到未受蒙古人衝擊的地中海地區。」[29]

成吉思汗是一個蒙古部落領袖之子，但他的名字則源於一個敵對的部落——韃靼部落，因為當他誕生時，他的父親正好俘虜了韃靼首領鐵木真回到部落。所以，他有了「鐵木真」這個名字。他可能出生於西元一一六二年前後，在一個戰亂頻仍的世界，蒙古各部之間的戰爭永無休止，蒙古人也經常與南方的中國人發生衝突。據說，鐵木真怕狗；在八歲的時候，鐵木真與人訂立了婚約。按照蒙古人的習俗，他要在那個女孩的部族住上一段時間。但在回程的路上，他的父親被敵對的韃靼人毒死了。鐵木真大膽地宣佈，自己要繼承父親的領導權，但蒙古部落並不打算聽從一個九歲男孩的命令，他們拋棄了鐵木真的家族。這個家族包括鐵木真、他守寡的母親訶額侖，以及另外六個孩子，其中兩個是鐵木真同父異母的兄弟。於是，鐵木真一家無處可歸，他們只能在森林中覓食為生：採集野生的洋蔥、種子和草本植物，吃死去動物的屍體，狩獵體型較小的動物。傳說故事說，訶額侖給鐵木真和他的兄弟每人一支箭，讓他們折斷這支箭。他們照母親的話做了。之後，她又將五支箭捆在一起，要他們折斷。但這回他們就做不到了。她想告訴這些被驅逐的孩子，團結就是力量。

據說，鐵木真在十歲的時候殺死了一個同父異母的兄弟。隨後，他被父親的敵人抓獲。雖然他們為鐵木真戴上了巨大的木枷鎖，但他還是設法逃走了。在荒涼的東方，鐵木真的經歷幻化為許多故事，如關於找回被盜之馬的故事和其他種種壯舉。他依靠個人能力，在部族中逐漸取得更高地位，最終成了部落領袖。他娶了與他訂下婚約的女孩，但不久之後她便被敵對的部落擄走（在被俘期間，她可能遭到了強暴）。鐵木真和他的童年夥伴聚集數千名支持者，成功地救回了自己的妻子——這是鐵木真獲得的第一次軍事勝利。他的妻子名叫孛兒帖。儘管擁有許多的妾和年輕女性奴隸，但鐵木真和孛兒帖的感情一直很好。

目前為止，這段故事不過是地方豪強的崛起而已，十分有趣，但說不上重要。而鐵木真的傳奇才剛剛開始。

生活在蒙古大草原上的人分成了若干個相互敵對的群體，如韃靼人、回鶻人、克烈人和蒙古人。他們的組織形式與美洲大西洋沿岸土著民族的血親組織有類似的地方——通過親屬關係聯結成龐大的家族，然後大家族再結成聯盟。成吉思汗的成就在於他找到了一種能夠將草原諸部落融為一體的方法。這些部落融合成了一個單一的民族，他們一起生活，一起騎馬，共同戰鬥——他們已經變成了一捆箭，而不再是一支一支的箭。他從建立精巧的聯盟關係起步，到了西元一一九〇年，已經聯合起所有蒙古人，這可是個不小的功績。其次，他將注意力轉向敵對部落。他與落敗的敵人分享未來的戰利品，給予他們兄弟般的友愛，而不是放逐或羞辱，藉此將長久以來的敵人變為新的部屬。

儘管如此，鐵木真還是要面對漫長而複雜的草原戰爭。他一度近乎失敗，甚至差點死於箭下。他遭遇過許多挫敗，不下於所獲得的成功，但他的勢力範圍穩定擴大。在崛起過程中，有一件事讓鐵木真非常悲傷：他曾經和一位童年夥伴立下誓言，要永遠保持親兄弟般的關係，但這位朋友最後成了他強大的敵人。戰敗後，這個人拒絕納入鐵木真麾下。按照《蒙古秘史》的記載，他說：「恐為汝衣領之虱乎！恐為汝門上之刺乎！」這位偉大的統治者，即將成為成吉思汗的鐵木真，悲傷地答應了他的要求將他絞死。西元一二〇六年，成吉思汗最終降伏並統一了大草原上的各民族，他的崛起即將讓世界大吃一驚。

作為軍事統帥，成吉思汗並不僅僅是用令人生畏的暴行打擊拒絕投降的人。他也引入了一套新的法律系統（隨後頒布了成文法），並向其他民族學習各種知識。他使用間諜網絡、中國的攻城武器和巨大的機械弓，甚至還有以火藥製成的炸彈。在此之前，遊牧民族從來沒使用過這些東西。成吉思汗的第一個目標是黨項人，他們又被稱為「西夏人」。黨項人的帝國位於中國的西北部，面積大約是法國的兩倍。他們有著成熟而先進的文化，印刷技術精良，也有很好的繪畫傳統。成吉思汗幾乎將他們從地圖上抹去。正如一位為他作傳的現代作家所說，這或許是「第一次有記錄的種族滅絕未遂」。[30]

成吉思汗繼續前進，摧毀了一個國土面積更加遼闊的軍事強國，這就是中國的金朝。他佔領了今天的北京，迫使金朝向南撤退。他的繼任者繼續窮追猛打，直到金朝徹底滅亡。成吉思汗的下一個目標是位於中國西部的一個汗國。隨後，他開始進攻龐大的花剌子模帝國。花剌子模帝國有許多防守嚴密的貿易城市，如撒馬爾罕、布哈拉、烏爾根奇和莫夫，這些城市我們之前已經提到過了。戰爭中出現了幾次世界歷史上最恐怖的大屠殺。成吉思汗統率著一支超過十萬人的軍隊，每名士兵都帶著二到三匹馬。現在，這支軍隊又增添了許多中國的攻城武器和奴隸。成吉思汗和他的將軍們跨過崇山峻嶺，向那些綠洲要塞前進。這些城市有引以為豪的地下河道和熠熠生輝的圓頂建築，絲綢和奴隸使它們變得越來越富有。但鐵木真即將把那裡變成地獄。

據估算，在兩年的時間裡，成吉思汗的軍隊殺了一百二十五萬人，當時花剌子模的全部人口大約是三百萬。正如歷史學家約翰・曼所說，這或許是世界歷史上死亡比例最高的大屠殺，「能夠與之相提並論的是黑死病，這場歐洲最大的災難導致百分之二十五至百分之三十的人喪生」。在攻陷這些城市後，蒙古士兵有條不紊地進行了分批屠殺。無論是老人還是青年，軍人還是平民，都死在了他們的刀斧之下。顱骨成堆，血流成河。所有殘酷的手段都留給了那些英勇抵抗的人。撒馬爾罕很快就投降了，但仍然有四分之三的人死於非命。

之後，成吉思汗兵分多路。他自己率軍南下，兵進阿富汗和印度北部。與此同時，他的將軍們揮師北上，進入了信奉基督教的喬治亞王國，於西元一二二一年終結了著名的塔瑪麗女王所開創的「黃金時代」。之後，他們繼續向北進軍，劍指俄羅斯和保加利亞。隨後爆發了幾場重要的戰役，幾名俄羅斯大公慘敗，他們在平台下遭到輾斃，而蒙古將軍則在上面飲宴享樂。這次進攻使蒙古人發現那裡有著大片的肥美草原，可以幫助他們繼續深入歐洲。直到成吉思汗的孫子建立統治，他們才撤了回來。

他們在班師回朝途中破壞了以基輔為中心的俄羅斯基督教文明，摧毀城鎮，驅散百姓。因此，當俄羅斯復興的時候，已經變成了一個斯拉夫國家，國家中心也移到更北方的莫斯科和諾夫哥羅德，這。蒙古人將恐怖與屠殺帶到了每個地方。距此大約七百年前，人們對匈人感到恐懼和厭惡；而今從中國到歐洲，人們也對蒙古人有了同樣的感受。英國編年史家馬修．帕里斯寫道，蒙古人「非常野蠻，簡直就是野獸。他們應該被叫作怪物而不是人，他們嗜血如命，非常喜歡撕碎和吞食狗肉和人肉」。

到了晚年，成吉思汗對精神世界越來越感興趣。於是，他從中國中部地區請來一位著名的道士，請教長壽和養生之道。這聽上去並不尋常，他似乎更關心如何延長他的生命，而不是任何倫理問題——果真如此，那名道士就沒有幫上忙。因為成吉思汗在六十多歲時便辭世了，離世前他再次擊敗了西夏。因為西夏人沒有在中亞戰事中支援蒙古，他們需要為此付出代價。他死的時候，蒙古人即將在中國取得新的勝利。

關於成吉思汗的死，也有許多傳說：有人說他是病死的，有人說他墜馬而亡，甚至還有人說他是遭到王妃謀殺。這名王妃以暗藏的鉗子重傷了他的下體。死後，成吉思汗被秘密埋葬。據說，為了保護他聖潔的長眠之處，每一個參與埋葬過程的人最後都遭殺害。但這個說法跟死於鉗子的傳說一樣不可信。今天，考古學家相信他們已經找到了安葬成吉思汗的那個山谷。或許在數年之內，現代蒙古人就能在那裡獲得驚人的發現。

成吉思汗的繼任者們將蒙古帝國擴張到了極限：在東方，他們佔領了中國和朝鮮全境；在西方，他們擊敗了波蘭人和匈牙利人，包括他們軍隊中的法蘭克人和日爾曼人。那些在亞洲惡名昭彰的屠戮方式也被運用到歐洲。此時，蒙古人已經開始使用火藥和用拋射器發射的炸彈。步步敗退的歐洲人對這些武器既感到恐懼，又不知所措。只要蒙古人有意，肯定能夠佔領德意志、法國和義大利，但內部的分歧卻開始撕裂他們的帝國，於是蒙古軍隊撤回了亞洲本部。此時，他們已經有效地控制了俄羅斯，並要求那裡的大公和城市定期向他們繳納貢物。

蒙古人確實為中亞地區帶來了一段時間的和平，從地中海一直到太平洋，商人和探險家可在歐亞大陸上安全無虞地旅行。成吉思汗本人並不識字，但他卻推動了蒙古文的確立。他對宗教是完全寬容的，無論是基督教徒、穆斯林和佛教徒，還是其他教徒，都可以按照自己的意志從事宗教活動。然而，在和平到來之前，被征服地區遭到了嚴重的破壞，而且要對那些所向披靡的蒙古兵忍氣吞聲。現在，馬可波羅等旅行者的腳下出現了一條條平坦的道路，但人們也為這些平坦的道路付出了沉重的代價——中亞偉大的伊斯蘭文明遭到破壞，中國和歐洲的重要城市也未能倖免。蒙古人有自己的首都，即哈拉和林，所有紀錄都顯示那裡無足稱道。除了將人頭堆成堆之外（他們做這件事非常在行），他們對修建任何建築都不感興趣。蒙古人沒有留下什麼超越自身歷史的重要思想或文學作品，也沒有創造出什麼美好的東西。他們征服了世界上的許多地方，但他們在文化上取得的成就與軍事成就完全不成比例。

但成吉思汗確實改變了這個世界。他在無意之中幫助信仰基督教的歐洲超越了信仰伊斯蘭教的阿拉伯帝國，結束了中國分裂割據的局面。有人試圖將他宣揚為全球主義和自由貿易的早期信徒。在他的故鄉蒙古，成吉思汗是個令人敬畏的民族英雄——在大草原上，有一尊他騎在馬背上的雕像，這是世界上最大的成吉思汗雕像；蒙古的紙幣、山腰和看板上都有他的頭像。但實情是，雖然沒有這個草原男孩的崛起，世界會大大不同，但恐怕會變得比較好。

馬可波羅那張嘴

有些人身邊總圍繞著故事，多得像蒼蠅一樣。旅行家馬可波羅，也是個喜歡講故事的人。據說，當他結束長達二十五年的中國和遠東之旅，回到威尼斯的時候，他和他的夥伴都穿著柔軟光滑的絲綢長袍、帶有毛茸茸的皮草和韃靼服裝。他們已經不大記得自己得威尼斯同鄉，的確，當地人也沒有把他們當成義大利人。但是，當他們撕開衣服縫線的時候，大量的紅寶石和綠寶石從裡面掉了出來。馬可波羅於西元一二九五年返回義大利，然而關於他的故事直到兩個世紀後才逐漸為人們所知。在此之前，他因為自己的誇大之詞而受到人們嘲笑。到了晚年，威尼斯人稱他為「百萬馬可」（Marco il Milione）。「百萬」這個詞或許並不是表示他很富有，而是表示他經常誇大其辭：他動輒使用「百萬」這個詞，「幾百萬」的這個，「幾百萬」的那個。據說，在馬可波羅臨終的時候，他的朋友們慫恿他承認之前所說的都是誇大之詞，這樣在見到上帝的時候，他的舌頭上才不會留下謊言。但馬可波羅回答說：「我說出來的還不到我見過的一半呢！」[31]他或許能成為一名出色的英國小報記者。

或是個成功的小報記者，總之，儘管馬可波羅並非良好的遊記範本，他的蒙古和中國遊記舉世皆知，這些見聞深深地震驚了中世紀的歐洲。他的遊記包括虛構的基督教國王祭祀王約翰，以及他在旅途中遇到的神奇事件和聽說的奇異傳聞。後來那些走上同樣旅行路線的人，也無法理解他所描述的見聞。他說自己在元代朝廷中扮演了重要角色，但這很可能是誇人之詞，因為人們在中國歷史的文獻中並無法找到相關記載。在馬可波羅的時代，中國有許多事物引起了許多外國旅行者的注意，例如長城、筷子、茶葉、婦女的纏足，以及中國人的書寫方式，但這些內容在遊記中都沒有提及。一位曾經到北京訪問的英國學者深入挖掘了中國的原始資料，經過仔細研究，他得出結論：馬可波羅很可能從未到過中國，他不過照抄了其他人的紀錄再加上一些傳聞。[32]

馬可波羅被關押在熱那亞的監獄中時，將自己的經歷講述給一位法語的傳奇故事作家，成書後大為暢銷，因為馬可波羅能夠講述精彩的故事。即便到了今天，這本書仍然能將蒙古人崛起後的世界生動地展現在我們眼前。書中提到的奇異事情，例如中國人使用紙幣，使用一種黑色的石塊作為燃料，都是真實的。在中國地區以外，馬可波羅還講了一些印度人的習俗，這些習俗聽上去十分離奇。例如，崇拜聖牛；寡婦在丈夫的葬禮上自焚；在有些地方，地下會流出一種奇怪的黏稠物質，燃燒這種物質就可以產生熱能。通過馬可波羅，歐洲人第一次聽說了爪哇島、香料群島和緬甸——一個神奇的新世界呼之欲出。因此，毫不令人驚訝的是，當《馬可波羅遊記》——又名《寰宇記》或《東方見聞錄》——於西元一二九八年問世後，這本最初可能由法語寫成的書迅速翻譯成了多國語言，如義大利方言、拉丁語、西班牙語、葡萄牙語、英語和愛爾蘭語等許多語言。這本書激發了歐洲人的想像力。

蒙古人的入侵打通了地中海和中國之間的道路，而且這些道路非常安全。長期以來，穆斯林商人一直是歐亞商路的主宰者。從七世紀開始，來自波斯、埃及和美索不達米亞的水手和商人開始學著借助季風的力量前往印度。到八世紀二〇年代，穆斯林水手最遠到達了中國的沿海地區，他們的到來引起了當地佛教徒的憂慮。西元七五〇年，阿拔斯王朝將伊斯蘭世界的中心遷到巴格達，透過大河可直通波斯灣，貿易因此變得更加繁忙。唐朝是中國最偉大的朝代之一，對外來文化態度非常開放。因此，波斯和阿拉伯對中國的藝術造成了顯著的影響，並隨之擴及到日本。與此同時，傳統的絲綢之路仍然通行，但伊斯蘭勢力與唐代中國在中亞地區的競爭使絲路貿易變得更加複雜。

戰爭和貿易通常是聯繫在一起的。西元七五一年，中國軍隊在今日的吉爾吉斯境內與阿拉伯軍隊爆發戰爭，即怛羅斯之役，結果中國軍隊戰敗。在撒馬爾罕，中國戰俘將造紙術傳授給穆斯林。最後，這項技術傳到了歐洲（然而傳播速度非常緩慢：西元一一八九年，法國才出現了第一家造紙廠[33]）。西元九〇七年，唐帝國滅亡。在之後的五十年裡，政治動盪破壞了貿易系統。但中國的下一個王朝——宋朝——仍然與伊斯蘭世界進行貿易。印度的棉花和染料傳到中國。絲綢、香料和瓷器從東向西傳到更遠的地方。中國人希望從阿拉伯商人那裡得到黃金、奴隸、馬匹、象牙和香料。誠如一部世界貿易史的精彩記述：「在先知穆罕默德去世後的數個世紀中，他的追隨者幾乎將當時已知的全部世界編織成一張貿易網。在這張貿易網中，非洲的黃金、象牙和鴕鳥羽毛可以用來交換斯堪地那維亞半島的毛皮、波羅的海的木材、中國的絲綢和印度的胡椒，以及波斯的金屬製品。」[34]

宋代自西元九六〇年開始，一直持續到一二七九年，蒙古人徹底擊敗南宋王朝為止。這段期間，中國的「中國性」變得越來越明顯：從吃小米和飲酒逐步轉成吃稻米和飲茶。在宋代，中國的瓷藝、繪畫和圖書出版到達了最高水準。同時海上出口貿易也相當繁忙。這是中國文化的黃金時期，一個充滿求知欲和傑出文學的時代。成吉思汗使用的火藥炸彈、拋射火球的裝置和巨大的彈弩都是宋代的發明。這一時期湧現許多優秀的學者型詩人，出現了許多技術創新。與此同時，中國著名的官僚政治也逐漸成形。但宋朝要面對一群來自北方的好戰入侵者。西元一一二七年，帝國的統治者逃離北方地區，並在南方重建了國都。在那裡，他們創造了大約一百五十年的繁榮，並多次打退入侵者。後來，那位厚待馬可波羅的忽必烈最終消滅了南宋王朝。對歐洲人來說，這兩個文明間的慘烈戰爭被隱藏在伊斯蘭世這一道強大且抱持敵意的屏障之後。在這段時間裡，十字軍戰士繼續投身於那場並不成功的聖戰，對抗伊斯蘭世界。因此，當蒙古人建立的汗國為中亞地區帶來一個世紀左右的和平時，他們在長達數個世紀的時間之牆上打開了一扇窗。這時他們發現，中國與地中海世界都不瞭解對方。對馬可波羅時代的義大利人來說，中國人非常神秘，就像羅馬人認為他們很神秘一樣。另一個世界帶來了，由未知技術生產出來的布料不但滑順而且柔軟，輕薄的盤子和碗品質上乘，遠超歐洲人技術所能及。此外，還有關於強大國王的奇異故事。但他們到底是誰呢？歐洲人希望瞭解東方人，有點像地球人希望在月亮上發現生命。而且，受過教育的歐洲人變得越來越好奇且焦急。擅長講故事的馬可波羅因此很有市場，因為他們對資訊永不滿足。

馬可波羅旅程的真偽尚存爭議，但以下的事實卻得到了普遍承認：若干年前，他的父親和叔叔曾經到訪蒙古帝國的首都哈拉和林，這座城市現在已經不存在。他們原本在克里米亞地區進行貿易，但成吉思汗的兩個孫子間爆發了戰爭，這場戰爭迫使他們向東前進。他們是第一批自願前往蒙古人大本營的西方人。忽必烈汗吸引他們到達那裡。在成吉思汗的孫子輩中，忽必烈是最出色的一個。他贏得了一場王位繼承戰爭，成了蒙古帝國中國部份的統治者。從十三世紀五〇年代開始，忽必烈率兵深入中國腹地。他修建了第一個都城，即上都。從西元一二六六年起，他在北京新建了一個龐大的宮廷。

忽必烈在許多方面都比他的祖父成吉思汗更有趣，他放棄了遊牧民族的政治和軍事傳統，轉而接受更加特別的中國統治方式。與成吉思汗相似，忽必烈在宗教問題上也非常開明。他對外部世界的興趣遠遠超過之後那些自滿的中國統治者。在哈拉和林，他的身邊有來自波斯的穆斯林、基督教聶斯脫利派的神父、天主教的神父、一位希臘醫生、一名法國婦女、一個巴黎金匠和一個名叫巴西爾的英國男子。[35]在上都和北京，他使用的工匠和顧問中既有穆斯林，也有漢族。不久之後，北京甚至出現了一座天主教教堂。當忽必烈的軍隊向南推進，發動滅亡南宋的戰爭時，他確實使用了一些外國人設計、操作的攻城武器和巨大的彈弩——馬可波羅聲稱他自己就是忽必烈手下的一名軍事顧問，但這種說法受到廣泛的質疑，至少時間就對不上。忽必烈對投誠的人和戰俘採取了寬容態度，這對滅亡南宋也很有幫助。

據說，忽必烈對外國宗教非常感興趣，他希望馬可羅的父親和叔叔能給教宗帶一封信，信上要求教宗向蒙古宮廷派一百名學識淵博的基督教徒，讓他們幫助當地人皈依基督教。此外，他希望得到一些來自耶路撒冷的聖膏。這兩名商人得到了幾塊金牌，這些金牌是蒙古帝國的通行證，因此他們可以一路平安地返回歐洲。經過三年的旅程，他們到達地中海。但他們發現教宗的位子正空缺，克雷芒四世剛剛去世，要等到西元一二七一年，格里高利十世才當選為新一任教宗。馬可波羅的父親返回威尼斯，與當時大約十七歲的馬可波羅重逢。最後，他們父子倆啟程前往中國，他們沒有帶去一百名神學家，而是帶去了教宗格里高利十世的善意和禮物。馬可波羅這一去就是四分之一個世紀。按照他的記述，在經歷了一段離奇的旅行之後，他住進了忽必烈的宮廷，成了大汗身邊一個頗受器重的顧問。他代表這位蒙古皇帝遊歷了中國和中國之外的地區。回程則走海路經過印度，馬可波羅負責護送一名公主到一位蒙古地方統治者那裡，隨同一支由中國大船船隊返回西方。馬可波羅還為歐洲帶回了許多其他消息，例如他首次提到了日本的財富，還提到了佛陀，他認為佛陀在他的家鄉會被當成一位印度的偉大基督教聖人。

馬可波羅回到義大利後不久，威尼斯共和國和主要競爭對手——熱那亞共和國——之間爆發了戰爭。在一場海戰中，馬可波羅被俘。與他一同坐牢的還有一位作家，比薩的魯斯蒂謙。他將自己的離奇故事告訴了這位作家。魯斯蒂謙將這些故事記錄下來，至於其餘部份，儘管不完全符合史實，但卻是很好的讀物。這本書從早期就有許多誤譯，又被加油添醋，最後整個一團糟。於是，在接下來的兩個多世紀中，《馬可波羅遊記》出現了一百四十三個版本。[36] 這本遊記產生了巨大影響，成了前印刷時代的暢銷書。當時的歐洲充滿大大小小的王朝戰爭，遍地都在修建大教堂，人們感覺自己處於其他文明的邊界，而這本遊記為歐洲開啟了一扇通往不同未來的大門。

與此同時，人們不厭其煩地問一個問題：馬可波羅究竟是否到過中國？很多學者認為他沒有到過中國。然而，如果他沒有到過中國，那麼這二十四年他待在哪裡？如何才能積累這麼多資訊？而且書中部份資訊還是真實的。他或許是從旅行者那裡聽來了故事，也可能讀過幾本穆斯林商人寫成的書，不過這些書現在已經失傳了。另一方面，未來的歷史學家也許會發現一些被我們忽視的重要資訊。我們的記憶正在消退。我們會潤色各種各樣的故事，直到有一天我們也會記不清那些內容是真實的，哪些內容是虛構的。

馬可波羅的遊記中充滿了商業和地理資訊，這類資訊正是貪婪的威尼斯商人感興趣的——他自己也是個典型的威尼斯人。威尼斯最初只是一些泥濘島嶼的鬆散集合，在羅馬帝國後期的戰爭中成了難民的避難所。後來，威尼斯發展成一個充滿活力且侵略性很強的共和國。威尼斯的槳帆船和帆船將這座城市和穆斯林主導的貿易網緊密地連接在一起。它在基督教王國和哈里發國家之間販運著香料、奴隸、食鹽、毛皮和木材。馬可波羅來自商人家庭，這類人在國內會利用投資者的樂觀和輕信。因此，「百萬馬可」喜歡誇大自己的重要性，喜歡自吹自擂，這點並不令人驚訝。他會漏掉一些後世社會歷史學家感興趣的東西似乎也在情理之中。事實上，他帶回來的資訊非常簡單：在歐洲之外，有一個充滿財富和機會的世界，只要足夠勇敢，你就能抓住這個世界。這就是當時歐洲人最渴望得到的資訊，他們求知若渴地閱讀各種語言和版本的《馬可波羅遊記》。書籍問世後，又出現了其他旅行者講述的故事。同樣，這些故事也是將報導和狂野幻想融合在一起。克里斯多夫．哥倫布航行到了美洲，這段史詩般的航行幾乎就是馬可波羅故事的翻版：到達「日本」後的經歷令哥倫布心馳神往（編按：應是到達美洲大陸，但哥倫布誤以為是遊記所述的日本）。

然而，馬可波羅所處的時間點最終成了一個莫大的諷刺。在他的敘述中，中國富有、發達，有漂亮的城市（當時，中國有人口超過六百萬的城市，這遠遠領先於歐洲），有許多發明創造和奢侈品，有嚴密的組織。但事實上，當時的中國正在一步步走向衰落。宋朝取得了許多成就，但這個王朝已經被一系列戰爭摧毀了，戰爭中出現了可怕的大屠殺和嚴重的破壞。而發動這些戰爭的，正是波羅家族十分欽佩的忽必烈。

為什麼歐洲人沒有馬上追隨馬可波羅的腳步呢？難道這不是再次走出地中海，從陸路前往中國的第一次大好機會嗎？歐洲人一直希望蒙古人能成為他們有益的盟友，和他們共同對付穆斯林。因此，教宗一直期盼忽必烈能皈依基督教（這個目標未能實現的部份原因在於，義大利人沒有向充滿懷疑的中國人展現任何一個令人激動的神跡）。

然而，歐洲人並沒有抓住這個機會。他們繼續享受著沿絲綢之路運來的奢侈品和香料——在使食物保持美味方面，香料發揮著重要作用。馬可波羅於西元一三二九年去世。但在他辭世後的兩年裡，他所到訪過的蒙古大草原和中國長江流域發生了一件足以改變一切的事。

一種陌生的傳染病造成了大量死亡。西元一三四五年，這種傳染病出現在中國沿海地區。到了西元一三四六年，已經傳播到克里米亞，也就是馬可波羅的父親和叔叔經商並開啟一段史詩般東方之旅的地方。次年，黑死病通過海路傳入地中海地區，而傳播這種疾病的罪魁禍首很可能是船上的老鼠。到了西元一三四八年三月，威尼斯人以一天六百人的速度死亡。一船一船的屍體被運到偏遠的島嶼上埋葬。醫生們個個垂頭喪氣。貨物貿易、人員往來和各種資訊的交換曾使這個無情的海上共和國迅速崛起。但現在，這些曾經使威尼斯走向成功的事物也將這座城市推向了深淵。據估算，這場疾病使五分之三的威尼斯人死於非命，一半的威尼斯貴族家庭從這個世界上徹底消失。[37]

根據現有的材料推斷，當時大約三分之一至二分之一的歐洲人死於黑死病，這種疾病對中國也產生了類似的影響。這場災難粗暴地終結了中國和歐洲的發展期。在這過程中，氣候變化也更發揮了推波助瀾的作用：冬天變得越來越寒冷，破壞了農作物的生長。[38]在歐洲，黑死病產生了意想不到的影響。其中比較突出的影響是，在法蘭西和英格蘭這等西歐地區，傳染病殺死了大量農民，而這些人是農業生產的重要角色。於是，倖存下來的農民要求地主給他們更高的報酬和更多的人身自由；黑死病造成的大量死亡催生了一個更加靈活多變的社會，這個社會與貴族封建制度的關係已經沒有那麼緊密了。

奇怪的是，黑死病對東歐的影響恰恰相反。事實上，地主的權力變得越來越大，管轄的範圍也變得越來越廣。他們強迫倖存下來的農民接受更嚴格的奴隸身份，歷史學家稱之為「第二次農奴制」。這種情況之所以發生是因為東歐地主的權勢更大一些（後來東歐出現了封建制度），而且在黑死病到來之前，他們的地位就已經確立了。與義大利北部和英格蘭主要從事羊毛貿易和葡萄酒貿易的商業城市相比，位於今日波蘭、德國東部和匈牙利的東歐城市人口更少，影響力也要更小。西歐行會的法定權利和勢力都有所增加。雖然按照現在的標準來看，這種增加並不明顯，但在勞動力短缺的時候，這種不明顯的增加就足以打破行會與貴族之間的勢力平衡，使天平更偏向行會。而在東歐，貴族更加殘暴，分散的農民也很難有力地反抗貴族。在勢力平衡方面，東歐和西歐的差異本來並不明顯，但黑死病造成的社會混亂忽然間放大了這種差異，結果導致了極大的變化。在接下去的數個世紀中，東、西歐之間儘管表面上看沒有太大差別，但西歐更加先進，社會更加複雜。[39]

法國和荷蘭的影響遍及全世界，但波蘭與捷克只會影響他們身邊的世界。

當然，從黑死病中倖存下來的人很難察覺這些影響，這些影響要到幾個世紀後才能顯現出來。黑死病是歐洲遇到的第一次大災難，這場非常恐怖的災難使許多曾經有人居住的城市變成了幽靈出沒的地方。農村地區變得杳無人煙，農田裡長滿了雜草和樹木。宗教狂熱和極端主義甚囂塵上。歐洲彌漫著濃重的悲觀情緒，基督教徒認為，世界末日已經到來。各國政權搖搖欲墜。手工業走向衰落，各種手藝逐漸沒落。教宗的地位也受到動搖。在歐亞大陸的另一端，輝煌的宋代中國已經瓦解，農民揭竿而起。儘管馬可波羅帶回了充滿希望的資訊，但對於那些尚在衰弱，無法同心協力的人們來說，這些資訊恐怕也沒什麼用處。

駛離拜占庭

君士坦丁堡是這樣走向終結的。這座城市的週邊有長達十四英里的防禦圍牆。據說，它曾是基督教王國最偉大的城市。圍牆裡面有色彩斑斕的教堂、古羅馬時期的遺跡和寬闊的廣場。但是，城中的居民如此之少，以致於部份城區已經變成農地。在六世紀，君士坦丁堡是西方世界最大的城市，城中有五十萬居民。到了十三世紀，這座城市仍有四十萬人口，坐擁令觀者震驚的財富。法國的十字軍將領若弗魯瓦·德·維爾阿杜安曾經提到，那裡有「高大的堡壘，堅固的塔樓……華麗的宮殿和高聳的教堂」。他說，十字軍「從來沒想到，世界上會有如此富有、如此繁榮的地方」。之後不久，一個名叫阿卜杜拉的穆斯林商人表示自己用了整整一個早上的時間才從君士坦丁堡的一頭走到另一頭，他一路上看到了大約十萬座教堂。[40] 但在西元一四五三年，君士坦丁堡進行了最後的抵抗。當時，拜占庭帝國末代皇帝，帕列奧列格王朝的君士坦丁十一世身邊只有大約七千名身體健全的士兵。

君士坦丁十一世面對的是一支龐大的軍隊，這支軍隊的統帥是年輕的土耳其蘇丹穆罕默德二世。這個長著尖鼻子的人是個殘酷而有才幹的統治者。君士坦丁堡的兩側是水，一側是陸地，那道堅固的防禦牆就位於這一側的陸地上。在穆罕默德二世的授意下，土耳其人經過陸路將戰船從外海運進內海。這一舉動等於扼住了君士坦丁堡的咽喉，守軍立即變得驚慌失措。穆罕默德二世有十萬名久經沙場的戰士和性能卓越的大炮，這種大炮是一位日爾曼工程師為他設計的。他已經攻陷了君士坦丁堡週邊所有的城鎮和堡壘，在守城軍隊眼前將倖存者穿刺在尖木樁上。拜占庭帝國向歐洲的基督教統治者發出絕望的呼救，但沒有國家願意出手相助。一次月蝕、人們遊行中抬著的最珍貴的聖像突然倒下、一場猛烈的雷暴雨和一次濃霧天氣，天空出現了奇怪的紅光。這些現象都使人們相信，上帝已經拋棄了君士坦丁堡—它曾經是世界上最重要的基督教城市。然而，當絕望的拜占庭人向外求救時，教堂的鐘聲依然迴響，人們仍在街上抬著聖像列隊遊行。

現在，君士坦丁十一世告訴他手下的將領，必須做好犧牲的準備，為信仰、國家、國王和家庭而犧牲。他提醒他們，他們是希臘英雄和羅馬英雄的後代。成百上千名教士、僧侶、修女和普通民眾來到了聖索菲亞大教堂，這裡又被稱為「上帝聖智教堂」。他們聚在一起做晚禱，等待最後時刻的來臨。

西元一四五三年五月二九日，星期二，土耳其人在淩晨吹響號角，擂響戰鼓。進攻開始了。一波接一波的士兵沖向已經被大炮轟塌的城牆。最後，排著整齊陣型的近衛軍逐漸打垮了絕望的守軍。近衛軍是穆罕默德二世的精銳部隊，這支忠心耿耿的部隊是由奴隸組成的，他們的父母都是基督教徒。土耳其人通過城牆的缺口湧入君士坦丁堡，泰然自若地屠戮城裡的居民。在聖索菲亞大教堂裡，神父仍然在帶領人們做彌撒。突然，入侵者闖入了教堂的大門，對禱告者大開殺戒，直到他們來到聖壇前。正在祈禱的神父也遭到了殺害，最後一首聖歌就此結束。君士坦丁十一世決心不當俘虜。據說，他摘掉了身上所有的帝國徽章——上面刻有帝王的標誌和雙頭鷹，拿著武器衝入敵陣，但很快就陣亡了。

拜占庭帝國，或稱東羅馬帝國，在地中海世界取得了巨大的成功，但人們似乎只記得它是如何滅亡的。拜占庭的陷落長久以來被視為一場巨大、驚心動魄的失敗，對歐洲歷史造成了重大衝擊。

我們大多數人對拜占庭帝國瞭解多少呢？我們只對它的輝煌和衰落存有模糊的印象，正如二十世紀愛爾蘭詩人威廉・巴特勒・葉慈寫下的詩句：

用薄金片和鍍金，使昏昏欲睡的帝王保持清醒……

我們或許能記起那些巨大的防禦牆，防禦牆的部份遺址今天仍然矗立在熙攘的伊斯坦堡；我們或許還能記起拜占庭人製作的奇怪藝術品，包括馬賽克、象牙雕刻品，以及眼皮沉重的皇帝、聖徒和莊嚴的天使，都曾屬於拜占庭文化。研究藝術史的學者告訴我們，拜占庭影響了文藝復興時期著名的祭壇裝飾品，並且與俄羅斯和保加利亞的東正教聖像的關係也很明顯：事實上，俄羅斯歷史上第一幅重要的聖像畫就是在君士坦丁堡完成的，這幅畫在今日的莫斯科仍然備受尊崇。但拜占庭藝術卻不知何故排除在歐洲主流藝術之外，像幽靈般飄忽在錯綜複雜的神學和歷史之間。這就是拜占庭的真實狀態。

甚至連君士坦丁堡這座城市的名字也總是在變。在古希臘時期，這座城市叫「拜占庭」。後來，君士坦丁佔領了拜占庭，並計畫將其打造成羅馬帝國新的中心。古希臘－羅馬有個傳統是用統治者的名字為城市命名（例如埃及的亞歷山卓港）。按照這個傳統，君士坦丁將這座城市稱為「君士坦丁堡」。這座城市的居民自稱「拜占庭人」，以區別於「西羅馬人」。有時候，他們也被稱為Romani，這是「羅馬人」（Romans）的拉丁語寫法，因為他們認為自己繼承了舊羅馬的精華。我們將要談論拜占庭帝國。正如前文提到的，令人生畏的北歐人稱這座城市為「密克拉迦德」（Miklagard），意思是「偉大的城市」；希臘人則稱之為「上帝之城」。今天，它的名字是伊斯坦堡。正如現代歷史學家約翰・朱利斯・

諾維奇提醒我們的那樣，無論怎麼稱呼，它都是歷史悠久的人類居住地。君士坦丁堡創建於西元三三〇年五月，陷落於西元一四五三年五月，這座城市總共存在了一一二三年又十八天。從阿爾弗雷德大帝、撒克遜人和丹麥人時代的英格蘭到今天的英國，大致就是這麼長時間。如果拜占庭是「失敗者」或「主流之外」，那麼它顯然是個延續了很長時間的「失敗者」。

維多利亞時代的歷史學家非常蔑視拜占庭帝國，這對後世產生了深遠影響。諾維奇在他的書裡引用了萊基（W. E. H. Lecky）在西元一八六九年闡述的觀點。萊基認為拜占庭帝國「體現了一個文明能夠表現的所有卑鄙無恥之劣行，無一遺漏……拜占庭的歷史充滿了僧侶、閹人和女人的陰謀詭計，毒殺和密謀，還有一貫的忘恩負義和兄弟相殘」。[41]為什麼萊基對拜占庭如此不滿呢？或許是因為這位歷史學家喜歡整齊劃一。當西方穩定地走向啟蒙，而拜占庭卻始終未能進入這樣的敘事。拜占庭沒有給現代世界留下什麼有用的科學，也沒有留下太多的原創著作—儘管這個國家有許多個性鮮明和造謠撥弄的歷史學家。當然，也因為這個國家沒有得到善終。

但拜占庭被人輕視和忽視的主要原因在於，宗教在拜占庭文明中處於核心地位。與地中海世界其他文化相比，拜占庭文化體現出了更多的宗教熱情和神學分歧。君士坦丁堡是由一位羅馬皇帝創建，這位皇帝希望他的臣民都能皈依基督教，後來，這座城市也逐漸成了基督教世界真正的中心。君士坦丁堡有漂亮得讓人震驚的聖索菲亞大教堂，於西元五三七年在查士丁尼的續建下竣工。現在，它那世界聞名的圓頂所保護的卻是一座清真寺——這座城市裡曾有許多異教徒的神殿與古羅馬神祇的雕像。在法律、軍事知識、工程技術、娛樂、學問和財政方面，君士坦丁堡都是連接古典時代和基督教中世紀的樞紐。只不過，這樞紐生滿銅銹，嘎吱作響。

拜占庭人總是在戰鬥，他們要抵禦一波又一波來自東方的遊牧民族。之後，伊斯蘭入侵者從兩個方向威脅著他們富庶的東部領土，同時拜占庭人還要與西部和北部的基督教王國鬥爭。拜占庭帝國領土範圍最大時，控制著義大利南部、巴爾幹半島、現代保加利亞的大部份地區、希臘和土耳其，以及位於黑海北岸的克里米亞半島。如日中天的拜占庭帝國吸引了來自歐洲和亞洲的移民，包括義大利人和維京人（他們組成了「瓦蘭吉衛隊」），以及顛沛流離的盎格魯－撒克遜（在西元一〇六六年的諾曼征服之後，他們失去了家園）。這些人都在為帝國工作，為帝國的利益而戰。但早在堅固的防禦牆倒塌的許久之前，君士坦丁堡的範圍已經大幅縮小，縮小到不比一個城邦大，加上城市外面的一些零星土地。

然而，拜占庭所面對的真正衝突是關於上帝、耶穌基督和聖靈本質的爭論，以及如何正確禮拜。事實上，這些衝突從來沒有消失過。對基督本質的不同信仰，對教宗和主教權威的不同理解，以及一些次要的問題使拜占庭人和他們的基督教敵人悲劇性地走向決裂。

我們很難嚴肅地看待這些爭論。但這或許是我們的問題，對那個時代的基督徒而言，這些爭論不但急迫，也與個人息息相關。西元三二五年，在君士坦丁的召集下，所有基督教主教來到尼西亞，參加一次盛況空前的宗教會議，與會者就阿里烏提出的的看法展開討論：耶穌基督究竟是擁有與上帝同等的神性，還是像阿里烏及其追隨者認為的那樣，地位略低於上帝。這不僅僅是場爭論，更是個關乎生死的大哉問，因為如果阿里烏派是正確的，那麼通過信仰耶穌基督來獲得救贖的觀點就會受到嚴重質疑。阿里烏派受到了強烈譴責，但這個教派並未消亡，而是在許多北方民族中廣為傳播。在這之後，又出現了一些激烈的爭論。其中一些爭論是關於教會禮拜儀式和教會禮拜用語。隨後，領導權也成了爭論的主題——誰才是全體基督徒的真正領導者，是羅馬教宗還是君士坦丁堡牧首？自始至終，傑出的神學家、居住在修道院的修士、隱居的修士和來自偏遠教會固執的主教都在詰問對方，他們都吸引了大批追隨者。

拜占庭的「精神性」通過有音樂伴奏的漫長禮拜禮式、煙霧繚繞的氛圍和金碧輝煌的教堂向外傳播，這些教堂一定會讓前來祈禱的人感到震驚和敬畏。西歐的教會也向拜占庭的教會學習如何取悅——甚至沉醉——感官。今天，如果你想瞭解拜占庭宗教活動的樣貌，最好的方法是前往莫斯科或基輔的東正教教堂，參加俄羅斯人的禮拜儀式。但拜占庭的「精神性」也導致了一個嚴重的政治後果：它將這個東方的、說希臘語的基督教中心，與羅馬領導的說拉丁語的西歐世界分割開來。伊斯蘭勢力的崛起和迅速擴張使拜占庭帝國丟掉了東方各省——今日的土耳其，並將君士坦丁堡變成了基督教世界的前哨陣地。義大利人、法國人、日爾曼人和西班牙人傾向於將拜占庭的基督教視為異類和異端；另一方面，只要拜占庭人拒絕承認教宗的權威，所謂的「基督教王國」甚至根本不存在。

有時，這種分歧會使西方的天主教徒直接攻擊東方的東正教徒。最不堪的就是第四次十字軍東征（西元一二〇二至一二〇四年）。這場所謂的東征硬生生地改變了之前制定的進軍路線。在威尼斯人的領導下，十字軍洗劫了君士坦丁堡。

事情的經過是，教宗下令再進行一次十字軍東征，將耶路撒冷從撒拉森人手裡奪回來。在法國人的領導下，十字軍制訂了一個新計畫。儘管「獅心王」理察在東征開始之前的西元一一九九年已經去世，但他制訂雄心勃勃的計畫，影響這次十字軍東征的路線。他們決定先攻取埃及，再以埃及為跳板進軍耶路撒冷。要實現這一計畫，就需要一支龐大的艦隊將十字軍運到地中海南岸；只有威尼斯人——他們位於「軍械庫」的造船廠——才能幫這個忙。當時，領導威尼斯人的是恩里科・丹多羅，這是一位年逾八旬的失明總督。經過非常艱苦的談判，他宣布親自參加這次東征。但到了即將起兵的時候，到達義大利的法國十字軍遠遠少於預期，而且沒錢支付威尼斯人的運送費。丹多羅又進行了一次艱苦的談判：他們必須停下來，奪回巴爾幹半島上威尼斯人丟掉的城鎮。他們答應了。但後來，他們又遇到了一位被廢黜的拜占庭年輕皇帝。他向十字軍尋求幫助，希望十字軍能幫他從叔叔手裡奪回王位，並應許了一些報酬。從這一刻起，這個故事開始變得黑暗。威尼斯人從來就不想進攻埃及，他們與埃及人保持著良好的貿易關係。但他們非常厭惡拜占庭人，因為拜占庭人既是貿易上的競爭對手，又信奉著與他們不同的教義。多年前，威尼斯人曾與君士坦丁堡作戰，或許丹多羅就是在那次戰事中失明的。因此，十字軍進攻撒拉森人的計畫再次被推遲，他們將矛頭指向了拜占庭。事實證明，這是一個可怕的決定。

法蘭克─威尼斯聯軍從一個令人意想不到的方向——也就是海路——對那著名的防禦牆展開了猛烈的攻擊。儘管戰鬥非常激烈，但對聯軍來說，擊敗那位拜占庭的篡位者，將他的侄子重新扶上王位並不是一件非常困難的事。然而，要拿到這位年輕皇帝許諾的酬勞就要難得多了。他還提出將拜占庭的教會置於教宗的管轄之下。草率的許諾、十字軍的暴行、支付給威尼斯人的巨額費用加上一連串火災浩劫，使這位新皇帝在君士坦丁堡非常不得人心。後來，他被另一位篡位者謀殺。此時，法蘭克人和威尼斯人拿回酬勞的唯一方法就是發動第二次進攻。在第一次進攻中，丹多羅——當時可能已經九十歲——仍英勇地親臨前線指揮他的軍隊。在第二次進攻的時候，威尼斯人將船的桅杆綁在一起，使多艘船的甲板組成一個平臺，並從這個平臺上向防禦牆發動攻擊。丹多羅決定孤注一擲。這次，他不只洗劫了君士坦丁堡，更徹底推翻了拜占庭帝國的統治者，將這座城市變成了一個受威尼斯控制的傀儡國家。

第二次進攻得勝，卻給君士坦丁堡帶來了災難：燒殺搶掠持續了三天，許多古典時代的遺存都毀在十字軍手裡。一位拜占庭觀察家描述了聖索菲亞大教堂遭受的洗劫。教堂面臨的不僅是物質層面的摧殘，更是精神層面的羞辱：「一名娼妓坐到了牧首的椅子上，對耶穌基督口出穢言；她唱著下流的歌曲，在這個神聖的地方放肆地跳舞……善良的主婦、無辜的少女，甚至獻給上帝的童貞女，都沒有得到絲毫憐憫。」約翰・朱利斯・諾維奇認為君士坦丁堡遭受的洗劫——所有積累的知識付之一炬，財富也被劫掠到了西歐——是世界歷史上單次損失最嚴重的災難：「西方文明的損失超過了五世紀蠻族洗劫羅馬時所造成的損失，也超過了七世紀穆斯林士兵焚燒亞歷山大港圖書館時所造成的損失。」[42]

第四次十字軍東征是一段充滿諷刺的野蠻故事，它的影響在日後慢慢體現出來。在此之前，拜占庭人也遇到過困境。在西元一〇七一年的曼齊克特（Manzikert）之戰中，來自遠東的突厥人使他們蒙羞。但之前的任何挫折都無法與這次相提並論。儘管君士坦丁堡並未長久淪為拉丁教會的魁儡國家，而之後的皇帝也使拜占庭恢復了部份實力和自信，但拜占庭帝國早已今非昔比。君士坦丁堡的防禦牆系統修建於西元四一二年。在將近八百年的歷史裡，幾乎擋住了每一個入侵者，但如今已經變得不堪一擊。拜占庭帝國失去了很多財富與古典時代的遺存，也失去了很多榮譽。它舊時的領土被人瓜分，在這些瓜分的土地上出現了許多微型帝國、附庸國、伊斯蘭蘇丹國和公國。對基督教徒來說，拜占庭不再是能夠打敗所有入侵者的強力拳頭。沒過多久，它就倒在了伊斯蘭入侵者的鐵蹄之下。威尼斯人搶走了許多獅子、馬和天使的雕像，以及大量值錢物品。但他們沒想到的是，他們的所作所為無意中協助了伊斯蘭勢力挺進歐洲。與此同時，威尼斯的實力也在穩步提高。

因此，貶低拜占庭帝國是很不公平的。它有著強烈的基督教信仰，繼承了古希臘和古羅馬的思想，它唯一的缺點就是暴政不斷。然而，以現代的眼光看，拜占庭肯定是個異域文明。當然，它非常保守，發展緩慢，萬物俱全，唯獨缺少民主。

歐洲人非常尊崇古典時代的希臘世界，包括它明晰的思想、理性的信仰和政治實驗；但另一方面，拜占庭的嚴明階級與神祕主義則叫人難以理解。理解這些的最佳方法是將拜占庭帝國與其他有朝代更迭的帝國進行對比，如奧斯曼帝國或中國。拜占庭帝國與唐代、宋代或明代的中國皇室相似，依靠以文官為基礎的高效行政系統，這個系統可以徵收稅款，可以公平管理許多不同的民族。與中國的另一個相似點是，拜占庭任用了龐大的宦官階層。為宮廷服務的先決條件，是要在童年時或成年後接受閹割。正如我們所見，在許多早期帝國中，宦官是非常有用的。他們不會有孩子，也缺乏獨立的家庭基礎，因此更加可靠。而且，他們可以在內宅或後宮工作。在那裡，他們可以聽到一些最機密的事情。在中國、拜占庭帝國和奧斯曼帝國，有些宦官不但位高權重，而且擁有巨額財富，有時甚至還能指揮陸軍和海軍。

拜占庭的宮廷是個龐大的複合體，其中的生活程序和儀式與北京的紫禁城沒有多大差別。在覲見中國皇帝的時候，覲見者要行叩頭禮，也就是用前額撞擊地面；參見拜占庭皇帝的人也要行朝拜禮，與中國的叩頭禮類似，但額頭只要接觸地面即可，不用叩擊。在拜占庭，宗教領袖會擔任皇帝的顧問或幕僚，這些人把持著朝廷中的重要職位，他們的地位和作用相當於中國的儒家官員。按照中國的「天命觀」，皇帝的權力是上天授予的，但要想保有權力，行為就要處處符合道德規範。君士坦丁堡也認同這種神權觀，任何一位觸犯上帝的皇帝都會被處決或遭到放逐。在中國和拜占庭，有時候天災也會被視為上天不滿的表現。而且，這兩個帝國都著迷於各自的起源：中國人將自己的歷史追溯到神話時代，而拜占庭人則堅稱他們的文化與古希臘—羅馬文化一脈相承。

中國和拜占庭都靠先進的工程和技術來維持自身的力量，並視這些科技為機密。中國的長城至今仍是世界上最偉大的工程，其目的是抵禦北方的遊牧民族。君士坦丁堡的巨大防禦牆也是為了抵禦來自草原上的「蠻族」。因此，從這個角度講，拜占庭的防禦牆堪稱歐洲的長城。

中國的另一項發明是火藥。中國人發現，將硝石、硫黃和木炭混合在一起就能製造出火藥，運用在武器上，就可以更輕易地打敗敵人。火藥首先出現於唐代（西元六一八至九〇七年）。西元一一三二年，也就是宋代的時候，中國人製造出一種早期的炸彈。西元一二五九年，中國出現了以巨竹筒為槍身的「突火槍」。突火槍是一種介於噴火器和原始槍支之間的武器。[43] 同一時間，拜占庭開始使用「希臘火」。七世紀六〇年代，一位名叫加利尼科斯的化學家發明了這種武器，將硫黃、瀝青、原油和硝石混合在一起，就能製作出「希臘火」。通過一種泵，拜占庭人將「希臘火」噴向敵船和敵兵，通常能給對方造成極大的傷亡。十世紀四〇年代，君士坦丁七世將「希臘火」的製造法列為國家機密。[44]直到西元一四五三年，也就是君士坦丁堡陷落的時候，「希臘火」仍舊是拜占庭的秘密武器之一。[45]

中國和拜占庭還有一些相似的地方。例如，這兩個國家在水利建設和製造水鐘上使用了相似的技術，都利用朝廷出巡來加強皇室的權威，並都堅信自己的首都是世界的中心。最值得注意的是，兩國的皇帝都很保守，對本國的歷史都有強烈認同感，都以相似的方式管理國家，都建立了層級化的行政系統。拜占庭文化並不特別憤世嫉俗，但王朝的專制統治經常會導致世代衝突和兄弟姐妹之間的衝突，這些衝突有時候會以背叛、謀殺和宮廷政變收場。君士坦丁堡的女性陰謀家和她們的宦官與中國的皇后和她們的太監在本質上是相同的。只要具備三個條件，中國和拜占庭的王朝就能繼續存在下去：第一，有超越敵人的技術優勢；第二，以農民作為社會的堅實基礎，而且國家能從農民身上課稅；第三，有一個高效的官僚系統。至少在某些時候，這三個條件拜占庭都具備。

正如我們所見，拜占庭帝國崩潰了。帝國瓦解的部份原因在於信仰天主教的西方沒有施以援手，而且威尼斯人領導的第四次十字軍東征曾經重創了這個國家。我們還應該記住，有些威尼斯人、熱那亞人和西班牙人（或許還有一個蘇格蘭人）參與了君士坦丁堡最後的防禦戰，但他們都為此犧牲。一艘來自威尼斯的船突破了土耳其人的封鎖，順利駛過愛琴海，向外尋求援兵，但卻一無所獲。船長讓他的船員投票決定這艘船的去向——要麼直接返回威尼斯，放棄註定失敗的君士坦丁堡；要麼回到拜占庭，告訴皇帝這個壞消息，並與他一同戰死。結果，只有一名船員選擇回家，但他的聲音卻被淹沒在了眾人的喊叫聲裡。於是，他們返回君士坦丁堡，並在那裡奮戰捐軀。[46]

奇怪的是，儘管君士坦丁堡的陷落對基督教世界和伊斯蘭教世界都有巨大的象徵意義，但這座城市的失陷並未產生什麼世界性的影響。聽到這一消息後，威尼斯人和熱那亞人立刻來到君士坦丁堡，與土耳其人重新商談貿易協定。生意永不止息。

奧斯曼人佔領了巴爾幹半島，並一路打到了維也納。但他們未能如願征服西歐，在基督教世界推行伊斯蘭教。很快地，君士坦丁堡又出現了各式各樣的人，出現了宏偉的宮廷，宮廷裡有宦官和莊嚴的儀式。奧斯曼人統治下的君士坦丁堡似乎與之前沒有太大差別。儘管聖索菲亞大教堂被改造成一座清真寺，但奇怪的是，這座建築仍然使人感到十分親切。通過那些被十字軍搶走的物品，拜占庭在藝術上和文學上的影響力擴展到了義大利、法國和德意志地區。後來，隨著歐洲人對古希臘的興趣越來越濃，拜占庭文化也不斷傳播擴散，這對日後的文藝復興產生了部分的影響。

李奧納多．達文西

人們把米蘭公爵盧多維科．史佛札稱為「摩爾人」（The Moor），這或許是由於他膚色黝黑。有一天，公爵收到一封自吹自擂的信，來自一位將來的軍事工程師。這位年輕的冒險家受邀來到米蘭，建造一些輕巧、可拆卸的便橋。既可以幫助軍隊追擊敵人，也可以供軍隊撤退。「我還可以為您打造一種棚車。這種車非常安全，幾乎無懈可擊，可以利用裝配著的大炮沖入敵陣，無論敵人的武裝再堅實，它都能摧毀。」他還自稱可以製造大炮、臼炮、彈弩、能夠抵禦炮火攻擊的船和地下爆炸物，以及一切你能想到的東西。執筆者來自南方佛羅倫斯的一間作坊。他補充說：在「和平時期」，他能夠設計各種建築和水道。「我可以利用大理石、青銅或黏土製造雕像。此外，我在繪畫方面的才能也不遜色於任何一位畫家。」

盧多維科瞭解這個年輕人的藝術才華，希望他鑄造一匹青銅駿馬以紀念自己的父親。他也瞭解這個年輕人的軍事工藝，為他製造武器裝備的想法深深吸引。盧多維科並不是一位舊貴族。他的父親名叫弗朗契斯科．史佛札，是雇傭軍指揮官，曾多次改變立場，讓人捉摸不透。要沿河攻取下一座城市嗎？弗朗契斯科很樂意這麼做。受雇於法國還是教宗國？無所謂。

義大利文藝復興是宗教繪畫和教堂建築的偉大時代，但也是軍閥混戰的時代，更不用說蓄奴、暴動和暗殺了。倫巴底和托斯卡納的市民既文明又平和，生來就不是當戰士的料，不過他們卻經常發生衝突。因此，他們需要聘請雇傭軍統帥替他們打仗。弗朗契斯科．史佛札就是這樣的人。弗朗契斯科是雇傭兵領袖的私生子，脖子粗壯，眼皮下垂，最著名的能力是徒手掰彎金屬棒。他還有一項本領：無論戰事如何發展，最後總是能站在勝利的一方。幾乎每一個人都曾與他敵對，包括他的親兄弟、他的一個兒子、他的女婿，以及大部份可能在義大利北部出現的敵人。

米蘭公爵死後無嗣，這座城市短暫地成了共和國，但派系間的爭鬥和饑荒帶來了一場更嚴重的危機；於是，弗朗契斯科——這位身材魁梧的老戰士——進入米蘭，接管了這座城市。令人驚訝的是，他是一位精明且頗得人心的統治者。弗朗契斯科死後，他的長子加萊亞佐．馬里亞．史佛札成了米蘭公爵，但他完全是另一種類型的統治者。加萊亞佐是個施虐狂和好色之徒。據說，有一次，他抓住了一名偷獵者，強迫這個人連皮帶骨頭吞下一隻野兔；他將另一個人活生生地釘在一口棺材裡；在閒暇時間，他研究了各種折磨人的方法，用以對付自己的敵人。令人欣慰的是，他後來終於遇刺身亡了。加萊亞佐死後，他年僅七歲的兒子繼承了他的權力。但這個孩子的叔叔盧多維科成為攝政。後來，加萊亞佐的兒子也神秘地死亡了，盧多維科就成了米蘭公爵。

在那個時代的義大利，盧多維科的故事並不令人驚奇。英國劇作家提煉了史佛札家族的歷史，將他們的故事改編為充滿暴力的悲劇。盧多維科並不是個沒有教養的人。他的老師是當時最偉大的人文主義者之一。所謂「人文主義者」，指的是研究拉丁文和希臘文文獻與哲學（來自安達盧斯或其他地方）的學者。他們將古老的思想帶進年輕的城市。盧多維科希望有許多聰明人圍繞在他身邊，希望將米蘭宮廷變成一個真正光輝燦爛的地方，因此他需要文化——包括雕刻、音樂和繪畫。

西元一四八一年十月，一個身形健壯的男子來到米蘭，準備覲見盧多維科。這個面貌清秀的男子約三十歲，長著捲曲的鬍子和長髮，穿著一件粉色短款束腰外衣。他隨身帶了一把特製的豎琴，因為他原本是以樂師和歌者的身分，被佛羅倫斯的實質統治者「偉人的羅倫佐」派到米蘭。他的到來可說是佛羅倫斯對米蘭這個盟友的禮遇。[47]和他一同前來的還有一位十六歲的年輕人。後來，這位年輕人成了樂師和演員。有謠言說這兩個佛羅倫斯人是全義大利有名的同性戀。傳聞很可能是真的，這位誇誇其談的歌者和軍事工程師就是歷史上著名的同性戀藝術家李奧納多．達文西。

與弗朗契斯科．史佛札一樣，李奧納多也是私生子。達文西出生在一座小村莊裡，父親主要從事文書工作，母親是一位鄉下女孩。達文西從小就表現出某些天賦。他的父親發現這些天賦後，就將他送到安德烈亞．德爾．韋羅基奧的作坊裡當學徒。韋羅基奧是當時佛羅倫斯一位傑出的雕塑家和金屬工匠。義大利有許多面積不大、但思想很開放的城市共和國。到了十五世紀六〇年代，這些共和國的黃金時代早已過去。但支撐著這些共和國的行會和作坊傳統仍然存在。在十一世紀晚期，也就是當古老的皇權開始失去控制力的時候，這些行會和作坊在一些著名的城鎮裡形成了公社，如比薩、盧卡、曼圖亞、西耶納、波隆納、維羅納、帕多瓦、熱那亞和佩魯賈，以及佛羅倫斯和威尼斯。[48]這些城市相互競爭，發展特殊的技術，生產有特色的產品。它們有複雜的選舉和司法制度，權力通常由地主、商人和工匠共享。[49]

在一段時間內，義大利中、北部地方——特別是托斯卡納和倫巴底—獲得了巨大的成功，那裡出現了新的制度，比教宗國和南部的那不勒斯王國更有活力。但派系鬥爭、窮人和受排擠的市民發動的起義，以及富裕家族之間的內鬥削弱了它們的影響力。直到最後，這些城市共和國一個接一個地屈服於地方王公貴族的統治。儘管威尼斯古老而複雜的共和制度被保留下來，但強大而生機勃勃的佛羅倫斯更能代表近代歷史的發展趨勢。在經歷了殘酷的派系鬥爭之後，佛羅倫斯最終落入了梅地奇家族的手中。梅地奇家族是一個掌握巨額財富的銀行世家。在達文西進入韋羅基奧作坊的同一年，梅地奇家族第一任統治者柯西莫的孫子羅倫佐·梅地奇——也就是那位「偉大的羅倫佐」接管佛羅倫斯的權力。

李奧納多的學徒時代都在行會和作坊度過。行會與作坊是義大利城邦的兩大基石，也是忙碌、社群的、比較民主的世界。對匠人和專業人士（包括醫生、雕刻匠、製皮匠和金匠）來說，行會是非常重要的機構，因為行會能夠幫助他們參與城市生活。行會建立和維護各種標準，組織宗教活動，資助醫院；它們既是互助組織，也是政治網路。作坊是一種小型工廠。在生產商品的同時，作坊也可以提供高等教育。在那裡，年輕人有機會直接向最優秀的師傅學習技術，直到他們有資格自行開業為止。

十五世紀七〇年代，韋羅基奧的作坊是佛羅倫斯最棒的藝術作坊之一。根據藝術史學家和傳記作家喬爾奧·瓦薩里的記述，韋羅基奧研究科學——特別是幾何學，並擔任金匠。他曾經到訪羅馬，正好遭逢當時的古代雕塑熱潮，在當時的羅馬，幾乎「每天都能被挖掘出」古典時代的雕塑作品。[50]於是，韋羅基奧轉向雕塑，隨後又轉向了繪畫。韋羅基奧是個聰明人，具有強烈的求知欲。對達文西來說，他是一位完美的老師。韋羅基奧和達文西進行過多次合作。瓦薩里告訴我們，有一天，達文西在韋羅基奧的畫中畫了一位天使，他畫得比老師還要好。於是，韋羅基奧就此封筆，因為自己的學生已經超越他了。

達文西不得不離開作坊，離開這個友愛的小世界，去尋找有實力的贊助人。在過去，藝術家和工程師可以懷著以城市為傲的精神為全公社工作。但這樣的日子一去不復返。現在，如果想要生存下去，他們就要依靠富有的公爵、銀行家和主教。

在羅倫佐．梅地奇的支援下，達文西在佛羅倫斯表現得相當出色。但很明顯，他當時並不是個重要角色。羅倫佐將這個藝術家派往米蘭獻藝就可以說明這點。瓦薩里在達文西的傳記中已經發出了模糊的警告——達文西是位天才，是位才華橫溢的工程師和藝術家，也是一位優秀的模型設計師，對什麼事物都感興趣；儘管如此，「李奧納多做事經常有始無終；因為他深信，自己的雙手跟技巧，不能完美地表現頭腦中的精緻、絕妙的想法」。

在米蘭，達文西證明了這件事。他完成了多幅漂亮的繪畫作品，裝飾了王宮裡的房間。提出各種精巧武器的製造方案和設計圖，使米蘭公爵應接不暇。他策劃了幾次場面壯觀的活動，也協助重建幾棟建築。[51]但鑄造駿馬雕像以紀念弗朗契斯科的宏偉計畫始終未能實現。達文西的設計方案實在太野心勃勃了。最後，為鑄造這尊雕像而收集來的青銅都被用來製造大炮了。這些大炮被佈署到前線，用來抵抗入侵的法國軍隊。之後，當他承接在米蘭期間最著名的委託任務——藝術史上最著名的繪畫作品——時，這位非常有創造力的藝術家兼發明家因為野心太大而遭遇失敗。

《最後的晚餐》於西元一四九五年至一四九七年繪製於米蘭恩寵聖母修道院（Santa maria delle Grazie）的餐廳。從許多方面來講，這幅畫對於韋羅基奧野心勃勃的學生達文西都是個完美的挑戰，因為韋羅基奧跟他都對光線和透視非常著迷。這項委託要求達文西創造一幅巨大的壁畫，整幅畫要延伸到遠高於頭部的高度，要讓觀畫者清楚地看到耶穌及其門徒，要讓這幅畫自然地融入選定的房間，而不僅僅是將其畫在牆上。達文西巧妙地解決了光線和透視方面的問題，並創造出了一種強烈的效果：耶穌基督的頭似乎在吸引觀者靠近祂。

達文西在街道上和他的筆記本裡尋找可以當門徒原型的人。修道院的院長曾經抱怨達文西，說在一段時間裡，他來到作畫現場只是盯著未完成的畫作沉思。於是，米蘭公爵將他叫來面前。達文西解釋說，在知道該如何作畫之前，他需要觀察和思考。他又說，猶大的臉上應該表現出狠毒和殘酷，但他始終沒有找到這樣一張臉。既然如此，他打算就用那位院長的臉。據傳公爵聽完後哈哈大笑。

但不幸的是，達文西還嘗試了一種新的繪畫方法。繪製濕壁畫的傳統做法是在要作畫的地方塗抹上濕潤的灰泥，並在灰泥變硬之前迅速塗上顏料。這種方法可以使顏色變得鮮亮，但無法給予畫家反覆思考的時間，因此並不適於達文西緩慢而深思熟慮的作畫方式。於是，他開始嘗試新方法。他將瀝青、樹膠和白堊石調和在一起，並用這種混合物塗刷餐廳的牆壁。等乾了之後，再用蛋彩作畫。在通常的情況下，蛋彩畫能保持很長時間。但在達文西作畫的這面牆上，蛋彩顏料的表現並不理想。在《最後的晚餐》完成後不到二十年，這幅畫就開始剝落；完成後的四十年，人們就只能用「崩壞」這個詞來形容這幅畫了。但那位受過良好教育的「暴發戶」公爵對此毫不知情。因為在這幅畫朽壞很久之前，他就被法國人俘虜了，並於西元一五〇八年死在地牢裡。

達文西可能受到過羞辱，但也可能沒有：他迫切渴望嘗試與實驗新的東西，卻又心思飄忽不定，並且容易厭倦。他之後又使用了一些新的（而且不成功的）繪畫方法，並激怒了一位教宗，這位教宗說他從未完成任何一件事；他為數百種武器做了數百種設計，但這些武器只能使用當時比較原始的技術製作，因此並沒有在打擊敵人、淹沒敵方城市或擊垮城堡方面發揮實際作用。他繪製了許多非常漂亮的設計圖，還創作了許多最完美、最神秘的繪畫作品。

達文西一生的研究都圍繞著一個中心展開，那就是他渴望發現少量的潛在原理和模式，足以解釋自然界裡的一切事物。他的筆記本裡有各式各樣的圖畫和各種各樣的猜測，有的是關於漩渦結構、心臟瓣膜和雲朵形狀；有的是樹葉、人類靜脈、骨骼和槓桿的草圖；有的則是關於臉部形狀如何反映性格。無論在哪個領域，他都在尋找事物的共通性。能像截斷溪水那樣截斷人口流動嗎？人類的胳膊像鳥的翅膀嗎？人體存在完美的比例嗎？這比例與馬的腿和肌肉的比例有關嗎？什麼是植物形態的對稱性？維持這種對稱性的法則是什麼？在達文西的世界中，「科學」和「藝術」是沒有明確界線的，它們是同一回事。這位藝術家冷靜地分析了造型、透視，以及距離對顏色的影響，這些分析可以使他的畫作達到他想要的效果。這位藝術家使用透鏡，學習如何鑄造金屬，研究方程式，他才能知道如何支撐起新教堂的圓頂。

對於韋羅基奧和達文西來說，「科學」意味著學習和理解；「科學」是一種實際的準備，好讓建築、雕塑和繪畫順利完成。

達文西渴望獲得知識，他對力、工程學和諸如槓桿之類的東西尤其感興趣。這使他被稱為「文藝復興人」的原型。我們對達文西有這樣的印象，主要是因為他於西元一四八七年創作了《維特魯威人》。在這幅作品中，他描繪了一個完人：一個擁有完美人體比例的裸體男性站在一個正方形和一個圓形裡。

但是，如果我們將文藝復興嚴格地定義為古典知識的復興（就像人文主義者教導的那樣），那麼達文西的工作與文藝復興有什麼關係呢？達文西奇沒有學習過古希臘—羅馬著作，也沒有對這些知識表現出太大興趣。他一直在尋找身邊的模式和對稱性。這些更貼近現代生物學家和物理學家的關注視角，而不是亞里斯多德或西塞羅。從羅馬出土的雕像和對古代文獻的翻譯的確對文藝復興有所啟發，但也只是那個時代的裝飾品。與此同時，肥胖的樞機主教喜愛古羅馬的暴力和色情故事，用一些略帶古典色彩的軟調色情來裝飾家族宮殿。然而，與那些最傑出的藝術家一樣，達文西仍舊朝氣蓬勃，這是因為他熱衷於探索，努力探索，重新探索——他一直向前看，而不是向後回望。

達文西既受益於穆斯林世界傳入的知識，如光學知識，也從新的貿易路線帶給南歐的財富得到好處。基督教歐洲取得了發展，這不僅來自歐洲自身的努力，也得歸因於一些歐洲之外的變化，例如成吉思汗毀滅了亞洲伊斯蘭教的核心地區，宋代中國的一些發明，以及安達盧斯地區關於神和世界的新思想。達文西不單是「文藝復興人」的原型，而且是最無畏、最樂觀的歐洲精神的原型。西方曾經是一個混亂的大熔爐，但早在達文西第一次拿起畫筆的很久之前，已經開始逐步擺脫這種狀態。現在，西方已經準備好要向外擴張。

第五部　世界走向開放

the World Blows Open

一四九二年到一六四〇年：
歐洲全面爆發和世界其他地方的掙扎

一般認為，人類歷史出現過兩次重要變革：一次是農業的發明，因為農業是幾乎所有事物的基礎；另一次是工業革命，因為工業革命塑造了今天的世界。這個說法很有道理。有些人認為，數位技術和腦科學近來取得的進展可以視為第三次重要變革，但其他人不同意。然而，如果農業和資本主義是第一次和第二次「大跨越」的話，那麼或許我們應該在兩者之間再增加一個階段，這個階段可以算是一個「小跨越」，至少是人類向前邁出的堅實一步。

這個階段就是由地理大發現所推動的全球貿易。動植物資源和礦產資源在世界範圍內的分佈不均衡是全球貿易的重要推動力，它促成糖、菸草、香料和金錢在各個地區之間流動。沒有全球貿易，就沒有資本主義；沒有資本主義，就難有工業革命——或者工業革命會是另一種樣子。

我們已經見到許多地方貿易發展成為大規模遠程貿易的例子。阿拉伯水手打通了地中海和印度之間的航路，進而與遠東的海上貿易商取得了聯繫，這是其一。穿越撒哈拉的商隊是第二個例子；維京人利用河流系統進行貿易，創造了俄羅斯，這是其三。但直到西歐水手利用新式遠洋帆船，艱難地開闢遠洋航路，真正意義上的全球化貿易才開始。這群西歐水手正是技術累積的經典案例。用繩子綁成的木桶、新式的龍骨和船舵、將帆裝上桅杆的新方法，這些新事物很快就催生出了一種大型帆船——加雷翁船（Galleon），不但配備了指南針和觀測星象的儀器，不久之後還加裝了火炮。這種大帆船是由古代的槳帆船（galley）和舊式的海運貨船經過幾個世紀的改良逐漸發展而成。

加雷翁船產生了令人震驚的影響。儘管學者們對此一問題還存在不同看法，但基本可以確定的是，當這些新式船舶抵達美洲的時候，美洲大約有五千萬人，與歐洲的人口大致相當。這些人口主要集中在今天的巴西、墨西哥、秘魯和密西西比河流域。但不久之後，美洲人口開始急速下降。在相對發達的中美洲和南美洲，來自西班牙和葡萄牙的殖民者強迫當地人為他們勞動，把他們變成奴隸，並導致了長達數個世紀的社會發展遲緩和政治停滯。而在相對空曠的北美地區，各種不同類型的殖民者在那裡定居，學會在那裡耕作，最終創建了一種民主文化。

這些變化對均勢和繁榮造成的影響，於當今世界仍清晰可見。黃金和白銀先是流入歐洲，之後流入了中國，結果引發了這些地區的政治動盪。古老的宗教階級制度在歐洲受到挑戰，歐洲大陸出現了根本性的分歧。從事全球貿易的生人催生了金融體系，而金融體系也是現代世界的標誌。歐洲人通過海路到達了東方，並在各處建立帝國。像中國和日本這樣的國家正在努力尋找應對這種情況的方法。

本書這個部份要考察的是，歐洲人是在何時、用何種方式擴張到世界其他地區的。當時歐洲人使用的技術比較原始，而且大部份是從別人那裡學來的。在這一階段，現代性的一些關鍵基石開始明朗化。在過去，人們會用沾沾自喜的心態，將這段歷史理解為一個英雄史詩般的故事：探險家和征服者為原住民族帶來宗教和啟蒙；歐洲的城市裡出現來自異國的物品；令人欽佩的農民自力更生地開墾荒野。但現在看來，這更像是個殘忍的故事。歐洲人蹂躪了這顆星球上的許多地區，宛若《啟示錄》中的四騎士。我們會有這樣一個疑問：為什麼世界上的這個地區要比其他地區更加富有，那些是原因而那些不是？當尋找這些問題的答案時，我們就會發現，這段期間是歐洲崛起的關鍵階段。

我們也應該看到，這段歷史的真實情況非常古怪，無法用寥寥數語概括：歐洲人既要面對海盜帶來的恐慌，也敬佩如「穿刺者」弗拉德一般的保家衛國者；保暖的需要是俄羅斯國土擴張的關鍵；英格蘭和日本更出現了兩位主張禁止吸菸的統治者。

樂土上的災難

如果說西班牙人在十五世紀九〇年代「發現」了美洲，那麼我們也可以說拿破崙在西元一八一二年「發現」了俄羅斯。事實上，我們應該說西班牙人「入侵」美洲。歐洲人入侵美洲時所使用的木造帆船，綜合了中國人發明的指南針和火藥、穆斯林的航行數學，以及歐洲人在大西洋上的航海經驗，這些要素在海上扮演的角色相當於陸地上的馬和戰車。歐洲人及他們現代美洲的苗裔之所以認為他們「發現」了美洲，僅僅是因為被入侵的民族在軍事上不堪一擊，並且很快就被疾病壓垮了。同樣地，在經過數個世紀的亂砍濫伐、瘋狂採礦、大規模狩獵和過度捕撈之後，歐洲的自然資源已經變得相當貧乏。因此，對許多歐洲人來說，美洲是一片富饒而成熟的荒地，是另一片樂土。傳教士、海員、實業家和作家聲稱，這片被發現的土地上有空蕩蕩的森林和友善的異教徒，他們正在等待適當耕作、財產權和福音的恩澤降臨。

事實上，從當時往回推兩萬年前，亞洲人就已通過大陸橋進入了美洲，而美洲人在各處森林和草原上狩獵也已經上千年。在歐洲人到來之前的美洲原住民族歷史非常複雜，涉及許多不同的文明，而這塊大陸絕非無人居住。事實上，與哥倫布時代的歐洲相比，這塊大陸能夠承載的人口還要更多。在十五世紀九〇年代，北美地區大約生活著七百萬至八百萬「印第安人」（Indians），其中許多人都是非常優秀的農民。如果再加上人口稠密的墨西哥和南部地區，當時美洲的人口約為七千五百萬到一億，而同一時期歐洲的人口約為七千萬。[1]（編按：關於當時美洲人口的數字可能有不同的說法，作者自己也並未統一）。

美洲的社會樣貌相當多元：從因紐特獵人到村落定居者，從複雜的農業文化和部落聯盟到帝國都有。歐洲人對北美洲大西洋沿岸野蠻人的最初描述，以及那些過往流行的傳說（按照這類傳說，這些殘暴的獵人都住在帳篷裡，彼此之間進行著永無休止的戰爭）都只是一種宣傳。事實上，大多數美洲人都是農民，他們生活在村莊和小鎮——又稱為村落（pueblos）——裡，種植各種各樣的作物。只不過，很大一部份美洲農業是採行刀耕火種，農民在一塊土地上耕種一段時間後，就會去耕種另一塊土地，以便讓之前的那塊土地恢復地力——這種做法與英國、法國和德國的早期農業非常相似。他們的部落制度以權力平衡為特徵，其中包括幾位居領導地位的女性——她們可以選擇男性首領——以及為了避免衝突而進行的種種複雜協議和聯盟。最重要的是，美洲的社會形式是多種多樣的。據估計，僅僅在北美地區就有六百多個不同的社會，有大約十二個相互獨立的語族，這些語族之間的差異「有時比英語和漢語之間的差異還要大」。[2]

儘管歐洲人將「發現」美洲的榮譽歸於哥倫布，但維京人很早就到過北美洲的北大西洋海岸，並曾短暫地定居在那裡；巴斯克水手也早就知道紐芬蘭附近有豐饒的鱈魚漁場。在哥倫布到達南美洲之後，第一波到達北美的是法國人、西班牙人和荷蘭人，之後是英國的毛皮商人。北美這些殖民者最終能存活下來，唯一得感謝的就是美洲原住民，因為他們為早期殖民者提供了許多食物援助。但歐洲人的到來卻導致一場全方位的大災難。直到最近，人們才比較正確地理解了這場災難。根據估算，從十六世紀二〇年代——也就是他們初到美洲的時候——到西元一九〇〇年，美洲大約出現過一百種流行疾病，幾乎消滅了全部美洲原住民。除了病死者之外，還有許多人死於饑餓，因為田地無人播種、無人照料。歐洲殖民者聲稱，北美是一片未經開發的荒野，是一片空曠的樂土。但事實上，從許多方面來說，那裡就是重災區。

當然，對原住民族構成威脅的不僅僅是疾病。歐洲人非常希望得到毛皮，特別是能用來做帽子的海狸皮。這樣的需求導致了兩個後果：其一，使原住民族部落陷入紛爭，因為當地的動物幾乎已經被他們獵殺殆盡；其二，徹底改變了他們的傳統生活方式。槍枝和酒的傳入也產生了相似的衝擊。在更南邊的地區，西班牙人使馬重新出現在美洲。美洲本來有馬，但這些馬已經被早期的美洲人獵殺殆盡。到十八世紀早期，逃脫的馬變成了野馬，未逃脫的馬要麼被用於交易，要麼就是被偷竊。馬的出現使「大平原印第安人」的生活方式發生了巨大變化。過去，他們通常是徒步狩獵野牛。但現在，騎在馬背上的「大平原印第安人」成了更有效率（和更好戰）的遊牧民族。

最後，殖民地的侵略活動摧毀了原住民族在中美洲創立的帝國和在北美洲沿海地區建立的文化，並引發了一波波移民浪潮。美洲絕非某些人所認為的「亙古不變」和「未開化」之地，而是一塊曾經人口稠密的大陸。從美洲原住民族的角度來看，歐洲人的到來可說是歷史上最大的災難。

迷路的哥倫布

克里斯多福．哥倫布，英語寫成「Christopher Columbus」，西班牙語是「Cristóbal Colón」，義大利語則是「Cristoforo Colombo」；這名字有時也寫成「Christofferus de Colombo」，或只是「Colom」，如此等等。但無論哪個名字，都是指那位紅臉膛、長著白髮的老水手。哥倫布被看作偵察員，為歐洲人的先鋒。在所有入侵行動中，都有一群人衝在最前面，然後將收集到的資訊回報後方。這次，衝在前面的是三艘小船，船員們以俚語中的「娼妓」稱呼這幾條船。哥倫布的旗艦是「聖瑪麗亞號」，船員則稱之為「下流的瑪麗」。西元一四九二年，船隊從西班牙的一個小港口起錨，當時的船員們並不怕從世界的盡頭掉下去。他們希望發現遠東的國家，可能是日本，可能是印度，也可能是「大汗」統治下的中國（事實上，蒙古帝國在一百多年前就已經退居漠北了，但消息傳播得很遲緩，他們尚不知情）。哥倫布至死都相信他發現的是「東印度群島」，但他的行為中流露著困惑：他宣佈，加勒比地區歸西班牙王室所有，如果他真的認為這個地區屬於強大的中國，那麼他就不可能這樣做。

哥倫布如何理解自己的發現，這始終是個謎。在第一次航行的時候，他沒帶什麼可用於貿易的東西，船上只有一些華而不實的小玩意。他沒帶士兵，沒帶傳教士，也沒有畫師可以記錄下他們發現的東西。當然，他也沒有意識到，這支小小的探險隊會成為歐洲殖民的先鋒，在他之後會有大批歐洲船隻向西航行。或者可以這樣說，他們只是暴風雨來臨前的最初幾點雨滴。事後，他做出五花八門又自相矛盾的解釋。因此，我們有理由相信，儘管他著迷於記錄與黃金有關的信息，他並不完全知道他要尋找什麼。哥倫布獲得了許多尊貴的頭銜，如「海軍上將」和總督。並且，無論他發現了什麼，都有權獲得十分之一的權益。這些榮譽和特權都是西班牙君主斐迪南和伊莎貝拉授予的，他們剛剛摧毀了穆斯林在歐洲的最後一個據點——格拉納達王國。

哥倫布是一位勇敢的水手，儘管他可能更是位詐騙大師。當然，他也應該為人類歷史上最大的錯誤負責。

又或者，我們應該說哥倫布是位「自欺大師」，因為他對命運抱有堅定的信念。他一直在努力募集資金。從本質上看，他做的是一種金融投機。正如我們看到的那樣，在那個時代，地中海西部地區出現了激烈的競爭。葡萄牙人——真正具有開拓性的水手——已經到達非洲最南端，並隨時準備建立一條通往印度的可靠航路。他們希望到達非洲的淘金區——這些地方歸馬利帝國和桑海帝國所有，並從南面攻擊伊斯蘭世界。西班牙人與法國冒險家和葡萄牙人展開了競爭，他們都試圖在散佈於非洲沿海的群島上建立歐洲的第一塊大西洋殖民地。在這些群島中，葡萄牙人獲得了馬德拉群島和維德角群島；西元一四〇四年至一四九三年之間，西班牙佔領了加那利群島。

加那利群島上出現了小規模的殖民活動，這成了美洲殖民活動的完美預演。群島上居住的人很可能是柏柏爾人的後裔，他們身材高大，膚色並不十分黝黑。他們都生活在部落群體中。儘管與西班牙人對抗，但他們不像西班牙人擁有馬匹和槍支，也對這二者一無所知。他們對歐洲的疾病同樣缺乏免疫力。許多人淪為奴隸，被帶到歐洲。現在，他們的文化已經完全消失。在他們的土地上，西班牙人建立了甘蔗種植園，並夢想著在非洲獲得黃金，無需再遠渡重洋。

但是，從加那利群島再往西會是什麼地方呢？除了哥倫布，還有許多人認為再往西就是日本和中國，而且他們認為只需四個星期的航行就能到達。當時，許多受過教育的歐洲人已經接受了「地圓說」。正如前文所述，歐洲基督教水手已經有了穆斯林的星盤、中國的指南針和古典時代的地圖。很多人告訴哥倫布，中國是可以到達的，保羅．托斯卡內利就是其中之一。托斯卡內利是佛羅倫斯的一位大學者，他認識李奧納多．達文西，可能也認識亞美利哥．韋斯普奇，後來亞美利哥的名字被用來命名這塊大陸。[3]但另一方面，其他傑出的地理學家卻持不同觀點。他們認為，這段航程的距離要遠遠超過哥倫布的設想。他們相信，這段航程實在是太遠了，遠到當時的船舶無法承受，因為這些船舶只能攜帶數量有限的淡水維持生命。哥倫布的冒險沒有得到葡萄牙人的支持，因為葡萄牙國王手下的數學家不同意他計算的距離；哥倫布剛開始向西班牙求助時也遇到過相同的麻煩。

然而，對摩爾人的軍事勝利使斐迪南和伊莎貝拉非常興奮。最終，他們表示願意幫助哥倫布。他們的動機非常複雜，其中包含了貪心、驕傲、虔誠和恐懼，所有這些因素都交織在一起。他們渴望得到黃金，也渴望得到東方的香料。在漫長的陸地商路沿線，東方的香料使許多商人和城市變得非常富有。

征服格拉納達王國是件光彩的事，但這場戰爭的開銷也很可觀。儘管如此，這場戰爭在歐洲引起了強烈反響，人們將其視為基督教徒的偉大勝利，斐迪南和伊莎貝拉為此深感自豪。他們有股明確的感受，認為哥倫布的冒險活動體現了上帝的意志。與同時代的基督教徒一樣，他們相信耶穌基督將在不久後重返人間。因此，他們要盡可能將最多靈魂引導入基督教會。更重要的是，他們害怕一旦新發現落入他人手中，會對自己構成威脅。哥倫布已經找過葡萄牙人。他還委派一個兄弟前往英格蘭，尋求英格蘭國王的幫助（但這位兄弟被海盜俘獲而耽擱了路途）。當西班牙人最終同意資助哥倫布的時候，他正前往法國兜售他的計畫。

哥倫布不是西班牙人，而是熱那亞人。但是，西班牙的貴族、教會和商人願意資助他。倘若哥倫布返航時能帶回一些原住民族奴隸、讓人感興趣的蔬菜和鸚鵡，以及一小盤黃金的話，他們願意再掏一筆錢。實際上，他們就是在賭博，要麼加注，要麼放棄。哥倫布聲稱，從加那利群島啟航經過四個星期的航行就能到達日本。他認為，這段航程大約是二千四百英里。但葡萄牙的數學家們是對的，這段航程的實際距離是一萬兩千英里。如果不在中途靠岸補充淡水的話，當時的海船絕不可能航行那麼遠。哥倫布或許知道自己是誇大其詞，但這種誇誇其談使他航向未知世界的勇氣更加引人矚目。曾經至少有一支準備充足的探險船隊向西航行，從此銷聲匿跡。但我們也不應該忘記，航海家在獲得新設備和大海船，以及展望他們將會航行多遠時所產生的興奮感。斐迪南和伊莎貝拉許下了重賞：第一個發現新大陸的水手可以獲得每年一萬個銀幣的終身年金。在那三條小船上的每一位水手大概都有這樣一種幻想：「這次我要發了。」從加那利群島出發後，這種貪念和樂觀情緒持續了數周之久。船員們確實有許多「發現」，但後來證明，這些「發現」都是假的，而且船隊的物資變得越來越少。在這種情況下，船員的情緒變了。

哥倫布——這位熱那亞船長——懇求和哄騙他的西班牙船員，希望他們能堅持下去。一些水手認為，這個外國人一定是瘋了；他們也認為自己冒險犯難，卻只有船長能變得富有，這實在難以接受。另一些水手提議，如果哥倫布堅持繼續航行的話，就把他從船上扔下去。經過五個星期的海上漂泊後，哥倫布與另兩艘船——「平塔號」和「尼尼雅號」——的船長召開了一次會議，他們勉強同意繼續航行，但最多只能再四天。兩天之後，也就是西元一四九二年十月十二日，一個名叫羅德里戈．特里亞納的水手終於發現了前方有一片陸地。這片陸地是一條島鏈的部份，今日這條島鏈稱為巴哈馬群島。如果特里亞納相信餘生從此高枕無憂的話，那麼他就看錯了他的船長。哥倫布宣稱自己已經看到了陸地，應該由自己拿到獎金。歸國途中，那些失望的船員為什麼不把哥倫布扔到海裡？這是另一個謎。他們登陸後，哥倫布宣佈這個島嶼歸西班牙王室所有。這個島嶼被稱為聖薩爾瓦多島，當地原住民原本稱其為瓜納哈尼島（Guanahani）。

島上的居民與加勒比地區的泰諾人（Taíno）有關，泰諾人的死敵是被看作「食人族」的加勒比人（Caribs）。當時，加勒比海地區的總人口不到二十萬，他們從事一些簡單的農業生產、捕魚和編織。他們非常喜歡吸菸——把晾乾的菸葉捲成雪茄後吸食。在哥倫布的描述中，泰諾人——哥倫布稱之為「印度人」——愛好和平、性情溫和。他告訴斐迪南國王，西班牙人可以強迫他們工作、種地和修建房屋，也可以強迫他們穿上衣服。隨後，哥倫布又宣佈一些更大的島嶼歸西班牙所有。他還綁架了一些當地的原住民，把他們帶回歐洲，展示給西班牙人看。西元一四九三年，哥倫布進行了為期更長的第二次航行，並在美洲建立了第一塊殖民地，之後的十八年內，百分之九十九的原住民都失去了生命，其中大部份死於疾病。

在第一次航行途中，船隊中最大的一艘船失事。因此，哥倫布不得不將三十九人留在當地，讓他們建立殖民地，並且從當地人手中多敲一點黃金。然而西班牙人對黃金與征服的貪欲甚至讓愛好和平的泰諾人也起身抵抗。哥倫布返回此地時，留守的三十九個人都死了。但在他們之後，又出現了更多的殖民者，泰諾人和加勒比地區的其他原住民都難逃厄運。他們將梅毒傳染給了哥倫布的水手，後來所有與人私通的歐洲人都陸續染上了這種疾病。最後，他們消失在歷史中，只留下一些特殊的詞語，如「吊床」（hammock）「獨木舟」（canoe）和「燒烤」（barbecue）。[4]哥倫布在第二次航行時帶領的船隊大約有一千二百人，其中也有女性。與這些殖民者一同前往美洲的還有可怕的新成員——馬，以及騎在馬背上手持槍械的士兵。對於美洲原住民而言，這種上半身是人，下半身長著四條大長腿，能噴火的怪物跟惡龍差不多。第二次航行也將騾子、雞和豬帶到了美洲：就在這一刻起，探險變成了征服。

當殖民者殘忍地對待這些「印度人」的時候，他們會為自己的暴行辯解，污蔑這些原住民是「食人族」。事實上，美洲的原住民已經被視為新西班牙帝國的財產。原住民的土地也都成了西班牙帝國的土地。西班牙的天主教徒傾向將所有非天主教徒都視為異教徒，並且只給這些異教徒兩種選擇，要麼改變信仰，要麼就被燒死。這種傾向是否就是西班牙人忽視原住民權利的主要原因呢？北方的新教徒也一樣；讓宗教成了單純的藉口。但無論如何，對於新生的西班牙王國來說，真正的威脅不是來自新世界，而是來自舊世界。

真正的威脅來自葡萄牙。在大西洋各地區，葡萄牙人都是西班牙人的競爭對手。西元一四九四年，兩個國家達成了一項特別協定，並簽署《托德西利亞斯條約》。這項條約以一條經線為界，將世界切為分屬西班牙與葡萄牙的兩部份。這條經線穿過了兩極和維德角群島（已經被葡萄牙人佔領）以西的地區，把哥倫布發現的古巴島和伊斯帕尼奧拉島劃歸西班牙。後來，雙方又對最初的協議進行了調整，葡萄牙人獲得了巴西的大部份地區；之後，伊比利亞人又瓜分起世界的另一邊。西元一五二九年簽訂的

《薩拉戈薩條約》便在遠東地區劃出了另一條線。

第三次和第四次航行中，哥倫布登上南美大陸，並發現了珍珠。此時，殖民者之間產生了矛盾，一直忍氣吞聲的泰諾人也與他們發生了衝突。斐迪南和伊莎貝拉降低了對哥倫布的過份優待，並開始執行一項長期規劃，將個人冒險的賭注轉化為由國家和教會支持的統治權。

基督教世界的邊境

要理解哥倫布的所作所為和這兩個國家劃分世界的荒謬舉動（還得到了教宗的認可），就要深入瞭解當時伊比利半島的政治。如果說路途遙遠而又花費不菲的絲綢之路切斷了基督教歐洲與東方的聯繫，那麼西班牙和葡萄牙的孤立感一定更加強烈。它們位於歐洲的邊陲——剛剛驅逐了穆斯林——境內散佈著許多堡壘、防線和軍營。斐迪南和伊莎貝拉就是歐洲邊陲國家的君主，虔誠信仰天主教。西班牙人的經驗是，想要獲得安全感就需要不斷前進，不斷擴張領土。因此，這是一處動盪不安、需要帆船巡守的邊境，也是一處熟習戰事的邊境。

在穆斯林佔領伊比利半島的幾個世紀中，曾經有一度，只有位於西班牙北部山區的阿斯圖里亞斯王國還信奉基督教。正如前文所述，幾個基督教王國利用穆斯林的分裂，慢慢向南擴張。發源於北非的穆拉比特王朝推行更嚴格的伊斯蘭統治。在這個王朝的統治時期，猶太人和其他民族發現那些相互鬥爭的基督教王國似乎更歡迎他們，很多人因此移居北方。伊莎貝拉和斐迪南繼位前的若干個世紀裡，基督教徒已經「收復」了大半個西班牙。在「收復失地」的過程中，西元一二一二年的納瓦斯—德托洛薩戰役是一場重要的勝利。是年，卡斯提爾、納瓦爾、亞拉岡和葡萄牙的君主一改過去相互爭鬥的積習，將矛頭一致指向南方的伊斯蘭王國，成功地摧毀了穆瓦希德王朝。穆瓦希德王朝是柏柏爾人建立的王朝，它的軍隊來自各個地方，其中一部份來自今天的北非地區，最遠則來自非洲內陸，如塞內加爾。

到了十五世紀九〇年代，只有弱小的格拉納達王國尚未被肅清。儘管穆斯林軍隊進行了長期的英勇抵抗，最終還是選擇投降。一方面是因為饑餓，另一方面則是因為基督教王國提出了貌似優厚的條約。基督徒承諾，每一個願意投降的人都可以離開西班牙，返回非洲；而且，願意留在西班牙的穆斯林還可以繼續遵守伊斯蘭律法。因此，數十萬穆斯林選擇留下來，在基督教徒的統治下生活。但這份條約很快就被撕毀，因此有些人認為這種生活實在難以忍受，但也有許多穆斯林改宗基督教。當時，西班牙有二十多萬猶太人，他們也被迫做出選擇，要麼改宗天主教，要麼離開西班牙。根據現在的估算，只有大約四萬人選擇離開。最初，他們的主要目的地是葡萄牙。但後來，很多人去了阿姆斯特丹、君士坦丁堡、威尼斯，甚至羅馬。[5]

堅持信仰的猶太人則被剝奪了財產，這確實有助於西班牙政府為哥倫布的航海活動募集資金，不過，這種情況比較少見。布哥斯主教就曾是猶太教的拉比；聖女大德蘭這位反宗教改革時期的神秘主義者來自改宗天主教的猶太人家庭；巴托洛梅．拉斯卡薩斯可能也是如此，這位修士和歷史學家揭露了西班牙在美洲殖民活動的黑暗面。西班牙的宗教裁判所和人們印象中的一樣殘忍、冷酷，不斷考驗著馬拉諾（Marranos，指被迫改信基督教的猶太人，他們被懷疑還在祕密地信奉猶太教）的忠誠，有多達四千人因宗教忠誠問題遭到處決。但另一方面，猶太人和穆斯林也會處決叛教者。對斐迪南和伊莎貝拉來說，宗教裁判所和強迫西班牙基督教化卡斯提爾王國和亞拉岡王國政治聯盟的基礎。他們要在這塊絕對的意識形態基石之上建立由單一民族組成的新國家。

斐迪南和伊莎貝拉都是信仰天主教的君主，兩人天生一對，很受羅馬認同。伊莎貝拉是卡斯提爾王國的公主，但她的童年生活頗為坎坷。有一段時間，她的生活相當拮据，只能和患有精神疾病的母親相依為命。精神疾病可能源於家族遺傳，伊莎貝拉的女兒就被稱為「瘋女胡安娜」。伊莎貝拉的父親很有政治野心，利用女兒誘惑大半個歐洲王室成員拋來橄欖枝。對於求婚者，伊莎貝拉都冷眼相對，並且學會了躲避那些年長很多的貴族。有一次，她向上帝祈禱，懇求不要讓她嫁給一個四十三歲的貴族。後來，這個男人因為闌尾破裂死在了求婚的路上（這或許可以解釋伊莎貝拉虔信的原因）。西元一四六九年，為了和亞拉岡王國的斐迪南王子結婚，伊莎貝拉私自逃出家門。顯而易見，他們的婚姻不符合任何人的期望，因為他們的祖父有血緣關係，因此他們必須得到教宗的祝福才能成婚。

從畫像上看，斐迪南是個柔弱、憂鬱的男子。但在控制了兩個王國之後，他變成了一個野心勃勃的統治者，永無休止地征戰和簽訂各種條約。他是個工作狂，有時為了使自己集中精力，會在臉上纏一條繃帶。在處理與摩爾人、異教徒和猶太人相關的問題時，斐迪南比伊莎貝拉還要強硬。當軍隊廝殺時，伊莎貝拉喜歡親臨現場觀看。在費迪南心目中，妻子與他的地位是平等的（但除了妻子，他從不平等待人）。這對夫婦的座右銘是：「伊莎貝拉和斐迪南，你中有我，我中有你。」這是歷史為我們提供的婚姻幸福的秘訣。斐迪南比伊莎貝拉多活了十二年。對他們二人來說，這都是悲傷的事情。

斐迪南和伊莎貝拉創建了西方最強大的王朝，或許也是當時世界上最強大的王朝。「瘋女胡安娜」嫁給了「美男子腓力」。腓力來自哈布斯堡家族，是神聖羅馬帝國皇帝的兒子。胡安娜和腓力的兒子是查理五世，西班牙的王權與奧地利的王權因此又扯上了關係。除西班牙和奧地利外，查理五世還繼承了勃艮第、低地國、德意志南部、那不勒斯、西西里島和薩丁尼亞島的統治權。西元一五一九年，查理五世當選神聖羅馬帝國皇帝（他能當選得益於此一原因：他的兄弟統治著波希米亞和匈牙利）。於是，他成為古典時代之後第一個有可能統一歐洲的人。這是個千載難逢的機會，因為大量白銀正從剛剛建立的美洲帝國湧入查理五世的金庫。現在，讓我們再回到美洲帝國。

對白銀的貪婪

這是有史以來最一面倒，也是最重要的伏擊戰之一，但設伏的西班牙人可不這麼想。他們正躲在白牆後面，等待敵人到來。一個伏擊者坦言：

「當時的情形太恐怖了，許多人尿了褲子都不知道。」他們的首領名叫弗朗西斯科・皮薩羅（Francisco Pizarro）。皮薩羅是私生子，來自西班牙的一個貧窮小鎮，目不識丁，頭髮灰白。在美洲，他手下只有一六八個人，其中六十二人配有馬匹。西元一五三二年十一月十六日（星期六）清晨，皮薩羅見到了印加帝國（Tahuatinsuyo，編按：係當地克丘亞語的稱呼）——後來這個國家稱為秘魯——的統治者。儘管印加帝國擁有大約八萬人的軍隊，但他們的武器裝備遠遠落後於西班牙人。西班牙人使用火槍，而印加軍隊使用彈弓、弓箭、棍棒和木質的盔甲，這些裝備比較適合參與青銅器時代的戰爭。但西班牙人的火繩槍射速很慢，也不靈活。而且，皮薩羅大約只有十支或十二支火繩槍。

那些魯莽的侵略者的處境十分不利。西班牙人邀請印加皇帝阿塔瓦爾帕（Atahualpa）到卡哈馬卡城的廣場會面。卡哈馬卡城位於層巒疊翠的秘魯高原，那裡有許多寺廟和軍事設施，都是由石頭交錯堆砌而成的，看上去比任何一棟歐洲的石造建築都更精巧。城市的中心有一座巨大的廣場，廣場周圍是一些低矮的房屋。這些房屋是供朝拜者和旅行者居住的，設伏的西班牙人就躲藏在那裡。

但印加帝國的皇帝並沒有意識到這是圈套。阿塔瓦爾帕剛剛在內戰中擊敗了同父異母的兄弟，在首都庫斯科加冕稱帝。儘管西班牙人在北方橫行霸道了很多年，但他從來沒聽說過這些征服者。通風報信者將皮薩羅抵達沿海地區的消息報告給阿塔瓦爾帕。與此同時，還傳來一些令人擔憂的消息——這些入侵者在當地大肆劫掠。但與史詩般的印加內戰相比，這似乎只是件無足輕重的小事。一位報信者告訴阿塔瓦爾帕，這些人並不值得憂慮——這群人不好戰，而且組織混亂。他們膚色蒼白，穿著閃閃發亮的金屬外衣，騎在巨大的美洲駝上。那些「馬」也不足懼，因為它們不吃人。在這些西班牙人中，有一個叫作文森特·巴爾韋德的修士。用那位印加報信者的話說，這個人的身上裝飾著「兩條橫豎交叉在一起的棍子」。因此，阿塔瓦爾帕對這些入侵者僅僅是感到好奇。他後來告訴皮薩羅，他很想得到那些馬，因為他認為這些動物很有用處。他將西班牙人視為有趣的怪人，希望他們能為自己守衛後宮。阿塔瓦爾帕乘坐轎子進入卡哈馬卡，整座轎子裝飾著鸚鵡的羽毛、白銀和黃金。扛轎者共有八十人，他們身穿亮藍色的衣服，個個都是有身份之人。與皇帝一同進城的還有六千名精銳士兵，他們揚揚得意地跟在轎子旁邊，嘴裡還唱著歌曲。此外，在皇帝的前面還有一支先頭部隊負責清掃道路。大部份士兵都沒有武裝，他們身上穿的是禮服。

由於西班牙人的武器後來輕而易舉地擊潰了這支軍隊，因此有人認為印加軍隊不堪一擊。但事實並非如此，這些士兵受過嚴格訓練，他們曾打敗遭遇的每一支敵軍，每個都是優秀的戰士，能與敵人徒手搏鬥，直到戰死沙場。當印加人到達廣場時，那裡空無一人。隨後，那位教士出現了。他告訴印加皇帝，他是來指引他皈依基督教的。文森特拿出一本《聖經》，阿塔瓦爾帕之前從來沒有見過這件東西。他接過《聖經》，努力翻看這本書。比森特想上前幫忙，卻被阿塔瓦爾帕推到一邊。打開《聖經》，仔細地閱讀了那些彎曲的黑線之後，皇帝失望地把書扔在了地上。這次會面實在太無聊了，而這件禮物也沒有任何意義！

這種褻瀆上帝的行為激怒了文森特。他開始召喚伏兵。「來啊，來啊，基督徒們，」他叫喊著，

「快來收拾這些可惡的敵人！」皮薩羅丟下了手裡拿著的一塊布，這是事先安排好的暗號。看到暗號後，西班牙人的兩門小火炮開始射擊（他們總共帶了四門小火炮，但其中兩門失效了）。西班牙人忘記了恐懼與不舒適的濕靴子，或騎馬或徒步從埋伏地衝了出來。槍炮的聲音和突襲使印加軍隊陣腳大亂。他們從來沒有見過槍炮，也沒有見過鐵質武器或馬匹。印加人四散潰逃。在日落前的兩個小時裡，至少有七千名印加人被殺。他們中的一些人試圖保護坐在轎子中身為太陽神後裔的皇帝，一些人則跨過圍牆，逃向曠野。西班牙人大開殺戒，直到精疲力竭為止。最後，騎兵撞翻了皇帝的轎子，皮薩羅活捉了阿塔瓦爾帕，把他關進一間屋子。

驚魂未定的印加皇帝與皮薩羅做了一筆交易。西班牙人已經從敵人手裡搶來了許多黃金和白銀製的盤子、壺、酒杯和首飾，這些東西讓他們驚詫不已。但阿塔瓦爾帕告訴皮薩羅，他還有更多黃金和白銀。在印加帝國的信仰，黃金和太陽聯繫在一起，因此也和太陽神聯繫在一起。對印加人來說，這些金銀器的價值在於它們的工藝和優雅；但對西班牙人來說，它們的價值僅僅在於貴金屬本身，也就是這些貴金屬的商品價值。很快地，他們就開始熔化這些精巧的金銀器，將其製成金錠和銀錠。阿塔瓦爾帕意識到了西班牙人對貴金屬的癡迷，於是提議4，如果他們釋放他，他將把這座關押他的房子裡裝滿黃金。關押阿塔瓦爾帕的房子至今還保留著。整座房屋有六．七公尺長、五．二公尺寬，大約能裝二．四公尺高的物品。之後，他又許諾，會以同樣的方式送給他們雙倍的白銀，這些貴金屬都將在兩個月內備齊。皮薩羅對這個條件非常驚訝，同意了阿塔瓦爾帕的提議，承諾釋放他回去。但皮薩羅並不真心想遵守諾言。

事實上，尋找和收集貴金屬的工作直到隔年六月才結束。印加工匠製造的最精美金銀器被熔化成一萬三千磅死黃色的金錠和二萬六千磅的乏味銀錠。

此時，西班牙人已經深入印加帝國，打擊、欺騙和分化敵人。阿塔瓦爾帕自始至終都有利用價值，因為他對臣民有絕對權威，即便被俘也是一樣。這使西班牙人幾乎沒有遭遇像樣的抵抗。與此同時，印加人仍在努力救出皇帝，挽救帝國。

然而，事與願違。阿塔瓦爾帕被指控召集軍隊來解救自己，所以西班牙人只讓他在兩種死法中選擇其一：被燒死，或皈依基督教後被絞死。印加人有通過製作乾屍保存遺體的信仰。因此，阿塔瓦爾帕選擇後者，然後被絞死。但皮薩羅最後還是焚毀了他的屍體。

這起事件很容易視為邪惡的早期帝國主義者與高貴原住民族間的典型衝突。看似如此，其實並不正確：真正具有帝國主義自覺的其實是印加統治者。印加帝國發源於庫斯科地區，隨後向南發展，但在西班牙人到來九十年之前才開始對外擴張。在皮薩羅到來六十年之前，印加人控制了卡哈馬卡城。在西班牙人入侵之前的三十年時間裡，印加進入了發展的黃金時期。印加的工程師不但技術高超，而且十分好戰，就像古羅馬人一樣。他們修建了大約三千公里的道路，綜合運用軍事進攻、金錢賄賂和精神恐嚇等手段，征服了安第斯山區和西部沿海平原的各種文化。

印加沒有車輪運輸，沒有文字系統，也幾乎沒有金屬武器。印加人會用一種有顏色的繩結記事，這種奇特的記事方法被稱為「奇普」（Quipu）。通信和行政管理都依靠這種方法，信使會將繩結送往各地。但是，印加的王權非常強大。所有土地都是國有，人們以家族為單位被組織起來，為皇帝提供各種服務。而且，他們沒有遷徙的自由。阿塔瓦爾帕不是聖人，他希望臣民像奴隸一樣順從自己的奇思怪想。他還喜歡濫施死刑，用敵人將領的顱骨飲酒。

除了沒有馬匹和槍炮，印加帝國還有一個弱點，就是極端的中央集權。這種制度幫了西班牙人的大忙。因為他們控制了阿塔瓦爾帕就掌握了印加帝國的行政中樞。在殺害阿塔瓦爾帕之後，西班牙人將其兄弟尤潘基扶上皇位，通過扶持新皇帝一面發號施令，一面對抗印加人的反抗運動——印加人的反侵略戰爭持續了大約四十年之久。這成為西班牙人的慣用伎倆。從西元一五一九年到一五二一年，埃爾南多．科爾特斯帶領西班牙人擊敗了北方的阿茲特克帝國。西班牙入侵者發現，許多被征服的民族都願意和他們聯手，共同反抗這個崛起不久的帝國，但這些民族似乎沒有意識到這樣做的後果。在俘虜了阿茲特克的統治者蒙特祖瑪之後，西班牙人又利用他殘存的威權控制臣民，掠奪黃金。

在墨西哥和秘魯站穩腳跟後，西班牙統治當局不但利用了原有的統治制度，而且還從西班牙引入了一些制度，其中最著名是就是「委託監護制」（encomienda）。在委託監護制下，原住居民幾乎變成了西班牙人的奴隸。在西班牙，這種制度的最初對象是穆斯林。在秘魯，印加帝國本來就有強迫勞動的傳統，西班牙人直接利用這種傳統，使其為自己服務，特別是在波托西的銀礦。儘管一種帝國制度取代了另外兩種帝國制度，但農民和統治者之間的關係並沒有發生變化。隨後，這種情況也在北美地區出現。

西班牙人並不打算建造一個新世界，他們完全沒有從頭開始建立新社會的意識。就其劫掠行徑和對西班牙王室的忠誠而言，他們只是一群冒險者。美洲出現了許多建築，如學校、醫院、兵營和教堂，但馬德里推動的改革進展十分緩慢，或者說根本就沒有改革。安東尼奧．門多薩侯爵曾任新西班牙行省的總督，這個重要人物曾經告誡他的繼任者，少做事，慢慢來。在征服美洲幾十年之後，許多居關鍵地位的征服者都選擇老死故鄉西班牙，包括科爾特斯。

皮薩羅的後繼者在著作中總是喋喋不休地談論黃金和白銀，為之癡迷更甚於當地的風土人情。儘管新世界的西班牙人可以建造美麗的建築，演奏優雅的音樂，但結果顯示他們並非有創意的、開明的帝國締造者。西班牙人佔領的是一個紛爭不斷的世界，他們的文化對歐亞大陸貢獻很少。特諾奇提特蘭（Tenochtitlán）是阿茲特克帝國的首都，除了君士坦丁堡，它可能是當時世界上最大的城市。擁有水道、宮殿和宗教藝術（更不用說對臣屬民族的無情統治，以及對死亡和來世的癡迷了）使這座城市與威尼斯驚人地相像。但是，歐洲人對阿茲特克的宗教感到恐懼，對阿茲特克藝術則徹底忽略。馬雅人生活在猶加敦半島，在被征服之前，他們曾長期抵抗。馬雅人的黃金時代早已逝去，他們繁複的建築和神祕的占星術絲毫不能引起十六世紀歐洲人的興趣。

很快地，北美的其他歐洲殖民地吸引了另一批冒險家——宗教異議份子和吃苦耐勞的農民，他們希望在新世界開始新生活。儘管有人試圖在維吉尼亞和卡羅萊納重建歐洲式的貴族制度，但謀求初級民主制度（至少對歐洲男性開放）的意願已不可遏制。

西班牙人將貴族、士兵和神職人員都帶到了中美洲。但是，佔地遼闊的教會、修道院和大莊園日益衰退；而契約主和奴隸既無法創造新想法，也不能生產供出口的商品。這使中美洲不僅難以抵禦北美殖民者的入侵，內部也受困於啟蒙運動所激發的叛亂。因此，當西班牙王室被拿破崙推翻、西屬美洲統治當局分崩離析的時候，墨西哥宣佈了獨立。這樣做的目的不是為了創建一個更民主的新社會，而是為了維護地方貴族的利益，抵制他們所擔心的西班牙激進主義運動。[6] 阿根廷的何塞·聖馬丁和委內瑞拉的西蒙·玻利瓦爾都發動了史詩般的獨立運動，但他們都未能創建足以抗衡美國、英國或歐洲帝國的民族國家。

在征服美洲的早期，得力於西班牙人身上或體內的疾病、手上的武器，加以無畏的冒險精神，他們的軍事進展極其迅速。在皮薩羅到達之前，西班牙人的細菌就已傳到了印加首都庫斯科。在安第斯山區和南美洲的其他地區，天花病毒造成了災難性的影響。天花病毒殺死了印加皇帝，導致他的兒子們互相殘殺。在皮薩羅登陸時，內戰已經爆發。從墨西哥到太平洋島嶼，流行疾病都產生了同樣的效應。

在大約一萬三千年的時間裡，美洲人從未接觸過肆虐歐亞大陸的病菌，這麼長的時間使得美洲人對外來疾病毫無免疫力。因此，一旦病菌傳入美洲，便會造成災難性的影響，特別是在人口稠密的美洲中部地區。根據估算，在歐洲人到來之後，原本居住的美洲原民有百分之九十五死於越洋而來的疾病——如麻疹、天花、瘧疾、白喉、斑疹傷寒和肺結核。有人可能會懷疑死亡人口的準確比例，但無可懷疑的是，歐洲歷史上的任何大規模災難都無法相比。

那麼，西班牙人和其他歐洲人得到了什麼？除梅毒外，沒有任何奇怪的疾病傳入歐洲。而且，我們也無法確定梅毒是否是在中美洲感染的。西班牙人的主要收穫是突然湧入的貴金屬貨幣。隨著印加帝國的崩潰，西班牙人患上了「黃金熱」。皮薩羅的秘書佩德羅．桑喬自我辯解第一句開頭是：「考量到從庫斯科獲得的大量白銀和黃金……」第一批金錠僅僅是開始。在印加文化被剝皮削骨後，西班牙人在二十年的時間裡利用新的採礦和提煉技術對位於今日玻利維亞的波托西銀礦進行了全面開發。據說，在波托西鑄造的每一個比索都搭上了十條美洲原住民的性命。而在之後的一個半世紀，從美洲流入歐洲的五萬噸白銀中有三分之二出自波托西。

然而，劫掠財富不一定會導致繁榮。由西班牙大帆船運送到西班牙宮廷的黃金和白銀最終都流落他處。許多金錢被用於裝飾教堂。為了維持哈布斯堡王朝對尼德蘭的控制，查理五世將大量金錢投入一場又一場毫無勝算的戰爭。在義大利半島，為了與法國人一爭高下，查理五世同樣不惜血本。結果只是肥了法蘭德斯的糧食商人、德意志的武器商人及各路雇傭軍。此外，他將更多戰利品用於償還對熱那亞和威尼斯的債務。後者則再轉一手到中國購買絲綢和瓷器等奢侈品。在當時的中國，明朝取代了蒙元帝國，開創了另一個黃金時代。不過，由於太貪戀黃金和白銀，從美洲經由西班牙和東地中海地區輸入太多，導致了明帝國嚴重的貨幣危機。

如果上述印加貴金屬的全球流通還不足以說明，請別忘了還有海盜。由於無法染指美洲的財富，法國人和英國人就利用海盜打劫西班牙人的大帆船，把戰利品運送回家。英格蘭女王伊麗莎白對海盜行徑視而不見——來自德文郡的惡棍法蘭西斯·德雷克率領艦隊環繞南美洲航行，進入秘魯水域搶劫西班牙人的黃金和白銀（這些都是從印加人那裡掠奪的）後，伊莉莎白拿到的分成足夠她償還英格蘭的全部外債。[7] 海盜給我們提供了很多故事素材，但他們的意義並不侷限於此：通過吸引法國人和英國人跨越重洋掠奪財富，海盜既改進了歐洲北部的航海技術，又在加勒比海地區建立了軍事據點，為後世的帝國擴展提供了便利。

用經濟史學家大衛·蘭德斯的話說，西班牙征服者的故鄉「之所以陷入貧困（或停滯不前），主要原因是金錢太多」。[8] 西班牙人從競爭對手那裡買來了各種紡織品、食品和特產。他們為自己的好運驚喜不已，因為即使不增加生產也能盡情消費。這和二十一世紀初的情形很相似，西方社會沉浸在由信貸消費帶來的經濟繁榮。當時有人就看到了這一點。蘭德斯引用了摩洛哥駐馬德里大使的話，他正處於肆意揮霍時期的尾聲。在西元一六九〇年，這位大使注意到，在基督教諸國中，西班牙擁有最高收入：

> 但是對奢華的熱衷和文明帶來的安適征服了他們。你很少看到西班牙像荷蘭、英國、法國、熱那亞等基督教國家那樣盡力經商或為海外貿易奔走。同樣地，這個國家蔑視社會下層和普通民眾從事的手工藝行業。

我們很難想像世界上還有其他方法能使國家更徹底衰落。在新世界，西班牙以貴族、神職人員和大地主組成的帝國已經一蹶不振、日趨沒落，並且無從體會到令其對手充滿活力的現代性。阿塔瓦爾帕未能預見將要發生的事情，西班牙人也是如此。

黑衣佈道家

事物的外表，外顯的風格，可以意義深遠，絕非瑣細小道而已。在宗教改革期間，由身著華美服飾、吟誦拉丁祭文的男性神職人員在富麗堂皇的教堂中主持的禮拜儀式，遭到了另一種禮拜儀式的抨擊。馬丁路德身處的德意志是一個黑與白的世界，鮮明、黑色的德語佈道文，與他們堅定的選擇，刻意印在雪白的紙張上。那些充滿尖刺的歌德體字母，由早期印刷工匠用煤灰和蛋液調製的墨水，將路德的聲音化作上萬份佈道文傳遞到歐洲北部民眾的手中。對不能閱讀的人來說，粗糙的黑白兩色木版印刷品傳達的正是改革者的訊息—與之前五顏六色的祭壇畫形成了鮮明的對比。他們的服飾都是質樸的白色、深色和黑色。他們的語言都是德意志一般人說的俗語，充滿沙啞的喉音。在早期的肖像畫上，他們的神情嚴肅而強硬。

德意志的北方正在反抗南方。在南方，光耀奪目的教宗儀制、華麗多彩的教堂和鍍金的聖母像代表了日趨世俗的教會傳統。而個性固執，又善於自我宣傳馬丁路德，毫不意外地成為德意志的英雄，站上對抗教宗和皇帝的第一線。正如他自己所說，他就在「貝西摩斯巨獸口中的利齒之間」。在路德之前，德意志的歷史只屬於統治者、騎士、皇帝、主教和神話傳說。從很多方面來看，他算是第一位現代德意志人。在那幅著名的肖像畫中，路德雙臂彎曲，面無懼色，凝視著我們。他出身平凡，但並不是農民。他的父親在薩克森的煤礦工作，致富後住到城裡，妻子家境富裕，還有一棟不錯的石造房子。他把路德送入一所管教嚴格的好學校，並且和許多奮鬥向上的父母一樣，希望兒子能成為律師。從很早的時候開始，馬丁路德就展現了善於質疑的個性，幾乎永無止境。

我們必須設想這樣一個世界：地獄真實存在，並且近在咫尺；魔鬼和巫師在森林和小路上作祟；唯有耶穌才能幫助我們逃離。在馬丁路德的時代，德意志並不是一個舒適、安全的地方。除了飽受瘟疫之苦，以及在歉收之年必須忍饑挨餓，德意志的政治也軟弱不堪。在東邊，條頓騎士團已經屈服於波蘭人。在北方，丹麥人佔領了霍爾斯坦。在西方，瑞士聯邦贏得了獨立地位。更重要的是，鄂圖曼帝國的穆斯林軍隊正威脅整個歐洲，在馬丁路德有生之年都尚未化解。宗教改革的早期階段恰逢鄂圖曼帝國屢次進逼：西元一五二一年，鄂圖曼人攻陷了貝爾格勒；西元一五二二年佔領羅德島；西元一五二六年擊潰匈牙利人。三年後，鄂圖曼人又將維也納圍得水泄不通，並且深入波蘭的腹地，跨越地中海進攻馬爾他島，與威尼斯人僵持不下。儘管南方的天主教政權在一五七一年的勒班陀海戰中終於擊敗了鄂圖曼海軍，馬爾他和維也納也化解了圍攻之勢，但很多基督教徒都相信他們正經歷基督教王國的末世，註定是文明的最後一代人。

德意志並非作為國家存在，而是一片領土和語言區，由做為「宗教和偽古典神話」的神聖羅馬帝國所管轄。[9]在這片土地上的公國、諸侯領地、主教轄區和自由城市之間，還有大約三百個半自治的封邑，各自擁有法律、貨幣和家族封地。戰爭和瘟疫使德意志的人口銳減，新傳入的可怕梅毒更是在全歐洲肆虐，「幽靈村」隨處可見。德意志的南部和西部爆發了一系列殘酷的農民起義，儘管規模上並不比馬丁路德成年時期那種至少十萬人喪生的「農民戰爭」。

因此，路德的世界既動盪，又充滿變數，彷彿每一棵樹背後都潛藏著死亡。馬丁路德告訴我們，西元一五〇五年的某個夏日，當他還是二十一歲的學生時，他在鄉間的小路上突然遭遇夏季的雷雨，並獲得了啟示。一道閃電劈將下來，他向上帝祈禱，如果能倖免於難，他就會進修道院。之後，路德很快放棄了學業，進入了一家院規嚴格（但並不極端）的修道院。十多年來，馬丁路德一直都是模範修士。他以超人的毅力勤奮學習，恪盡職守，遍覽各種常見的天主教文獻，幾乎達到精神崩潰的地步。由於表現優異，修道院派遣馬丁路德出使羅馬，儘管使命並未達成。隨後，他被派到新建的威登堡大學任教。

當時，德意志各地都在創辦大學。這些大學能夠為封邑和有野心的城鎮博得名聲，也可以吸引新式人才。當時的德意志約有二十所大學，威登堡大學就是其中之一。這所大學以富有遠見和實驗精神聞名。威登堡（Wittenberg）是一座小鎮，規模比帶圍牆的村莊大不了多少。其統治者「智者腓特烈」生性機智而獨立自主，也是德意志七名「選帝侯」之一的薩克森選帝侯（當時，神聖羅馬帝國的皇帝並非世襲，而是由「選帝侯」選舉產生），在北德意志很有政治影響力。後來，在宗教改革爭執期間，路德就受到腓特烈的大力保護。

在威登堡，路德對於原罪和救贖的觀點挑戰了許多傳統教義。學者至今仍在討論其宗教理論激進的程度——事實上他的理論絕對不是獨一無二的。問題的關鍵是：中世紀早期的學術觀點認為仁慈的上帝會依照律法，將有罪的人送入地獄。但是，這些律法實在太嚴格、太極端，人們很難嚴格遵守。馬丁路德的觀點是人類罪孽深重，腐敗墮落至極。因此，只依靠反覆祈禱和行善是不可能進天堂的。

那麼，該怎麼做才能得救？在宗教氛圍十分濃郁的世界裡，這是一個急迫的問題。

路德給出這樣的答案：對於擁有真正信仰的人，上帝會赦免他們的罪。這些人將會得救，成為上帝的選民。人類的原罪實在太過深重，單憑自身行動無法洗刷。神愛是一種奇蹟，唯有神愛才能戰勝人類的原罪。耶穌基督的犧牲是為人類贖罪，這意味著奇蹟已通過這種方式顯現。要想獲得救贖，人類唯一能做的事情就是誠心信仰。路德的觀點有一個明顯的問題，即暗示犯罪並不要緊。因為，用通常的方法根本不能戰勝罪惡，只有信仰才能獲得救贖。針對上述質疑，路德的回答是：獲得救贖的人會心存感恩，不再有犯罪的念頭。正如許多新教徒後代認為的那樣，這似乎太容易了。在《一個清白罪人的懺悔》一書中，蘇格蘭作家詹姆士．霍格如此諷刺贖罪的輕而易舉：那些偽君子大可將罪惡做成一塊餅，然後張口吃掉。

路德的思想體現了基督教知識份子對理性、精緻的古希臘思想的排斥。以柏拉圖和亞里斯多德為代表的古希臘思想正是傳統基督教神學的基礎。在得出有關原罪的結論後，路德的主要驅力是情感性和個人性的，是對釋放和可交流的喜樂的迫切渴望，與教會的等級制度和宗教儀式無關。他形容自己有「重生」的感覺，這種體驗是現代福音派新教教義的核心。

這使得像路德這樣心理受挫的夢想家開始不斷挑戰教會權威。但是，真正將路德逼到跨出那一步的，是販售贖罪券的行為。什麼是贖罪券？就是用耶穌基督和諸位聖徒累積的善行來贖其他人的罪，獲得贖罪券的人可以減少在煉獄中受苦的日子。我們可以把煉獄看作今天的機場中昏暗的候機大廳，只是少了免稅店。不過，人們通常把煉獄描寫成充滿火焰的地方。在進入天堂之前，人們要在煉獄接受懲罰，淬煉心靈，清除罪惡。贖罪券比較不像使人免於煉獄的折磨，而是助人早日升入天堂。

如何獲得贖罪券？祈禱和行善可以使你獲得一張贖罪券，參觀和觸摸聖徒的遺物也能使你獲得一張贖罪券——擁有聖徒遺物的教堂或城鎮便可從中獲利（威登堡擁有世界頂級的收藏品，如木頭的碎屑、骨骸、荊棘和毛髮）。除了祈禱、行善和觸摸聖物，還有一種更可靠的途徑：花錢購買。長久以來，神職人員一直建議獲得贖罪券的人「慷慨解囊」，對教會表示感謝。最後，這變成了赤裸裸的交易。作為耶穌基督在塵世的代理人，教宗可以堂而皇之地出售贖罪券。贖罪券因此變成了他的貨幣，紙面上還標記出不同的面額。贖罪券不僅能幫助購買者縮短在煉獄受苦的日子，還能幫助他們去世的親屬儘早步入天堂。煉獄中的靈魂也許正在大聲呼喊，要他們的子孫趕快掏錢。從義大利到荷蘭，從法國到瑞士，有改革意識的教士都在抗議贖罪券的商業化，路德掀起的大風暴只不過更為憤怒。

教宗一職為歷史提供了為數不少的反派角色，路德的對手李奧十世正是其中之一。李奧十世來自梅地奇家族，父親是佛羅倫斯的著名統治者「偉大的羅倫佐」。他的成長伴隨著戰爭、藝術表現慾和政治傾軋。他十三歲時成為樞機主教，但他對宗教興趣不大。當義大利政治將三十七歲的他推上教宗寶座的時候，李奧十世表示既然上帝將教宗職位交給他，「那就應該好好享受」。李奧十世體態肥胖，很會出汗，為人熱情，他使教廷的生活變成永無休止的嘉年華，戲劇、鬥牛表演、舞蹈、宴會和運動會。他花錢如流水，拿出大量黃金資助各種事業，滿足個人的消費慾望。

李奧十世的最昂貴的開銷是修建聖彼得大教堂。四世紀三〇年代，聖君士坦丁在可能是聖彼得埋骨處修建了一座教堂，這就是聖彼得大教堂的前身。十五世紀末十六世紀初，由於這座教堂年久失修，當時的教宗決定在原址上修建一座宏偉的新教堂，希望這座新教堂的規模和華麗使世界產生敬畏。但到了西元一五一七年，工程的處境十分尷尬，教堂變成了一個骯髒的建築工地。巨大的開銷日益削弱教宗的權威。李奧十世募集資金的方法是出售更多、更貴的贖罪券。在德意志地區，有一個野心極大的主教，除了充當李奧十世的代理人之外，還出於個人目的瘋狂斂財。這使得德意志人民一而再、再而三地遭受剝削。

在路德生活的薩克森地區，以出售贖罪券聞名的約翰·特徹爾是主要的剝削者。從開始登臺佈道起，特徹爾就是一個極盡吹擂能事的福音傳播者。他會跟隨身著長袍、表情嚴肅的神職人員及其追隨者步入城鎮，手裡舉著教宗的標誌和李奧十世的詔書（教宗的公告，掛有一塊圓形封印以標示其真實性）。人們會打開橡木或鐵製的金錢收納箱，支起一座棚子。這時，特徹爾就開始工作了。他發出的訊息直截了當。如果你不想在煉獄中受苦幾百年，甚至幾千年，那麼掏錢吧；如果你想讓親愛的母親或父親擺脫痛苦，那麼掏錢吧；根據自己的財力和能力，能掏多少就掏多少。儘管這幾句話看上去像是在嘲諷特徹爾，但最能體現特策爾風格的還是由他自己口中說出的韻文名言：

銀幣發出一聲鏗鏘，煉獄靈魂就上天堂。

在路德看來，兜售贖罪券無異於掠奪誠實的德意志人，好在義大利修建一座奢華的新教堂。出售贖罪券是一項可怕的罪惡，令那些購買贖罪券的無辜之人受到地獄之火的煎熬，因為這意味著購買者將不會懺悔，或為他們的罪行向耶穌基督請求寬恕。關於信仰和懲罰的深刻內涵都變成了現金交易。最終，兜售贖罪券的行為耗盡了路德的耐心。全世界的新教徒都知道，西元一五一七年十月三十一日，馬丁路德大步走向威登堡的城堡教堂，在教堂的橡木門上釘上了《九十五條論綱》，這份《論綱》闡述了他的觀點—同時也是對教宗的反抗。或許這就是他的意圖。當年的木門早已不復存在，取而代之的是金屬複製品。

路德不是謙遜的人，但他本人從未提起在大門釘上《論綱》這件事。這可能是後人想像出來的情節。在路德的時代，教堂的大門通常被當作告示板，人們在上面發佈各種訊息。因此，這位以學術見長的著名修士確實有可能將他的宗教觀點釘在門上，雖然他沒有必要如此。路德並不想發動革命，甚至也不想直接挑戰教宗制度。這份措辭強烈的《論綱》用教會拉丁語寫成，上面羅列了存在爭議的觀點。在此之前，威登堡大學的學生都聽過路德闡述這些觀點。路德仍然是天主教徒，他說的很多話也符合天主教的正統教義。

那麼，路德的論點為何傳播得如此之快？要理解這一點，我們首先需要將目光轉向德意志西北部的一座小鎮，即萊茵河畔的美茵茲。在路德出生的十五年之前，發明歐洲第一台印刷機的約翰尼斯・古騰堡就葬在了這座城鎮。中國人和朝鮮人使用雕版印刷已久，甚至已經開始嘗試泥活字印刷。而木板印刷也在古騰堡發明印刷機的很久以前進入歐洲。古騰堡做的工作是，做出一套金屬活字系統，將單個的金屬活字排列在一起，組合成詞，然後塗上墨水，把文字印到潮濕的紙上或用動物皮做的紙上。

我們對古騰堡知之甚少，只知道他擅長金屬加工（也許稱他兼職工程師更合適）和寶石切割。他是一位有抱負的實業家，希望借錢創辦自己的事業。德意志城市地區有煤礦和鐵礦石儲備，也有製造鎧甲、武器和鐘錶的長期傳統，但那裡並沒有出現工業革命。儘管如此，德意志城市地區的工業不斷發展壯大，手工業者的社會地位不斷上升，企圖心也不斷膨脹，他們會將自己的手藝代代相傳。

古騰堡從義大利購買紙張，嘗試用合金製成的活字和複合油墨進行印刷。他一共有六台印刷機，雇用了至少十八位幫工。他打算印刷《聖經》，希望這些印刷《聖經》看上去和手抄本相近，這就如同早期的電視劇會模仿劇院裡的戲劇，早期的網路部落客會模仿報紙。古騰堡計畫首先印刷一百八十本《聖經》，每本共一二八二頁。然而這樣做要冒很大的風險，在西元一四五四年，他不得不到歐洲各處籌錢。古騰堡用了六個月時間鑄造金屬活字，又用了兩年時間排版和印刷。之後，他又為《聖經》手工著色和繪製插圖，使它們看上去更「真實」，接近同時代手抄本的效果。我們可以將其比作當時黑白混紡的布料或紡織品（textile），因此才有了「文本」（text）一詞。印刷過程大約持續了三年，這和抄寫員手抄一本《聖經》的時間大致相當。[10] 不同的是，在三年的時間裡，抄寫員只能抄錄一本，而古騰堡可以印刷一百八十本。

印刷術仿佛一夜之間流行起來。古騰堡的《聖經》在德意志、低地國家、義大利和西班牙大受歡迎。他的印刷機又接了其他的印刷工作，如學童使用的語法書、攻擊土耳其人的小冊子和各種日曆。最重要的是，贖罪券也成了類似大張支票，只有時間、日期和簽名需要用手填寫。

很快地，德意志地區就出現了大量印刷品。在數以萬計的小冊子中，有一些是關於醫學和科學，另一些則粗俗不堪。在就婚姻問題發表談話時，路德曾經抱怨說，在書商沿街叫賣的小冊子中，「除了婦女的墮落之外，就沒有其他內容了」。

因此，路德的《論綱》——無論是否釘在了門上——也很快被印刷出來，廣為流傳。他將《論綱》中的觀點融入了一篇佈道文。這篇佈道文在兩年內重印了二十五次。與此同時，路德將他的筆名從「埃萊烏泰里烏斯」（Eleutherius，希臘名字，意為「解放者」）變成了「盧特爾」（Luter，在德意志地區是很普通的名字），之後又變成了「路德」（Luther）。路德的論點引起了教士和世俗人士的興趣，促使雙方就贖罪券問題、正確的原罪觀和教宗權威展開討論。路德在最頻繁著述的高峰期，平均每兩個星期就能寫出一本小冊子。他的追隨者—如曾經當過鞋匠的作家漢斯・薩克斯—和天主教敵人們則貢獻了更多小冊子。過去，威登堡的統治者有收集聖徒遺骸的興趣，這些收藏曾為小鎮帶來不少收入。現在，大量的印刷工作使威登堡成為一座繁榮的市鎮。這麼多印刷工作從何而來？原因很簡單，因為路德住在那裡。[11]

路德的觀點很快傳到了羅馬，雙方開始交鋒。首先，路德與海德堡的奧古斯丁修會修士展開了較量—這場較量取得了很好的效果；其次，在奧格斯堡，他接受了一位樞機主教的挑戰，這個人是李奧十世手下最出色的樞機主教之一。隨後，他又與萊比錫一位聰明的神學家展開辯論。在那裡，有人誘騙這位神學家支持捷克改革家揚・胡斯，後者因異端的罪名被燒死。路德在一份教宗詔書中被指責為異端，但他立刻在威登堡焚燬了這份詔書。現在，他的鬥志被徹底挑起。路德連續發表了三本攻擊性的著作：《致德意志基督教貴族公開信》是寫給貴族的，《論教會的巴比倫之囚》是寫給神職人員的，《論基督徒的自由》是寫給所有人的。在這三本書中，路德駁倒了羅馬教廷的許多基本觀點。這些觀點涉及神父的特殊職責、神職人員的組織，以及教宗至高無上的權力。

面對教宗的壓力，路德堅決而大膽地面對困難。在兩年的時間裡，上述三本書總共出了三十六版，而且被翻譯成荷蘭語、英語、西班牙語、捷克語和拉丁語。如果沒有印刷機，這顯然是無法實現的。全歐洲都吵得不可開交。在遙遠的英格蘭，亨利八世要求他的主教想出批駁路德的理由。西元一五二一年四月，剛登基的神聖羅馬帝國皇帝——年輕的查理五世——在沃姆斯召見路德。當時，「帝國議會」正在那裡召開。路德被要求當著自己的著作宣布放棄自己的觀點，但他拒絕了。他說：「這就是我的立場，我別無選擇。」儘管這句話已經成為路德的名言，但沒有證據表明他真的說過這句話。直到路德死後，一位編者才將這句話寫入他的言論集。但這句話實在是說得太好、太擲地有聲，因此很難被刪除。這樣的對抗潛藏著危機。路德或許已經做好被綁上火刑柱的準備，但最後他還是平安地離開了沃姆斯。

離開沃姆斯後，腓特烈為了路德的安全，將他「神隱」起來，藏身在德意志的瓦特堡（Wartburg）。這個地方非常隱秘。在瓦特堡，路德為掩蓋身份而留起鬍子，並使用假名，然而他也再度做出驚人之舉，也就是將《聖經》翻譯成犀利、辛辣的通俗德語。他在很短的時間內完成了《新約》的翻譯，之後又花費了數年時間譯完整部《聖經》。他曾吹噓道，他的語言風格不是來自拉丁語，而是來自街上：「如果有拿不準的地方，就問問家中的主婦、大街小巷裡的孩子，以及市場中的普通人，看他們會說些什麼。」他創造了許多新詞，其中一部份仍然保留在現代德語中，例如「Herzenslust」表示「心裡想的事」，「Morgenland」表示「東方」。路德說，他想「讓摩西看上去非常像日爾曼人，以至於沒人會把他當成猶太人」。人們稱他的翻譯為「德語演進過程中的核心文獻」。[12]

在著名的萊比錫書展上，人們可以用低廉的價格買到路德翻譯的《聖經》，價格大致相當於一頭小牛，或者一名教師兩個星期的工資。路德去世時，市面上大約有五十萬本德語《聖經》流通。翻譯成其他歐洲語言和方言的《聖經》也產生了巨大影響，英國國王詹姆士欽定版《聖經》就是典型的例子。在某些方面，路德對德語的影響大過於莎士比亞對英語的影響。歷史學家韋奇伍德對此進行了精闢的闡述。她表示，路德活用德語的表達方式實在太順暢了，「眼前浮現許多日常生活景象，既粗俗、樸實又生動……在我讀過的《聖經》譯本中，路德的譯本是最令人驚訝，最高度個人化的」。

可見，路德對整個民族的影響和對宗教的影響不相上下。慢慢地，德意志北部地方的貴族和自由城鎮一個個地站到路德這一邊。相似的情況也發生在瑞士、荷蘭和丹麥。在這些地區，其他宗教改革家也正忙碌著。路德的宗教改革和新教會的開創與社會挑戰——甚至革命——密不可分，這一點很快就顯現出來。親路德的民眾開始破壞宗教藝術品。礦工和農民反抗徵稅的教士，與路德相似的觀點成為他們這些行為的依據。造反的教士帶頭嘲笑他們的老上司和舊秩序。路德——受到貴族庇護，並且也出身殷實的家庭——開始感到不安，因此強調世俗權力的重要性。

從西元一五二四年到一五二五年，一場轟轟烈烈的農民起義席捲了歐洲，從條頓騎士團的領地到匈牙利，從瑞士到德意志中部地區，奮不顧身的起義者遍及各地，儘管步調並不一致。對於建立起既定秩序的中世紀晚期歐洲而言，事態十分令人驚駭。湯瑪斯·閔采爾是這場極端運動的領袖，這位具有非凡魅力的教士曾是路德的早期追隨者。他曾預言，根據一條即將發生的啟示，塵世間的所有政權都將垮臺。他和他的支持者曾在米盧斯建立了一個帶有共產主義色彩的「上帝選民同盟」，但持續時間不長。就如同其他起義，閔采爾起義最終被諸侯軍隊鎮壓。在德意志，神聖羅馬帝國皇帝手下有一支久經沙場的軍隊，剛剛在義大利挫敗了法國人。這支軍隊回國後，不但粉碎了農民軍，而且實施了可怕的報復。在這過程中，路德成了煽風點火的角色。西元一五二五年四月，他寫了一本小冊子，最初的名字是

《對和平的忠告》（顯然是德意志報刊文章中是最糟糕的標題）。路德在書中寫道：「讓每一個能夠殺戮——無論是祕密地還是公開地——的人記住，沒有什麼比叛亂更惡毒、更有害、更邪惡。」[13]

如今，最初的「叛亂者」堅定地站在德意志諸侯這一邊，這些諸侯轉而擁護了路德派。薩克森、黑森、什勒斯維希、布朗施維克和布蘭登堡紛紛改變信仰。德意志北部的大部份城鎮和城市也開始擁護新教。儘管查理五世努力安撫，並思考各種對策使帝國重新團結，但支持路德的統治者和有權勢的軍人實在太多了，因此都未能奏效。菲力普・墨蘭頓是路德的盟友，也是他進行宗教改革的夥伴。路德曾經對他說：「在教義上達成一致是絕對不可能的，除非教宗退位。」路德的神學在社會影響方面變得越來越保守；他極力鼓吹夫權，對輕率的婚姻抱持敵意。路德對追求者很反感，他寫道：「假如我養個女兒，在她身上花費了這麼多的金錢和精力，勞心傷神，費時費力，而且把性命、身體、身家全都押在她的身上那麼多年。難道我不該多保護她一點嗎？還是她連一頭走進森林的母牛都不如？」此外，他還變成了一個堅定的反猶分子。

西元一五三一年，支持路德的諸侯組成了「施馬爾卡爾登同盟」（Schmalkaldic League），這使神聖羅馬帝國的政治陷入了不可挽回的分裂。在紛爭之餘，德意志也得到了寶貴的喘息機會。西元一五五五年簽訂的《奧格斯堡和約》使帝國獲得了一段重建和發展經濟的時間。在這段時期裡，德意志的文化走向了繁榮，大學也開始聞名於世。其間，伊莉莎白時代英格蘭的戲劇和演員也會來到這裡博取名聲。然而，路德帶來的大分裂毒害了歐洲的未來。「三十年戰爭」正在一步步逼近。這是一場由長矛和燧發槍推動的災難，充斥著暴行和饑荒，將德意志地區變成煉獄。路德終其一生害怕著煉獄中的刑罰，那些快樂的僧侶則兜售贖罪券來助人遠離煉獄。但現在，德意志已經變得和煉獄一樣可怕了。

異教徒和海盜

路德發起的革命，經由日內瓦的約翰・喀爾文和其他改革家——如蘇格蘭的約翰・諾克斯——加以發揚光大。這場革命爆發的部份原因在於人們共同相信，世界將在短時間內終結。人們相信，基督必定會再次降臨人世，這主要是因為基督教世界受到了嚴重的威脅。即便基督教歐洲很快將控制世界許多地區，但此時仍感到自己已經被包圍、被分割，正在一步步後退。如果我們不能理解當時的基督徒有多麼恐懼，我們就很難理解宗教改革家們在絕望的警告中所展現的兇惡態度，也很難理解耶穌會士和宗教裁判所領導的「反宗教改革」為什麼會那麼偏激。與基督教徒相比，鄂圖曼帝國在地中海控制著更漫長的海岸線和更廣闊的水域。對「土耳其人」的恐懼縈繞在基督教兒童的心頭，因為大人會用「土耳其人」來嚇唬這些在就寢時間不好好睡覺的孩子。只有在莎士比亞的筆下，這些「摩爾人」才得以被描繪成人類。

「摩爾人」或「土耳其人」攻陷了地中海上的島嶼，擊敗了基督教國家的艦隊，佔領了基督教徒的土地和築有圍牆的城鎮，但他們的威脅並不僅限於此。對基督教徒來說，海上旅行，甚至僅僅是住在臨海的地方都變得十分危險。土耳其人發動過幾次大規模的突襲。西元一五四四年，穆斯林海盜襲擊了那不勒斯灣，擄走了七千人，包括男人、婦女和兒童；十年後，他們又從義大利半島的「腳趾」擄走了六千人；西元一五六六年，從西班牙南部的格拉納達擄走了四千人；之後，據說他們還在阿爾及爾擄走了「不可勝數的基督教徒」。[14] 大部份由基督教徒控制的地中海沿海地區的生活已越來越兇險。在科西嘉島、薩丁島和義大利的許多地方，靠海的村莊遭到遺棄，人們在遠離海岸的內陸地區重建村莊。在海上，基督教徒的船隻遭到洗劫的機率高得驚人。英國皇家海軍承認，從西元一六〇九年到一六一六年，阿爾及利亞的海盜在短短幾年時間裡一共搶走了四六六艘英格蘭和蘇格蘭船隻——儘管其中一部份船隻的體積比較小。荷蘭、法國、德意志和西班牙的船舶也承受了相似比例的損失。這些肆無忌憚的劫掠都是為了滿足北非伊斯蘭統治者對奴隸的渴求。他們讓男性奴隸充當勞動力，讓女性奴隸充當僕人或妾。

隨著信仰基督教的村民撤離沿海地區，基督徒的船隻越來越謹慎，劫掠者也就前往更遠的地方。他們一次又一次地出現在泰晤士河口，擄走剛剛離開艾塞克斯郡和肯特郡的英格蘭漁民。揚．楊斯松是一名投敵的荷蘭水手，他改信伊斯蘭教，並稱自己為穆拉特．賴斯。西元一六二七年，在楊斯松的幫助下，海盜襲擊了冰島，燒毀了赫馬島上的教堂，擄走了二四二人，並從靠近雷克雅維克的內陸地區擄走了更多人。西元一六三一年，海盜從愛爾蘭西科克郡的巴爾的摩村擄走了三二七人。當時，楊斯松也在場。後來，他被馬爾他騎士團俘虜，但隨後逃脫，並活到很大年紀。相傳他的後代包括約翰．甘迺迪、亨弗萊．鮑嘉，還有很多姓斯賓塞和邱吉爾的人。其中一位後裔還是女王伊莉莎白二世的侍女。

穆斯林在沿海地區擄掠奴隸的高潮時期是西元一五三〇年到一六四〇年，但這種行為一直持續到十八世紀八〇年代。人們相信，在每一次大規模突襲的同時，還會伴隨無數次小規模的襲擊。當海盜船突然出現在海灣時，村民會逃離田地，海盜則盡其所能地擄掠人口。估計有一百二十五萬名基督教徒淪為奴隸。在同一時期的大部份時間裡，白人也從非洲擄掠了大量黑奴，但數量遠少於被擄走的基督教徒奴隸。許多基督教徒在北非的絕望環境中，死於瘟疫或虐待。有的人改變了信仰，有的人則被教士和富裕的家族救回或贖回來。

上述這些都是歐洲人感到恐懼的主要原因，也是一系列故事情節的主要來源。進入近代之後，我們仍然可以在耶誕節的童話劇和冬日故事中找到這些故事的痕跡。直到最近，穆斯林擄掠基督教徒的事實仍然沒有被寫入主流歷史。部份原因在於白人在進行大西洋奴隸貿易時犯下了更嚴重的罪行，其嚴重程度是九倍或十倍。從某種程度上講，這種狀況反映出西方人對此感到無比尷尬。但對路德時代的歐洲人來說，穆斯林襲擊沿海地區引發了強烈的恐懼感和危機感。

但更嚴重的攻擊來自歐洲東部邊境。在那裡，強大的鄂圖曼帝國正在進一步擴張。穆罕默德二世是第一位被稱為「征服者」的蘇丹（他攻佔了君士坦丁堡）。在他之後，繼任者們將伊斯蘭教傳播到了基督教王國的腹地。但是，他們也遭到堅決的抵抗。在西元一三八九年的科索沃戰役——或者更具詩意地稱之為「黑鳥平原戰役」——中，鄂圖曼人大肆屠殺塞爾維亞人。但是，直到幾十年後，鄂圖曼人才終於佔領了波士尼亞和塞爾維亞。自稱「瓦迪斯瓦夫．德拉庫拉」的瓦拉幾亞大公於西元一四五九年和一四六二年擊敗了穆罕默德二世，因此得到了教宗和半個基督教世界的讚揚。在年幼的時候，這位大公的父親曾經把他和弟弟送到鄂圖曼帝國做人質。因此，他在帝國的宮廷裡住過一段時間，他的弟弟皈依了伊斯蘭教並為鄂圖曼人工作；他學習了《古蘭經》和突厥語，但卻一直敵視伊斯蘭教。

今天，我們通常稱他為「德古拉」或「穿刺者」弗拉德。事實證明，弗拉德是一位令人生畏的游擊戰戰士。他團結起外西凡尼亞，共同抵抗入侵者。他曾經被囚禁在匈牙利，但僥倖活著離開了監牢。西元一四七六年，弗拉德在羅馬尼亞戰死。他的愛好是將俘虜、罪犯和對手處以穿刺之刑，但這種刑罰也破壞了他的名聲。曾經有一度，在其首都周圍，大約有兩萬名瀕臨死亡和已經死亡的敵人掛在削尖的木樁上，這些木樁從他們的後背刺入，貫穿身體。那些「波雅爾」（封建時代東歐國家中僅次於「大公」的貴族頭銜）和地方諸侯開始意識到，由相對仁慈的穆斯林佔領，或許比偏執、殘暴的基督教自由更好。

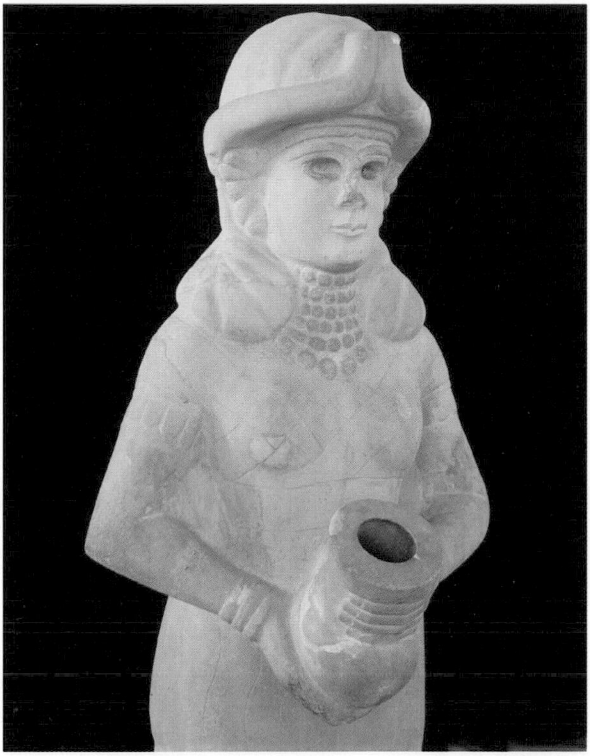

蘇美女神

在一神教從希伯來人演化出來以前，古文明敬拜各個家神，通常包括祈求農業平安的豐收女神。

商代青銅戈

商朝是中國歷史上確定存在的第一個朝代。商民善駕馭戰車、勇猛尚武，但後世中國人譴責他們亂倫、同類相食、喜好淫樂。

史詩《吉爾伽美什》浮雕

在史詩《吉爾伽美什》當中，我們有了世界文學史上第一個有名有姓的英雄人物。

土耳其哈塔爾赫尤克出土的相擁的人像

當代考古學家在世界第一批出現的城鎮發現它的，那裏的人們曾經在相對平等的狀態下，生活了數千年。

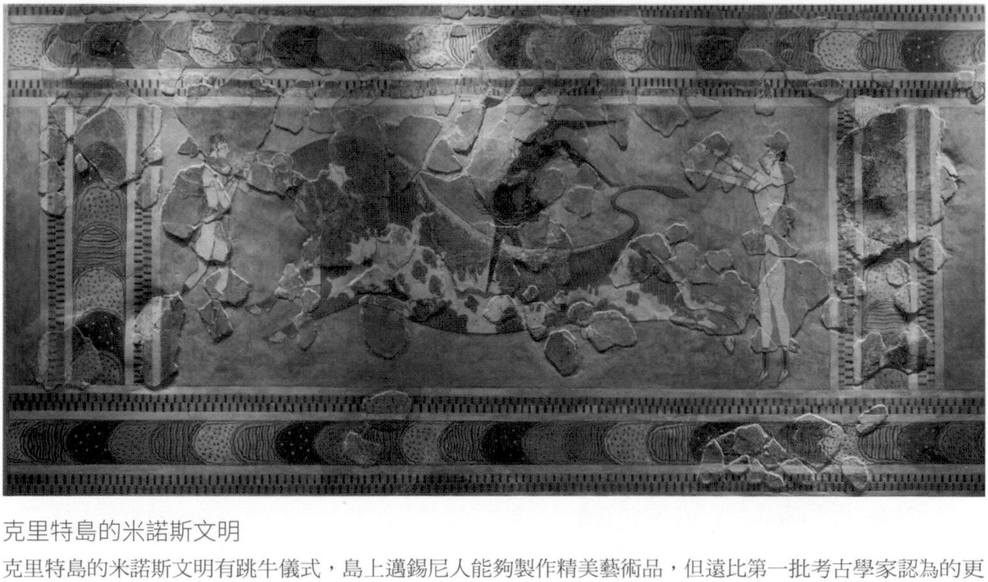

克里特島的米諾斯文明

克里特島的米諾斯文明有跳牛儀式，島上邁錫尼人能夠製作精美藝術品，但遠比第一批考古學家認為的更加血腥。

不列顛奧克尼群島遺址

西元前 3000 年左右，奧克尼群島擁有不列顛島上最發達的社會之一，考古挖掘發現了石屋相當整潔、舒適，今日來看也似乎隨時可以入住。

烏爾文明的頭飾

來自烏爾的頭飾，約西元前 2600 年。美索不達米亞文明孕育了很多著名的城市、帝國和宗教，但當時的藝術品大多早已失傳。

埃及工匠的墓室壁畫，位於帝王谷附近

來自埃及帝王谷附近的工匠所居住的村莊的壁畫，除了幫法老修建陵墓外，工匠們也會抽空修建自己的陵墓（如：小金字塔和刻有精美壁畫的墓室），我們藉此理解他們的生活。

佛陀頭像

悉達多，也稱佛陀，是歷史上最激進的思想家之一，也是印度一段動盪時期的產物。

二里頭出土的銅爵

從很早時候起，中國製造的物件風格就與西方截然不同。

巴比倫磚牆壁畫

來自巴比倫磚牆。被擄至此的希伯來人一定為它的流光溢彩的建築和懸空花園而感嘆，同時也感到恐怖。

克洛伊索斯的金項鍊

利底亞的王室鑄幣廠能夠鑄造以成色著稱的錢幣，使用範圍廣闊，甚至有了俗諺：「像克洛伊索斯一樣富有。」

居魯士圓柱

雖然不是第一份國際性人權宣言，但居魯士大帝確實是一種新型的帝國締造者。

蘇格拉底

蘇格拉底飲毒酒而死——他是言論自由的殉道者，同時也是真正威脅到雅典的民主。我們至今也沒有完全解決他留給開放社會的挑戰。

孔子

世界歷史上最有影響力的保守主義思想家。他對中國政治文化產生的影響就如同古希臘對西方的影響。

聖保羅

通過將基督教的信仰傳遞給包括羅馬人在內的非猶太人，聖保羅作為基督教傳播至全球的真正奠基人。

拜占庭皇帝查士丁尼

他可以打敗蠻族，但他無法戰勝瘟疫和飢荒，也無法再次重現羅馬帝國的榮耀。

馬利國王穆薩

一份西元 1375 元的加泰隆尼亞地圖集畫著馬利國王，宛如一位坐在王座上的歐洲君主；實際上，他比歐洲君主更傲慢自大。

俄國伊凡大帝

伊凡大帝是將俄國領土深入擴展到西伯利亞的統治者，同時，他也為這個國家帶來了冷酷殘暴、專制極權的傳統，至今俄國仍深受其害。

日本豐臣秀吉

豐臣秀吉為後來德川幕府鋪平了道路，在他統治日本的同時，伊莉莎白一世統治著英國，兩個國家在很多方面值得比較。

印加皇帝阿塔瓦爾帕遭謀殺

印加皇帝阿塔瓦爾帕被西班牙人所謀殺，西班牙從美洲殖民地搶奪大量的黃金和白銀，但這些貴金屬卻破壞了西班牙的經濟。

伽利略

「但他的確在動。」來自比薩的伽利略充滿活力，喜歡高談闊論。他生對了時候，人們那時已經開始了解太陽系，但他生錯地方，那裡不允許他解釋太陽系運行的原理。

帖木兒將皇冠遞給巴布爾

為 1630 年代畫作。巴布爾據傳是帖木兒的後代，也是成吉思汗的後代。他征服印度次大陸，創建了蒙兀兒帝國，帝國修建許多輝煌的建築，卻在宗教融合的試驗上失敗，被內部戰亂推向崩潰的邊緣。

路易十四

「太陽王」路易十四是專制主義君主——一種由無數華麗宮殿和紈褲子弟裝飾起來的乏味理論——的典範。

啟蒙運動，伏爾泰和他的情婦

啟蒙運動由法國人和英國人主導：伏爾泰和他的情婦沐浴在以撒·牛頓的理性之光之中。

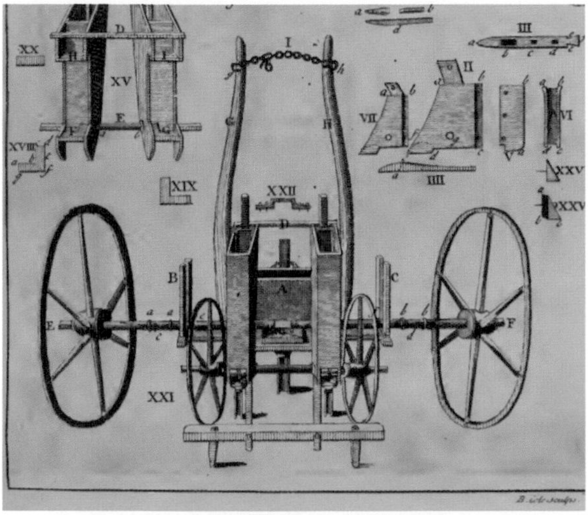

傑斯・羅塔爾發明的馬拉播種機

這是英國史上最成功的農業改良機器之一，為工業革命的萌發準備好了土壤。

Americans throwing the Cargoes of the Tea Ships into the River, at Boston

波士頓茶葉事件

由於英國對北美十三州殖民地課徵嚴苛的茶葉稅，引爆波士頓茶葉事件，他們偽裝成印地安部落莫霍克人，將徵稅的茶葉倒進海裡，在此期間他們喝得是走私茶和花草茶。

澳大利亞原住民貝恩朗

被英國人綁架的澳洲原住民，他學會了英語，也被帶往大英帝國，彷彿時光旅行者，穿梭在石器時代與工業時代之間。

杜桑・盧維杜爾

作為一名奴隸和理想主義者，杜桑努力的為海地尋求一條生路，但他夢想的共和國最終為拿破崙所粉碎。

拿破崙加冕

1804 年，拿破崙加冕為皇帝，標誌著法國大革命的結束。貝多芬對此感到極度厭惡，他將寫有科西嘉人名字的第三交響樂標題頁撕去。

青年托爾斯泰

未來將從一個浪蕩、嗜賭的地主變成俄國農奴的熱情朋友，同時寫了幾本書。

俄國十二月黨人遭到處決

1825 年一場俄國革命，一群自由主義者試圖往更現代化的路上前進，但十二月黨人最終失敗，他們遭到尼古拉一世處決或流放西伯利亞。

南北戰爭，砲擊亨利堡

締造美國現代大國地位的南北戰爭是 19 世紀最重要的戰事。

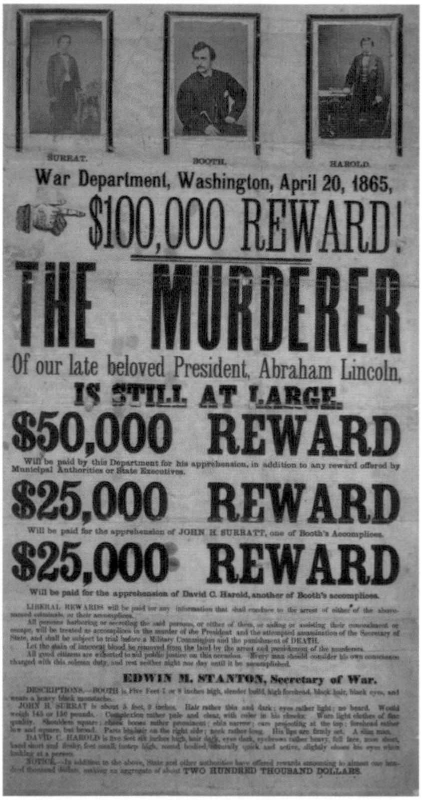

刺殺林肯的兇手遭到懸賞

約翰．威爾克斯．布思刺殺林肯總統後不久被捕。但在南方，這個不得意的演員成了一個殺死「暴君」的英雄。

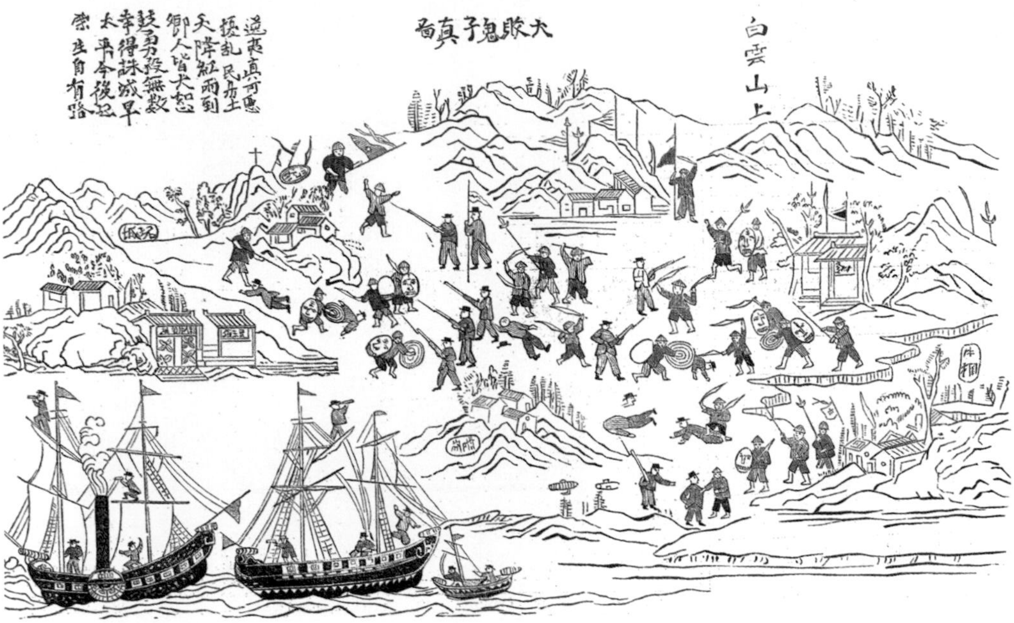

第二次鴉片戰爭

「大敗鬼子真圖」（原刊 1858 年的英國《倫敦新聞畫報》）

中國人的視角下的中英鴉片戰爭。在第二次鴉片戰爭中，大清軍隊難以抵抗英國人的炮艦與士兵。戰場的地點在珠江口。

列寧

列寧乘坐著德國人準備的密封列車回到俄國，最終建立了蘇聯。

希特勒

希特勒在自傳中將自己打算做什麼告訴了全世界，全世界卻拒絕相信。

毛澤東

在成為中國史上最致命的領袖前，毛曾經與蔣氏政權征戰多年失敗，只得逃往中蘇交界的不毛之地，後來又稱這段經歷為「長征」。

甘地

印度教與伊斯蘭教在甘地的影響下肩並肩。但是穆罕穆德．阿里．真納拒絕由一個單一國家繼承英屬印度，這意味著他的巴基斯坦將與甘地的印度成為仇敵。

歐本海默

這位溫文爾雅的自由主義科學家最終算出了要在多高引爆他的原子彈，才能燒死最大數量的男人、女人和小孩。

瑪格麗特・桑格

在為 20 世紀女性做出的傑出貢獻上，這位工人階級出身的激進分子比任何一位政治家都偉大，無論男女。

卡斯楚

卡斯楚成功粉碎美國雇傭軍隊從豬羅灣入侵古巴，這是後來古巴導彈危機的前奏，這場危機將世界帶到毀滅的邊緣。

1970 波士頓反越戰遊行

1970 年 4 月，波士頓反越戰示威者揮舞著越共國旗。美國和歐洲那些從事學生運動的人們紛紛在東方的馬克思主義革命中尋找新英雄。

伊朗革命

西方輕率地假設歷史終將不可避免地走向自由主義，但伊朗於 1979 年轉變成一個伊斯蘭軍事神權政體的事實讓他們大吃一驚。

1989 斯洛伐克的天鵝絨革命

1989 年的斯洛伐克的天鵝絨革命。蘇聯解體快得令人訝異，部分地區的和平轉型也令人吃驚。

國際西洋棋大師敗給 IBM 超級電腦「深藍」

1997 年 IBM 公司開發的超級電腦「深藍」打敗了西洋棋大師加里．卡斯帕洛夫。在贏得第一局後，卡斯帕洛夫充滿信心的在第二局故作誘敵，放棄一個兵，電腦卻未如預期吃下兵，卡斯帕洛夫被這突乎意料的舉動驚嚇，沒多久便棄子投降。

在這整個過程中，立陶宛——波蘭王國著名的亞蓋隆（Jagiellon）王朝是最大的輸家。十四世紀末的立陶宛比今天要大得多。的確，立陶宛是當時歐洲最大的國家，其領土一直延伸到今天的烏克蘭、白俄羅斯和俄羅斯的部份地區。擊敗條頓騎士團血腥入侵的立陶宛是個異教國家，信奉古代傳承的眾神。這些神祇掌管著世間萬物，如火、月亮、命運、死亡和昏星。尤其引人矚目的是，其中甚至還有一位美容之神。這種泛神論信仰直到西元一三八六年才退出歷史舞臺。那一年，立陶宛的統治者亞蓋拉迎娶波蘭的雅德維加女王為妻，皈依了基督教。他的騎士和大臣迎風轉舵，紛紛在附近的河流受洗。

立陶宛和波蘭建立了聯盟，匈牙利很快也加入，亞蓋隆王朝因此成為歐洲最強大的王朝之一。事實上，亞蓋隆王朝——它的南邊是哈布斯堡家族—成了基督教王國的守衛者。它先是抵禦了東方人的衝擊，之後又抵抗了鄂圖曼人的進攻。摩哈赤戰役終結了亞蓋隆家族在匈牙利的統治。直到今天，匈牙利仍然將這場戰役視為一場民族災難。西元一五四一年，匈牙利的首都，也是弗拉德被囚禁的地方，被鄂圖曼人攻陷。

說到這裡，我們眼前已經呈現出一幅簡單明瞭的畫面：一方面，咄咄逼人的穆斯林在進攻；另一方面，焦慮不安的基督教徒在防禦。但歷史的真實畫面並非一目了然，因為在歐洲中部地區有一位重要的天主教統治者，他就是神聖羅馬帝國的查理五世。對許多基督教徒——例如路德和其他宗教改革家的追隨者——來說，查理五世的威脅比鄂圖曼人還要大。在宗教寬容方面，他的所作所為遠遠不及伊斯蘭政權。查理五世為這個走向復興的龐大帝國（家族權力是這個帝國的堅實基礎）制訂了宏偉的計畫，這使威尼斯人、荷蘭人、法國人感到恐懼，更甚於前進中的鄂圖曼近衛軍。因此穆罕默德二世最著名（也最好）的畫像是出自威尼斯畫家真蒂萊．貝利尼之手，也就不叫人驚訝了。在君士坦丁堡陷落二十五年之後，威尼斯總督派遣貝利尼來到這座城市，為所有基督教徒的痛苦根源留下紀錄。我們也無須驚訝的是在十五世紀六〇年代，佛羅倫斯人已經在加拉太有了一塊面積很大的殖民地，經營高達五十種行業。加拉太位於金角灣近旁，與君士坦丁堡隔海相望，那裡有教堂、酒館客棧和四旬齋的狂歡節。唯一禁止的是教堂的鐘聲，以免打擾穆斯林的清靜。

我們也不必驚訝：在博斯普魯斯海濱，猶太人、法國新教徒、路德教派信徒和天主教徒在穆斯林的統治下和平相處；西元一五二五年，為了對抗哈布斯堡家族，法國國王弗朗索瓦一世向蘇萊曼大帝尋求幫助；女王伊莉莎白一世與蘇丹穆拉德三世相互通信，商討英國與鄂圖曼帝國的軍事條約；蘇萊曼提議出兵保護法蘭德斯的路德教徒，新教統治者和穆斯林蘇丹之間的對話從來就沒有中斷過。許多新教徒和鄂圖曼人看見彼此的共同之處，他們的祈禱儀式都很簡單，都不喜歡雕像和聖像，這使他們自然地成為了盟友，共同反對天主教徒。因此，不是基督對抗穆罕默德，而是「虔誠的信徒」對抗那些「偶像崇拜者」。這有助於解釋為什麼查理五世或教宗無法將「基督教王國」團結在一起，共同抵抗基督教的敵人。

伊凡、葉爾馬克與俄羅斯的形成

為什麼俄羅斯國土面積那麼遼闊？版圖輪廓又為何如此？這些問題或許很幼稚。然而，統治那片廣袤森林與西伯利亞苔原和山脈的人為什麼是來自西方、生活在河邊的斯拉夫人，而不是來自東方的中國人和蒙古人？這個問題似乎就沒有明確的答案了。展開成吉思汗之後的世界地圖，你八成會預期俄羅斯的國土面積不大。但在今天，弗拉基米爾．普丁領導下的俄羅斯已成為世界上最大的國家，擁有豐富的石油、天然氣和礦產資源，還有廣袤的內陸地區，並宣稱對北極擁有主權。俄羅斯之所以能成為這樣一個國家，主要是因為它在十六世紀八〇年代進行的一系列戰爭和探險。

尤其重要的是，俄羅斯的領土面積能變得這麼大，要歸功於一位莫斯科沙皇的個人野心。這位沙皇就是伊凡四世，史稱「恐怖伊凡」（非俄語使用者要注意，這個稱呼也可以譯成「伊凡大帝」的意思）。

然而，俄羅斯起先並未努力創建帝國，就像英國人並不曾有意創建加拿大或美國。在上述這些例子中，歐洲人都僅僅是利用微小的技術優勢來為自己贏得一些他們認為（或確實）重要的商品。有些商品本書中已經提過，將來還會提到，例如鹽、木材、鐵，以及（塑膠誕生之前的）象牙。但有一種商品是我們之前沒有說過，那就是毛皮。在現代合成材料出現之前，穿著動物毛皮是人類保暖的重要方式，特別是在氣候寒冷的時期。這段氣候寒冷期被稱為「小冰期」，從大約十六世紀五〇年代一直持續到十九世紀早期。其中，從十七世紀五〇年代到十八世紀晚期，氣候尤為寒冷。

在「小冰期」，荷蘭出現了宜人的景象——運河結冰，農民狂歡；泰晤士河的水面凍得像鐵一樣硬，倫敦人在上面辦起了集市；西班牙和葡萄牙也下了大雪。有時，冰島會發現自己完全被海冰阻絕，北非、法國和斯堪地那維亞半島都遭遇了饑荒。對於買得起皮衣的人來說，熊皮、狐狸皮、松鼠皮、海狸皮、水貂皮和貂皮都是重要的防寒用品。在今天，法官、市長和一些行會職員會穿著用毛皮裝飾的禮袍，這些禮袍的歷史便可以追溯到「小冰期」。當時，買得起皮衣的人，不論是坐在法官席、議員席，或任何自己想要的位子，都想用毛皮大衣把自己包起來。窮人只能用兔子皮或狐狸皮禦寒，但真正能夠保暖的厚毛皮主要來自生活在北方森林中的動物。這些動物基本生活在兩個地區：一個是從阿拉斯加到紐芬蘭，另一個是從阿拉斯加到歐俄地區。

在這一時期，捕獵者和煤礦工人一樣重要，繁榮的毛皮貿易使莫斯科逐漸成為富庶的貿易中心。

早在西元一四八六年，在莫斯科大公國工作的希臘裔外交官喬治．特拉漢尼奧特就記錄下當地的情況：「整個冬天，這座城市聚集了許多來自德意志和波蘭的商人。他們唯一要買的東西就是毛皮——黑貂皮、狐狸皮、白貂皮、松鼠皮，有時還有狼皮。儘管從毛皮產地走到莫斯科需要花費好多天……但人們還是會將毛皮帶到這裡來出售，商人們也都會來這裡收購。」[15]

位於莫斯科以北的諾夫哥羅德（意指「新城」）是由維京人創建的，這座城市是毛皮貿易的先驅，其影響力拓展到了東北方的茂密森林，並與漢薩同盟的德意志貿易城市相連結。諾夫哥羅德透過這些城市又觸及到荷蘭人。西元一一三六年，諾夫哥羅德的市民罷免了大公。在此後的大約三個世紀中，這座城市成為一個共和國，其政府比俄羅斯任何一個地方政權都更像威尼斯、佛羅倫斯或日後荷蘭的政府。從理論上講，市民議會（veches）管理著諾夫哥羅德。但實際上，富商或波雅爾家族，以及歷任大主教掌握了相當部份權力。當需要王公或軍人效勞的時候，他們就會召喚這些人。毛皮、蜂蜜、蠟和海象牙貿易使諾夫哥羅德成為一個幅員遼闊、不斷擴張的國家，向烏拉爾山和白海擴展，北抵波羅的海。諾夫哥羅德位於絲綢之路的一端，但位置比較偏北，因此躲過了蒙古人的入侵。儘管保持了獨立，但諾夫哥羅德的軍隊仍然要對付生活在森林中的原住民族、入侵的瑞典人，以及日爾曼的十字軍騎士。

諾夫哥羅德是著名的宗教中心和文化中心，卻被不斷崛起的莫斯科超越了。莫斯科有獨裁者相互攻擊的陰暗傳統，而這些獨裁者都是從家族爭鬥中脫穎而出。與羅馬共和國的後期相似，諾夫哥羅德出現了富有的統治階層，他們的揮霍無度惹惱了普通市民。一位研究早期歷史的學者描述了一位富翁的家居生活：「用日爾曼語交談，其間點綴幾個華麗的拉丁語辭藻，就像日後的俄羅斯貴族會講法語一樣。珍貴的勃艮第紅酒從波希米亞產的玻璃瓶中倒入威尼斯產的酒杯，然後連同自紐倫堡的薑餅一起送下肚。」[16]

我們在前面說過，基輔羅斯的大公皈依了東正教，但隨後被蒙古人擊敗，第一個斯拉夫文明破滅。莫斯科成為向蒙古人稱臣納貢的俄羅斯城市之一，並在十四世紀慢慢重新發展起來。從西元一四三三年到一四四五年，公國經歷了爭奪統治權的內鬥，之後統治家族建立了一套單一而明確的「垂直繼承」制度，使得權力得以鞏固。在大公們的領導下，莫斯科大公國已經做好了擴張的準備。然而，大公國既缺乏西歐國家那樣豐饒的農業（莫斯科地區的作物生長季節比較短，土壤也比較貧瘠），也沒有顯著的自然資源。因此，統治者將目光投向了北方和東方：北方有諾夫哥羅德控制的內河貿易網；東方有西伯利亞森林，森林裡的動物可以提供取之不盡的毛皮。在這種情況下，發動擴張戰爭成為唯一的選擇。由於無法得到臨近的立陶宛和波蘭王國的援助，諾夫哥羅德最終仍在西元一四七一至一四七二年間陷落於莫斯科大公霍姆斯基（Kholmsky）之手。如果崛起的是帶有布爾喬亞和共和色彩的諾夫哥羅德，而不是專制的莫斯科，那麼俄羅斯的政治史或許會變成另外一種樣子：或許會變得更有趣、更快樂一些。

截至此時，俄羅斯的捕獵者已經獵殺了莫斯科和諾夫哥羅德附近大量的野生動物，西伯利亞對他們特別有吸引力。然而，為莫斯科大公伊凡三世提供深入東方機會的是來自諾夫哥羅德的富商斯特羅加諾夫家族。斯特羅加諾夫家族以鹽業致富，他們也是莫斯科大公在財務上的資助者。與撒哈拉以南的非洲相似，俄羅斯中部地區並不產鹽，因此需要從西歐進口。現在，斯特羅加諾夫家族在身邊的森林和湖泊中發現了鹽。這使他們與穆斯林軍事領袖產生衝突。有一說是，斯特羅加諾夫的姓氏（意指「剝肉」）得自於一位的家族先祖，他受到很殘忍的懲罰——被剁成了肉塊（因此，俄國有一道菜就叫「斯特羅加諾夫牛肉」）。

斯特羅加諾夫家族顯然沒有被嚇退，而是將家族事業繼續擴張到魚、蠟、獸皮和木材等範疇。阿尼卡・斯特羅加諾夫是這個家族最有影響力的族長，他向南進入莫斯科，為沙皇提供毛皮和其他奢侈品，也定期為他提供資金，因此頗受賞識。伊凡三世和伊凡四世將大片地產授予他們喜歡的貴族，但斯特羅加諾夫家族想要的更多。西元一五五八年，伊凡四世向私人事業主頒佈特許狀，給予他們一片未經開發的廣闊土地二十年的統治權。在這二十年裡，無需納稅，可以不遵守法律，其他當權者也不得干涉統治。哈德遜灣公司可能在加拿大做什麼，斯特羅加諾夫家族就能在俄羅斯做什麼。

伊凡四世自稱「全西伯利亞的君主」——以前的蒙古統治者也這樣稱呼自己，但這只是一廂情願，並不代表他們已經征服了那片居住著原住民部落的土地。伊凡四世有些與眾不同，他三歲喪父，八歲時母親也離他而去（可能是中毒身亡）。西元一五四七年，十六歲的伊凡成了第一個加冕為全俄羅斯「沙皇」的莫斯科大公。他在克里姆林區的彩繪華美的聖母升天大教堂舉行了一場拜占庭式加冕儀式。從一開始，他就證明自己是一位危險的統治者。伊凡可能有躁鬱症——我們可以肯定的是他確實很狂躁。他的許多對手要麼消失，要麼死亡。晚年的他在一次酒後爭執中意外殺死自己的兒子，這個兒子也是他的繼承人。但伊凡四世也是一位精明的統治者，他比之前任何一位莫斯科大公都更有野心。他希望自己能娶一位有教養的外國妻子，於是他向西歐各宮廷派遣使臣。伊凡四世歡迎英格蘭商人，並希望與英格蘭結成政治聯盟。他甚至希望與英國女王伊莉莎白建立良好的個人關係。他修建了一座大型圖書館，聘請了德意志的工匠；此外，他還建造了幾座最華麗的教堂和宮殿，直到今天這些建築仍為莫斯科增色。

與同時代的大多數統治者一樣，伊凡四世也被數不勝數的麻煩圍繞，如暴動、與周邊強國的長期戰爭，以及各種宮廷陰謀。儘管如此，他還是大幅擴展了莫斯科大公國的領土範圍。十六世紀五〇年代，伊凡四世征服了信仰伊斯蘭教的喀山（Kazan）汗國和阿斯特拉罕（Astrakhan）汗國。在此之前，俄羅斯長期生活在蒙古金帳汗國後代所投下的陰影中。但現在，這兩場勝利使俄羅斯徹底走出了陰影。另一方面，儘管伊凡四世與丹麥人、瑞典人和波羅的海的日爾曼騎士進行著永無休止的戰爭，但卻很難向西擴張。最引人注目的是他創建了一種早期的集權國家，被稱為「沙皇特轄區」（oprichnina）的個人領地。諷刺的是，沙皇特轄區的所在地大多是過去共和制諾大哥羅德的領地。伊凡四世又成立了一支私人部隊，也就是亦軍亦警的「特轄軍」（oprichniki），他用這支特轄軍瘋狂鎮壓各種叛亂。西元一五七〇年，特轄軍洗劫了諾夫哥羅德，將這座城市變成了可悲、低賤的幽魂。在過去，諾夫哥羅德的領土已經跨過烏拉爾山，向西伯利亞發展，但現在這些土地全歸莫斯科大公國所有。

這位永不滿足、十分危險而且野心勃勃的統治者，正是斯特羅加諾夫家族打交道的對象。他們要求伊凡四世將烏拉爾山兩側的廣袤土地劃給他們，讓他們建立自己的統治，並允許他們沿著河流修建要塞。斯特羅加諾夫家族成了俄羅斯第一批寡頭，在壟斷保護下開發自然資源，財富多到讓人難以置信。這個家族依靠莫斯科的獨裁統治者，但也對獨裁者相當重要。斯特羅加諾夫家族擁有自己的要塞，以及遠離莫斯科的宏偉木造家族宮殿，還有一大群商人和捕獵者在遙遠的地方為這個家族服務。斯特羅加諾夫家族是過去沒有的新事物，一個巨大的資本主義企業和家族王朝的結合體。我們可以將這個家族與義大利的商人—貴族家族相提並論，如梅地奇家族和波吉亞家族。不同的是，斯特羅加諾夫家族比義大利人多了擴張帝國的野心。

為什麼，像伊凡四世如此迷戀權力的人，不但能夠容忍，甚至鼓勵在自己的王國中出現這樣一個充滿活力的潛在對手呢？這是因為，伊凡的俄羅斯——這個國家的邊境廣大且防禦鬆散，又環伺著敵人——需要財富，而斯特羅加諾夫家族提供的毛皮、鹽和木材，能為莫斯科帶來源源不斷的財富。伊凡四世同樣清楚，雖然他頒發了特許狀，允許他人統治莫斯科人從未到達過的地區，但這份特許有時間限制的，而且可以取消。因此並無大礙。與政客相比，寡頭和大企業家更依賴當政者——只要這些當政者做事果決。

但這裡有一個問題：斯特羅加諾夫家族的捕獵者和探險家深入的地區並非無主之地，那裡有許多原住民部落。從青銅器時代，甚至更早的時代開始，他們就在常綠針葉林——廣袤的沼澤森林——裡狩獵和捕魚。從軍事角度看，這些人並沒有太大的威脅。但那個地區還有許多信奉伊斯蘭教的汗王，他們是蒙古入侵者的後代，宣稱擁有至高無上的權力。他們非常強悍，經常與俄羅斯人發生衝突。其中最具威脅的是正在崛起的西伯利亞汗國。西伯利亞汗國位於托搏爾河與額爾濟斯河之間，其統治者是庫楚姆汗。西元一五七一年，庫楚姆汗停止向莫斯科稱臣納貢。此時，伊凡四世正在與波蘭人、立窩尼亞騎士團和斯堪地那維亞人進行戰爭，而且來自高加索地區的韃靼人也對他構成了威脅。因此，他很難再派出一支軍隊，幫斯特羅加諾夫家族的毛皮商制服庫楚姆汗。在苦無對策之下，斯特羅加諾夫家族開始求助於一個強盜，那就是哥薩克戰士葉爾馬克・齊莫菲葉維奇。

在俄羅斯文化中，葉爾馬克的地位堪比美國拓荒英雄丹尼爾・布恩甚至羅賓漢——一位傳奇般的英雄，其事蹟數個世紀中為人傳誦，並不斷添枝加葉。在西線，伊凡四世與久經沙場的立窩尼亞騎士團多次對抗，但均未取得勝利。葉爾馬克可能參加過這些戰爭。他是卓越的軍事領袖，帶領一支大約五百人的雇傭軍——其中包括哥薩克人、俄羅斯人、日爾曼人和瑞典人——進入西伯利亞汗國。這支軍隊中並不包括日後稱雄的哥薩克騎兵，一個原因是當地有許多山脈和河流，馬匹無法發揮作用。他們也沒有攜帶火炮，只帶了一些火槍和火藥。這支小部隊乘筏渡河，步行前進。

按照傳統說法，韃靼人——葉爾馬克的敵人——對火藥一無所知，因此他們對槍的驚奇絲毫不亞於同時代的美洲原住民。但最近，歷史學家提出了不同的觀點：韃靼人與人類主流社會的聯繫其實更加密切。[17] 但可以肯定進攻方具有火力優勢，抵抗入侵的穆斯林主要使用弓和箭。在一五八一年和一五八二年，葉爾馬克進入了西伯利亞汗國的核心地區，不久之後佔領了都城伊斯克爾（Isker）。這是一場帶有懲罰性質和探索目的的賭博，它給穆斯林上了一課。事實上，這是俄羅斯首次強行闖入一片遼闊的土地，並最終完全吞併了它。西伯利亞汗國的軍隊規模是入侵者的五至十倍，但這支哥薩克武裝部隊卻設法擊敗了敵人，並在西伯利亞地區駐紮了兩到三年。與此同時，他們向莫斯科發出越來越絕望的求援資訊，希望沙皇能派遣增援部隊。

在此之前，伊凡四世一直將葉爾馬克視為強盜。但現在，他的行為卻使這位沙皇深受感動。作為回應，伊凡四世送給他許多禮物和一句道歉。沙皇的贈禮中包含一副鎧甲。如果傳說可信的話，那麼這副鎧甲其實是一份帶來不幸的禮物。在缺少火藥和人手的情況下，葉爾馬克的處境變得越來越艱難。最後，在一場戰鬥中，他死在額爾濟斯河裡。他試圖游到安全的地方，但沙皇的鎧甲卻使他沉入水底。無論這個傳說是否真實，都很貼切地隱喻了俄羅斯獨裁政權代理人的命運：這些人服務的國家逐漸發展壯大，他們自身則以不幸的方式退出歷史舞臺。

葉爾馬克死後不久，俄羅斯人再次向東擴張。在兩代的時間裡，他們已到達遠方的海岸（西伯利亞與阿拉斯加隔海相望）以及日本以北的鄂霍次克海。

如果說羅斯人是俄羅斯的奠基者，那麼伊凡四世就是近代俄羅斯的真正創建者。伊凡四世死後，莫斯科大公國出現了權力紛爭，國家進入了無序的「混亂時代」；但伊凡將俄羅斯的影響力擴展到南方、東方和北方，塑造了這個國家的基本輪廓，而且一直保持到今天。波蘭人、日爾曼人和斯堪地那維亞人繼續從北方和西方包圍俄羅斯，但俄羅斯人發現，他們可以向東擴張以獲取大片領土。擊敗了喀山汗國和阿斯特拉罕汗國的穆斯林統治者之後，俄羅斯軍隊也開始向南推進。最終，在凱薩琳大帝執政時期，俄羅斯的勢力到達黑海和裡海。波坦金公爵是凱薩琳手下的將領，也是她重要的情人之一。俄羅斯遠征軍像漲潮的海浪，一波又一波地拍打著西伯利亞。他們不但帶回了獸皮、鹽和木材，也為國家的敵人找到了流放地。

的確，開始的時候，俄羅斯人是想尋找獸皮，但結果卻得到了一塊大陸，其面積是美國面積的一點五倍。現代俄羅斯百分之八十的石油儲量和百分之九十的天然氣儲量及煤炭儲量都蘊藏在這一地區——巨大的資源儲量成為俄羅斯財富和全球影響力的堅實基礎。西伯利亞還蘊藏著豐富的鐵、錫和金等金屬，那裡還有世界上最深的湖泊——貝加爾湖。如果沒有西伯利亞，我們印象中的俄羅斯恐怕不會存在。西伯利亞為莫斯科和俄羅斯西部地區提供了廣闊的戰略縱深。拿破崙和希特勒入侵時，俄國可以先撤退到東部地區，然後再重新集結。西伯利亞是「冰箱和黃金國」的結合體，沙皇的許多敵人，以及古拉格勞改營的受害者都在那裡消失。此外，那裡也是航太中心和機密軍事基地的建造地。

沒有西伯利亞的話，俄羅斯將成為一個遼闊但平凡的東歐國家。然而，如果伊凡四世應該為俄羅斯日後的強大而受到讚揚的話，那麼他也應該為俄羅斯的政治權力傳統而受到批評——這種個人化的政治權力傳統通常是靠恐嚇來維持的。葉爾馬克或許是一個瀟灑、浪漫的強盜，但他也是獨裁政治的開路先鋒。

詹姆士與德川家康的煩惱

西元一六〇四年，詹姆士國王面臨許多問題。但我們首先要搞清楚的是，他是哪一位詹姆士？作為蘇格蘭國王，他被稱為詹姆士六世——「傑米．薩克斯特」——斯圖亞特家族的新任國王。但現在，他正在英格蘭的倫敦愁眉不展。在那裡，他被稱為詹姆士一世。所以，他統治的到底是什麼樣的王國？

詹姆士提議使用「不列顛」這個名稱，但英格蘭人不願意。他還想採用一種新國旗，這種旗子由許多令人眼花繚亂的線條和色帶組成，一開始也沒有人喜歡。他希望和英格蘭的宿敵——信仰天主教的西班牙——和平相處。與許多統治者一樣，他的財政狀況也捉襟見肘。然而，有一個社會問題使固執的詹姆士感到特別惱火，而且這個問題正在他的新王國中瘋狂蔓延。在他看來，這完全不能接受。於是，他拿起羽毛筆，寫下了一本小冊子，標題很直白——「強烈反對菸草」。

在他的國家中，人們正在模仿「野蠻、卑賤、不信上帝的印第安人」那樣吸菸，「散發著惡臭的煙霧通過鼻子吸入體內，然後停留在麻木的腦袋中」。這位國王特別痛恨那些讓煙霧籠罩在食物上的人。「至於由這種骯髒習慣產生的虛榮，坐在餐桌前的人應該感到羞恥。坐在餐桌旁晃動著菸袋，將煙噴向其他人，這是要讓骯髒的煙霧飄蕩在菜肴上嗎？」至此，這位生著紅鬍子的君主行文相當流暢。在冊子的結尾部份，他情緒激動地寫道：吸菸「這種習慣，令觀者生憎、聞者厭煩，有害大腦、威脅肺部；這種散發著惡臭的黑色煙霧，最像似彌漫在無底深坑的可怖地獄之煙」。[18]

在世界的另一邊，有一個統治者也面臨著相同的問題。菸草也傳入了日本，可能是由葡萄牙的耶穌會士引入的。理論上，天皇是日本的君主，但實際上只是傀儡；幕府將軍才是真正的統治者，這位將軍對菸草的厭惡一點兒也不亞於詹姆士，並也決心禁絕。在遙遠的英格蘭，吸菸被視為帶有海盜習氣和桀驁不馴的嗜好，通常與酒館中聚集的閒雜人等聯繫在一起。在日本，接納菸草的則是被稱為「傾奇者」的族群，這是一群狂放不羈的男性，聽起來有點像十七世紀的龐克族。

「傾奇者」於街頭成群結派，身著奇裝異服，用女式和服做斗篷；他們留著古怪的髮型，舉止囂張跋扈；他們會在街上攻擊路人、摔跤、跳舞，炫耀長長的菸袋。於是，日本幕府比詹姆士更進一步，分別於西元一六一二年和一六一五年頒佈了禁菸令。這引起了很大騷動。一六一三年三月一日，一位名叫威廉·伊頓的英格蘭商人坐在位於大阪的辦公室寫信給一握同事。這名同事叫理查·威克安，當時身處日本的首都江戶。在信中，伊頓告訴威克安，至少有一百五十人被捕，「因為他們違反了天皇的禁令，出售或購買菸草，現在命在旦夕。此外，他們聽說過的那家大菸草店也被焚毀了」。[19]

十七世紀的序幕剛剛拉開，這時的英國和日本除了新興的藥物問題以外，還有其他共同點。這兩個國家都位於大陸旁的群島，而且與大陸的關係都不好。與蘇格蘭人和英格蘭人相似，日本人通過海峽從中國引進宗教思想、技術和奢侈品，但卻設法與中國保持距離。此外，日本也到十七世紀才由一位統治者統一起來。西元一五八二年，在長期戰亂之後，出身卑微的士兵豐臣秀吉掌握了政權。近代早期歷史上出現過幾次引人注目的試驗。在其中一次試驗裡，英國和日本走上了完全不同的方向。然而在開始的時候，兩個國家卻驚人地相似。

豐臣秀吉當政的這幾年，展現出過人的精力；一如英國的伊莉莎白一世。與這位英國女王相似，豐臣秀吉本能地採取了宗教寬容政策。在一段時間裡，他允許葡萄牙的耶穌會士為自願皈依基督教的日本人施洗。在荷蘭和法國，伊莉莎白的軍隊與受耶穌會影響的西班牙人作戰，但並沒有取得勝利。另一方面，豐臣秀吉想通過朝鮮這個跳板對中國發動攻擊。在這次侵略戰爭中，日軍損失慘重，鎩羽而歸。豐臣秀吉的年代沒有日本的莎士比亞可以吹噓，但日本出現了許多宏偉的城堡和傑出的畫作。[20]他下定決心恢復國家秩序。西元一五八八年，也就是伊莉莎白迎戰西班牙「無敵艦隊」的時候，他發出了「刀狩令」。按照這條法令，除武士階層外，所有人的匕首、刀、矛都要被沒收。

在海上，日本的海盜相當於亞洲的德雷克、霍金斯和雷利。為得到黃金等奢侈品，（霍金斯的話則是）奴隸，英國人正在劫掠西班牙的港口和船舶。在日本的港口，如著名的五峰船長也會讓中國人受到同樣非人的對待。對於礙事者，這兩個崛起中的國家絕不手軟。伊莉莎白時代的英格蘭人壓迫著土生土長的愛爾蘭人，而豐臣秀吉時代的日本人對生活在北方群島的蝦夷人也同樣心狠手辣。用經濟學角度來講，英國和日本正在努力應對濫伐的後果以及城市社會崛起中出現的問題：倫敦和江戶的氣味聞起來差不多，空氣中都彌漫著燒煤產生的煙霧。[21]

當然，這兩個國家也存在許多差異，如政治結構、宗教和戰爭運。朝鮮人強大的艦隊（由裝配火炮的戰船組成）對日本的戰績顯然優於「無敵艦隊」對上英國。此外，兩國人口也存在巨大差異。日本的人口約為一千八百萬，是英國人口的三倍，能夠自給自足。那位寫信的英國商人是所謂英格蘭商棧（factory）中的一員，這個商行位於九州的平戶市，離長崎不遠。日本商人並沒有出現在西方；歐洲設立在日本的前哨站也很快就消失了。耶穌會士和荷蘭人在日本待的時間最長。西元一六一三年，英國人到達日本。但在十年內，他們就離開了這個國家，因為他們從貿易中賺不到多少錢。

這使詹姆士國王感到困惑，他曾致信日本天皇，表達「親善和友誼」。他唯一的希望是「建立商業交流，讓兩國臣民從中獲益」。詹姆士的第一封信沒有得到回覆，這使他有些苦惱。於是，詹姆士準備降低姿態：「我們沒有收到您的任何答覆，我們認為這是因為兩國之間的距離太遠了，而不是因為您的遲疑。」[22]這是個令人耳目一新的罕見例子：一位近代早期的歐洲人正試圖從另一個角度看問題。

詹姆士統治的英國和幕府將軍統治的日本——現在執政的是德川家康——面對著同一個重要的戰略問題：在大帝國遍佈的世界中，小島國應該如何走向繁榮？

英國的答案是：走出去。英國人建立了許多艦隊，散佈在從美洲到遠東的各個大洋。除了宗教熱情外，謀求利益也是英格蘭人和蘇格蘭人走出去的重要驅力。英格蘭第一家股份制公司是西元一五五五年成立的莫斯科公司，這家公司是個貿易聯盟（Syndicate）。西元一六〇〇年，英屬東印度公司從伊莉莎白手中獲得了特許狀。七年後，「倫敦公司」建立了維吉尼亞殖民地。探險家成為公眾眼中的英雄。人們通過戲劇、小冊子和書籍瞭解世界其他地區，但這遠遠不夠，人們對外部世界的求知欲是無限的。伊莉莎白的海軍規模相對較小，但重新組建的海軍部，加上具有工業規模的造船廠——最早位於多弗，之後位於查塔姆和樸茨茅斯——讓英國在短時間內造出了更多、更大的戰艦。西元一六三七年，也就是詹姆士的兒子查理執政時，裝配了一〇二門火炮的「海上霸主號」下水。至此，英國已經擁有了當時最強大的戰艦。

日本人本可以採用同樣的方法，達到同樣的效果。從十六世紀八〇年代開始，駕駛著武裝「朱印船」的日本人在泰國、越南和菲律賓從事貿易，其貿易活動非常成功。西元一六〇〇年，一個名叫威廉·亞當斯的英國水手到達日本。亞當斯曾經為德雷克工作，並參加過擊敗西班牙「無敵艦隊」的海戰。他乘坐的荷蘭船隻，一直漂泊在海上，糧食耗盡，陷入絕境。最後，這艘船拋錨了。日本漁民救出亞當斯，把他送到最近的官府，見到了未來的幕府將軍——德川家康。對葡萄牙人來說——他們正在日本傳教，最後他們使高達五十萬日本人皈依了羅馬天主教，驚人的數字——這位渾身濕透的英國異教徒並不受歡迎。於是，本著真實基督徒的體貼，耶穌會士建議德川家康將亞當斯釘死在十字架上。

不過事情的走向正好相反，這位開明的統治者向亞當斯詢問了許多關於船舶、上帝和數學的問題，並任命他為自己的顧問。德川家康希望自己也能擁有一支強大的海洋艦隊。西元一六〇五年，在伊東的新造船廠，亞當斯督造了兩艘非常好的歐式海船。威廉·亞當斯來自肯特郡吉靈漢姆鎮，現在他有了日本名字——三浦按針。在日本，他是個非常受尊敬的人物，直到今天，人們也沒有忘記他。而亞當斯所輔佐的將軍德川家康，他在使國家統一方面的影響力與英國的詹姆士不相上下。既然日本已經複製並改進了歐洲的火槍和大炮，那麼航海業發達且技術領先的日本就沒有理由無法在短時間裡建立起由加雷翁艦隊。

國家應該走上什麼樣的發展道路？這個問題在日本引起了激烈爭論。外國人帶來了一些有趣的貿易品——日本人認為他們的火藥非常好，但布料卻很糟糕——當然也帶來了一些使人著迷的技術。但他們也是社會動盪的根源，而其中相當大部份原因可以歸結為基督教傳教士的迅速成功。據估算，在十七世紀早期，他們使大約五十萬日本人皈依了基督教，這些人大部份生活在日本南部地區，包括普通農民、武士和地主。開始的時候，幕府將軍採取了寬容政策。但後來，信仰基督教的日本人變成問題，於是統治者的態度也發生了變化。在西元一六一四年和一六一五年，德川家康圍攻大阪府。這場史詩般的戰役使德川家康最終成了全日本的統治者。但在城堡的圍牆後面，城主身邊有數以千計決心反抗到底的武士——其中很多人都是基督教徒，他們手裡揮舞著基督教聖徒的旗幟。

多虧亞當斯，德川家康才能分清歐洲的新教徒和那些作亂的羅馬天主教徒。他給詹姆士寫了一封友好的回信，甚至還送給他一副相當精美的武士盔甲。但在攻下大阪城後不久，德川家康就去世了，可能是死於梅毒或癌症。之後，德川家康的兒子德川秀忠成了新一任幕府將軍，他的性情較為殘暴。日本開始驅逐外國人。最初主要是清除耶穌會士；後來，幕府凍結了所有對歐洲的貿易。二十年之後的西元一六三七年，大約三萬名農民在九州發動起義（編按：島原之亂），他們之中大部份是基督教徒。除宗教外，賦稅和饑餓也是起義爆發的重要原因。經過另一場史詩般的圍城戰，這次起義被幕府鎮壓了下去。在這場圍城戰中，農民和起義的武士將數倍於己的敵人擋在了城堡的外面。在一些歐洲船隻的幫助下，德川幕府才終於攻下城堡，消滅了起義軍。這些歐洲船隻屬於另一派基督教徒——信仰新教的荷蘭人。

這一切事情十分令人尷尬，但這也形塑了日本人對外國影響的認知，如何在機遇與挑戰間取得最佳平衡。兩年後，日本推行了令人矚目的「鎖國」（sakoku）政策。政府以法律限制船隻的大小。只有到沿海地區捕魚，日本人才能駕駛稍大一點的船隻。遠洋海船被拆毀。建造遠洋海船成了死罪。在頒佈

「鎖國令」後，為了確保船隻不能進行遠洋航行，建造船舶時一定要在船身上留一個大洞。這樣，如果航行到遠海，洶湧澎湃的海浪就會對船隻構成致命威脅—這種為了讓船舶沉沒的設計顯然是個特例。日本人不得離開日本，違者以死論處；同樣，外國人也不得進入日本。幕府宣佈基督教非法，但許多日本基督教徒寧死都不肯放棄新信仰。

最終，外國人被逐出日本。西元一六四〇年，葡萄牙人返回日本表達抗議，但他們的使團被日本人殺害。儘管日本仍與朝鮮商人和荷蘭商人保持非常有限、受到嚴格限制的貿易往來，但這個國家確實是將自己有效地封閉起來了。鎖國措施延續了兩個多世紀，這被視為一種典型的政治愚行。如果詹姆士國王——西敏寺的二手菸事件或許已經使他忍無可忍——下令摧毀英國的艦隊，並切斷英國與歐洲大陸的聯繫，那麼英國會變成什麼樣呢？日本人沒有發明出什麼現代武器。因此，當美國海軍（在推行「鎖國」政策的時候，日本人所無法想像的機構）於西元一八五三年抵達日本，面對大炮帶來的赤裸裸威脅，日本人幾乎束手無策。

然而，這段歷史還有另外一面。兩個多世紀的鎖國使日本變得更有「日本特色」。日本有與眾不同的建築，獨一無二的藝術和戲劇傳統，與茶、音樂、藝妓和季節相關的各種儀式，以及原創、與眾不同的料理。如果沒有德川時期的「鎖國」，這些東西或許就不會這麼有特色了。甚至到了今天，與其他文化相比，日本文化也更加自我，更具特色——肯定比融入世界文化的現代英國更有特色。由於全球性的傳染病沒有通過海路傳入日本，而且日本國內享受著長期和平，因此日本人口得以快速增加。到了十八世紀早期，江戶已經成為世界上最大的城市（但世界或許並不知道）。火器在日本幾乎消失。國家統一促進了國內貿易的繁榮。

在德川幕府時期，日本甚至能夠解決一些最急迫的環境問題。日本的建築業嚴重依賴木材，其依賴程度一點都不亞於英格蘭。在首都江戶，絕大部份建築都是木造。西元一六五七年，這座城市半數毀於「明曆大火」中，比倫敦大火早了九年。木材可以用來修築城堡、建造船舶，也可以作為燃料；此外，隨著人口增加，人們也需要更多耕地。結果，日本出現了大規模的濫伐和土壤侵蝕。災難正在悄悄地逼近。

的確，正如賈德．戴蒙所說的那樣，當時日本已經開始設法控制人口，並使國家進入了某種穩定狀態。他們找到了其他的食物來源——主要是海產。直到今大，海產仍在日本飲食中扮演著重要角色。與此同時，他們開始重新造林。日本的森林能夠恢復，主要歸功於以下幾點：第一，日本有一套複雜的制度來規範每一種木材應該被用作何種用途；第二，砍伐樹木要繳納一定的費用；第三，人們對林業的理解逐漸加深。木材是有價值的，行家們對此展開了辯論；富裕的農民認為長期生長的樹木對後世子孫是有用的；強勢的中央政府將新規定強加到各個地方。英國的許多地區都出現了破壞森林的情況，隨後美洲也面臨同樣問題。相較之下，日本至少停了下來，思考哪個決定更加明智：是繼續砍伐，還是收斂一點？

然而，這仍然不是故事的全貌。德川時期的日本還有一點值得我們注意：這個社會非常保守且階級嚴明。在近代早期，西方出現了一種半民主且更加開放的文化，但日本從來就沒有發展出這樣的文化。關於這方面，下文會再提及。保守和封閉大概是相伴相生的。當日本重返世界的時候，這個國家仍然由貴族階層統治著，他們還保持著中世紀的眼光，日本的百姓被教育得有點太老實了，以至於有些墨守成規。這對理解二十世紀的歷史是有意義的。當然，日本仍然有「龐克族」；儘管日本政府於西元一六一二年頒佈了禁菸令，但日本仍有大量吸菸者。

新阿姆斯特丹如何變成紐約？

英國即將支配大半個世界的徵兆尚未出現。他們也未能打入日本市場，就和其他國家一樣。英國作為海軍和貿易強國崛起，在世界歷史中已是不爭的事實。因此，當我們得知英國曾在一場最有利可圖的競爭中，徹底輸給荷蘭這個在日本歷史中佔有重要位置的國家時，或許會感到有些震驚。

大體而言，歐洲的商業擴張史可以劃分成三個階段。第一個階段是從十五世紀晚期開始，當時葡萄牙船隻探索了非洲海岸。那時，葡萄牙人發現向西駛入大西洋深處，就可以到達好望角。之後，乘著海風，他們可以抵達印度和遠東。葡萄牙人的所作所為比較接近手段暴力的壟斷商人，而不是帝國的建立者，他們修築防禦工事保護自己的海上航路，擊敗所有對手。西班牙人也想分一杯羹，但並沒有真的把葡萄牙人趕出「他們的」航路。相反地，他們將注意力放在了美洲。當斐迪南．麥哲倫發現繞過合恩角的航路時，這位葡萄牙最偉大的航海家正在為西班牙人工作。但之後不久，麥哲倫就命喪黃泉。在麥哲倫的船隊中，只有一艘船最終返回了西班牙，成為第一艘實現環球航行的船。

在第二個階段，兩個地理位置更偏北的民族——英格蘭人和荷蘭人——加入了探險。起初他們創建帝國的野心並不比葡萄牙人大，驅動他們的仍然是利益。長期以來，歐洲極度渴望得到香料，但這些香料只生長在東方。香料不但能使食物變得非常美味，而且人們認為它們有益於身體健康。出產香料的香料群島位於婆羅洲和新幾內亞之間的危險海域。穆斯林水手從島民手裡購買肉豆蔻、丁香、肉豆蔻乾皮、胡椒和桂皮，然後帶到印度；之後，這些香料經過伊斯蘭世界進入君士坦丁堡，再通過威尼斯傳入歐洲。香料貿易的每一個階段都有利可圖。因此，當這些帶有香味的果實和種子到達巴黎或倫敦的時候，已經變成了非常昂貴的奢侈品。然而，在製冷技術出現之前，肉味難聞、飲食乏味的時代，人們對香料的貪戀一點都不亞於對毛皮的渴望。人們也認為，大多數香料可用於治療疾病：他們猜測，肉豆蔻幹皮可以治療梅毒，甚至是黑死病。

與此同時，葡萄牙水手找到了一條通往香料群島的捷徑。販運香料需要數個月，甚至數年的航程，而且其間可能會有三分之一的水手喪命，但如今從歐洲出發的船隻可以直接朝著香料的產地航行。一趟航程下來，船主的利潤大到讓人難以置信。以前，販賣香料的利潤由半個地球的商人分享；但現在，這些利潤全歸船主一個人所有。貿易鏈突然被粗暴打斷，阿拉伯商人和印度商人成為輸家；伊斯坦堡的市場變得越來越安靜，在威尼斯大運河上來往穿梭、擁有豪華居所的貪婪商人怨聲載道。下一個輸家就是葡萄牙人，因為他們要面對擁有更精良海船、更勇敢冒險者的國家。在那個時期，這些冒險者主要來自歐洲北部的低地國家。其中尤其出色的是荷蘭人，他們將航海技術和從義大利學來的商業藝術融為一體，從而創造出一個足以改變世界的方程式。

從某種程度來說，人類仍然是一種非常簡單的動物：我們喜歡嘗試新的口味、欣賞美麗閃亮的外表、觸摸柔軟的東西、嗅聞令人愉悅的氣味，以及品嚐有趣的風味。這些事一直都沒變，然而歐洲人經歷了數個世紀的相對孤立狀態，因此更為熱衷。荷蘭人能夠壟斷他們所說的「致富貿易」（真欽佩他們，能把話說得這麼直白）——不只是香料，還有絲綢和上好的日本瓷器，因此能夠獲得巨大的利潤。然而，風險也是如此。風暴、海盜和船隻沉沒都意味著許多投資人將變得血本無歸。將風險分割、分配和出售，並為利潤分配提供擔保，使荷蘭出現了第一個真正意義上的證券市場。

購買和出售股份並不是全新的事物。為募集對尼德蘭作戰的軍費，查理五世創建了年金制度，年金可以轉讓，也可以交易。在安特衛普，人們買賣外國匯票的方法變得越來越複雜。西元一五八五年，新教徒被逐出安特衛普後，在阿姆斯特丹繼續從事這種交易。西元一六〇九年，阿姆斯特丹的威索爾銀行（Wisselbank，通常被視為世界上第一家中央銀行）創立，並為不同鑄幣的價值提供擔保，客戶只需為此支付一小筆費用。在一個鑄幣份量逐漸減輕且不斷貶值的世界中，這種做法為商人提供了基本的安全保障，並容許風險更高的貿易。[23]

在威索爾銀行成立僅僅一年之後，阿姆斯特丹證券交易所（beurs）成立之前，這座城市的投機者就開始在「新橋」和附近的教堂裡擊掌議價（編按：這是荷蘭人傳統的議價方式）。證券交易所使貿易變得正規化，短暫的開放時間創造出一股後來商人都熟悉的亢奮氛圍。很快地，成百上千種商品開始在那裡交易。除了第一家中央銀行外，第一家股份公司也成立於阿姆斯特丹。在很短的時間內，荷蘭出現了安全、靈活的資金來源所應具備的所有要素，這是英格蘭貴族、英國君主、西班牙王室和葡萄牙王室所無法比擬的。

「致富貿易」涉及人類奇蹟般的航海活動和勇氣。相互競爭的歐洲人試圖從北極冰層中開闢出一條航路，或希望能夠深入加拿大的荒野，並一直在尋找通往香料群島的捷徑。在倫敦，英國人想模仿荷蘭人建立自己的東印度公司，但他們發現——不是最後一次發現——只要晚一步就很難進入新市場。荷蘭人幹勁十足，做事果決，而且非常殘忍。在經過一系列殘酷的戰鬥、英勇的圍城戰、骯髒的交易和喪盡天良的背叛之後，他們最終佔領了香料群島。除此之外，遠東的其餘貿易也有相當一部份控制在他們手裡。荷蘭商人意識到要想擊退競爭對手，他們就需要堡壘、保護嚴密的倉庫、安全的錨地，並與掌握了所需產品生產條件的當地統治者達成永久協定。這意味著，荷蘭人——儘管他們是虔誠的共和主義者——正在將自己轉變成帝國主義者。第三個階段已經到來了。今天的印尼成為他們在遠東的基地，這個國家的首都有一個荷蘭的名字——「巴達維亞」（Batavia）。

在槍炮、船舶和資本方面都相對落後的英國發現自己很難擺脫荷蘭的束縛。納撒尼爾・克特伯是一位英國水手，他守住了一個產香料的小島——嵐島（Run），這個小島也成了英國在亞洲的第一塊殖民地。他的英雄故事在幾年前被寫成了鼓舞人心的暢銷書。多虧克特伯的英勇行為，英國才能用嵐島來交換另一個荷蘭人佔據的小島，當地原住民稱這個小島稱「曼哈頓」。「新阿姆斯特丹」則變成了「新約克」（即紐約），大英帝國的歷史在北美拉開了序幕。而在北美，英國已經建立了兩個前哨站——維吉尼亞和卡羅萊納。

美洲殖民比發生在印度洋的任何競爭都重要，其推動力不是來自香料或利潤，而是對宗教自由的渴望。在拿破崙戰爭期間，英國海軍已經強大到足以短暫地返回香料群島，將有經濟價值的作物挖出並栽入盆中，然後移植到其他殖民地（如格瑞那達），從而打破了荷蘭人的壟斷。但在此之前的大約二百年裡，尼德蘭坐享其利。而且，荷蘭人利用他們的好運氣，創造了世界上第一個穩定、消費力強的中產階級。而在這一切實現之前，我們將看到那些來自歐洲北部，理智、有商業意識、頭腦冷靜的人們，讓半個世界的人瞠目結舌，並且因驚愕而大笑出聲。

一則現代寓言

一般來說，歷史都是在住家外創造的。在戶外，將軍騎上戰馬，水手拉緊纜繩。在工作場所，發明家敲敲打打，咬住嘴唇，在紙上塗寫。在街上，講道者高聲叫喊，商人對新奇商品翹首以待。然而，直到坐在家中就能感受得到，歷史才算真的發生；只有在餐桌前或病榻前能感受到的變革才是大變革。有時，家在新的大陸；有時，家被燒毀或遺棄。人類生活的大「斷裂」（我們將這些斷裂的集合稱之為

「歷史」），是指那些能夠對大多數人如何生活，在何處生活（換言之，在家裡）構成直接影響的事件。

彼得．韋南茨是一位荷蘭紡織商人，也生產亞麻布和棉線。他在哈倫有一座很不錯的住宅。西元一六三七年二月一日，他邀請一些朋友參加家庭午宴。這場宴會氣氛不錯，彬彬有禮、衣著素淨的客人圍坐在桌邊，僕人將菜肴擺放到他們面前的整潔桌布上。通過荷蘭黃金時代的畫家，如林布蘭、魯本斯、德．霍赫和維梅爾，我們瞭解了這樣一個世界。這是一個安寧、豐裕的世界，人們腰板挺直、行為古怪，佩戴亮白色襞襟，身邊有柔和的充足光線圍繞。然而，在畫布外存在著世界的另一幅景像：傳染病橫行，戰爭不斷威脅人們的生活，宗教分歧嚴重，金融陷入瘋狂。如果我們把當時的荷蘭視為今天資產階級社會或消費社會的雛形，那麼這個社會就顯得既不穩定，也不安寧。

在彼得．韋南茨的午宴上，餐桌邊的客人彼此熟識。他們都是約三、四十歲年紀，正值壯年，生活富裕，是門諾派（Mennonite）信仰將他們聯繫在一起。門諾派是個新教組織，信徒都是和平主義者，反對國家干預宗教，反對為嬰兒施洗。在參加午宴的人中，至少有三位婦女因最近爆發的黑死病而成為寡婦。在哈倫，這場瘟疫殺死了八分之一的人口，適宜埋葬死者的地方都用光了。不過，這也使這些婦女繼承了不少財產。她們應該如何使用這些錢？主人的弟弟亨德里克出了個好主意。他建議其中一位名叫赫爾楚伊特．斯科特的寡婦——她的丈夫曾是羊毛商人——購買一些瑞士鬱金香的球根。瑞士鬱金香是相對劣質的品種，與內行的鑑賞家們所渴望的珍品完全不是一個等級。但荷蘭的鬱金香熱已經達到頂峰。就算是瑞士的鬱金香，轉手就可以賣到一磅一千三百五十荷蘭盾的價錢。當時，一千三百五十荷蘭盾可以購買兩棟精美的房子，或兩艘裝備齊全的船。[24]

我們從詳細的法庭筆錄中得知接下來發生的事。這位寡婦對購買球根一事猶豫不決，但餐桌上一個叫雅各．布洛克的男人表示，當她籌集資金的時候，他願意為球根的銷售提供八天擔保。此時，斯科特改變了主意。午宴上瀰漫著緊張、紛爭的氣氛，但這種氣氛讓位給這樣一個事實：只要這位寡婦同意這筆交易，並馬上出售這些球根，那麼她將立刻賺到一百荷蘭盾。在雅各的慫恿下，她拒絕了當時的價格，決定再觀望一下，看能不能賺到更多的錢。但這個決定是錯誤的，因為與所有金融泡沫一樣，鬱金香泡沫馬上也要破滅了。在幾天的時間裡，這些球根將變得一文不值。

人們把「鬱金香熱」視為金融瘋狂的典型案例。之後，歷史上又發生過多次類似的危機，如「南海泡沫事件」、西元一九二九年的大蕭條、從西元一九九五年到二〇〇〇年的「網路泡沫」，以及最近由房地產泡沫所引發的金融海嘯。其中包含了許多真理。與之後許多投資者一樣，參加韋南茨午宴的人也都是勤勉的百姓——門諾派教徒經常自稱「平凡的人」——這些人自認為很瞭解市場。在當時的環境中，他們的所作所為都很平常，有些人甚至還很「明智」。有了鬱金香的球根，你就「不會虧」；就如同有了網際網路公司或避險基金一樣。儘管日後一位投資者的格言——「貪婪是一種美德」——會讓他們感覺非常不適，但它已經悄悄影響了信仰新教的荷蘭。

事實上，當時的「荷蘭」只是「聯省共和國」的一部份。「聯省共和國」這個名字頗為貼切，因為歐洲大部份地區都是從屬於某個「省」。在路德宗教改革的影響下，一些特定的「省」聯合了起來。大部份荷蘭人與北德意志的鄰邦一樣，皈依了新教。此時，由主宰西班牙的哈布斯堡家族繼續統治歐洲北部沿海的農業區和漁業區已顯得不合時宜，宗教分歧最終將荷蘭人推到了獨立戰爭的邊緣。在西班牙國王菲力浦決定進一步迫害「異教徒」之後，人們開始抗議重稅和駐軍。隨後，抗議逐漸演變成一場大起義。

歐洲已經分裂為在宗教上相互敵視的幾個陣營，大量新教難民湧入了尼德蘭。荷蘭人英勇地保衛萊頓市，擊退了西班牙人的第一波反撲。西班牙人的恐怖政策使和解成為泡影。於是，一場複雜的鬥爭又拉開了序幕，導致饑荒、迫害、陸戰和海戰。儘管荷蘭人希望用尼德蘭的治理權力換取西班牙和法國國王的支持，但西元一六〇九年北方各省還是與信仰天主教、承認哈布斯堡家族統治權的南方各省分道揚鑣。西元一六二八年，西班牙軍隊再次大舉入侵。而九年之後參加韋南茨家午宴的人或許並不知道，未來將不會有更多的戰爭；因為直到「鬱金香泡沫」破裂十年後，荷蘭才迎來了最後的和平。

此時，正如我們看到的那樣，荷蘭共和國已成為首屈一指的海洋強國。起初，荷蘭人只在海上從事捕撈業，隨後他們在北海和歐洲沿海從事貿易活動，逐漸形成航海傳統。荷蘭人的航海傳統不輸給任何國家，甚至是鄰國和新教競爭對手英格蘭人。荷蘭商人的足跡遠及印度、中國和日本，雖然自家缺乏天然資源，也沒有肥沃的土地或礦藏。但是，通過一張遍佈全球的商業網絡，荷蘭人逐漸發家致富。儘管一些創新舉措使荷蘭在經濟上超越了競爭對手，但這些創新舉措也蘊藏著風險。股票買賣為曾經保守的社會帶來了高風險投機所引發的社會動盪。對那些沉迷彩券和賭博而聲名狼藉的人來說，「期貨」的觀念已司空見慣。所謂「期貨」，是指人們不是購買商品本身，而是商品未來的價格。因此，買賣「期貨」純粹是一種投機行為。

「致富貿易」使巨額財富流入聯省共和國；投資貿易使大多數傑出的市民變得日益富有。如果沒有這兩點，「鬱金香泡沫」或許永遠都不會出現。如今，人們最需要的就是轉變心態。絕大多數工匠、客棧老闆、小製造商和農民在過去是絕不可能有資金去仿效富裕的中產階級，但如今他們需要就只是轉變心態。一個小夥子可以夢想用一筆投資改變命運，這在歷史上尚屬首見。

荷蘭人飽受嘲笑，因為他們的投機性繁榮建立在像球根這麼可笑而短暫的東西上。以現代的眼光來看，一株鬱金香與一幢房子或一幅林布蘭的畫等值，這顯然很荒謬。它應該值這麼多錢嗎？畢竟，我們會賦予珍稀物品（無論是天然的還是人工製造的）不成比例的高價格，藉此凸顯擁有者的地位。在印象派走過全盛期之後，一幅莫內的畫要比一幅模仿者的佳作更好。但到底是好一百倍呢，還是好一千倍呢？一個香奈兒皮包跟從大型商場裡買的包包也是一樣，外行人未必能看出前者比後者好一百倍。頂級鱘魚魚子醬和圓鰭魚卵存在價格差距，但這差距確實反映了二者品質上的差異嗎？

葡萄酒、鑽石、跑車和名牌服裝也有同樣的情形。鬱金香則恰恰相反，荷蘭人對這東西的愛好比現代人對前述奢侈品的迷戀都更理性。最初，鬱金香只是一種野花，主要生長在中國和波斯之間的山區。人們之所以珍視鬱金香，是因為這種花非常美麗，不但代表愛情，甚至還象徵上帝的完美。鄂圖曼人培育了鬱金香，非常欣賞這種花。然後，它經由土耳其傳入歐洲。鬱金香很難培育出不同的顏色和形狀，早期的植物學家對這種花非常著迷，園藝師將其作為禮物相互饋贈或交換，希望能培養出顏色特別鮮豔的品種。毫無疑問，在法國北部、荷蘭和日爾曼地區的灰色天空下，鬱金香為人們帶來了不尋常的快樂。

「鬱金香熱」始於一些精通花卉的鑒賞家，他們特別喜愛某一類球根，因為這類為數不多的球根能夠生長出圖案精美的鬱金香，像是複雜的漩渦或水滴形狀，顏色則有豔麗的紅色，有黃色，還有白底紫色花紋。但事實上，這種鬱金香是被蚜蟲感染了一種病毒。換句話說，它們都是生病的鬱金香。今天，這樣的花幾乎已經絕跡。但在十七世紀三〇年代，人們給這些花取了華麗的名字，如「永遠的奧古斯都」和「海軍上將艾克」，只有非常富有的人家才能買得起這種花。一個球根的價格大約是一名木匠年收入的六至七倍。（就像是今天的富有收藏家也會為了某些稀有的郵票而展開激烈的瘋狂競爭。）

培育者、商人、宣傳者，以及由這種新商品催生的公司組成了一張網絡，這張網絡使少部份人對鬱金香的熱情感染了整個荷蘭社會。普通人買不起那些「超級球根」，但他們可以買賣一些次級品種。鬱金香每年只在春季開花一次，花期會持續數周。因此，人們發現他們交易的商品雖然可以預測品質，但無法完全保證。這意味著，人們要在花期到來之前，交易處於休眠狀態的鬱金香，或是鬱金香期貨。走漏消息、詐欺手法、偷竊球根和單純的外行——例如，人們反覆講著這麼一個故事，一名水手誤把一顆價值連城的球根當成洋蔥給吃了——進一步加劇了這種淘金式的氛圍。

現在，客棧旅社中出現了一張買賣鬱金香的網絡，儘管這張網絡遍布整個荷蘭共和國，但在阿姆斯特丹和哈倫，交易尤為活躍。這些人想效仿阿姆斯特丹的證券交易所，但他們的交易都是在充滿酒味和煙氣的混亂環境中進行。一位研究「鬱金香泡沫」的歷史學家指出，對泡酒館的人來說，就算他們設法存下一些錢，仍距離進入證券交易所和銀行非常遙遠。「十七世紀沒有建屋互助會（building society），沒有單位信託基金（unit trust，相當於金融市場上所謂「共同基金」），沒有個人持股計畫（personal equity plan），沒有低價股票，沒有減稅優惠，也沒有什麼避稅手段。」[25]在酒館進行交易時，人們用粉筆將出價寫在板子上，然後買家和賣家開始透過「朋友」討價還價。這種交易方式有助於提高商品的銷售量。拒絕接受最終開價的買家和違約的賣家都需要支付罰金。在充滿食物和音樂的環境中開懷暢飲，然後完成交易。

從西元一六三三年到一六三七年，「鬱金香熱」達到頂峰。據估計，球根交易的票面價值是荷屬東印度公司價值的十倍。要知道，荷屬東印度公司是一家實力雄厚的公司，荷蘭的真正財富大部份都來自這家公司。「鬱金香泡沫」破滅的準確時間是西元一六三七年二月的第一個星期二，在哈倫（Haarlem）的一家酒館，一磅瑞士鬱金香的價格達到一千二百五十荷蘭盾，但沒人願意購買。拍賣人降低了價格，仍然沒人購買。這幾分鐘一定令人毛骨悚然。恐慌出現了，並進一步向外蔓延。在接下來的三個月裡，鬱金香的價格下跌了百分之九十九。幾十萬人面臨破產，甚至要忍饑挨餓，至少從票面價值看如此。因為他們不只拿出手頭的閒錢投資，而是如同日後的其他熱潮，為了未來的獲利而背負了沉重的債務。有些人已經抵押了房子、土地和貿易工具，但鬱金香卻跌到了白菜價。

真正有趣的是，大範圍的災難和荷蘭投機者的大規模破產並不是「鬱金香泡沫」的終點。管理共和國的三級會議拒絕採取特別措施，並將問題拋回給各城市當局。另一方面，許多城鎮拒絕處理或審理任何一件涉及鬱金香交易的訴訟案件，只當什麼都沒有發生過，讓帳面損失和帳面收益相互抵消。如果說一夜暴富的夢想已經破滅，那麼就讓貧困的噩夢也趕快結束吧。

即便是這個時候，荷蘭人仍然為自己的常識和處理問題的能力感到驕傲。這是一個非常具有荷蘭特色的解決方案，經濟繼續運轉。栽培鬱金香的人遭到沉重的打擊，個人悲劇不斷上演，但共和國及其新財政體系幾乎沒有受到影響。

實際上，荷蘭人繼續培育鬱金香（荷蘭的沙質土壤非常適宜種植鬱金香，就像亞洲的沙質山地特別適宜鬱金香生長一樣），並將其作為一種普通的出口商品。鬱金香作為一種價格適中的奢侈品出現在了布里斯托、杜塞朵夫或里爾的桌子上。今天，荷蘭人控制了全球花卉貿易，他們在十七世紀設計的證券市場、期貨交易和國際貿易支配了世界經濟。相較於西班牙人簡單觀念，荷蘭人運用財富的方式更適切。在哥倫布和皮薩羅的時代，西班牙人熔化大量黃金用以裝飾教堂和發動戰爭；他們將土地不是獻給上帝就是為了榮耀。至於荷蘭人，他們將貧瘠的土地做最大程度的利用，並且將金錢當作一種工具。他們的理財方式非常現代，我們稱之為「資本主義」。

第六部　自由的夢想

Dreams of Freedom

一六〇九年到一七九六年：啟蒙與革命，從印度到加勒比海資本主義正在運作，但只有少數歐洲城鎮中的少數幸運兒能夠從中獲益。絕大多數人——即便生活在歐洲——都沒有感受到巨變。人們依舊繼續生活，仍然未能擺脫自古以來的種種限制：例如，糧食產量的多寡、木頭和煤炭燃燒產生的能量的多寡、可用畜力的多寡、能夠利用的風力和水力的多寡，以及最重要的一點——人類能夠付出的勞力的多寡。儘管當時出現了一些新的奢侈品，但人們主要還是生活在鄉村，講述著古老的故事，恪守著傳統的信仰。

在澳大利亞、太平洋諸島、波斯、鄂圖曼帝國、朝鮮、日本、西伯利亞大部份地區、印度、北美洲、印尼和中國，人們感受不到任何變化。這些地區的傳統內涵存在著極大差異，涵蓋從石器時代的狩獵活動到帝國時代成熟的統治技術。但是，這些社會都沒有發生重大變化，更談不上加速發展。在世界各地，大多數人都是自耕農，他們的生活圈子僅涉及鄰近的一兩個村莊，對於生活圈以外所發生的事知之甚少，即便有所耳聞，恐怕也是一年多前的舊事了。在東歐，從事農業生產的主要是農奴，他們被法律束縛在土地上，充其量只是地主的私有財產。在說蓋爾語的蘇格蘭、愛爾蘭、斯堪地那維亞大部分地區和俄羅斯北部，人們生活在宗族和血親組織中，與外面的世界幾乎沒有聯繫。大多數歐洲人要麼說著異於統治民族的語言，要麼說著統治都城無法理解的各種方言。

少數歐洲人即將攪亂世界大多數地區的一池春水，正如他們在美洲、香料群島和西非部份地區所做的那樣。某些原住民部落已是在劫難逃，他們對外來傳染病缺乏免疫力，其武器和組織水準也使他們很難抵擋歐洲人的入侵。但在西元一六〇〇年，沒有明顯跡象表明，世界其他地區會無法在短時間內趕上英國、荷蘭和法國。的確，印度的蒙兀兒帝國和中國的清王朝看上去更發達——它們更富有、更龐大，也更自信。歐洲人似乎沒有勝算。那麼，是什麼打破了平衡呢？

我們已經看到地區性的微小變革是如何造成全球範圍的影響。在這一時期，最重要的地區變革發生在政治領域，首見於英國，而且事前無任何計劃。如果當時統治英國的不是軟弱無力且固執己見的斯圖亞特王朝——英國最差的王朝之一，英國人或許到十八世紀還在聽命於專制君主。但昏庸的王權、戰爭和宗教上的分歧導致革命爆發。這場革命分為兩個階段，為英國催生了一種新型政府。首先，造反的議員推翻了國王，並將其處死。之後，繼任的國王不但能力不足，宗教傾向也令人懷疑。議員們對國王的疑慮使他匆匆出逃，議會於是邀請了一對夫妻來做國王，但議會的地位已明顯高於國王的地位了。

這不是民主政治，但卻使英國的富裕階層迅速地獲得了權力。這說明了人民無須對任何一位統治者都俯首聽命，並且提示了一種可能存在的新國家型態，人民在其中可以擁有各種權利，不必懼怕統治者，可以自由地思考、生活。相似的情況也出現在荷蘭，但英國的政治變革的影響更加深遠。這場變革使英國成為一塊磁鐵，對歐洲各地的少數派產生了強烈的吸引力，其中包括法國的新教徒。這場變革還使英國變成了言論自由的國家，人們可以在公開場合暢所欲言。這種局面特別啟發了法國的思想家。

但是，英國在北美的十三州殖民地卻以最具戲劇性的方式接續了這場政治實驗。英國改革家的思想在此付諸實踐，建立了一個以選舉、權利和成文憲法為基礎的國家。這不是單純地改變航向，而是大幅地改變了規則。不過，這件事情的影響力當時的人們尚不能完全理解。

這也引發了一場爭論：如何在國家權力和個人自由之間保持平衡？時至今日，北京和華盛頓、莫斯科和布魯塞爾（編按：歐盟總部所在地）仍然沒有在此問題上達成共識。成功的國家並非總是一成不變。保守主義、部落智慧、激進主義或新興思想之間持續進行著拉鋸戰，這是所有成功國家都會經歷的過程。部落智慧確實很重要，是歷史累積的經驗、覆轍和策略，是政治體制的長期積累。但是，如果不接受挑戰，這種智慧就會僵化。英國的政治革命及其後發生在美國的政治革命鼓勵人們在不破壞國家的大前提下改變權力平衡。在法國，保守的君主政體轟然倒塌，革命者試圖與「歷史」完全劃清界限，在激進的質疑或「理性」基礎上建立一個全新的「現在」。法國革命造就了血腥且失敗的結局，然而這種情境卻為未來不斷反覆上演。

與歐洲大部份地區相比，英美的政治實驗使自然科學領域的新思想家可以更自由地闡述思想；使實驗者和投資者能夠在能源使用和製造生產上取得突破，也就是所謂「工業革命」；工業革命使「西方」領先於世界其他地區，這種「西方的」優勢一直保持到我們這個時代。當然，這些都是後來發生的事。就那個時代而言，如何平衡智慧與挑戰，如何對待新舊事物，英美的政治實驗給出了較為合理的答案。專制主義（absolutism）是另一個時髦的觀念。按照這種觀點，一位英明、謹慎、活力充沛的領導人能使國家免於陷入崩潰和混亂的旋渦。在今天的世界，那些非選舉產生的領導人仍然在瘋狂地鼓吹這種觀點，他們只不過給專制主義披上了一件華麗的外衣。

伽利略：「但它的確在動」

西元一六〇九年八月的某一天，在威尼斯總督府的學會大廳——堪稱世界上裝潢最華美的房間，一位健談的紅鬚男子引起了一陣騷動。男子遞給威尼斯總督一支裹著皮革的管子，在這位「尊貴共和國」（Most Serene Republic，編按：當時對主權的尊稱，類似君主制的陛下或殿下）的統治者身邊，站滿了顧問和海軍將領。一陣七嘴八舌的提問和回答之後，所有人都走出總督府，穿過廣場，來到威尼斯最宏偉的教堂聖馬可教堂。然後，他們走上了教堂的塔樓。總督透過那根管子向下看，其餘人也輪流照著做。數英里之外的建築出現在他們眼前，看上去熠熠生輝。總督和身邊的人還看到了附近的島嶼，島上人們正走進教堂。他們也看到了海上的帆船，距離威尼斯兩個多小時航程的船舶居然清晰可見。他們手裡的這樣東西既是一件軍事用品，又是一件實用的工具。帶來這個物件的人受到了重賞。

這位男子名叫伽利略．伽利萊，是來自比薩的數學家，正在威尼斯講學。當時，一名法蘭德斯的眼鏡工匠發明了望遠鏡，有個貧窮的荷蘭人將其從法蘭德斯帶到義大利，希望藉此發筆小財。伽利略從荷蘭人那裡偷取了這個望遠鏡的點子，但他在鏡片上花費了很大工夫，使望遠鏡的性能大幅提升。他將望遠鏡當作禮物送給威尼斯總督，這實在是精明之舉。隨後，他返回位於帕多瓦附近的工作室，製造性能更好的望遠鏡。不久後，他就將舉起更新的望遠鏡瞭望夜空。

伽利略以高談闊論、充滿活力、求知欲強而聞名，他喜歡挑戰傳統思想，研究都頗具實用性。他和各地的統治者談論彈道學、修築防禦工事，以及如何抽乾積水。此外，他還發明了一款軍用羅盤。伽利略廣為人知的另一面則是挑戰基督教世界通行的自然觀，主要內涵來自亞里士多德在大約二千年前提出的學說。在伽利略的著作中，一名亞里士多德的追隨者問伽利略，如果拋棄希臘先賢，誰來指導人類？伽利略反駁說：「只有盲人才需要指導。有眼睛和有思想的人必須利用這些能力自己尋找答案。」[1]這兩句話完美地體現出伽利略對實用和實驗科學的熱情。

六十多年前，博學多才的波蘭人尼古拉．哥白尼出版了《天體運行論》。在這部著作中，他挑戰了《創世記》中關於地球位置的正統說法。這項重大突破使許多神職人員、新教徒和天主教徒感到震驚。天主教會並未立刻反駁「地動說」，儘管這種說法與普遍接受的觀點相互矛盾。按照傳統觀點，上帝將太陽、月亮和星星分別放在蛋殼狀的外太空，用來指引和幫助人類。開始的時候，人們曾就這一新觀點是否符合《聖經》展開爭論。但爭論並未持續很長時間。喬爾丹諾．布魯諾（Giordano Bruno）是一位激進的修士，向來不服從於傳統權威，自主思考。他因發表「異端邪說」而被控犯下多項罪名，其中包括：太陽是一顆恒星，宇宙是無限的。他被判有罪。為了不讓他說話，布魯諾的舌頭上被釘了一顆鐵釘。西元一六〇〇年，布魯諾在羅馬被綁在柱子上活活燒死。

伽利略對人類智慧的樂觀和布魯諾的遭遇形成巨大反差，這有助於我們理解為什麼知識的復興並未帶來技術的突破，以及為什麼工業革命會發生在十八世紀的英國，而不是十七世紀的義大利和西班牙。因為我們已經完全習慣事情發生的實際順序，我們完全同意，資本主義帶來的飛躍不會出現得更早。但這很奇怪。因為義大利和南歐許多地方都沉浸在文藝復興的思想中，關於會計、銀行和小型工程的專業知識也取得了發展，這些都應該促進社會發展，而非導致停滯。

「文藝復興」這個詞語並非完全正確。從十三世紀晚期到十六世紀，歐洲確實出現了對古典文明的再發現及新興趣，但最令人感興趣的成就都是全新的。因此，當時主要是「興」，而不是「復興」。自十五世紀起，義大利北部（以及西北歐部分地區）具備了文化起飛的大部份條件。歐洲的第一批大學為有經濟能力的人提供了充滿活力的教育。印刷術的普及加速了思想和觀點的傳播。拉丁語成為通用語言。強國間展開了競爭，如佛羅倫斯、熱那亞和威尼斯。有時也會走向戰爭。為獲得戰爭優勢，相互敵對的統治者和軍隊都非常重視數學、彈道學、光學和醫學，於是這些學科獲得快速發展。最典型的例子就是李奧納多・達文西，他對防禦工事和新武器抱有很高的熱情。

在著名的發明家之下，則有一群實力雄厚的技工階層，其中包括各種工匠和設計師。他們能夠為槍炮、時鐘、眼鏡和各種動力裝置生產零件。這些動力裝置能夠用來挖掘、抬舉重物和抽水。行會制定了專業標準，通用的度量衡得到普及。充滿活力的貿易網使義大利人接觸到了最新的思想，以及來自阿拉伯世界和歐洲其他地區的訊息。貿易的發展為義大利帶來一套相對複雜的金融體系，長途貿易也變的可能。義大利的思想家、發明家和藝術家比以前有了更多選擇。他們（也包括伽利略）為了更好的待遇在城市之間移動，就像尋找職缺的現代學者一樣。我們甚至發現了工業生產的萌芽。威尼斯著名的軍械庫擁有一萬六千名工人，組織嚴密。威尼斯共和國可以用預製組件在一天內生產出裝備齊全的戰船或商船。在歐洲其他地區，生產同樣一艘船大概需要幾個月的時間。儘管是孤例，但這仍表明，十六世紀的義大利人已具備了二十世紀製造商的組織能力。

放眼全歐洲，你或許會做出一個合理的預測：從農業、貴族文明過渡到城市、工業文明的巨大進步，將開始於義大利波河流域，而不是一個半世紀後的英格蘭的特倫特河流域或艾爾河流域。受過良好教育的義大利人精力充沛、有競爭力、求知欲旺盛、財力充足。他們的求知欲主要體現在探索自然和利用技術控制自然。今天，我們提到文藝復興時首先會想到「藝術」，而不是科學或商業。但是，看看李奧納多・達文西，我們就會發現當時的藝術、科學和商業密不可分。義大利和荷蘭的畫家探索了透視、顏色、距離、光線和人體構造，這證明他們是認真、持之以恆、善於分析的觀察者。他們也是技藝精湛的工匠和業餘的化學家。他們會收集各種顏料，然後將其磨碎、混合，調整顏色的濃淡。在這過程中，他們要確保顏色的鮮活和純淨。為了看得更清楚，許多人會使用由毛玻璃製成的透鏡。

那麼，除了用透鏡和理性觀察事物，儘管觀察對象遠的超乎常理之外，他還做了什麼？伽利略被稱為「科學」之父，但他或許並不理解「科學」這個詞。伽利略的父親是音樂家，是歌劇的早期探索者；伽利略著迷於音樂背後的物理現象，也同樣著迷於但丁筆下地獄的規模。伽利略的世界更貼近於啟蒙運動和早期工業革命的世界。

不同的是，文藝復興時期的義大利和歐洲大部份地區仍受到權威所籠罩。權威不僅指專制的地方統治者，還包括一種更強大的力量。在伽利略的時代，這種力量比之前更嚴厲。天主教世界利用古典學問的復興來支撐自己的權威。在他們眼中，柏拉圖雖然不是基督徒，卻宛如早期基督教的先知；亞里斯多德成為基督教正統信仰的支柱；托勒密成了《聖經》宇宙觀的支持者。就連古希臘羅馬的神話故事也被重新解釋成基督教寓言。但丁不但對身為異教徒的西塞羅頗有研究，在描繪基督教的地獄時，還借鑒了異教徒維吉爾的作品。萊昂・巴蒂斯塔・阿爾伯蒂是熱那亞的博學建築師，他研究了古羅馬建築師維特魯威和古羅馬城遺址（以及阿拉伯人的光學）。但他也是虔誠的基督教教士，用其所學知識修建基督教的教堂，例如佛羅倫斯華美的新聖母大殿。

米開朗基羅也著迷於古典時代的事物。巨大的雕塑《拉奧孔》——他全身被蛇纏繞，肌肉因痛苦而變得扭曲——從古典時代開始就一直埋於地下。當這尊雕塑從埃斯奎利諾山的一處葡萄園被挖掘出來時，米開朗基羅趕忙跑去觀看（有說法認為這尊雕塑其實是他偽造的）。《大衛》像除了故事本身來自猶太基督教以外，看上去就是一個身材魁梧、作沉思狀的希臘巨人。文藝復興一次次地為基督教文化披上古羅馬的長袍，使古典哲學為教宗服務。人們因此創造了許多最偉大的作品。但另一方面，這也限制了科學發展。

伽利略首先利用望遠鏡研究月亮，之後是木星的衛星，然後是散布在宇宙中、用肉眼看不到的恒星。研究結果充分表明，托勒密的天動學說是不成立的，他相信自己能贏得梵蒂岡教廷的支持。伽利略與梵蒂岡的重要思想家進行了嚴肅的長談，其中包括當時的樞機主教羅伯特・貝拉明（後來他被封為聖人）。當時，貝拉明為反宗教改革運動提供了許多思想支援。但並非只有布魯諾會遭遇到那樣的命運。這不僅是天文學問題，還威脅到了天主教的正統教義。對教會來說，他們的思想無異於犯罪。因此，伽利略變得格外小心。

威尼斯修士保羅・薩爾皮是伽利略的密友，他是傑出的學者，也是政治家。他在現實又拜金的威尼斯共和國，領導了一場反對教廷的運動，因為他認為教宗不應擁有最高權威。此外，他也辛苦爭取威尼斯在世俗事務上的自主權。作為回擊，教宗保羅五世將威尼斯總督和所有官員都逐出教會。這等於給站在反教會第一線的人當頭一棒。一位曾為伽利略作傳的作家這樣寫道：「在承認教宗的權威之前，威尼斯共和國中的所有人都和基督教會失去了聯繫……洗禮和葬禮都終止了。婚姻被宣佈無效，孩子被宣佈為私生子。丈夫可以拋棄他們的妻子，孩子也無須聽命於父母。」[2] 儘管最後做出妥協，但薩爾皮還是被耶穌會士逐出威尼斯，為自己的行為付出沉重的代價。一天晚上，薩爾皮遭到暗殺。他被一把細長的匕首連刺十五下，最後一下刺進了他的頭顱。

難以置信的是，薩爾皮竟活了下來，而刺客已逃往教宗國。但是，這次暗殺說明了梵蒂岡強迫民眾服從教會的決心。在新教改革和各種新思想的威脅下，羅馬教宗的激進活動持續了幾十年。好鬥的教廷堅持認為人們應該絕對服從教會，而且越來越強調正統教義不容侵犯。

伽利略似乎主要是因為貪心而離開相對安全的威尼斯，回到佛羅倫斯工作。伽利略的言論很有煽動性，又喜歡與人辯論；另一方面，反對他的宗教勢力也在積蓄力量。他總是認為可以靠著三寸不爛之舌逃出一條生路。西元一六一六年二月二十六日，樞機主教貝拉明召見他，要求他承諾放棄「地動說」，並且在書面和言語上都不支持、不教授、不捍衛這種觀點。伽利略表示同意。但他輕率地認為這不是「真正的」最後通牒。與此同時，哥白尼的所有著作都上了梵蒂岡的禁書目錄。

由於疾病和年齡的原因，伽利略沉默了一段時間，之後又再次發起攻擊：倔強的性格和與無知教士辯論的愛好使他難逃厄運。西元一六三二年，伽利略出版了《關於托勒密和哥白尼兩大世界體系的對話》。在這本書中，他嘲笑了新教宗（也是他的昔日友人）的觀點。伽利略因此受到嚴刑拷打和火刑的威脅。經過漫長而嚴酷的審問，他最終選擇放棄，聲明地球並不圍繞太陽轉。儘管如此，他還是受指控為「極有可能宣傳異端邪說」。據說，在公開宣佈放棄自己的學說之後，伽利略心有不甘，他小聲嘟囔道：「但它的確在動。」他被判處監禁，先是囚禁在羅馬，之後囚禁在托斯卡納的家中。在那裡，他依然筆耕不輟。

如果思想家不得不「放棄、譴責、厭惡」從物理世界得出的結論，他們工作和生活的地方就不可能產生啟蒙運動和科學革命。文藝復興時期的義大利擁有製造商、思想家和銀行家，以及有助於國家騰飛的競爭力，但那裡也有宗教法庭。遺憾的是，歐洲北部儘管氣候更加宜人，但在當時不像義大利北部那般有活力。在北方，人們很快就將伽利略與發現新世界的克里斯多夫·哥倫布相提並論，但與後者相比，他的手沒有沾染鮮血，並且獲得了更重要的發現。老年的伽利略被軟禁在家中，瀕臨失明和死亡。但荷蘭人仍想雇請他研究在海上測量經度的方法——這技術對航海安全來說至關重要。荷蘭人極盡諂媚吹捧之能事，希望他接下這份工作，但尷尬的天主教會卻禁止他掙荷蘭人的錢。若干年後，荷蘭人克利斯蒂安·惠更斯破解了這道難題。之後，英國人約翰·哈里森改良出更有效率的測量方法。

在西元一八三五年之前，宣導哥白尼學說的著作仍然在梵蒂岡的禁書目錄上。[3] 啟蒙的力量及其對人類歷史的革命性影響都體現在了比義大利更北的地區。

專制主義及其敵人

下一個主宰歐洲的主要觀念是集權化和現代化的君主制——「專制主義」。這是一種相當乏味的觀念，裝飾了許多寶石和醜聞。半數的歐洲都城中仍保有宮殿、拱門，以及為統治這個國家的專制王朝豎立的其他紀念物。在西方歷史上，許多最富異國色彩的重要人物都是這一時期的專制主義君主，如俄國的凱薩琳大帝、彼得大帝和普魯士的腓特烈大帝。地方特權、公民權、徵稅、各種傳統，以及可以追溯到中世紀的各種特許權引發了社會動盪。「專制主義」的最大野心就是以國王的名義結束混亂局面，由國王組織一個效率高、組織嚴的中央機構。國王可以修繕道路，挖掘運河，為常備軍徵稅，為所有臣民制定可靠的法律。「國家？朕即國家。」法國太陽王路易十四如是說道。他並不是在開玩笑。

路易十四和效仿他的統治者們努力破削弱各種省區貴族與神職人員所擁有的半自治權，他們修建了令人著迷的宮殿，用來震撼、恫嚇和誘惑地方諸侯。他們在許多方面為即將形成的民族國家打下了基礎。除法國外，最堅定的專制主義者，要屬俄羅斯的羅曼諾夫家族，他們營建了新首都聖彼得堡，模仿西方的統治者，尤其是普魯士的霍亨索倫家族，關於他們的情況我們稍後會介紹。但在那個時代，波旁家族（路易十四所屬的家族）的最大競爭對手是哈布斯堡家族，後者的管轄範圍更大，而且控制著西班牙。

這個貴族家族是聯姻的產物，而不是領地合併的產物。哈布斯堡家族起源於瑞士。中世紀時，他們的權力擴展到了德意志中部地區，成為奧地利的統治者。幾個世紀以來，哈布斯堡家族就像盧森堡、亞蓋隆王朝一樣，是歐洲相互競爭的幾個王朝之一。哈布斯堡家族很幸運地只倚賴少數的戰事和大量的聯姻，就吞併了勃艮第、低地國家和中歐的部份地區。總之，在西元一四三八年之後的三個世紀間，神聖羅馬帝國的所有皇帝，幾乎是德意志的凱薩，都出身於哈布斯堡家族，。在十五世紀末，他們獲得了西班牙和匈牙利的土地，並將勢力拓展到義大利。哈布斯堡家族成為除教宗之外歐洲最重要的權力來源。

但哈布斯堡家族的統治並不是成熟的專制主義。這個家族源於中世紀混亂的家族政治，也從未提出過任何一種現代意義上的國家權力理論。在帝國的大本營，如馬德里的埃爾埃斯科里亞爾建築群，以及之後於維也納興建的華麗宮殿，統治者既無法榨取日爾曼人、西班牙人或荷蘭人的財富，也無法獲得他們的支持，而波旁家族在法國人身上做到了這一點。哈布斯堡王朝的戰線太多，領地也太多，因此未能形成建立單一帝國的觀念。十六世紀，哈布斯堡家族的一支成為西班牙國王，更重要的是他們建立了美洲帝國，並控制了尼德蘭；另一支控制了奧匈帝國，將勢力擴展到東歐。

結果，哈布斯堡王朝從未統一：新西班牙的統治權與荷蘭的統治權基本沒有關聯。在德意志地區，來自各個城市和邦國的「選帝侯」和王公會選出皇帝。相比之下，在面臨鄂圖曼土耳其挑戰的匈牙利，皇帝的角色更重要一些。哈布斯堡家族的統治是政治權利和軍事權利的混合物，其財政狀況非常不穩定。而且，這個家族在遺傳上還付出了可怕的代價。家族內部無休止的聯姻有助於保護財產，但卻觸犯了近親結婚的禁忌。結果，家族中出現了許多夭折的兒童，以及畸形和無行為能力的成年人。勇敢的宮廷畫師在作品中生動地描繪了哈布斯堡家族晚期成員的生理缺陷：突出的眼球、巨大的下顎，以及突出的嘴唇。

家族中最糟糕的一位君主是西班牙的查理二世。他不停地流著口水，相信自己被魔鬼附體，無法咀嚼，喜歡看親戚被挖出來的屍體。另外，他還無法生育——這或許是件值得慶幸的事。西元一七〇〇年，查理二世去世，哈布斯堡家族在西班牙的分支絕嗣，這引發了西班牙王位繼承戰爭。緊接著，到了西元一七四〇年，哈布斯堡家族在奧地利的分支也絕嗣，這又引發了奧地利王位繼承戰爭。這表明，直到十八世紀，王朝政治依然很脆弱。不過，這兩場戰爭實際上與西班牙或奧地利的關係並不大，但而是為了遏制歐洲最有活力、最具擴張性的專制主義——也就是法國波旁王朝。

波旁王朝的祖先是卡佩王朝的王室成員，其源頭可以追溯到九世紀的巴黎。他們起家於那瓦勒（那瓦勒人略位於法國和西班牙的邊界，也就是今天的巴斯克地區）。在法國宗教戰爭中，波旁家族站在信仰新教的胡格諾派教徒一邊。這場戰爭於西元一五九八年結束。第一位出身波旁家族的法國國王是亨利四世，他改信天主教，據說他曾說過「巴黎值得舉行彌撒」，但之後便遇刺身亡。波旁專制主義的真正建立者是樞機主教黎希留。從西元一六二四年至一六四四年裡，他一直擔任法國首相。黎希留曾是士兵，後來進入教會，部份目的是為了保護家族利益。後來，他在險象環生的宮廷鬥爭中步步高升，逐漸獲得權力。他在瑪麗・梅地奇——年輕的路易十三的母親——攝政的時代便展露頭角，之後成為國王的重要助手和大臣。

黎希留的策略是把法國打造成一個統一、強勢的政權。他對內打擊所有的反對派——他盪平了貴族的城堡，並鎮壓胡格諾派教徒；對外提高法國的國際地位，以抗衡哈布斯堡家族。

「三十年戰爭」原本是一場宗教戰爭，這場新教徒與天主教徒的爭鬥重創了德意志地區。後來在黎希留的主導下，卻不知不覺地演變成法國應在歐洲扮演何種角色的戰爭。控制著西班牙和德意志的哈布斯堡家族似乎已經包圍起法國。而且，這個野心勃勃的家族希望教宗能承認他們是全歐洲的君主。於是抑制哈布斯堡家族直至他完全衰落的任務就落到了法國身上，這使剛剛統一的法國獲得了歐洲強國的地位。黎希留死後，義大利出身的樞機主教馬薩林接替他成為法國首相。至此，在「太陽王」路易十四的眼前，一條旭日東昇的崛起之路已經相當清楚。

路易十四於西元一六四三年登基，西元一七一五年過世，在位時間長達七十二年，相當驚人。不過他在一六六一年，馬薩林去世之後才親政。在這一時期，法國開始向南方、東方和北方擴張。黎希留建立了一套新的稅收官體系，將權力集中到宮廷，推動了早期的工業發展——從開鑿運河到掛毯紡織業。黎希留和馬薩林在主政時期修建了許多堡壘以保衛新生的法蘭西，並制訂了目標遠大的計畫，準備在北美洲締造一個法蘭西帝國。親自統治法國之後，路易十四延續了打擊哈布斯堡家族的政策，決心成為支配歐洲的國王。他的宮廷使全歐洲受過教育的人都感到震驚。那裡會舉辦各種繁複的公共儀式和奢華的娛樂活動，還有各種不體面的小道消息。

很快地，各種宗教教派的國家都出現了專制主義君主，包括信仰路德派和喀爾文派的德意志地區和斯堪地那維亞半島、信仰東正教的俄羅斯，以及信仰天主教的西班牙和葡萄牙。儘管斯堪地那維亞半島後來以民主思想先鋒的形象為人所知，但腓特烈三世統治時期的丹麥－挪威聯合王國（十七世紀六〇年代）和查理十一世統治時期的瑞典（他的個人統治始於西元一六七二年），都是早期且具侵略性的專制主義形式。長久以來，這些國家都有強勢的君主、效能不彰或分裂的議會，還經常參與血腥的戰爭。這些國家都存在集權的傾向，掌握大權的統治者往往是軍隊的實際領導者。古斯塔夫．阿道弗斯是瑞典最著名的國王。經過他的東征西討，瑞典看上去比俄羅斯或普魯士更有可能成為歐洲北方的大國。西元一六八二年，彼得大帝成為俄國沙皇，他的統治持續了四十三年。彼得大帝將中央集權、反封建的現代化和法國宣導的理性主義融為一體，為俄國帶來天翻地覆的改變。

對路易十四來說，要想修建額外的堡壘，供養更多的軍隊，就需要增稅。在爆發第二波騷亂——即投石黨運動（這場運動的緣起是人們用一種名為「Fronde」的兒童用投石器攻擊富人的房子）——之後，西元一六四九年的巴黎已經走到了第一次法國革命的邊緣。當時法國的軍事系統主要由火砲、堡壘，以及操用滑膛槍的精銳士兵組成。這樣的軍事系統自然有利於集權化的徵稅機構，但在壓榨城鎮和鄉村的同時，還要確保不致激起民變。要靠羽毛筆和騎馬的信差這樣原始的國家機器來徵稅、施行法律與維持社會秩序，無疑相當困難。凡爾賽、聖彼得堡或波茨坦的石造宮殿承載著專制君主的夢想，他們幻想自己的命令可以傳達到數百甚至上千公里外的農場、森林和泥濘小路。當然，歐洲許多地區都是由各種領地拼湊起來，並不受大型王權的有效統治。這些君主相互攻伐，在永無休止的戰爭中興起或衰落。

君權從來沒有絕對的安泰，壞消息很快就從英國傳來了。十七世紀，英國突然陷入內戰和弒君的亂局，在某些時刻看似已經與歐洲的專制主義時代無緣。事實上，這些北方島嶼與歐洲大陸的緊張與困境密切相連。英國改朝換代，蘇格蘭王室的詹姆士繼承了英格蘭王位，他也是本書前面提過的痛恨菸草的國王。與波旁家族和哈布斯堡家族一樣，斯圖亞特家族也起源於中世紀，其家族地位在當時並不顯赫。在十四世紀崛起之後，斯圖亞特家族為他們的小國家貢獻了九位君主，其中既有明君，也有昏君。在倫敦掌權後，斯圖亞特家族就陷入了與歐陸諸強相互鬥爭的旋渦。他們同時與波旁家族和哈布斯堡家族聯姻、結盟，並出兵干涉歐洲大陸的戰爭，但影響力不大。

斯圖亞特王朝親身示範了想要成為專制主義君主又無法獲得戰爭資金會有什麼樣的下場。查理一世身邊可沒有黎希留，他的寵臣既缺乏才幹，又沒有遠見。查理一世的英國議會也與路易十四的「三級會議」不同，他們絕不甘於寂寞。他的個人稅收體制不是以專業的收稅人網絡為基礎，而是基於中世紀的法律，這些法律不僅大半已被遺忘，還招致各地的反對。在法國，國王通過鎮壓新教徒就可以終結國內的宗教戰爭。但是，這在蘇格蘭和英格蘭絕對行不通。斯圖亞特王朝統治的失敗產生了意外的後果，它不但影響了英國的歷史進程，也影響了歐洲和美國。因為，英國歷史的波折顯現了一條構建新型政府的道路。

在查理一世的出生地蘇格蘭，長老會革命已成燎原之勢，其目的是要由教會「長老」領導的自治教區取代由主教領導的天主教會。在查理的父親詹姆士統治時期，古老的英格蘭議會變得越來越激進。議會不但否決了國王的徵稅建議，而且對查理搖擺不定的外交政策也頗為不滿。英格蘭古老的「權利」傳統可以追溯到盎格魯—撒克遜時代的民間記憶。如今，這種半神話性質的「權利」傳統又被啟動，以對抗君主的暴政。西元一六二九年，查理一世迫使議會休會。在此後的十一年裡，他只通過大臣們進行統治。但是，由於缺乏直接的徵稅體制，查理一世的財政狀況捉襟見肘。此外，在宗教問題上，他還將自己的見解強加於人。對任何國王而言，這都是嚴重的恥辱。

從西元一六三八年到一六三九年，在《國民誓約》（National Covenant）的引領下，蘇格蘭人發動了起義，反對查理一世的各種政策。面對憤怒的臣民，查理一世束手無策。為了籌集軍費，西元一六四〇年查理一世重新召開英格蘭議會。但議員們對國王深懷敵意，堅決要求恢復權利。查理一世解散了議會。不久之後，蘇格蘭再次爆發起義，起義軍攻入了英格蘭北部。由於被自己的臣民擊敗，同時還要面對愛爾蘭爆發的另一場起義，查理一世不得不再次與英格蘭議會合作。

此時，議會決心進行整治改革。下議院堅稱，未來只有議員——而非國王——才有權力解散議會。國王大權旁落，顏面盡失。在抓捕議員領袖未果後，查理一世從首都出逃，倫敦淪為敵人控制的地區。西元一六四二年的夏天，查理一世在諾丁漢起兵，向議會黨人發動進攻，英國內戰由此爆發。

經過三年的戰爭，查理的軍隊徹底敗給奧利弗．克倫威爾的「新模範軍」。後者無論在訓練或指揮上都優於國王的軍隊。短暫停火後，雙方再次爆發戰爭。經過一系列錯綜複雜的戰役，議會軍隊大獲全勝。這場戰爭牽涉到多方勢力，包括信仰新教的蘇格蘭人、信仰天主教的愛爾蘭人、英格蘭貴族、城鎮武裝民兵、日益職業化的克倫威爾軍團，以及英格蘭的志願軍。儘管多位與查理一世有血緣關係的歐洲君主表示反對，他還是在西元一六四九年受到審判並被砍頭。在同一年，路易十四正面對「投石黨運動」。與波旁家族和哈布斯堡家族的君主一樣，查理也相信「君權神授」。但是，結局並不像他們所認為的「君權神授」或現代專制主義運作的結果。

共和國已經宣佈成立。在倒退回由克倫威爾掌權的半君主制政體之前，共和國政府在幾年間展現了一定的施政能力。他們重建了強大的海軍，恢復了國內秩序。護國公的「圓顱黨人」軍隊加入了有關民主和土地改革的討論，其觀念的激進程度超出了克倫威爾本人的想像，也超出了地主和將軍這些共和國核心人物的想像。他們占有私人土地，加以開墾，建立理想化的共產社團，是頗具革命色彩的自由意志主義者，他們稱自己為「挖掘派」。挖掘派呼籲在政治革命之後應該發動一場社會革命。這些主張已經遠遠超出軍政府——在克倫威爾解散議會後，這個稱呼可謂名副其實——的容忍度，激進派隨後遭到鎮壓。

這場樂觀的革命充盈著希望和激進主義，卻以軍事獨裁收場，它絕對不會是最後一場這樣的革命。克倫威爾的政府同時失去了激進分子和許多中間派民眾的支持，因為中間派民眾感覺他們的自由遭到剝奪，甚至比斯圖亞特王朝統治時還要糟糕。清教徒頒佈法令廢除了包括耶誕節在內的傳統節日，取消了包括戲劇在內的大眾娛樂活動，此舉取悅了虔誠的信仰者，卻得罪了其餘的人。在克倫威爾死後，他的兒子曾想繼承權力，英國暫時出現了權力真空期。最終國王的軍隊請回了查理一世在荷蘭流亡的兒子查理二世，向倫敦進軍，共和國壽終正寢。新國王明智地只是嚴懲了弒君者，並沒有擴大株連。英國的政治生活似乎重回歐洲的模式。其實不然，議會不會真的束手待斃。查理二世意識到他必須獲得民眾的支持，這是法國和哈布斯堡王朝的君主不屑去做的事情。他居住的聖詹姆士宮規模適中，擠在倫敦的街道和河流之間。宮中常常擠滿了請願人和懶漢，查理二世會定期召見他們。這與路易十四的「光榮孤立」形成鮮明對比，後者經常住在凡爾賽宮，而不是巴黎。

在歐洲大陸，人們把英國革命視為怪異的失序，起因於「混血」的宗教和軟弱無力的王朝所共同導致的詭異時局。自信滿滿的馬薩林和路易十四認為倫敦的斯圖亞特王朝已無可救藥。他們已準備與克倫威爾的共和國討論協定內容。一旦達成協議，馬薩林和路易十四就會撤銷對斯圖亞特王朝復辟的支持。許多英國的激進派都對克倫威爾的軍政府與斯圖亞特復辟感到徹底失望，他們都移居到美洲殖民地，希望在那裡建立專屬志同道合者「純潔的」共同體，其成員都是信仰虔誠的自由農民。

但是，英國革命尚未結束。權力不受約束的英國君主制僅僅傳至斯圖亞特王朝下一位昏君手中就永告終結。

入侵英國

她懷孕了，還是沒懷孕？這位王后是義大利人，長了一雙黑眼睛，曾多次流產，如今許多關於她的惡毒流言四處傳播。國王的女兒安妮公主給在荷蘭的姐姐寫信：「我對這位夫人的大肚子有點懷疑。她的肚子確實很大，但她看上去比任何時候氣色都好，實在太不尋常了。」一周後，她又寫了一封信，提到了關於假懷孕的流言和玩笑。王后「應該向世界澄清這件事，讓我或我的朋友摸摸她的肚子。但恰恰相反，當有人提到懷孕時，她看上去好像很害怕有人碰她。而且，每當我恰巧走進她正在更衣的房間時，她都會到隔壁的房間穿上罩衫」。[4]這是一段閒談，但王后懷孕與否會使英國的歷史進程完全不同。

這位懷孕的王后是「摩德納的瑪麗」，她是英國國王詹姆士二世的妻子。這位斯圖亞特家族的君主信奉天主教，他希望這個新教國家能容忍天主教，也許不僅僅是容忍。他的第一任妻子是英國人，他們的兩個女兒——安妮公主和她的姐姐瑪麗——都是新教徒。他的第二任妻子是義大利人，她一直沒能生下男孩。西元一六八八年六月十日，王后產下一名男嬰，就是詹姆士・法蘭西斯・愛德華・斯圖亞特。人們燃放煙火，點起篝火；王室委託工匠製作杯盤來紀念此事，為孩子畫像。迄今為止，每一位英國王室成員誕生，都會舉行這樣的慶祝活動。與此同時，小道消息卻開始在這個國家流傳。根據傳言，這個所謂的繼承人根本不是王后親生，只是一個冒名頂替的嬰兒，被人用腳爐偷偷帶進產房，為的是讓一個天主教徒繼承英國的王位。事實上，很多人見證了這次分娩，產房和附近走廊擠得水泄不通。但這仍然不能平息謠言。

六個月後，正在白廳守衛國王的冷溪衛隊——英國人最引以為豪的部隊——接到命令，要求他們離開駐地。實際上，駐紮在倫敦的所有英國士兵都被要求撤離，皇家近衛騎兵團撤到了聖奧爾本斯，其他軍隊撤到了蘇塞克斯。取代他們位置的是一支入侵軍隊，這些人身穿藍色和橙黃色的制服，他們都是荷蘭藍衣衛隊中最好的步兵。這些只是先頭部隊，他們後面還有一支龐大的侵略軍，規模是西班牙「無敵艦隊」的兩倍。荷蘭艦隊包括五十三艘戰船和大約四百艘補給船，這支艦隊成功地蒙蔽了英國皇家海軍：它們首先在英格蘭東海岸航行；之後，借助風力向西航行，人們說這是「新教之風」；最後，在德文郡的托貝登陸。

荷蘭人利用了英國艦隊和法國艦隊的空隙。登陸的荷蘭軍隊大約有四萬人，還帶了五十門火炮、志願兵和許多馬匹，他們離英國守軍最近的時候，只有幾公里。他們幾乎裝備了每一件現代武器，從剛剛生產出來的滑膛槍和手槍，到運輸補給的馬車、炮彈，甚至還有獨輪手推車。這是一支名副其實的跨國侵略軍。統帥是荷蘭執政奧蘭治的威廉，他的手下有一支由日爾曼人、瑞士人、瑞典人，甚至是拉普蘭人（Laplanders，編按：今日多稱為薩米人Sami people）組成的武裝部隊，叛變的蘇格蘭人和英格蘭人也站到了威廉這一邊。此外，他的軍隊中還包括大約二百名來自美洲甘蔗園的黑人，這些人戴著穆斯林頭巾，上面插著羽毛，這彷彿展現了威廉有征服世界的能耐。這支軍隊首先向艾希特進軍，之後向泰晤士河前進，先經過亨利鎮，然後是溫莎——古代王室的城堡所在地。十二月十七日午夜十一點，當詹姆士二世就寢的時候，威廉的軍隊已經到達了倫敦市中心的聖詹姆士公園。詹姆士二世簡直不能相信自己的眼睛。

儘管詹姆士二世的軍隊規模更加龐大，並且得到大多數南方地主的支持，但在接下來的數周裡，他一直被嚇得魂不附體。與許多人一樣，他的女兒——那位健談的安妮公主——也拋棄了父親，轉而支持威廉和她的姐姐瑪麗。安妮的密友馬爾伯勒公爵夫人莎拉・邱吉爾（她們二人非常親密，經常用暱稱稱呼對方——莫利夫人和弗里曼夫人）也拋棄了國王。政權已經從內部瓦解。六天前，詹姆士二世本想逃往法國。逃跑的時候，他在船上故意將國王的印璽扔進了泰晤士河。如果沒有了印璽，議會將失去合法性，他希望藉機製造憲政危機。他確實達到了目的，但上院議員還是一如既往的務實，在詹姆士二世被荷蘭人打發到羅徹斯特之前，他們組建了臨時政府。幾天後，看守他的人接到指令，秘密地將他放走。於是，詹姆士逃到法國。在之後的幾個月裡，荷蘭人和日爾曼人在倫敦的肯辛頓區、切爾西區和帕丁頓區設立了軍營，所有英國軍隊都接到命令，只能駐紮在距離倫敦三十二公里以外的地方。

一般而言，英國人並不把這次入侵當回事。一些受過良好教育的人相信，自從西元一〇六六年的「諾曼征服」之後，英格蘭一直沒有受到侵略。人們一直懷有這樣一種印象：從某種程度上講，威廉是被請來的，目的是解決憲法上的小問題。但是，事實並非如此。威廉帶來了一支龐大的軍隊，他登陸英國是一次個人賭博，因為荷蘭的新教徒志在必得。如果詹姆士二世沒有被嚇破膽，沒有逃到法國，或者那陣「新教之風」稍微改變方向，威廉或許會失去一切。但事實恰恰相反，威廉和他的妻子（安妮公主的姐姐兼密友）聯手執政，這在英國近代史上絕無僅有。但威廉和瑪麗的統治並非沒有受到挑戰。為奪回王位，斯圖亞特家族在愛爾蘭發動了大規模叛亂，在蘇格蘭也發動了一場規模較小的叛亂，但都遭到了軍事鎮壓。因此，這並不是一場「不流血的革命」。但西元一六八八年確實是歐洲近代歷史的轉捩點，因為英國出現了一種不同的政治體制。

奧蘭治的威廉之所以召集海陸兩軍，孤注一擲地向英國進軍，是因為他覺得別無選擇。當他的小姨子在閒談中提到瑪麗王后的身孕時，事情已變得非常清楚：英國的王位繼承人已經確定，仍是天主教徒。對信奉新教的荷蘭與北德意志的盟邦來說，這是個可怕的消息。因為這將使他們直接面對最危險的敵人路易十四，而這位太陽王正在不斷施壓。他大幅提高了從荷蘭出口商品到法國的關稅，並禁止進口醃鯡魚——對許多荷蘭漁民和商人來說，醃鯡魚是維持生計的商品。他還扣押了三百艘荷蘭商船。而且，路易十四的軍隊似乎無可匹敵。

數年之前，查理二世曾拒絕荷蘭人尋求幫助的請求，這使荷蘭人很絕望。但詹姆士二世的繼位——與路易十四一樣，詹姆士也是天主教徒——使荷蘭人陷入絕境。如今，詹姆士又誕下一子，無論這孩子是不是王后親生的，都是對荷蘭的致命一擊。威廉要麼選擇入侵英國，消除英法聯盟對荷蘭的威脅；要麼眼睜睜地看著國家——一個信奉新教的貿易國家，科學昌明、民心奮進，中產階級不斷發展壯大——被天主教勢力扼殺。因此，他決定進軍英國。有人認為，他的做法「無視所有常識和經驗」。[5]正如歷史學家麗莎．賈丁（Lisa Jardine）得出的結論：西元一六八八年之所以發生這事件，是因為荷蘭人認為必須有所行動，而不是因為英國人期望這事件發生。

但事件的後果超出了威廉的想像。詹姆士二世逃離英國後，儘管威廉的身邊有荷蘭的藍衣衛隊，但他在倫敦的地位並不穩固。嚴格地講，他只是王位的第四順位繼承人。在事態明朗之前，大部份大地主都採取模棱兩可的態度，等待塵埃落定。而且，軍隊中也存在不滿情緒。如今，威廉已經入主倫敦，他應該如何獲得權力呢？

按照慣例，在缺少印璽的情況下，議會是無法運行的。於是，上下兩院的議員們召集了一次大會，商討下一步的行動。他們共同宣佈了新的憲法原則。詹姆士二世並未被驅逐，但他拋棄了自己的國家，因此違背了契約（「契約」？什麼「契約」？一個傳統派或許會問）。根據新原則，詹姆士和他的兒子被排除到王位繼承人之外，因為他們都是天主教徒。「從經驗判斷」，他們不可能成為統治者。[6]隨後，貴族和議員決定讓瑪麗一人繼承英國王位，因為她有斯圖亞特家族的血統。但威廉不願接受。他寧願和妻子一起返回荷蘭，讓英國人自己解決王位紛爭。於是，議員們做出讓步，宣佈由瑪麗和威廉共同執政。如今，威廉成為威廉三世，他獲得了真正的權力。

對威廉來說，這是巨大的勝利。或者說這本該是場勝利，但議員們要求他也做出一些讓步。他們起草了《權利法案》（Bill of Rights）。接受這個法案，就意味著答允以下幾個條件：第一，從今往後，沒有議會的許可，英國的君主不能徵稅，也不能擁有常備軍；第二，允許英國進行自由而頻繁的選舉；第三，他不能改宗羅馬天主教。與歐洲大陸的君主專制相比，這才是真正意義的、永久性的英國革命。如果一位君主既不能控制財政，又不能控制軍隊，而且他的臣民還能決定他的宗教信仰，那麼他根本就算不上真正的君主。

英國議員拒絕了查理一世的君主專政和奧利弗．克倫威爾的獨裁。他們粉碎了詹姆士二世推行天主教和專制主義的夢想，也不允許自己屈從於一位荷蘭新教徒。他們允許英國保留君主制，但這種君主制必須符合他們的要求。對一個強國來說，這是全新的局面。「光榮革命」將在未來三百年成為英國政治與權力的基石。根據英國議會所保障的權利和自由，人們可以自由地出版著作、發表意見、探索世界、進行各種嘗試。英國人對羅馬教廷做出堅定的回應，這將會改變整個世界。

除政治革命外，英國還出現了許多偉大的啟蒙思想家，也興起了探索自然界的熱潮——之後，人們將其稱為「科學」。西元一六八七年，也就是威廉的艦隊到達德文郡的前一年，艾薩克．牛頓出版了《自然哲學的數學原理》。在新國王執政時期，他成為公眾人物，享受了幾年最美好的時光。與伽利略相似，他也堅信「地動說」，將數學運算與實驗結合起來，並將這種方法應用到許多不同領域。例如，他用自己磨製的鏡片製造出第一部反射式望遠鏡。化學家羅伯特・波以耳、博學的羅伯特・虎克（他率先使用了「細胞」一詞，認為細胞是生命的基本單位）和克里斯多佛・雷恩也是同時代的科學家。就像這些同行，牛頓從來不擔心宗教上的正統觀念，也不怕引起宗教法庭的關注。

英國皇家學會成立於查理二世時期。在學會的領導下，這些思想家經常相互論辯。但他們只爭論各自的發現地意義，或是誰先發現，或者專利權屬於誰——而不討論神權。與其說他們成長在純粹的英國環境中，還不如說他們是英荷共治的一部份。一些荷蘭人很快來到倫敦，其中包括克利斯蒂安・惠更斯。他一直研究如何在海上確定經度，並藉由一部精確的時鐘部份地解決了這個問題。由於受到天主教會的干擾，惠更斯一直與伽利略緣慳一面。

伽利略對顯微鏡著迷的程度和望遠鏡不相上下。西元一六二四年，他在羅馬展示了，複式顯微鏡底下顯現的一群巨大昆蟲。[7] 在倫敦和萊頓，更多人逐漸意識到微觀世界的存在：虎克、惠更斯和著名的安東尼・范・雷文霍克通過透鏡觀察蝨子、黴菌和其他蠕動的、令人噁心的小東西，並且繪製了這些生物的圖片，然後公之於眾。如果伽利略最終到達基督教的天堂——儘管宗教法庭認為他不會上天堂——他一定會從天堂往人間看，然後遺憾地搖搖頭，感慨自己出生的地方太偏南方，而且生得早了一點。

那位愛說閒話、用一封信就意外掀起軒然大波的安妮公主又怎樣了呢？不久之後，她成了體態豐滿、神情威肅的安妮女王。與哈布斯堡家族一樣，這位斯圖亞特家族的末代君主成為王朝衰落的象徵：她一共懷孕過十八次或十九次，只有三個孩子活下來——其他孩子要麼胎死腹中，要麼流產，要麼出生後不久夭折。三個倖存的孩子也在成年之前相繼死亡（其中兩個死於天花）。這可怕的死亡率與個人悲劇反映了遺傳學上的問題。然而，儘管安妮沒有生下王位繼承人，但她的執政卻標誌著一個現代國家的誕生。西元一七〇七年，她成為第一個真正統治著英格蘭、威爾斯和蘇格蘭的君主——換句話說，這三個地區合併成為大不列顛王國。蘇格蘭議會想在中美洲建立一個帝國，但最後以失敗告終，這使國家陷入破產。因此，蘇格蘭議會不得不接受倫敦提出的援助條件，自行解散，並組建一個單一的英國議會。安妮女王的好友莎拉．邱吉爾成為英國最有影響力的女性，她的丈夫馬爾伯勒公爵率領英國軍隊出征歐洲大陸，最終將尼德蘭從法國手中解放，消除了天主教勢力的威脅。

從此以後，英國踏上成為世界最強帝國的道路。英國在政治上的獨特貢獻是王室的「穩健主義」而不是專制主義，這有利於第一次工業革命的出現。

印度的「波旁王朝」：蒙兀兒帝國

印度歷史看上去是一團混亂，成堆的原始文獻並不可靠，許多人物的名字不是相互混淆，就是虛實莫辨。前面我們已經提過，信仰佛教的孔雀王朝和信仰印度教的笈多王朝是印度藝術、建築和文學作品發展的黃金時期，但在這兩個帝國崩潰後，印度陷入了政治混亂。信仰印度教的印度很難維持政治統治。撼動東歐、中亞、俄羅斯和中國的動亂也出現在印度。在穆斯林突厥軍隊之後，蒙古也接著入侵，他們佔領了印度北方，傳佈伊斯蘭教，在英國人到來之前，他們是整個次大陸的主宰。

不過，我們無須對印度的歷史太過困惑。在十三到十七世紀，歐洲歷史和印度歷史頗有類似之處。畢竟，巨大的歐洲半島和楔形的印度就像亞歐大陸伸出的兩條大小相似的「舌頭」。在這五百年中，兩大地區裡自詡為中心的勢力都與其他地方勢力長期發生衝突，之後也都因為宗教矛盾而引發長期對抗。這些衝突和對抗都阻礙了印度次大陸和歐洲次大陸的政治統一。

自居為歐洲中心的是羅馬的教宗，他們與神聖羅馬帝國和其他天主教君主國攜手合作。卡爾吉王朝（khalji，由信奉伊斯蘭教的突厥人創建）和圖格魯克（Tughlug）王朝統治下的德里則自詡為印度中心。與羅馬一樣，這兩個王朝都遭遇了嚴峻挑戰。羅馬要應對異教徒和新教徒的反抗；印度教國王以及來自西部、中部和南部的叛亂者則威脅著德里的伊斯蘭王朝。穆斯林毀滅了印度教文明的許多榮耀象徵，摧毀了許多古老的廟宇和藝術品，一如新教徒毀掉修道院和天主教藝術品。如果說羅馬教宗控制了蘇格蘭、立陶宛、英格蘭、波蘭和匈牙利等國家；那麼德里蘇丹則控制了摩臘婆、奧里薩、毗奢耶那伽羅、喬恩普爾和拉傑普特等地區。

從某些方面來看，印度和歐洲確有相似之處：我們可以將這一時期雕刻精美的印度石造建築與西方的教堂及歐洲統治者的城堡相提並論。印度也有足以比肩亨利八世和波吉亞教宗的獨特人物。阿拉烏丁（Ala-ud-din）是來自德里的偉大伊斯蘭君主，他的象兵部隊和突厥騎兵將戰火延燒至印度南部，繳獲了許多金光閃閃的戰利品，幾乎可以塞滿阿拉丁發現神燈的那個洞穴。而且，阿拉烏丁還擊敗了蒙古人。穆罕默德．伊本．圖格魯克也是個傳奇人物。他是德里蘇丹國的蘇丹，也是詩人、學者、數學家，熱心贊助各種藝術事業。但是，對待叛亂者和惹怒他的人，圖格魯克也毫不留情。他會剝下人皮，剁碎人肉，將肉和米混在一起，灌入那張人皮，再將其送給被害者的家人，其兇殘堪比弗拉德這位基督教大公暨鬥士。

因此，跟歐洲相比，中世紀到近代早期的印度歷史並不特別離奇。我們發現，印度的歷史進程與歐洲有相似之處：圍城、出征、王朝鬥爭和地方叛亂層出不窮。在動盪的時局之下，貧窮的農民和承受重稅的城市商人正苦苦掙扎。然而，與歐洲不同的是，印度人沒有脫離國王和王公的統治。印度有哲學和自然科學，但沒有出現啟蒙運動，（在這個時期）也沒有多少政治實驗。或者說，至少我們認為沒有。

遺憾的是，印度的歷史記載主要聚焦於伊斯蘭宮廷，宮廷之外則相對匱乏。一位現代歷史學家曾哀歎道：「穆斯林作家慣用的漫談式的寫法，這使印度的歷史敘述顯得死氣沉沉。因此，我們需要謳歌王室的陳腔濫調與樂觀紀錄中辛苦地推測印度歷史的發展進程。」[8]

伊斯蘭教的伊瑪目並不比後來的基督教傳教士更希望消滅印度教。穆斯林統治者擊敗了印度教統治者，但他們對印度教等其他宗教持寬容態度。印度有許多個人的暴行，但不會像歐洲那樣將一群人殘忍地燒死，強迫他人改變宗教信仰，折磨異教徒，也不會發動滅絕戰爭。與歐洲不同，印度的航海技術主要用於近海航行，目的是從事貿易活動，而不是戰爭或探險。印度也有戰艦，特別是在朱羅（Chola）王朝時期。中世紀時代，朱羅王朝控制了印度南部，其艦隊曾一度抵達中國。但是，印度的海上優勢並未持續很長時間。陸上優勢也是如此。有時，印度統治者會召集軍隊，向北越過阿富汗進攻波斯，或者向東進攻中國。然而，印度從未興起控制全球的野心，這點與曾在印度建立早期據點的葡萄牙、法國及英國不同。

印度史與蒙兀兒帝國的崛起密切相關，蒙兀兒帝國的崛起則與歐洲宗教改革及西班牙人到達秘魯大致在同一時期。這個帝國的歷史始於中亞荒蠻地區的冒險故事，而其終結則使人們認識到專制君主制的危害。

蒙兀兒帝國的開國者名叫查希爾．烏德丁．穆罕默德，但人們習慣稱呼他為巴布爾（Babur）意思是「老虎」，據說他身上同時有成吉思汗與帖木兒的血統。西元一四八三年，巴布爾出生在烏茲別克，跟拉斐爾和馬丁．路德同一年出生。巴布爾的父親是一位勢力不大的地方統治者。巴布爾的首次大捷是攻佔撒馬爾罕，當時他只有十四歲。他整頓軍隊逃兵、鎮壓叛亂、對抗強大外患，逐漸在阿富汗建立了權力基礎。隨後，巴布爾率領裝備新式滑膛槍的軍隊進攻印度北部。西元一五二六年，他擊敗了信仰伊斯蘭教的洛迪王朝，並佔領德里城。接著，他打垮了自恃獨立拉傑普特的印度教君主。西元一五三一年，巴布爾去世，留下許多精美的花園（特別是在喀布爾的那座，也是他的長眠之處）、第一部伊斯蘭統治者的自傳、用敵人頭顱建造柱子的惡名，和一個輝煌的王朝。

每個王朝都會面臨繼承人是否稱職的問題。巴布爾的兒子一度失去國家，然後又取回權力。但是，巴布爾的孫子阿克巴大帝才真正拓展了蒙兀兒帝國的統治。阿克巴與伊莉莎白一世、德川家康、伊凡四世大約是同代人，他的統治持續了半個世紀之久。用象群和大炮聯合進攻是阿克巴的戰術特點，他的軍事勝利使蒙兀兒帝國的人口達到一億人。相比而言，當時英格蘭的人口是五百萬人，全歐洲人口是四千萬人。

這些勝利都非常血腥，堪比阿育王犯下的罪行。從西元一五六七年到一五六八年，阿克巴的軍隊持續圍攻拉傑普特人的要塞契托爾。守城士兵最終選擇了傳統的死法——自殺。士兵們活活燒死自己的妻小，以免遭敵人活捉。儘管如此，城中仍有三萬平民遭到阿克巴的軍隊屠殺。與對待阿育王一樣，人們寧願記著阿克巴和平的一面，卻忽略他在軍事行動中的野蠻。

阿克巴並不比阿育王極端。他擁有龐大的軍隊，向農民徵收重稅，但建立了相對高效、公平的官僚系統。而且，他對其他宗教也非常寬容。阿克巴營建了新首都法泰赫普爾．西克里（Fatehpur Sikri）。這座華美的城市同時體現了伊斯蘭、印度和波斯的建築風格。新都落成後，阿克巴邀請各種宗教派別進行公開辯論。他端坐一旁，聆聽不同的觀點。建築混和了不同風格的圓柱和拱頂，同樣混和了不同的世界觀：伊斯蘭教遜尼派、什葉派和蘇菲派，還有印度教、耆那教與錫克教，甚至是葡萄牙的基督徒，都在此交流彼此對於神的本質的理解。阿克巴不想皈依任何一種信仰，他想將各種信仰融為一體，創造出新的宗教，使其適應信仰多元化的帝國。不過，除了增加對阿克巴的忠誠和崇敬外，這種「新信仰」並沒有發揮作用。水資源匱乏加上位置鄰近叛亂的王國，新首都很快就衰落了。同樣地，阿克巴的「新宗教」也很快走向消亡，但它帶來了更加寬容的政治氛圍，則在印度延續了很久。

阿克巴將皇位傳給了兒子賈漢吉爾。這裡需要做一點說明：在蒙兀兒帝國的歷史上，兒子造父親的反、兄弟相殘的故事司空見慣，但為免故事變得太過複雜，在此就不詳細交代。蒙兀兒王族與金雀花家族及鄂圖曼人一樣聲名狼藉。關於賈漢吉爾，我們只需要知道他也對宗教寬容，同樣愛好藝術和建築，但也酗酒，他和性格更為強烈的妻子共同治理國家，後者甚至將自己的名字鑄到硬幣上，這樣就夠了。後來，賈漢吉爾的一個兒子解決掉了自己的兄弟，並逼迫父親退位，他就是從西元一六二八年開始執政到一六五八年的沙．賈汗。

沙．賈汗也是著名的皇帝，他留下了世界史上最成功的建築象徵。他的妻子慕塔芝．瑪哈生育第十四子時在分娩中不幸去世，這使沙．賈汗陷入巨大的悲痛。於是，他決定修建印度迄今為止最偉大的建築——泰姬瑪哈陵（Tai Mahal）。今天，泰姬瑪哈陵的形象充斥在世界各地的餐廳和廣告中，已是陳腔濫調，周圍則環繞著冒著黑煙、不斷擴大的工業化城鎮，但這些都無法掩蓋它屹立在阿格拉城外，在晨曦和暮色中熠熠生輝的美麗。從本質上說，泰姬瑪哈陵是為緬懷妻子而修建的紀念性建築，但也從側面反映了蒙兀兒王朝的奢華之風。沙．賈汗對大理石的熱衷最後轉化為德里和阿格拉等城市中一座又一座華美的建築，至今仍令觀者驚歎。

這也是十八世紀專制主義統治者擅長的領域。那麼，將蒙兀兒皇帝和同時代的歐洲統治者一起歸類為「專制主義者」是否合理？蒙兀兒帝國的宗教基礎和哲學基礎與歐洲或俄國不同。儘管阿克巴嘗試融合宗教，但印度並未出現歐洲那樣的啟蒙運動。不過，蒙兀兒人自認為是中央集權和現代化的推動者，為次大陸帶來了新的統一。早期的蒙兀兒人在思想上非常開放，也不乏好奇心。當時，受過教育的歐洲人——特別是法國的觀察家——敏銳地意識到，蒙兀兒王朝與歐洲的王朝有相似之處，因此可能有值得借鑑之處。蒙兀兒帝國動員了大量人力物力，在石頭上創造史詩。只為了令人們敬畏，聖彼得堡或凡爾賽也正是如此行事。

然而，蒙兀兒皇帝也是君王奢靡的象徵，即便放在歐洲亦然。儘管勢力範圍不斷擴大，軍隊實力不斷增強，皇室也變得越來越富有，帝國仍逐漸顯露老態。巴布爾的言行傲慢無禮；阿克巴有很強的求知欲；賈漢吉爾和沙·賈汗熱衷於大型工程，儘管熱情後來有所減退。有些現代企業修建了壯觀的總部大樓，樓前安裝了噴泉和雕像。儘管看上去很漂亮，但也通常表示該企業已逐步走向沒落。那麼，泰姬瑪哈陵是否標誌著蒙兀兒帝國開始走下坡路呢？那些導致專制主義的內部因素是否會使衰落變得不可避免？

即便在那個時代，人們也會感到惶惑。印度和歐洲經常被拿來比較，因為在蒙兀兒王朝的鼎盛期，歐洲才開始步入專制主義時代。西元一六四八年，泰姬瑪哈陵竣工。十二年後，路易十四的建築師開始擴建凡爾賽宮。當蒙兀兒帝國如日中天時，彼得大帝成了俄國唯一的統治者。奧朗則布是蒙兀兒帝國最後一位有所作為的君主。他在位期間，腓特烈一世成為普魯士國王，波旁家族開始在西班牙建立統治。奧朗則布的私人醫生弗朗索瓦·貝尼耶曾致信路易十四的大臣讓—巴蒂斯特·科爾貝。在信中，貝尼耶對蒙兀兒王室的財富和奢侈感到驚訝。但是，他也發出警告，印度農民承擔了各種無休止的稅賦，他們事實上成了奴隸，這非常不利於農田改造：沒有美好未來的人不會有動力整修溝渠，更不會有熱情努力工作。[9]

奧朗則布在皇位繼承戰爭中殺死了兄弟，囚禁了父親，開始大權獨攬。這種獲得權力的方式在蒙兀兒帝國的歷史上並不罕見。歐洲人對他興趣盎然。西元一六七五年，英格蘭詩人約翰·德萊頓寫了一齣關於「奧倫·澤比」（Aureng-zebe）的戲劇。在戲中，德萊頓將奧朗則布描寫成一位虔誠的穆斯林英雄，但現實中奧朗則布則將毀掉整個帝國。他將蒙兀兒帝國擴張到整個印度次大陸。這個國家體現了專制主義統治的某些優點，如統一的法律系統、精心養護的道路、堅固的要塞、統一的度量衡、相對高效的稅收系統、不斷增長的貿易（尤其是與歐洲人的貿易），以及規模龐大的常備軍。此外，有關蒙兀兒帝國的各種記錄也得以保存下來。不過，帝國對人們的壓迫變得日益沉重。

奧朗則布一反前幾代統治者（包括他的父親和被他殺害的兄弟）的宗教寬容政策，推行各種體現伊斯蘭教思想的禁令，如禁止飲酒、禁止跳舞和禁止記述歷史。奧朗則布殺害了許多宮廷藝術家，他們創造的精美細密畫（miniature）曾是印度文化的驕傲。他還設置了各級審查官，命令軍隊褻瀆或摧毀印度教神廟。有個真實性可議的著名故事是：宮廷樂師號啕痛哭，為二十口棺材舉行隆重的葬禮。奧朗則布問他們出了什麼事，樂師們回答，皇帝扼殺了音樂，他們正在「埋葬音樂」。奧朗則布的回應是，你們應該埋得再深點兒。

奧朗則布也和其他獨裁君主一樣，需要巨額資金供養軍隊和官僚，但他未能使這個更開放、更「向外看」的國家實現經濟成長。奧朗則布準備在德干平原和印度南部征服新的領土。最著名的征服活動就是佔領位於戈爾康達的世上最大的鑽石礦，那裡出產過「光之山」鑽石、路易十四誇耀的「法國之藍」鑽石（這枚鑽石在近代再度現身，並更名為「希望之鑽」），以及其他許多著名的鑽石。為保衛這座礦山，當地人在一座花崗岩山丘的周圍修建了一道長達十三公里的牆。西元一六八七年，奧朗則布的軍隊向礦山進攻。這是一場漫長而血腥的戰爭，但最終使奧朗則布成了世界上最富有的君主。他也是世界上最健康的統治者之一，這或許要歸功於伊斯蘭教提倡的簡樸生活方式。西元一七〇七年，奧朗則布去世，享年八十八歲。直到生命的最後時刻，他仍在領導一場征服全印度的戰爭，這場戰爭看似永無止境。

最後，奧朗則布統治了全世界四分之一的人口。但他發動的長年累月的戰爭卻是愚蠢至極，其開支遠遠超過了沙·賈汗大興土木的費用。令奧朗則布意想不到的是，他的所作所為吸乾了蒙兀兒帝國的血，為英國殖民印度鋪平了道路。他最大的敵人是信奉印度教的馬拉塔帝國（Maratha State），這個國家控制了西高止山脈和沿海地區。當時，以鐵腕手段統治這個國家的是希瓦吉。他既是位軍事天才，也是印度教徒心中的英雄。許多略顯浮誇的故事都在講述他如何率領非正規軍發動了一次又一次大膽的突襲。從西元一六八一年到一七〇七年，馬拉塔和蒙兀兒之間爆發的戰爭相當於歐洲各種漫長的王位繼承戰爭。在這場長達二十六年的戰爭中，年事已高的奧朗則布住在一座移動式的都城中——這座城市由許多帳篷組成，據說方圓可達四十八公里。他擁有五十萬名隨扈和三萬頭大象。這些人一面前進一面搶劫地裡的農作物，此外還加速了疾病的傳播。

與後世的許多軍事統帥一樣，奧朗則布意識到很難用正規軍清剿游擊隊，而針對馬拉塔人的戰爭似乎永無止境。這場戰爭使人們對伊斯蘭教的仇恨日益加深。長期的衝突將蒙兀兒帝國推向了財政崩潰的邊緣。賦稅日益沉重，叛亂的範圍因此從南方蔓延。

這十分貼切地詮釋了專制主義的危險。受個人欲望驅使的帝國（在這個例子中，奧朗則布受到了宗教的驅使）或建立在鎮壓和擴張上的帝國是不可能長久的。印度與歐洲很相似：歐洲也有因王位繼承和宗教分歧而爆發的戰爭，而且這些戰爭的歷史並不比印度短暫。但是，由於有遠洋艦隊，這些戰爭也波及到更遠的地方，包括印度。在彌留之際，奧朗則布對他的兒子說：「我來到這個世界，又像個陌生人般離去。我不知道自己是誰，也不知道自己做過些什麼。」

蒙兀兒蹣跚地邁入了十九世紀，此時他們已精疲力竭。當英屬東印度公司最初的冒險家在印度沿海地區建立據點，夥同法國競爭者一起打敗印度的地方武裝部隊時，他們發現蒙兀兒帝國的大門已經腐朽不堪，踹上一腳就會倒塌。在強勢的新貴，羅伯特·克萊武的率領下，英國人不但用刺刀和大炮打開了印度的大門，而且還鑽入了蒙兀兒帝國的行政系統，成為阿格拉宮廷的稅收官。這使他們在這片陌生的土地上獲得了短暫的權力，由此竊取了蒙兀兒帝國的領導權，直到他們有能力將帝國推翻為止。在蒙兀兒王朝的庇護下，東印度公司逐漸變成影子政府。而隱藏在東印度公司背後，對事件發展同感驚訝的，則是英國的王權。

大英帝國需要重新開始。因為在地球的另一端，它在美洲建立的第一帝國即將土崩瓦解。不久之後，歐洲的專制主義也開始衰落。

伏爾泰與腓特烈

西元一七五三年六月二十日，法蘭克福的街道上出現一陣騷動。一個瘦骨嶙峋的法國人——他在泛歐洲世界非常出名——正試圖擺脫一群普魯士士兵的圍捕。士兵徹底搜查了他的行李，他們接到命令，如果他膽敢逃跑，就立即開槍。

逃脫行動並不順利，他的馬車被幾輛運送乾草的貨車堵在路上。他在城門下被人認出並阻攔下來。隨後，士兵將其帶回搜查。脫衣搜身自然稱不上什麼光彩的事。這個人叫弗朗索瓦－馬里·阿魯埃，父母喚他「佐佐」（Zozo），而全世界都知道他的筆名——伏爾泰（Voltaire）。士兵們拿走了伏爾泰的鼻煙壺，但他懇求他們留下這個物件，因為他實在離不開鼻煙。伏爾泰被押往一家名叫「羊角」的客棧。

在那裡，他的外甥女（也是他的情人）幾乎遭到一名普魯士士兵強暴。伏爾泰的衣服、現金、銀製帶扣和金製剪刀都被洗劫一空。

伏爾泰曾經為普魯士國王腓特烈大帝工作。但此時，他已失去了珍視的勳章和象徵宮廷侍臣身份的金鑰匙。腓特烈的手下伏擊了這位哲學家；伏爾泰手中有一份國王親自創作的詩稿和幾篇文章的抄本，國王無論如何也要追回。對一位尚武的君主來說，這些文章太有損名譽，也太過激進。最後，心慌意亂、受盡屈辱的伏爾泰離開了普魯士，流亡到瑞士。這場「開明專制」底下的偉大實驗——在這位哲學家君主的保護下追求自由，探究真理——並未按照計畫進行。

伏爾泰與法國君主也有過不少爭議。年輕的時候，他曾寫過幾部傲慢無禮的著作，因此被關進了巴士底獄。在創作生涯的大部份時間裡，他都知曉腓特烈大帝，視其為希望的燈塔。最後，伏爾泰決定前往柏林，為這位普魯士君主服務，但他很快就失望了。他抱怨說儘管談話很投機，還有盛大的社交活動和美妙的音樂，但那裡「刺刀的數量多得驚人，而書籍卻少得可憐」。[10] 一位大臣抱怨腓特烈大帝對伏爾泰太寬宏大量，這國王溫和地回答：「我至多再留他一年，柳丁總是得榨乾了才把皮扔掉。」[11]

伏爾泰在一篇文章中抨擊了皮埃爾—路易，莫佩爾蒂的科學觀點，引起了腓特烈的不滿。法國數學家莫佩爾蒂是腓特烈的大臣，他酗酒成癮，曾勾引過伏爾泰的一個情婦。這篇抨擊莫佩爾蒂的文章風趣幽默、機智橫溢、通俗易懂。在文章中，他將莫佩爾蒂斥為騙子。當伏爾泰攻擊敵人的時候，他手中的筆會變成歐洲最有殺傷力的武器。然而，腓特烈大帝才是所有槍砲與刀劍的主宰。他命人收繳了伏爾泰的文章，撕碎並燒毀。腓特烈大帝告訴伏爾泰，他的行為會為自己招致牢獄之災。伏爾泰只得倉皇出逃。

毫無疑問，伏爾泰是十八世紀最重要的歐洲人。他反對天主教的思想箝制，這點亮了歐陸的思想界，正如他的悲劇和喜劇曾取悅了巴黎。他的《哲學書簡》記錄了他在英國時期的所思所想。在書中，他猛烈抨擊了天主教思想家巴斯卡。這部著作被人稱為扔向君主專制舊體制（ancien régime）的第一顆炸彈。伏爾泰生在巴黎的一個律師家庭，家境殷實。後來，他成了著名的詩人、劇作家、哲學家和辯論家，也對科學領域有所涉獵。但是，按照掌權者的觀點，伏爾泰這個人太危險，根本靠不住。

對伏爾泰來說，「光榮革命」之後的英國非常重要。伏爾泰在法國曾得罪過一位貴族，這位貴族雇了一群惡棍將其痛打一頓。此時，他發現通往正義的道路已經被王室和貴族徹底堵死了，於是他逃往英國。英國與荷蘭同樣是個與眾不同的地方，那裡的環境相對自由，中產階級蒸蒸日上。伏爾泰不但記錄了議會政治的一些情況，還記錄了英國的寬容政策：「如果只有一種宗教，英格蘭就將出現獨裁的風險；如果有兩種宗教，這兩種宗教就會割斷對方的喉嚨；但好在英格蘭有三十種宗教，因此它們可以和平、愉悅地共存。」

伏爾泰非常推崇牛頓的理論。在英格蘭居住期間，他接觸了英國的詩人、劇作家、政治家，以及漢諾威王朝社交界的風雲人物。例如，他結識了馬爾伯勒公爵夫人莎拉，從很久之前她就是安妮公主的好友。此外，還有當時的王后卡羅琳、創作《格列佛遊記》的斯威夫特、寫下了他所仰慕的《人論》的波普，以及創作《乞丐歌劇》的約翰·蓋伊。他還見到了瑪麗·沃特利·蒙塔古夫人。這位夫人曾去過鄂圖曼土耳其，將接種疫苗預防天花的想法帶回了英國。

伏爾泰欽佩英國自由的公共生活，以及向大師致敬的方式：牛頓被安葬在西敏寺，就在歷代君王的身旁，這種事在法國絕不可想像。此外，著名女演員奧德菲爾德夫人也隆重下葬。阿德里安娜·勒庫夫勒（Adrienne Lecouvreur）是當時巴黎最偉大的女演員，她英年早逝，卻無法舉行基督教式的葬禮，因為演員是「被逐出教會的人」。人們將她的屍體送到城市邊緣的荒地上，扔進一處為窮人準備的墓穴，隨便在她的身上撒了石灰。勒庫夫勒是伏爾泰的情人，這種反差使他深受震撼。[12]

伏爾泰一生都在逃避法國君主為思想自由設下的重重限制。他可以在大庭廣眾下展示一齣精彩的新戲，或者朗誦一首奴顏婢膝的短詩，但最挑釁的作品只能匿名發表或在國外發表。長期以來，伏爾泰不得不背井離鄉，住在一間漂亮的鄉下別墅。他在那裡創作、參與業餘戲劇表演，和情人沙特萊侯爵夫人一起做牛頓的各種實驗，沙特萊夫人的聰明才智與伏爾泰不相上下。隨後，他被迫逃往瑞士，遠離法國的宮廷。不過，伏爾泰獲得了巴黎民眾的支持，一些有權勢的人也為他辯護。伏爾泰還是一個精明的投資者，眼光獨到，曾經參與過軍事物資和穀物的買賣。據說他曾偽造鈔票，並因此不得不提早離開英格蘭。面對爭辯，伏爾泰無所畏懼，但也不知適可而止；他並不是聖人。

伏爾泰的境遇有點像蘇聯時期的作曲家和作家，他們受到群眾的歡迎，但卻和統治當局玩貓捉老鼠的遊戲。當然，在伏爾泰的世界中，某種形式的專制主義是最常見的政府型態。縱觀歐洲的陸上強國，喜歡打賭的人應該會認為，未來的政治將繼續以各國宮廷和大權獨攬的君主為中心。在現實世界中爆發政治革命是不可想像的。因此，當普魯士的腓特烈王子開始給伏爾泰寫信，表達崇敬之情的時候，這位未來的君主似乎給出了某種答案。正如沙特萊夫人所說：「看來，我們總是會有個君主，儘管沒人知道原因何在，但如果他們都能像他（指腓特烈）一樣，至少會有些幫助。」

腓特烈王子也渴望英國式的自由。他的父親是腓特烈．威廉，將普魯士打造成中央集權的專制國家的第一人，對年輕的腓特烈王子非常嚴苛。這位父親相信絕對的義務、軍事化的紀律和有條不紊的例行程序。而他的兒子就像一般的十多歲少年，貪睡、愛作夢、浪漫，有些書卷氣。腓特烈王子在音樂中尋求庇護，最終成為演奏法國長笛的行家。此外，他非常著迷於法國書籍。從表面上看，他服從父親的命令，出席閱兵式和各種會議。在父親遷怒於他的時候，也曾挨打或當眾受辱；但實際上，他表現出一種無言的傲慢，這種傲慢有時會進一步激怒父親。腓特烈可能是同性戀者，因為他對女人毫無興趣，也包括他日後的妻子。後來，他將妻子趕出宮廷。

禁衛軍軍官漢斯．赫爾曼．馮．卡特是腓特烈王子的密友。十八歲那年，腓特烈王子與當時二十六歲的馮．卡特密謀逃離普魯士。據說，卡特會與腓特烈調情，「就像情夫與他的情婦調情一樣」。[13]在伏爾泰離開倫敦的兩年後，他倆決定逃往這座歐洲相對自由的燈塔。但是，老國王或許已經得知他們的企圖。儘管他們制訂了逃跑計畫，但制訂得並不周詳。因此，在腓特烈王子逃出軍營後，很快就被捉回。他的父親將其關押在環境嚴苛的軍事要塞。在那裡，他穿得像個罪犯，受到了極其嚴厲的審問。審訊官告訴他，他的父親或許會將他處決。與此同時，軍事法庭判處馮．卡特終身監禁。但腓特烈．威廉認為這判決太輕，建議將馮．卡特絞死，而且在絞死之前，應該用燒紅的鉗子截斷四肢。後來，威廉仁慈地為馮．卡特減刑，只判處斬首，但他堅持要當著兒子的面行刑。

馮．卡特與腓特烈王子被關在同一所監獄。西元一七三〇年十一月六日，獄卒將馮．卡特帶出牢房，押解到一處堆著沙子的空地上。兩名看守將腓特烈王子的臉按到監牢的鐵窗上，強迫他觀看行刑。事後，一名牧師記錄下了當時的情景：馮．卡特環視四周，看到窗邊的腓特烈王子，他用「一些禮貌、親切的法語詞」向王子道別。之後，他脫去了假髮、夾克衫和圍巾，跪在沙子上，嘴裡呼喚著耶穌基督。然後，他的頭被一刀砍下。但腓特烈王子並沒有看到最後一幕，因為他已經昏過去了。

當腓特烈王子讀到伏爾泰等激進法國作家的著作時，他開始設想用一種不同的方式統治普魯士。父親的殘暴給他造成了心理創傷，有人認為，這種心理創傷和年輕人激進的理想主義融合在一起，導致他產生了這種想法。但事實上，腓特烈王子是認真希望自己能成為開明的君主。腓特烈是一位多產的作家，他也是一位著迷於自己時代的歷史學家，與伏爾泰有相似之處。他認為日爾曼語非常粗野，他更喜歡法語，就像他喜歡法國的音樂一樣。他甚至將自己舒適的宮殿——位於柏林郊外的波茲坦——稱為「無憂宮」（Sans-Souci）。成為國王後，他開創了普魯士建立優秀大學的傳統。這些大學聚集了許多的思想家和科學家。此外，他還開始改造普魯士的城市。

腓特烈大帝執政時期的普魯士不單單是個具有傳說中的軍國主義國家——呆頭呆腦的容克地主鞭打農民，跟穿著統一制服的年輕人。這個國家還進行了一些富有遠見的嘗試，如促進農業革新，推動早期的工業計劃（特別是鋼鐵業），創建讀書會、書店、報紙和哲學俱樂部，建構相對發達的公民社會。腓特烈大帝終其一生都以開明專制的君主為目標：致力於發展農業、排水（增加耕地）、修建道路和工廠，教育年輕人。他還實行宗教寬容政策。有人問他，他對羅馬天主教是否也持寬容態度。他回答說，如果土耳其人和其他異教徒願意來普魯士的話，他也會修建清真寺和其他異教寺廟。他禁止濫施酷刑。在柏林的咖啡館和書店，人們可以相對自由地發表自己的觀點，這對到訪這座城市的人非常有吸引力。

不過，這只體現了腓特烈大帝性格中的其中一面。他或許拒絕了他父親的日耳曼簡樸作風，但是他卻極其崇拜父親留給他的軍隊。腓特烈大帝對婚姻非常不滿，因為他並不愛自己的結婚對象。這樁婚事不僅出於父親的意願，還有日耳曼世界傲慢強權——奧地利的哈布斯堡帝國——在背後遊說。因此，在馮·卡特被處決的十年後，腓特烈王子成為普魯士國王時，他做的第一件事就是派兵攻打奧地利控制下的西里西亞，並佔領了這片幅員遼闊、財富充盈的土地。腓特烈的軍隊不僅僅是擊敗，而是近乎橫掃了奧地利的軍隊，但這麼做也打破了歐洲強權政治的平衡，引發了進一步的戰爭。

成為國王後，腓特烈做的第二件事仍然是侵略——他佔領了薩克森。結果，他要做的第三件事就是應對具有全球影響力的七年戰爭。在這場規模空前的衝突中，法國、奧地利、俄羅斯和瑞典組成了令人畏懼的聯盟，它們將普魯士圍困在中間，希望永久性地瓜分這個國家。英國和漢諾威站在腓特烈這一邊，但雙方的實力差距仍很明顯。此時，這位哲學家國王認真地考慮了在戰場上進行名為「士兵之死」（soldier's death）的自殺式攻擊。腓特烈之所以能成為「大帝」，不是因為他資助了許多啟蒙思想家，也不是因為他擅長演奏長笛，而是因為他證明了自己是一名卓越的軍人。他善於分化和迷惑敵人，他指揮的戰鬥大部份都取得了勝利，而且往往是以少勝多。

如果沒有父親腓力二世創建的軍隊，馬其頓的亞歷山大大帝或許不會取得一連串傑出的勝利。同樣，如果沒有父親留下的強大軍隊，腓特烈大帝或許也不會取得軍事上的成功。與其他國家的軍隊相比，普魯士軍隊的閱兵式行軍速度更快，也更有效率。在十八世紀，閱兵訓練與軍事紀律至關重要。普魯士軍隊可以被調往任何地區，從意想不到的角度發射雨點般的子彈和炮彈，可以在敵人槍林彈雨下保持完美的隊形，普魯士將一群人和一堆滑膛槍打造成一件戰爭利器。腓特烈的軍隊中的年輕人都受過嚴格訓練，由普魯士貴族指揮。這些指揮官都在新式軍事學校學習過，他們將戰爭視為一門科學。在腓特烈參與的戰爭中，屬於貴族的容克家庭失去了大量子弟，但這些家庭也在迅速崛起的普魯士中贏得了社會地位，直到納粹時期為止。

這些戰爭不如早期新教與天主教的衝突那般對社會具有破壞力，但非常血腥。戰爭中出現了姦淫擄掠、焚燒村鎮和屠殺平民等現象。此外，精心部署的戰役也造成大量士兵死亡。估計普魯士損失了四十萬人，大約佔全國人口的百分之十。相較而言，在第一次世界大戰時，德國損失了二百四十七萬人，但在德國全部人口中佔不到百分之四。因此，腓特烈戰爭的血腥程度應該是第一次世界大戰的兩倍。

戰爭對各參戰國都產生了重要影響。在普魯士，為了彌補戰爭造成的破壞，腓特烈大帝下令將大量人口遷移到未開發地區，進行「國內殖民」，他還引進了廉價的食物，推行福利政策。結果，普魯士變得更強大、更具侵略性。奧地利忽然發現自己在神聖羅馬帝國犬牙交錯的邦國中失去了傳統的統治地位。法國為了對抗崛起中的英國，因而偏離了傳統的戰略重心，與奧地利的哈布斯堡王朝建立了緊密的同盟。對許多習於波旁與哈布斯堡對抗的法國人來說，這種做法不但反常，而且錯誤。來自哈布斯堡家族的瑪麗・安東尼公主嫁給了日後成為路易十六的法國王子，這次聯姻只是這不受歡迎的同盟政策的一個面向。法國的君主政治將為這樁婚事付出沉重的代價。

總之，腓特烈大帝是個謎。他究竟是誰？一位研究普魯士的歷史學家曾說：「嚴厲的父親如此教訓他『當個誠實的人，只要誠實就夠了。』十幾歲的腓特烈報以狡猾的紈絝習氣，擺出一副以苦笑掩飾、道德上不可知論的局外人姿態。」他的父親造就了腓特烈的狡猾、陰暗、殘酷、無情，卻也毀了他。在剩餘的歲月裡，他重讀經典著作，對人類感到失望，練習吹長笛直到牙齒掉光，他「銷毀最新的哲學著作，以及聘請新的談話夥伴填補空缺。以前的談話夥伴不是已經去世，就是背叛他結婚去了。」[14]

此時，伏爾泰已不再信任王公貴胄了，無論他們聲稱多麼喜歡他的書。當戰爭蹂躪歐洲時，伏爾泰以親身行動示範了如何在專制君主的統治下生活——那就是自己也成為一位「君主」，儘管是以一種比較溫和的形式。為了躲避法國政府的追捕，他在位於瑞士和法國交界地區的費爾奈（Ferrey）購買了一處不動產。如果法國要抓捕他，他可以乘坐馬車或船，往幾個不同的方向逃跑。西元一七五八年，他購買了一棟大房子，以及一塊建有圍牆的土地，並承擔起責任，照顧生活在這片土地上的農民。在這個小小的王國裡，他創作了諷刺小說《憨第德》，在這部作品中大力批判了幾乎是舊歐洲的一切；他協助新一代的啟蒙思想家編纂百科全書（Encyclopédie）——他可以捅了馬蜂窩但不用被螫。

伏爾泰不是無神論者，而是自然神論者，他相信世界上有一個至高無上的存在。西元一七五五年十一月一日，里斯本發生了災難性的大地震。此後，他越來越反對啟蒙運動早期的一些思想，如「世界總是完美的」或「存在即合理」。這場地震不但造成里斯本三萬人喪生，加的斯也遭到海嘯重創，鄰近國家也受到波及。這場地震發生在一個宗教節日，遇害者中有一些耶穌會士，他們正準備以信奉異教的罪名燒死葡萄牙的猶太人。之後，整個歐洲都在討論，仁慈的上帝究竟想通過這場災難傳達什麼思想。身處費爾奈的伏爾泰從各個方面展開攻擊——抨擊耶穌會、抨擊腓特烈大帝的窮兵黷武，抨擊各種形式的不寬容。

在家中，伏爾泰將注意力轉向農業，精心耕作位於法國邊境的一小塊土地。他將自己的房子改造成迷你版的「無憂宮」。他重建了教堂（在那裡，宗教是寬容的），將穀倉改造為劇院。他歡迎來自歐洲各地的好奇參觀者造訪他這個小小的自由城堡。他們之中有些來自美洲，但大多數來自英格蘭和蘇格蘭。在那裡，啟蒙運動正在開啟新的篇章。訪客之中有現代經濟學之父亞當・斯密、和毅力過人的詹姆士・博斯韋爾，他是休謨和約翰遜的朋友。到伏爾泰去世時，費爾奈已經發展起他致力推廣的鐘錶製造業。費爾奈有八十棟房子和一千位居民。他們的「專制君主」自稱「全歐洲的客棧老闆」，晚間營業等客人上門。

伏爾泰對許多事都還保有熱情。圖盧茲發生了一起謀殺冤案，信奉新教的老人受到拷問，並被當眾處死，令人震驚。得知這一消息後，伏爾泰發動了一場轟轟烈烈的抗爭，最終使得巴黎撤銷了對老人的有罪判決。他的戰鬥口號——「粉碎可恥的事情！」，最初是在普魯士與腓特烈說過的話。伏爾泰很長壽，組織過多次抗爭。後來的記者與政客也模仿這種抗爭模式，從「德雷福斯案件」到當代都有。他為新教徒奔走呼喊，這在法國是危險之舉。此外，他還做過一些蠢事，例如指責莎士比亞新譯本的翻譯品質不理想。最後，他返回巴黎。在那裡，他幾乎受到神一般的對待。人們歡呼、慶祝，在劇院裡為他戴上桂冠。西元一七七八年五月三十日，伏爾泰與世長辭。臨終前，他拒絕懺悔，並告訴兩位神父，「讓我平靜地死吧」。

儘管專制的法國曾是值得敬畏的敵人，但如今已經搖搖欲墜。伏爾泰的新思想和腓特烈造成的鉅額軍費都削弱了法國，更別提還要對抗英國了。舊時代已經搖搖欲墜。嬉笑怒　的伏爾泰怎能不成為天主教巴黎的英雄呢？但是，腐敗墮落的行為已出現在德意志的戰場上。發動戰爭是專制君主的必做之事，這意味著他們並不是真正的開明。如果你讓幾十萬人慢慢死去，或者在戰場上痛苦死去，那麼下令禁止刑求拷問又有什麼意義呢？

權威和自由有可能結合在一起嗎？有人真的能為人類的幸福而立法嗎？這些曾經短暫連結年輕腓特烈和伏爾泰的難題，即將迎來新的答案。在伏爾泰生命的最後幾個禮拜，仍然有不少人前來向他致意。其中有一人，來自剛剛新生的自由國家，面積比費爾奈大得多。他就是班傑明・富蘭克林，由美國國會派他前往法國。

波士頓的茶葉與莫霍克人

一七七三年十二月十六日的晚上非常寒冷，而且起了霧。一群人聚集在麻塞諸塞的波士頓港，他們正在進行世界史上最著名的抗稅活動。這群人的數量超過二百人，其中有一些人裝扮成了北美莫霍克族的戰士。他們登上了三艘停靠在葛里芬碼頭的貨船「達特茅斯號」、「艾蓮諾號」和「海狸」號。船上裝滿了內裝鉛板的木箱，裡投放的是當時最受歡迎的奢侈品——茶葉。（當時「tea」的發音念作「tay」。編按：當時茶葉為了防潮，會在木箱內加裝鉛板隔絕濕氣。）他們將三百四十箱茶葉搬到甲板上，用斧子劈開箱子，把茶葉全都倒進冰冷漆黑的海水中。這是一項漫長而艱難的工作。三個小時後，這些人總共銷毀了九萬磅茶葉。這些茶葉都是在中國種植，隨後被英屬東印度公司運往世界各地。

從表面上看，人們抗議的是遠在歐洲的倫敦政府徵收茶葉稅；但在更深刻的意義上，人們反對的是倫敦的北美殖民政策。當時，北美殖民地在英國議會中沒有任何席次。因此人們提出了這樣的口號：「無代表，不徵稅。」一波士頓茶葉事件（儘管這個名稱要等到十九世紀才出現）其實有許多古怪之處，因為在事件爆發時，北美殖民地人民實際上已經取得了對於英國官員的勝利。與歷史記載的形象相比，這些官員更靈活而不僵化。西元一七六五年，英國議會通過了《印花稅法案》，目的是對北美的報紙、雜誌和法律文件徵稅。但是在殖民地人民的抵制和抗爭之下，不過一年就廢除了。

熱騰騰的茶和冷冰冰的印刷品都指向同一個問題：代表權。《印花稅法案》讓北美殖民地人民體驗了身為大英帝國二等公民的滋味。北美沿海十三州殖民地的人民都認為自己是英國人，生來便享有在上世紀內戰中贏得的自由權利。但是，他們既不能出任殖民地的高級官職，又不能談判自己的貿易規則，更不用說選舉議會議員了。自學的維吉尼亞州律師派翠克・亨利要求獲得生而自由的英國人應有的權利，該州通過了一項法案，規定只有人民自己或人民代表才有權徵稅。隨後爆發的暴力反抗運動使很多人大吃一驚，包括班傑明・富蘭克林。富蘭克林深受啟蒙運動的經典著作影響，博學多識的他在費城長期任職。當時，他正在倫敦爭取使賓夕法尼亞成為英國的直轄殖民地。一旦成功的話，他有可能成為國王喬治在殖民地的代表。殖民地人民懷疑富蘭克林支持《印花稅法案》。他耳聞自己的房子成為暴徒攻擊的目標，所幸沒有被燒毀。

在廢除《印花稅法案》之後，為彌補財政損失，英國政府又開始徵收各種新稅。這一次，他們盯上了尋常可見但不可或缺的日用品，如油漆、紙張、鉛、玻璃和茶葉。在倫敦，富蘭克林完全贊同政府的做法。但是，殖民地人民再次舉行了遊行、抵制和抗議活動。抵制活動並不能讓當地人戒掉喝茶的嗜好。有些人開始喝當地出產的花草茶，其他人則喝更便宜的荷蘭走私茶。在短暫的猶豫不決之後，「殘暴」的英國政府再次軟化，廢除了茶稅之外的所有稅種。保留茶稅只是為了維護國王的統治權，儘管這種統治權已經四分五裂。

這場悶燒的危機雖有緩和，但最終走向了匪夷所思的境地。在倫敦，首相諾思勳爵領導的英國政府徵收了過重的茶葉稅，這使英國東印度公司一步步走向破產。大臣們認為，應該允許東印度公司將茶葉直接販運到殖民地出售，而不是把茶葉運回英國，繳完稅後再運往世界各地。這種方法不僅能大大降低美洲的茶葉價格，還可以幫助東印度公司走出困境。這方案可謂兩全其美。但是，諾思勳爵堅持向美洲茶葉適度徵稅，因為向殖民地總督和法官納稅可以保持殖民地人民對國王喬治的忠誠。儘管如此，波士頓等地人民喝到的茶比之前的走私茶還要便宜。換句話說，作為 次抗稅活動，「波士頓茶葉事件」反對的是一種變得越來越便宜，而非變貴的商品。事情何以會變得如此？

大臣們也許會如此反省：比輸掉一場戰爭更糟糕的是打贏戰爭。西元一七六三年，也就是「波士頓茶葉事件」爆發之前十年，英國剛剛在七年戰爭中戰勝了法國和西班牙，教堂的鐘聲在全國各地迴響。在這場蔓延到歐洲廣大地區的戰爭中，英國對腓特烈大帝傾力支持。在歐洲以外，英國獲得了印度的孟加拉、加勒比海的多座島嶼和地中海的米諾卡島。但是，唯有北美洲發生了翻天覆地的變化。在西元一七五九年所謂的「勝利之年」，英國軍隊（包括年輕的喬治．華盛頓）及其印第安盟友擊敗了法國軍隊，佔領了加拿大和佛羅里達。「新法蘭西」從地圖上消失。結果，英國控制了北美整個東部沿海地區，而且「有權」越過阿帕拉契山向腹地拓展領土。這場大勝使英國似乎一勞永逸地成為北美洲的統治者。當新國王喬治三世宣布勝利時，北美殖民地人民發自肺腑地表示擁護。

然而，結果這整件事成了一樁由勝轉敗的經典案例。首先，由於法國人的威脅消失，殖民地人民不再需要英國駐軍來保障安全。其次，美洲殖民地居民喪失了夢寐以求的擴張權，因為統治當局為了安撫大英帝國新的法語臣民，讓他們控制美洲原住民的土地（今天的安大略、伊利諾伊、密西根、俄亥俄和威斯康辛諸州）。北美十三州殖民地的拓荒者被禁止向西部腹地拓展。在麻塞諸塞和維吉尼亞，對分配不均的憤怒取代了法國入侵造成的恐懼。這些都還不是最糟糕的。第三，全球戰爭的巨額消耗使英國的國債增長了一倍，政府不得不減少一半的財政支出以償還債務。[15] 徵收新稅無可避免。

後來的首相小威廉・皮特在英國開徵了所得稅，以應對拿破崙戰爭的消耗。他的父親老威廉・皮特任首相時，英國贏得了第一輪爭霸戰爭的勝利。而在開徵所得稅之前，絕大多數新稅種都是商品稅，最熱銷、最昂貴的商品（如茶葉）成了最顯而易見的課稅對象。大體言之，在倫敦得勝後的十年內，北美殖民地的人民不再像以往那樣需要母國，他們感覺自己被英國的外交困在一個狹小的空間裡，還不得不上繳越來越多的稅賦。儘管茶稅稅額有所降低，但殖民者還是不願繳稅，因為他們不想放棄原則。如果他們承認了英國政府的徵稅權，稅額早晚會高到人們無法承受。他們認為那些高嗓門的大地主和大商人在議會中擁有代表，可以在國內發聲，向他們徵稅比較困難；相較而言，向居住在遙遠殖民地的人民徵稅就容易得多。

有人認為決裂已無可避免。但在十八世紀七〇年代，他們還屬於少數派。正在進行思想探索之旅的班傑明・富蘭克林逐漸放棄了對王室的效忠，他提出了一個迫在眉睫的問題：總有一天，北美殖民地的人口和財富會超過宗主國。那時將發生什麼狀況？大英帝國的首都將從倫敦遷往費城？此外，一些人仍然效忠王室，但希望免於徵稅，享受最大限度的商貿自由。他們希望倫敦不要干涉地方立法，不受全球條約束縛，自由地佔領新的土地。

毫無疑問，如果國王的大臣們更加謹慎，廢除不得人心的稅項，並接受自身在殖民地的權力所受的限制，反抗運動肯定會被推遲很久。

與此同時，英國政府還犯下許多小過失。如果英國士兵沒有嘲弄和挑釁殖民地人民，不向示威者開槍，釀成「波士頓大屠殺」，這座城市肯定不會成為反英革命的大本營。如果諾斯勳爵的政府沒有通過所謂的《不可容忍法令》（Intolerable Act），鎮壓麻薩諸塞，特別是波士頓的反抗運動，各殖民地或許就不會在本地開會或聯合召開第一屆「大陸會議」。如果英國政府沒有派遣越來越多的軍隊，激起北美殖民地組織自己的武裝力量；如果英國國王喬治沒有傲慢地拒絕大陸會議西元一七七六年遞交的忠於王室的《橄欖枝請願書》，雙方或許還有避免戰爭的可能。在西元一七七六年至一七八一年的獨立戰爭中，如果英國的將領表現得更出色，或者幸運地贏下這場戰爭，他們至少還能確保一時的安定。

然而，所有這些假設都不能令人信服。讓我們回到富蘭克林提出的問題上。截至十八世紀七〇年代，十三州殖民地的總人口大約是二百四十萬人，他們大多數來自英國，也有一些人來自荷蘭和德意志地區。儘管殖民地人口仍比英國本土少四百萬人，但人口成長速度非常快，已經多到不可能永遠將他們排除在帝國政治之外。人口數也不僅涉及「量」的問題，還有質的問題。北美殖民地的人民有很高的文化程度，擁有各種政治社團網絡，有自己的律師、報紙和小冊子，還有自己的政治圈子。對那些支援北美殖民地人民的英國人來說，他們與自己別無二致，理應享有同等權利。反抗暴政是英國政治哲學的基礎，其源頭可以追溯至中世紀。無論在倫敦的齊普賽街、布里斯托爾、愛丁堡，或是費城、波士頓、紐約，人們都在咖啡館和畫廊裡爭論有關代表權的問題。

從北美殖民地到倫敦要經歷六至八周的危險航行。那麼，遠在倫敦的議會應該如何代表殖民地的利益呢？事實上，議會根本做不到。但是，殖民地人民瞭解自己的權利，也即將擁有自己的權利。除獨立之外，他們還有其他選擇嗎？如果議會為殖民地保留席次，隨著殖民地的發展壯大，北美的議員數量就會越來越多，直到超過英國本土的議員數量。屆時，費城和紐約將會以投票的方式管理埃塞克斯郡或漢普頓郡。喬治三世和他的繼任者能接受這種狀況嗎？還有一種方案，那就是鼓勵北美殖民地人民組建自己的議會，同時保留對國王的效忠。事實上，加拿大和澳大利亞就選擇了這個方案。這個方案貌似可行，但還遠遠不夠。

與此相反，北美殖民地爆發了叛亂。在所有可能的選項中，西元一七七五年至一七七六年的獨立戰爭是最好的決定，無論是對殖民地，還是對英國都是如此。獨立戰爭為時不長，殖民地人民的決定性勝利使英國蒙羞，這場戰事並未如往後的另一場戰爭那樣演變為曠日持久的血腥殺戮。西班牙、法國和荷蘭站在殖民地一邊，共同對抗英國。獨立戰爭的影響隨之擴大。英國人擔心歐洲大陸國家會入侵，恐慌從倫敦蔓延到蘇格蘭。獨立戰爭使殖民地人民團結在一起，彼此的界限開始模糊，十三州殖民地逐漸發展成一個國家。此外，這場戰爭還啟發和催生了世界上最成功的政治制度。失去美洲殖民地意味著「第一大英帝國」的解體，英國人不得不在其他地方實現自己的帝國野心。結果，他們建立起規模更龐大的第二帝國，帝國的中心位於印度。第二帝國的創建和法國政局的動盪——為美國獨立提供財政支持成為法國君主制垮臺的原因之一——使英國成為具有世界影響力的海洋和帝國強權，並維持了長達一百五十年。

但是，獨立戰爭也有明顯的輸家。大約五分之一的北美殖民地人民擁護國王，他們之中的許多人失去了財產，還有一些人丟掉了性命。在獨立戰爭中，一些美洲非洲裔黑人和英國人並肩戰鬥，共同對抗殖民地的反抗運動。因為他們擔心，如果殖民地獨立，新國家將會把奴隸制確立下來，而他們希望英國人能廢除奴隸制。但直到美國《獨立宣言》發表三十多餘年後，英國議會才終止了帝國領土內的奴隸貿易，這些黑人的願望也才得以實現。英國觀察家發現了美國人的古怪，他們一方面爭取自由，另一方面又擁有奴隸，湯瑪斯・傑弗遜就是其中一例。性格乖張的英國大作家約翰遜曾說過一句名言：「奴隸主居然高喊自由，怎麼會這樣？」

西元一七五〇年，北美殖民地大約有二十三萬六千名黑人；到西元一八一〇年時，美國的奴隸數量超過一百萬。[16] 但這裡發生了一個奇怪的歷史轉折，崇尚自由的法國大革命卻擴大了美國奴隸制的範圍：在「路易斯安那購地案」中，法國將北美內陸的大片土地賣給美國，拿破崙這樣做主要是出於戰爭的需要；正如同我們之後所見，在這片土地上，奴隸制度蓬勃發展。

讓我們重新回到「波士頓茶葉事件」，那些把成箱的茶葉倒進海裡的人。精確地說，直接承受歷史不正義的人不是這些丟茶人，而是那些他們所「偽裝」的人。如同前述，那些丟茶人將自己裝扮成「莫霍克人」，在臉上塗滿油彩，頭上插著羽毛。我們不清楚他們這樣做究竟是為了掩飾身份，還是恐嚇水手。但我們清楚的是，真正的莫霍克人站在英國人這一邊，一起對抗北美殖民地——他們是這場戰爭的最大輸家。與親英的美洲黑人一樣，他們支持大英帝國也是維護自身利益。畢竟，英屬加拿大的相關條約禁止殖民地居民湧入他們的領地。

他們究竟是誰？

莫霍克人自稱為「燧石之地的人」（Kanien'kehá:ka），因為他們善於用燧石切割，使用燧石製造箭頭和長矛。莫霍克人是易洛魁人最重要的一個分支，易洛魁人主要生活在北美東部的沿海地區。莫霍克人的領地從上紐約州經佛蒙特一直延伸到加拿大南部地區。從十七世紀早期開始，他們就與荷蘭人保持貿易往來，向荷蘭人出售各種動物毛皮。到十八世紀後半，莫霍克人與英國人結成聯盟，共同對抗法國人。當獨立戰爭爆發時，他們再一次站到英國國王這一邊。這並不是因為他們熱愛喬治三世，而是因為他們明白，殖民者想要霸佔他們的傳統狩獵區。

這故事由來已久。維吉尼亞是英國在北美建立的第一塊殖民地。剛剛到達美洲的歐洲移民勉強挨過了冬天。當時，在疾病和饑餓的折磨下，移民的數量迅速減少，有時甚至還出現了人吃人的現象。這時，他們得到當地原住民的幫助。但隨著移民數量的增加，他們在當地逐漸站穩了腳跟，襲擊原住民的現象變得越來越多。在伊莉莎白統治時期，英格蘭軍隊對愛爾蘭人發動了野蠻的戰爭。在這場戰爭的影響下，這些移民也將美洲原住民部落視為野蠻人，甚至是一種低於人類的動物。這種說法有一定道理。因為在這些英格蘭人的眼中，穿著斗篷、住在茅草屋裡的愛爾蘭家族與穿著皮製披風、住在木屋裡的美洲原住民並沒有多大區別。[17] 這些原住民似乎從來不耕種土地（但事實上，麻塞諸塞的原住民族主要從事農業生產）。既然如此，難道他們不應該失去土地嗎？到了西元一六〇八年，也就是第一批移民到達美洲的一年之後，「印第安人」的領袖提出了抗議：「我們聽說你們來自下面的世界，你們來這裡就是要搶走我們的世界。」

十七世紀二〇年代，雙方爆發了戰爭。移民用火器摧毀了一個又一個原住民村莊，當地部落被迫步步後撤。新出現的疾病、饑餓和移民的攻擊殺死了大量美洲原住民。

十三州殖民地的成功是建立在摧毀原住民族的基礎之上。這些美洲原住民部落在文化上並未準備好進入以私有財產和定居農業為基礎的經濟型態。通過本書的前述內容我們已經看到，歐亞大陸已經從狩獵—採集社會轉型成農業社會，這一過程持續了數千年的時間。整個過程非常困難，和直覺的想像差異極大。但在美洲，歐洲移民希望當地原住民在幾年，甚至幾個月之內完成這一轉變。西元一七八九年，一封令人心碎的請願書被送到康乃狄克。莫西干人說他們的祖先曾過著非常富足的生活：「當他們想吃肉的時候，就會帶上武器跑到附近的森林裡。很快，他們就能帶著上好的鹿肉、浣熊、熊和飛禽回家……他們會種植一點玉米和豆子。他們不養牛，也不養馬，因為沒有需要。」但現在，他們不得不在田裡耕作，飼養動物，修築圍欄，因為狩獵場已經被人奪走。只有最強壯的人才能過上好日子，「貧窮的寡婦、孤兒被推到一邊，他們只能哭泣、挨餓，最終死去」。[18]

與其他美洲原住民部落一樣，莫霍克人更換了盟友，發動了戰爭，這樣做的目的只是想保住足夠大的漁獵區，以便維持傳統的生活方式。他們知道，自己正在逐漸屈服，即便《魁北克條約》為他們爭得了一些時間。在獨立戰爭中，他們站在了失敗者一邊。因此，他們不得不繼續向西、向北逃跑，逃到加拿大境內。在新生的美國，正是湯瑪斯·傑弗遜，在獨立戰爭正熱的一七七六年，寫道他希望將戰火燒到印第安人領地的核心地區：「即便到了那裡，我也不會停止進攻。只要他們還有一個人留在密西西比河東岸，我就會追擊到底。只要他們還有一個人留在這片土地上，我就會一直攻擊。」[19]

這是渴望獲得土地的年輕共和國的真正心聲。在美國獨立後的幾十年裡，原住民裡的克里克人、喬克托人、奇克索人和切羅基人都遭到了伏擊、威脅和屠殺。他們被驅離自己的領地，而殖民者和他們的領袖只送給他們一些毫無意義的條約。這些殖民者將他們妖魔化成野蠻人。正如傑弗遜所預言的那樣，生活在密西西比河西岸平原地區的印第安人也遭遇了同樣的命運，如夏安人、阿拉帕霍人、蘇人和波尼人。美洲原住民也曾被浪漫化，他們被請到歐洲各國的首都，受到人們的關注。但是，這股風潮很快就過去了。然而，一旦開始殖民化和搶奪土地，他們就一定會被趕走。

那些假冒莫霍克人的波士頓人發動了叛亂，這是多種原因共同作用的結果。他們在倫敦沒有代表，卻要納稅，這使他們感到憤怒，這就是發動叛亂的一個好原因。「自由」不僅僅是個偽善之詞。他們希望自己的世界變得更寬闊、更富足，他們希望擺脫歐洲的社會等級和宗教偏見。他們知道這一切都能成真，這全是因為另一群擁有自由的人——美洲原住民族——註定失敗。而且，他們不是唯一的失敗者。

高貴的野蠻人

這是一次成功的誘捕，但過程很卑鄙。一名年輕的英國海軍上尉指揮著幾艘船，船上坐滿了水手、士兵和囚犯。在海灘上，他們遇到了幾個原住民。他們拿出幾條新鮮的大魚，將這些原住民誘騙到了淺灘。其中兩人迫不及待地抓起魚，並跳起了舞。就在這時，英國人捉住他們，並給他們戴上了鐐銬。其餘的人四散奔逃，躲到一旁觀望。後來，這名上尉寫道：在海灘上，男人們發出怒號，婦女和兒童高聲尖叫，那兩條被他捉住的「可憐蟲」處境悲慘；所有這些交織在一起，形成了一副令人痛苦萬分的景象，「在我執行的所有任務中，這項任務是最令人感到厭惡的」。[20]

其中一人很快逃跑了。另一個名叫伍拉沃爾・貝恩朗（Woollarawarre Bennelong）。在返回故鄉前，他學了英語，學著穿由厚布和皮革製成的衣服，衣服上還配有紐扣和扣帶；他到訪了英國的溫泉勝地和倫敦，並在劇院、音樂會和英國下議院露面。即便到了今天，他在澳大利亞也是一個著名人物，但人們對他的認識並不清晰。

誘捕貝恩朗，可說是帝國時代各民族間發生的衝突中，最匪夷所思的部分。衝突的一方是英格蘭人、蘇格蘭人和愛爾蘭人等各種人組成的水手、士兵和罪犯。罪犯中有男人、女人和兒童，他們從可怕的海上航行中倖存下來，他們被趕出英國，而且離英國越遠越好。除了一些軍官之外，他們都是英國經濟革命的受害者。在英格蘭和蘇格蘭的鄉村地區，農民一直延續著古老的生活方式——照料公共土地、撿柴、狩獵、飼養自己的動物。但現在，這種生活方式已經不復存在。更加高效的耕作方式養活了更多人，有利於新興工廠的發展。但這種耕作方式也迫使大量窮人湧向城市。在那裡，他們要犯一些小罪才能生存下去。被抓住後，有些人會被絞死；有些人會在狹小、骯髒的牢房中苟延殘喘；還有些人會遭到流放，被「運送」到新世界去。

衝突的另一方是生活在當地的原住民，人口在七十五萬到一百萬之間，他們是最早抵達澳洲的一批移民。在五萬年前，甚至更早的時候，他們從非洲出發，沿著亞洲的海岸線向南走，走過現在已經不存在的大陸橋，也進行過艱難的跨海遷徙，到達了澳大利亞。他們發現的這塊大陸上有許多獨特的植物和動物，例如袋獅（這是一種長得像袋熊的動物，體積與河馬相仿）和巨大的肉食性袋鼠（後來這種動物迅速滅絕了）。

在歐洲人到來之前，澳大利亞的原住民生活在大約二百五十多個次級部落組成的族群中，每個族群的語言都有些細微的差別。他們的政治制度與美洲印第安人的政治制度類似，與狩獵—採集時代歐洲人和中國人的政治制度或許也有相似之處。澳大利亞的原住民還處於狩獵—採集階段，尚未發展到農業階段。那裡大部份土地都很貧瘠，而且缺乏必要的草本植物和蔬菜，這非常不利於該地區的發展。他們採用了一種「燒木耕作」（Fire-stick Farming），燒掉一些灌木或矮樹，以便生長出的新的植物；他們修建了灌溉系統，安裝捕魚用的陷阱，並建造過冬用的村莊。但這都是英國人入侵前的事情。

賈德．戴蒙認為，如果歐洲人沒有在西元一七八八年進行殖民活動的話，澳大利亞的原住民「或許可以在幾千年內成為食物生產者，他們會照料養在池子裡的魚，種植人工培育的澳洲薯和小種草」。[21] 換句話說，在從今天算起的幾千年後，他們才能達到七千五百年前哈塔爾赫尤克人的發展水準。從表面上看，兩地的植物群、動物群和氣候只存在著微小的差別，但住在兩地的人卻表現出令人驚訝的差異。澳大利亞的原住民游離於其他人類的歷史之外，他們對世界有著自己的理解，他們有著完全不同的故事、宗教儀式、藝術和心智地圖。

當第一批歐洲船隻抵達澳大利亞的海岸時，當地原住民把這些船當成了一個個漂浮在海面上的島嶼，上面居住著他們長著白皮膚的祖先的靈魂。船上的水手戴著假髮或留著長髮，因此當地人把他們誤認為女性。當英國水手脫下褲子證明自己是男性的時候，原住民為他們提供了婦女，希望他們能滿意地離開。雙方缺乏瞭解，彼此的心理距離比地理距離還要遙遠。

因此，貝恩朗成了一名時光旅行者，穿梭於史前時代和工業時代之間。他之所以被誘捕，是因為英國殖民地（位於今天雪黎附近）的殖民者正在努力瞭解新世界的情況。總督亞瑟·菲力浦，他希望和土著進行溝通，希望弄清如何才能阻止他們襲擊移民、偷竊財物。他需要向原住民解釋，英國人是出於和平的目的，心懷善意地來到這裡。這就需要一名翻譯，貝恩朗——一位英國士兵稱呼他為「貝恩隆」——可以成為中間人。當貝恩朗到達英國人的駐地時，這位士兵報告他是一個「身材高大，個性剛強」的人。[22]令人驚訝的是，他渾身上下疤痕累累。他得過天花。之前來到澳大利亞的罪犯和水手將這種疾病帶到了這片大陸上，結果釀成了一場災難。但他的頭上也有一些疤，胳膊和腿上有被長矛刺傷的痕跡。他還少了半截拇指，在手背上也有一道奇怪的疤痕。「看上去，愛情跟戰爭可說是他的最愛；這兩樣都使他受到了嚴重的傷害。」貝恩朗唱歌跳舞，歡蹦亂跳。但奇怪的是，他似乎不願意解釋手背上那道疤的由來。最後，他說了實話：這道疤痕是牙印，他曾經強行擄走一名其他部落的女子，這個牙印就是她當時留下的。

貝恩朗的故事告訴人們，歐洲人對「野蠻人」的態度是如何在短時間內從一個極端走向另一個極端。在罪犯和他們的看守開始將澳大利亞殖民化之前不到二十年，庫克船長「發現」了新南威爾斯（New South Wales）的海岸。庫克和他的助手——著名博物學家約瑟夫·班克斯——非常欽佩當地的原住民部落。那是一個「高貴的野蠻人」的時代。這個詞最早出現在十七世紀七〇年代，但在之後的啟蒙運動時期成了一個重要觀念。「野蠻」就是「未開化」的意思。像沙夫茨伯里伯爵這樣的思想家認為，人類天生具有道德——就探險家們發現的原始人而言，儘管他們的長相看起來不同，而且不穿衣服，但與文明的基督徒相比，他們可能擁有同樣高尚的道德，甚至更為高尚。貝恩朗貪戀敵對部落的女子，以及他準備使用暴力來對付她們，無異於對那些試圖將原住民部落理想化的人發出了警告。不久之後，歐洲人不再將原住民視作危險，而是一種低於人類的動物，有時甚至以狩獵原住民為樂。

瞭解一群陌生的人和一片陌生的地區，還是要將其據為己有？對十八世紀的歐洲探險家而言，人類本能中的高貴和貪婪總是糾纏在一起。新的動物、植物和社會使人浮想聯翩。博物學家、植物學家和調查人員登上武裝船隻出發，之後將船隻上的旗子插到海灘和海岬上，並宣佈這片土地成為某位遠方國王——喬治幾世或路易幾世——的財產。日後帝國的歷史會使我們以為早期探險家非常野蠻，然而，在開始的時候，許多探險家比我們想像中的更加開明。因此，當詹姆斯·庫克船長於西元一七七〇年第一次遇到澳大利亞的原住民族時，身上帶著英國皇家學會會長對他的告誡：要耐心地對待每一個原住民，同時記住，「哪怕讓他們流一滴血，都是最為嚴重的罪行……他們理當擁有自己居住的這片土地。從最嚴格的意義上講，他們也是這些土地的合法所有者」。這些人自然有權驅趕入侵者。[23]但庫克也接到了密令：以國王的名義宣佈新發現的土地歸英國所有——這是多麼明顯的矛盾啊。

庫克船長對澳大利亞原住民的第一印象，或許會讓最具理想情懷的歐洲哲學家感到高興。他很驚訝，當地原住民相當有活力、健康、乾淨，而且頭髮沒有蝨子；他也很驚訝，他們對衣服或任何物質上的東西都缺乏興趣：「這種漠不關心使他們不會購買，也不會偷我帶來的任何一樣東西。」[24]庫克船長認為他們很快樂，是因為他們不瞭解歐洲人生活中「多餘但必須」的便利。庫克來自一個貧窮的約克郡家庭，一路奮鬥才獲得了現在的地位。因此，庫克也很喜歡澳洲原住民社會的平等：「他們不貪圖華麗的房子、房子裡的擺設或其他東西。他們生活在溫暖、宜人的氣候中，享受著非常清新的空氣，所以他們幾乎不需要衣服。」[25]這裡簡直就像是天堂。

庫克和他的船員從在跨越太平洋來到澳洲之前，庫克的「奮進」號曾在大溪地上停留了三個月。在那裡，他們發現了一個更加令人瞠目結舌的天堂。對於他們來說，這是一個充滿性自由和天真無邪的地方。與庫克同行的班克斯頗有貴族習氣，當時他只有二十六歲。班克斯與當地婦女縱情地歡樂，同時也學會了一些大溪地語。他研究島上的風俗習慣，放棄了原本的社會身份，融入了島上的生活：在葬禮上跳舞時，他一絲不掛，身上塗著木炭和白色的木灰，旁邊站著一個巫醫、兩個赤身裸體的婦女和一個男孩。在英國以及早先的法國探險家眼中，大溪地人幾乎可以算是理想的野蠻人──這裡的「野蠻」是正面的意思。

班克斯深受啟蒙運動的影響，思想極其開明。他享受著大溪地上的烤狗肉，喜歡他們古怪的水上運動──衝浪，承認他們身體上沒有體毛且非常乾淨，甚至連他們喜歡的椰子油也變得有些熟悉：「毫無疑問，這種椰子油的味道非常難聞，但與歐洲人經常使用的噴在腳趾和腋下的香水相比，我更喜歡椰子油」。[26]

因此，當英國人首度接觸澳洲東岸的原住民時，他們表現的小心而友善。庫克、班克斯和船上的軍官發現，他們與這些原住民很難溝通，與海灘上的人做生意更是毫無可能。當時，海灘上有許多英俊的男人和小孩，他們身上有許多打鬥時留下傷痕，但可以看出他們的身體非常健康，沒有任何疾病。看上去，這片土地是宜人而相對空曠的，上面還有許多陌生的植物和奇怪的動物，好些動物都是跳躍前進的。「澳大利亞」（Australia）這個詞並未廣泛流行，這個詞來自拉丁語，意思是「南方的」。它出現在早期的地圖上，用來指代一塊可能存在的未知陸塊。另外，這個詞也可能來自一位西班牙探險家，他相信這塊大陸的存在，並以當時的君主腓力三世來命名，他的家族來自奧地利。

但庫克將這片海岸稱為新威爾斯和新南威爾斯。當班克斯返回英國之後，他仍能清晰地回想起這片土地。他是一位農場主，也是一位植物學家。他相信，澳大利亞沿海地區的土壤和水質非常好，歐洲農民可以在那裡輕鬆地從事農業生產，養牛、養羊和種植小麥。班克斯身為富有的地主和科學家，在喬治三世時代的倫敦頗有影響力。他是國王樞密院的成員、英國皇家學會與其他學會團體的成員。當年那個在大溪地上赤身裸體、尋歡作樂的小夥子如今有了一副馬鈴薯般的身材，成了皮卡迪利街（Piccadilly）上赫赫有名的人物；當年那個頭髮蓬亂的冒險家和收藏家，成了植物學和學界論辯社交網的核心人物；他成了英王喬治三世的顧問，在基尤的皇家植物園工作。因此，當議會想找一塊地方安置罪犯的時候，自然而然地就找上了班克斯。

問題已經迫在眉睫。隨著城市人口快速增長，當時的「血腥法典」曾列出了二百二十項應判處絞刑的罪名，英國需要換種方式處理本國的罪犯。公眾輿論對僅僅因為小偷小盜就處死極度貧窮的人以及絞死小孩子越來越反感。從西元一七七〇年到一八三〇年，共三萬五千人被判處死刑，但實際上大約只有七千人被絞死。[27] 英國的監獄不但數量有限，而且骯髒不堪。對於許多人來說，用船將罪犯運到其他地方是比較人道的選項。在丟掉美洲殖民地之前，英國曾將大約六萬名重犯運到北美。他們必須在此從數年的農務，才能重獲自由。美國獨立後，這種方法就行不通了。於是，重犯們被關押在遠離泰晤士河的廢舊帆船上，這些帆船的桅杆已經拆除。但從長遠來看，這種做法既危險，又不切實際。因此，大臣們不得不尋找其他的流放地。

班克斯建議將罪犯送到澳大利亞。與在美洲時相似，英國的重犯可以在澳大利亞從事農業生產，然後重獲自由。「植物學灣」則被選為安置犯人的地方。「植物學灣」由庫克命名，因隨行的班克斯為非常熱衷於收集植物。西元一七八七年五月，由十一艘船組成的「第一艦隊」起錨出發。這支艦隊要將七七五名罪犯——其中有一九二名是婦女——外加六四五名士兵、軍官及其家屬運到澳大利亞。這些人將經歷一段長達三十六周的艱苦航行。這些罪犯都只是犯了些小罪，而且幾乎每個人都有盜竊這麼一項罪名——從衣服、手錶到食物，其中還有一些是在夜間行竊的慣犯。（後來，英國也將政治犯運往澳大利亞，特別是參加過芬尼亞叛亂的人。）西元一七八八年一月二十日，第一批囚犯到達了澳大利亞。緊隨其十九世紀五〇年代，英國政府終止了這種做法，至此時已向澳大利亞運送了十六萬五千名囚犯。緊隨其後的澳大利亞淘金熱引發了規模更大的移民潮。

掌管第一艦隊的是亞瑟．菲力浦，他是一名職業航海家，也是班克斯的仰慕者，一直與班克斯有書信往來。亞瑟．菲力浦馬上意識到，植物學灣不像它的名字那麼有吸引力，於是他決定將這塊新殖民地改建在附近的傑克遜港，並將首度停靠的港灣，依當時內政大臣之名命名為「雪梨」，由於雪梨子爵的命令，這塊流放地才得以成立。但當地的原住民表現得並不友好。他們用一連串的喊叫聲來迎接第一次到達的移民：「Warra, warra warra!」（意思是「走開，走開，走開！」）[28]移民開始修建住所的時候，經常受到尤拉（Eora）部落的襲擊和騷擾。當時已在這片地區生活的尤拉族全族大約有一千五百人。

航海家亞瑟．菲力浦能講多種語言，他來自貧窮的家庭，自認是受啟蒙運動影響的新式人物，充滿雄心壯志。菲力浦與班克斯保持聯繫，他不想只是管理一座巨大的監獄。他堅持法治。最後，他釋放了這些身為罪犯的移民，並做出承諾：新南威爾斯將「不會有奴隸」。但殖民地最開始的發展可謂舉步維艱。有時，這塊新殖民地甚至面臨著斷糧的危險。那些罪犯要遭受鞭打，聽長篇大論的說教，在少數情況下還會被絞死。但除此之外，他們不情願地成了農民，靠著隨船帶來的補給過活，偶爾靠英國的船隻補給。他們一面學著如何種地，一面學著如何照料一同搭船移民來的牛隻。

倫敦忙著擔心與法國的戰事，似乎遺忘了他們。然而，隨著一批又一批船隊和更多罪犯的到來，這塊殖民地逐漸發展起來了。

入侵者使原住民感到憤怒和困惑，菲力浦希望能善待他們。他告訴士兵和移民，如果殺害當地原住民，他們也將被絞死。國王給他的命令是接觸澳洲原住民，他「用盡各種方法，竭力與原住民進行交流，安撫他們的情感，囑咐所有移民友好地對待他們」。[29]

如果這一地區的原住民部落願意放棄他們的良港和漁場，那麼事情的發展將會非常順利。但是他們不願意。瓦特金·田希（Watkin Tench）船長是菲力浦手下的官員，他寫道：原住民「看似是故意躲避我們，不知是懼怕、嫉妒，還是憎恨。當他們遇上未攜帶武器的掉隊士兵，有時會殺死或傷害這些士兵」。田希認為，事實上這些原住民既「仁慈且慷慨」，他們的行為不過是對白人「無端暴行」的回應。[30]雙方需要尋找某種交流方式，因此他們抓了貝恩朗，他是來自旺加爾（Wangal）部落的一名二十五歲左右的已婚男子。

貝恩朗離開自己部落的時間長達六個月。在這段時間裡，他與菲力浦建立了親密的關係。貝恩朗稱菲力浦為「父親」，並為他取了一個當地原住民的名字。之後，他返回部落，消失在叢林中。

獲得自由後，貝恩朗曾說服菲利普見面，這時他的部落正在慶祝一頭鯨魚擱淺。可能是因為榮譽的理由，貝恩朗使菲利普受了傷：一位「智者」用長矛刺傷了菲力浦的肩膀。澳洲歷史學家湯瑪斯·簡尼利認為，澳洲原住民有投擲長矛來懲罰他人的習俗，菲力浦被刺應該就是這種習俗的表現。在貝恩朗的思考中，菲力浦受到懲罰「是基於以下原因：殖民者搶走了他們的魚和獵物；英國人在未經允許的情況下擅自定居於此，這種做法太過專橫；偷走原住民的武器和漁網……並向原住民隨意射擊；帶來了可恨的天花；讓婦女跟男子的生殖系統受到神祕的感染」。然而，菲力浦展現了驚人的同理，當他終於從重傷中復原，他並沒有下令報復。菲力浦修復了他與貝恩朗之間的友誼。在他管理澳洲期間，殖民者和原住民之間保持著較好的關係。但是這種關係並未延續下去。

西元一七九二年，菲力浦帶著貝恩朗和另一位年輕原住民返回英國。就像在很早之前，美洲印第安人的寶嘉康蒂公主離開新大陸前往英國一樣。當貝恩朗在倫敦遊逛，被人帶進劇院、帶上法庭，帶往各郡的城鎮時，他並沒有像之前的「野蠻人」那樣吸引眾人的注意力，也許是因為新鮮感已經消退，也可能是因為新南威爾斯已經被視為放逐英國罪犯的垃圾場，而不再是帶有異域風情的天堂。

過去一般認為，貝恩朗返回故鄉後一直過著淒慘的生活。他受到了原住民的排斥，終生只能在雪梨酗酒度日；他也受到了殖民地居民的排斥，他們已經拋棄了「高貴的野蠻人」的觀念，取而代之的是種族主義的蔑視。真實的故事似乎沒那麼極端，卻依舊令人傷感。貝恩朗繼續擔任英國人的顧問，他的英語學得不錯，足可寫信給身在英國的菲力浦一家人。他在原住民族中也擁有很高的地位，並成了部落的首領，管理著幾百名部落居民。貝恩朗經常參加澳洲原住民生活中的重要行事「榮譽之戰」：一群人向另一群人投擲長矛，後者要用盾牌堅守陣地。他再婚，並有了一個兒子。最後，他成了一位受人尊敬的長者。但隨著殖民者佔據越來越多的土地，他們和原住民族之間的關係開始惡化，和平共存的觀念或友誼的觀念逐漸崩潰。

貝恩朗於五十歲去世，死因可能是飲酒過度，但他得到了同胞的讚美。然而，代表殖民者立場的《雪梨公報》則不同，在貝恩朗的訃文中，並未像菲力浦船長或年輕時班克斯一樣稱他為「高貴的野蠻人」，「而是「一個徹頭徹尾的野蠻人，他沒有超脫出與生俱來的外貌和性格」。啟蒙運動曾經讚美生活在狩獵—採集社會中的人，他們沒有衣服，也沒有偽善。但這種讚美很快就扭曲成了殖民主義者的蔑視。

最後，殖民本身帶來的是武力，而不是友誼。庫克船長曾經讚美澳洲原住民的正直。但這些赤身裸體的原住民被逐出了自己的土地，僅僅是因為英國需要找個地方安置本國的小偷。要知道，這些小偷也被人逐出了他們世世代代生活的土地。工業化和殖民化導致了複雜的移民和驅逐。在澳大利亞，一些原住民開始公開造反。佩穆烏伊（Pemulwny）就是起義領袖之一，他的反抗活動一直持續到西元一七九七年：他身中七槍後被捕。後來，他成功地逃了出去，逃跑的時候腳上還戴著腳鐐。西元一八〇二年，佩穆烏伊被殺害。他的頭被砍下來，並成了衷心熱愛澳大利亞的約瑟夫·班克斯的收藏品。

澳大利亞只是比較戲劇化的一例，類似的故事也在美洲、非洲和遠東重演。啟蒙運動的樂觀主義也同樣是這個過程的受害者。

革命

愛國者聚集在一起，組成了一支公民軍，聲稱擁護自由——自由是「不可剝奪的權利……真正的源頭是人民」。他們還使用了歐洲政治中的一個新詞。他們想起了雅典人，故而自稱為「民主主義者」。他們宣佈，土地既不屬於可恨的貴族或王權，而是屬於人民。

他們身上掛著綬帶，手裡拿著滑膛槍。他們號召普通民眾「武裝自己，聚集在一起，掌控土地的相關事務」。抗議活動首先出現在一座城市裡，然後另一座城市，最後導致了這場革命。不過這不是西元一七八九年的巴黎，而是四年前的尼德蘭。在那裡，起義者頒佈了一部新的成文憲法，他們的「自由軍」佔領了烏特勒支，隨後又佔領了阿姆斯特丹。正如將要發生在法國的那場革命一樣，符號是最重要的：當時的統治者來自奧蘭治家族，因此禁止使用橙色。甚至連胡蘿蔔也受到影響：除非保留胡蘿蔔的綠葉，否則就不要拿出來。然而，荷蘭人勢單力孤。當他們逮捕了普魯士國王的一位親戚，因此激怒了他。普魯士揮軍入侵荷蘭，並輕而易舉地鎮壓了這場民主觀念的造成的騷動。

但要撲滅法國大革命就有些困難了。波旁王朝垮臺之際，儘管債務纏身，政治也幾乎陷於癱瘓，但法國仍然是歐洲最強的國家。法國是思想和時尚的中心。法語是國際語言，通行於外交和上流社會場合。法國的陸軍規模龐大，海軍也有模有樣，尚未因納爾遜將軍而蒙羞。巴黎自稱文明的中心，許多對中國或日本一無所知的人都認同這說法。因此，歐洲大陸其他地區始終可以感受到法國革命的影響，這是自西羅馬帝國覆滅後，歐洲政治史上最重大的事件。事實證明，法國革命甚至比西羅馬帝國滅亡還要重要。當時，在歐洲這個舞臺上同時發生著兩場變革，一場是工業革命，另一場就是法國革命。這兩場變革毫無疑問地改變了人類的歷史。

這場在巴黎爆發的革命為後世留下了一筆遺產，其價值已越來越難以評估。法國革命為世界留下了「左」和「右」的觀念，將現代意義上的「人權」引入政治領域，並對世界各國的憲法產生了影響。甚至在當時，無論是為革命感到欣喜若狂或膽戰心驚的人，兩者都將這場革命視為人類歷史的轉捩點，以及新時代的開端。法國革命也證明了抽象理想與血腥鎮壓之間的距離是多麼短，因為這場革命吞噬了自己的子嗣——如此飢餓、公然、迅速地吞噬，這是有史以來的第一次。這場革命最初並未給歐洲其他地區帶來貝多芬和華茲華斯所希望的自由。相反，它將歐洲大陸再一次拖入了戰爭、饑荒和蕭條。據說在西元一九七二年，美國外交官亨利·季辛吉曾向中國總理周恩來詢問如何看待法國革命的影響，周恩來的回答很簡單：「現在談這個問題為時尚早。」如今，四十年過去了，也許可以談談這個問題了。

幾乎與法國大革命相關的每一件事都存在爭議，除了開始的時間。西元一七八九年五月五日，星期天，法國國王路易十六召集了古老的「三級會議」，這件事成了大革命的導火線。三級會議主要代表了法國社會中的三個利益集團——貴族、教士，以及所謂的「第三等級」。第三等級代表了除貴族和教士之外的每一個人——從富商到農民。正如我們看到的那樣，波旁家族的專制統治並不依賴三級會議。路易十六希望這個原始議會能幫他增稅，尤其是從貴族那裡。法國陷入困境，一方面是債臺高築，另一方面是徵稅基礎過於狹窄，使舊有的統治方式變得難以為繼。不僅僅是法國遭遇到了這樣的危機，中國的明王朝和清王朝，以及英國的斯圖亞特王朝也都出現了類似的危機。

儘管法國存在君主專制的理論，但大地主、神職人員和最有權勢的商人都享特權——他們無須繳納大部份的賦稅，也不受到其他的法律限制。這些不可侵犯的神聖協議構成了一張嚴密的利益網，如果法國王室想避免破產，就得處理他們。法國的財政狀況急速惡化的原因是資助北美革命黨對抗喬治三世。法國才在剛剛在七年戰爭中將加拿大與印度殖民地輸給了英國。幫助美國獨立雖然有助於撫慰法國受傷的自尊心，但這種行為也使長期的債務問題變成為一場致命的危機。與此同時，幾個歉收的夏天和日益嚴重的通貨膨脹影響了窮苦農民，讓他們本來就不輕鬆的生活，變得更加水深火熱。路易十六和他的大臣們需要一個戲劇化的解決方案，不過召集已經休會一百七十五年的三級會議有點做過頭了。路易十六應該想想英格蘭的歷史。當查理一世需要錢的時候，他也同樣孤注一擲，做了類似的事。

不包括貴族和教士代表的「第三等級」——這個等級主要由律師、行政人員、商人和記者組成——堅持三個等級必須一起開會，以此壓制第一等級和第二等級。六月十七日，第三等級宣佈獨自成立國民議會。路易十六沒有鎮壓這個帶有叛亂性質的新機構，可能是無力鎮壓，也可能是不願鎮壓。他發現，首都的公共秩序開始變得混亂。七月十三日，革命者摧毀了巴黎附近的關稅站，形同攻擊權威的象徵。次日，也就是七月十四日，他們又攻佔了舊制度的另一個象徵——作為堡壘和監獄的巴士底獄，儘管當時巴士底獄幾乎是空的。一波暴力活動撕裂了法國王權：修道院受到衝擊，富有的貴族遭到襲擊，修女和教士也未能倖免於難。一些城市宣佈自治。

權力已經發生了徹底的轉移。負責制定新規則的制憲會議為法國重新編寫了憲法。開始的時候，國王看上去好像已經適應了新秩序。革命者摧毀了法國各省的舊制度，並將這些省份改造成為現代意義上的行政區；他們將教會的土地收歸國有；宣佈法律面前人人平等；廢除了審查制度和酷刑；剝奪貴族的特權，取消農奴制法令；著手創建一個合適的代議政府體制。這一連串的變革是史無前例的。八月二十六日，法國頒佈了《人權宣言》，向人們承諾了自由、解放和正當法律程序。這份《宣言》傳遍了歐洲，年輕人和樂觀主義者感到歡欣鼓舞，而各國的朝臣則憂心忡忡。被嚇壞了的路易十六不得不與革命領袖共同出席一場群眾集會，並祝賀革命所取得的非凡成就。這令世界感到驚異。

然而，在革命的每一個階段，戰爭的壓力、饑餓和恐懼都會促使不同群體將革命變得更加極端。在西元一七九一年九月的選舉後，立法議會取代了國民制憲會議。與之前的權力機構相比，立法議會的立場更加偏左。但不久之後，共和國的國民公會也將取代立法議會。西元一七九二年到一七九五年，國民公會由一群極端分子所控制，他們自稱「雅各賓派」（Jacobins）。普魯士和奧地利的軍隊包圍了法國，革命形勢危如累卵；在國外，法國還在與英國作戰。法國出現了一批有公眾影響力的煽動家，這些人簡直就是羅馬共和國末期那些激進派領袖的遠親。他們恐嚇巴黎的暴民和「無套褲漢」（Sansculottes）（意思是穿著破爛爛長褲的窮人），並將這些人操弄於股掌之間。

德意志揚言，如果法國國王受到威脅，他們將採取血腥的報復。結果，這種表態發揮了反效果，致使法國出現了更極端的暴力活動。西元一七九二年九月，教士、貴族和被懷疑持反革命立場的人在巴黎的監獄中遭到殺害，路易十六最終也難逃廢黜的命運。此時路易十六已經成為階下囚，前進在市中心的舊杜勒麗宮。起因是前一年六月，路易十六曾經想逃出法國，但在距離法國東部邊界不遠的瓦雷納，他被人認出後遭到逮捕。西元一七九二年冬天，路易十六的審判激起了熱烈的辯論，成為一樁公共事件。路易十六受到了三十三項指控。國民公會的代表進行投票表決，絕大多數人都認為他有罪，只有少部份人投了棄權票和反對票。之後，代表們又就是否應處死國王進行了投票，這次的投票結果雙方卻非常接近。但接近就已經足夠了：西元一七九三年一月二十一日，路易十六被處決。他原諒了他的敵人，他的聲音被淹沒在了鼓聲中。他的妻子瑪麗・安東尼來自奧地利的哈布斯堡家族，巴黎的暴民對她恨之入骨。同年十月，這位王后也被處決；他們的孩子，也就是那位理論上的路易十七世，當時只有十歲。後來，他死在並不特別照顧他的養父母手上。

法國王室的命運震驚了外國的觀察家，但這場革命血腥的發展過程更充滿戲劇張力。國民公會的左邊坐著雅各賓派，而右邊坐著溫和的吉倫特派。國民公會成了各種演說家的舞臺，但實權逐漸轉移到更小的公共安全委員會手中。起初委員會由喬治・丹東掌管，之後則是馬克西米連・羅伯斯比。於是，雅各賓俱樂部控制了法國。俱樂部人數最多的時期大約有三千名成員，但具有實際影響力的人數則遠低於此。俱樂部的內部派系控制著一個稍微大一點的委員會，委員會在操控前台的組織。這點與二十世紀的共產主義革命極為相似，在黨代表大會和議會的掩護下，還會在中央執行委員會的「政治局」（politburos）內部設置了一個較小的團體——在傀儡組織內部安設傀儡，如俄羅斯娃娃般層層套疊。而正如日後在俄羅斯、中國、越南、柬埔寨的革命所示，掌權的派系開始執迷於安全防衛、叛黨，和追求意識形態的「純淨」——嫉妒心重、冷漠、善於蠱惑人心的前律師羅伯斯比尤其執著於此。

正如後來的革命一樣，他們對符號的力量具有強烈的信心。法國的革命者創造了一種新宗教，他們崇拜一種至高無上的力量，並在遭到破壞的教堂裡為「理性」設立了祭壇。他們也廢除了二十、十和十二進位的舊貨幣系統（類似的系統在英國則延續到一九七〇年代），並以十進位取代。測量長度的單位也出現同樣「理性」的改革，但最激進的部分是改變曆法：一個月有三十天，一年有十二個月，這十二個月分別叫作葡月、霧月、霜月、雪月、雨月、風月、芽月、花月、牧月、獲月、熱月和果月，西元一七九二年是施行新曆法的第一年。不但人們熟悉的國王、教士和地主的世界消失了，就連所有熟悉的貨幣單位、時間單位和距離單位也都消失了。就是列寧也沒有革命得如此徹底。

斷頭臺的鍘刀切斷了過去與現在的聯繫，也可以確保鬥爭中不會出現妥協。與之後發生的革命相比，雅各賓派殺害的人並不算多。據估算，大約有四萬五千人在「恐怖時期」喪生，其中有些人死於公開的處決，有些人死於亂民的暴力；在巴黎之外的地區也出現了鬥爭——在路邊執行死刑、未經審判得絞刑、用廢棄的船溺死大批人。如果將殃及法國全境的內戰和饑荒也算在內的話，死亡人數恐達數十萬；但這還算不上是對整個階級的清洗，至少在肉體上不是。當時法國約有二十五萬名男性貴族——因此這場屠殺與布爾什維克及中國共產黨殺死的數百萬人相比，簡直是小巫見大巫。

然而，在十八世紀法國這樣一個相對較小的世界理，「恐怖時期」確實是夠恐怖的。數字並不是故事的全部；留在想像中的細節也不容忽視。按照現代的標準來看，巴黎是個小地方。新式殺人裝置就公開地放置在城市中心。與拙劣的絞刑或用斧頭砍死人相比，斷頭臺確實顯得更加人道。但斷頭臺卻提供了一種血腥、公開的大眾復仇方式。醫生約瑟夫─伊尼亞斯．吉約丹推廣了斷頭臺，並為這種斬首裝置做宣傳，但斷頭臺並不是他發明的。實際上，他反對死刑，特別是反對在公共場合用斷頭臺執行死刑。（許多人臆測，他自己就是死於這種殺人裝置。但這不是事實。在大革命結束後，吉約丹還活了很多年，於西元一八一四年自然死亡。）

在法國大革命之前，蘇格蘭、英格蘭和德意志地區早就已經開始使用其他形式的斷頭臺。吉約坦希望這種裝置能夠成為一種體現平等精神的現代殺人方法，用來處決重犯和那些抗拒改變的敵人。在恐怖時期，專制的偏執狂可以通過最少的正當法律程式處決那些潛在的敵人，他們還可以對曾經的富人和權貴進行相應的清算，斷頭臺可以算是這種行為的象徵。當時，法國會出售一些小冊子，冊子上列有執行死刑的計畫。行刑時，暴民會聚在一起，發出勝利的歡呼聲和嘲笑聲。到後來，死刑已經成為家常便飯，這些發出嘲笑聲的人也感到厭煩，圍觀的人群變得越來越稀疏。（如果囚車送你走完人生的最後旅程，到了刑場後，你卻發現沒人對你的死感興趣，這一定非常令人難堪。）

在恐怖時期的所有故事中，有一件最為諷刺：西元一七九三年，夏洛特·科黛刺殺了讓-保爾·馬拉，他死在了自家的浴缸中。馬拉是一個才華橫溢的人。他出身相對卑微，之後成為受人認可的科學家。馬拉曾經在倫敦的蘇荷區（他在那裡染上了對濃咖啡的癮）、新堡和瑞士工作過。之後，他回到巴黎，成了一位醫術精湛的醫生。他為宮廷和貴族服務，這樣做一來可以收取高額的診療費，二來可以使自己獲得半貴族的地位。馬拉也會寫一些涉及政治的小冊子，例如，他在一本小冊子中精闢地分析了英國憲法中的疏失，儘管他非常欣賞這部憲法。馬拉希望建立一個更加人性、更加公平的司法制度。他激烈抨擊出現在革命早期的暴行。他認為，從本質上看，路易十六是位好國王，輔佐他的也都是些好大臣。

馬拉是個自負的人，也是一個臉皮薄的人，這讓他顯得有些偏執。他在電學、熱學和光學方面的研究受到了外界的普遍關注。歌德和班傑明·富蘭克林都曾讚譽他，但未能進入（皇家）法蘭西學院使他感到非常憤怒。他是一個喜歡與人辯論，卻沒有多少朋友的人。法國大革命爆發後，馬拉將全部時間都用於新聞工作和政治活動。他發現，自己的真正才能在撰寫批判和煽動的散文時得到了充分的發揮。馬拉抨擊像拉法葉這樣的溫和派，他將自己辦的報紙命名為《人民之友》（L'Ami du peuple），並愈發認為自己是真正的「人民之友」——他不屬於任何政黨，未曾腐化、墮落，他衣著簡陋，鼓勵窮人為自己爭取經濟權利、表達自己的政治見解。通過選舉，他進入了國民議會。他成了極端份子的代言人，有時他甚至因自己的煽動性言論而面臨審判。但這只是作秀，因為判決在審判前早已決定。在這場審判中，主要演員就是身為被告的馬拉，最後他也獲判無罪。儘管如此，他曾一度被迫流亡倫敦，儘管時間非常短暫。回國後，他經常東躲西藏，有時藏匿於巴黎的下水道。

馬拉一直有些神經質，而且向來厭惡暴力。他可能會說，自己甚至不願看到一隻昆蟲受傷。但當他拿起筆捍衛革命，批判農村地區的保皇黨叛亂和外國軍事威脅，極端主義的惡魔佔據了他的心靈。早在西元一七九〇年十二月，恐怖時期到來之前，馬拉就在《人民之友》報上寫道：必須打擊首都裡的敵人，而非戰場上的敵人。必須大規模執行死刑：「六個月前，只要砍下五百顆或六百顆腦袋就能將你從地獄中拉回來。但今天，因為你愚蠢地讓你的死敵們有機會在一起密謀策劃陰謀……所以我們不得不砍下五千顆或六千顆腦袋；然而，就算是要砍下兩萬顆腦袋也在所不惜，我們已經沒有時間猶豫了。」

隨後，馬拉又將這個數字擴大了十倍，甚至一度達到五十萬——這種想法感覺像是萌芽中的史達林或毛澤東。他用許多刻薄言論攻擊較為溫和的吉倫特派。不久，吉倫特派便敗在了雅各賓派手裡。他的憤怒究竟從何而來？馬拉患有皮膚病，這病使他備受煎熬，外貌也變得醜陋；他來自一個受過宗教迫害和政治迫害的家庭，這些可能都是他憤怒的原因。他的憤怒中也一定包含個人復仇的因素。他似乎非常懼怕保皇黨重新奪權。他一再告誡革命者：一旦保皇黨重新奪權，就會掐斷他們的脖子，在他們面前淩辱他們的妻子，挖出他們孩子的內臟。

跟上面的死法相比，馬拉的死法要痛快得多。刺客名叫夏洛特·科黛，她是一名來自諾曼第的婦女，是吉倫特派的支持者。科黛與馬拉有相似之處。她的早年生活也非常艱苦，她的母親韶華早逝，她被送進了一家修道院；她也深受啟蒙思想的影響，特別是盧梭和伏爾泰。（直到最近一、二十年，歷史學家才開始關注法國大革命中女性思想家和女性煽動者的故事。）她十分害怕法國將會陷入內戰，尤其前一年九月，監獄中的屠殺更使她驚駭不已。

西元一七九三年七月，科黛來到巴黎，她買了一把廚房用刀，並一路打聽來到了馬拉的住所。此時，馬拉正逐漸失去政治權力，但仍然繼續工作。為了緩解皮膚病，他工作時候通常坐在一個有銅襯的浴缸裡。在浴室中，科黛向他講述了吉倫特派流亡者的情況。馬拉表示，這些人很快就會丟掉他們的腦袋。馬拉的妻子剛離開，科黛就一刀刺向馬拉的胸膛，並刺破了他的頸動脈。他發出求救聲的時候，已經奄奄一息了。科黛當然逃不掉上斷頭臺的命運。但在處決之前，她解釋了刺殺馬拉的原因。她指責馬拉掀起了一波殺戮的浪潮。她說，她為了拯救十萬人而殺了一個人；如果羅伯斯比認為處決路易十六是正當的，那麼她刺殺馬拉也無可非議。

馬拉繼續活在人們的心中，他已經成了革命的象徵。教堂和學校中放置了馬拉的半身像。最偉大的法國革命藝術家雅克—路易．大衛創作了一幅繪畫作品來紀念馬拉之死。在這幅畫中，馬拉身體向一側傾斜，他的皮膚幾乎毫無瑕疵，一隻手上還抓著一封信。在這幅作品中，馬拉的形體特徵與那幅描繪著聖體被從十字架上放下的畫作中的耶穌頗為相似，只是旁邊沒有天使或悲傷的瑪利亞。的確，馬拉因為廣愛世人的純潔心靈，被暗喻成了基督。在悼詞中，馬拉的朋友薩德侯爵也做了這樣的比喻。在列寧和托洛斯基這樣雙手沾血的極端分子死後，同樣也出現類似的事情。憤怒和冷酷轉變成了愛和憐憫，人們開始對馬拉的崇拜。與此同時，革命墮落成控告與反控告的角力，團體一個接著一個失勢，街道充斥著血腥的氣味。甚至羅伯斯比也被送上了斷頭臺，當時他發出了痛苦和恐懼的叫聲。在被處決前，他曾向自己的面部開槍，結果受了重傷。

在馬拉死後的一年之內，社會的狂暴——如革命的殺戮和理想化的極端主義——開始漸漸平息。下個階段，統治者的時間和心力都關注在戰爭，他們就是發動所謂「熱月政變」的那批人。為了鎮壓保皇黨的叛亂，他們不得不求助於軍隊。因此，從西元一七九九年到一八〇二年，年輕的科西嘉將軍拿破崙．波拿巴掌握了權力，他先是成為執政官，之後於西元一八〇四年稱帝。拿破崙（至少在原則上）鞏固了革命帶來的幾項關鍵改革，同時，他成了一名軍事獨裁者。在他的獨裁統治下，鮮血淹沒了半個歐洲，硝煙窒息了另外一半。馬拉對暴君的痛恨卻催生了一個新暴君。

革命的「多數派」（Bolsheviks，編按：此取「布爾什維克」字面上多數黨的意思）讓位給了個人崇拜、祕密警察和戰爭。然而，從荷蘭到德意志，從英格蘭到義大利，法國革命早期階段的最初原則——自由、平等、博愛，或更加實際的面向，如法律公正、剝奪君主和貴族的特權——對歐洲各地的改革運動產生了巨大影響。

起初，拿破崙的軍隊幾乎所向披靡，將革命的自由散播到歐洲。拿破崙的最大成就是頒佈了法文的拿破崙法典。這部法典將舊法律簡單化和合理化，建立了一個單一且條理清楚的系統；它不但重塑了法國，而且還影響了歐洲大陸的其他國家。在拿破崙帝國如日中天的時候，帝國的觸角已經伸到了華沙大公國、義大利半島的南端和巴爾幹地區。帝國剝奪了舊貴族的權利，終止了宗教歧視（如壓迫猶太人），並傳播了新的法律制度和公制系統。路德維希．貝多芬原先將他的第三交響曲命名為《波拿巴交響曲》。

據說，貝多芬聽聞拿破崙稱帝後，他憤怒地撕下封面頁，將標題改為《英雄》，並在上面題獻「為懷念一位偉人而作」，顯然重點便成了懷念。在義大利、西班牙、德意志和尼德蘭，拿破崙的軍隊推翻了舊的統治者，並擁立了新的統治者。這些新統治者大多來自拿破侖自己的家族或他最親密的支持者。風雨飄搖的哈布斯堡家族和霍亨索倫家族用驚恐的眼光看著局勢的發展。在他們看來，與其說拿破崙要建立一種新的政治秩序，還不如說他想建立一個家族帝國；換句話說，拿破崙的所作所為更貼近太陽王的設想，即將歐洲置於法國王室的統治之下，而不是羅伯斯比或丹東所主張的共和政治。但拿破崙最終還是失敗了。一方面，他成了過度擴張的犧牲品。最典型的例子就是他試圖征服俄國，最後他的軍隊不得不在寒冬雪地裡撤出俄國。另一方面，西班牙的遊擊隊拖住了拿破侖。圍剿游擊隊的戰爭不但曠日持久，而且收效甚微，這些遊擊隊得到了英國威靈頓公爵的支持。

西元一八〇五年的特拉法加海戰中，海軍上將納爾遜指揮的英國艦隊採用危險的策略，擊敗了法國艦隊和西班牙艦隊，但這位著名的海軍上將也在戰鬥中陣亡。海戰之後，拿破崙入侵英國本土的希望基本上已告破滅。這場海戰換來了海上強國和陸上強國的長期平衡。在此期間，英國封鎖了歐洲大陸的主要港口，但卻不能有效地打擊這位「科西嘉暴君」。同年年底，拿破崙獲得了他人生中最偉大的勝利。在奧斯特利茨戰役中，他擊敗了奧地利和俄羅斯的聯軍。

在兵敗俄國之前，拿破崙的軍事天才使歐洲各國的軍隊既感到敬畏又不知所措。直到西元一八一三年的萊比錫戰役——又稱「各民族會戰」——反法聯盟才集中了足夠規模的軍隊，終於擊敗了拿破崙。俄國、普魯士、奧地利和瑞典組成了聯軍，在數量上遠遠超過法軍以及來自義大利和波蘭的盟軍。截至當時為止，這是歐洲歷史上規模最大的陸上戰爭，雙方總共投入約六十萬兵力。拿破崙的失敗導致聯軍佔領巴黎，也促使他手下的高級將領發動了一場兵變。拿破崙宣佈退位，隨後被流放到了厄爾巴島。

不久之後，拿破崙從厄爾巴島返回法國，並立即著手重整軍隊。這是十九世紀中最重要的冒險活動，但也僅僅是場冒險。「百日王朝」是拿破崙的最後統治。這個王朝始於肥胖的路易十八逃出巴黎，終於著名的滑鐵盧戰役。在滑鐵盧，在最後一分鐘趕到戰場的普魯士軍隊幫助下，威靈頓公爵指揮的聯軍擊敗了法軍。最後，拿破崙被流放到位於南大西洋的聖赫勒拿島。西元一八二一年，拿破崙在這個遠離歐洲的小島上去世。

拿破崙迫使其他歐洲強國動員軍隊並學著執行大規模作戰，這樣壯盛的場面直到第一次世界大戰之前不曾再出現過。他對主宰歐洲一千年的君主制構成了短暫的威脅。但征服戰爭和共和政治是相互抵觸的，他留下的政治遺產少到令人驚訝。

革命造成了混亂，這混亂使拿破崙成了領袖，但這並不是革命的本質。歐洲暫時回到了舊秩序中，回到由「歐洲警察」——奧匈帝國、迴光返照的波旁法國與陰暗的俄國沙皇——所主宰的保守聯盟體系。但法國仍然無法回到從前。法國國內仍然存在著根本對立，一方認同舊式的保皇派和天主教，另一方認同新式的共和主義和革命。這種分歧導致兩場進一步的革命，在「德雷福斯事件」中撕裂了法國社會，並在二十世紀三〇年代繼續衝擊這個國家，在維琪政府與納粹德國的勾結中達到高峰。在歐洲其他國家，「人權」、共和政府和公正的現代法律仍然留在人們的腦海中，這些思想鼓舞了十九世紀的激進分子。一八四八年擴散全歐的革命表明，兩個世代前產生於巴黎的那些新思想不會被遺忘。

真正的難題是，在爆發全面革命的時候，是否能夠避免墮入大規模殺戮以及最終走向軍事獨裁。將英國的平等派與法國的雅各賓派和俄國的布爾什維克進行對比是否有意義呢？將克倫威爾、拿破崙和史達林進行對比又是否恰當呢？這些國家的情況迥然不同，國家變革的主要參與者也會用不同的術語來形容自己。但有一件事是毫無疑問的。一旦舊政權——使人無法容忍、對變革裝聾作啞、僵化，並令人蔑視——垮臺，幾乎不會有一個更加理性、更加人道、更加有遠見的新政權彬彬有禮地等在旁邊。

權力使人瘋狂——**敵人已經將我們圍住。叛徒到處都是。我們需要非常時期的權力。現在的嚴苛將**

會帶來日後的平靜。**已經沒有時間謹慎行事了**。權威持續崩塌，這引發了太多的痛苦，於是精疲力竭的人們接受了暴力和獨裁者的第一個承諾——恢復法律和秩序。每個人都聲稱自己是在替人民說話，但毫無疑問，絕大多數成年的人民通常是無聲的。我們已經知道，君主國和帝國都存在即位的問題。這些問題包括：宮廷政變、呆傻的後代、兄弟攻伐，一個家族推翻另一個家族。但問題是，從一種政體轉移到了完全不同的另一政體，看起來卻更加血腥。

黑色雅各賓黨

今天，海地堪稱是世界上最貧窮、最令人絕望、最蕭條、最腐敗、環境破壞最嚴重的地方。但在三百五十年前，海地曾名列世界上最富有的地區。當時的海地名叫聖多明哥，位於加勒比海最大的島嶼，伊斯帕尼奧拉島西部的肥沃土地上。海地地勢多山，山上長滿了硬木林，丘陵上種植著咖啡、可可、芒果和柳丁，平原上點綴著香蕉、煙草和甘蔗園。做為法國的殖民地，海地的財富卻足以在波爾多、南特和馬賽修建了許多華美的廣場和大廈。海地被認為是世界上最重要的單一島嶼殖民地。到法國大革命時期，每年有超過一千五百艘船到訪海地的港口：為了與聖多明哥進行貿易，法國雇用了七百五十艘大型船舶和二萬四千名水手。

所以，為何這麼繁華、成功的地區，最後卻成為人類公共生活所能看到最糟糕的夢魘呢？答案是奴隸制，奴隸制與法國崇高的民主理想發生了衝突，於是就造成了這種結果。在黑人奴隸反抗白人壓迫者的眾多起義中，第一場也是唯一獲得勝利的起義就發生在聖多明哥。雖然海地起義的結局令人絕望，隨著北方白人國家不再依賴甘蔗園和奴隸船，事件也很快就被人遺忘了。但是，這次起義的領導者堪稱是十八世紀最能鼓舞人心的領袖。

這位領導者名叫杜桑・盧維杜爾（Toussaint L'Ouverture）。他的父親是非洲酋長，在戰爭中被俘，然後被當作奴隸賣給一個法國種植園主。這位顛沛流離的酋長和他信仰天主教的妻子一共生了八個孩子，杜桑便是其一。與大多數奴隸相比，杜桑受到了特殊的照顧，他學習過一點法語和拉丁語，長大後成了工頭，負責照料莊園裡的牲畜。儘管他從未受過虐待，也沒有像大多數種植園奴隸那樣受到定期的鞭打，但在三十三歲獲得自由之前，他仍然是個奴隸。法國大革命爆發的時候，他已經四十多歲，長著一頭灰白色的頭髮，因此人們都稱呼他為「老杜桑」。他的姓氏「盧維杜爾」是個綽號，意思可能是指他在日後擔任軍事指揮官時能夠在敵陣中找到「空隙」，也可能是指他牙齒間的縫隙。[31] 他個子不高，騎術了得，也是一位具有超凡魅力的人。

杜桑的世界是大西洋奴隸貿易的一部份。大西洋奴隸貿易大約持續了四個世紀，直到十九世紀末才廢除。在這段時間裡，歐洲的奴隸販子大約抓捕了一千兩百四十萬非洲人，然後將他們裝進販奴船，運送到加勒比地區、南美洲和北美洲；差不多有二百萬名黑奴在跨越大西洋的航行中喪生，有些人甚至死在前往種植園的路上。[32] 除了這些，當阿散蒂、達荷美、剛果和其他地區的國王意識到如何利用戰俘賺錢之後，他們之間的相互征伐也造成了大量死亡。他們殺掉年老和年少的戰俘，然後將健康的成年戰俘帶到海邊，於是這些人踏上了不歸路。如果統計上述戰爭中的死亡人數、被圈禁在海岸時死亡的奴隸數量，以及到達種植園後一兩年內死亡的奴隸數量也算在內的話，那麼黑人的總死亡人數可能達到一千六百萬，這比被送到美洲的奴隸數量還要多。[33]

阿拉伯穆斯林是最早使用非洲奴隸的人，他們有系統地抓捕非洲人，讓這些奴隸在勞力密集的露天甘蔗種植園裡工作。他們在美索不達米亞也面臨著奴隸反叛的問題。但大西洋航行、對肥沃新土地的征服，以及歐洲人對廉價糖、菸草和棉花的貪得無厭卻將這件事推向了邏輯的極端。十五世紀晚期，葡萄牙人佔領了佛德角群島和馬德拉群島。之後，他們開始從事跨大西洋的奴隸貿易。葡萄牙在巴西擁有的大型殖民地使他們的奴隸販運量佔全體奴隸貿易的百分之四十。但不久之後，歐洲其他航海民族——從西班牙人和法國人到荷蘭人和丹麥人——也紛紛加入了這項貿易。然而，主導十八世紀奴隸貿易的是英國人。

在世界歷史中，沒有哪段故事比「中段航程」（Middle Passage）更加黑暗或更加著名。中段航程是三角貿易的一個組成部份，在這段航程中，擁擠不堪的販奴船將人力從非洲運到美洲。隨後，這些販奴船將他們生產的糖和其他原材料帶回歐洲，再將歐洲人生產的商品運到殖民地。事實上，在工業革命全面開展之前，佔領先地位的歐洲經濟是將外國勞動力當作機器來用，以此促進本國的繁榮。後來，憤怒的基督教改革者發起了反奴隸制運動。今天，與這場運動相關的故事非常受歡迎。然而，儘管主張廢奴的男男女女非常勇敢，但他們無法抹去兩個世紀的奴隸貿易。

一切都很簡單，一切都並不遙遠。加了糖的茶在口中留下了甘甜，蘭姆酒在雙唇的滋味令人滿意，一件新的棉布襯衫的柔軟觸感，吸上一口上好的菸草使人感到愜意。這些物質上的強烈快樂，使得幾代歐洲人都不會去關注給他們帶來這種快樂的奴隸經濟。即便到了今天，有了電視和其他現代通訊媒體，我們在享受設計精巧的電腦桌和穿沒幾次就丟掉的漂亮衣物時，也不會仔細琢磨為什麼能夠以如此便宜的價格購買。自十七世紀以後，從格拉斯哥到里斯本，許多歐洲城市創造了巨額財富；布里斯托爾和南特建造了許多漂亮的豪宅；有權勢的政客資助了倫敦、巴黎和阿姆斯特丹的建設，這些發展都是拜奴隸貿易所賜。奴隸貿易的殘酷，從奴隸販子在奴隸身上打烙印和在種植園中鞭打奴隸，到把奴隸餵鯊魚，再到逼他們吃人肉作為懲罰。這種令人厭惡殘忍行徑，令啟蒙時代歐洲知識分子的趾高氣昂看上去不過是笑話一場。奴隸船上裝滿了戴著鐐銬的男男女女。奴隸船散發著惡臭，岸上的人一聞到這種臭味，就知道有船要靠岸了。死去奴隸的屍體經常會被扔進大海，因此鯊魚會一直尾隨著奴隸船，跟著船隊跨過大西洋。

在英法進行奴隸貿易的全盛時期，聖多明哥是最渴望購得奴隸的地方。原因有兩點：第一，那裡的炎熱氣候使傳染病易於蔓延，造成奴隸死亡；第二，奴隸要砍甘蔗，並用甘蔗熬糖，這些艱苦的工作會使他們迅速喪生，因此奴隸主經常需要購買更多奴隸。進入法國大革命發生的世紀時，大約共有八十五萬名奴隸被販運到了聖多明哥。你或許會認為，那裡的黑人數量會變得越來越多，但事實並非如此。截至革命爆發的時候，這塊殖民地上只有四十三萬五千名黑人。對於法國人來說，這沒什麼特別的。因為在英國控制的牙買加，情況同樣如此。奴隸的死亡數量大到有助於我們理解當他們發動起義時，聖多明哥發生的事。

聖多明哥由一六八五年路易十四頒佈的《奴隸法典》所管理，這導致當地人口組成複雜且不穩定。那裡有富裕的白人種植園主，他們通常是法國貴族的次子或私生子。還有一個龐大的窮困白人階層，他們充當店主、工匠、種植園裡的監工，有些則是農民。此外還有一個規模更大的混血階層，他們有一半的白人血統和一半的黑人血統，這是一百多年來白人男性迎娶黑人婦女的結果。這些「黑白混血兒」（mulattos）也有階級之分，取決於他們的父母有多黑或多白。有些黑白混血兒逐漸富裕起來，儘管他們沒有政治權利，但仍然受到了窮困白人的記恨。最後，佔當地人口絕大多數的是黑人，其中大部份是奴隸。逃跑的黑人組成了若干團體，這些團體在聖多明克的山區建立了避難所。在那裡，他們信奉巫毒教，偶爾也會密謀襲擊種植園。

法國大革命的消息傳到了聖多明哥，就像爆竹投入了炸藥堆一般。不出所料的是，富裕白人、殖民地的地方官員和軍官基本都是保皇黨。但在其他的白人和黑白混血兒中，很多都是熱情的共和黨人。西班牙的聖多明哥（Santo Domingo）殖民地就在島嶼的東半部，英國的殖民地牙買加與伊斯帕尼奧拉島隔海相望。當聖多明哥陷入混亂的時候，西班牙人、英國人及其引以為豪的海軍都在蠢蠢欲動，希望借此亂局撈點好處。

因此，海地革命註定會是段複雜的故事。有時候，反叛的奴隸會與西班牙人聯合，共同對付法國的革命分子；法國人自己也分成保皇黨跟革命黨；黑白混血人可能站在保皇黨一邊，或者甚至站在入侵的英國人一邊。每個人都在為自己的地位而奮鬥。與此同時，來自巴黎的消息總是不斷變化。在革命初期，來自巴黎的中產階級民主派，許多人都從食糖貿易中賺了不少錢，他們堅決主張保留奴隸制。反對奴隸制的人（其中包括英國人）希望這場革命能夠成為一個轉捩點，但這次他們失望了。法國針對聖多明哥的局勢展開了討論，人們含糊地使用一些令人尷尬的詞彙，以避免直接使用「奴隸」一詞。

之後，隨著革命目標更趨向民主，黑人權利也成為提案對象。西元一七九四年一月，曾為奴隸的讓－巴普蒂斯特．貝萊（Jean-Baptiste Belley）在法國的議會中發表演講，主張廢除奴隸制，當時他贏得了熱烈的歡呼聲。二十世紀的馬克思主義史學家詹姆士（C. L. R. James）是研究海地革命的先驅，他表示：「由一位黑人跟前奴隸來發表演說，促成政治議會史上通過的最重要的法案，是恰如其分的。」[34] 但隨著反雅各賓勢力發動反擊，巴黎又突然出現了反對奴隸主張和支持舊秩序的情緒，這一切來得實在是太快了。

試圖完全解放聖多明哥全部黑人的是杜桑．盧維杜爾。開始的時候，法國革命導致保皇派法國人和共和派法國人之間的衝突，也導致窮困白人和黑白混血之間的衝突，他們同樣想為自己爭取權利。其他的法屬島嶼也爆發了奴隸起義，如馬丁尼克島和瓜地洛普島。

杜桑是天主教徒，也會用草藥為人們治病。他剛開始領導奴隸起義的時候，是一位謹慎、穩健的領袖。他往往會尋求折衷方案，並試圖赦免敵對勢力的領導人——儘管這種做法無異於背叛，因為這可能會使起義者重新淪為奴隸。有一段時間，他曾與西班牙的保皇黨並肩作戰，共同反對革命。他極不信任窮困白人中的激進分子。但隨後，杜桑成了一名經驗更豐富、更成功的軍事領袖——他仔細研究了尤利烏斯·凱撒的《高盧戰記》，而他的軍事天賦幾乎可以與拿破崙相提並論。此時，他接受了雅各賓派領袖極端的人權觀念。他將一群憤怒的奴隸、一群衣衫襤褸的烏合之眾訓練成了一支紀律嚴明、足智多謀、意志堅決的軍隊，他帶領這支軍隊取得了一場又一場勝利。

這支軍隊的最大成就是擊敗了英國人。英國人假意支持黑人和混血兒，假裝擁護自由，但他們的真實目的是趁法國虛弱之際佔領這塊殖民地。英國的大臣們都知道，西元一七六〇年，本國控制下的牙買加島也爆發了奴隸起義。杜桑並沒有認真考慮英國人的建議，他對法國大革命中所提出的理念倒是越來越熱心，只要法國派來的官員不繼續壓迫他們。他擊敗了英國軍隊。在英軍戰史上，這是最令人尷尬的失敗之一。愛國的歷史學家悄悄地忽略了這場敗仗。但在這次戰鬥中，英軍傷亡慘重，傷亡數字足以與反抗拿破崙的半島戰爭相提並論。

杜桑是一位令人難以捉摸的領袖。他似乎是真心實意地尊崇法國。但在行動上，他又選擇讓這塊殖民地獲得獨立，並由他自己來管理，這樣可以使聖多明哥發展得更好，也可以確保奴隸制不會死灰復燃。當法國革命出現波折，更加保守的政治人物在巴黎掌權的時候，杜桑警告這些人，如果他們想對聖多明哥下手，那無疑是緣木求魚：「我們已經知道如何面對危險以獲取自由，我們也將知道如何英勇犧牲以捍衛自由。」[35] 到了這個時期，經歷了這麼多殺戮和猜忌，這場奴隸起義已經徹底改變了這個島上的種族觀念。黑白混血兒的里戈，是杜桑的競爭對手。他拒絕服從杜桑的命令，只因為這位領袖是純種黑人。當他因抗命而受到指控的時候，杜桑憤怒地質問：「皮膚顏色的深淺有什麼哲學意涵嗎？與一個人的品行有關嗎？」他繼續說：「我是『人權』的狂熱信徒，因此我絕不相信一種膚色的人會優於另一種膚色的人。我認為，人就是人。」

在驅逐英國人，併吞東半部聖多明哥後的若干年裡，杜桑成了這塊殖民地上的實質獨裁者。他對聖多明哥的管理相當出色：他重新修整了被戰爭蹂躪的土地；促使工人們回到種植園，以免國家遭遇饑荒；開始建立學校和地方行政系統；設立法庭；修建了一家精緻的旅館；引入幾項簡單的稅；打擊走私犯。在獲解放的奴隸和自由白人的陪伴下，他多次舉辦可以接受民眾請願的晚會，也經常騎馬在島上四處巡視，藉此檢查他施政的每一個細節。他採用了一部已經制定好的憲法，並創建了願意尊他為統治者的議會。當時，聖多明哥有機會成為由黑人管理的真正的多民族共和國，有如加勒比海上的一點星火。

然而，對於另一位自封的統治者——拿破崙．波拿巴——來說，這點星火實在是太刺眼了。他輕視黑人，同時完全理解永久喪失聖多明克將會對法國造成多麼可怕的衝擊。在過去，法國三分之二的海外財富都來自聖多明哥。拿破崙與杜桑玩起了貓捉老鼠的遊戲。後來，法國與英國和其他反法國家之間曾一度休戰。在短暫的和平期裡，拿破崙派遣兩萬軍隊鎮壓這場黑人起義。這是法國向海外派出的最龐大軍隊。

此時，杜桑身邊最有才幹的助手和立場更加激進的黑人支持者間產生了矛盾。他們認為，杜桑對白人太仁慈，對黑人太苛刻。在是否應該與法國完全斷交這個問題上，杜桑一直猶豫不決。另一個使他躊躇的問題是，這個新生的自由島國應該變得多激進？但當拿破崙的將軍們在聖多明哥登陸的時候，他們發現杜桑和英國人一樣難對付。島上又開始了一場殘酷的戰爭。高唱革命歌曲的黑人軍團將法軍打得步步後退，勝利似乎就在眼前了。如果部份高級將領沒有叛變，那麼杜桑或許可以堅持到雨季，到那時疾病將會消滅這些侵略者。但結果卻是，謀求停戰的杜桑遭到出賣。法軍捉住了他，並把他押送回法國。在法國，拿破崙將他囚禁在冰冷的監獄中，直到他去世。

然而，這並不是故事的結局。那些獲得自由的奴隸並未因杜桑被捕而變得意志消沉。法軍將領興起了一個殘酷的念頭，他們想徹底根除黑白混血兒、殺害大量的黑人，藉此迫使他們重新成為奴隸。法軍溺死和燒死了很多人，並以經過特殊訓練的軍犬攻擊當地人。但他們的做法卻造成了反效果，一場新的遊擊戰就此拉開序幕。這就像是一場完全的種族戰爭，這在歷史中尚屬首見。現在，領導黑人軍隊的是讓─雅克．德薩林，這位過去的奴隸身上有許多鞭子抽出的傷痕。德薩林曾是杜桑手下的傑出將領，但並不像杜桑那麼溫和或謙遜。交戰雙方都犯下了暴行。地方反叛不斷，法國人陷入四面楚歌，他們的意志力逐漸減退。拿破崙華麗遠征軍的殘兵敗將逃離了這個島嶼，結果被等候一旁的英國海軍逮了個正著。

德薩林效仿拿破崙，於西元一八〇四年加冕稱帝。他頭戴美洲人做的王冠，坐在英國製造的典禮馬車上，率領軍隊進入城鎮。此時，聖多明哥已經更名為「海地」。隔年，德薩林下令對留在島上的白人進行屠殺，這場屠殺使海地陷入國際孤立狀態。德薩林屠殺白人或許是受到了法國宿敵的英國人的慫恿，他們想一勞永逸地消滅這塊殖民地。兩年後，英國議會終於宣佈跨大西洋奴隸貿易非法。此後，英國皇家海軍抓獲了大量販奴船，並釋放了大約十五萬名奴隸。於是，種植園開始衰落。種植園衰落、國際孤立，再加上連年戰爭的破壞，這些因素交織在一起，將海地推向了深淵。

殖民者種植的甘蔗、咖啡、菸草和其他經濟作物使海地的財富呈倍數增加，也使海地被吸納進了國際貿易體系的中心。但這一切都基於有組織的暴行。在此之前，人們一直在尋找創造財富的其他方法。但截至十八世紀晚期，至少英國本土出現了令人矚目的繁榮。這種繁榮的基礎是以蒸汽作為動力的工業，英國不再需要那些使人厭惡的生意。如果不是聖多明克的奴隸把法國大革命的承諾當了真，並且向世界證明黑人和他們的主人一樣英勇善戰（甚至更加善戰），那麼廢奴主義者恐怕不會那麼快取得勝利。但最令人感到悲傷的是，如果杜桑能夠活下來，並建設他那個小小的共和國，那麼他或許能為海地留下一筆更豐厚的遺產，今天的海地或許也不會成為一個獨裁、貧窮的國家。

牛痘

十八世紀二〇年代，波士頓住著一位曾經參與獵巫的教士，他叫科頓·馬瑟。他盡自己最大努力去研究導致兒童大量死亡的天災。最後，他和妻子還是敗給了那個時代的大災難——天花。他說：「死掉一個兒童，並不比打破一個水罐或一朵花的凋謝更令人驚訝。」但馬瑟發現了一件奇怪的事情：他有一個叫奧內西姆斯的奴隸，沒有得過天花，這名出生在遙遠的利比亞的奴隸，胳膊上有幾道傷痕，這是他還是孩子的時候，在非洲老家留下的。與其他非洲奴隸一樣，他按照非洲部落的習俗接種過某種東西。馬瑟對此既感到好奇，又感到懷疑。但這種好奇心尚不足以使他寬恕奧內西姆斯的一點小過錯，他賣掉了這名奴隸。儘管如此，這件事還是給他留下了印象。[36]

與此同時，在大西洋另一側，一位聰明且擁有良好社會關係的夫人也在做著同樣的努力。她就是瑪麗·沃特利·蒙塔古。西元一七一五年，她得了天花，而且相當嚴重。這場病不但毀了她的美貌，並且差一點就要了她的命。瑪麗的丈夫是位外交官。當他被派往土耳其工作的時候，她也跟著丈夫來到了奧斯曼帝國。在那裡，她認識了土耳其人接種疫苗的習慣——接種疫苗又被稱為「種痘」。種痘的過程大致是這樣的：先在皮膚上劃一個小口，然後將一點致病物質殖入這個小口，之後接種疫苗的人會出現輕微的病症。土耳其人用這種方法來保護女性的美貌，以確保她們能夠進入後宮，而瑪麗夫人則用這種方法來保護她年僅六歲的兒子。幾年後，她返回英格蘭。她也為她的女兒接種了疫苗，之後還勸說她的好友卡洛琳公主為王室的兒童「種痘」。

像在美國一樣，這件事也在英格蘭引起了巨大的爭議。天花是一種可怕且致命的疾病。古代的中國、印度和非洲都曾出現天花。之後，這種疾病於古典時期傳入希臘和羅馬。十二世紀的時候，十字軍戰士感染了天花，他們將這種傳染病帶到歐洲，結果造成了天花在歐洲的肆虐。感染天花的人往往會先發疹，之後臉上和身體長出可怕的膿包，接下來會出現令人恐懼的痙攣和失明，到了這個階段基本上已經回天乏術。倖存者通常會留下疤痕，有時還會造成殘疾和失明。兒童是天花的易感人群。這種疾病最容易在歐洲擁擠的村莊和城鎮中傳播。據估算，到十八世紀，英格蘭每十個亡者中就有一人死於天花。從西元一七八三年到一八〇二年，格拉斯哥三分之一的兒童因這種傳染病喪生。俄羅斯的情況同樣糟糕。在肆虐歐洲一個世紀後，天花在俄羅斯殺死了大約六千萬人。[37]

電影中描繪珍．奧斯丁時代的英格蘭、啟蒙運動時期的愛丁堡村莊或革命時代的美國城鎮時，電影製片人通常會忽略一個顯而易見的事實——人們身上長著膿包或留著疤痕，天花使他們無法睜開眼睛，這些人的樣子可憐到無法形容。一項研究表明，「在超過二千年的歷史中——包括有文字記載的歷史和口述歷史——天花造成大量的死亡、失明和傷殘。根據具體的傷亡數字我們不難發現，天花或許是給人類帶來最大痛苦的惡性傳染病」。[38]

人們自古以來就知道，接觸弱化的天花病毒會使人輕微發病，病症消失後，他就不會再得天花了。古代的中國醫生會收集天花病人身上的痂，之後將這些痂風乾、碾碎，再用一種特殊的骨製管子將碎末吹進病人的鼻子裡。他們還會將天花病人身上的濃汁刻意地塗抹在兒童的衣服上。在印度和非洲部份地區，人們會用棘刺將病毒帶入靜脈、直接吞下病毒，或是將病毒塗在裸露的傷口上。牧師馬瑟的奴隸和瑪麗夫人在伊斯坦堡木屋裡遇見的人使用的都是這種方法。這不是什麼祕密。

但這並不是能真正解決問題的方法。歐洲的醫生不使用傳統的免疫法，他們這樣做自有他們的道理。那些接觸到微弱病毒的人可能會真的染上天花，結果因此喪命或致殘。傳統免疫方法具有百分之三到百分之五的死亡率，這使「種痘」成了一種危險活動。那些僥倖存活下來的人也會留下疤痕或失明。在倫敦，瑪麗夫人的好友之一，尊貴的薩瑟蘭伯爵曾為他的兒子接種疫苗，結果兒子因此死亡。事實上，在人口密度高的地方推廣「種痘」會加速天花的傳播。最後，歐洲藥劑師使用的不潔淨刀子經常會傳播其他的傳染病。英國的醫生對瑪麗夫人冷嘲熱諷——之後則有興致勃勃的漫畫家接棒，甚至認為接種疫苗是外國陰謀的一部份，目的是殺光英國的嬰兒。

然而，天花的威脅實在是太大了。因此，慢慢地，越來越多人開始接受接種疾苗。接種疫苗是段可怕的經歷，這點可以在英格蘭得到體現。要接種疫苗的男孩和女孩先要被餓上幾個星期，目的是讓他們的體質變弱；之後是給他們放血，目的是讓血液變淡。在這段時間裡，他們只能靠一點點素食維生。然後，在孩子身上劃開一個口子，嵌入天花病毒。具體來說，是用打了結的繃帶將幹痂固定在傷口周圍。為了防止天花傳播，這些孩子要接受隔離。他們被安置在一家「傳染病院」或是穀倉裡，和其他患者住在一起。他們要在那裡住上十天，直到新長出來的痂脫落為止。孩子們居住的地方污穢不堪。這段經歷不但會給人留下身體上的創傷，也會造成心理上的創傷。一個八歲的孩子在格洛斯特郡經受了接種疫苗的折磨。之後，他抱怨說，他在那裡變得骨瘦如柴，而且從來沒睡過好覺。男孩的名字叫愛德華·詹納。

詹納很早的時候就失去了大部份家人。一個比他年長許多的哥哥將他拉拔長大。這位和藹可親的哥哥是個家境小康的教區牧師。開始的時候，詹納年幼時曾著迷於植物學。不過他很快就決心成為醫生。當時這份工作意味著從學徒做起，而不是接受大學教育。在倫敦，他受到當時最好的外科醫生約翰·亨特的賞識。因此，他得到了跟隨庫克船長前往澳大利亞的機會，這是庫克船長第二次出航澳大利亞。但他更希望回到格洛斯特郡，當個生活更加平靜的快樂鄉村醫生。在那裡，他遇到了定期爆發的天花病。他行醫，種植黃瓜，用氣球做實驗，照顧他體弱多病的妻子。此外，他也在關注著外界的資訊，並反覆思考一則當地的民間故事。

牛得了天花後，有時候會傳染給擠奶女工，她們稱之為「牛痘」。據說，一旦感染了這種危害相對較小的疾病，她們就會對天花產生免疫力。當地的民歌和詩歌長期以來有這樣一個傳統：開頭的時候都會先描寫美麗的擠奶女工膚如凝脂，因為她們的皮膚上沒有天花留下的疤痕。至少一個名叫班傑明·傑斯提的農民相信這個故事的真實性。因此，在西元一七五六年，他用牛痘的濃汁使他的妻子患病。鄉下經常會發生一些奇奇怪怪的事。

但直到四十年後，已到中年的詹納醫生才開始做他那個著名的試驗。詹納聽說，在格洛斯特郡的伯克利村，有個農民之女，名叫莎拉·內爾姆斯的擠奶女工感染了牛痘。西元一七九六年五月一四日，詹納勸說這位女工，希望她能允許自己從她的瘡上取下一些物質，並將這些物質保留下來。之後，詹納在名叫詹姆斯·菲普斯的小男孩（他父親是當地的工人）的胳膊上劃了一個口子，用之前從莎拉的瘡上取下的物質讓他感染。於是，小菲普斯患了症狀較輕的天花。當小男孩康復後，詹納於七月一日再次劃開他的皮膚，向裡面植入了攜帶天花病毒的物質。（今天，動物實驗引發了巨大爭議，因為人們通常會從倫理角度考慮這個問題；但在十八世紀的英格蘭，用工人階級的男孩做實驗似乎並未引起什麼議論。）這次，詹姆斯沒有再得天花。行醫二十四年的詹納非常相信這個實驗結果，因此他沒有做更多的實驗。

很快，他就在一本小冊子裡寫出了自己的觀點。這個小冊子幾乎立刻成了暢銷書。

這條消息為什麼會迅速傳播？又是如何迅速傳播的？這些問題與詹納的發現同樣有趣。首先，詹納是當地科學辯論會的成員，他認為自己的突破是已被證實的科學，而不僅僅是一種鄉間民俗療法。儘管他的許多觀點都是錯的，但他的新發現還是獲得了認可，因為當時有大量思想開通的聽眾都在等待治療天花的新方法。其次，儘管只是位鄉村醫生，詹納擁有良好的社會關係。格洛斯特郡的切爾滕納姆是英國的溫泉勝地之一。與法國交戰使富裕的英國人不可能到國外去旅行，所以切爾滕納姆逐漸發展了起來。在這座小鎮裡，詹納接觸到了許多有影響力的貴族和作家，他們促進了這項新發現的傳播。

不久，牛痘的實驗開始風靡英國。很快，其他國家也開始做這個實驗。

一七九九年，普魯士的路易莎公主致信詹納，向他詢問關於『牛痘苗（vaccine）』的事（「vaccine」這個詞來自拉丁語中的「牛」）。同年，這位醫界新星被引薦給喬治三世。凡是王室和貴族領頭的事，中產階級都會緊隨其後。次年，在一場珍．奧斯丁出席的晚宴上，宴會的男女主人堅持要為與會的來賓朗誦詹納的小冊子。到了西元一八〇一年，英國皇家海軍已經開始為水兵們接種牛痘。與此同時，湯瑪斯．傑弗遜在他的家鄉——維吉尼亞的蒙蒂塞洛——親手為三十個人接種了牛痘。俄國女皇將境內第一個接種牛痘的兒童命名為「瓦奇諾夫（Vaccinof）」。據估計，大約有十萬歐洲人得到了救治。這項偉大的發現甚至跨越了歐洲戰爭的界限：為了向詹納表達敬意，拿破侖於西元一八〇四年鑄造了一枚徽章，之後他的軍隊也接種了牛痘。事實上，拿破侖非常尊敬詹納，以至於當這位鄉村醫生就某一問題致信拿破崙的時候，這位法國皇帝竟然同意釋放一些英國戰俘。在巴黎，著名的空想社會改革家吉約坦醫生是詹納最重要的支持者之一。

但這項發現也遭受了一些攻擊。用牛身上取下來的東西使人感染，這個概念遭到無知漫畫家的冷嘲熱諷。醫生們警告，這種做法沒什麼好處。更嚴重的是，同時代的以警告人口過剩的知名學者湯瑪斯・馬爾薩斯，對詹納展開了猛攻。馬爾薩斯於一八〇六年再版的《人口論》中表示，由天花造成的死亡是件好事，因為這可以使人口自然下降。如果牛痘真的發揮作用，那麼就會突然冒出其他的疾病來取代天花，對人口進行必要的篩選。馬爾薩斯寫道，「人類將不會，也不可能會，戰勝自然的意志。」「未來將會出現必要的死亡，要麼是以這種形式，要麼是以那種形式。」

事實上，接種牛痘將會根除天花，這使天花成為人類第一個解決的大災難。在許多國家（其中也包括英國），各種爭論推遲了必要的立法，因此這項工作一直延續到之後的十九世紀。在世界各地，直到二十世紀，天花仍然導致人們死亡、失明、傷殘。但感謝詹納的發現，聯合國於西元一九八〇年宣佈，天花已經被徹底根除。有了對實驗的新信念，借助出版的力量，這位鄉村醫生對人類福祉做出了巨大貢獻。他的貢獻要遠遠大於同時代任何一位高喊人權的政治革命家。

第七部　資本主義及其敵人

Capitalism and its Enemies

一八〇〇年到一九一八年：

工業革命如何翻轉人類生活而又毀滅自身

工業革命

從十八世紀中期到二十世紀末，世界發生了巨大的變化，其劇烈程度超越了人類自發明農業以來的任何一個歷史時期。嚴格說起來，「工業革命」這個詞沒有什麼道理，因為「革命」一詞指的是回到原先的某種狀態，儘管恢復後的「原先狀態」已經變成了一種全新的狀態。但這裡的「革命」顯然不是這個意思。上述巨變的基礎是機器。機器消耗了大量的自然資源（包括煤和石油），生產出了從廉價衣服到罐裝食品的各種產品，其中最重要的是也生產出了其他機器，這樣的改變重新形塑了人和自然的關係。工業革命使人們得以乘坐輪船，更快速地跨越海洋，乘坐火車進行長途旅行；人們可以用便宜又有效的方式點亮家裡和工作的地方，可用的時間也就大大地增加了，這點對於生活在高緯度地區的人來說尤其顯著。工業革命還為歐美地區以百萬計的人們帶來了高品質的服裝、各種家居用品和娛樂活動，這在過去是連做夢都想像不到的。

然而，工業革命的代價極為沉重，許多思想家因此非常痛恨這場革命，並質疑它的價值。例如，工業革命使成百上千萬人在工廠裡進行著重複、嚴苛的勞動，使他們居住在擁擠、骯髒的城市住宅中。在人口稠密的村鎮或山谷，工廠嚴重破壞了當地的環境。在維多利亞時代，大量英國人死於空氣污染所引發的肺病——大約有四分之一的死亡人口死因都是惡劣的空氣。[1] 西元一八六六年，政府巡視員發現考爾德河（Calder）污染嚴重，甚至河水都能當墨水用。與此同時，工業的化學副產品也污染了布拉德福運河（Bradford Canal），當地的男孩經常點燃河水，火沿著河岸燃燒，火苗足足有六英尺高。[2]

隨著工業革命的擴展，美國、歐洲大陸的大河與湖泊遭到了同樣嚴重的污染，隨後是日本。這場革命也使戰爭變得更具破壞能力。因為工業發達國家可以憑藉自身優勢欺淩、佔領、剝削相對落後的國家。發達國家可以在一眨眼間毀滅已存在數個世紀的古老文化。的確，在人類歷史中，這是一個最能體現「創造性破壞」的時期。儘管領導工業革命的國家成了二十世紀歷史的主角——尤其是美國和德國（法國和俄國也緊隨其後）——但這場變革卻最先發生在濕溽的不列顛群島。

在英國，與任何一場政治革命相比，學會運用煤、化學品、礦石和電的腳步都要緩慢得多。英國的工業革命大約持續了一個世紀，也就是從十八世紀中葉一直持續到西元一八五〇年前後。這場革命起源於一些相對偏遠的地區，如什羅普郡鐵橋峽的煤溪谷，當地的煤鐵資源向來靠近地表、康沃爾郡的錫礦區，以及當時還是座小鎮的伯明罕近郊。工業革命的先驅是商人和仕紳科學家，而不是那些幻想創造變革的人；他們的陶藝品和金屬飾物都是模仿古老熟悉的手作工匠製品，使用機器則是為了獲得立即的效益。這場革命既沒有整體規劃，也沒有核心組織領導。但它帶來了巨大的利潤，這些利潤足以使人們迅速、甚至是不顧一切地模仿、競爭。當工業革命擴展到德意志、美國，以及像比利時這樣的小國時，一系列的變革加速發展，緊追著較早取得突破的英國的腳步。

工業革命為什麼首先出現在英國？為什麼在那個時候出現？

儘管英國有大量的煤鐵資源，但對於工業化來說，政治因素似乎比地理條件更重要。資本主義的特點是資本密集、以市場為導向、混亂的、創造/破壞的資金系統，以及買進和賣出；至今也依舊如此。如果沒有資本主義的誕生，工業化或許就不會出現。但資本主義並不是工業化的先決條件，因為蘇聯和社會主義中國都已經實現了工業化，但兩者都需要極端的暴力、巨大的浪費，以及最重要的，購買或竊取資本主義國所創造的技術。我們無法在歷史中做對照試驗，但似乎需要先有市場體系，工業化才能出現並得以維持。而工業化要正常發展，還需要相應的一組特殊環境。

這樣的發展環境首先出現在十八世紀的英國，這不是因為英國人獨具天賦（想想中國和希臘的發明家、法國和西班牙的探險家，以及義大利和德意志的工匠），而是因為一些幸運的巧合交會在一起，創造了全新的事物，就像偶然將不同化學試劑混合在一起，從而引發連鎖反應一樣。

這些巧合出現在一個看上去相當貧窮的國家。英國沒有像西班牙那樣的富庶殖民地，也沒有像法國那樣的龐大軍隊和華麗宮殿。英國人處決了一位國王，又不得不將他流亡在外的兒子請回來，之後建立起一個由外國人執政的王朝。在資本主義萌芽初期，英國的海外征服不值一提，除了著名的菸草園和幾座甘蔗園，但國家並沒有因此獲得多少利益。英國一直在打仗，始終沒有得到能專心處理內政的和平時期。剛踉踉蹌蹌地走出災難性的內戰，英國又走進了下一個戰亂期，這個戰亂期從西元一六八九年持續到一八一五年。在此期間，英國與它的歐洲競爭對手經常兵戎相見，幾乎每兩年就有一年在打仗。儘管人口稀少，但這個國家差不多砍光了所有的樹。西元一六九六年，一個叫作葛雷戈里・金恩（Gregory King）的文官估算，英格蘭和威爾斯的人口總計約五百五十萬，其中又有十分之一的人住在倫敦。其中許多人都很有主見且野心勃勃——特別是那些對宗教持不同看法的人——他們迫不及待要移民海外，展開新生活。

這幅場景多少有些淒涼。但在這背後，英國正在醞釀許多重要的變革。第一項變革並未發生在城市裡，而是在或平坦或起伏的農村地區。在那裡，地主用縮短租賃期限和增聘專業農民的方法提高農地的收成。這種做法對人產生了關鍵性的影響，不但影響了人口數量，而且影響了他們的居住地點。根據研究，在十七世紀之前，如果一個發達國家想要全國所有人都吃得飽飯，那麼至少要有五分之四的人參加農業生產。[3] 從中國到法國，從新誕生的美國到俄羅斯，不參加農業生產的人—其中包括軍人、海員、僧侶、統治者、官員、工匠和商人——從來沒有超過人口數量的五分之一。儘管擁有剩餘財富，但他們的消費能力尚不足以啟動資本主義。

但在英格蘭，隨著圈佔公有地、修建排水系統、採用新的輪耕制，這個比例發生了根本性的改變。如果繼續採用傳統的條田制，產量將無法提高；短期租賃也讓土地使用者缺乏投資新技術、修建樹籬或排水系統的動機。然而，從十六世紀晚期到十七世紀，兼併和圈佔公有地改變了英格蘭農村的面貌。人們開墾出更大面積的農田，在上面種植更多作物，保護農田的樹籬和租期也變得越來越長。換句話說，傳統的所有制和耕作方法從根本上徹底毀棄，而且過程充滿爭議。從現在的眼光看，英格蘭的鄉村非常愜意，甚至有些懶散；但對於十七世紀和十八世紀的鄉下人來說，龐大、呆板的耕地使農村地區變得淒慘、嚴酷而陌生。教會和許多作家也對新農村貧民遭受的災難性影響感到不滿。我們從莎士比亞的戲劇和約翰・克雷爾（John Clare）憤怒的田園詩歌中都可以體會出舊英國的傷痛。

但新制度帶來的結果是，到了西元一七〇〇年，英格蘭成為歐洲農業生產力最高的地方，比周邊國家高出一倍。一年後，傑思羅・托爾（Jethro Tull）引進了著名的馬拉式播種機。之後不久，英國又從法蘭德斯引進了四田輪作制—用苜蓿屬植物和蕪菁保持土壤的肥力。儘管缺乏科學知識，但農民還是成功育種出體型更大的新品種牛羊：在一個世紀內，倫敦史密斯菲爾德市場中羊的平均重量從二十八磅上升到了八十磅。[4] 這一變化先後出現在艾塞克斯郡、赫特福德郡、諾福克郡、薩福克郡和萊斯特郡。隨後，到了一八世紀五〇年代前後，在熱心改革的報刊的宣傳下（這些報刊本身也是由速度更快的新式印刷機印製而成的），這一變化又擴展到了英格蘭的中部和北部地區。更少的農民可以生產出更多的食物，使得更多人可以做……些其他事。英格蘭的農業人口比例很快地從百分之八十降至百分之三十二到三十三，十分驚人。[5] 其他國家也學著用更少的農民養活本國人口，但都沒有英國那麼成功。

對於英國來說，這一變化意味著兩件事，這兩件事對發展資本主義都至關重要。第一，對饑荒的長久擔憂有所緩解。在潮濕、陰冷的春天後，人們仍會面臨饑餓，但儲藏的餘糧和引進的新食物可以幫助他們渡過難關。在擔心挨餓的情況下，人們都不想冒險。但能夠填飽肚子後，冒險精神也逐漸增加。第二，有更多人能夠成為店主、工匠、商人等，他們的收入是貨幣，而不是像過去那樣領取農作物。於是新的城鎮居民成了新的消費者。快速發展的國際貿易為英國帶來了香料、印度紡織品、酒、菸草、糖、絲綢和陶藝品，這些前所未聞的東西都成了英國人的消費品。在商船和軍艦的支持與保護下，英國在實現工業化的很久之前就已經出現了市場經濟。

繁榮的市場經濟導致人口增加。到了西元一七〇〇年，英格蘭的平均壽命為三十七歲，這個數字聽上去並不大，但與平均壽命二十八歲的法國人相比，英國人已經算是長壽了。生育率和存活率的小幅提高使英國人口的數量迅速增長。到了西元一八五〇年，也就是英國工業革命進入高潮的時候，人口已經增加了三倍。[6] 如果沒有農業和農村的變革，這一切都不可能發生。同樣，如果沒有適當的政治體制，這一切也不可能發生。如前文所述，上一個世紀的戰爭和政治革命打擊了獨立的王權，於是英國建立起了議會政治。建立代議制的不是「人民」，而是「富裕的人民」，如地主（也包括礦主）、富商、投資貿易的人，以及城市和村鎮中的統治階層。

如此說來，英國似乎只是把君主制換成了寡頭政治。但宗教戰爭帶給英國的震撼要高得多。推翻至高無上的王權帶來了真正的司法獨立。同時，議會成為唯一有權徵稅的機關。英國仍然有許多大地主，但長子繼承制使貴族的數量維持在一定限度內。而且，在經歷了內戰的創傷之後，國王在冊封伯爵、男爵和子爵時更加謹慎。與之形成對比的是，法國貴族的數量不但越來越多，而且還擁有許多特權，對農民的壓榨也更加嚴重。

在英國，舊有的統治秩序比較薄弱，造成的結果之一就是利用出售特權和壟斷權來增加政府收入的惡習開始逐漸減少。據說，在詹姆士一世執政時期，一般英國民房所用的磚材是壟斷商品，燒磚用的煤也是壟斷商品。「英國人衣服上的腰帶和紐扣是壟斷的，縫衣服的針也是壟斷的」，他們吃著「壟斷的奶油、壟斷的葡萄乾、壟斷的燻鯡魚、壟斷的鮭魚和壟斷的龍蝦」。[7]當法國、德意志和義大利存在數不清的關稅和貿易壁壘的時候，這些障礙已經在英國消失了。英國創建了國家銀行，由政府背書。因此，對於資本市場來說，國債不但穩定，而且較為安全。倫敦的地位無法與金融中心的阿姆斯特丹相提並論，但正朝金融中心的方向努力。西元一六九四年，英格蘭銀行成立。之後，全國各地又出現了許多地方銀行。

我們很難意識到發生在身邊的變化具有什麼意義。同樣，當時的英國人也沒有意識到這個市場快速變化的時代具有何種意義。許多人並沒有感到特別自由。狩獵場仍設置有捕捉盜獵者的陷阱，地方上的執政官依舊很嚴苛，海軍強迫人們入伍，嚴格的宗教戒律束縛了有理想的年輕人——總而言之，到處都是暴政。但從整體上看，真正意義上的暴政已經消失了。法律依靠的是野蠻的懲罰，但許多不富有的人也可以用法律維護自身利益。為了獲得更多利益，人們會遊說議會改變阻礙變革的法律。當發明者和第一代資本家挑戰舊秩序的時候，專利法和議會論辯為他們的成功打下了基礎。

英國有更好的農業，更健全的法律，以及施行更少苛政的政府。與歐洲大陸的大多數國家相比，英國還有一項關鍵差異，那就是出版更加自由。出版自由始於一些粗製濫造小冊子和全是誹謗言論的傳單。以及對於毒害十六世紀社會的宗教所展開的謾罵式攻擊，但這些事物卻發展成為對自由市場而言，目前所見最接近出版自由概念的東西。科學家——這時他們依舊以「自然哲學家」自稱——在發表自己的猜想時不必擔心審查了。報紙上充斥著關於新農業體系和新式器具的消息、王儲和大臣們的作為，以及各種商品的價格。在英國，人們也可以公開論辯貿易政策和財政問題。

重要的是，儘管英國受制於諸多貿易限制和糟糕的運輸條件，工業已然出現。只是當時尚未組織成為真正的工廠。在約克郡，很多富人會購買紡紗機和織布機，在村舍中成立家庭工廠；在發展中的英格蘭中部城鎮和鄉村裡，工匠在家庭作坊中製造釘子、帶扣、螺絲和紐扣。在新堡附近的傳統產煤區，礦主實驗用機器將礦井深處的積水抽出來，這個問題困擾採礦業已久。在製錫業，人們使用水車和皮帶輪的歷史可以追溯到很久之前，但現在，他們已經開始嘗試使用原始的蒸汽機了。

西元一六七九年，法國發明家鄧尼斯・帕潘在英國皇家學會展示了他的「蒸汽鍋」。八年之後，他又設計出了性能更好的壓力鍋和蒸汽泵。兩名來自德文郡的工程師借用了他的構想並加以改進。湯瑪斯・塞維利製造出了一些稍嫌原始，但極具獨創性的機器，包括早期的蒸汽機。從西元一七〇八年到一七一四年，康沃爾郡的礦山便使用這種蒸汽機。西元一七一二年前後，浸禮會牧師、工程師湯瑪斯・紐科門製造出了效率更高的蒸汽機，並為英國西部各郡的錫礦陸續採用。但當紐科門說服沃里克郡和新堡的煤礦礦主也開始使用後，這種蒸汽機才迅速普及到約克郡、蘭開夏郡和斯塔福德郡的礦區。但這些機器似乎只能做一件事，正如紐科門給自己公司的介紹詞，「燒火抽水發明的業者」。蒸汽機可以抽取礦井中的積水，但同時要消耗大量的煤，所以它們只能在煤礦周邊使用。

即便到了這個時候，儘管英國具備許多其他國家所沒有的東西—發明家、大量的原材料，以及有剩餘的糧食；還有某些小型的地區性發明創造——但由於義大利、德意志、中國、法國和日本的技術都沒有出現爆發式發展，因此也沒人想到英國會有層出不窮的發明。

要細究後續的發展，我們不妨看看繼承和改進了紐科門的發明的人，他將改進後的蒸汽機從煤礦帶進了成千上萬家工廠，帶進了火車和輪船。

詹姆士・瓦特

詹姆士・瓦特是名工程師，也是動力裝置的發明家。他的人生經歷很典型地反映出了時代的侷限，以及這些侷限如何被突然而巧妙地突破。瓦特的父親是位工匠、商人和小資本家。他生活在蘇格蘭的格里諾克港，那裡是格拉斯哥的門戶，每天都會有船運來大量的菸草、木材、鯡魚、亞麻和糖。老瓦特販售造船的必要部件，並設計出供碼頭使用的吊車，他也投資航運，並為海員修理各種儀器。他的兒子詹姆士非常聰明，但卻體弱多病。他心靈手巧，尤其擅長數學。

瓦特在蘇格蘭長大。那裡不但識字率高，大學也因為熱心實務應用而聞名。直到詹姆士・瓦特出生三十年前，大不列顛方告成立，蘇格蘭與英格蘭建立起形式上的聯繫。儘管如此，在這個新生的國家中，這兩個地區只是一對尷尬的夥伴。瓦特九歲的時候，也就是西元一七四五年，「北不列顛人」（蘇格蘭人有時如此自稱）和英格蘭人都經歷了「詹姆士黨叛亂」。這場叛亂是由信仰天主教的斯圖亞特王室發動的，參與者包括蓋爾人、法國和愛爾蘭的冒險家，以及蘇格蘭和英格蘭的天主教徒。除了復辟斯圖亞特王朝，「小王子查理」和他的支持者還有一個更激進的想法：恢復資本主義出現之前的貴族式封建秩序，這是一場反抗新時代的真正「革命」。這次叛亂的戰火一度延燒到德比，但由於詹姆士黨人怕影響糧食收穫和擔心自己的家族，所以又掉頭返回了北方。西元一七四六年，一支訓練有素的現代化軍隊在卡洛登戰役中擊敗了詹姆士黨，叛亂被平定。這場戰役更像是十九世紀時在殖民地發生的衝突，而不像一場勢均力敵的戰鬥。「詹姆士黨叛亂」非但沒有終結新時代，反而終結了舊勢力——北部與西部蓋爾人與氏族世界的舊勢力。

長期以來，人們——至少小說家和浪漫主義詩人——都在講述勝利者的殘忍和在石南荒地中過著前現代生活的辛酸，但他們忘記了這樣一個事實：卡洛登戰役不但對英格蘭來說是個好消息、對蘇格蘭來說也是個好消息。西元一七〇七年的《聯合法案》使英格蘭與蘇格蘭合併為一個國家。一位蘇格蘭歷史學家這樣寫道：「這意味著蘇格蘭獲得了更寬廣的視野和更多的可能性。商業和貿易得以發展，也帶來了更好的物質生活。」[8] 如果「小王子查理」獲勝，那這一切都將不復存在。瓦特的人生橫跨於最好的蘇格蘭，和最好的英格蘭，便證明了新生的英國「獲得了更寬廣的視野和更多的可能性」。

經歷了這次叛亂之後，蘇格蘭的政治勢力實際上已經消失了，倫敦間接地控制著蘇格蘭。愛丁堡沒有了野心勃勃的王室，這點正與歐洲其他地區相反。因此，接下來的兩三代蘇格蘭人要到處尋找工作和令他們感到興奮的事物。由於長老會的信仰也是以《聖經》為基礎的，因此蘇格蘭出眾的文化和四所大學並未毀在英國國教徒手裡。在愛丁堡、格拉斯哥和亞伯丁，學校鼓勵學生從基本原理出發進行思考，鼓勵他們挑戰已被廣泛認可的觀點。於是，各種新思想得以蓬勃發展，這就是著名的「蘇格蘭啟蒙運動」。

瓦特未曾受過英格蘭紳士必經的希臘語和拉丁語教育，但作為這場啟蒙運動的重要角色，他迫不及待要學習時人提倡的新觀念。如先驅化學家約瑟夫·布拉克和資本主義的哲學家亞當·斯密，後來都成了瓦特的朋友。但在此之前，瓦特首先要解決生計問題。他不必多想，就確定要學習如何製作精密儀器，這對當時新科學的發展十分重要。因此，很自然地，他於西元一七五五年離開家鄉蘇格蘭，長途跋涉前往倫敦這個骯髒的大都市學習。但瓦特立刻遇到了努力向前衝的聰明年輕人都會遇到的古老障礙，也就是中世紀式的行會。行會仍舊控制著倫敦的各行各業，這些組織排斥非本地人，而且堅持所有學徒都要為師傅服務七年。作為外來者，瓦特巴不得立即有所進展。他希望在一年內完成學習，並且也達成目標了，但這卻使他面臨被海軍強行徵兵的危險。在寫給父親的信中，瓦特抱怨說，他們「現在強徵每個他們能夠找到的人入伍……只有學徒或聲譽好的商人除外，除此之外幾乎沒有人能倖免」。[9] 如果瓦特被迫加入海軍，那麼他也不能向市長請求免除兵役，因為他已經擺脫學徒制度了。

瓦特很幸運地平安回到格拉斯哥，並開辦了一家自己的作坊。但格拉斯哥與倫敦同樣是由皇家特許狀控制的老城鎮，當地的行會牢牢地把握著控制權。因為瓦特不具備格拉斯哥的市民資格，所以「鍾業者」行會不給他開店的許可，儘管當時蘇格蘭沒有其他製造精密儀器的工匠。如果這就是英國的典型場景：海軍在街上強行徵兵；行會緊緊地把持著古老的權力，只接納選中的少數人，將其他所有人排除在外，那麼瓦特可能一輩子都只能按件計酬工作，今天也不會有人聽說過他。或者，如果詹姆士黨取得勝利，那麼瓦特將在格拉斯哥小巷的作坊中落寞而終。

但蘇格蘭啟蒙運動拯救了瓦特。當時，有一批天文儀器從牙買加運到格拉斯哥大學，於是他得到了維修這批天文儀器的工作。在格拉斯哥大學，瓦特開設了工作坊，製造自己的器械設備，並成為教授們不可或缺的助手。瓦特是個實幹家，但不具備古典教育背景。如果在牛津或劍橋，他充其量只能做個雇工。但在格拉斯哥，他很快就被科學家接受，享有同等的社會地位。他在鎮上開辦了自己的店，並開始研究當時最新的機械裝置，包括蒸汽機。西元一七六三年，二十七歲的瓦特奉命修理一台屬於格拉斯哥大學的紐科門式蒸汽機模型。瓦特修好了這台機器，但發現它設計不良、效率很差，很是令人氣惱。

這台蒸汽機的原理很簡單：蒸汽進入氣缸，推高活塞。之後，蒸汽凝結成水，於是形成了真空，在壓力的作用下活塞再次下降。活塞的上下活動驅動了煤礦中的抽水機。但問題在於，大部份的蒸汽都會逸散。如何使機器更有效運作呢？在接下來的兩年裡，瓦特苦苦地思考關於「潛熱」的問題，這個詞來自他的朋友布萊克，指的是水在改變形態（如沸騰或結冰）時吸收或釋放的熱量。有一天，瓦特忽然想到了解決方法，事後他回憶道，當時的他瞬間忽然感受到了前人所說的靈光一閃。

在一個清朗的星期天清晨，身處格拉斯哥的瓦特走過一家舊洗衣房（應該是個蒸汽彌漫的地方）。這時，他突然想到，既然蒸汽不管在哪裡都會產生真空，那麼他可以在主氣缸旁設計一個獨立的管子或氣缸來導入蒸汽，讓蒸汽在裡面重新凝結成水。這樣一來，主氣缸便能夠保持熱度，從而節約更多的能量。換句話說，蒸汽機可以消耗更少的煤，產生更多的動力。設計兩個獨立的冷凝器似乎是個簡單的想法。但只有既關注科學理論（瓦特在格拉斯哥大學的朋友為他解釋了各種科學理論），又具備實務經驗的儀器製造師才能想到這個點子。而且不但需要時間思考，還要有足夠空間付諸實行。這過程絕不輕鬆，瓦特經歷了許多挫折、錯誤，以及失敗的車工和實驗，但他的想法最終改變了工業——一開始是英國的工業，隨後是全世界的工業。他將簡單的煤礦抽水機改造為用途廣泛的蒸汽機。瓦特回憶道：「還沒走過高爾夫球屋，我腦中就已經浮現完整的構想了。」[10]

然而，如果沒有金錢和生活支援，以及其他機械師的協助，瓦特也很難取得進展。接下來，他需要資金支援他製造出原型機，然後製造出能夠販售的蒸汽機。儘管英國的私人銀行越來越多，但發明家求助銀行經理以取得足額貸款的時代尚未到來。大多數創業者都是向朋友、妻子和親戚借款。瓦特的第一批贊助者是他的朋友物理學家約瑟夫・布萊克，以及約翰・羅巴克，這位熱心的英格蘭企業家帶給他更大的幫助。

羅巴克和瓦特同樣是新英國的產物，他是謝菲爾德和伯明罕的化學家，在斯特靈郡的卡倫創辦了一間生意不錯的鋼鐵廠。這家鋼鐵廠生產一種短射程的「卡倫奈德炮」（Carronade），從威靈頓公爵到俄羅斯帝國的軍隊，再到新建立的美國，幾乎每一支軍隊都使用這種火炮。在過去，設備或物品的大量製造地點往往就是該物最初被發明出來的地方，非常隨機。但羅巴克的做法則不同。他在建廠前會先考查當地是否有充沛的水力資源，是否有礦石、石灰和煤，以及交通是否便利。之後，他才會從零開始建設工廠。他的工廠建在蘇格蘭，但廠裡的重要工人都是來自英格蘭。他的這種做法為「工業結構帶來了關鍵性變革」。[11]羅巴克的鐵廠需要煤，他便買下了工廠附近的煤田，但也因此困擾於瓦特發明蒸汽機以前的老問題，即煤礦裡的地下水太多。羅巴克聽說瓦特的設計後，便投資製造了他的早期機種，但這早期機種的性能並不理想。

儘管與這位年輕的機械工程師建立了合作關係，但羅巴克卻破產了，部份原因在於早先往來的銀行倒閉。於是，他將瓦特蒸汽機的股份賣給了另一個熱心的英國人——伯明罕的馬修．博爾頓。從此以後，這座城市在蒸汽機的發展過程中扮演了重要角色。

伯明罕一直是冶鐵業和金屬加工業的中心，曾在內戰時期為克倫威爾的軍隊提供了大量的劍，在詹姆士黨叛亂時為交戰雙方提供槍炮，此外還為半個地球提供帶扣和紐扣。伯明罕的發展晚於其他城市，因此此享有特別的紅利——**沒有**皇家特許狀：它也不受各種公會和手工業行會的控制，因此對於企業家和商業投機家來說，這是一座開放的城市。伯明罕聚集了很多反對派，因此這也是一座思想活躍的城市。不久後，著名的「月光社」成員，主張實踐新觀念的人，如伊拉斯謨．達爾文（查爾斯．達爾文智慧過人的祖父），以及化學家和激進的反對派約瑟夫．普利斯特里，就會在離滿月最近的星期天聚會（這樣一來夜歸時會更安全），就化學、物理、進化、新修建的運河和工廠等問題展開辯論。[12]伯明罕離倫敦比較遠，但也因此發展得反而更好。

博爾頓也是「月光社」的一員。他是十八世紀的重要人物，他精力充沛、興趣廣泛，可以跟過往的文藝復興人媲美。他的父親也叫馬修，是伯明罕一位出色的金屬匠。小馬修發明了多種金屬帶扣，這些帶扣迅速成為時尚新品，先是出口到法國，然後再進口回英國。這樣做的原因很簡單：人們不相信這麼時髦的東西會是產自伯明罕。他與一位女繼承人結婚，於是獲得了不少資本。西元一七五九年，他繼承了家族產業，並將買賣做到了伯明罕北邊的蘇荷地區。他認為水力資源豐富的蘇荷地區將成為新的製造業中心，他把一切都賭在了這一點上。在那裡，他將工人安排到不同的特定房間，這取決於他們生產的產品——帶扣、錶鏈、劍柄或金屬盒子。這些產品很快暢銷全歐洲。但事實上，儘管進行了專業化分工，工廠還是以水力幫助下的手工勞動為主——這就是當時工廠的樣子。博爾頓需要更可靠的動力來源。

博爾頓和瓦特居住的地方離得很遠，但他們屬於同一個圈子。兩人都致力於促進新運河的修建。在前鐵路時代，運河是交通方面的巨大突破；他們兩個人還都接觸到了同樣的自然哲學家和其他領域的狂熱者。西元一七六七年，博爾頓見到瓦特，他向瓦特炫耀蘇荷地區，並鼓勵這位蘇格蘭人前往伯明罕。但瓦特對此並未做出積極回應。為了參與其他計畫，他經常擱置蒸汽機的研究。直到七年後，由於妻子意外過世，瓦特最終決定離開蘇格蘭，搬到英國南部生活。假使他的妻子還活著，假使他在蘇格蘭的工程計畫更加成功，那麼，或許他在今日被記得的身分會是蘇格蘭高地運河設計者。

西元一七七四年，詹姆士·瓦特南遷到伯明罕。他為煤礦設計的一款機器——他稱之為「火引擎」——被安裝在了蘇荷地區。儘管這台機器的性能並不算出類拔萃，但也足夠好了。很快地，瓦特與博爾頓建立起全面合作關係，後者的主要業務仍然是金屬加工業。瓦特將時間花在兩項同等重要的工作上。他焊接組裝機器，做實驗，不停地開發他的蒸汽機，做出一系列重要的小幅改進。蘇荷地區有許多經驗豐富的機械技工，這對瓦特幫助很大。我們很難想像同樣的場景會出現在巴黎或漢堡的郊區。

但與此同時，為了保護自己的智慧財產權，對抗早已存在的剽竊行為，瓦特和博爾頓在英國的法庭和議會展開了長期而艱苦的法律戰。對於當時的人來說，「用發明家的點子所創造出的利益應有相當一部份歸這位發明家所有」、「機器設備可以使人們變得富有」，還屬於全新的觀念。早期發明家更像是慈善家，在新聞媒體前公開散佈他們的思考成果，圖謀的主要是名譽。但專利權及隨之而來的利益可以激勵聰明的有志者，讓他們將工業化的英國轉變為催生出各式發明的園地。瓦特所面對的政治和法律攻防十分累人，而且有時看似不會有什麼結果。但瓦特所做的努力與他改進的蒸汽機，在工業化的歷史上佔有同樣重要的地位。在那個時期，其他歐洲國家類似的攻防幾乎毫無所獲。

儘管博爾頓的第二段婚姻又為他帶來了意外之財（新的妻子，新的財富），但他仍然得為了資本操煩。許多新式機器賣到了康沃爾郡的冶錫廠，這些工廠購買機器的錢部份來自它們從煤炭中省下的錢。但不擇手段的經營方式，加上壟斷生意遭遇的抗議，以及海外客戶拖欠貨款，都使博爾頓舉步維艱。

瓦特的蒸汽機首先應用於礦山，不久後磨麵粉的磨坊、釀酒廠和其他工廠也開始使用這種機器。總而言之，從西元一七七五年到十八世紀末，博爾頓的公司共生產了大約四百五十台蒸汽機。這時，博爾頓也開始涉足鑄幣業。在那個時期，英國的偽幣已經氾濫成災，危害十分巨大，甚至連皇家鑄幣局都已經停止鑄幣。博爾頓的「蘇荷鑄幣廠」不但為自由市場鑄造硬幣，而且還為外國政府（如英屬印度）和本國政府鑄幣。高品質的貨幣要有固定的金屬含量、精確的形狀和工業規模的生產，在瓦特蒸汽機的幫助下，博爾頓的新系統有了精確而可靠的表現。

回顧這兩人的故事，有助於我們瞭解工業化為何首先出現在英國。英國仍然是個老式國家。我們今天所說的「基礎設施」在當時還很不完善。英國雖然擁有許多很好的公路和有用的運河，但泥濘而危險的旅途仍然是常態。銀行不可靠，商法漏洞百出。議會如同戰場，既得利益者與新進成員纏鬥不休。整個國家都執著於海外戰爭。儘管如此，蘇格蘭和英格蘭都洋溢著活力，各種新思想得以在此自由交流。在遠離倫敦和不受古代行會束縛的地方，人們可以自由地從事各種建設、經商和做各種實驗，還可以遊說政客，以資本主義精神自豪，理論來自瓦特的朋友亞當斯密在一七七六年出版的《國富論》。此處也不乏致富的機會。瓦特和博爾頓是鐵路、鐵橋、新型船舶、煤氣燈和電力領域的先驅；他們引領了陶瓷業、玻璃業、紡織業和機器製造業的革命；他們是天才，一如漢弗理．戴維、麥可．法拉第、亞伯拉罕．達比（Abraham Darby）。這些人都取得了非凡的成就。他們都很幸運，因為他們出生在那個時代，在那個國家。

黑暗、邪惡和傳染

但工業化也使英國部份地區付出了沉重的代價。人們被迫從事各種工作，他們無視季節規律與宗教節日地不斷勞動。在十八世紀，據計算，每年的平均工作日從二百五十天增加到了三百天。人們沒有時間生活與戀愛，也沒有時間講故事和教導他人。人們曾過著日出而作，日落而息的生活，因為在黑暗中無法工作。但在人工照明點亮的工廠和作坊中，他們要站著工作十二個小時，巨大的機械鐘宰制著他們的時間。開始的時候，聳立著巨大煙囪的骯髒工廠並不算太多，它們主要集中在蘭開夏郡加工棉花的城鎮。但擁擠的廉價房和無處不在的煤煙使不同類型的作家——如查理斯．狄更斯、弗里德里希．恩格斯和維多利亞女王——都聯想到了地獄裡的場景。

儘管兒童也曾在田間從事一些較不吃力的工作，但現在他們不得不進入工廠，並且在工廠中受到了難以想像的虐待。因此，即便是在那個鐵石心腸的時代，社會上也出現了限制童工工作時間的運動。基督徒的憤怒推動了廢奴運動的發展，同樣也推動了一系列的《工廠法》，這些《工廠法》限制工作時間，保護工人健康，並制定了一些安全規章。然而，十九世紀早期童工的生活仍然很艱苦，這點可以從西元一八〇二年出爐的第一部《工廠法》的條文中得到印證。這部法律規定：九歲以上的兒童每天可以工作八小時，十四歲以上的兒童每天可以工作十二小時；他們不能在淩晨六點之前工作，上床睡覺的時間則不能晚於淩晨二點；在星期天，他們還要接受一個小時的基督教教育。儘管違反這些規定也只需繳付很輕的罰款，但大多數工廠仍無視這些法條。這樣的情況招來許多相關的報導和醜聞，又催生了其他法條。狄更斯和他的小說家朋友伊莉莎白．蓋斯凱爾都在著作中特別提到了這些工廠的情況，富有開拓精神的記者則像探索陌生叢林那樣探索北方的城市——對於南方的中產階級來說，那裡或許就是叢林。

工業化也以許多意想不到的方式改變了英國政治。在西元一八一一年到一八一六年間的諾丁漢郡、約克郡和蘭開夏郡，舊式工匠和在村舍裡用手搖紡織機織布的生產者製造了一場針對新式機械化工廠的暴力活動，因為後者破壞了他們的生計。人們用一個虛構人物的名字「盧德王」為這場戰鬥命名，他是生活在森林地區的自由戰士。「盧德份子」破壞機器，襲擊工廠主和地方官員，他們的慣用策略是趁夜裡在工業城市的周邊地區活動。然而這場運動最後遭軍隊鎮壓而告終，許多人被處死，或被流放到澳大利亞。西元一八三〇年，肯特郡的農業工人發動了「斯溫暴動」（Swing Riots）。這場暴動針對的是另一項剝奪人們工作機會的新技術——機械化的脫粒機。

西元一八三四年，英國通過了《新濟貧法》，以殘酷的濟貧院取代了伊莉莎白時代的教區救濟制度。濟貧院是一棟像監獄般的建築，實行男女分離制，其存在目的就是要將最貧窮的人擠出農村地區，強迫他們到城鎮中工作，故意讓他們生活在艱苦的環境中。這個制度導致布拉德福德、奧爾德姆、哈德斯菲爾德等城市爆發了暴力示威。西元一八三四年又出現了「托爾普德爾蒙難者」事件（Tolpuddle Martyrs）。六名來自多塞特郡的農業勞動者組建了工會以爭取更高工資，結果被流放到澳大利亞。這個事件招致公憤，並引發了反抗活動，從而為工會的發展奠定了基礎。對於許多從歐洲大陸來到英國的人來說——從德國企業家恩格斯到法國藝術家古斯塔夫．多雷——英國嶄新的商品生產方法，以及人與人之間的不平等，都給他們留下了非常深刻的印象。

在工業化之前，英國政治處於一種平衡狀態：一邊是以地主和貴族為代表的舊式精英，另一邊則是城市商人、神職人員和新式企業家。但現在，這種平衡被打破了。從西元一七八〇年到一八三〇年，英格蘭的人口增加了一倍。工業產值躍升了三倍。新增財富主要來自城鎮地區，因此政府不得不保護工廠主的財產權，派兵鎮壓工人示威，法律和政治制度也得維護新興富人階層和權力階層的利益。英國下議院議員原本是由各個選區選舉產生，其中半數選區的起源已經無從知曉。在這些選區中，有一些小的「有名無實的選區」，實則與工業城市的發展毫不相關。為了保護農民和地主的利益，英國通過了《穀物法》。根據這項最重要的關稅制度，英國可以向進口食物課稅。結果，麵包的價格被人為抬高。在許多荒誕改革推行的同時，以上種種失衡現象卻沒有引起關注。

英國與法國及其歐陸同盟國進行了曠日持久的戰爭，這使糧食問題變得愈發嚴峻。正如前文所述，英國在農業上取得的巨大進步使工業革命成為可能，但人口的增長速度超過了農業的發展速度。因此，在十八世紀九〇年代晚期，英國停止向外國出口穀物。在拿破崙時代，「糧食安全」是英國關心的主要問題，即便到了兩次世界大戰之間，這一問題也沒有得到解決。提高關稅能夠發揮保護作用、促進國內糧食生產，但高關稅也打擊了進口，而對於工業化來說，進口又是必不可少的。

儘管自由貿易和文明發展被說得天花亂墜，但英國南方的農業和英國北方的工業卻在進行一場真正的較量。西元一八四六年，保守黨首相勞勃．皮爾以捨去首相職位為代價廢除了《穀物法》，這說明北方的工業成了最後的勝利者。那時，政治也開始發生變化。西元一八三二年的《改革法案》撤銷了最荒廢的城市選區，擁有公民權的人口增加了大約百分之六十。但比較貧困的公民仍未獲得選舉權，無法滿足日益壯大的勞動階級和中產階級對民主的要求。在十九世紀晚期的政治進程中，政府一直面臨著改革的壓力。政府又通過了一系列法案，這些法案不但進一步擴大了投票權，也讓伯明罕這類城市獲得了瓦特和博爾頓在世時從未有過的政治影響力。

英國的社會基礎由原先的地主階層、古代的城市行會和獲得特許狀的商業公司轉變為資本主義和工業。儘管宗教方面的爭論仍然很重要，但隨著工會發展和政治改革者（例如爭取新權利的憲章運動者）的活躍，階級鬥爭逐漸取代了宗教分歧。英國工業在國際競爭中展露頭角，打敗外國的競爭對手後，英國開始將自由貿易奉為國策。對於希望趕上英國的其他國家來說，這或許有些不太公平，因為這些國家也需要一段時間保護本國工業。自由貿易使英國的偽善、技術和努力工作聞名於世。

很明顯地，亞當．斯密的樂觀理論和他的自由貿易主義追隨者都刻意淡化戰爭對英國的幫助。事實上，英國許多早期技術都與她強大的艦隊有關（想想瓦特的父親、航海儀器和那些威力驚人的卡倫奈德炮）。英國軍隊在印度、美洲和加勒比地區取得的勝利為剛剛興起的消費經濟提供了動力。雖說最先走向工業化的是英國，但如果不是革命和拿破崙戰爭耽誤了關鍵的數個十年，法國或許會縮小和英國這個老對手的差距。（煤氣燈很重要，因為它使早期的工業化城市變得更安全，也延長了白天。西元一八一五年拿破崙戰敗後，大量積累的無用步槍槍管被用於製造煤氣管道，這成為煤氣燈發展的重要推動力。[13]）

以下兩個國家也開始進行工業化，保護本國工業，並以此促進民族主義的發展。美國作為新興的工業強國，擁有巨大的發展優勢。美國的人口相當年輕，擁有一望無際的土地，具備運輸作用的長河，大量的自然資源，以及開明的新式政治體制，它鼓勵人們挑戰歐洲的正統地位。德意志有著不同的發展優勢。在拿破崙推翻神聖羅馬帝國之後，講日爾曼語的民族仍然歸屬於約三百個各自獨立的大國、小國、微型國家、自由城市和星羅棋佈的地方政權。但那裡擁有可觀的煤鐵儲量，歷史悠久、技藝精湛的金屬加工業，普魯士還有一位新崛起的民族領袖。普魯士將其他日爾曼邦國拉入關稅同盟（Zollverein）。這個同盟鼓勵自由貿易，並著手統一千差萬別的度量系統、貨幣和相關法律。在擊敗了奧地利和法蘭西之後，普魯士領導了德意志統一。隨後，這個國家以驚人的速度向前邁進。

工業的發展和繁榮顯然有賴於自由的政治秩序。但歐洲大部份地區卻仍受控於奧匈帝國保守的哈布斯堡家族、一些較小君主國，以及充當歐洲警察的俄國沙皇。在政治自由的國家，資本主義和現代化會走向繁榮。而在十九世紀，建立政治自由國家的努力還主要侷限在歐洲內部。總體來說，自由主義和民族主義是在齊頭並進。人們認為，義大利需要成為一個現代的、統一的民主國家，這樣它才能融入現代世界。在這種觀念的推動下，義大利走向了統一。在統一過程中，義大利人與奧地利佔領者進行了長期、複雜的鬥爭；推翻了始建於中世紀的君主制國家，如兩西西里王國和摩德納公國；此外還挑戰了羅馬教皇奉行的保守主義。（事實上，專制君主的統治也並非一無是處。例如，以那不勒斯為核心的兩西西里王國有許多高效的造船公司和鐵路修建公司。）

說到傳統與現代化之間的關係，沒有哪個地方比法國更緊張。查理十世將後拿破崙時代的君主政治變成了徹頭徹尾的保守政治。西元一八三〇年七月，查理十世被一場起義推翻，取而代之的是更有自由主義傾向的路易—菲利普，他被稱為「資產階級君主」。但法國在公民權方面要遠遠落後於英國，於是法國社會掀起了一場聲勢浩大的改革運動。對於中產階級的自由主義者來說，問題在於這場變革的推動者很可能是更加貧窮而憤怒的老百姓，他們自己也很懼怕這些人。農業歉收和普遍的饑餓激起了一連串的起義，像漣漪一樣逐漸在歐洲散開，這使西元一八四八年成了「革命之年」。波蘭、整個哈布斯堡帝國，以及像丹麥、比利時和瑞士這樣的小國都爆發了革命。在法國，古老的君主政體最終被推翻，法蘭西第二共和國宣佈成立。四年之後，路易－波拿巴將第二共和國變成了第二帝國。這種「進兩步退一步」的模式相當普遍。大多數起義以失敗告終，政治上鮮少出現進步。這場革命最重要的副產品是誕生於十九世紀中葉偉大的政治思想——如救世主般的馬克思社會主義。

卡爾．馬克思來自一個富有的萊茵蘭家庭。年輕的時候，他是一位有革命思想家，最後在自由的英國找到安全的居處。弗里德里希．恩格斯是他的研究夥伴，一直在經濟上支持他。馬克思堅持完全的唯物史觀。按照這種觀點，佔有資本和企業的富有私產者同真正創造財富的工人之間存在鬥爭，兩者之間的鬥爭最終會將人類帶入共產主義社會。在共產主義社會，勞動階級將獲得他們生產出來的全部價值，國家——無論是君主制國家、資產階級國家，還是議會制國家或共和制國家——都將會從世界上消失。在西元一八四八年出版的《共產黨宣言》中，馬克思清楚地表達了自己的思想，他向正在起義的德國工人描述了一幅既嚴酷又令人興奮的畫面。從西元一八六七年到一八九四年，他又完成了一部鴻篇巨著《資本論》，企圖用統計資料證明了他心中的科學真理。《資本論》迅即成為二十世紀的各國革命者的聖經。但根據馬克思的觀點，革命應該首先爆發在相對發達的德意志或不列顛，而不是落後的俄羅斯。馬克思的著作在歐洲的極端社會主義者中流傳。但在那個時候，與社會黨提倡的，帶有些許基督教色彩，且更加溫和的議會改革相比，馬克思的著作還仍屬於「小眾讀物」。馬克思的論述缺乏傳統政治哲學家和道德哲學家的精細分析，但他卻生動地描述了資本主義偽善背後的殘酷競爭。他對未來的預測並未成真，但他對十九世紀中葉世界狀況的描述卻非常準確。

美國和德國使用的技術都是由英國最先發展出來的。他們盜用專利，仿造機器，盤問英國工人，在此基礎上建立起自己的技術學院。這很難避免，因為在一個相互聯繫的世界中，好主意是隱藏不住的。

無論如何，英國在工業革命時所取得的關鍵性突破本身也是來自海外——早期的蒸汽機來自法國；用在亞麻的濕式紡紗、提花機和四田輪作制則是來自荷蘭。西元一九四五年後，日本學習了很多外國技術。現在，中國也正在學習日本和美國。有一天，如果運氣好的話，非洲人也會去中國取經。與創造一項新技術相比，學習技術要快得多。

在早期，美國和德國最重要的技術革新是鐵路（儘管這兩個國家也學習英國開鑿新運河）。對於英國來說，西元一八三〇年通常被視為鐵路誕生的年代，但美國第一條鐵路也在一八三〇年開通。到了十九世紀六〇年代，美國擁有將近四萬八千公里的鐵路。西元一八七〇年，鐵路的總里程達到了八萬公里。相比較而言，從西元一八三〇年到一八五〇年，也就是「鐵路熱」達到頂點的時候，英國才修了九萬六千公里鐵路。西元一八七五年，英國的鐵路里程已被德國超越，鋼鐵業也將會被追過，而美國和德國很快就會各自繼續發展新的技術：從電報到更加先進的化工業和蒸汽機。在這兩個國家中，工業化促進了民族主義，而民族主義反過來又推動了工業化。鐵路使美國結成了一個新的、龐大的國家。英國修建鐵路靠的是私人資本和勞動力，修建方經常與阻撓開通新線路的政客鬥爭；相較之下美國政府卻出借軍隊工程師協助修建鐵路。德國鋪設的第一條鐵路是為了聯結工業城市，在德意志的統一之路上，鐵路扮演了整合新國家的關鍵角色。

工業資本主義理論強調開放和自由市場。這種理論認為，貿易越多，國家間的衝突就越少。事實上，民族主義和資本主義工業化的發展環環相扣。美國出現了聯合壟斷、賄賂醜聞、政治腐敗、對勞工組織殘酷鎮壓，以及排除特定族群成為產業工人的情形，如愛爾蘭工人禁止中國人進入工作。工業化過程中所展現的暴力與邪惡在在超越了早期作家對於資本主義的希望與期待。這個理論本身很好，但其基礎是建立在英國（這個國家毫無疑問是這項人類生活重大變革最初的發源地）的獨特經驗之上，因此可能無法順利移植到其他許多地區。

從賭徒到聖徒：俄羅斯失去的機會

高加索山脈的山腳下有一座時髦的小城，名叫皮亞季戈爾斯克，是個度假勝地。西元一八五三年夏天，一名炮兵軍官來到這裡，他本是奉沙皇之命，參與鎮壓車臣叛亂，但在戰役中受了重傷。作為戰士，他雖然思緒敏捷但缺乏條理。就許多角度來說，他都是那個時代典型的年輕貴族，他和軍中同袍在聖彼得堡和皮亞季戈爾斯克的牌桌上賭博，輸了一大筆錢，正處於人生的低谷。他夢想建立更加現代化的俄羅斯，一個較少受到沙皇及其監察官控制的國家。同時，他也正在創作戰爭小說。他追求過許多婦女，地主身份讓他尤其有機會對農奴女孩下手。他總是在計畫要改變自己的墮落的生活，但隨即又將計畫拋諸腦後。他有一對粗眉，瀏海厚重，他是個顯眼的人物，目光炯炯，像狼一般。

現在的他賭債纏身。數個月前，他才請他的舅子賣掉了莊園中一個次要的村莊，一同賣掉的還有二十六個農奴和他們的家人——這些人就像硬幣一樣被交易掉。現在，他意識到他不得不賣掉主屋了。這所房子是他祖父建的，他就出生在那裡。他簽下了字據。這棟華麗的大房子被賣給了一位與他有競爭關係的地主。那個人拆卸下房子的所有建材，裝上貨車，拉到自己的土地上重建。主屋旁邊的兩處小廂房被保留下來，隔著中間的空洞相望。

俄羅斯的貴族子弟飽食終日，牢騷滿腹，隨意出售農奴償還賭債或玷污農奴婦女都是司空見慣。然而，我們眼前這位年近三十的貴族可是列夫．托爾斯泰，世界上最偉大的小說家，受到俄羅斯人的崇拜，不僅俄羅斯，全世界都視他為道德楷模。晚年的托爾斯泰留著長鬍子，穿著農民的罩衫，呼籲俄羅斯人找回身為農民的根，回歸田園生活，教育以前的農奴，要他們追求基督教的最高理想。托爾斯泰回到自己之前賣掉的鄉間宅邸，住在其中一間側翼的廂房，宅邸名叫亞斯納亞—波利亞納，靠近圖拉市，距離莫斯科大約一九〇公里，托爾斯泰將在那裡，用餘生的大多數時間為年輕時的自己贖罪。在《戰爭與和平》和《安娜．卡列尼娜》中，他毫不容情地揭露了自己的成癮和自私，以及他對俄羅斯鄉村的熱切喜愛。

在高加索身陷賭債危機的三年之後，托爾斯泰返回他的莊園，試著在變小的房子裡生活。拆去宅邸所留下的空洞裡現在種滿了樹，但想必仍然難以掩去每天看到所帶來的尷尬。

俄國向南擴張的野心威脅到了其他強國，於是爆發了克里米亞戰爭。交戰的一方是沙皇俄國，另外一方是英國、法國和奧斯曼土耳其。從西元一八五四年到一八五五年，英法等國的聯軍對俄軍把守的塞瓦斯托波爾要塞展開了長達十一個月的圍城戰。托爾斯泰也參與其中。這場決定性戰事為各方軍隊都帶來了震撼，儘管交戰雙方都表現出了巨大的勇氣，但這絲毫不能掩蓋士兵的缺乏訓練、武器裝備的落後，以及戰術的過時—無論是英國的騎兵、法國的步兵，還是俄國軍隊都一樣。但最後，俄國輸掉了戰爭，沙皇的威望一落千丈。

亞歷山大二世繼任俄羅斯的新沙皇，他在成長過程中受到較多自由派知識分子的影響。新任沙皇意識到，剛剛在家門口輸掉戰爭的俄羅斯並沒有成功實現現代化。那些為捍衛祖國而犧牲的俄軍士兵多半是農奴。也就是說，他們被束縛在土地上，充其量只是主人的動產。另外一個事實也不容忽視，那就是俄國軍隊在西元一八一二年抵禦了拿破崙的入侵，並在西元一八一三年擊敗了拿破崙。接著，有些軍官自認藉由這場戰事為自己贏得了自由，但他們卻被忽視了。在克里米亞戰爭之後，同樣的想法更強烈地浮現。

戰爭使人變得激進，尤其敗北的一方比勝利者更容易變激進。西元一八五六年三月，亞歷山大發表了一篇演說以警告地主，與其讓農奴發動叛亂，由下而上解放自己，還不如以法律的形式，由上而下廢除農奴。亞歷山大和他的顧問明白，這是一件非常困難的事。除了許多地主會感到憤怒外，還有許多現實問題：例如，創建新的法律系統；在農村地區建立地方政府，以取代農奴制。此外還有一個令人尷尬的現實——許多地主已經破產，他們將土地和農奴抵押了出去，因此，嚴格說來，這些農奴和土地屬莫斯科和聖彼得堡各家銀行所有。如果沒有農奴維持生產，大部份土地都是沒有價值的無用之地。另一方面，農奴沒有錢，如果失去土地，他們就會餓死。可見，廢除農奴制是一項龐大而複雜的工程。也是由上而下的改革中，前所未見的最重大的一項。改革的規模也十分驚人。一份在西元一八五七年（解放農奴前四年）所做的人口普查表明，農奴人數大約是二千三百萬人，超過了俄國人口總數的三分之一。相較下，同一時期美洲黑奴的數量大約是四百萬人。

農奴制可以追溯到封建時代，甚至是古典時代。最初只是把農業勞動力固定在土地上，讓他們將一部份剩餘農產品交給主人——教會、貴族或城市。如前文所述，黑死病導致勞動力不足，使得西歐的農奴制逐漸瓦解。即使如此，這裡也有少數地方很晚才廢除農奴制——例如，直到西元一七九九年，蘇格蘭的煤礦工人才擺脫農奴的身份。農奴制在東方更加普遍，儘管出現得比較晚，但在地主和君王的強勢實行下成功存續了更長的時間。從十八世紀到十九世紀，波蘭、普魯士、奧地利、匈牙利和德意志許多小邦國都存在農奴。俄國的農奴在規模與制度上則完全不同。

俄國的農奴不完全是奴隸（儘管「農奴」〔serf〕的詞源即為拉丁語中的「奴隸」）。農奴的主人不得殺害或出售農奴到國外。西元一七二三年，彼得大帝廢除了典型意義上的奴隸——主要是家僕。但從十六世紀五〇年代開始，地主對自家農民的管理權力變得越來越大，這些權力都是俄國法律賦予的。一個世紀後，完整的農奴制在俄羅斯中部的「黑土」地區變得非常普遍。農奴被束縛在地主的土地和村莊裡，逃跑者會受到重罰。他們也不能和領地外的人結婚。托爾斯泰的行為說明了，將農奴連同土地一起買賣是可行的；農作所需的農奴會被保留下來，「多餘」的農奴會被送給其他人去工作。農奴的主人可以自由地懲罰他們，包括毆打。農奴的年輕女性和婦女往往會受到主人侵犯。幾乎沒有農奴接受過教育。

俄國的大地主會講法語，經常到聖彼得堡或國外旅行。他們與農奴之間的差別，就如同印度的英國統治者與普通印度人之間的差別，或加勒比蔗糖種植園主與非洲奴隸之間的差別。俄國的莊園更像是美洲的種植園，後者有自己的麵包坊、果園、住所、馬廄、糧倉和司法系統，那裡的生活與城市生活基本上沒有什麼聯繫。因此，俄國農奴制所帶來的壓迫並非世所僅見。在世界任何地方，對於勉強維持生活的農民來說，如果不得不把一部份穀物和牲畜交給地主，那麼他們有很大程度只是在理論上擁有自由。畢竟，俄國的農奴制與法國成熟的專制主義大致是同時產生的。法國波旁王朝的農民並不比俄國羅曼諾夫王朝的農奴更自由。

俄國的農奴制有許多特點使人感覺這個國家完全不同於西歐。首先，在俄國，主人和農奴之間沒有種族上的差異。他們都是民族融合的產物：斯拉夫血統中融入一些韃靼血統（有時是一些日爾曼血統）。男主人、女主人和僕人不但長得相似，就連名字也很相似。農奴在同一片黑土地上活過一代又一代，共享古老的故事和音樂，虔誠地信奉東正教。對於許多自由派的俄國地主來說，農奴比他們更「真實」，是更地道的俄羅斯人。在許多作家和知識份子看來，很少有國家像俄國這般受詛咒，但當激進分子試圖「走進」農奴，與他們結交的時候，這些滿腹狐疑、思想保守的農民又會對他們表現出困惑和敵意。

俄國還有數以萬計的小地主，經濟狀況相對拮据一些。他們與那些會說話的「財產」之間沒有明顯的文化差異。農奴在主人的廚房中烹飪食物，哺育主人的孩子，圍在火堆旁講故事，將鄉野知識教授給在他們拉拔起來的小貴族。他們會一同出去打獵。農奴中不乏有才華的工匠、樂師、油漆匠和建築工人。他們的主人依靠他們提供的產品和服務，就像富裕的西歐人依靠領取工資的自由工人一樣。農奴出現家庭糾紛時，一家之主會請求地主仲裁。可見，在遠離城市的居所和村莊中，俄羅斯的農奴制中也存在親密關係。與其他地區農村中的奴役關係相比，這種親密關係使許多俄國地主既感到尷尬，又深受感動。

從任何角度來看，俄國的農奴制都不會是資本主義的前身。蔗糖種植園和棉花種植園中的奴隸制之所以成形，是因為在新的貿易體系和資本積累過程中，人類就相當於在田間工作的機器。事實上，農奴制阻礙了俄國農業的發展，因為沒人願意將資金用於促進農業發展：地主不願意，因為他們擔心反抗；農奴也不願意，因為他們耕種的土地不歸他們所有。而且，在談論俄國的農奴制時也不可忽略俄國的獨裁體制。早在伊凡四世在位期間，他就開始強化獨裁體制，因為他感受到這個國家很可能發生危險的動盪。

沙皇處於政治金字塔的頂端，但經常在宮廷政變中遭到謀殺，也常受重臣控制，甚或暗殺。根據西元一七二二年頒佈的《官秩表》（Table of Ranks），俄國的貴族有嚴格的等級之分。他們是沙皇的僕人，有時甚至是沙皇的奴隸。這段時期的貴族為沙皇服務，在軍隊、法律部門和地方政府等任職。他們的收入往往得仰賴沙皇，因為俄國的農業產量很低，而且最重要地，沙皇的權力能夠確保他們淩駕於農奴之上。抗議和農民起義非常頻繁——根據記載，從西元一八二六年到一八五六年，俄國出現了大約一千八百次「騷亂」——這使貴族始終保持戒慎。[14]另一方面，如果沒有貴族，沙皇也很難統治俄羅斯。西元一七六二年，沙皇彼得三世免除了貴族服事沙皇的義務，儘管如此，「農奴服事貴族，貴族服事沙皇」的舊體制仍舊深入人心。有時，俄國的政治彷彿建立於這三方的平衡點。

反對現狀的叛亂始於拿破崙戰爭之後。西元一八一二年到一八一四年，許多年輕的俄羅斯貴族因為這場戰爭而對西歐有了深入瞭解。在巴黎，他們努力學習啟蒙運動時期的新思想。這對他們似乎比伏特加更有吸引力。回到祖國後，古老而僵化的沙皇制使他們感到慚愧和尷尬。

西元一八二五年十二月，尼古拉一世在次兄康斯坦丁放棄繼承權後成了新一任沙皇，後來被稱為「十二月黨人」的俄國軍官在聖彼得堡起義，反對這位新沙皇。反叛軍和效忠沙皇的軍隊在市中心對峙了五個小時後，沙皇命令軍隊開火，反叛軍就此潰敗。沙皇絞死了五名反叛軍領袖，剝奪了一百二十一人的頭銜，之後將他們流放到西伯利亞。許多流放者的妻子和家人也隨同前往西伯利亞。在那裡，他們不是地主，而是普通的農民。其中一個流放者的幾個兒子——按照他們母親的描述——與當地的農民一起玩耍，他們捕鱒魚，設陷阱抓野兔，尋找鳥窩，「與一些野孩子一起在森林中露營」。他們的父親也入鄉隨俗，留起了長鬍子，不再梳洗，到田裡去勞動。這個人名叫謝爾蓋·沃爾康斯基（Sergey Volkonsky），他是托爾斯泰的堂兄弟。從流放地返回後，他們終於相見。沃爾康斯基是《戰爭與和平》中一個重要角色的原型，托爾斯泰將其塑造成一位令人敬佩的長者。[15]

從整體上說，這些「十二月黨人」給托爾斯泰同時代的年輕人帶來相當大的激勵。托爾斯泰為之前的賭博行為感到懊悔，對農奴主的身份感到慚愧，並且非常欽佩西元一八二五年遭到流放的自由主義者，這些想法在他的頭腦中融合在一起。許多自由派地主和作家也有相同或相似的看法。一八五六年的俄國存在著一些看似不大可能的自由主義者，其中包括新任沙皇亞歷山大二世。克里米亞戰爭失敗後，他開始推行全面改革，其中包括改革軍隊與行政機構、修訂刑法法典，並放鬆審查制度。但他最重要的改革是徹底廢除農奴制。甚至連農奴也對這項改革持懷疑態度：他們將獲得多少土地？這項改革真的具有實際意義，抑或只是表面文章？

自亞歷山大宣布即將進行改革後，直到解放農奴的法律定案前，托爾斯泰已經預見到這些在一八五六年所發生的事，他決定先解放自己的農奴，給予他們人身自由，並在接下來的三十年裡，向他們低價出售土地。他在亞斯納亞．博利爾納——這個詞的大致意思是「快樂的牧場」——召開了一次會議，但他發現，農奴對他的決定充滿懷疑。一位近代的托爾斯泰傳記作家說：「當新沙皇繼位之後，農民們相信他們終將獲得自由。因此，他們認為托爾斯泰提供的契約只是用來欺騙他們的詭計。在經過數次協商之後，他們拒絕了托爾斯泰的全部提議。」[16] 托爾斯泰在那之後出國旅行，並在旅行途中見到了此前被流放的沃爾孔斯基，然後在亞斯納亞．博利爾納重新安頓，享受寫作的快樂和天倫之樂。（但他的妻子生了十三個孩子，並將她的閒暇時間用於抄錄他那字跡不清的手稿，因此不覺得生活有那麼快樂。）

最後，托爾斯泰釋放了所有屬於他的農奴，並使他們得以在自己的土地上耕作。他自行掏錢，為農民的孩子（其中有相當比例是他的私生子）辦了一所學校。他穿著農民的衣服，親自給孩子們上課。他創作了不少兒童書，幫助提升俄羅斯的識字率。作為地方上的重要人物，托爾斯泰幫助農民反對自己所屬的階級。他告訴當地的孩子，他決定成為農民。但他是個不稱職的農民，因為他曾餓死了自己養的豬。托爾斯泰遣散了自己的僕人。歷史學家奧蘭多．費吉斯（Orlando Figes）寫道：「這項嘗試徹底失敗……他不知道如何燻製火腿，不知道如何製作奶油。下田犁地或鋤地的時候，他幹不了兩下就會感到厭煩，然後就跑到莫斯科去了。」[17]

當托爾斯泰正與他養的豬還有自己的良心鬥爭的時候，亞歷山大的大臣們正在對抗持敵對態度的地主和故作拖延的委員會。沙皇希望在不引發貴族叛亂的前提下解放俄國的農奴。最後，亞歷山大二世於西元一八六一年三月發表了《解放農奴宣言》，這份宣言比亞伯拉罕·林肯頒佈的《解放黑人奴隸宣言》早了兩年。儘管聽上去很高尚，但幾乎沒有人對這份宣言感到滿意。聽到這一消息時，托爾斯泰正在國外。具體地說，他當時正在倫敦，這是他一生中唯一一次到訪倫敦。他在那裡聽到了狄更斯公開朗讀作品，拜訪了一些學校，又參觀了新修建的維多利亞和阿爾伯特博物館。他意識到，這份宣言的言辭和語氣實在是太誇張了，農民們很難理解其中的意思。

托爾斯泰不明白的是，解放農奴將會遇到多少阻礙。地主們為了盡可能保住地位，展開了頑強的抵抗。結果，在之後的半個世紀中，農奴為了獲得他們認為應該屬於自己的土地，向政府支付了大量的費用。另一方面，政府也要補償地主。土地的價格被高估了。因此，政府需要向貴族支付更多的補償金，這使得農民獲得的土地減少。總體來說，減少了大約四分之一。儘管農奴可以和所愛的人結婚，可以經商，可以擁有自己的財產，但他們仍然處於地方法庭的控制之下，到其他地方旅行仍然需要通行證，在犯錯時仍然會遭受皮肉之苦。

這離俄國農民的期待實在是太遠了，苦悶的失望使得俄國在西元一八六一年間爆發了大約一千九百次騷亂，其中部份騷亂招致軍隊的血腥鎮壓。地主們也為了自己不如以往富有，以及不能像以前那樣直接懲罰「他們的」農民而怨聲載道。隨著時間推移，許多農民離開土地進入城市。在城市中，他們變成了新的工廠工人，而他們的孩子將成為列寧發動布爾什維克革命的無產階級原料。

亞歷山大二世試圖繼續改革審查制度、教育、法律、軍隊和地方政府。在一八六〇年代早期的巴黎或倫敦，見多識廣的報刊讀者很可能會將撕裂美國的可怕內戰與相對有序的俄國改革做比較，由此推想俄國將成為更強大的國家。沙俄的工業發展在起步時遠落後於美國，但從一八八〇年代便開始加速成長。但事實上，俄國的獨裁政治對於解放後卻變得貧窮的人民所不斷提出的需求，以及知識份子對於完全民主的要求，並無法給予回應。在亞歷山大執政的最後幾年，革命組織廣為增加。可怕的饑荒凸顯了俄國農業和社會的落後與脆弱。西元一八八一年，亞歷山大二世死於恐怖份子所策劃的爆炸案，他的繼任者——亞歷山大三世——卒然中止了改革進程，並恢復了審查官和祕密警察制度。

俄國的狀況使托爾斯泰感到越來越絕望。他對城市化和工業化都不感興趣。在他眼中，莫斯科是個「散發惡臭，到處是石頭，充斥著奢華、貧窮、放蕩」的地方。在那裡，無家可歸的農民「為我們的地板打蠟，在浴室中為我們搓澡，或成為辛苦工作的馬車夫」。[18]在幾部小說獲得巨大成功後，托爾斯泰沉浸在他所追求的鄉村生活中。他養蜂、管理果園、打獵，照顧他的大家庭和他所開辦的學校，其間點綴著更多的寫作以及激烈的文學論戰。到了一八七〇年代後期，他說自己想成為一名僧侶。托爾斯泰成了世俗世界中的聖人，藝術家和作家紛紛前來向他致敬。他主張過一種樸素的基督徒生活，似是要在沙皇壓迫和社會主義革命之間走出第三條路。

當二十世紀的幕揭起，托爾斯泰已經成為享譽世界的心靈導師，他不再是那個在牌桌上輸掉房子、村莊和農奴，年輕而粗魯的炮兵軍官。從某種意義上講，托爾斯泰成了極端自我主義者以及令人頭疼的人（心靈導師們大多如此），但他的人生故事，經由學習和贖罪，走出了完美的的角色發展弧線，而俄羅斯從未做到。托爾斯泰的家如「失落的伊甸園」的遺跡般留存至今：平原上的房子、藏書室、果園、校舍、糧倉和森林，而托爾斯泰就埋葬在其中一個平凡的小土丘下。然而走出莊園，那貧苦而醜陋，經歷了一世紀戰爭和政治動盪的俄羅斯，就在咫尺之外。假使俄羅斯在一八六〇年代出現了像美國內戰——我們馬上就會談到這事件——那樣的深刻變革，這個古老的帝國或許能夠演變為擁有中產階級主導的商業、繁榮城市，以及民主制度的新國家呢？這點我們就不得而知了。

自由艱難地取得勝利

那是一段既有疲憊與解脫，也有悲傷與歡樂的日子。西元一八六五年四月四日，「馬爾文號」（Malvern）蒸汽船從華盛頓（美利堅合眾國的首都）出發，前往上游維吉尼亞州的里奇蒙（美利堅聯盟國的前首府）。聯盟國總統——或者說叛亂州的總統——傑弗遜．戴維斯在教堂做禮拜的時候，一名騎兵軍官找到了他。這名軍官帶來了聯盟國軍隊總司令羅伯特．李的一張便條，要戴維斯趕快逃跑。在里奇蒙，軍火庫發生爆炸，饑餓的群眾搶劫了食品店，大口喝著威士忌，然後醉倒在水溝裡。橋樑被炸毀，政府官員擠滿了兩輪跟四輪馬車，然後消失在飛揚的塵土中。「馬爾文」號航行在詹姆斯河中，船身兩旁流過死馬、失事的船隻，以及漂流的雜物，最終擱淺在河道上。一艘十二支槳的小船降了下來，從船上下來了一個人，他皮膚粗糙，長著鷹鉤鼻和爐刷般的鬍鬚。亞伯拉罕．林肯要親眼看看叛軍的首都，這場叛亂幾乎摧毀了在美國實行共和制的夢想。

林肯大步走上岸，他上岸的地方叫「羅基特碼頭」（Rockett Landing）。岸上有一群人在等他，沒有一個面孔是白人。本來他並未打算讓美國內戰成為解放美國奴隸的戰爭，但隨著戰況惡化，他的總統職位也搖搖欲墜，這時他簽署了著名的《解放奴隸宣言》。一大群美國黑人對著他歡呼叫嚷，稱他為「偉大的彌賽亞」和「耶穌基督」。一個年約六十的老人跪在林肯面前，林肯對他說：「不要向我下跪。你只需向上帝下跪，感謝上帝賜予你自由。」老人回答說，在乾枯的沙漠中那麼多年，現在他在看「我們的生命之泉」。圍在林肯周圍的人以前都是奴隸，林肯與他們握手。在十二名水手的保護下，林肯步行兩英里，走到了充滿饑餓和烈焰的市中心。

很快地，林肯身邊又聚集了更大一群人，其中有黑人也有白人。南方的白人——他最近的敵人——只是盯著他瞧。走在林肯身邊的其中一人，他回憶道：「每扇窗戶裡都伸出幾顆腦袋。人們爬上花架和電線杆，往下俯瞰。但人群毫不作聲。成千上萬的人靜默地注視著你，不表示歡迎，也沒有憎恨，反而帶來某種壓迫感。我本來以為他們會挑釁地叫囂。我偷偷看了一眼旁邊的林肯先生。他神情堅定。」[19]但並沒有人開槍。

在復活節前一周，四月九日，穿戴整齊的羅伯特·李將軍率領他著名的北維吉尼亞軍團向滿身污垢的尤里西斯·格蘭特將軍投降。李將軍認為進一步抵抗——無論是在戰場上還是用遊擊隊——是毫無意義的。內戰結束了。北方欣喜若狂，而戰敗的聯盟國則垂頭喪氣。五天之後，四月十四日，也就是西元一八六五年的「耶穌受難日」，林肯返回華盛頓，接到了無數個祝福者的祝賀。他們告訴林肯，他們從未懷疑他將贏得這場戰爭。但就在不到一年之前，林肯認為自己完了，他不但會失去總統的職位，還會輸掉這場戰爭。儘管如此，這仍然是非常美好的一天。

林肯前往劇院，享受難得的休閒時光。他在華盛頓的朋友警告他，不帶保鏢出席公共場合是非常危險的。林肯和朋友坐在包廂裡——用一年前一位朋友警告的話來說——「這座城市裡任何一個身體健全的婦女」都能對他們構成威脅。[20]但林肯剛剛從叛軍的首都回來，所以他並未放在心上。

林肯並非真的想去戲院看這齣戲。這齣在福特劇院上演的戲名叫《我們的美國親戚》，作者是英國劇作家湯姆·泰勒，這是齣用了許多雙關語，內容普通的喜劇。並由當年的知名女演員蘿拉·基恩（Laura Keene）擔綱演出。林肯的妻子懇求林肯去看戲，林肯答應了。他們希望格蘭特將軍及其妻子也能陪同他們一起去看戲，但這對夫婦並未出席，因為格蘭特非常討厭社交場合——而總統即將去戲院看戲的事立刻被刊登在當天下午的報紙上。在幕間休息的時候，林肯處理了一些內閣文件，並接見了一位受冤屈的黑人婦女，軍隊拒絕支付她的丈夫薪餉。他答應為這名婦女討個公道。他告訴妻子，他從未像今天這樣快樂過。但林肯也有些不祥的預感。他第一次提到自己或許會遭遇暗殺。他說，他並不是真的想去劇院——他去劇院，只是為了不讓公眾失望。

林肯坐在用旗子裝飾的總統包廂裡，大部份的觀眾都看不到他，但總統的警衛工作並不確實。刺客就在隔壁包廂，他在包廂之間的牆壁上鑽了偷窺孔。儘管包廂門上了栓，但他還是溜進了總統包廂，站到了林肯的身後。他一手拿著短刀，一手拿著單發迪林格手槍，他在距離不到五英尺的地方對林肯開槍。子彈從顱骨的左側射入，穿過大腦，停在他右眼的後面。坐在林肯一家旁邊的一位年輕軍官被刺傷，但還是試圖制服刺客。刺客跳上舞臺，但卻被星條旗絆住了。儘管踝關節受傷，但他仍試圖在觀眾察覺總統遭暗殺之前逃離劇院。此時，林肯已經失去意識，被抬到劇院對面的一棟房子裡。第二天早上七點二十二分，在哭泣的家人和內閣成員環繞下，林肯與世長辭。此外，林肯的國務卿威廉·西華德和副總統也都是刺客計畫暗殺的對象。

這名刺客叫約翰·威爾克斯·布斯，他的父親是一位演員，一共有十個孩子。布斯的父親名叫「布魯圖斯」，正是凱薩的刺客。布斯之名「約翰·威爾克斯」則源於一位激進派的英國作家。布斯年幼的時候非常好學，並志願成為演員。布斯是聯盟國大業的堅定支持者，他曾觀看人們絞死發動廢奴起義的約翰·布朗。布斯的父親是一位出色的演員，但酗酒成性，有時甚至會因此精神失常（這對當時的演員來說很常見）。布斯的演技不如父親。在一次舞臺意外事故中，他差一點用匕首殺了自己。事實上，他有點像滑稽劇演員。布斯痛恨林肯，沒有拿起武器參加聯盟國軍隊使他備受罪惡感折磨。他想為落敗的南方討回公道。他刺殺林肯的動機並不令人感到意外，也不會引起人們的興趣。

林肯的死震驚了全世界，他是為捍衛美國民主而犧牲的最偉大烈士。為了紀念他，人們在華盛頓豎立了巨大的雕像，他的風頭似乎蓋過了身為美國國父的華盛頓。但我們同樣需要記住的是，在當時，林肯遇刺身亡也使許多美國人感到歡欣鼓舞。例如，德州的一份報紙——《休士頓電訊報》——是這樣說的：

直到上帝進行末日審判那天，亞伯拉罕．林肯之死給人帶來的激動都不會消失……根據適用於各民族和全人類的崇高判斷標準，林肯之死堪比塔克文之死、凱撒之死、查理一世之死、路易十六之死、馬拉之死……當鎮壓南方的罪魁禍首突然流出鮮血之時，那些真心熱愛南方土地的人——無論士兵、婦女、老人和咿呀學語的孩子——都會感到激動、興奮和無與倫比的美妙。[21]

美國的南北戰爭是十九世紀最重要的衝突，它的重要性超過了英國的帝國主義戰爭、南美洲的解放戰爭，也超過了俄國丟掉克里米亞的那場戰爭。如果我們說這場戰爭的重要性也超過十九世紀初的拿破崙戰爭，似乎也不為過。考慮到拿破崙戰爭時期軍隊和通訊的侷限性，法國在歐洲大陸建立起來的霸權不可能持續很長時間。但南北戰爭卻將一個龐大的國家捏合在了一起，否則美國本可能發生分裂，而且分裂為兩個以上的國家。可以說，這場戰爭造就了二十世紀的超級大國。如果美國在一八六〇年代發生分裂，那麼在西元一九一七年和西元一九四一年，歐洲的民主國家就不會得到來自大西洋彼岸的援助，之後也不會有那個與蘇聯對峙的強國了。這場戰爭也是共和觀念的轉捩點，共和制政府在那個時候還比較罕見。聯盟國的支持者包括了英國大多數的右翼勢力，如保守黨和貴族、法國的拿破崙三世，還有西班牙的保皇黨。因此，林肯發動的這場戰爭不但改變了美國，也改變了整個現代世界。

單憑統計資料就可以看出這場戰爭的規模。從西元一八一五年，拿破崙最終兵敗滑鐵盧，到第一次世界大戰爆發德國入侵比利時之間，西方國家參與的所有戰爭中，美國內戰（西元一八六一—年）造成了最多死亡。不難看出，這場戰爭也是美國歷史上死亡人數最高的戰爭。南北戰爭導致大約六十二萬名士兵喪生，而將美軍在其他所有戰爭中的陣亡人數加總也不過是六十八萬人。美國士兵在內戰的安蒂特姆河戰役中中的死亡人數，是西元一九四四年諾曼地登陸死亡人數的四倍。聯盟國大約有四分之一的役齡白人男性戰死沙場。[22]

但是，為什麼要打這場戰爭？

戰爭的起因是有人試圖廢除美國的奴隸制。林肯反對奴隸制的態度是一貫的，並且眾所周知。對於許多美國人——特別是生活在南方的美國人——來說，他當選總統意味著戰爭已經不可避免。但很明顯，林肯並不打算廢除美國已在實行的奴隸制。他只是想做兩件事，一是確保美國不再出現新的蓄奴州；二是維護聯邦政府在全國的威信。在一封寫於戰爭爆發初期的信中，林肯聲稱：「我最重要的目標是努力捍衛聯邦，而不是拯救或摧毀奴隸制。如果不解放任何一個奴隸就能夠挽救聯邦，我就會這麼做。」他相信奴隸制終將瓦解，儘管可能是在下個世紀。他曾認真地思考過，是否可以將美國黑人全都送回非洲去。但在西元一八五八年，一封致新成立的共和黨的信中，他認為關於奴隸制的爭論是不可避免的：「一家自相紛爭，必站立不住。我相信，政府不可能允許半奴隸制、半自由制的情況成為常態……美國要麼會變成完全的奴隸制國家，要麼會變成完全的自由制國家。」

既然人們普遍厭惡奴隸制，那麼在新教神職人員和其他歐洲啟蒙思想者的影響下，北方勢必會出現反奴隸制的聲音。更引人深思的是：為什麼奴隸制在美國南部地區獲得如此強烈的支持，是什麼原因讓那些為捍衛「黑奴制度」而犧牲、殺戮的人認為自己的行為是光榮、虔誠而體面的？這並不是因為他們中的大多數人本身就是奴隸主。在戰爭剛剛爆發的時候，南方十五個蓄奴州裡共有八百萬白人，其中僅有三十八萬三千人擁有奴隸。而且在這三十八萬三千名奴隸主中，半數人擁有的奴隸數量不到五個。八百萬人中，只有大約三千人擁有百名以上的奴隸，他們只佔很小部份。因此，只有他們的生活還算稍微接近大部分人想像的那樣：住在大房子裡，讓奴隸們在種植園中勞動。[23]大多數奴隸主都是與奴隸共同勞動的小農。事實上，大多數南方人都是農民，他們往往得在貧瘠的土地上艱苦奮鬥。

美國的蓄奴可以追溯到《獨立宣言》發表的許久以前，這是合眾國開國元勳們的家醜。喬治·華盛頓和湯瑪斯·傑斐遜本身就是奴隸主，維吉尼亞和南方各州大部份達官顯貴也都是奴隸主。他們或許會有些良心不安的感受，但他們複雜的農莊生產都少不了奴隸。美國宣佈獨立的時候，奴隸制在全美十三州都是合法的。在南方，菸草、製糖、稻子和棉花都需要極辛苦的勞務，但當時既無大規模的移民，美洲原住民族也不願意從事這類勞動，因此奴隸制似乎成了唯一的選項。北方的耕作形式因為氣候和土壤因素而和南方有所不同，所以奴隸制並不普遍。田間勞動需要嚴格的紀律，一日的工作時間往往會達到十四個小時。據估算，南方農業州的生產效率比北方自由州高百分之三十五到五十。因此，在南北戰爭剛開始的時候，美國南方比除英國之外的任何一個歐洲國家都更加富有。南方經濟並未如日後北方政治宣傳所言的那般陷入困境，有人認為「從總體上看，只有長期保持高增長率的瑞典和日本才能超過南方在戰前（從西元一八四〇年到一八六〇年）取得的成就」。[24]

因此，這時的南方其實是個迅速成長的經濟體，渴望將新增的州——如堪薩斯州和德克薩斯州——納入其中。要理解美國面臨的風險，我們首先要回顧一下這個新生共和國如何以一種不尋常的方式向西擴張。第三任總統傑弗遜希望獲得新的土地，於是為美國版圖增加了十四個州。在拿破崙戰爭期間，傑弗遜政府通過一筆交易，也就是之前提到的「路易斯安那購地案」，使美國領土面積大幅增加。這可能是史上最重要的不動產交易。西元一八〇三年四月，拿破崙正在集中精力對付他最後的敵人——英國。與大多數征服者一樣，拿破崙也出現了財政危機。因此，他決定將美國西部的一大塊法屬領地賣給華府，他說自己不再優柔寡斷：「我宣佈放棄路易斯安那。」通過倫敦的霸菱銀行，美國向法國支付了一千五百萬美元。這塊土地相當於英王喬治宣佈投降時美國面積的兩倍多，美國的國界向西擴展到了洛磯山脈。此外，美國還想奪取加拿大。於是，美英兩國於西元一八一二年爆發戰爭。結果，美國戰敗，英軍佔領並焚燒了首都華盛頓市。

但這只是美國領土擴張過程中的一個小挫折。西元一八一九年，西班牙放棄佛羅里達。在這之前的三十年間，阿帕拉契山曾是一道障礙。但現在，美國人已經跨過阿帕拉契山，深入北美大陸的腹地。美國人繼續以驚人的速度遷移到腹地的各個地方。美國又從墨西哥的西班牙人手中奪取了德克薩斯，起初為一個獨立的州（雖然德克薩斯一度動念想加入大英帝國），一八四五正式加入美國。三年後，美國與墨西哥爆發了一場慘烈的戰爭。結果，美國又以低廉的價格購買了加利福尼亞和新墨西哥。

這裡有一個大問題：在將戰敗的原住民族加以殺戮、驅趕到保留地去後，這個新生的美國將會形成什麼樣的社會？當時，美國大部份的新領土既荒涼又缺乏法律：「山人」（mountain man）、捕獸者、探險家、狂熱的淘金客和冒險家將彼此獨立的原住民族拼命向西擠壓。但美國已經出現了兩種不同的經濟模式。南方是奴隸制種植園經濟，這種經濟模式不斷向外延伸，甚至延伸到了加勒比地區和拉丁美洲。北方開始的時候是小農經濟，但在歐洲移民——包括德國人、愛爾蘭人、斯堪地那維亞人，以及英格蘭人和蘇格蘭人——的推動下，迅速轉型為工業經濟。從本質上看，北方是屬於城市資本家的，他們深受新教的影響，與當時的英國人一樣痛恨奴隸制。

西元一七七七年佛蒙特州首先廢除奴隸制，之後北方各州陸續跟進。到西元一八〇四年，北方各州中即使尚未廢除的，至少也已開始著手進行。西元一八〇八年，美國國會投票通過禁止本國人參與大西洋奴隸貿易。在前一年，英國也做出了同樣的決定。但在南方棉花種植園和糖類種植園中，這反而推動了美國國內販奴和蓄奴的發展。美利堅合眾國的開國者清楚地意識到，這種分裂是非常危險的。約翰・亞當斯是最早在波士頓發動起義的人，後來成為美國第二任總統。他擔心這種分裂會「使北美出現像歐洲那麼多的國家」。[25] 西元一八二〇年，在經過激烈的討價還價之後，國會通過了「密蘇里妥協案」。這份妥協案在北美大陸上劃出了一條線，這條線以南允許存在奴隸制，以北則否。然而，一旦國家開始大舉擴張，沒人相信雙方會恪守這條界線。這場競爭涉及了太多的土地和金錢。

南方一直以來習慣了掌控美國政治，來自南方的總統、法官、重要的眾議員和參議員多得不成比例。但來自北方、反對奴隸制的競選人在政壇上的勢力越來越大。對於南方人來說，這無疑是一種侮辱。西元一八五〇年，當加利福尼亞獲准加入聯邦的時候，危機已經到達了一觸即發的地步。南方人威脅退出聯邦，但在最後一刻，雙方達成了妥協：加利福尼亞以非蓄奴州的身份加入聯邦，但北方州必須歸還逃跑的奴隸。然而，雙方的矛盾還會再次升高。我們已經看到鐵路是如何改變了美國，但真正關鍵的是那條連接大西洋和太平洋的鐵路。承諾投入鉅資修建這條鐵路是加利福尼亞得以留在聯邦的原因之一。但為了連接芝加哥這個新興的工業中心，這條鐵路不得不穿過堪薩斯和內布拉斯加。這麼一來，堪薩斯將會成為一個獨立的州，它位於密蘇里妥協線的北方，因此應該是個自由州。但堪薩斯的土地非常適合種植菸草和大麻，種植園奴隸主對此非常感興趣，於是他們展開了遊說。

支持奴隸制的政客認為，像堪薩斯這樣的新州有權決定自己的命運。於是，奴隸主和他們的奴隸從一個方向湧入堪薩斯州，廢奴主義者和北方農民從另一個方向湧入堪薩斯州。一場殘酷的遊擊戰就此打響，交戰雙方都犯下了暴行。約翰・布朗是個激進的廢奴者，曾領導黑人和白人攻打哈珀斯費里。哈珀斯費里是一座位於西維吉尼亞州的小鎮，鎮上有一家兵工廠。他希望發動一場奴隸暴動，但最後以失敗告終。被捕後，布朗被絞死，行刑的時候，布斯就在一旁觀看。他的屍體後來被寫進一首著名的戰爭歌曲中。在北方人眼中，約翰．布朗是個烈士；但在南方人眼中，他就是恐怖分子。

由此可見，流血衝突在戰爭爆發前就已經出現。關於奴隸制界線的激烈爭論也沒有結果。此外，南方各州還發出了嚴厲的警告：寧願退出聯邦，也不會屈服。

工業化北方的經濟增長和人口數量成了最後的關鍵因素。移民為了就業而前往北方；從歐洲來的窮白人幾乎沒有人願意去南方的種植園工作。當時工業發展的原始資料清楚地勾勒出了問題所在。在美國製造業獲得的投資中，僅有百分之十八來自南方。北方的工業生產能力是南方的九倍，北方的人口數量是南方的二點五倍，來自歐洲的新移民絕大多數都去了北方，北方的識字率也比南方更高。新型的美國正在向西北發展，站在城市化和資本家這一邊的城市湧現，如芝加哥和底特律。南方的白人文盲數量是北方的三倍。儘管南方的種植園比北方的農業更有效率，而且南方也以自己的方式參與了全球經濟，但這是南方社會整體與北方社會整體的戰爭，其中一方顯然比另一方更進步。

上面講的是經濟和地理方面的情況。除此之外，南方和北方還存在文化上的差異。對於捲入內戰的人來說，這層差異或許更具關鍵影響。在南方，許多人將奴隸制視為人類社會中的一件平常事，早在聖經時代和古典時代就已經出現。在他們看來，北方城市裡那些「在工廠中工作的黑鬼」實際上就是一種「工資奴隸」。相較而言，他們的奴隸制要仁慈得多呢。這樣的看法其實不無道理。西元一八五〇年，南方奴隸孩童的平均壽命比英格蘭工業中心曼徹斯特中孩童的平均壽命長十二年。美國奴隸人口迅速增加，因此不再需要從大西洋販運奴隸，這也說明了當時奴隸有一定程度的健康。對於支持奴隸制的美國人而言，奴隸也是他們的私有財產，而財產權是美國憲法賦予他們的基本權利，聯邦政府無權剝奪。在十三州殖民地起義的時候，奴隸制難道不是遍佈美國嗎？聯邦政府將傑弗遜和華盛頓的頭像印在紙鈔上，但這兩個人本身就是奴隸主。

南方人大都是窮白人和奴隸，但邦聯自認南方社會不僅僅是等級森嚴、富浪漫色彩而保守，與喧嘩吵鬧的「北佬」相比，南方人更加細膩，也更忠實於人的本性。美國南部種植園主的生活態度與內戰時期英國保皇派的貴族式價值觀，以及之後一個世紀詹姆斯黨人的浪漫情懷有著千絲萬縷的聯繫。他們都不喜歡城市中的商業價值觀。之後，這種感情發展為對城市價值觀和工業資本主義的深惡痛絕。我們已經看到專制君主制是如何在英格蘭失敗的，以及詹姆斯黨又是如何在蘇格蘭失敗的，他們的挫敗先是推動了啟蒙思想和科學的發展，之後也促進了工業的繁榮。但在美國南部地區，上述這些事物都是受詛咒的。在南北戰爭剛剛爆發的時候，倫敦《泰晤士報》記者威廉·霍華德·拉塞爾評論說，南方人極端仇視「貿易、商業、追逐利潤、製造業和拙劣的機械工藝」。[26] 一位研究奴隸制的美國歷史學家記述了蓄奴州的統治精英，以及他們所具有的貴族精神：他們「看重家庭和社會地位，有很強的榮譽感，希望過上奢侈、安適的生活，渴望獲得成功」。[27]

這是小說《亂世佳人》描繪的南方。對女士彬彬有禮的將軍們留著一頭長長的卷髮，蓄著挺立的鬍鬚，他們統領邦聯軍隊、騎馬穿越維吉尼亞州的風範彷彿萊茵的魯珀特王子再世，又好比「邦尼王子查理」轉世，為肯塔基而戰。當然，這也是南方失敗的原因。然而，儘管美國的工業發展不平衡，但戰爭絕非不可避免。

詹姆斯·麥克弗森是最能公正而出色地描述這場衝突的歷史學家之一。麥克弗森指出，到了西元一八六三年，北方要想贏得勝利，必須征服大片南方土地，癱瘓南方經濟，摧毀南方軍隊。這是一項艱鉅的任務，因此「北方在人力和物力上的優勢只是勝利的必要條件而非充分條件」。南方需要做的只是堅持下去，存活下去。麥克弗森認為，假使存在一個平行世界，在那裡雙方的命運只要發生些許轉折，南方就可能贏得這場戰爭——那樣的話，歷史將會向一個完全不同的方向發展。

如果林肯這位強硬的肯塔基州律師和政治天才沒有當選總統，或輸掉謀求第二個總統任期的選舉（事實上，他很有可能輸掉這場在內戰期間舉行的選舉），那麼北方會向奴隸制妥協嗎？如果傑出的南方將領——如被稱為「石牆」的傑克遜和羅伯特·李——更加幸運，那麼他們或許會在北方得到像謝爾曼這樣的良將之前果斷地擊垮北方軍隊，那樣的話，聯邦的戰鬥意志很可能會崩潰。事實上，他們離擊潰北軍的目標並不遙遠。有些時候，聯邦軍事統帥的無能，以及人們對林肯和內戰日漸感到不滿——紐約爆發了美國歷史上最糟糕的暴動，在反對徵兵的抗議活動中，有一百二十人喪生——使南方邦聯幾乎獲得了政治上的勝利。

然而，北方的人口更多、工業化程度更高、組織也更有條理，同時又避免了像南方那樣的食物短缺和惡性通貨膨脹，隨著李將軍投降後，終究以軍隊摧毀了多座南方城市。但這是一場勢均力敵的戰爭，就像在第一次世界大戰期間，當美國軍隊到達歐洲時，離勝利並不太遙遠的德國與協約國進行的那場勢均力敵的戰爭一樣。事實上，這場戰爭的結果主要取決於幾場特別的戰鬥和幾個特殊的人物，這就是它能不斷激發歷史學家想像力的原因之一。

在南方，大約四分之一的成年男性在內戰中喪生，倖存者也大多留下殘疾。他們既不是奴隸主，也不是富人，為什麼要參與這場戰爭呢？最後，他們的書信告訴我們，對家鄉、家庭和對地方傳統的忠誠是促使他們參戰的最重要因素。他們反抗的是驕傲自大的北方城市，以及一個充滿威脅和冷酷的未來——這個未來充斥著工資、工廠主和虛偽的北方佬牧師。不少邦聯戰士本身也反對奴隸制。羅伯特·

李認為這是一個邪惡的制度，所以他自己沒有奴隸。他辭去了在聯邦委員會裡的職位，為邦聯而戰，純粹是因為他不能拋棄位於維吉尼亞州的家和家人。很多人參戰也是出於相似的目的。他們為喬治亞、田納西或南卡羅萊納而戰，為一同喝酒的朋友而戰，為父母兄弟而戰。他們為地方而戰，為此不惜分裂國家。

他們的失敗使南方和北方重新連為一體，並處於同一聯邦政府的管轄之下，而且這場戰爭使聯邦政府變得比以前更強大了。不但如此，南方的戰敗還推動了最後一波西進運動。結果，美國最終成為我們現在看到的樣子。堪薩斯州境內的鐵路曾經挑起戰爭，但也為美國中部平原和沙漠地區帶來了許多定居點。雙方軍隊的復員士兵首先進入西部地區，希望找到人生的新起點。平原地區居住著許多美國原住民族部落，如蘇人、夏安人和阿拉巴霍人，他們從十八世紀早期開始騎馬，這改變了他們的文化，使他們成了技藝精湛的獵人。內戰後，這些原住民族被迫遷往更遠的地方，直到最後被美國士兵逼得四散分離。但不幸的是，南北戰爭使歐洲裔美國人對他們的態度變得更加強硬，也更加殘酷：西元一八六四年，科羅拉多州的沙溪（Sand Creek）發生了一場慘絕人寰的大屠殺，被殺的都是原住民婦女和兒童。（編按：沙溪大屠殺（Sand Creek Massacre），當年十一月二九日，約七百名隸屬於科羅拉多州第三騎兵軍團的美國士兵，無預警襲擊了南方印地安保留地的一個聚落，當地約有二百餘名夏安族及阿拉帕霍族居住，這些居民遭到軍隊的屠殺，估計造成七十至一百六十三名印第安人死亡。）

戰爭結束後，原住民族文化遭到破壞的速度變得越來越快，在達科他州的布拉克山發現黃金後情況尤其嚴重。一八七〇年代，住在平原地區的印第安人遭到了多次無情的襲擊，但他們也展開了反擊。在西元一八七六年的小巨角戰役中，印第安部落領袖「瘋馬」擊敗了內戰英雄喬治·卡斯特將軍。這標誌著印第安人的反抗活動達到了頂峰。但即便是蘇人——最勇敢、最有侵略性的部落，堪稱美洲的祖魯人——也抵擋不住人數更多、裝備更精良、訓練更有素的征剿軍。這些軍事活動只是一場聲勢浩大的移民潮的前奏，這些移民中包括農民、獵人、大農場經營者、調酒師和商店店主。假使南部邦聯得以完整保留，美洲原住民族無疑仍會屈服於槍炮和數量陡增的移民，但這一切或許不會發生得那麼快。

這場戰爭也大幅推動了美國工業資本主義的發展。為逃避聯邦政府的兵役，許多人會花錢雇人替自己參軍，其中包括煉油業大亨約翰．戴維森．洛克菲勒、超級銀行家J．P．摩根和鋼鐵大王安德魯．卡內基。戰爭經濟創造了無限的商機：生產軍事裝備需要鋼鐵，照明和潤滑需要石油，聯邦的火車和輪船需要煤炭作為動力。此外，聰明的投機客操作商品價格從中獲利，銀行家與華盛頓的政客建立起新的密切關係。權力集中在少數人手裡，這是「英雄」時代美國資本主義的特徵，而殘酷對待罷工者和工會會員的做法也大致上可以追溯到戰時。

最後，關於南北戰爭還有一點值得一提。儘管內戰鞏固了聯邦，為美國稱霸世界鋪平了道路，但那些在里奇蒙河邊向林肯致敬的美國黑人並未得到他們想要的救助。在戰爭期間，大約有十八萬名黑人離開南方，加入聯邦軍隊，其中許多人奮勇作戰。但在廢除奴隸制這個問題上，林肯是相當謹慎的。他對奴隸制的態度往往根據戰局的變化而調整。在北方，對戰敗的恐懼使強硬的廢奴主義者變得越來越有影響力。在前線，逃亡奴隸的重要性也穩定提升。西元一八六二年，林肯告訴他的內閣，解放奴隸成了「一種軍事需要……我們必須解放奴隸，否則我們的力量將會減弱」。（到最後，連南方邦聯軍隊也開始使用黑人士兵。）他讓一八六三年的《解放奴隸宣言》也適用於南方十個叛亂州，目的是破壞南方經濟，削弱南方的軍事力量。直到戰爭即將結束的時候，「憲法第十三條修正案」才規定奴隸制在美國各地都是非法的。

儘管從法律上解放了四百萬南方奴隸，使得美國不再頂著世界上最大蓄奴國家的惡名，但要讓黑人獲得安全和繁榮，還有很長的一段路要走。在戰後的「重建時期」，戰敗的南方各州處於直接的軍事管制之下，直到獲准重返聯邦。城鎮和種植園遭到破壞，白人士兵身陷囹圄，以及來自北方的「提包客」（carpetbagger）都顯示，舊秩序已經一去不返。許多過去的奴隸主希望獲得解放的奴隸留下來繼續工作，也願意為此支付工資。但許多奴隸沒有理會他們的提議，很快就前往美國其他地區了。聯邦軍隊的威廉．謝爾曼將軍在南方焚毀莊園和城鎮、踐踏莊稼，然後將土地直接交給了以前的奴隸，他的政策被稱為「四十畝地和一頭騾」。在某些州，黑人開始參與政治發展。

然而，這一切大多是虛幻的。「重建」也意味著腐敗。北方政客既無心思，也沒有足夠的資金重振南方。在重新分配土地的時候，他們也不願踐踏憲法賦予的財產權。美國的奴隸解放和俄國的農奴解放有一些很有意思的共通點。在這兩個國家，失去農奴和奴隸的土地都幾乎變得一錢不值。另一方面，農奴和奴隸發現自己除了之前繁重的田間勞動之外，也很難找到其他工作。他們真的自由了嗎？

一個來自南卡羅萊納由前奴隸組成的代表團向聯邦政府陳情：「與以往相比，我們現在的生活狀況更糟了……我們的住所裡有了一些財物，我們有了牲畜、車輛和幾件傢俱，但我們沒有土地，仍然無家可歸。真正的自由人不應該是這樣生活的。」[28] 幻想破滅的俄國農民回到了他們的土地，繼續用穀物和雞向地主交租，沒有比這個情境更貼切的類比了。

最後，許多美國黑人在北部和西北部的工業城市定居，成了「在工廠中工作的黑鬼」——正如過去的奴隸主人所嘲諷過的。留在南方的黑人也受到「租佃制」的剝削。他們得到了土地、小屋和工具，並以賒帳的形式向地主或商店店主——有時是同一個人——租賃土地，然後在上面耕作。他們被各種條款束縛住了手腳，很難按照自己的方式盈利，經過一兩次歉收之後，他們就會變成經濟上的奴隸，儘管奴隸制已經廢除。

但這僅僅是個開始。南方各州實行了種族隔離制度，即「吉姆．克勞法」，用來羞辱了黑人，將他們變成二等公民，猶如奴隸制捲土重來。當時還出現了白人恐怖主義者，如「三K黨」。在南北戰爭結束後的幾十年裡，黑人的生活仍然如戰前我們所見那樣，有時甚至更悲慘。在美國，黑人和白人的芥蒂持續存在了一個世紀，直到一九六〇年代，雙方再次發生衝突。許多人認為，舊的創傷至今仍未癒合。

總體上來說，這場戰爭給美國帶來了不可逆的變化，而且是變得更好。剛建國的時候，美國並不像是個民主國家，甚至可以說是傳統的中央集權式國家。在聯邦政府創建的公共制度中，只有郵政服務是大多數美國人能夠接觸到的。但現在，聲勢浩大的西進運動傳播了仍顯青澀的新民主思想。成千上萬的歐洲貧窮移民將這個新生國家的城市變成了一座文化熔爐。戰爭不僅讓大資本家勢力倍增，也在北方催生出一支國家軍隊。此外，戰爭也催生了徵兵制、直接的稅收制度、擁有更高權力的聯邦法院和初步的社會福利。

南方的失敗使最初的憲法被重新解釋為一部具有民主思想的文件，它使所有人獲得了公民權，儘管婦女仍然被排除在政治之外。亞伯拉罕．林肯開始用「國家」取代「聯邦」。在《蓋茲堡演說》中，他承諾「民有、民治、民享」。從某種程度來說，這成了美國新式共和政治的宣言。

美國的資本主義制度確保了富有精英階層的權力，這激怒了農民、工廠工人，以及在週期性危機與衰退中變得一無所有的人。到了一八六〇年代晚期，美國既不是文化統一體，也不是真正的民主國家。但她已經走上了崛起之路，並在二十世紀成為超級大國。

日本武士的苦痛與矛盾

西元一八七七年九月二十四日，當太平洋另一端的美國軍隊對平原地區的印第安人痛下殺手時，西鄉隆盛和他手下的武士正在同一支現代化的日本軍隊展開最後決戰。

就如「瘋馬」的那場戰事一般，這場戰鬥也是眾多悲壯而徒勞的軍事行動之一。西鄉隆盛的叛軍用揮舞著武士刀、喝日本酒、作詩、崇拜祖先，本質上就是一群中世紀的武士。他們衝向一支招募農民子弟而組成的軍隊，然而不同的是，他們裝備了新式的步槍、火炮和地雷。在黎明的一場恐怖屠殺之後，西鄉隆盛手下只剩下不到四十人。他們歌頌起即將到來的死亡，在槍林彈雨中發動最後突擊。西鄉隆盛右髖中彈倒地，他要求別府晉介協助他切腹自殺——在日本，這是一種崇高的死法。事實上，當時西鄉隆盛傷勢過重，難以自行切腹，但別府晉介還是按照規矩，砍下了長官的頭。戰鬥結束後，人們花了很長時間尋找西鄉隆盛的頭，因為獲勝的日本軍官希望保留他的全屍以供憑弔。[29]

這是一個非常有日本特色的故事：不合時宜的日本武士衝下山坡，只為了追求光榮的死。西鄉隆盛死後成為日本人心中的聖人，象徵了傳統和榮譽，人們認為他已經進入了極樂世界。還有人說，西鄉隆盛並沒有死，而是被流放到了俄羅斯（也可能是印度），他將會光榮歸國。西鄉隆盛死後十二年仍然深受敬愛，並獲日本天皇赦免反逆之罪，成了不朽的民族英雄。但我們也無須誇大這些事件所蘊含的「日本性」。這不僅僅是揮舞著日本刀的武士對抗現代世界，事實要比這複雜得多；但其中確實體現出舊有生存方式與工商業為基礎的新世界的衝突，這樣的衝突也會發生在世界其他地區。

這不禁讓人想起了西元一七四六年的卡洛登（Culloden）戰役。在這場戰役中，蘇格蘭的蓋爾人向裝備有步槍和火炮的漢諾威軍隊發起了猛攻。戰敗後，「邦尼王子查理」流亡海外，他也象徵了一個失落的、某種意義來說更加美好的世界。美國南部邦聯的戰敗也可做為對照，這是一場與現代化和資本主義力量對抗的現代戰爭。儘管日本從來沒有奴隸制，但西鄉隆盛發動「西南戰爭」的目的在於恢復傳統價值觀，挑戰新時代。從西元一八五三年到一八五四年，歐洲戰艦紛紛到達日本，其中最重要的是馬修·培里准將率領的美國艦隊。這種來自海外的刺激成為日本政府現代化的重要推動力。

除此之外，在十九世紀上半葉，西方列強還多次對日本構成威脅，越來越多的日本人對此表示出憂慮和憤怒。在南北戰爭爆發前，美國人已經表現出對太平洋的興趣。「山人」開始越過洛磯山脈，遊弋在沿海地區的捕鯨人開始殖民加州。人們對鯨油產生了無限的貪欲。捕鯨人使美國海岸的鯨魚數量急劇減少，於是他們開始向太平洋深處進發（諷刺的對照是，今天持自然資源保護論的美國人反對日本捕鯨人的掠奪）。

我們上一次提及日本是在十七世紀早期。當時還是個自我孤立的國家，在德川幕府的統治下封閉地發展了兩個多世紀。這種保守的統治形式帶來了秩序和穩定，但經濟卻只能低速發展。日本文化得以保留其強度並與世隔絕。這是一個等級森嚴的社會，高雅藝術走向繁榮，但這意味著促使歐美發生革命性變化的工業和商業在此並沒有得到發展。

「日本性」不能直接理解為強烈的國家政治感。這個國家被山脈、島嶼、海水和漫長海岸線分割成許多區塊，大部份日本人只有地方忠誠。幾百年來，儘管天皇因宗教原因而受崇敬，但在政治上並不重要。位於德川政治體系頂端的是幕府將軍，統御著「幕府」（bakufu）這個詞字面的意思是「帳篷政府」——也就是軍政府。幕府周圍遍佈著大名（daimyo），也就是大領主暨貴族，最忠誠的大名在地緣上也離幕府最近，形成一個同心圓結構。大名也依靠一個規模更大、享有特權的武士階層——這就是著名的日本武士（smurai）。

日本有數十萬名武士，佔全國人口的百分之六到百分之七，他們經常誇耀自己祖先的故事，這些故事可以追溯到十五至十六世紀的慘烈內戰，甚至更古老的時代。武士享有特權，例如可以在公共場合佩戴兩把刀，以及俸祿——以稻米支付，數量通常取決於該武士領有多少土地。許多武士住在成員皆為男性的兵營，還有一些住在大名城堡周圍的城鎮裡。一般人往往認為武士的生活不外乎軍事訓練、冥想死亡和高雅的藝術。[30] 但事實上，德川幕府給日本帶來了長期的和平，許多武士參與過的軍事行動屈指可數，或者幾乎不曾參與。這些從未真正參戰的所謂武士，唯一的戰鬥經驗僅止於在妓院周圍打架或喝酒鬧事，這類情況引發許多民怨。事實上，更有企圖心的武士會晉升官僚階層，為領主管理封地。日本共有大約二百八十塊大名領地，各地區操著不同的方言，難以相互理解對方的語言，這點與統一前的德國相似。

大多數武士都服侍著大名，而大名本身也有等級區分。這取決於他們的家族在歷史上對德川家是否忠誠。幕府實行一種名為參勤交代的制度，大名一年住在自己的領地，一年被迫住在首都江戶（今天的東京）。這使大名的家人成了將軍及幕府的人質，因此很難對幕府構成威脅。過去的日本歷史充斥著錯綜複雜的內戰和家族戰爭上，透過這項制度締造和平堪稱重要的政治成就。

德川時期的日本並非天堂，對於社會底層的農民和從事最下賤工作的流浪家庭（與印度相似）來說尤其如此。日本面臨著週期性饑荒、農民起義、火山爆發，還有城市中嚴重的犯罪問題。但這幾個世紀以來既無內戰，也無外來傳染病。因此，在這段時期，日本人口增長得比歐洲還要快。清酒、紙製奢侈品、高級布料、漆器和木器的產量都有所增加。城鎮間的道路也比歐洲的更寬廣，行商往來絡繹不絕。

但這段時期也讓日本面對外部世界時變得自滿，甚至自大。當西方船隻再次抵達日本的時候，一位日本評論家抱怨道：「最近，這些可惡的西方蠻夷橫行四海，將其他國家踩在腳下。他們完全沒有意識到，在這個世界中，他們是下等人。現在，他們魯莽地挑戰我們這些高貴的人……這是何等的傲慢？」[31]

美國一直要求與日本貿易，但德川幕府並未給出實質的答覆。十九世紀的經濟學家承襲亞當．斯密和大衛．李嘉圖等理論家的思想，認為貿易是這世界上一種巨大而良善的力量。正如前文所述，當各個國家能夠共同為彼此帶來財富，發生戰爭的機率就會大大降低。但樂觀的自由主義信仰忽略了一件事實，那就是，許多有利的貿易之所以能夠帶來巨額財富，是因為這些貿易本身並不平等，而且是在炮口下完成的（如印度、中國再到日本）：「進行和平的自由貿易，否則我們就開炮。」完全開放貿易後，西方在日本找到了許多他們想要的東西——從精緻的塗漆傢俱和絲綢到生動的版畫，這些版畫對後來印象派畫家產生了巨大影響。日本的發展道路與中國完全不同，前者建立了現代化的工業經濟和軍隊。但日本也為此付出了代價，那就是毀滅過去的自己。這是一個痛苦、充滿矛盾的過程。在美國，相似的過程持續了一個世紀，並使美國深陷戰爭的泥淖。

矛盾始於武士階層，他們在一部分領主帶領下開始反抗德川幕府。起因在於幕府將軍和幕僚不得不接受西方人的條件，簽訂不平等的貿易條約，其中包括羞辱人的治外法權，於是才引起了激烈的反彈。德川幕府作為軍政府，雖竭盡所能地改革舊制度，但收效甚微。造反者僅僅是想將洋鬼子趕出日本。他們將希望寄托在京都皇居裡的天皇，儘管作為遠古日本的象徵，但天皇已長久無法過問政事。日本應該走向何方呢？在這段困惑的年代，有段故事頗有意思。一個名叫坂本龍馬的武士，闖入一位參與海軍現代化的幕府官員家中行刺，但這位名叫勝海舟的官員要求坂本龍馬先聽聽他的解釋。他們就強化海軍的重要性討論了整整一個下午。最後，坂本龍馬被勝海舟說服，改變了立場。

然而，向西方開放使國家日益動盪不安。叛亂、通貨膨脹，加上部分支持幕府的大名集體怠職，在在削弱了德川政權，造成危機，越來越多武士在這場危機中開始參與叛亂。全國性的激辯展開，人人爭論著日本是否需要從傳統封建社會轉變為現代社會。這場爭論在本質上與俄國和美國所發生的鬥爭並無區別。日本的現代化進程比美國更和平——儘管在民主化程度上仍嫌不足——比俄國更成功。最後，在經歷了兩個多世紀的相對穩定之後，德川幕府倒臺。從西元一八六七年到一八六八年，年輕的明治天皇成了最高統治者。這段時期稱為「明治維新」時期。

新政權立刻著手進行西化改革，但這卻是保守主義者和排外的武士原先想要阻止的發展。於是，日本的傳統主義者陷入了極大的恐慌。這直接導致了上文提到的「西南戰爭」——西鄉隆盛的武士與日本軍隊兵戎相見。日本實現了現代化，而且非常快速。政府廢除了二百八十餘個大名領地，並在此基礎上設立了七十二個西方式的縣。這是日本第一次有效地規劃單一國家領土。武士失去了特權——從佩刀權到俸祿的免稅權。在一八七〇年代，誰還需要吟詩舞刀的武士？他們的刀都有些生銹了。關於裝束、髮型和居住地點的舊規章悉數被廢除。居住在城市的日本人開始試著穿著西式服裝。

日本依照西方的軍事思維，徵集並創建了一支現代化軍隊。他們引進義務教育，並將首都從京都遷往江戶。新的土地稅取代了複雜的封建協議。西元一八七二年，日本出現了第一條鐵路。在度過困難重重的起始階段後，日本借鑒德國的經驗，通過國家主導的資本主義來創建本國工業；參考英國的制度，日本建立起一支現代化的海軍。西元一八八九年，日本制定了一部新憲法。根據憲法，日本設立了參議院和眾議院，並在稍後舉行了選舉。但在當時，日本人的公民權還非常有限，有足夠資產的人才能參與選舉，因此只有百分之一的男性公民擁有投票權。全國各地爆發了民主運動，於是日本人才爭取到了公民權。

從總體上說，這是近代史上最引人注目，速度最快的（非革命）改革運動。這差不多就是一場革命——但不完全是，原因有二：第一，這場改革是由武士和地主推動的，儘管他們大多屬於中等階層；第二，借助了古代帝王體系的影響力。相形之下，沙皇亞歷山大二世就顯得懶惰了。然而，日本的改革運動也造成了動盪和反動，跟其他的革命同樣激烈。許多農民和不甘失去舊權力的武士，發動了多次叛亂——並獲得城市和鄉村中思想保守日本人的支持。在造反者中，西鄉隆盛是最義無反顧的。他原本也和其他許多武士一樣支持明治維新。但在提議入侵朝鮮遭拒後——他希望通過這種方式來恢復武士階層的榮光和權威，他於西元一八七三年與新政權決裂。

西鄉隆盛出生於九州的薩摩藩，也就是鹿兒島，九州是日本四島最南端的島嶼。九州除了盛產一種小橘子以外，還以發展落後、濃厚的傳統主義聞名。而且武士數量特別多——約佔男性人口的四分之一。[32] 此外，在當地古老的大名家族（編按：島津家族）領導下，九州也以思想獨立著稱。在西元一八六七年的巴黎世界博覽會上，這個家族以獨立的薩摩國代表自居。西鄉隆盛來自貧寒的武士家庭，但他不僅聰明，而且博學，從基層一路晉升到成為日本政壇的重要人物。他的政治生涯跌宕起伏，曾經歷兩次流放。但到了一八六〇年代中期，他已在京都的朝廷中代表薩摩的利益。他在京都最初是以德川政權的反對派之姿展露頭角，儘管思想保守，但還是成了一位政治改革家。

在明治維新之後，西鄉隆盛成了強硬派。他致力於創建一支現代化的徵兵制軍隊。日後，就是這樣的一支軍隊打敗了他。西鄉隆盛還希望廢除舊有的武士薪俸制度，並無情地打擊舊政權的勢力以及支持者。可想而知，他起兵反對天皇的可能性非常低，因為他十分尊崇明治天皇。的確，西鄉隆盛的領主島津久光認為他是一個具有破壞性的改革家，決心將傲慢的舊日本變成這些「蠻夷國家」的殖民地。朝鮮危機後，西鄉隆盛辭掉了政府中的職位。然而西鄉隆盛的內在衝突，從小接觸的傳統武士文化和實現現代化日本的需求在他心中拉扯，已經達到了他忍耐的極限。

離開政府返回薩摩之後，西鄉隆盛開始過起托爾斯泰式的生活：打獵、耕地、開辦學校向孩子們傳授儒家價值觀。他沒有寫小說，但寫了詩：

蘆花洲外繫輕艘，手挈魚籃坐短矼。誰識高人別天地，一竿風月釣秋江。[33]

在此時，他已成了舉國皆知的名人，一舉一動都受到關注。

到底是什麼將他從警告政府的衰敗、自我放逐的夢想家，轉變為軍事政變領袖，仍然尚無定論。但這場叛亂是由東京當局激起的。在西鄉隆盛離開後，東京向薩摩派遣了間諜——也可能是刺客——並試圖控制薩摩的軍隊。鹿兒島一所私立軍事學校的學生最先點燃了叛亂的火焰。西鄉隆盛站在他們前面，聲稱自己將帶領地方軍隊向首都進發，前去「質問政府」。開始的時候，西鄉隆盛手下有一萬兩千人，他們裝備了步槍、卡賓槍、各種火炮，當然還有他們的武士刀。他們穿過雪地，向北進發，一路還吸納了許多支持者。但他們的腳步在熊本城——修建於十七世紀的巨大城堡——前停住了。在一場長達五十四天的圍城戰中，叛軍未能攻下熊本城。這讓政府軍有機會在九州登陸。政府軍由六萬名忠誠的武士和被徵召的士兵組成，他們人數更多，裝備也更加精良。在一場場慘烈的戰鬥中，叛軍步步後退，損失慘重，直到叛軍發起最後的進攻，西鄉隆盛戰死沙場。[34]

因此事情並不如最初的表面所見，只是傳統派的武士在絕望地反抗現代化的政府。如果真是如此，西鄉隆盛就不可能成為許多日本人心目中的悲劇英雄，事實上，他的故事更引人入勝，也更加悲傷。他一生中大多數時間裡，都在推動日本的現代化（在作戰的時候，他經常穿現代的法式軍裝，而不是傳統的武士服裝）。他在國家的歷史和未來中進退維谷，直到發現自己投無路的時候，才選擇為歷史而戰。儘管他希望建立更加「高尚」的政府，但這充其量只是一種理想，他並沒有拿出什麼切實可行的方案。在叛亂的過程中，他聲稱他並不是想取得勝利，而是想「爭取一個為道德而死的機會」。換句話說，他希望將自己變成一個符號。事實上，他也確實做到了這點。這也使得這場叛亂的本質變得難以論定。

西元一九〇五年的對馬海戰中，日本海軍擊敗了俄羅斯帝國的海軍。這場震驚全世界的海戰表明，日本已經成了現代化強國。然而儘管裝備了現代化武器，穿上了歐式軍裝，但在內心深處，日本仍然保留著中世紀武士階層的本性——強調死亡、榮譽和家族血統，蔑視外來者。至少在一九四〇年代戰敗之前，這點沒有什麼變化。西鄉隆盛代表了新與舊的兩種日本。然而對於一個人來說，這顯然是太難以承受了。

帝國主義之謎

歐洲開啟了現代帝國主義時代，這點並不令人驚訝。歐洲人相互競爭了幾個世紀。他們的內海——地中海——孕育了航海技術、海盜和貿易競爭。所以一旦技術條件成熟，他們一定會繞過非洲，跨過大西洋，前往更遙遠的地方。開始的時候，他們佔據或購買一小塊土地，在那裡修建堡壘，並留在當地。他們這樣做主要是為了保護新興的貿易，對抗其他來自歐洲的競爭對手：葡萄牙人抵禦荷蘭人，荷蘭人修建城堡以防止英國人入侵，英國人和法國人競相墾殖新地。當帝國剛開始崛起，歐洲的殖民國家將自己的意志強加諸於實力較弱的非歐洲民族，但這背後反映的仍是歐洲內部的競爭。

這可以幫助我們理解帝國主義擴張的迅速、掠奪和侵略。這些相互競爭、敵視的國家在歐洲大陸上爭鬥了幾個世紀。現在，它們又在新的土地上爆發了衝突。在談到帝國的時候，我們必須提到荷蘭人和西班牙人之間的仇恨。這是由於哈布斯堡王朝時期的西班牙試圖控制荷蘭，並鎮壓這個年輕的新教共和國；西班牙和葡萄牙本來就是長期的敵手；英格蘭水手與荷蘭水手相互看不起對方，這導致了英吉利海峽和泰晤士河上幾場跌宕起伏的海戰。除了國家間的競爭之外，歐洲還經常出現宗教上的分歧。我們記得，當信仰天主教的法國波旁王朝主宰歐洲大陸時，英國王室是多麼嫉妒；我們還記得，當英國人搶先一步佔領了大片美洲森林的時候，法國的商人、耶穌會士和貴族是多麼憤怒。假使歷史的發展與現況全然相反，那麼或許會是非洲人殖民歐洲，同時彼此間爆發長久、激烈的競爭——例如剛果人對抗馬里人、辛巴威人對抗班圖人——然後一面進軍泰晤士河、萊茵河、隆河的河谷。

如果這就是帝國主義的全貌，那麼這個故事倒也簡單，只是有點令人不快。這樣一來，歐洲的帝國主義時代就是可預期的必然結果，只是世界上某個地區比另一個地區發展出更好的組織與技術，然後前者在短時間內能夠予取予求。歐洲人的所作所為沒有什麼特別的——他們沒有原罪。如果信仰伊斯蘭教的阿拉伯人、蒙古牧民、中國邊境民族和駕船出海的毛利人得到同樣的機會，那麼他們也會做同樣殘忍的事。倘若一支全部由男性組成的軍隊不受任何束縛，讓他們面對一群以家庭為基礎的普通居民，那麼他們有很高的機會也會做出卑劣的行徑。一旦人們脫離相互需要的紐帶，以及隨之而來的同理心以及各自社會的羞恥心，他們也可能會姦淫擄掠。無論這群人是英國人、美國人、西班牙人——或者是印度人、阿茲特克人或祖魯人——沒有多大差別。

然而，歐洲的帝國主義並非只是伴隨著國際競爭的刺激，在世界其他地方出現了一群不受控制、貪婪、孤立的人。他們還強迫當地居民接受了歐洲的國家文化和宗教文化，這些文化都是在特定歷史環境和文化價值觀中順利發展起來的。因此，英國不僅為美國帶來了軍事征服、商人和陷阱獵人，還引入了法律、新教徒、道德紛爭和政治叛亂。當西班牙人到達墨西哥和秘魯，他們帶來了病毒和混亂，但他們也帶給當地修道院和彌撒。在十九世紀的法屬殖民地，人們試圖調和共和國的公民權以及對新土地和人口的所有權。大批從祖國流亡出來的荷蘭人移民到了南非（嚴格來說，這時還不算帝國主義時代），他們都是推崇共和政體的基督徒，深受喀爾文教的影響，他們相信荷蘭人是上帝選定的民族。德國在非洲的帝國主義行徑則是德國宮廷信念的延伸，他們認為德國注定要成為新的歐洲霸權，與那些墮落的自由主義對手相比，德國更有紀律，也不像民主國家一般亂哄哄的。

這些都離不開一連串謊言和唯利是圖的政治宣傳。事實上，這些國家也不得不如此。信仰天主教的葡萄牙人自認他們為黑暗之地帶去了永恆的基督之光，否則他們還能如何解釋自己在巴西和剛果的所作所為？又能如何解釋他們所做的奴隸貿易？當英國人在印度炮擊叛軍，鎮壓示威運動的時候，他們也告訴自己，他們為印度帶去了法律、教育和完善的行政體系；從長遠看，這些東西將會使那些信仰伊斯蘭教和印度教的臣民受益。當「瓜分非洲」開始後，法國、比利時和英國的報紙猛烈抨擊阿拉伯奴隸販子的罪惡：因為當他們的士兵為這片由部落組成的土地戴上鐐銬，其實是在為非洲人帶來解放。

然而，當歐洲國家逐漸成長為帝國的時候，他們的社會也變得更開放，更懂得自我批評。歐洲人已經過了那個靠謊言過活，且撒謊不臉紅的時代。某些傳教士在遠離家人和同胞幾千英里之處，在被征服的土地上作威作福、苛使僕役、發洩一己的私慾。但傳教士中也有許多虔誠的基督徒，帝國主義對外征服時的種種惡行使他們感到震驚——巴托洛梅．德拉斯．卡薩斯（Bartolomé de Las Casas）是一位多明我會的修士，他反抗「新西班牙」的種種惡行，堅持對原住民族部落施行人道主義；蘇格蘭的大衛．李文斯頓（David Livingstone）在非洲也是如此。

在歐洲內部，從一開始，各個國家就對帝國主義有著不同的理解。在英國的政治生活中，不信奉英國國教的人、浸禮會教友和主張自由貿易的人就都堅定地反對蓄奴和帝國主義的支持者。在波士頓傾茶事件爆發前很久，倫敦就有一群人數眾多而且具有話語權的親美者。法國也有一項長久的傳統，就是在文章中嘲弄歐洲人認為自己比所征服或奴役的民族更先進的那種自命不凡。在十九世紀早期的英國，反奴隸貿易陣營就曾打下漂亮的遊說戰，雖然奴隸制並非就此終結，但其意義仍不可不謂不重大。

每一個歐洲國家在成為帝國後都受到了影響，而且通常是負面的。我們已經看到美洲的黃金和白銀對西班牙的影響。葡萄牙征服非洲部分地區與巴西，帶來了長達數個世紀的的財富，但到了二十世紀中葉，卻成了落後的國家，在獨裁政治下變得死氣沉沉。英國在社會和政治方面產生了分歧，一方是主張自由貿易的人和不信奉英國國教的自由主義者；另一方是帝國的擁護者，他們聚集在宮廷、軍隊和倫敦地區。假使帝國主義者更早落敗，那麼今天英國可能就不會成為一個後製造業和後工業化國家，也不會過分依賴金融服務——這是帝國擴張所殘存的最後遺跡。此外，英國也肯定不會出現大規模的移民，捲入海外戰爭的次數也會少得多。

要記得，帝國主義從來就不是一個國家侵略或佔領其他國家這麼簡單。帝國主義是雙向的，往往涉及國內的選擇，一方對另一方的成功遊說或經濟利益的淩駕。除了荷蘭共和國之外——其資金主要來自日益壯大的中產階級，帝國主義通常意味著王室的勝利，以及與王室關係密切的軍隊的勝利。

對於並存許多小政權的群體來說——例如德意志和義大利——只有統一這些小政權，並形成單一的軍事和財政中心，才可能參與帝國主義競爭。一旦滿足這項條件，第一項舉措通常就是取得海外領土。在帝國主義國家中，這類群體顯得最為殘酷，但這主要是因為它們參與帝國主義競爭的時間比較晚。英國佔領了印度，屠殺了塔斯馬尼亞人，並消滅了美洲的原住民族，這些惡行都發生在現代通信技術出現之前，否則一定會使英國感到尷尬。荷蘭人殘酷地對待爪哇人，但當時沒有一個歐洲人知道或注意到此事。然而，德國用機槍在東非大開殺戒，墨索里尼對衣索比亞狂轟濫炸，卻都成了輿論指責的標的。

只有兩類歐洲國家沒有參與帝國擴張：一類是已經在歐洲建立起帝國的國家，如奧匈帝國（其次還有俄羅斯）；另一類是因面積太小或地處內陸而無法參與競爭的國家，如瑞典、挪威、瑞士和波蘭。但在今天，後者已經成了更平等、更成功的國家，這或許不是巧合。但也有一個小國建成了一個幅員遼闊的大帝國。儘管這是一個特例，但可以告訴我們帝國主義是如何運作的。

令人厭惡的利奧波德

在歐洲帝國主義的發展過程中，最極端最荒唐的事，就是比利時國王利奧波德二世在非洲內陸建立的個人帝國。在十九世紀歐洲，比利時是個落後小國。這個國家通行著兩種語言，直到西元一八三〇年才勉強成為一個獨立國家（而今又再度陷入分裂危機）。比利時人從盛產君主的德意志地區購買了一個國王。他們選擇了薩克森—科堡—薩爾費爾德的利奧波德公爵。他是一位英勇的軍官，曾在俄羅斯軍隊中服役，參加抵抗拿破崙的戰爭。他的妻子是英國王位的第二順位繼承人，但她在成為女王之前就去世了；他還是英國女王維多利亞的舅舅。也是他撮合了女王聞名的美滿婚姻，讓維多利亞與他的侄子阿爾伯特親王結婚。在接受比利時的要求之後——之前他曾拒絕成為希臘國王——利奧波德在許多方面都證明了自己是個好國王。他支持社會改革，是一位行為謹慎的立憲君主。

值得注意的是，他是比利時人的國王，而不是比利時的國王。換句話說，他是人們的領袖，而不是領地的所有者。在帝國時代逐漸發展成熟的時候，這令利奧波德覺得惱怒。他的親戚——他的外甥女，著名的維多利亞女王——擁有幾個耀眼的帝國，而比利時卻一無所有。比利時是一個擁擠、相對貧窮的國家。為了避免社會革命，有人認為應該鼓勵向外移民。利奧波德問土耳其人願不願意將克里特島賣給他。他曾打過古巴的主意，甚至是成為美國領十前的德克薩斯。此外，他考慮過法羅群島，還將貪婪的目光投向了南美洲。但上述種種設想最終都成了泡影。利奧波德含恨而終，但他將對殖民地的狂熱傳給了兒子——狡猾、瘦高、長了個大鼻子的利奧波德二世。與父親相比，這個兒子更是一團糟。利奧波德二世受不幸的婚姻所苦，在世界各地閒逛。他是一個毫無魅力的角色，一個世界級的偽君子。他不喜歡成為像歐洲立憲君主這樣的小角色，也不真心在乎比利時。「小國家，小民族」他抱怨道。

作為繼承人，利奧波德二世到處旅行，去埃及考察英國的帝國主義，去塞維亞研究西班牙帝國的財政金流，並通過閱讀得知財富是如何從荷屬爪哇流入荷蘭的。作為一個買家，他比父親更加胡攪亂纏，曾詢問能否購買婆羅洲的一部份。他也幻想著從阿比西尼亞（編按：衣索比亞的舊稱）或尼羅河買點什麼。或許阿根廷人能為他找到些什麼？或者從哪兒佔領一小塊土地，中國？斐濟？越南？菲律賓？還是能在烏拉圭外海或太平洋上弄到一個島嶼？利奧波德二世就像他父親一樣，幾乎成了喜劇角色：「見習皇帝徵求帝國。所有選項都可以考慮。」但他已經得到了一個冷酷的警告：歐洲人空降到外國的王位是危險的。他的妹夫，不幸的奧地利大公馬克西米利安，被法國人送到墨西哥，當作傀儡皇帝。墨西哥人處決了馬克西米利安，這成為馬奈的一幅名畫的創作靈感。在失去丈夫後，利奧波德二世的妹妹發了瘋，他只好將妹妹藏在一處宮殿裡度過殘生。

讓比利時從歐洲王朝史上的小角色，變成世界級的悲劇，是深入非洲中部的歐洲探險家。從一八四〇年代後期開始，英國人——如通曉多種語言、個性浮誇的理察．伯頓和他的朋友（後來成了敵人）約翰．斯皮克——一面探尋尼羅河的源頭，一面開始繪製非洲內陸的地圖。這兩位皇家地理學會的英雄並不是想拓展大英帝國，成功發表著作可以賺進名譽和財富，才是誘惑的來源。事實上，英國政府對此事也不太感興趣。維尼．洛維特．卡麥隆未能救出身為蘇格蘭公理會傳教士和探險家的大衛．李文斯頓，但他成功地穿越了非洲大陸。回到倫敦後，他對那裡的河流、湖泊和肥沃的土壤津津樂道。大臣們則一點也不在乎。

李文斯頓則從反方向獨自穿越了非洲大陸。他輕裝上路，不去侵犯他見到的大部份酋長。他對西方和基督教文明抱有很強的信心。他希望拯救人們的靈魂，也希望繪製出河流和湖泊的地圖，但他的宗教傳統對世俗的軍事強權抱持懷疑態度。與卡麥隆相似，他對非洲人受奴役一事深惡痛絕。但亨利．莫頓．史坦利與他們兩個都不同。史坦利出身威爾斯，在前往美國前，在貧民收容所度過悲慘的成長時期。他在美國參加了南北戰爭，為南方和北方都打過仗最後成了擅於自我宣傳卻靠不住的記者。

一位紐約傳媒大亨雇用了史坦利，派他前往非洲尋找李文斯頓。史坦利苛刻對待當地的挑夫，並且極度渴望出名，以至於找到李文斯頓時，他說的第一句話是：「您是李文斯頓先生吧，如果我沒有猜錯的話。」這使他成了全球知名人士。儘管史坦利已經成為美國人，但他還是回到了倫敦，他希望英國人能領有那塊幅員遼闊的新土地。但和卡麥隆一樣，他發現倫敦對吞併剛果並沒有多少熱情。利奧波德二世住在布魯塞爾郊區的宮殿裡，有時也會住在其他地方。每天早上，僕人都會將熨燙過的《泰晤士報》放在他的早餐桌上，他從這份報紙上讀到了探險家們的報告，有了一些不同的想法。

正如利奧波德二世所說，他也希望分得一份「華麗的非洲蛋糕」。為了實現這個目的，他進行了一項狡猾的活動。他將自己裝扮成慈善家。正如我們看到的那樣，長期以來，穆斯林的奴隸販子一直在掠奪非洲的王國。在反奴隸制運動的推動下，英國人不再參與大西洋的奴隸貿易。自此之後，非洲的奴役就成了一個時髦的道德問題。於是，利奧波德以十字軍戰士自居，他告訴維多利亞女王，他想給「將文明帶給非洲」。西元一八七六年，利奧波德在布魯塞爾舉行了一次奢華的會議。與會者是來自歐洲各地和俄羅斯的探險家、政客和空想社會改良家，他們獲得了獎章，在會上發言，並享受了盛大的宴會，這使他們備感榮幸。布魯塞爾以開懷暢飲和滔滔不絕的奉承話聞名，會議中當然也少不了這些。利奧波德告訴每一個人，他只是想為當地原住民族點亮文明之光。他說，他希望在剛果建立若干個歐洲據點，並使這些據點連成網路。據點裡有醫生、科學家和其他工作人員，目的是掃除奴隸制，「協調酋長之間的關係」，為這一地區帶來「安寧」。參加布魯塞爾會議的要人對此印象深刻，他們同意創建「非洲國際協會」，並推舉利奧波德國王擔任會長。他已經將切蛋糕的刀握在手裡了。

如果伯頓、斯皮克和李文斯頓知道他們英勇而孤寂的旅程造成了這樣的結果，恐怕會瞠目結舌。他們可能以為這塊土地不會馬上被歐洲人佔領。瘧疾、黃熱病、茂密的森林、野獸、懷有敵意的原住民族以及酷熱向來使大部份外來者卻步。歐洲人向來毫無自覺地稱呼非洲內陸地區為「黑暗大陸」。而史坦利卻是另一種人。布魯塞爾會議召開的時候，他正在非洲。他渴望獲得成功。英國人唾棄他，但利奧波德二世卻毫不費力地將其招至麾下。在會議結束後的五年內，史坦利和他的比利時團隊便已在岩石和密林中探索剛果河，並在剛果河上游找到了一條寬闊且適於航行的航道。很快地，河上穿梭的船隻便開始用於貿易、建立據點，以及與當地酋長簽署明顯圖利單方的偽造「條約」。

即便在一八八〇年代，以私人名義（比利時議會明確表態，不希望捲入此事）在非洲建立幅員遼闊的帝國是否合法，也是個頗有爭議的問題。但利奧波德二世運用迂迴的外交手段獲得了美國總統的支持。在當地擁有利益的的法國和葡萄牙怒不可遏，但在利奧波德挑撥下自相攻擊。沒有哪個國家覺得自己受到了比利時的威脅，這點也對利奧波德佔領剛果非常有幫助。因此，他贏得了俾斯麥領導的德國政府的支持，之後又得到了英國的支持。飄揚著剛果國王舊式旗幟的「剛果國際協會」只是一個空殼公司。實際上，這個空殼公司是為利奧波德的新帝國服務。西元一八八五年，比利時議會對他表示支持，並開始稱他為「剛果自由邦的國王」。儘管這空殼公司既出售股票，也募集資金，剛果仍在利奧波德個人的控制之下。不久之後，比利時從海邊修建一條通往安全水域的鐵路，沿途跨越了隔絕遼闊剛果河與海邊的巨大的湍流和瀑布，並造成大量工人死傷。

非洲內陸湧入大量武裝商人，他們先是買光了所能找到的所有象牙，又誘騙酋長將土地轉讓出去。他們哄騙、恐嚇和威脅村民必須交出食物和象牙。在白人所能到達的地區，大象被獵殺到幾乎滅絕。比利時的殘暴統治深入剛果腹地；這場打著人道主義幌子的十字軍運動演變成一種新形式的奴隸制。

象牙價值很高，從製造假牙到鋼琴鍵都用得上它。但在充氣的自行車輪胎發明後，橡膠——剛果有許多野生的蔓生植物，橡膠就來自這種植物的樹汁——成了更有價值的商品。於是，非洲原住民族不得不上交更多這種黏稠、噁心的樹膠。如果他們拒絕上交，妻子和孩子就會被扣為人質。如果他們反抗比利時人——當地爆發了多次起義——比利時人就會用新式的快槍和機槍大開殺戒，將他們吊在樹上或用鞭子抽死。比利時人率領的原住民族軍隊非常殘忍，他們會砍下死者的手拿去領賞。他們也砍下活人的手和耳朵，有時是為了充數，有時候純粹是為了施虐。

在遠離家人、牧師和鄰居，又接觸不到報刊記者的情況下，普通的比利時人也會變成大屠殺的殺人犯。這樣的轉變基本上與納粹集中營裡，溫和的路德派店主和斯瓦比亞地區農民轉變成黨衛軍殺人機器，沒有什麼本質上的區別。就像納粹看待猶太人一樣，比利時人眼中的剛果人並不完全屬於人類。社會中的種種約束已經完全失效。「沒有人」會看到他們的惡行。冒險家們從安特衛普出發，將槍炮、鐐銬和彈藥帶入剛果。從剛果運出來的則是象牙、橡膠和巨額利潤，其中有一部份是屬於利奧波德二世的。這個比利時國王不僅將錢花在情婦和奢侈品上，也用來擴建皇家宮殿以及各式各樣的新建築，展示給他的比利時臣民。

從表面上看，利奧波德二世的豪賭獲得了成功，但這也引起了歐洲其他國家的惱怒和嫉妒，「瓜分非洲」就此開始。英國人主要定居在非洲大陸的最南端，那裡的氣候條件和地理環境更適合歐洲人。但他們與鄰近的荷蘭裔布爾人和非洲原住民族關係緊張。在非洲的北部地區，西元一八三〇年，法國佔領阿爾及利亞；從西元一八五九年到一八六九年，英法共同出錢，修建了蘇伊士運河。

不過，等到利奧波德二世靠橡膠大發橫才，南非的奧蘭治河流域發現了鑽石，一八八〇年代出現了淘金熱之後，帝國擴張才成為狂潮。法國人湧入西非，進入查德、塞內加爾和馬利，那裡曾是早期非洲文明的核心地區。他們試圖打通撒哈拉，將尼日河流域和法屬北非殖民地連成一片。英國人從南非出發，一路向北前進，穿過今天的尚比亞、辛巴威、肯亞和馬拉威，希望能將埃及和好望角聯繫起來，形成一條貫通南北的控制帶。德國參與瓜分非洲的時間較晚，佔據了剩下的地區——坦干伊加、多哥蘭和納米比亞。從十九世紀九〇年代到西元一九一四年，這場瓜分狂潮引起了歐洲列強間的爭執。德國的饑渴要求不得滿足，成了第一次世界大戰爆發的原因之一。

從破壞剛果盆地的熱帶雨林、掠奪橡膠、殺戮大象，到比利時屠殺造成的人口衰退，以及透過可恥的征服和壓榨建立起野蠻的政權，「瓜分非洲」所代表的晚期帝國主義幾乎一無是處。現代非洲出現了許多最糟糕的行為，從使用童兵（這是比利時人的點子）到砍掉起義軍的手腳，都起源於那個時代。當代非洲出現了許多失敗的國家，既不得民心，更使當代非洲變得混亂不堪，這至少有部分應歸咎於當初歐洲人在非洲地圖上畫出了一條條將部落和語群分隔開來的線段。的確，帶著藥品的歐洲醫生逐漸控制住了古老的非洲疾病；但同樣的藥品也使歐洲人第一次得以深入這片大陸進行剝削。非洲的人口本來就很少，一旦擁有先進藥品和現代武器的歐洲人到來，他們完全束手無策。利奧波德憑著本能，比其他國家更早將之付諸實現，這為他贏得了冷酷的名聲。

他的剛果帝國野蠻到用語言無法形容的地步，這在歐洲引起了越來越強烈的抗議活動。作家和運動家所揭露的比屬剛果尤其恐怖。艾德蒙・莫雷爾（Edmund Dene Morel）以前是船務員，他發現在安特衛普進出口的貨物之間存在顯著的差別——運出的都是槍炮和火藥，運進的都是可以賺錢的象牙和橡膠。莫雷爾在抗議活動中擔任重要的領導者，他組織了「剛果改革協會」。莫雷爾成了「善良的歐洲人」的象徵，與利奧波德二世相對。此外，波蘭裔英國小說家約瑟夫・康拉德和稍後出現的愛爾蘭民族主義者羅傑・凱塞門（Roger Casement）也頗具影響力，儘管與他們個人相比，非國教基督徒的傳統在其中發揮著更重要的作用。這成為近代歷史上的第一次人道主義運動，可說是愛德華七世時代的「拯救生命」演唱會或國際特赦組織。

剛果的恐怖故事接二連三刊登在歐美報刊上，激怒了利奧波德。他以恐嚇、賄賂，雇人替自己擦脂抹粉加以反制，但這些都未能奏效。他自己建立的調查委員會也未能粉飾比利時人在剛果的斑斑劣跡。最終，利奧波德不得不最終選擇放棄，將他的私人帝國賣給比利時政府。此後，比利時政府進行了多項改革。美國作家亞當・霍奇契德（Adam Hochschild），他相當仔細的撰寫了一部利奧波德帝國的現代史。他引用的數字表明，從西元一八八〇年到一九二〇年，謀殺、饑餓、疾病和出生率下降使剛果的人口減少了大約一半：「這意味著……在利奧波德統治時期及統治結束後的一小段時間內，這片土地上的人口減少了大約一千萬。」[35]

在布魯塞爾市郊，那些利奧波德修建，沒有品味、造型詭譎的建築中，陳列著許多動物標本、制服、鎖鏈和從原住民族部落中獲得的戰利品。我們完全可以理解為什麼比利時人會竭盡全力忘掉這個聰明但惹人厭的君主。但帝國主義所帶來最劇烈的混亂，並非出自後起國，而是出自現代帝國主義的創始國之手。

鴉片、戰爭和悲劇

然而，這段故事的開端，卻是中國戰勝了英國。為中國贏得勝利的則是十九世紀最使人感興趣，也是最悲劇性的人物，林則徐，人稱「林欽差」。場景則在大城市廣州下游的一座小村莊，那裡是一片灰綠色的水鄉澤國，炎熱、霧氣瀰漫，隨處可以聽見蚊子的嗡嗡振翅聲，聞到爛泥的氣息。林則徐——他身材高大魁梧，長著濃密的鬍鬚，笑聲爽朗——來到村子裡視察一片用於銷毀鴉片的大池子。按照中國皇帝的命令，他一絲不苟地銷毀了兩萬箱鴉片，這些鴉片非常值錢。

要處理這麼多黏稠又氣味濃烈的黑色鴉片並不容易。林則徐派五百人挖了一個大池子，池邊放置石頭和木料。將罌粟葉包裹的球狀鴉片從木箱倒出，用腳踩碎，然後扔到池子裡。鴉片與鹽水和石灰混在一起，攪拌後成了氣味刺鼻的粥狀物。之後，混合物匯入溪流，最終流進大海。鴉片實在是太多了，因此銷菸工作持續了三個星期。林則徐是個受人民愛戴的良吏，也雅好詩文，他在銷菸前先祭告海神，一來是對污染海洋表示歉意，二來是告誡魚類和其他海洋生物，在鴉片融化之前，先躲到安全的地方去。[36]

這場銷菸是林總督與廣州的外國商人（主要是英國人，不過也有其他國家）堅毅對抗下所取得的最終成果，他希望藉此終結鴉片貿易。中國人不是最早使用鴉片的人，也算不上早期使用者。阿拉伯世界在古典時期開始使用白色的罌粟種子製作出帶有苦味的沙礫狀粉末。印度人則在蒙兀兒王朝時期就開始種植鴉片，印度商人與荷蘭商人用船將其販運到亞洲各地。甚至在林則徐下令將空木箱扔進珠江的時候，英國人也還在使用鴉片。作家如湯瑪斯．德．昆西，以及詩人如柯立芝和克雷布，都是癮君子。為英國拿下印度的羅伯特．克萊武因吸食鴉片過量喪命。液態製劑的鴉片酊受到勞動階級男女的普遍使用，因為這種「藥物」能夠幫助他們在工業革命下生存。甚至有人為了讓嬰兒停止哭泣而餵食鴉片。但只有中國人會用一種新方法抽鴉片——將鴉片混在菸草裡——而且用這種方法的人非常多。這種吸食方法效果更為強烈，更容易上癮，危害也更大，相當於用鼻子吸食古柯鹼和抽「快克」的差別。

到了一八三〇年代，沒有人知道有多少中國男性（吸食鴉片的主要是男性）成了癮君子，估計這個數字在四百萬到一千兩百萬之間。不管真實的數字是多少，每個人都認為鴉片成癮者的比例在迅速增加，儘管清朝皇帝在西元一七九九年就已經下詔嚴禁鴉片貿易。當林則徐還是個孩子的時候，就看到了鴉片對家鄉福建的影響，原本勤奮的人因為毒品變成了渾渾噩噩的行屍走肉。於是他成了積極的禁絕鴉片倡議者。這位政治新星曾以勸說的方式平息了一場農民起義，人們稱他為「青天」以讚揚這位罕見的清官。皇帝派林則徐處理廣州的難題。抵達廣州後，他採取軟硬兼施的辦法，下達為期十八個月的大赦令，免除吸食鴉片者的罪，並為有意戒除毒癮的人找到了戒毒的方法。另一方面，則將販賣鴉片的人處以極刑——絞死中國人，處斬外國人。

但最重要的強硬措施還是打擊外國商人。鴉片主要從英屬印度流入中國。在印度，新成立的殖民當局已經接管了蒙兀兒帝國的罌粟田。鴉片貿易最初是以非正式方式在暗中進行，幕後推手是獲得英國政府特許的英屬東印度公司。當時的中國已有小規模的鴉片走私，外國商人主要通過洋行將鴉片輸入中國，洋行是一種包含商棧、房舍和貨場的駐所，主要位於廣州外圍的一個地區。但爾後，全球經濟打開了中國的大門。

英國人迷戀的不是鴉片，而是茶。當時，只有中國出產茶葉。這種讓英國上下為之著迷的良好嗜好一直保持到了今天。在英國丟掉美洲殖民地的過程中，茶葉扮演了奇特的角色。對於英國政府而言，茶葉既昂貴又有利可圖。在十九世紀早期，英國政府向茶葉徵收其價值一百%的稅。有時茶稅收入足以支付皇家海軍——英國發動全球戰爭的機器——的一半軍費。但中國人在出口茶葉的同時，始終拒絕購買英國的工業製品，中英貿易出現了失衡。結果，英國的大量白銀和黃金流入中國，形成潛在的風險。這才是倫敦真正擔心的。與茶葉和白銀相比，鴉片貿易在一開始只是個次要問題。

之後，鴉片酊成癮的工廠工人在這段歷史中發揮了作用。生產廉價服裝的英國棉紡織廠已經佔領了印度市場。如果印度的鴉片能夠換回中國的白銀，那麼印度就能從英國購買棉紡織品和其他貨物，英國也能夠用掙到的錢購買中國茶葉。工業主義突然開啟了多邊貿易的機會。對於英國來說，用白銀購買茶葉是有害的，但由茶葉、鴉片、棉花和白銀構成的「四步舞」卻是非常有益的。在印度，英屬東印度公司將鴉片賣給「港腳商人」，這些獨立的「港腳商人」用船將鴉片運往中國，以滿足那裡不斷擴大的市場。在英國東印度公司最終失去壟斷權後，本來祕密進行的鴉片貿易逐漸變成了一股浪潮。

危機由此而起，林則徐也因此來到廣州。這位兩袖清風的欽差大臣認為他的任務僅僅是根除鴉片菸癮的惡習。但事實上，他將兩個帝國推向了戰爭。

兩次鴉片戰爭是大英帝國發動過最不光彩的戰爭，這兩場戰爭野蠻地踐踏了中國的領土、主權和道德。當時的中國渾渾噩噩，正在走向衰退，對外來入侵無招架之力。西元一八四二年簽訂的《南京條約》標誌著第一次鴉片戰爭的結束。這份條約不但使皇帝蒙羞，而且為英國貿易踢開了中國的大門。時至今日，中國人仍視為國恥。西元一九四九年後，中國的共產政府將《南京條約》這份不平等條約視為清朝（中國的末代王朝）戕害中國人民的例證。西方國家（包括英國）則認為鴉片貿易的罪惡視為帝國剝削（頗為諷刺的與傳教活動同時進行），沒有辯駁的藉口。

事情的真相或許有些出入。

開始的時候，清帝國並未搖搖欲墜。當時執掌中國的是一位弱勢的皇帝，他正面對著多起國內騷亂，但這些起義與中國歷史上的其他動亂並沒有什麼不同。清朝創建於西元一六四四年。當時，英國自己也在進行著一場痛苦的革命。就像查理一世被送上斷頭臺那樣，在起義軍攻到北京城外的時候，明朝最後一位皇帝崇禎在煤山上吊自殺了。京畿很快落入了滿人手裡。滿人來自草原，原本是北方的遊牧民族。他們的軍隊中也有以祖先成吉思汗為傲的蒙古兵。在中國源遠流長的歷史中，明帝國也是偉大的王朝，但長年受困於令國力逐漸衰弱的財政危機。舊式的貨幣系統是以銅幣為基礎，之後又出現了印刷的紙幣，並以白銀為基礎，而白銀主要依靠進口。（貨幣也是國王查理諸多煩擾的根源。）當白銀進口逐漸枯竭的時候，明帝國不得不推行更有壓迫性的稅收政策。

在中國，最富有和最有權勢的人可以免稅，或者可以用某些方法逃稅，這不禁讓我們想起了路易十六時期的法國。因此，負擔都落在了窮人身上，特別是生活在城鎮中的窮人。農業歉收和傳染病肆虐導致了叛亂和幾個大規模起義。其中最重要的一方的反抗軍是由李自成領導，他自稱「闖王」。在被滿人擊敗之前，他摧毀了多座大城市，並推翻了明朝的最後一位皇帝。

沒有人會壓寶滿人能夠成功統治中國。他們是來自中國邊陲地區的異族。滿人活動的中心地區位於朝鮮半島的西北方，但他們與其他民族建立起了牢固的同盟關係，其中包括蒙古人、藏人和部份漢人。憑藉這張強大的同盟網，他們在中國北方地區崛起，並建立了自己的王朝。西元一六四四年之後，他們從明朝手中獲得了「天命」，並最終征服了南方地區。清朝的領土面積和形狀與現代中國大致相當。但他們仍舊是入侵者。明朝是個漢族政權，它推翻了蒙古人建立的元朝。明朝向印度和非洲派出了著名的艦隊，之後又停止了航海活動。在這一時期，中國的藝術和文化也進入了全盛時期。這個地球上最偉大的帝國是如何被「半蠻族」的滿人征服和統治的呢？

滿洲人是這樣做的。首先，他們發動了戰爭，在佔領第一座大城市的時候表現出了驚人的殘酷。他們在戰鬥中使用大炮和騎兵，這看上去與同時代的歐洲戰爭沒有什麼差別。之後，他們將自己的服裝規範強加給被征服的漢人。此外，他們還強迫男人剃光前額的頭髮，留一條長長的辮子——很快地，在歐洲的諷刺畫中，這成了「中國人」的典型形象。事實上，滿從未被完全接受。漢族和明朝殘餘勢力的抵抗活動持續了很長時間，穆斯林聚集的地區和其他地區也爆發了起義。但滿人確實改革了明代的行政系統。從一六六〇年代到鴉片戰爭爆發前——在此期間，西方經歷了法國革命、美國革命，並出現了工業資本主義——幾位偉大的皇帝（包括康熙、雍正和乾隆）成功地統治著一個人口和財富都迅速增加的帝國。這是一項重要成就。

各級官員統治著中國的十八個行省。他們是通過競爭激烈的考試系統選拔出來的，考試的內容主要是學習和背誦各種儒家經典。學習經典的人有成百千上萬，但其中大部份人都在考試中名落孫山。這種考試制度無助於培養創造性思維，只能培養出學養豐富且兢兢業業的官僚。帝國內部有一張複雜的郵路網。通過這張郵路網，帝國的中樞可以向幾千英里之外的地方下達命令。在技術上，中國軍隊落後於歐洲，但落後得並不多。中國軍隊使用大炮的時間比歐洲人還要長，他們的戰船在打擊海盜方面有著豐富的經驗，他們還鎮壓過不計其數的起義，皇帝的御林軍裡都是久經沙場的戰士。總之，清朝時期的中國並非不堪一擊。若不是面對工業革命的長遠影響，那麼我們有理由相信這個王朝還會繼續發展壯大。但它最終還是毀於發生在遙遠的曼徹斯特和伯明罕的那場革命。

道光皇帝是滿洲人入關以來的第六位皇帝。到鴉片戰爭爆發前，道光皇帝已經統治中國很多年，他是個勤勉的統治者。他統治著大約四億子民，其中絕大多數都是農民。但中國也出現了一批頗有影響力的貿易城市，那裡是穀物、鹽、絲綢和奢侈品的集散地。當時，中國是世界上最富有、人口最多的國家，用五種語言經營商業。在這方面，中國更像是哈布斯堡家族控制下的奧匈帝國。但大清沒有競爭對手。那裡只有中國，它位於世界的中心，周邊都是需要幫助的弱小國家。

這樣一來，我們就不難理解中國人對馬戛爾尼使團的態度了。西元一七九三年，喬治・馬戛爾尼勳爵率領英國外交使團抵達中國。衣冠楚楚的馬戛爾尼帶來了英國的毛紡品、槍炮、時鐘、繪畫和樂器，甚至還帶來了一隻熱氣球（同行的還有一位熱氣球駕駛），他乘坐一艘大戰艦來到中國，隨行的還有九十五名侍從。上岸後，這個使團需要二千四百九十五人搬運他們帶來的東西。馬戛爾尼十分謹慎，他就覲見皇帝的禮儀與中國官員展開磋商，其中包括如何避免令他感到蒙羞的「叩頭禮」。他建議中英兩國互派大使，讓英國大使常駐北京，中國大使常駐倫敦。他希望這能有助於擴大兩國的貿易。但中國方面輕蔑地拒絕了他的建議。乾隆皇帝接受了英王喬治三世「恭順」的問候，但他表示，他不想要英國的小玩意，「並無更需爾國制辦物件」。[37] 對於中國人來說，英國不過是另一個來自遠方的小部落。

因此，當林則徐於西元一八三九年到達廣州，去處理棘手但限於局部地區的鴉片問題時—英國商人令在中國南方地區氾濫著高成癮性的鴉片成災——他認為中國是更有實力的一方。林則徐也意識到，茶葉貿易對茶農和茶商都有益處。因此，他並不想完全終止中國的對外貿易。

他給維多利亞女王寫了一封善體人意但措辭嚴厲的信，充分展現了性格中耿直的一面。他並不知道鴉片在英國是合法的（真是怪異的想法！）他在信中不厭其煩地解釋：「並聞來粵之船，皆經頒給條約，有不許攜帶禁物之語。是貴國王之政令本屬嚴明。只因商船眾多，前此或未加察。」林則徐要求女王終止鴉片貿易，給他回信，並承諾，如果她這樣做了，那麼「益昭恭順之忱，共用太平之福」。維多利亞女王並沒有收到這封信。但不久之後，《泰晤士報》刊發了這封來信。結果，許多無知者紛紛嘲笑這個無知的外國人。事實上，倫敦正在就鴉片貿易的邪惡性展開激烈的辯論，但由鴉片、茶葉、白銀和棉紡織品組成的多方貿易能夠來豐厚的利益，英國人實在不願放棄。

林則徐最大的錯誤就是以武力威脅廣州的外國商人。外國商人的合作夥伴包括在洋行工作的中國商人，因此，這些超級富有的中國商人首當其衝，成了林則徐威嚇的對象。他強令英國、美國和其他國家的商人停止販運鴉片，並上繳庫存的鴉片。林則徐準備將收繳來的鴉片統統銷毀。但洋商拒絕了他的要求，於是他封鎖了「洋行」的大門，並切斷了食物供給。洋商們發現自己的僕人很快就棄他們而去，其中某些人再度現身時已成了中國士兵，在他們窗前操練。此外，鑼聲徹夜響個不停，吵得洋商難以入睡，加上林則徐所採取的介於圍困和扣押之間的舉措，讓他很快獲得了完全的勝利。最後，英國的貿易主管機關官員向商人做出承諾，只要他們按照林則徐的要求悉數上繳鴉片，英國政府將賠償他們的損失。於是，擔心自身安全的商人選擇了妥協。林則徐將收繳來的鴉片公開銷毀。在近代的毒品銷毀案例中，這次銷菸行動可說執行得非常乾淨徹底。之後，英國人離開廣州，其中一些人乘船來到香港。

林則徐接下來要面對的是，這次的銷菸行動牽扯到了英國官員，他向商人承諾將由國家賠償損失。對於這位官員而言，這不僅僅是貿易摩擦，而是政治上的挑釁。這事件將讓倫敦的鴉片相關利益團體能夠輕易煽動起戰爭。當時的報紙和議會辯論清楚地指出，很多人已經明確認識到鴉片貿易的本質，以及為什麼鴉片貿易跟鴉片一樣容易「上癮」。英國人對茶葉上癮，英國政府則對稅收上癮。對於英國人來說，中國的毒品氾濫實在太遙遠，對他們無足輕重。這本來是一場艱澀、乏味、無關道德的辯論，但如今英國臣民——也就是女王的僕人——受到了粗暴對待，加上林則徐的無禮威脅，這激起了人們的憤怒，也讓爭論變得辛辣。重點在於利益？不，這關係著英國的榮譽。林則徐要求英國商人將鴉片走私船上的每一個人都交給中國當局。一旦交給中國，這些人很可能會被處死。林則徐的這種做法無助於解決問題。毫無疑問，林則徐會為他的勝利沾沾自喜。他認為上繳鴉片體現了英國的軟弱，因此他對英國的態度非常強硬。中國人的自豪也是舉世皆知。

英國人也為自己的國家自豪。但兩國的區別在於：中國陸軍雖然英勇，但仍在使用滑膛槍、長矛和弓箭；中國海軍裝備的是木造平底帆船，船上的大炮是固定的，無法瞄準。而英國擁有一支訓練有素的現代化陸軍，海軍則擁有蒸汽動力驅動的炮艇。「復仇女神」號是勇猛無匹的鐵甲明輪船，堪稱不沉的戰艦，也是英國海軍最先進的軍艦。

戰爭起始於雙方一連串的挑釁、侮辱和謀殺，但當皇家海軍大批出現在中國海岸線以後，局勢便呈現一面倒。英軍封鎖了珠江。中國沿海的重要港口——包括上海和南京——相繼被攻佔。中國軍隊屢戰屢敗。許多八旗兵認為城市失守後自己必死無疑，於是選擇先殺死自己的妻子與孩子後自殺。由農民組成的民兵部隊被英國人的滑膛槍打得潰不成軍。此時，中國的皇帝公開指責林則徐「形同木偶」，並將其革職拿問。最後，中國與英國簽訂了喪權辱國的《南京條約》，其內容包括：中國向英國支付巨額賠款，將五個港口開放為通商口岸，割讓香港島，之後香港島成了英國的租界。當然，鴉片貿易合法地延續了下去。之後的兩年裡，在抵達香港的商船中，有四分之一都裝載著鴉片。

這不止是清朝的災難，也是中國的災難。很快地，一名來自中國南方的落魄讀書人對已經動搖的皇權發起了挑戰。與林則徐不同，這個人在科舉考試中接連受挫。之後，他宣稱自己是上帝的兒子、耶穌的弟弟。這個人叫洪秀全，他建立了名為「拜上帝會」的組織，並且特別鎖定鴉片成癮者。此時，吸食鴉片成癮的現象已經蔓延到了全中國，他鼓勵想要戒除鴉片的成癮者加入一個主張禁菸的宗教政權。抱持著半分大同思想、半分宗教狂熱的洪秀全於西元一八五一年發動革命，隨後佔領南京，並在城中大肆屠殺。洪秀全的政權持續了十餘年。拜上帝會發動的起義被稱為「太平天國之亂」。這場叛亂持續了很長時間，為中國中部地區帶來巨大破壞，導致二千萬人喪生。

在太平天國之亂期間，英國和其他西方強國又與清帝國進行了一場戰爭。這就是「第二次鴉片戰爭」。提到這場戰爭，人們就會想到英國軍隊焚毀北京城外的圓明園以報復中國人殺死英國俘虜。圓明園不僅是一棟建築，而是一大片地區，其中包括美輪美奐的宮殿、寶塔、亭臺樓閣、藏書閣和園林，可謂中國藝術的寶庫。外國軍隊火燒圓明園使中國蒙受了巨大的文化損失。這相當於摧毀倫敦市中心所有的教堂、宮殿和博物館，或將巴黎市中心夷為平地。林則徐認為，只要清除掉鴉片的流毒，中國就能迎來一個更加美好的未來，但他並沒有活到圓明園焚毀的那天。皇帝赦免了他的罪，並派他鎮壓太平天國。林則徐在不經意間帶來了非常嚴重的後果，但幸運的是，他未能親眼目睹就去世了。現代化從未看起來如此噁心過。

既熟悉又陌生的世界

到了一八八〇年代，資本主義已經使世界上許多國家加速進入現代化。即將到來的第一次世界大戰不僅是帝國之間的戰爭，更是勢均力敵的資本主義國家間的首次較量——也因此這場戰爭才會如此可怕。從許多角度來看，十九世紀末的世界正跟今日的世界顛倒。除了美國和法國之外，幾乎所有國家都是君主國，而非共和國；與此同時，歐洲列強處於支配地位，亞洲已經在走下坡。當時也不存在適切的國際組織。種族主義相當普遍，人們將其視為理所當然。但從另一個角度看，那個時代與今天我們這個時代也有很多相似的地方：全世界的門戶彼此開放、通訊速度變得越來越快、人口大規模遷移、發明創造層出不窮，這創造出了新的消費經濟，這種經濟形式從一個大洲傳播到另一個大洲。

更便捷的旅行、鋪設電報線和大眾出版業的發展帶來了一個重要的結果，那就是思想得以迅速傳播。當時出現了幾個發明創造的中心。普魯士在一場短暫卻具有決定性的戰爭中擊敗了法國，領導了德意志的統一。德國給予工程師、技術學校和企圖心旺盛的商人特殊的榮譽，短時間內湧現了大量的發明創造，其牽涉領域廣泛到令人驚訝。主要在法蘭克福和科隆工作的尼古拉斯·奧托發明了四行程內燃機，堪稱是十九世紀最有影響力的人。另外還有兩位發明家也迎頭趕上：一位是來自卡爾斯魯爾的卡爾·弗里德里希·賓士，他製造了一輛以汽油為動力的三輪汽車，也就是「賓士專利電機車一號」。西元一八八五年，這輛汽車獲得了專利。之後，他又製造出一系列更大、動力更強的交通工具。另一位是巴伐利亞發明家魯道夫·狄塞爾，他發明了柴油引擎。

之後，從美國到義大利，從奧地利到法國，從英國到瑞士，歐洲各國都加入了這股發明浪潮。個人和小公司爭相改進燃料和工程設計——包括新式的凸輪軸、冷卻系統、轉向系統、剎車和車體。克萊門—龐阿赫（Clément-Panhard）的四輪車於西元一八九四年上路，它看上去可能更像現代的汽車（嗯，有一點像吧），但這種汽車很快就被超越了。

汽車的發展是資本主義的勝利，資本主義首先出現在英國，之後迅速擴展到其他國家。德國有著精湛的技術與工程教育，以及長久的工藝傳統，這是德國成功祕訣的一部份。與美國和法國一樣，德國擁有一套有效的專利制度，可以使賓士和奧托這樣的人變得富有。（但可憐的狄塞爾不善於經商，他花光了所有的錢，最後也許在英吉利海峽自殺身亡。）技術期刊和多種型號汽車的強勁出口推動了汽車改良的競爭。很快地，汽車的發展超越了早期的工業成果如蒸汽火車和蒸汽輪船。汽車最初作為富人們炫耀的工具，也曾受到普遍的質疑和嘲笑，特別是出口到離發明地很遠的地方（如澳大利亞或日本）時。

湯瑪斯·愛迪生是美國最偉大的發明家，他的發明包括電燈泡、留聲機和電影攝影機（在他名下大約有一千多項專利），他是大規模生產的狂熱分子。作為塑造下一個世紀的人，愛迪生和賓士可說是旗鼓相當。亨利．福特是愛迪生手下的工程師，他來自英裔愛爾蘭移民家庭。在愛迪生的鼓勵下，福特創辦了一家汽車製造公司。在經過若干次的挫折和失敗之後，福特於西元一九〇八年推出了T型汽車。這款汽車不但便宜，而且易於維修及駕駛，是一款大眾化的汽車。報紙的跨頁版面成了福特和其他汽車廠商不可或缺的新宣傳工具——它們為地方的和全國的汽車競賽刊登廣告，介紹著名車手，製造各種噱頭。更重要的是，福特和旗下員工在西元一九一三年逐漸發展出了移動式裝配線，這條裝配線可以大幅提升生產速度。裝配線和福特的家長式作風——他開出的工資相對較高，但卻對工會深惡痛絕——使「福特主義」成了新一階段工業資本主義的代名詞。

我們已經看到，對非洲橡膠的需求所帶來的結果（先是用於製造自行車輪胎，後來則是汽車輪胎），但福特時代的資本主義需要的東西更多——煤氣、石油，各種礦產資源和鋼鐵。工業產品被賣到了歐洲、歐洲的殖民地、美國和南美洲的部份地區，但工業原料的產地則遍及更遙遠的地區。這些發展使人類不再嚴重依靠馬匹和肩扛手挑，並創造了一個有更多人能夠更自由地移動的世界，獲得解放的人得以進行更多的商業活動。當然，這些創新也造成了嚴重的大氣污染，促進了石油開採，這對中東地區產生了特殊的政治影響。

然而，與便利出行相比，讓人們吃飽飯似乎更加重要。因此，在十九世紀末和二十世紀初，比汽車更重要的發明是化肥。精耕細作的種植法勢必會消耗土壤中的磷和氮，這會導致作物產量緩慢下降。人們從智利和秘魯的懸崖峭壁上收集海鳥糞，運到歐洲和美國，用來補充土壤裡的氮；一位英格蘭農民發明了人工合成的磷酸肥，這種肥料也可以保持土壤的肥力。但直到西元一九〇八年，德國科學家弗里茨．哈伯才研究出用氨從空氣中提取氮的方法，這項發明使農業產量大幅提高。哈伯也是位狂熱的民族主義者，在第一次世界大戰期間，他為德軍研發了毒氣。但身為猶太人，納粹掌權後哈伯不得不逃往英國。因此，他是個矛盾的人物。有人說，人工肥料多養活了二十億人，這使哈伯成為歷史上最有影響力的人物之一。然而，就短期而言，另外幾位德國人對世界的影響足以與他匹敵。

柏林的那位快活公務員

什麼樣的人最能夠代表二十世紀初期的歷史？不是軍人，儘管當時爆發了多場戰爭。不是職業革命家，不是科學家，也不是福特或愛迪生。上面這些都不對。從在印度的英國人到法國的殖民地官員，再到列寧的紅色恐怖蘇俄和奉行資本主義的美國，那個時代的標誌之聲是鋼筆在紙上書寫的沙沙聲，以及打字機的劈啪聲。因此，正確解答是：官僚。在這個時代，專職的行政人員每天乘坐無軌電車上班，成堆的公文正在等著他們。在辦公室裡，他們掛上大衣，點燃一支香煙，之後坐在桌子旁，核算稅收收入，計算逮捕了多少位反革命人士，或撰寫一份關於傷寒病的報告。無論是在加爾各答的紗窗後工作，還是在莫斯科結冰的窗戶旁工作，他們最希望得到的就是升職。

中國的官僚系統曾以兩件事聞名，一是一絲不苟的文書，二是公正又似乎有些無情的管理。但到了十九世紀晚期，經濟發達的西方已經趕上了中國。國家的實力正快速增強。在英國，大衛·勞合·喬治和溫斯頓·邱吉爾計畫創建國家退休金和國家保險。在日本，明治維新時期的大臣推動現代化和教育快速發展。在推行現代化服務方面，沒有哪個國家的官僚機構比得上完善而專業的柏林當局。通過戰爭和擴大利於貿易的關稅同盟，首相俾斯麥統一了德國。接著，他將這個國家改造成了世界上最令人欽佩的福利國家。德國官場非常有名，其中總彌漫著一股近乎軍事氣息的氛圍。但官場與軍隊仍有差別：強悍的普魯士軍團基本上是由貴族主導的；而官僚機構不同，即使是平民也可以在鋪著木頭地板的德國辦公機構裡平步青雲。

阿圖爾．齊默爾曼（Arthur Zimmermann）堪稱是最完美的新派人士。他是和藹、親切「好傢伙」，為人謙遜、做事有效率、不知疲倦為何物。西元一九一六年，美國駐柏林大使將齊默爾曼描述成「一個非常快樂的高個兒德國人」。《紐約時報》將齊默爾曼升任德國外交大臣視為「平民」的勝利，認為他打進了原先由容克貴族階層（那些名字裡都會有個「馮」(von)的那些人）控制的世界。齊默爾曼來自中產階級，他是「一個高大，面色紅潤，擁有一張四方臉的快樂單身漢，五十八歲的年紀，長著一對藍眼睛，略帶紅色的金髮和濃密的鬍鬚」。[38]齊默爾曼在普魯士出生，但他的出生地如今已歸屬波蘭。在任職於柏林的領事部門之前，他曾經學習法律，希望成為一名律師。他曾經在中國看到過政府鎮壓起義。憑藉著努力工作、辦事效率和服從精神，齊默爾曼從基層做起，一步步成為高官。儘管身居高位，但他看上去仍然爽快、直率、做事懂得變通。他經常炫耀在決鬥時留下的傷疤，當時每個雄心勃勃的德國男人都會這麼做。西元一九〇二年，他進入德國駐外事務處，之後繼續高升。他的筆從未停歇，他的建議總是非常合理。

然而，在同代人中，齊默爾曼也是最具破壞性的。第一次世界大戰期間，他負責將美國拖入戰爭。戰爭結束後，他又試圖破壞美國總統伍德羅．威爾遜主導的和平條約。他煽動愛爾蘭發起「復活節起義」，這場起義導致了大量的傷亡。他還試圖利用中東地區的伊斯蘭「聖戰」牽制英國，但幸運的是他沒有成功。在齊默爾曼的謀劃下，德國決定將革命領袖列寧送上開往俄國的火車，希望藉由他的革命活動削弱俄國。這項計畫無疑成功了。但在列寧到達俄國之前，沒人相信他能夠以為數不多的布爾什維克威脅到剛剛在二月革命中推翻沙皇獨裁統治的俄國臨時政府，並建立一個蘇維埃國家。齊默爾曼可說功績彪炳。

美國歷史學家巴巴拉・塔克曼（Barbara Tuchman）認為，「在貴族主宰的外交部裡，齊默爾曼憑藉自身努力而取得成功」，這使得「他更傾向霍亨索倫家族，而非德國皇帝。因為他希望成為他們中的一員。他渴望獲得正統地位。借助統治精英的力量進入貴族圈子似乎更加容易」。[39] 塔克曼的看法是對的。處於邊緣的人為了努力擠入中心，因此會變得非常圓滑，這在公共機構中很常見，從各國政府到國際銀行無一例外。齊默爾曼升任德國外交大臣的時候，正好是第一次世界大戰的一個關鍵時刻。當時，在巨大的政治壓力下，德國正在進行一場豪賭。此時，德國已經變成了貴族化的軍事獨裁政權。齊默爾曼之所以平步青雲，不是因為他是個有民主精神或現代思想的人，而是因為他能夠控制住內部的局勢。

問題很簡單。德意志帝國的第一場賭博以失敗告終。西元一九一四年，德國迅速攻入法國，但未能拿下巴黎並立即結束戰事。德國人非常焦急，因為他們離目標只有四十三英里。另一方面，一支規模不大的英國遠征軍與孤注一擲的法國軍隊和比利時軍隊站在了一起，他們抵擋住了德軍的進攻。到西元了一九一五年，交戰雙方沿著一條長長的塹壕形成了僵持，這條塹壕從北海一直延伸到瑞士。很明顯，新的戰爭科技產物包括巨炮、機槍、毒氣和鐵絲網等更有利於防守，而不是進攻。沒人能突破對方的防線。儘管德軍在東線戰場上給予沙皇尼古拉二世的俄軍一次次沉重的打擊，但德國卻遭到了協約國的海上封鎖。事實上，德國不可能永無休止地抵抗下去。

儘管如此，德國還有一個方法能夠戰勝人力資源豐富、工業發達的大英帝國，那就是切斷能源、食品和原料的供給，從而困死英國。這個方案完全可行。雖然海戰不如陸戰那麼具有決定性，但德國的U型潛艇編隊卻發揮了令人驚歎的作用，它們擊沉了很多商船，確實有機會逼英國求和。此時，英國皇家海軍對潛艇戰束手無策，大西洋成了船舶的墓地。但德國也面臨著問題：為了達到完全封鎖英國的目的，他們的U型潛艇要擊沉每一艘開往英國港口或法國港口的船，其中也包括來自中立國的船，尤其也包括美國商船。直到此時，美國一直避免捲入戰爭。但「無限制」的潛艇戰很可能激怒美國民眾，導致堅決反對戰爭的威爾遜總統對德宣戰。然而，如果德國的U型潛艇能在足夠短的時間裡擊沉足夠多的船隻，那麼英國或許會在美國施以援手之前就告崩潰，戰爭也會隨之結束。這種競賽就是這場博弈的本質。

齊默爾曼想出了一條妙計。如果美國對德宣戰，那麼為什麼不遊說墨西哥從南面進攻美國呢？倘若能使日本持反美立場，那麼華盛頓將會更加憂心忡忡。儘管日本已經加入了協約國，但德國可以勸說日本改變立場。在珍珠港事件前的幾十年，日本和美國已經成了太平洋上的競爭對手，美國輿論經常表示對「黃禍」感到擔憂。西元一九一五年和一九一六年，美國確實擔心德日兩國將通過簽訂新條約而「走在一塊」，這兩個國家的聯合將對民主國家構成威脅。西元一九一三年，日本曾向墨西哥獨裁者韋爾塔將軍出售武器。西元一九一四年四月，也就是第一次世界大戰爆發的前夕，為爭奪一條德國軍火船，美墨兩國在墨西哥的維拉克斯港（Veracruz）展開激戰，結果導致約二百人死亡。美國在上一個世紀佔領了大片的墨西哥領土，這引發了人們的憤怒。儘管政治鬥爭撕裂了墨西哥，但由憤怒引發的愛國之情卻將墨西哥人團結在了一起，國內的反美情緒日益高漲。這種反美情緒好比一堆乾柴，而柏林看到了這點。

齊默爾曼上場了。西元一九一七年一月，他向德國駐華盛頓大使馮・伯恩斯托夫伯爵多次拍發密信，告訴他德國將於二月一日發動無限制潛艇戰，並請他通過德國駐墨西哥城大使海因里希・馮・埃克哈特向墨西哥傳遞一條更加激動人心的消息。這條消息的部份內容如下：「我們一同發動戰爭，一同締造和平。德國將給予墨西哥慷慨的財政援助和理解，幫助墨西哥收復之前失去的領土，包括德克薩斯、新墨西哥和亞利桑那。」德國進一步勸說日本對抗美國，並告訴日本，德國潛艇「將在幾個月內迫使英國求和」。

但柏林不知道的是，英國海軍情報局早已破譯了德國的外交密碼。在德國大使讀到這些煽動性的消息之前，倫敦就已經獲悉了密電的內容。威爾遜總統仍在極力避免參戰，但當他和美國民眾得知德國的圖謀後，要求參戰的呼聲變得難以抑制。英國情報機關用複雜的方法證實了消息的真實性，將「齊默爾曼電報」轉給了美國駐倫敦大使館的外交官，隨後消息傳到了白宮。

這消息傳到美國立刻引起了軒然大波。威爾遜首先告訴參議員和眾議員，之後又透露給媒體。德裔美國人和持反戰立場的政黨啞口無言，但他們很快做出反應，認為德國、墨西哥、日本聯合攻擊美國的陰謀聽起來太匪夷所思了，這一定是英國人捏造的。許多較資深的美國政客和作家對大英帝國一點好感都沒有，他們宣稱這一定是假消息，是憤世嫉俗的倫敦當局的伎倆。即便到了大戰末期這個階段，美國人仍然顧慮重重，不願倉促參戰。但他們沒有料到齊默爾曼的陰謀。兩天後，在柏林召開的一次記者招待會上，為了減少不良影響，一位暗中收了德國的錢的美國記者向齊默爾曼提問。「當然，閣下將會否認這件事。」記者說。「我不會否認，」齊默爾曼回答，「這是真的。」

美國人對「普魯士的入侵陰謀」感到擔憂，美國的報紙警告他們的讀者，「一大群墨西哥人正在德國軍官的率領下撲向德克薩斯、新墨西哥和亞利桑那」；與此同時，日本將要佔領加利福尼亞，並將其「東方化」。在這種情緒的推動下，美國於西元一九一七年四月宣佈參戰。[40]德國的無限制潛艇戰發揮了致命的作用，確實將英國推到了懸崖邊上：在幾周之內，英國將用光石油和其他至關重要的物資，包括糧食。直到美國後知後覺地發現，由海軍組成護衛隊便能夠化解無限制潛艇戰，英國的危機才告解除。美國開始將一船船的士兵運到了歐洲。德國做了最後一次努力，希望能打破「西線戰場」的僵局，但卻輸掉了這場豪賭。阿圖爾・齊默爾曼，這位親切的中產階級官員，必須承擔相當的責任。巴巴拉・塔克曼認為美國最終算是參與了戰爭，「但時機已經太晚，假使繼續推遲參戰，協約國或許會被迫求和。從某種角度講，齊默爾曼電報改變了歷史進程……就國際局勢而言，這只是德國大臣制定的小陰謀。但對於許多美國人來說，這是未曾參戰的純真年代的終結」。[41]

如果這就是故事的全部內容，那麼齊默爾曼本已經可以對他那個世紀產生非凡的影響了。但事情並非如此。作為外交大臣，齊默爾曼還參與了一項針對沙皇俄國的秘密計畫，這項計畫卻導致了軍事上的失敗，甚至是全面崩潰。一旦俄國求和，東線戰場的德軍將會被調往西線戰場，並在西線戰場「孤注一擲」。這是德國的戰略方針，也是齊默爾曼希望看到的結果。但這卻引來了更大的麻煩，比搞砸了聯墨抗美還麻煩。

西元一九一七年早春，瑞士的蘇黎世擠滿了因戰爭而流離的人——義大利人、法國人、德國人、愛爾蘭人和俄國人。其中包括著名作曲家布梭尼、作家詹姆斯・喬伊斯、史蒂芬・褚威格和羅曼・羅蘭，以及一些溫和派的異議人士和革命家。其中一位革命家來自一個低階貴族家庭，他是一個看上去很安靜的人，與妻子和一位女助手住在一起。他將相當比例的時間用於在公共圖書館讀書，或去瑞士的森林和山區做長距離的散步。他始終沒有一份工作，除了西元一九〇五年的幾個月之外，一直在俄羅斯之外的國家生活了十七年。在此期間，他將主要精力花在辯論上——他就政治議題與左翼思想家和自由主義思想家展開了激烈辯論。他不聽古典音樂，因為古典音樂會使他感到軟弱和傷感；他也很少使用文學化的語言，他的寫作風格十分平板無趣。他為自己起了一個充滿革命色彩的名字——弗拉基米爾・伊里奇・列寧（Vladimir Ilyich Lenin）。

與其他共產黨領袖一樣，列寧對發生在聖彼得堡（當時已改名為彼得格勒）的「二月革命」感到驚訝。對於沙皇和他的政權而言，這場世界大戰是災難性的。德國軍隊徹底擊敗了數量龐大但裝備落後的俄國軍隊。城市中日益嚴重的食物短缺（包括麵包）使一般士兵備受煎熬。沙皇尼古拉二世革除了多位稱職的大臣，失去了軍官們的忠誠，對任何改革建言都充耳不聞。儘管列寧認為這次戰爭將帶來某種形式的危機，但他還是擔心自己在有生之年看不到一場真正的革命。因此，當一位年輕的波蘭鄰居告訴他，有四個團的彼得格勒衛戍部隊加入了罷工工人和抗議婦女，並掀起了一場全面起義時，列寧除了高興，也感到驚訝和不安。

列寧必須返回俄國。他一生都在等待這一刻，但當這一刻到來的時候，他卻身處幾千英里之外，而且大戰的局勢依然膠著。列寧堅定主張真正的馬克思主義者不應在資本主義國家的戰爭中選邊站，藉此加強了對「多數派」，也就是「布爾什維克」共產黨員的掌控。但在德國、法國、英國和俄國，其他的社會主義者完全被愛國情緒支配，將對本國政府的敵意拋到了九霄雲外。對於列寧來說，這場戰爭就是窮人在富人驅使下相互攻擊，因此是一場令人厭惡的戰爭。這場戰爭威脅著千家萬戶——作為俄國人，列寧希望看到俄國戰敗。

列寧認為，這場戰爭唯一的好處是動搖了那些「資產階級」國家和沙皇俄國；在這些國家遭到嚴重削弱後，將會出現一場真正的戰爭——工人起義反抗資本家。這一切似乎已經近在眼前了。然而當革命橫掃俄國，領導者卻不是列寧，而是彼得格勒的工人蘇維埃中出現的不知名聲音，同時也出現了蘇維埃應該與由自由主義改革者和溫和社會主義者組成的臨時政府保持密切聯繫的意見。儘管彼得格勒的部份地區出現騷亂，發生法律與秩序崩解的狀況，但兩個團體尚能和平共處。沙皇的退位使倫敦、巴黎和華盛頓彌漫著樂觀的情緒，這些國家認為，新組建的政府應該會增強——而不是削弱——俄國繼續參戰的願望。

另一方面，齊默爾曼、德國皇帝和德軍最高統帥部則對此表示擔憂。他們希望俄國出現快速且較為徹底的崩潰。出於其他原因，列寧也希望俄國出現這種局面。柏林幫助列寧返回彼得格勒是個明智之舉嗎？俄國革命家馬克西姆·李維諾夫和英國保守黨成員溫斯頓·邱吉爾的用語異口同聲。李維諾夫認為，德國人需要在美國人到達歐洲前打敗俄軍，「客觀地講，我們的作用類似於將桿菌傳入東方」，日後他如此說道。邱吉爾評論道，德國人（他的朋友齊默爾曼在其中至關重要）帶著一絲敬畏感將「那最可怕的武器瞄準了俄國。他們用封印列車將列寧從瑞士送回俄國，彷彿運送致病的桿菌一般。」聽到這位蘇黎世鄰居的新聞後，詹姆斯·喬伊絲將列寧比喻成了德國的特洛伊木馬。每一位參與此事的人都知道將會發生什麼；一位德國將軍將列寧比喻成了毒氣。[42]

所謂的「封印列車」實際上是一節普通的德國火車。車廂外面做著標記，以便避開海關檢查；好維持此一假象：這位危險的俄國革命家從未踏上過德國的土地。這列火車的二等車廂裡還坐著許多革命者，他們享受著美味的德國食物，堅稱只有廁所裡才能吸煙。與此同時，列寧和他的助手們一路上不斷的談話和書寫，他們穿過德國和中立的瑞典之後，到達了彼得格勒的芬蘭車站。齊默爾曼的外交部和魯登道夫的最高統帥部對列寧回國寄以厚望，倘若瑞典當局不許列寧過境的話，他們就打算讓他從德軍前線陣地通過。

列寧沒有讓他們失望。在火車上，他已經擬定了回國後的計畫，其中包括：不與臨時政府合作，立刻與德國簽訂和平條約，由蘇維埃掌權，工兵代表蘇維埃當然要由他和布爾什維克領導。其間，除了將列寧領導的革命者送回國，德國還為他們提供了一部份資金，但在火車站歡呼的群眾並不知道這些。現在，「桿菌」已經運抵目的地了。

那時，在俄國首都，共產黨陣營內部出現了嚴重分歧。一些正統的馬克思主義者認為按照馬克思的觀點，只有在資產階級自由主義時代之後才能爆發無產階級革命，因此你不能從不發達的農村經濟直接跨越到社會主義經濟。所以，當溫和派將俄國團結在一起的時候，他們的任務應該是等待，以及教育和發動群眾。列寧傳來了絕不妥協的消息，這使他們感到震驚，並且也發出了諷刺和質疑之聲。

俄國已經到達了沸點，列寧已準備發動內戰，但絲毫未驚動他努力爭取支持的工人與士兵。伴隨著示威和深夜會議，臨時政府在經過激烈的辯論後決定繼續同德國作戰。亞歷山大·克倫斯基是一位溫和的社會黨領導人，他的父親曾是列寧的中學老師。他是那種可以將彼得格勒的蘇維埃和臨時政府融合在一起的人。克倫斯基成了政府的總理，他試圖團結軍隊，宣佈俄羅斯將成為一個共和國，他自己則是這個國家的領導人。但簡館克倫斯基精力旺盛、口才便給，他領導軍隊的能力並不比沙皇強。軍隊已經心灰意冷，軍人們不願再戰鬥下去。在列寧的領導和魅力感召下，布爾什維克選擇了他們的關鍵時刻和鬥爭方式。「十月革命」向人們許諾麵包與和平。革命爆發後，俄國依照德國要求與之簽訂和平條約，並在列寧領導下形成近似於團體專制統治的政府。隨後，俄國又爆發了內戰、飢荒和大災難。

在歷史的公正審判中，齊默爾曼無需為這一系列的慘痛事件負責，至少並無直接的責任。然而作為事件關鍵人物，他也只是同意將列寧送回俄國的派系成員之一——德國皇帝威廉二世也同意此事，軍事將領魯登道夫也牽涉其中。我們不知道列寧是否還有其他回國的方法，儘管也很難看出有其他方法；我們也不知道如果他不回彼得格勒，那裡將會出現什麼情況；也不知道如果他推遲回國，錯過了西元一九一七年中的幾個重要月份，俄國將會發生什麼。或許其他人會推翻臨時政府，或者俄國仍將陷入專制統治以及由其他原因導致的內戰。鑒此，按照蘇格蘭法律的規定，這樁審判將以「證據不足」結案。

然而，列寧是個與眾不同的人。他自信，有超凡的人格魅力，是個威嚴、做事專注的領導人。他確實比他的對手更令人欽佩。列寧不只威嚇、欺凌少數派革命者，他也比他們更擅於辯論、組織與謀劃。他總是走向極端，從不妥協，即使他的政策將以可怕的流血與受苦為代價也毫不退卻。列寧是另一個羅伯斯比，是個冷血的人，他深信某種人間天堂已在眼前，任何能夠幫助往前邁進的手段都屬正當。在他稱之為「無產階級專政」的緊密小系統下，他建立了祕密警察，肅清敢於提出異議的人士，他開始了將由史達林接手完成的事業。當然，他們兩個人都會雇用勤勉工作、充滿熱誠的國家官僚。但這些和藹可親的官員也關心自己的升遷，平時喜歡喝一杯，希望獲得歸屬感。或許，阿圖爾．齊默爾曼就非常符合這些條件。

第八部　一九一八年到二〇一二年：我們的時代

1918-2012: Our Times

最好的世紀和最壞的世紀

有兩個人在史達林執政時期身陷囹圄。一個人受到嚴刑拷打，另一個人也將面臨同樣的命運。他們正在爭論一些歷史問題。阿列克謝對人類已經不抱希望了。他說：「人類就是人類，真是無藥可救了。人類社會沒有進步，有的只是一條簡單的法則，那就是暴力不滅。這條法則就像能量守恆定律一樣簡單。暴力是永恆的，無論什麼都制止不了。暴力永遠不會消失，也不會減少，充其量只是換個形式罷了。」

另一個人叫伊凡，他不同意阿列克謝的觀點。他認為：「人類的歷史就是自由的歷史。也就是由較不自由變得擁有更多自由的過程。」阿列克謝——他即將死去——嘲笑了伊凡的觀點。他認為沒有所謂歷史，就像「用杵和臼去搗水……人類的人性是不會增加的。如果人類的良知始終毫無長進，人類哪有歷史可言？」[1] 這個觀點出自一部充滿憤怒的小說《一切都在流動》（Everything Flows）的結尾，作者是蘇聯作家瓦西里．格羅斯曼（Vasily Grossman）。這部作品創作於一九六〇年代早期，追述了史達林（當代屠殺人數第二多的統治者）時期的生活。然而，他的觀點適用於全人類，而不僅限於俄羅斯。二十世紀的歷史發展凸顯了這一觀點的重要性。我們從歷史中學到什麼嗎？我們可以變得更好嗎？暴力會終結嗎？還是會愈演愈烈？

這是一個陷入巨大弔詭的世紀。這一時期的殺戮比以往任何一個時期都更加嚴重。死亡人數估算數字超過蒙古人對外征服時期的死亡人數，超過了歐洲人入侵美洲時死於瘟疫的人數，也超過了以往任何戰爭的死亡人數。政治領袖們說他們可以從根本上促進人類的發展，至少是促進部份人類的發展，於是他們獲得了近乎全部的權力，這就是出現大規模殺戮的主要原因。二十世紀是「歷史中最血腥的世紀」已是陳腔濫調。但也有人持不同觀點，史蒂芬．平克是位科學家，他將大規模死亡的部份原因歸咎於人口數量的大幅增加：畢竟你無法殺掉原本不存在的人。如果將死亡數據依人口數加以調整，那麼現代史就顯得沒那麼黑暗了。蒙古人的對外征服（前文已述）、中國八世紀的武裝起義、帖木兒的東征西討、羅馬帝國的崩潰，以及明帝國的瓦解——在這些歷史事件中的死亡人數的佔人口中的比例都超過了第二次世界大戰。[2]

此外，我們對發生在十六世紀非洲、中世紀法國鄉村或朝鮮半島早期帝國歷史中的暴力活動只有模糊的認識。但現在則不然，照片、影像，以及保留在日記、回憶錄和演講中的記述可以使戰爭的場景活靈活現地呈現在我們眼前。平克認為，「歷史性近視」使我們能夠太過寬容地看待過去，但卻太過悲觀地看待現在。出於某些特殊原因（這些原因是特定歷史環境的產物，今後恐怕不會再出現了），二十世紀見證了一場慘絕人寰的戰爭，戰爭的一方是希特勒統治的德國，另一方是史達林控制的蘇聯。這場戰爭蔓延到了世界上的許多地區，直到核武器出現才將其終結。

這場戰爭並不能證明人類比以前更加暴力或更加邪惡。事實上，平克認為，如果將小規模衝突、家庭暴力、虐待兒童和老人、殘害動物、為宗教獻身、奴隸制和暴力犯罪都考慮在內，那麼人類的暴力傾向正在變得越來越弱，人類正在變得「越來越善良」。即便是非洲也不例外。在近代歷史上，非洲曾出現過幾次大規模的衝突，但現在情況已經有所好轉。各國逐漸法制化，婦女獲得了更多權利，再加上國際條約的規範（如遏制核戰爭），這使人們可以過上更加祥和的生活。美國學者馬修·懷特（Mattew White）支持平克的觀點，他引入「暴行學」這個概念來劃分死亡事件的等級。根據他的研究，在二十世紀，百分之九十五的人都是死於自然原因。

這點很重要，應該首先加以重視。我們這時代的絕大多數人大部份時間都生活在「間歇期」裡。所謂「間歇期」，就是社會保持長期穩定的時期。我們將在年老時因疾病而去世。更好的藥品和食物、更清潔的飲用水、更穩定的社會秩序使人類的壽命和人口數量大幅增加，因此間歇期也會變得更長。

舉個例子：要不是弗里茨．哈伯在西元一九一九年發明用氮合成人工肥料，現在的世界人口將減少二十億。[3] 某些曾經遭遇可怕饑荒的國家——如中國，到了二十一世紀，物質財富和機會都迅速增加。與以往相比，在上一個世紀中，已有越來越多的人過上比以前更好、更平靜的生活。如果不算工業化戰爭中的大屠殺與核戰爭的威脅，我們有理由認為二十世紀是一個美好的時代，它使數以億計的人過上了太平富裕的生活，這是史無前例的，即便羅馬帝國初創時期的「羅馬和平」也比不上。因此，我們可以說，這也是最好的時代。

政治問題

這段歷史時期的主題是失調：人類理解世界和重塑世界的能力不斷增強；另一方面，人類管理世界的水準卻沒有提高多少。科學在大步前進，但政治卻像醉漢一樣左右搖擺。地理大發現時代和帝國主義時代也存在這種現象，只不過這一矛盾在二十世紀變得格外顯眼，並且（到目前為止）我認為有可能一直延續到二十一世紀。

那兩位身陷監牢的俄國哲學家之所以發生爭論，正是因為二十世紀的政治出現了嚴重的問題：人類將從有階層與等級的社會走向不受宰制的平等的人間天堂，這一政治信仰在現實的考驗下土崩瓦解。共產主義者認為，為了實現偉大的終極目標，殘酷和暴政都是無可厚非的。天主教的宗教裁判所也曾持有類似的觀點。一九三〇年代，當掌握了巨大的國家機器之後，蘇維埃共產黨試圖消滅所有階級、國家和劃分人類的範疇，因為他們認為這是社會發展的絆腳石。（馬克思主義者從未解決這個難題：雖然必須用盡一切心機與紀律，並且表現得殘酷不仁，才能在鬥爭中獲取必定的勝利。但是，如果勝利是必然的，為什麼還需要鬥爭？）

史達林和他的黨羽真的相信這些嗎？史達林自己過著富裕的生活，豪華的私人公寓一棟換過一棟，他就像是「紅色沙皇」，只要臉上微露慍色，他的爪牙便心驚膽寒。史達林最初是個幫派份子，言行舉止也像黑幫老大——詭計多端、鐵石心腸，對人類動機抱持偏激的看法。然而，如果因此認為共產主義只是一層犬儒外衣，共產黨體制本質上與恐怖伊凡無異，那就錯了。要是沒有廣大的虔誠信眾、穿著皮衣的殺手、單純的工人，還有自認站在歷史正確一方、致力革新世界的主席與官僚，史達林主義就不可能誕生。共產黨的問題不在於犬儒主義，雖然它確實造就了犬儒主義，問題在於這個黨是否真誠。

共產主義有個競爭關係的變種姐妹——也就是法西斯主義，也有類似的問題。義大利的貝尼托·墨索里尼和德國的阿道夫·希特勒所設想的歷史必然的前進方向，與共產主義者所設想的完全不同。他們並不想消除所有階級。但是他們有一個堅定的信念（後來這一信念也傳播給了成百上千萬真誠的信徒）：他們屬於優等人種，為統治其他種族而誕生，有權享受榮譽。這不是歷史的必然性，而是命運的安排。從納粹突擊隊員的書信和日記中可以看出，當他們有組織地屠殺猶太人的婦女、老人和兒童時，他們相信自己做的事是正確的，只是會令人覺得心裡不舒服而已。種族論成了用科學語言包裹衛生學裝出來的偽科學，這種偽科學使他們意識不到自己到底在做什麼。

馬克思主義是一種偽科學版的歷史，納粹主義則是一種偽科學版的進化生物學。正如在自然界中，物種的競爭永無休止，在人類社會中，種族也是如此。不打擊、不消滅弱者，是強者在道德上的失敗——因為這意味著人類將走向衰落，而不是進步。希特勒的世界觀也包含這樣的概念：雅利安人有責任推動人類前進，代價則是犧牲斯拉夫人、猶太人和其他所謂「低等人」。這種做法不會導向共產主義者的烏托邦，但卻可以帶來「黃金時代」。為了建立心中的「樂園」，這兩種政權都必須殺出一條通往樂園的血路——殺害反抗者和自私的農民，殺害對立的社會主義者，殺害階級敵人，殺害猶太人。這兩者攻擊相對寬裕的「富農」（kulak）或猶太人時，所使用的語言也頗為相像，他們都將敵人貼上「牲畜」和「非人」的標籤，以「害蟲」或「病毒」稱之。有趣的是，兩者描繪想象中即將到來的「樂園」時，都只懂得使用最陳腐、最老套的說詞。共展主義者和納粹的政治宣傳都以同樣的意象召喚追隨者：在陽光和煦的半鄉村地區裡，臉頰如蘋果般紅潤的母親，在父親的監護下生活；父親的形象通常是一位長著大鬍子的男人——那是個傷感、羞澀的伊甸園。

如果這就是現代史的全貌，那麼這段歷史就太過暗淡了。但二十世紀也見證了民主制度的擴張，儘管在這世紀最黑暗的幾十年裡，這幾乎叫人無法想像。「美國的世紀」為數以百萬計的人帶來了自由和選擇的機會。這是市場經濟的勝利，科學為之做後盾，並創造出了破壞能力極為強大的武器，強大到這座星球上的強權再也不敢相互攻擊。俄國人仍舊不如美國人、歐洲人或其他國家的人那樣自由，但相較於格羅斯曼寫出監獄對話時所渴望的自由，俄國人已經非常自由了。

因此，我們可以說，這段歷史的光明面要遠遠大於陰暗面。二十世紀的政治愚行只是歐洲的思想從更早之前發展至今所得出的邏輯結果。種族主義、烏托邦思想、對國家命運的信念、對強大領導者的偏好、反猶太主義這些都不是什麼新東西。當然，在經歷了馬克思主義與納粹的專制獨裁之後，這段歷史能否成為後世的借鑒呢？我們建立了聯合國，發表了各種《人權宣言》，設立了國際刑事法院。通過種種努力，我們進入了一個政治局勢緩和，而且更加美好的世界。我們還可以用許多例子證明這一點。在阿富汗、非洲和中東，戰爭仍在繼續，但這並不能否定人類的進步；戰爭只是提醒我們，前進的道路是顛簸的。

二十世紀有兩場大震盪，程度重大到我們無法視而不見。第一場震盪是民主制度未能充分普及。在

《歷史之終結與最後一人》中，政治學家法蘭西斯·福山認為，關於政治的大爭論已經結束，同時，以資產階級的自由和市場經濟為基礎的民主取得了勝利。他相信，儘管有些國家和文化要花更長的時間，所有人最終都會到達這一階段。然而，在這個世界中，不民主的中國變得越來越強大；以石油和天然氣為基礎的獨裁政權如俄羅斯、伊朗、沙特阿拉伯也走向了繁榮。因此，福山的話已經落空了。福山確實錯了。因為事實證明，民主不是一種制度，而是一種文化。民主的基礎是社會習俗、對問題的看法、長期建立起來的分權制、對法律根深蒂固的信仰，以及沒有體制性腐敗和犬儒主義的態度。你可以引進並建立民主制度，並讓它運行，但你很難引進民主文化。但這並不意味著，世界大部份地區註定要生活在暴政和貪腐之下。這只是意味著，宣佈民主已經勝出還為時尚早。

第二場震盪涉及民主的本質。近來，在年復一年、一代復一代的競選中，相互競爭的政黨向選民許諾更好的物質生活，這幾乎成了民主政治的基礎。但科學與和平已經使世界人口增加到自然資源難以承受的地步了，因此無法一直這樣承諾下去。

為了獲得溫飽與娛樂，人類消耗了大量的石油資源和水資源。結果，人類的活動排放了大量的二氧化碳，使氣候發生了（或許）不可逆轉的變化。如果生活在中國、印度、東南亞和非洲的人都希望過上今天西方中產階級那樣的日子，那麼他們恐怕要失望了。在西方，我們現在有了第一批家長，預期自己孩子的物質生活水準將低於他們這一代。民主國家撐過了貿易衰落，也曾在戰爭期間達到團結一致；但卻不曾面對長期的不景氣預期和經濟低迷。除非看到這些國家拿出實際的對策，否則我們很難相信自由和市場經濟式的民主是高枕無憂的。我們已經從本章接下來將敘述的歷史中汲取了一些經驗教訓，但還沒有完全吸收。

蘭茨貝格的囚徒

在一九二四年七月的某個晚上，慕尼黑附近的蘭茨貝格（Landsberg）監獄，有一間寬敞的牢房燈火通明，並且出現了一幕奇特的場景。房內的囚犯，身著皮製短褲和束腰短衫，因試圖（儘管不可能）推翻德國政府而被判處叛國罪。他的體重開始增加，牢房裡堆滿了支持者贈送的各種禮物——蛋糕、巧克力，以及花束。來探望他的人數不勝數。他的一位朋友說：「這個地方看上去簡直像是個熟食鋪子。堆放在這裡的東西都可以讓你開間花店、水果店或酒舖了。」希特勒看起來確實胖了。[4]

最後，這位三十五歲的胖子叛亂者不得不宣稱節食並要求訪客離開。這樣，他才有時間回到書桌前慢慢口述他的著作。這本書原名《與謊言、愚蠢和懦弱奮戰四年半》[5]，是個時髦的書名，後來他的編輯將其縮短成了《我的奮鬥》（Mein Kampf）。在二十世紀這段歷史中，希特勒比任何一個人都該下地獄，但任何讀過他的著作——這本著作截至一九四〇年為止已經銷售了六百萬冊——的人都無法聲稱這個作者企圖隱瞞他的計畫。事實正好相反，他完全坦然以告。

人們都知道，希特勒決心排除猶太人，先是清除德國境內的猶太人，隨後是全歐洲。一些歷史學家質疑，希特勒是否親身參與了大屠殺。也有一些歷史學家認為，德國在成功入侵波蘭、波羅的海周邊地區和烏克蘭的時候，展開生產線一般的大屠殺純屬偶然。當希特勒在鮮花和巧克力的簇擁下口述《我的奮鬥》時，他這樣闡述猶太人的問題：有「任何一個不骯髒齷齪的猶太人嗎？剷除猶太人就像是從身體上小心翼翼地切除膿包，從腐爛的屍體上清除蛆蟲」。[6] 他將猶太人比喻成「鼠疫和精神瘟疫，他們的危害遠超黑死病」，他們就像是一群吸血的蜘蛛。

儘管如此，還是有人認為，希特勒只是想將猶太人驅趕到其他地方，他本人對猶太人並無惡意。在出獄後創作的《我的奮鬥》第二卷中，希特勒寫道：「在戰爭爆發初期和戰爭進行之中，如果能將一萬兩千到一萬五千隻希伯來蛀蟲關進毒氣室，那麼在前線的數百萬人就沒有白白犧牲。」[7]他認為猶太人與布爾什維克屬於同類，他發現猶太人在幕後操縱著他們表面上厭惡的東西——國際資本。猶太人很弱小，但他們卻控制著所有地方；猶太人口微不足道，卻主宰著德國。他們控制著媒體、左翼政黨、銀行，以及一切的一切。他們應該被消滅。

希特勒這種人是非常罕見的。傳記作家和歷史學家相信他是個沒有同情心的人，這或許與他淒慘、充滿暴力的童年生活有關。希特勒是個幻想家，他恰巧生活在那樣的時代，那樣的國家，使他的幻想得以成為現實，雖然短短幾年就轟然倒塌。儘管沒有受過什麼教育，懶惰，外表也並不出眾，但希特勒仍然可以用黑色的目光迷惑他的聽眾，使國家陷入造神的瘋狂。如果不是德國在第一次世界大戰中戰敗，如果不是列寧在俄國取得了勝利，如果不是歐洲有反猶太傳統，那麼希特勒將不過是個普通人。

歐洲並沒有哪個角落對反猶思想免疫。威尼斯是第一個限制猶太人居住區的地方。英格蘭的幾位國王都曾燒死、迫害、驅逐過猶太人。在十字軍運動期間，法國的君主沒收了猶太人的財產，並將他們驅離法國。天主教的宗教裁判所要求他們做出選擇，要麼改信基督教，要麼處死。俄國的歷史中也不乏針對猶太人的大屠殺。而在二十世紀早期，尤以奧地利和德國的反猶浪潮為大。像維也納政治圈跟報刊界的反猶思想非常濃厚，最典型的代表人物就是該市的民粹派市長，卡爾·魯格（Karl Lueger）。曾經希望成為畫家的希特勒，就在維也納度過了人生最為艱苦的養成時期。曾為希特勒作傳的伊恩·克蕭（Ian Kershaw）提到，「在世紀之交，這座城市激進的反猶太分子會主張，如果猶太人與非猶太人發生了性關係，應該以雞奸的罪名加以懲罰。而且應該在復活節前後監視猶太人，阻止他們進行以兒童獻祭的宗教儀式」。[8]

希特勒肯定多少曾受到這種環境的影響，但他認識幾個猶太人，窮困潦倒的時候，也曾通過猶太熟人推銷他並不出色的城市速寫作品。希特勒是個「泛日爾曼主義者」，他希望所有的日爾曼人組成一個單一的德意志帝國。他早年推崇理查・華格納的作品，華格納的作品中大量摻雜了反猶太思想。沒有證據表明希特勒年輕的時候是個鮮明的反猶分子，倒是有跡象顯示他比較傾向左翼的社會民主黨。

在成為德國統治者之後，希特勒聲稱他是一貫反猶的，相關文字記述也大多是在這之後寫成，但這點很難證明。在《我的奮鬥》中，希特勒記述了這樣一件事：在第一次世界大戰期間，他休假回家，發現大量的猶太人並未上前線打仗，這使他感到非常震驚。他還在書中指出，猶太人參與了賣淫活動。希特勒可能是性無能，而且他確實表達過對性產業合法感到反感，甚至恐懼。也許也混雜了一些中世紀開始流傳的猶太人故事。但希特勒對猶太人的厭惡似乎開始於西元一九一八年，也就是德國戰敗後不久，他掛著勳章隨部隊返回慕尼黑的時候。

作為一個土生土長的奧地利人，希特勒幸運地加入了巴伐利亞步兵團。在戰場上，他是一名勇敢的傳令兵。德意志帝國軍隊的失敗使他難以接受。回國後情況變得更糟，他的前途一片渺茫，慕尼黑已經成了革命的溫床。西元一九一八年的冬天和西元一九一九年的早春，無政府主義者和共產主義者在巴伐利亞建立起革命的「紅色共和國」。他們效仿俄國的布爾什維克，希望在德國奪權。在之後一段時間，人們面對著食物短缺、暗殺、財產沒收、暴力活動，以及左翼勢力對出版物的審查。右翼軍事勢力的反撲使共和國曇花一現，遠不及東方所經歷的「赤色恐怖」，但這卻給社會留下了一道道深深的疤痕。

這次革命運動的領袖很多都是猶太人。在紅色共和國時期，希特勒曾當選軍代表。他知道樹立一個簡單明瞭的敵人能得到什麼好處。在一個憤怒的小型集會上，在一個憤怒的小型政黨中，希特勒的極端言論和花言巧語使他迅速成名。在慕尼黑的酒吧和咖啡店裡，德國軍官利用他攻擊左翼勢力，攻擊遠在柏林的溫和的共和國政府。希特勒聲稱，猶太人、布爾什維克、滿口謊言的資本家和叛國者都是一丘之貉，他們是德國戰敗的罪魁禍首。

到那時為止，除了在軍中服役之外，希特勒的生活中除了空談，一無所有。他畫著拙劣的畫，到處遊蕩，靠家中僅有的一點錢過活，此外就是空談。他在林茨、維也納和慕尼黑的廉價公寓、酒吧和咖啡館裡對藝術、音樂、德國、歷史和政治高談闊論。現在，說話已經成了他的工作。

我們提到希特勒時會想到他頭上頂著的惡名，會想到大屠殺，會想到那張白淨的臉上留著一撮可笑的小鬍子，因此我們很難想像他早年所展現出的魅力。儘管如此，他確實很有魅力。最終，這個備受歡迎的演說家使一個右翼小黨迅速發展成為納粹黨。他可以在一間屋子裡進行兩個小時的演講，盡情挖苦、大喊大叫、嘲笑、謾　，不時被喝彩聲、噓聲和笑聲打斷。他時而指責德國政府，時而譴責獲勝的協約國，時而號召把猶太人送進集中營或驅逐出境，這樣就可以使他們遠離優秀的日爾曼人。很快，就有人將他和馬丁．路德，甚至是拿破崙相提並論。他的聽眾主要是小商人、商家的店主、職員、退伍軍人和婦女，其中婦女的比例高得驚人，她們認為希特勒是最好的老師，他的演講是最棒的消遣。

進入一九二〇年代，大多數人認為德國正處於爆發共產革命的前夜。右翼的「民族」（Folkish）思想家和軍方人士經常為此論辯對策。他們討論的議題包括是否需要廢黜主張對法國妥協的柏林政府，以及恢復德國戰前的領土，還有是否需要重建德國的武裝力量。各種准軍事組織在儲備火力。擔憂社會主義革命的工商業巨頭提供資金。各個政黨組成、爭吵、分裂又重組。在第一次世界大戰期間領導德軍的魯登道夫將軍以右翼英雄之姿重新引起注目。在經歷了短暫的革命後，慕尼黑成了保守主義思想的大本營。希特勒顯然適得其所。他與一些準軍事組織的領導人結成同盟，包括知名的恩斯特．羅姆。希特勒得到了軍隊高層的賞識，像是魯登道夫。此外，他還獲得了一些極端主義報刊和暴力組織的支援。

希特勒甚至親自設計了納粹黨的旗幟，這面旗幟很快被全世界所熟知：紅底白圈裡有一個黑色的萬字記號。長期以來，這個黑色的萬字記號象徵了德國反猶太思想。在印度教徒、佛教徒和萬物有靈論者眼中，這個古老的標誌代表著幸福。德國考古學家海因里希·施里曼在古代特洛伊城的遺址中發現了這一符號，並將其解讀為雅利安人的象徵。自此之後，這個符號在德國變得家喻戶曉。在希特勒設計黨旗之前，德國的民族主義者就已經開始使用這個符號了。希特勒將這個符號修改得更為簡練，選用更具張力的顏色搭配，並旋轉了十字的方向。用最近一位藝術評論家的話說，「有使以來效力最強的平面標誌設計」。[9]

希特勒或許曾是個蹩腳的畫家，但卻是個傑出的宣傳家，他非常注意自己的形象。他拍過上百張照片，擺過不同的姿勢，穿戴著各式的衣服、帽子和大衣，但否決了近乎所有造型，直到成功將自己塑造成一位孤獨、奮發的領袖。他研究衝鋒隊和黨員的制服，重視建築的樣式，他在制定政策和官僚政治方面都沒花這麼多精力。在政治品牌掛帥的年代，希特勒就是邪惡的品牌管理天才。

那麼，希特勒又是如何在西元一九二四年讓自己淪為階下囚的呢？他以一種滑稽的方式搞砸了一場政變，這場政變的最初目的是推翻巴伐利亞的地方政府，最後政變又將矛頭指向了柏林。他參加的政黨原名「德意志工人黨」，這個黨隨後演變為「德意志國家社會主義工人黨」，簡稱「納粹黨」。在發動政變的時候，它還只是個小黨。但是這種由「愛國組織」及相似政黨掀起的運動浪潮已經不可小覷。慕尼黑的軍政官員對他們持明顯同情的態度。到了西元一九二三年秋天，關於推翻政府的討論已經持續了相當長一段時間，革命運動要麼由軍隊領導，要麼由準軍事組織領導，或者像墨索里尼那樣直接進軍首都。那時，人們將希特勒稱為「德國的墨索里尼」。他相信，如果策動得法，魯登道夫和巴伐利亞的軍隊將參加反抗柏林的起義。這個想法並非天方夜譚，當時的局勢距離燎原大火只欠最後的一點火星。

西元一九二三年十一月八日晚上八點四〇分左右，希特勒的勃朗寧手槍在慕尼黑的一家名為貝格勃勞凱勒的大型啤酒館裡擦出了這顆火星。啤酒館是慕尼黑人談論政治的地方，那裡像個寬敞的洞穴，非常適合發表慷慨激昂的演講。那天夜裡，這座城市大多數領導人物聚在一起，召開了一次宣傳已久的反共會議，當時大廳裡約有三千人。當前王牌飛行員赫爾曼·戈林帶領衝鋒隊闖進啤酒館的時候，巴伐利亞領導人右翼政客古斯塔夫·里特爾·馮·卡爾正在滔滔不絕地發表演講。

希特勒立刻跳上椅子，對天花板開槍，宣佈巴伐利亞政府已經被推翻，全國革命已經展開。希特勒將官員和將軍帶進旁邊的房間，勸說他們加入由他主導的新德國政府。他說，如果事態惡化，他就開槍解決他們，隨後飲彈自盡。之後，他向人們宣佈：「不是德國革命從今晚開始，就是所有人都在黎明前死去！」[10]魯登道夫趕到現場，儘管十分驚訝，但他還是支持了希特勒。希特勒宣布，為了「拯救德國人民」，他們將「向罪惡的巴別塔—柏林」進發。[11]

希特勒認為，巴伐利亞的軍隊和政治精英會跟隨他進軍柏林。在衝鋒隊的威脅下，這些人確曾短暫地同意希特勒的計畫，但他們既沒有為進軍做準備，也沒有制訂相應的計畫，他們並不想發動內戰。因此，只要他們按兵不動，希特勒的起義就是空談。等他手下的烏合之眾開始思考該怎麼應對的時候，已經被軍隊和警察包圍了。歷史學家艾倫·布洛克（Alan Bullock）稱之為「虛張聲勢革命」的這場政變以失敗告終。第二天清晨，希特勒和魯登道夫率領二千名納粹黨員向慕尼黑的戰爭部進發，雖然他們還不清楚下一步該怎麼做。他們遇到了警方的封鎖線，雙方交火導致四名員警和十六名希特勒支持者喪生。希特勒要麼是趴在了地上，要麼是被擠開了；而他身旁的人則中彈身亡。老兵魯登道夫繼續向前走，員警讓出一條路，然而沒有人跟隨他前進。

隨後，一部份參與政變者逃散，魯登道夫向警方自首，希特勒躲在朋友家裡，但仍被捕。一九二四年二月二十四日，九名成員在前慕尼黑步兵學院受審，他們被控叛國。希特勒或許會感到有些尷尬，他在第一波槍響時便率先趴下，事後卻得證明自己是這場政變的領袖。他不否認一切指控，願意承擔全部責任。在審判過程中，他發表了非常挑釁的長篇政治演講。法官對他表示出極大的同情。叛國罪、致員警死亡、扣押人質和搶劫的罪名都成立，但希特勒只獲刑五年。事實上，他僅僅服了十三個月的刑就獲釋了。要是他在交火中站錯了位置，要是他被判處更重的刑罰，或是在牢裡服滿刑期，對全人類來說無疑都是更大的福氣。希特勒在受審中的結辯使他的名氣響遍德國。他在監牢裡收到了許多仰慕者來信，其中一封來自一位海德堡的博士生，這個人叫約瑟夫．戈培爾。就連獄卒見到希特勒，也會喊上一句「希特勒萬歲」向他致敬，他擁有十分充裕的時間來發展對他的個人崇拜，《我的奮鬥》也派上了部分用場——但他卻從未利用這些時間來豐富自己的思想。到了西元一九三三年，希特勒將成為德國總理，有能力推翻原有的合法國家，建立起一個積極向外擴張的政權。但在此之前，他還有很長一段路要走。在這個過程中，希特勒的成功得益於兩點，一是全球性的經濟危機，這場危機毀掉了德國緩慢而穩定的經濟復甦；二是他國政府領導人的昏庸和在德國政壇的對手犯下了一系列災難性錯誤。

在經歷失敗後，希特勒終於明白，儘管一部份軍官對現實表示出不滿，單靠拉攏軍隊是不行的。要想獲得權力，他還要在政治上取得成功。

就各方面而言，希特勒在政治領域更能一展長才。在一九二四年前，希特勒已經具備一切本事，包括一貫的恐嚇手段、資本家的低調支持和極具煽動力的演說，使他得以在九年後入主柏林。人們對這個領導人的崇拜與日俱增。黨內曾一度禁止個人崇拜，但在西元一九二五年，他重新建立起個人領導制，完全不受民主制度和選票的制約。隨後，他將這一黨內制度變成了國家制度。希特勒混亂不堪的工作模式，這迫使他身邊的人總是要猜測他的想法，這樣他就不用為任何錯誤負責，但這樣的模式也逐漸為人所熟知。最重要地，他的意識形態很清楚：世界共同的敵人——猶太人，正是德國一切不幸的根源，他們必須被完全根除。

在慕尼黑發動政變的時候，希特勒就打定主意，德國不但要收回「一戰」時丟掉的領土，兼併奧地利，向法國報仇，而且還要佔領更多的土地。於是他將矛頭指向了東方。希特勒認為，猶太人已經控制了包括俄國在內的東方世界，因此那裡屬於低等文明。他在《我的奮鬥》中寫道：「新的德意志帝國應該沿著條頓騎士團的道路向前進軍，用德國的劍為德國的犁取得土地。」[12] 隨後，他又寫道：「國家的邊界是人為劃定，因此也會因人而改變。」德國應該「進入不可能進入的地方」，「如果能為德國人在歐洲爭取到生存空間」，那麼向法國復仇也是必不可少的。[13] 此外，還應該在不發警告的情況下突襲波蘭、烏克蘭和俄羅斯。這些內容都白紙黑字地寫在《我的奮鬥》第一版上。

在一九二〇年代，德國人對「一戰」末期的饑荒記憶猶新。德國想用U型潛艇封鎖英國，使英國陷入食物短缺，但這一努力卻以失敗告終。相反，英國皇家海軍成功地封鎖了德國，這使德國中產階級只能吃還沒熟的馬鈴薯。雖然德軍在西線戰場遭到了失敗，但在對抗俄羅斯帝國的東線戰場則取得了成功，德國人在波蘭、烏克蘭和白俄羅斯建立起一個小帝國。按照希特勒的觀點，只有獲得大量的良田，德國才不至於再次挨餓。一位研究希特勒與史達林執政期間中歐大屠殺的歷史學家寫下這樣一段話：「納粹真正的農業政策是要為帝國創建東方邊界……德國從波蘭農民和蘇聯農民手中奪取了肥沃的土地——而這些農民，有的忍饑挨餓，有的被同化，也有的遭到驅逐或奴役。德國不打算從東方進口穀物，而是向東方出口農民。」[14]

因天真而輕易受騙，這是人類歷史上不斷發生的事。從史達林到英國政府，從美國大使到法國政客，要是這些自認見多識廣的人不要以為希特勒只是在虛張聲勢，二十世紀的許多災難都可以避免。我們內心深處似乎有一種渴望，使我們看著敵人時，認為自己注視的其實是自己——歸根究底，我們都是一樣的——因此當我們難得見識到坦率而直言不諱的邪惡時，不免退縮畏懼。無論怎麼評價希特勒，人們都無法指責他無預警地發動戰爭，因為他從一開始就說得很明白，沒有任何含糊不清的地方。

希特勒與外面的世界

現在的局勢變成滿手壞牌。在出獄後的若干年裡，希特勒迅速重建納粹黨，並通過西元一九三三年的大選獲得權力。研究這段時期德國政治的詳細著作已經塞滿了圖書館的書架。如果德國有一個強大的政治中心，禁得起共產黨左翼和法西斯右翼的接連衝擊，歷史的走向恐怕會有所不同。如果德國憲法不給予總理權力繞過國會採取行動，那麼希特勒也不會這麼容易平步青雲。如果歐洲列強曾採取行動，對德國的侵略活動——如進入萊茵蘭、吞併奧地利、攫取蘇台德地區——加以懲罰，那麼這些地區的民眾或許在西元一九三九年之前就起義反抗了。但當時有的只是等待和期望。英法兩國的政客也只是袖手旁觀。

不應該將納粹的崛起視為純屬德國的現象，或甚至只是歐洲的失敗。按照美國的觀點，在西元一九四一年和一九四二年，美國已是第二次出手相助，將歐洲從邪惡中拯救出來，而這股邪惡勢力當時並未威脅到新世界。但這只是片面的觀點。希特勒的崛起，與全世界的領導者失能有關，其中當然也包括美國。在一九二〇年代和三〇年代，世界已經緊密相連。第一次世界大戰留下了四分五裂的歐洲以及中東。美國總統威爾遜、英國首相勞合・喬治和法國總理克里蒙梭應該對此局面負責。美國參與設計隨後又拋棄了的國聯無法發揮作用，在美國奉行孤立主義的時期，只能躊躇不前，說些空話。歐洲則得自行處理美式國家劃分的後果——南斯拉夫像部拼裝車、波蘭臃腫不堪，一部份德語人士被留在捷克斯洛伐克和但澤。德國與奧地利的不滿感受並非納粹黨憑空揑造，當時確實瀰漫著一股不平的情緒。納粹分子便趁隙而入。

儘管如此，在一九二〇年代後期，德國仍然有機會擺脫政治上的極端主義，強化民主制度，但西元一九二九年世界經濟出現了大衰退，美國首先出現消費經濟崩潰，接著災情向世界各地蔓延開來。本來各國政府可以推出一些地方性控制方案，只可惜民主國家——如拉姆齊・麥克唐納領導的英國和赫伯特・胡佛領導的美國——的無能，不僅促使世界貿易走向蕭條，還導致大量失業，這大幅增加了獨裁統治的威望，人們認為這是促進經濟增長的另一條路線：貿易保護主義者制定的關稅和世界貿易的大蕭條重重挫敗了資本主義民主，人們希望有一個鐵腕人物能站出來規範市場，這種想法是普遍存在的，並非只出現在慕尼黑。

總而言之，許多歐洲國家實行民主政治的經驗有限。西班牙在一個世紀中經歷了專制君主制、獨裁、政變、起義和復闢。隨後，在西元一九三一年成立第二共和國之前，這個國家又落入了新的獨裁者手中，他的名字叫普里莫・德・李維拉（Primo de Rivera）。他組建的左翼政府在隨後的內戰中被推翻，在那之後掌權的是法蘭西斯科・佛朗哥將軍。在佛朗哥起事之前，西班牙已經陷入了長期對立，一方是虔誠的宗教信仰和小農經濟，另一方則是工業化的城市和共和制。義大利是個年輕的國家，前記者暨左翼人士貝尼托・墨索里尼於西元一九二二年發動政變奪取政權時——後來他的這段經歷被神化為「向羅馬進軍」——義大利還正在學習民主文化。與西班牙相似，逐漸發展起來的工業使國家內部產生了分歧。西元一九一九年到一九二一年之間，波蘭戰勝了蘇聯。在西元一九二六年約瑟夫・畢蘇斯基將軍攫取政權之前，波蘭經歷了五年的議會政治。當大蕭條來臨，波蘭政壇也和德國相似，反猶主義和民族主義成了主流聲音。

西元一九一九年之後，隨著奧匈帝國解體，中歐出現了許多新興國家。南斯拉夫和阿爾巴尼亞出現了專制君主制；希臘的美塔克薩斯將軍和保加利亞的基蒙．格奧爾基耶夫（Kimon Georgiev）。海軍司令霍爾蒂．米克洛什（Horthy Miklós）在匈牙利建立政權，葡萄牙出現了軍政府，羅馬尼亞產生了君主獨裁制。由此可見，雖然德國出現了最極端的法西斯主義，但這比較像是流行，而非發明。由於民主制最終在西歐取得了勝利，這使我們很容易忘記，在兩次世界大戰之間的歐洲，民主制反倒顯得有些另類。

民主和繁榮之間的關係遠不如過去那麼明顯。義大利——而不是德國——就是個好例子。在義大利，墨索里尼鼓吹社團主義，恢復沼澤地，為促進穀物生產發放補貼，之後又接管並合併銀行和工商業，這一切看上去都很成功。的確，這位「領袖」在國外的行為並不檢點，但那是因為他想在非洲建立帝國，為義大利提供原料和廉價勞動力，而他所期望的與其他歐洲國家的所作所為並無區別。結果法西斯主義並未推動義大利經濟的發展。從大衰退到第二次世界大戰爆發的十年裡，義大利的經濟成長率只有戰前的一半，近半數的義大利人還在從事農業生產。二戰前墨索里尼統治期間的總投資率也有所下降。但當時的旁觀者看不清這些問題。

希特勒管理經濟也不在行。他以一種混亂的個人化方式管理國家，並且多少也是因為這個原因而不太參與經濟計畫的制定。他的傳記作家直截了當地說：「非凡的經濟復甦是領袖神話的重要組成部份，但這並不是希特勒的功勞。」[15] 希特勒對汽車著迷，他成立了一支龐大的工人特遣隊。這支特遣隊採軍事化管理，成員的工資非常少，他們的主要任務是修建新公路，以及一些水利專案和林業專案。他出任總理的時候，德國大約有六百萬失業人口。但到了西元一九三八年和一九三九年，失業人數已經少到可以忽略不計了。但當時並沒有統計婦女的就業情況，因為納粹黨認為，女性應該留在家裡照顧家庭。當然，猶太人也從未被計算在內。另一方面，當時德國也禁止獨立的工會和罷工。

龐大的公共服務和規模更大的軍力重建整吸收了大量失業工人。納粹實行的是一種半軍事化的凱恩斯主義。在一九三〇年代後期，德國對軍事的投資明顯高於對工業的支出。在這種情況下，亞爾馬·沙赫特（Hjalmar Schacht）領導下的中央銀行和經濟部門在催生巨額的政府赤字的同時，卻能使物價始終保持在較低水準。德國正以自我消耗的方式全速奔向戰爭。進口品限於重要原料和糧食，此外只要是國內能夠生產的物資，就以生產取代進口。戈培爾曾說花費在軍備上的錢是「天文數字」，而希特勒不斷強調，與擴軍備戰相比，「錢」——他指的是經濟——根本不值一提。在納粹黨的思想中，「經濟」這項課題從來就不獨立於國家、軍事和備戰之外。

德國有極優秀的科技基礎和工業基礎，西元一九一八年的戰敗並未對其造成毀滅性影響。商業領袖的網絡也相當有力，他們支持納粹黨好讓希特勒不對他們動手。驅趕猶太人和灌輸納粹思想對於德國的創造力和工業長才所造成的負面影響需要較長的時間才會浮現。甚至到了戰爭後期，儘管缺乏能源和原料，德國仍舊能生產出品質上乘的新式武器。

然而，巨大的財政赤字和為戰時經濟制訂的短期計畫揭示了德國經濟的真實狀況。在制訂進攻波蘭的計畫時，希特勒認為，因備戰所導致的經濟榮景並不能持久，而這恰好說明了發動戰爭的必要性。但大多數人並沒有意識到，這其實是一場賭博。希特勒在國內外大張旗鼓地吹噓他的經濟奇跡。相比之下，富蘭克林·德拉諾·羅斯福在美國推行的「新政」似乎也很難促進國內經濟發展。

民主國家正在逐步恢復信心。在重整軍備成為首要任務之前，史丹利·鮑德溫領導的英國和羅斯福領導的美國都已經走上了復甦之路。然而，在兩次大戰間艱苦對抗經濟蕭條的國家，與二〇〇八年金融危機爆發後對抗不景氣的國家之間，具有極大的政治差異。對於前者而言，除了資本主義民主之外似乎還存在其他有效的替代方案。從今日來看，墨索里尼是個小丑，但在當時，人們普遍認為他是個天才。在政治光譜的另一端，蘇聯藉著忽視國內的真實情況，令史達林的政治宣傳得以成功矇騙西方國家，使後者相信蘇聯也已經一躍成為非常成功的工業經濟體系。

凱薩琳和瑪格麗特：避孕小史

西元一九二一年夏天，當阿道夫．希特勒在慕尼黑的酒館中大喊大叫的時候，在紐約有兩位四十多歲的女性正坐在一起，彼此打量著對方。其中一位長了一頭紅髮，她出身紐約州北部一個愛爾蘭裔的勞動階級家庭。另一位舉止優雅的女性是美國工業貴族的女兒，大部分時間都在加利福尼亞的藏身之所照顧她患有精神分裂症的丈夫。瑪格麗特．桑格（Margaret Sanger）和凱薩琳．德克斯特．麥考密克（Katharie Dexter McCormick）屬於兩類完全不同的美國人，但她們將一同改變二十世紀後半期女性的生活方式。她們在這方面的貢獻大過任何一位美國政客或歐洲政客。而她們的動機也無可否認地帶有政治性。她們希望讓女性能夠控制自己的生育，說得直白一點，就是讓她們能夠避免懷上自己不想生的孩子，同時又能享受性生活的樂趣。

瑪格麗特．桑格是個女權英雄，她主張男女平等，但不是一個容易相處、讓人產生好感的女性。她喜歡自吹自擂，經常不忠，也是一個不可靠的證人。就連非常同情她的傳記作家也承認：「在她的自傳裡，瑪格麗特很少完全誠實地訴說自己的人生。」[16] 她野蠻地攻擊瑪麗．史托普斯（Marie Stopes（英國節制生育的先驅——只因為她們之間存在競爭關係。她拋棄了第一任丈夫並（暫時）拋棄了孩子，表現出驚人的冷酷。隨後，她又對種族主義和優生學口誅筆伐。但我們沒有理由要求勇敢的鬥士表現得始終如一或是好相處；而且事實往往完全相反。

桑格之所以堅定主張女性應該有權控制自己的生育，主要和她的早年經歷有關。她的父親是一位思想開放的愛爾蘭激進分子，卻也是個嚴厲的家長。她的母親是虔誠的天主教徒，在二十二年裡至少懷孕了十八次，五十歲的時候死於子宮頸癌。長大後，瑪格麗特成了一名護士，她經常看到年輕的勞動階級女性因拙劣的墮胎手術而死於曼哈頓的貧民區裡。在那裡，一個房間要住七、八個人。在第一次世界大戰之前，瑪格麗特是個無政府主義者和社會主義者，她協助組織罷工，談論革命，談論暗殺的道德問題，以及性的樂趣。但慢慢地，她的注意力轉向了一個更簡單、更實際的問題，即如何幫助女性避孕。西元一九一四年，當世界大戰爆發的時候，她創辦了一本名叫《女性反抗者》（The Woman Rebel）的雜誌，她在雜誌中創造了一個新詞——「節育」（birth control）。但她立刻與美國社會的另一股勢力——清教徒——發生了衝突。

安東尼．科姆史托克（Anthony Comstock）是名蓄絡腮鬍的退伍軍人暨郵政調查局員警，也是紐約反墮落協會的重要成員。他誇口自己銷毀了十五噸圖書，四百萬張圖片，並曾逮捕成千上萬人。科姆斯托克認為淫穢無處不在，而他能夠敏銳地察覺，無論在醫學教科書、裁縫店的蠟製人體模型、明信片、小說，以及喬治．蕭伯納的戲劇中，他總能輕易發現淫穢。

西元一八七三年，美國通過了《科姆史托克法案》，這是他一生中最大的成就。法案規定，郵局不能郵寄淫穢物品，其中也包括用於節育的物品和相關信息。用法案的話說，任何由宣傳避孕的文章和避孕物品「引發的非法墮胎」都將被處以巨額罰款，或者服勞役六個月到五年。科姆斯托克還給醫生設下陷阱，他冒充絕望的婦女給醫生寫信，希望得到避孕方面的建議。如果醫生出於同情給他回信，他就會將這位醫生送進監獄服刑。

就在這一時期，桑格想要出版一本介紹避孕的書。西元一九一四年，科姆史塔克和他的法案都找上了桑格。為了躲避牢獄之災，她不得不化名逃往英國。在那裡，她拜會了性學家哈維洛克·艾利斯，並與威爾斯（H. G. Wells）譜了一段短暫的戀曲。但她這次歐洲之行最重要的成果是在西元一九一五年參觀了荷蘭的避孕診所。

自古以來，文獻中便記載了女性嘗試過的各種避孕方法，從浸在蜂蜜中的麻線團——古埃及時期的方法了——到濕茶葉、油紙、浸了醋的海綿、自製的甘油栓劑，以及用樹葉、樹皮乃至羊腸等各種材質製成的保險套。（有些方法聽起來較為古怪，如鱷魚的糞便。但其實這是有科學依據的，因為鱷魚經常吃的某種雜草中含有一種有助於避孕的成分。）後來人們又發明了乳膠和新式橡膠，可以用來生產品質更好的保險套和子宮頸帽。在訪問荷蘭時，桑格看到了幾本公開出版的小冊子，上面介紹了一些最新的避孕方法。這就是她與凱薩琳·麥考密克見面時要討論的重點。

回到美國後，桑格開始著手出版宣傳避孕的資料，並於西元一九一六年在布魯克林開辦了第一家提供相關服務的診所。但反對者又立刻揮起法律的大棒。西元一九一七年，她在教養所被關了整整三十天。但人們的觀念逐漸發生了變化。桑格在法庭上的表現推動了避孕事業的發展，她成了美國女權運動者眼中的英雄。她成功地出版了幾本小冊子和幾本書，又利用法律上的漏洞，使避孕在醫療領域獲得合法地位。到了一九二〇年代早期，她籌募資金創辦了一家節育診所，員工都是女性。她在美國各地發表演講，宣傳自己的主張，還去了中國和日本。但她的診所還需要各種避孕用品。在美國，你很難通過合法途徑獲得像子宮頸帽這樣的東西。為了解決這個問題，她開始接觸麥考密克。

麥考密克的生活與桑格完全不同。她來自一個高貴富有的貴族家庭，一六四〇年代就渡海來到美國。她的祖先輩既參與反抗英國王權的反叛，也是開拓密西根州的先驅，當地的德克斯特市就是以她家族的名字命名。到了十九世紀晚期，她的家族成為芝加哥精英，與其他身世顯赫的家族——如普爾曼（Pullman）家族、凱洛格（Kellogg）家族和奧提斯（Otis）家族——關係密切。凱薩琳的父親是位具有博愛胸懷的律師，但在她很小的時候就去世了。她的母親在許多問題上持開明態度，例如支持女性參政。

凱薩琳是個意志堅定的人，她就讀於麻省理工學院，是最早獲得理科學位的女性之一。她積極宣導婦女參政，並與一位同樣富有的年輕激進分子結婚。她的丈夫來自經營製造業的麥考密克家族，他們生產的農業機械幫助農民開墾了大片的中西部土地。但不幸的是，她的丈夫史丹利婚後不久就得了精神分裂症，需要時刻有人照顧。凱薩琳的生活由兩部份組成：一方面她要研究如何醫治精神分裂，另一方面還要為婦女參政積極奔走——就是在這過程中，她聽說了桑格。

美國是較晚實現男女平等參政權的國家。在第一次世界大戰前，只有少數國家如芬蘭、挪威和澳大利亞，試著踏出了這激進的一步。在美國國內，也只有俄勒岡州、華盛頓州和加利福尼亞州允許婦女投票。但在「一戰」之後，世界發生了翻天覆地的變化，英國、德國、奧地利、大部份東歐國家、俄羅斯、紐西蘭、荷蘭都承認女性擁有參政的權利。然而，在美國，女性為獲得這項權利進行了艱鉅的長期鬥爭。但就和在英國一樣，這種磨煉反而培養出了新一代的女性運動者，她們學會公開演說，有很強的組織能力，知道如何破壞競爭對手的集會。我們從本書的前面章節看到了戰爭如何推動社會變革，從政治體制的演變到技術革新無一不受到戰爭的影響。現在，我們應該把女性的公共權利也加入這個清單。

在美國，女性為戰爭做出了很多貢獻，這也確實提高了她們在戰後的地位。凱薩琳成了美國國防會議女性委員會（Women's Committee of the National Council of Defense）的主席，這個委員會負責管理紅十字會的物資、保障兒童福利，以及維護女性在工廠和其他地方的權利。西元一九二〇年，美國國會終於通過了憲法第十九條修正案，賦予全國女性選舉權。此後，凱薩琳又開始接受新的挑戰。次年，第一屆美國生育控制大會在紐約的廣場酒店召開。凱薩琳接到了桑格的請柬，她回信表示希望能與桑格會面。於是，這兩位堅強的女人終於相見了。[17]

凱薩琳・麥考密克有錢，有社會關係，有影響力，這正是瑪格麗特・桑格所需要的，但她還需要為她的「臨床研究所」籌措避孕器具。桑格在她的公認不可靠的自傳中，描述了診所開業時女性蜂擁而至的情形：「她們站成一排，裹著圍巾，不戴帽子，緊握著她們孩子龜裂的小手。她們就一直站在那裡，人數不斷增加……猶太人和基督徒，新教徒和羅馬天主教徒都一樣，她們向我們懺悔著。」一位婦女告訴桑格，她一共生了十五個孩子，但只有六個活了下來。她今年三十七歲，但看上去就像五十歲。另一位婦女告訴她：「你不幫我，我今晚就吞碎玻璃自殺！」

這些婦女都想做避孕手術，而不只是尋求建議，但在當時的情況下，實行避孕還存在一些困難。雖然科姆史托克早已去世了，但美國的政治氛圍仍然十分保守：西元一九二〇年至一九三三年間，美國實行了禁酒令，這是美國史上第一次對成癮藥物宣戰，卻也是最徹底失敗的一次。但所謂的「禁酒時期」其實對生育控制的運動者是有幫助的，因為商販在走私酒的時候也樂於走私一些子宮頸帽，儘管數量並不多。他們的子宮頸帽是從哪兒來的呢？從歐洲。

因此，一九二二年的某一天，麥考密克夫人決定去趟歐洲。這是一趟長達四個月的旅行，她帶了三隻大旅行箱和五隻小手提箱，看上去就像是要去搶購大量新款服裝。她家在瑞士有一座莊園，在那裡可以眺望日內瓦湖。這座莊園曾是啟蒙運動時期知識份子聚會的重要場所。凱薩琳冒充醫生，從法國和義大利的工廠訂購了大量的子宮頸帽，讓廠商把貨發到莊園。與此同時，她也買了不少連衣裙和外套。之後，她雇傭瑞士當地的婦女，把一千多個子宮頸帽縫在這些衣服裡。這些夾帶著違禁物品的衣服塞滿了她帶來的八隻旅行箱。她大搖大擺地通過了法國和美國的海關，用卡車將這些子宮帽運到桑格的診所。

凱薩琳為生育控制運動做出了重要貢獻。儘管桑格不久後嫁給了一位富有的石油大亨，沒有經濟上的壓力，但凱薩琳還是繼續默默地為生育控制運動籌措資金。然而，她的貢獻遠不止這些。

西元一九四七年，史丹利．麥考密克去世。人們都說他不可能找到比凱瑟琳更好的妻子。她始終一心一意地照顧丈夫，不惜揮霍家產，雇用許多園藝師、僕人、醫生和樂師，只為了讓他在自我折磨的生活中過得更舒適一點。凱薩琳相信瘋狂是會遺傳的，因此她決定不要孩子，這也在一定程度上增加了她對生育控制的關注。現在史丹利不在了，他的家人控制了他的鉅額家產。即便如此，凱薩琳的富有仍然超乎想像。她應該用這些錢做什麼呢？她寫信給桑格。這時她們都已經七十多歲了。但這次通信的意義卻比她們初次見面時還要大。

西元一九五〇年十月二十七日，桑格給凱薩琳寫了回信，信中說：「我認為，在接下來的二十五年裡，那些住在貧民窟和熱帶雨林裡的人，以及那些愚蠢至極的人，將會使用一種簡單、廉價、安全的避孕方法。」這種優生學的論調並不是她的筆誤。她補充道：「現在，政府應該立刻採取措施，阻止不符合優生學的人繼續生育，不再為他們提供福利，讓他們從這個世界上消失。」[18]麥考密克夫人和其他人對這種陳詞濫調並不感興趣，他們更關心的是要找到「簡單、廉價、安全的避孕方法」。

在收到回信的幾個月後，凱薩琳．麥考密克在紐約宴請了一位來自麻塞諸塞州的科學家。這個人看上去酷似愛因斯坦，但實際上，他是一位研究哺乳動物卵細胞的專家。這個人叫格雷戈里．平卡斯

（Gregory Pincus）。平卡斯認為他的研究需要花費二萬五千美元。但事實上，麥考密克夫人最終花費了近兩百萬美元。很快地，桑格、麥考密克和其他令人敬畏的女士成了平卡斯實驗室的常客。

平卡斯並不是獨自進行研究。他的實驗室裡有一個叫約翰．羅科的婦科專家，主要研究黃體酮。黃體酮是一種懷孕時分泌的激素，可以幫助女性避免多胎妊娠。此外，還有兩位科學家：一位是從維也納逃出來的年輕猶太難民，叫卡爾．傑拉西；另一位科學家叫弗蘭克．科爾頓。他們沒有一個人想過要發明避孕藥。在那個時期，合成激素還是個新鮮事物，很多製藥廠都需要大量的合成激素。但在墨西哥工作的時候，傑拉西合成出了一種藥，功效比天然黃體酮更好，而且可以口服。這種藥最初用於治療經血過多。並為口服避孕藥（被稱為「那種藥」（the "pill"））的研發奠定了堅實的基礎。

平卡斯是個毀譽參半的科學家。他在試管中使兔子的卵子受精，在科學界引起了軒然大波，一家報紙將他稱為「科學怪人」。在戰爭爆發前，哈佛大學拒絕聘請他為終身教授。平卡斯認為，這是因為他是個「喜歡自吹自擂的猶太人，發表成果太快，言論太多」。[19] 平卡斯開始著手他的新工作，西元一九五二年時，他遇到了一個研究黃體酮的學者，這位學者也不是為了研究避孕，而是為了幫助那些懷不上孩子的婦女。雖然這位學者是個虔誠的天主教徒，但他還是同意協助平卡斯，為將來口服避孕藥的發明帶來了突破性的進展，而科爾頓和傑拉西進一步改善了這種口服避孕藥。研究過程中當然會遇到許多困難，但他們的藥在臨床實驗中取得了成功。西元一九五三年，在東京召開的一次會議上，平卡斯公佈了他們取得的成就，但當時並未引起人們的關注。

雖然研發和生產暢銷產品需要很多年，但在西元一九六〇年五月十一日，口服避孕藥終於問世。很少有哪項發明能夠引起如此巨大的反響，影響如此多的人。這種避孕藥的效果比其他避孕方法好多少呢？西元一九六一年，有人對此做了詳細研究。研究表明，保險套的失敗率高達百分之二十八；子宮頸帽的失敗率更高，將近百分之三十四；陰道栓的失敗率為百分之四十二，而口服避孕藥的失敗率還不到百分之二。[20]婦女用實際行動表達了對口服避孕藥的認可：在上市的第一年，大約有四十萬美國人服用了這種避孕藥。到了西元一九六五年，四十五歲以下的已婚婦女中，約有四分之一的人使用過這種藥；到西元一九八四年，全球使用者的數量估計在八千萬左右。[21]請記住，現代科學講求合作，包括分享研究成果和意外收穫；而不是某位天才突然從浴缸中跳出來，嘴裡喊著：「我發現了！」

生育控制也是個與資本主義有關的故事。要不是史丹利．麥考密克的父親靠收割機掙到了巨額財富，凱薩琳也不會有錢去歐洲走私子宮頸帽，也不會有錢資助平卡斯研究口服避孕藥。如果美國的製藥公司不追求高額利潤，也不會那麼努力發展合成激素。要不是美國擁有發達的消費經濟，女性期望獲得更多自由並且已經體驗過家用電器帶來的解放，口服避孕藥也不會被人們接受得那麼快。鑒於生物化學的高速發展，避孕藥終究會被發明出來，問題只在於時間點，應是基督教道德觀對美國人日常生活最不具影響力的時候。假如是在二十世紀三〇年代，或甚至今時今日，政府恐怕不會輕易批准口服避孕藥上市。

當然，沒有凱薩琳和桑格的努力，這一切就不會在那個時空下發生。她們兩人一個是無政府主義者，政治觀點激進，希望美國的資本主義垮台；另一個則與美國資本主義關係緊密。反抗現實政治的人可以衝擊保守思想，而富有的人能夠提供資金，對於避孕藥的發展來說，這兩人都不可或缺。這種看似不可能的合作卻在一定程度上展現出美國文化的潛在力量，即其激進主義和活力。

避孕藥在道德上有爭議，而且恐怕永遠都會是如此。許多宗教人士，特別是羅馬天主教徒，堅決反對在任何情況下的避孕。同時也有一些人譴責，生育控制使傳統的性道德在一九六〇年代後土崩瓦解。

避孕藥還有嚴重的副作用；另外，許多女性也不滿於人們並不那麼努力研發男性用的口服避孕藥，能夠阻止男性讓卵子受精。不管怎樣，生育控制也是個民主問題，人們以購買的方式為避孕藥投下了贊成票。有了避孕藥，女性第一次能夠在獲得性快感的時候不必擔心懷上孩子。換句話說，身體上的快樂、愉悅和生育孩子成了兩件事，這正是年輕時的桑格和她的無政府主義者朋友在六十年前思考的問題。市場可以使一部份人得到解放，使另一部份人感到不安，跟國家政策一樣具有革命性。這是避孕藥的發展歷程告訴我們的事。

帝國之間的戰爭

第一次世界大戰是歐洲國家之間的戰爭，但這些歐洲大國的海外殖民地與人民也被拖入了戰爭的泥沼。加拿大人、澳大利亞人、紐西蘭人、印度人和南非人都聚集在大英帝國的麾下。德國試圖誘發穆斯林「聖戰」來打擊英國在中東地區的勢力，於是搖搖欲墜的奧斯曼帝國和阿拉伯人也捲入了這場衝突。美國也參與了戰爭，這是因為本國安全受到了德國潛艇和墨西哥陰謀的威脅。歐洲國家依舊主宰著世界，當它們相互攻擊，全球各地都響起了戰爭的警報。

第二次世界大戰也是同樣模式——戰爭首先在歐洲爆發，隨後波及整個世界。有些歷史學家認為，兩次世界大戰其實就是一場衝突的兩個階段。但「二戰」也有自己的特點。在戰爭初期，德國橫掃歐洲大陸，令其他歐洲強國蒙羞且受到削弱，隨後戰火又蔓延到了亞洲。正與中國作戰的新興帝國日本於是得以橫行於太平洋地區的舊有殖民地；但另一方面，這也意味著日本將不可避免地和美國發生衝突。德國在戰爭初期的勝利還產生了另一個影響：促使希特勒相信自己是軍事天才，並且鼓舞他去實現最初的夢想並入侵蘇聯。在這種情況下，美國和歐洲列強（尤其是英國）不得不去聯合這個政治上的死敵。因此，儘管第二次世界大戰有時被視為最後一場意識形態大戰，一場「拯救民主」的戰爭，但事實卻是，如果沒有史達林，盟軍恐怕很難在這場戰爭中取勝。

視之為最後一場帝國大戰似乎更為精確。日本試圖在中國、滿洲、英屬遠東殖民地與荷屬東印度的基礎上建立起帝國（甚至也想吞併英屬印度）。德國計畫在中歐和俄羅斯西部地區創建帝國。就連一直批評「帝國主義」的史達林也想採取行動。在放棄世界革命以實現「一國社會主義」後，他提升了俄國舊有的帝國傾向。前文曾提到伊凡四世如何吞併喀山和西伯利亞。隨後，俄羅斯又奪取了高加索地區，並將勢力範圍擴展到了烏克蘭、喬治亞、車臣和蒙古。俄羅斯人還認為芬蘭、波羅的海國家和波蘭大部份地區本來就應該屬於「他們」。第二次世界大戰剛爆發的時候，俄國已經和芬蘭交戰中。史達林對蘇聯的設想是，只要軍力許可，就要盡可能擴大掌控的區域。他甚至準備好進行大規模移民，以便壓制反對聲浪。境內的少數民族地位較低，被官方「民族和諧」的面紗所掩蓋，日後蘇聯將之稱為「少數民族舞蹈」（the minorities dance）。

最後，西元一九四一年十二月七日珍珠港事件迫使美國參戰，這使美國控制了半個地球，成為一個實質上的帝國。美國控制世界靠的是核武器、代理人戰爭、商品和金融，而不是禁閉室和殖民地總督。結果戰爭結束後，美軍的長期駐地遍布從日本到西歐的各個角落；美國深入干涉南美洲的政治，其龐大的艦隊取代了英國的皇家海軍，捍衛著西方的影響力。但美國仍然對歐洲的「舊帝國」懷有敵意。在取得軍事上的成功後，美國的商業拓展速度也了令人驚歎度，美元成為世界的主流貨幣。對於受美國保護、免於成為共產帝國藩屬的國家來說，這些無疑都是好消息。但也有人認為，當美國從共和國轉變為帝國的那一刻起，這個國家就已經失去了原本的純真。

國家利益高於意識形態，這點從一開始就很清楚。西元一九三九年八月簽訂的《蘇德互不侵犯條約》決定了波蘭的命運。在之後的幾個月中，波蘭遭到入侵和瓜分。從條約簽訂到一九四一年底的大約兩年半時間裡，美國始終沒有介入戰爭。在西元一九四一年六月德國通過巴巴羅薩行動而令人（史達林）措手不及地進攻蘇聯之前，蘇德兩國也在相互猜忌中度過了兩年。正如軍事史專家馬克斯・黑斯廷斯（Max Hastings）所提醒的，希特勒的軍隊從蘇聯得到了很多物質上的幫助：「直到德軍入侵的那一刻，裝載著軍事物資的火車還在不斷向西駛去；德軍飛機的油箱裡裝載的大多是來自蘇聯的燃油；德國的U型潛艇也獲准使用蘇聯港口的設備。」[22]

因此，從西元一九三九年到一九四一年，戰爭始終侷限在一個相當有限的區域內。第二次世界大戰的交戰雙方與第一次世界大戰基本一致：英國和法國是一方，德國是另一方。但不同的是，這次法國淪陷了。如果在一九四〇年，希特勒能夠攻下英國，或通過其他途徑迫使英國求和，那麼這場戰爭或許就結束了。

假設情況真是如此，那麼美國對當今世界的影響力就要大打折扣，蘇聯或許會保持之前的疆界。不過，歐洲大陸不會完全處於德國的直接控制之下。西班牙內戰時，希特勒曾給予佛朗哥幫助，但後來佛朗哥拒絕與希特勒結成軍事同盟，他的謹慎似乎已經到了忘恩負義的地步。墨索里尼控制的義大利是德國的盟國，但並非德國的複製品。瑞典、瑞士和愛爾蘭保持中立。希臘、羅馬尼亞、匈牙利和南斯拉夫未受到戰爭的影響。假如英國政府求和，還會有那麼多猶太人喪生嗎？像倫敦、漢堡、德勒斯頓和考文垂這樣的城市是否能免於戰火呢？大英帝國會不會迅速崩潰呢？邱吉爾也做如是想。印度也很可能落入日本人手裡。奉行孤立主義的美國也可能無法這麼快就製造出原子彈，因為這不僅需要依靠英國科學家和移居美國的猶太科學家，還需要有龐大的工業基礎做支撐，這樣他們才能擊敗希特勒手下的科學家。

但上面這些都是小說家提出的假設，因為英國領導人是不可能求和的，因為英國抵擋住了德國的入侵，也因為希特勒建設納粹德國的思路以及他的個人人格最終使他必定會發動入侵蘇聯的戰爭。他的修辭宇宙是建立在德意志民族主義和猶太布爾什維克主義對抗之上。希特勒向德國人許諾，只要蘇聯崩潰，他們就能建立起一個偉大的新帝國，帶給人們富裕、安全的生活。先擊敗邱吉爾似乎是更好的選擇，但他最終還是將槍口轉向了莫斯科。在《我的奮鬥》中，已可見到巴巴羅薩計畫的雛形了。

西元一九四〇年的夏末至秋季，英國挫敗了納粹空軍的進攻。這件事的象徵意義遠超越打敗入侵者本身，簡直就是亞瑟王神話和莎士比亞筆下的傳奇故事再現於現代英國。英國沒有淪陷的意義在於當美國參戰的時候，英國便可對德國構成直接威脅，而不僅僅是對日本。由於美國民眾的反戰情緒依舊高漲，羅斯福也不敢大張旗鼓地幫助英國，只是提供了一些援助和幾艘舊軍艦。儘管倫敦人面對德軍閃電戰所表現出的勇氣贏得了美國人的尊重，但為拯救大英帝國而參與世界大戰並未成為美國社會的共識。

無論如何，德國都不是美國的首要敵人。日本入侵中國，使華盛頓對東京的軍國主義者厭惡至極。日本想快速攻佔西伯利亞（編按：西元一九三九年的諾門罕戰役），但很快就被蘇聯擊退了。日本的最高統帥部認為，美國的石油禁運使日本有必要向南進軍，只有在太平洋上建立起足夠廣大的帝國，日本才有實力抗衡美國。日本要征服大陸一般的美國這種想法固然荒謬，但日本領導人仍然希望借助一場傳奇般的大勝迫使華盛頓早早求和。和大多數觀察者的想法一致，東京方面認為希特勒一定會在歐洲取得勝利。

從這個角度看，就可以合理地推測，日本偷襲珍珠港必然會發生。日本的轟炸機襲擊了美國太平洋艦隊，擊沉了四艘軍艦和若干艘其他船隻。從技術層面和執行層面看，這場作戰十分高明，確實讓美國在日軍橫掃東南亞的時候被困在岸上束手無策。但從戰略層面看，日軍的偷襲行動簡直就是白癡行為。這件事說明東京的政治人物和軍事高層非常不瞭解美國。偷襲珍珠港讓世界大戰的戰線蔓延到了太平洋，也意味著日本將不可避免地走向戰敗。而英國還沒有淪陷，仍可通過大西洋生命線連線美國，並獲得美國的龐大物資奧援，而這也讓美國參戰對抗希特勒的理由變得比遭受日本戰機轟炸前更加充分。

有些領導人立刻意識到了這件事的意義。邱吉爾致電羅斯福詢問空襲的具體情況。美國總統告訴他：「現在我們在同一條船上了。」隨後，邱吉爾錄下了他的回應，其內容發自肺腑、情感豐富：「如果是這樣的話，我們已經贏得了這場戰爭。」有趣的是，希特勒完全誤讀了這次事件，他認為這下日本完全站到了德國這邊，並為此歡欣鼓舞：「我們不可能輸掉戰爭。現在，我們有了一個三千年來從未被征服過的盟友。」[23] 而美國參戰只會使希特勒更加堅定地認為：全世界的猶太人都在威脅著德國。

第二次世界大戰的歷史當然是戰役的歷史，是各國領導人及其部署戰略的歷史，也是飛機、坦克和軍隊的歷史。我們可以用一連串的地名來重新細數這一段歷史：華沙、敦克爾克、阿拉曼、史達林格勒、庫爾斯克、新加坡、中途島、沖繩和長崎，這些名字將在歷史與長遠的未來中不斷迴響。不列顛之戰、大西洋之戰和太平洋之戰等戰事，在過去足可視為一場完整的戰爭，如今只是構成戰爭整體的一場場戰役。「二戰」後的第一代歷史學家和傳記作家都在強調領導人發揮的巨大作用，如邱吉爾、希特勒、羅斯福、艾森豪、隆美爾、東條英機和朱可夫；並關注各種武器裝備的使用，如戰鬥機、轟炸機、戰艦、坦克、火箭彈和雷達。而他們下一輩的學者則更關注殺戮平民、屠城，及戰後審判的錯誤。

這場世界大戰使七千萬人喪生，其中平民的死亡人數是軍人的兩倍。各國從中獲取的道德教益並不相同。對於總體損失與人口傷亡都很慘重的蘇聯人來說，這是一場偉大的愛國戰爭。擊敗絕對的邪惡化身——納粹，似乎都讓史達林和蘇聯紅軍重獲聲譽，儘管前者在戰爭初期的態度有些搖擺不定。對於美國人來說，這是一場捍衛民主的戰爭，它使美國成了道德楷模和世界霸主。對於猶太人（和其他非基督徒）來說，這就是一場大屠殺，它表明歐洲文明在道德上已經破產，猶太人要求建立一個新的以色列國。對於阿拉伯人來說，這場戰爭說服了歐洲人竊取他們的土地，並轉送給猶太人，讓阿拉伯人替歐洲人贖罪。對於德國人來說，這是他們最瘋狂的時代所留下的苦果。對於英國人來說，他們的「屹立不倒」得以掩蓋了這個帝國的其他所有動搖和軍事失敗。

如此等等。很多人從第二次世界大戰中學到了一些教訓，因為我們大部份人都需要。但隨著我們與這場戰爭拉開了距離並獲得了新的視角，有許多當初的教訓需要修正。例如，「俄國」的龐大死亡人數中也包括大量的烏克蘭人和波蘭人，以及其他不屬於俄羅斯的人種，而這些人之中確實有許多是遭到俄羅斯人殺害。戰後史達林決定對歐洲猶太人所遭遇的特別恐怖輕描淡寫地帶過——「不要區分死者」——將令人顫慄的真相化約為愛國份子的自我慶幸。又如直到西元一九三九年前，蘇聯內部的人為饑荒和大量流放使廣大領土遭受蹂躪破壞，因此更難以抵禦德國的侵襲。

希特勒打算為德國移民奪取從黑海到波羅的海之間的大片土地，而史達林則希望這片地區變為「大糧倉」，餵養蘇聯的城市。近來有一本優秀的研究著作《血色大地》（Bloodlands），出自提摩西・史奈德之筆，書中開頭便寫道，「在二十世紀中期，德國和蘇聯在歐洲中部地區屠殺了大約一千四百萬人。這片受難者所在血色大地，從波蘭中部到俄羅斯西部橫越烏克蘭、白俄羅斯和波羅的海國家。」從西元一九三三年到一九四五年，儘管在二戰中陣亡的士兵中，大約有一半死在這一地區，「但這一千四百萬名遭殺害的死者中沒有一個是現役士兵，其中大部份是女性、兒童和老人，而且手無寸鐵。他們被奪去財產，甚至連衣服都不剩一件」[24]。一千四百萬名受害者中有三分之二的人死在納粹德國手裡，另外三分之一則是史達林政權所為。

蘇聯與德國曾長期攜手合作，瓜分波蘭，加速戰爭的到來；當希特勒入侵蘇聯時，英國、美國為蘇聯紅軍提供了大量援助物資。考慮到以上種種，這場偉大愛國戰爭的本質將更顯複雜。納粹德國在戰前最大的道德破產不是使民主制垮臺，而是執行將猶太人非人化的運動。德國人對猶太人的印象受到了扭曲，對他們的同情心急劇萎縮，這使他們能夠輕而易舉地動手戕害猶太人。然而我們回想一下列寧與史達林是如何將富農打成令人憎惡的人民公敵，這與納粹豈不十分相似？

富農就像猶太人一樣被描述為粗俗、傲慢、荒謬可笑的存在。於是布爾什維克的委員也像德國士兵一樣，發覺自己能夠輕易地殺害富農，並且號招其他人加入自己的行列。這一切始於布爾什維克對於無知農民的憎恨。列寧與他的好同志們強調著戰爭將無情地摧毀敵人，並頌揚恐懼，他們都使用與希特勒類似的語言。到了一九三〇年代早期，在史達林治下，各種海報及宣傳運動散佈著對富農的仇恨。紅軍在鄉村地區大肆破壞，尋找糧食與積糧的人，讓人強烈地聯想到德國士兵後來的種種行為：「他們會在醃菜的桶子裡小便，或命令飢餓的農民彼此鬥毆，或命令他們學狗爬行及吠叫，或強迫他們跪在泥地裡求饒。」一大肆劫掠後，緊接著便是飢荒。人吃人層出不窮。十年後當德國人來到這裡，也將對猶太人及農民進行同樣的羞辱及非人化行動。

到了西元一九三九年，德國境內已經沒有多少猶太人了，大多數猶太人並非死在德國本土，而是死在德國侵佔的東方土地上。除了屠殺六百萬猶太人之外，希特勒還推行了「饑餓計畫」，打算餓死這一地區約三千萬到四千萬名的非猶太人，好輕而易舉地霸佔他們的土地。

戰爭一爆發，俄國和德國軍隊都表現出了驚人的兇殘，在敵國領土上大肆強暴、殺害平民，還殺害了大量的戰俘。在巴巴羅薩行動最初階段，蘇聯戰俘的死亡數量與英美戰俘在整個「二戰」期間的死亡數量大致相當。[25] 而俄國人在進軍柏林的時候，也同樣向對方還以顏色。但這種暴力活動並不限於敵對國之間。有人認為，蘇聯軍官也處死過大約三十萬名膽小怕死或臨陣脫逃的士兵，這個數字比二戰期間英軍的陣亡人數還要多。[26]

這場偉大的愛國戰爭也是人類意志力的勝利，列寧格勒保衛戰和史達林格勒保衛戰尤其能說明這點，數百萬名意志堅定的士兵在這兩場戰役中犧牲。最後，在史達林時期，蘇聯在國土東境建立了許多軍工廠，這些遠離德軍炮火的工廠為蘇軍提供了大量的武器裝備。此外，該地區還為蘇聯提供了很多人力和土地。蘇聯紅軍的兵力、坦克數量和飛機數量都遠超德軍。儘管如此，為了取得這場「偉大的愛國戰爭」的勝利，蘇聯也付出了慘重的代價，整個社會籠罩著恐懼、震驚、悲觀的情緒。蘇聯有能力終結這場戰爭，統治他們所征服的歐洲帝國，並以核武器威懾整個世界，卻沒有能力建造一個像樣的社會。

美國人的戰爭經驗則要輕鬆得多。戰爭為國內帶來了工業繁榮，提高了民眾的生活水準，並為美國主導世界市場鋪好了路，這一地位直到今天才慢慢終結。無論是從數量上看還是從比例上看，美國人的陣亡人數都要少得多：美國的死亡人數約為四十一萬七千，佔一九三九年人口總數的百分之二點五；而蘇聯的死亡人數是五百七十萬，佔人口總數的百分之二十五（日本也是同樣的比例）。按照黑斯廷斯的統計，大約有一萬七千名美國人在戰爭中失去了胳膊或腿，而國內因工傷事故而截肢的人數約為十萬。[27] 美軍在軍事技術、戰略戰術和戰鬥意志上都有大幅提高，而且他們是在別人的國家作戰。這場戰爭從未威脅到美國民眾，在他們的記憶中，這是一場「好戰爭」。然而，如果沒有盟友蘇聯的幫助，如果不是美國政客最厭惡的大英帝國撐到了最後，那麼美國恐怕也很難贏得這場「好戰爭」。

美國的戰爭進程受到了三件事的影響。第一件是美軍在太平洋無情地擊敗了日軍，其中最重要的一場戰役就是西元一九四二年六月的中途島戰役。通過這場戰役，美軍的海軍和空軍在海上摧毀了日本步兵用刺刀在這一地區建立起來的優勢。在投下原子彈之後，美軍佔領了日本本土，太平洋戰爭就此結束。第二件事是英國通過護航艦隊和長程作戰飛機在大西洋擊敗了德國的U型潛艇，贏得了緩慢而血腥的勝利，這不但鞏固了英國的地位，為援助蘇聯創造了條件，而且導致第三個重要事件——西元一九四四年美國、英國和加拿大反攻法國。這時，英格蘭南部地區已經成了美國的軍營，使得英美的轟炸機有能力重創德國城市。直到戰爭結束，美軍並未犯下什麼暴行，美國人對民主制的未來充滿信心，這個國家比以前更強大了。

美國拘禁了境內的日本人，但多數人的生活大致如常。生產軍事物資使美國工業走向繁榮，羅斯福擴大聯邦政府權力的新政受到認可，華盛頓的官僚機構也變得越來越龐大。美國婦女進入工廠工作，這使她們獲得了在和平時期難以得到的機會和自信。

英國人對戰爭的感受有點複雜。任何聰明的英國人都不會不清楚戰爭初期的一系列失利意味著什麼。英法幻想自己能夠以某種形式（儘管沒人知道是什麼樣的方式）援助波蘭而決定參戰。在最初的按兵不動之後，英國先是兵敗挪威，隨後又在法國被德國的閃電戰徹底擊敗。不列顛之戰保住了英倫三島，德國空軍對英國城市實施了閃電戰，但這反而加強了英國人的團結與對抗的決心。儘管如此，這場戰役的勝利並不能掩蓋英國在希臘和北非的失利，也不能使人忘記英軍在新加坡投降，令日本幾乎打到印度家門口的恥辱。但戰局還是出現轉機：英軍在阿拉曼（El Alamein）打敗德軍，隨後兵進西西里，進入義大利；另一方面，皇家空軍也對德國進行了狂轟濫炸，但在轟炸過程中英國也損失了很多飛行員。戰場上的節節勝利使英國的民族自信心逐漸恢復過來。

但即使在諾曼第成功登陸，英國的實力顯然還是在逐步萎縮。在遠東地區，英國敗給了日本，這是英國人永遠不會忘記的恥辱。「二戰」結束後，印度立即宣佈獨立。至此，大英帝國實際上已經瓦解。英國不得不緊緊地拉著美國，從戰爭物資到食品，都依靠美國援助。就像在戰爭中遭到挫折的法國和荷蘭一樣，儘管英國還緊握著海外殖民地，但仍不可避免地走向衰落。法國亦將失去印度支那和北非，但對於法國而言，投降德國的恥辱也帶來了一些正面的結果。自從人革命之後，法國一直在君主政體和更為晚近的世俗共和政體之間掙扎。但在保守的維琪政府——德國佔領下的傀儡政府——垮臺後，關於政體的爭論也畫上了句號。

無國界的歐洲

歐洲給世界帶來了現代「國家」的概念，但它對世界而言既有積極又有消極的影響。我們看到，歐洲從不同家族管理的幾片領地發展為幾個相互競爭的語言區。在經過漫長而痛苦的過程後，代議民主制最終取代了君主制。人們為新興國家編造了神話般的歷史，設計了條紋旗，修建了漂亮的議會大樓，制定了統一的法律體系。歐洲模式最初影響了北美，隨後又影響了拉丁美洲和日本。在非洲，十九世紀劃定的殖民地界線在二十世紀成了國家邊界，傳統的部落社會重新組織成為解放後的國家。在中東，歐洲人將鄂圖曼帝國肢解為幾個民族國家。儘管世界上有許多人認為自己不屬於任何一個國家，但發達的歐洲體系是不可被顛覆的。西元一九四五年在舊金山，有著不同身份、不同護照的國家一起組建了聯合國，這顯然是非常符合邏輯的。

然而，當歐洲人慶賀全球普遍接受了從歐洲本土發明出來的政治模式時，他們卻開始試圖消除民族國家，消除這個充滿不同國旗、國界、憲法和總統的世界面貌。他們這樣做的原因很簡單：民族主義使歐洲變得四分五裂。

法國和德國對此體會尤為深刻。在經歷了四場現代戰爭——拿破崙戰爭、普法戰爭和兩次世界大戰——之後，法德兩國對國家的含義有了新的理解。在分裂的德國下，民族主義已經瓦解。在夏爾·戴高樂的領導下，法國獲得了政治上的重建：法國總統的權力比現代歐洲任何一個政治人物的權力都大。但法國很快拋棄了專制和自我陶醉的戴高樂。從新的國家戰略出發，法國強大的政治階層建立起了歐盟的雛形。西德成了法國的重要盟友。

為了防止再次出現魏瑪共和國時期的惡性通貨膨脹，首都設在小城波昂的西德決定推行嚴格的財政政策。經過努力，這個沒有軍事力量的國家自西元一九四五年的廢墟上站了起來，創造出了名符其實的「經濟奇蹟」。其他的歐洲小國——比利時、荷蘭和盧森堡——聯合法國和義大利，組建了一個關稅同盟。這些國家既是馬歇爾計畫的受益國，也是「鐵幕」西側的重要成員。美國推行的馬歇爾計畫不但為歐洲提供食物，而且還努力振興歐洲的工業。美國這樣做有兩個目的，一是為了遏制共產主義的發展，二是為了換取西歐的忠心。這項慷慨、有遠見的計畫使歐洲在短時間內迅速復甦。

超越民族國家的第一步是西元一九五二年成立的歐洲煤鋼共同體，這個共同體包括比利時、義大利、盧森堡、荷蘭、法國和西德，它使法國和西德的重工業緊密結合在一起，從而排除了再次爆發戰爭的可能。西元一九五八年，這六個國家又組建了歐洲經濟共同體。共同體的領導人和議會定期舉行峰會。在各方推動下，歐洲經濟共同體演變成了今天擁有二十七個成員國的歐盟。歐洲通過長期努力，用一種溫和方式邁向超國家主義，這就在一定程度上削弱了民族國家的獨立地位。但人們認為這種方式有助於促進貿易發展和經濟繁榮。因此，在蘇聯解體後，東歐國家紛紛加入歐盟，視之為市場自由以及繁榮的保證。但歐盟的真實目的是以非軍事方式消除國家間的界線，採取的手段則是廢除關稅，協調各項法律和標準，使用單一貨幣——歐元。人們從西元一九六九年就開始為創建單一貨幣而努力，但直到西元二〇〇二年歐元才正式問世。

這是一項高度政治化的活動，但是這種政治模式對歐洲人來說也是完全陌生的。在兩次世界大戰之間，歐洲面前有多個政治選擇，有短暫的社會主義政府，有受到蘇聯支持的共產主義陣線，也有散發著奇異魅力的法西斯主義，但歐盟是一個經過深思熟慮的溫和的替代方案。這個「歐洲」有自己的旗幟、國歌、對外政策、中央銀行，但它既不是一個國家，也不是一個帝國。歐盟是世界上最大的單一經濟體，它的經濟總量比美國還多一點，但它沒有軍隊，也沒有一個真正意義上的領導人——也就是一個可以在國際事務中發聲的總統。歐盟富裕、謹小慎微、沒有攻擊性，除了民族主義者之外，沒有人會忌憚它的存在。歐盟成了一個讓人羨慕的榜樣，南美和非洲紛紛效仿，但沒有歐盟那麼複雜和成熟。然而歐盟並不試圖說服所有成員國認為它是真正民主的，事實上它也不是。民主總是基於一種共同的歸屬感，大多數是建立在使用一種語言和共享一段歷史之上的。歐洲的民族國家鼓勵人們將自己的首要身份定位為歐洲人，其次才是法國人、希臘人或英國人。西元二〇一〇年到二〇一二年的經濟危機打擊了歐元區成員國，暴露了成員國之間的緊張關係。

當然，歐洲的政治還將繼續發展下去。德國的左翼勢力拋棄了馬克思主義，接受了溫和的社會民主主義，這在斯堪地那維亞半島也很流行。在有些國家，特別是法國和義大利，莫斯科支持的共產黨為奪取權力而展開了猛攻，但資產階級政黨，通常是社會民主黨和天主教勢力又將他們壓了下去。後來，義大利共產黨與莫斯科斷絕了關係，決定發展自己的「歐洲共產主義」模式，但他們從未在競選中戰勝美國支援的中間派政黨。這些中間派政黨給國家帶來了經濟增長和社會穩定，卻也令貪腐橫行。佛朗哥的西班牙，以及獨裁者薩拉查和卡埃塔諾下臺後的葡萄牙，都設法撇清自己和法西斯的關係，轉而採用主流政治形式。在二戰後的英國，一個社會主義政府戰勝了邱吉爾領導的保守黨，將英國的福利提高到前所未有的高度。但西元一九五一年之後，英國又長期把握在了中間偏右派手中。法國、英國、比利時和葡萄牙都花了很多精力處理去殖民化問題——在大多數情況下，這些國家都很難從殖民問題中體面地抽身。

這場戰爭，由歐洲獨裁者所發動，之後演變為帝國的衝突，最後卻催生了由委員會管理的歐洲。歐盟刻意避開塑造政治英雄，也無意製造帝國。在提到歐洲一體化時，英國的批評家將總部設在布魯塞爾的歐盟稱作「比利時帝國」，但這種說法不全然是認真的。就算歐盟真的是一個帝國，那它也是一個殖民地自覺自願——甚至是急切地——投入其懷抱的帝國，是一個對世界其他地區影響很小的帝國。實際上，戰後的歐洲人亟欲避開世界影響力。從文化和商業的角度看，歐洲已經成了美國的追隨者。在某些情況下，美國甚至可以支配歐洲。但大大加速這種局面形成的是「二戰」。經歷大蕭條與「二戰」的過程中，美國變得越來越強大，並成了具有全球影響力的角色。儘管不過在二戰前，還有許多美國人對此持懷疑和警覺態度。這一切都是美國的新式武器帶來的必然結果。

消失的城市：廣島和長崎

新墨西哥州沙漠腹地有一個草草建成的小鎮，人口約有六千，鎮上有一座禮堂。在西元一九四五年八月六日下午，一個看上去四十歲出頭的高瘦男人正擠過人群，向演講台走去。他站上演講臺，轉過身，看著台下的人。他頓了一下，隨後將雙手舉過頭頂。在拳擊場上，這是勝利一方擺出的姿勢。台下傳來了參差的歡呼聲。他告訴聽眾，他為他們共同完成的事業感到自豪。不久，人們從會場散去，舉行宴會；但不是所有人都喜歡參加宴會。有些人仍在四周徘徊，談論著他們的成就。

這個男人叫羅伯特·歐本海默，這座小鎮叫洛斯阿拉莫斯（Los Alamos），台下的聽眾都是小鎮裡的居民、科學家、士兵和助理人員，他們製造出了世界上第一枚原子彈。就在數小時之前，他們製造的原子彈摧毀了日本的廣島，七萬日本平民死於灼熱、輻射和爆炸產生的碎片。此外，由核爆引發的癌症和其他不良影響使死亡人數迅速攀升到二十萬人。

歐本海默是以製造原子彈為目標的「曼哈頓計畫」的負責人，他是一個「混血物種」，是一個二十世紀歐洲與美國歷史緊密聯繫的極佳範例。歐本海默早年反對法西斯主義，在西班牙內戰時，他甚至向共產黨提供資金，支持他們進行反法西斯鬥爭。之後，有人指控他本人就是共產黨員，但他否認了。歐本海默對希特勒有特別的執念。在洛斯阿拉莫斯的集會上，他曾經對聽眾說，他唯一感到遺憾的是未能早一點造出原子彈，好讓德國嘗嘗核武器的滋味。（三個月前，也就是四月三十日，希特勒自殺，德國也於五月九日投降。）歐本海默的研究團隊中有許多歐洲人，他們有的是因納粹迫害從歐洲逃出來的難民，有的則是一般科學家，但決心讓民主國家而非獨裁政權首先研發出原子彈。

羅伯特．歐本海默是德裔猶太人，至少他的祖輩是德裔猶太人。他在紐約的家庭過著富裕的生活，對猶太人的傳統和宗教並不感興趣。他生長在一個自由的知識份子家庭，家裡掛著梵谷、雷諾瓦和畢卡索的畫，家人喜歡聽貝多芬的音樂，會講拉丁語和希臘語，經常到歐洲旅行。他的家人是倫理文化社（Ethical Cultural Society）成員，倫理文化社是一個猶太人的世俗組織，重視善行，強調人道主義。年輕的時候，歐本海默非常崇拜物理學家尼爾斯．波耳，於是前往劍橋大學研讀物理和數學。當時是理論物理發展的黃金時期，在歐洲期間，他吸收了最偉大的理論物理學家的思想，如丹麥學者波耳、英國學者保羅．狄拉克、德國學者維爾納．海森堡、奧地利學者沃夫岡．包立、義大利學者恩里科．費米和德裔猶太學者馬克斯．玻恩。之後，他又到哥廷根的大學和蘇黎世繼續深造。

但歐本海默骨子裡也是個美國人，他的人生經歷表明，世界的權力中心已經從歐洲轉移到了美國。

二十世紀三〇年代中期，他定居柏克萊市，任教於加州理工學院。在新墨西哥州和加利福尼亞州的鄉村地區，他度過了一段快樂時光。儘管身處美國西海岸，但歐本海默還是關心著歐洲局勢。他的社交圈子裡有從德國逃出來的猶太難民，有社會黨人，也有親莫斯科的共產黨員。他們在一起討論史達林主義的本質、如何對付希特勒，以及民主國家干預西班牙內戰的失敗，這些話題充斥在舊金山的庭院裡，也在騎馬的時候繼續。大蕭條以及接續而來的羅斯福新政使許多加州人變得越來越激進，因此歐本海默會對共產主義思想以及形形色色的「陣線」組織產生興趣，並不是特例。他閱讀過西德尼．和碧翠絲．韋伯夫婦撰寫的政治宣傳，《蘇維埃共產主義：一種新文明？》，描述了史達林主義下的光榮生活。

「二戰」之後，當美國對「紅色」滲透者的憂慮達到頂點的時候，歐本海默的政治傾向為他惹來了麻煩。但這只是他生活中的一部份，與主持「曼哈頓計畫」相比，這只是件小事。聰明人會努力收集各方面的資訊，歐本海默也不例外。他的工作涉及很多領域，從正電子到中子星，再到黑洞，可謂無所不包。他推動了量子力學和重力塌縮理論的發展，但很遺憾，他最終與諾貝爾獎失之交臂。

通過研究原子的結構，科學家發現原子在破裂並引發核連鎖反應的時候，理論上會通過爆炸釋放出大量能量。關於這點，科學家在戰前就已經知道了。愛因斯坦曾致信羅斯福，警告他這種新式武器所帶來的危險。他建議這位美國總統立刻儲備鈾（由於鈾的原子結構穩定性比較弱，是最有可能引發這種爆炸的原料），並儘快對其展開研究。兩位從德國移民到伯明罕的科學家在數學上取得了突破。他們發現，用少量的鈾或　可以生產出能裝載在飛機上的核武器。他們的研究引起了美國的重視。

西元一九四一年十月，羅斯福批准了史上第一個研製原子彈的祕密計畫。兩個月後，日軍偷襲了珍珠港，促使這個計畫加速進行。西元一九四二年夏天，包括歐本海默在內的研究團隊得出結論：可以生產出裂變式原子彈。但科學家們還是有很多疑惑。其中一點是，這樣一顆原子彈是否會引燃以氫為基礎的大氣，從而導致地球上的生命大滅絕。儘管這項計畫是在美國軍方的嚴密監控下進行的，但具有超凡魅力的歐本海默還是被任命為科學和技術方面的負責人。這是一個明智的決定。他建議將實驗室設在洛斯阿拉莫斯。他在平日健行和騎馬的時候，深入認識了這個偏遠、漂亮的新墨西哥州小鎮。鈾礦石來自比屬剛果，科學家則來自美國和英國的各個地方。

歐本海默曾對共產黨表示同情，這使美國的情報人員深感憂慮。在他表示應與史達林交換核技術之後，他們更加多疑了。但毫無疑問，歐本海默和研究團隊中的絕大多數人都在拼命趕進度。美國人真正應該擔心的是，歐本海默的老朋友海森堡及其研究團隊會不會在德國領先一步製造出原子彈。巨額資金、設備、試驗和針鋒相對的辯論激發出了歐本海默想要的巨大創造力。但在另一方面，納粹德國卻很難製造出核武器，這點變得越來越明顯了。在蓋世太保採取行動前，丹麥物理學家波耳經瑞典逃往英國，加入了曼哈頓計畫的英國專案。歐本海默相信美國的原子彈一定會在某個地方引爆。它有可能足以終結一切戰爭，但它一定得讓全世界看到其威力，才能夠發揮終結戰爭的效果。[28]

德國已經處在崩潰的邊緣，因此日本成了攻擊的目標。有些科學家——如匈牙利學者西拉德・利奧，曾在一九三〇年代率先對核連鎖反應進行了深入研究——警告，用核武器攻擊日本平民將會拉開美蘇軍備競賽的序幕，而這場軍備競賽將導致災難性的後果。此時，羅斯福已經去世，新任總統哈利・杜魯門沒有理會他的意見。杜魯門及其執政團隊希望在日本有可能請史達林做中間人求和前使用原子彈。很明顯，蘇聯已經成了美國的新敵人，投放核彈可以向史達林展現一下美國的實力。

歐本海默同意杜魯門的意見，並詳細討論了一些問題，如原子彈能帶來怎樣「巨大」的視覺衝擊、用它殺死大量人口的必要性，以及在什麼高度爆炸才能發揮最大威力。炸彈爆炸的時候高度不宜過高，也不能在多雲、下雨或有霧的時候投放，「否則它不會對目標造成夠大的破壞」。[29] 西元一九四五年七月十六日，第一枚原子彈在新墨西哥州代號「三位一體」的沙漠試驗場爆炸成功。歐本海默在試爆成功後的反應與他的上述言論形成對比。很久以後，他告訴人們，核爆時的情景讓他想到了印度聖書《薄伽梵歌》中毗濕奴說的話：「現在，我成了死神，成了可以摧毀世界的人。」有人懷疑他當時是否真的說過這句話。但在對廣島進行攻擊之前，想到那些受害者，歐本海默確實曾經說過：「那些可憐的小人物，那些可憐的小人物啊。」[30]

歐本海默面對極其巨大的道德挑戰，超過過往任何一名科學家。他清楚地意識到，他負責研製的武器具有何等強大的威力。如果原子彈能終結永無休止的戰爭，那這也不失為一件好事。但對蘇聯抱持敬佩之意的歐本海默也意識到他們也會竭盡全力，儘快獲得核武器。核時代的政治將會是怎樣一種局面呢？這很難說得清。一個受過良好教育的人道主義者、一個高尚的人，卻傾其一生製造出了一種可以使幾十萬無辜者喪生的機器。他這樣做的最初目的是防止希特勒擁有他所謂的「神奇武器」以摧毀民主國家；而現在呢，則是因為不得不使用核武器。

且不論其他的一切，歐本海默很想知道原子彈到底能不能起作用。與其他理論物理學家一樣，歐本海默生活在一個抽象的世界裡，這個抽象世界與現實世界之間只存在著有限的聯繫。如果沒有第二次世界大戰，如果沒有美國的工業和資金做後盾，誰會花錢讓這樣一個理論變成現實呢？但歐本海默和研究團隊中的其他物理學家卻得到了一個驗證其理論是否正確的天賜良機。歐本海默不想用探討科學的堅毅態度去討論原子彈將造成什麼後果，這從他使用的論據和矛盾的語言中可以感受得到。或許，難以抑制的好奇心將壓倒政治上的顧忌。而在人類的精神活動中，這兩者具有同等重要的地位。

今天，曾遭受第一顆原子彈重創的廣島已經成了一座現代城市，那裡有漂亮的茶園、乾淨的商場，以美味的海鮮馳名。穿戴整潔的兒童在市中心附近的小學裡學習和玩耍。但在西元一九四五年，和大部份廣島人的命運一樣，學校中的所有師生都死於核爆炸，只有一名學生倖免。廣島就這麼消失了。這裡曾經是一座繁忙的舊式城市，市裡有許多歐式建築，數條河流和橋樑，鱗次櫛比的房屋，但轟炸過後，這裡被夷為平地，到處都是一片焦黑，只剩下殘垣斷壁和幾株燒焦的樹木。長崎是下一個目標。內閣成員間的爭論推遲了日本投降的時間，長崎遭到轟炸後，日本立刻投降。

在美國，歐本海默成了名人，但他卻說，人們早晚有一天會詛咒洛斯阿拉莫斯和廣島。他告訴美國哲學會，他製造出了「一件最恐怖的武器……以世上任何一條標準來衡量，它都是一件邪惡的武器」。[31]歐本海默曾經發出疑問，科學發展對人類有益嗎？今天，由於忌憚核戰爭，大國之間不會再發生戰爭。但巴基斯坦、印度和朝鮮已經擁有了核武器，或許伊朗也將很快擁有核武器，這使爆發核戰爭的可能性有所增加。歐本海默的擔心——用他的話說，這件「最恐怖的武器」——已經越來越普及了。

甘地與帝國

據說，在西元一九三〇年的時候，有三個人一夕間聞名世界，出名的不僅是他們本人，還包括他們的奮鬥目標。[32]一個是查理．卓別林，一個是阿道夫．希特勒，第三個是一個六十多歲穿著粗布衣服的麻煩製造者。三月十二日清晨六點，他啟程出發，隨身帶著一套被褥、一個肩背袋、一個紡錘（這樣，他晚上的時候可以紡織）、他的日記、一隻錶和一隻杯子。在七、八名隨從的陪伴下，他徒步二四〇英里，經過西印度大大小小的村莊，終於在二十五天後到達海邊。他的計畫很簡單，從海邊取些鹽，然後被捕。

莫罕達斯．甘地說到做到。來自世界各地的文字和攝影記者在後面跟著他，他向前走，彎腰挖鹽……隨後被捕。照片拍得非常完美。他手裡拿著鹽，身後是鹽場，創造了一個足以聞名世界的象徵性形象。但這些照片並非完全真實，因為這些照片是在他到達海邊幾天後拍攝的，地點也經過精心挑選。但甘地確實博得了世界的關注，這正是他想達到的效果。一種新型政治的宣導者正在挑戰世界最大的帝國，而且輕而易舉地取得了勝利。

英國殖民當局對印度的鹽徵稅，但稅並不是很重，之前蒙兀兒帝國也曾徵收鹽稅。甘地考慮過多種羞辱印度英國當局的方式。他曾呼籲禁止出售酒精類飲料；他號召抵制教育；他極力支持罷工的工人。他在道德上取得了成功，但在政治上卻沒有取得突破。這次，鹽又成了他的目標。每個人都要吃鹽。（或者說，除了甘地。他認為鹽無助於健康，所以盡量在飲食中不攝取鹽。）對於政府來說，鹽稅是無足輕重的，但對於最窮困的百姓來說，鹽稅已經高得不成比例了。甘地說，除了水之外，鹽是人們最需要的東西了。「這個國家在向幾百萬饑民、病人、殘疾人和無依無靠的人徵收鹽稅。鹽稅是人類所能想出來天底下最不人道的人頭稅。」[33]

甘地自己找鹽，藉此拒絕向政府交稅。他挑戰政府來起訴並監禁他——這位有禮貌、瘦骨嶙峋的老者，這使英國當局顯得非常滑稽，但他們仍依法執行了。為了給英國施加巨大的壓力，甘地需要全世界的關注。他在美國特別有影響力。對於美國人來說，印度人反抗鹽稅使他們想起當年反抗茶稅。這個手法非常的甘地：看上去很簡單，甚至有些滑稽，但卻是一個深思熟慮、經過冷靜思考的策略。

世界上成百上千萬的人都認為甘地是個聖人。諾貝爾獎得主泰戈爾將他稱為「聖雄甘地」。他以苦行生活和毫不妥協的道德準則聞名於世。「如果我只需要一件襯衣遮體，但我卻獲得了兩件，那多出來的一件相當於偷來的，這是有罪的……如果五根香蕉就能讓我繼續前行，而我吃了六根，那多出來的一根相當於偷來的。」[34]八年前，當他再次發動反抗運動時，英國法官說：「你和我審判過或將會審判的人完全不是一個類型。……即便是那些與你政見不同的人也會認為你是一個有著崇高理想的人。你過著高尚——甚至是聖潔——的生活。判定你為一名守法的人將是我的職責。」

甘地的政治手腕更像一種武術，它可以讓弱者戰勝看上去很強大的敵人。在南非，他組織了維護印度工人（不是非洲黑人）權利的鬥爭。他採用了「非暴力的消極抵抗和不合作主義」。在實踐上，他發動了不合作運動。「為了促使對方思考和理解」自己的立場，他堅持絕食。甘地非常有禮貌，在領導抗議話動時也總是面帶微笑，他以讚賞的語氣談論英國生活的方方面面，這就使他變得非常難對付。出獄後，他會繼續領導追隨者，會在靜修處繼續從事反抗活動。

這種道德勒索如果提升到一種全球政治的高度，往往能取得驚人的效果。甘地的活動鼓舞了全世界反抗不公正的鬥士，其中包括一九六〇年代美國民權鬥士馬丁．路德．金恩領導的示威者，一九八〇年代在波蘭組織「團結工聯」以對抗共產黨統治的造船廠工人，以及後來在匈牙利與捷克斯拉夫組織反蘇聯起義的運動者，還有在埃及推翻胡斯尼．穆巴拉克的抗議者。組織起普通民眾，以和平手段對抗權力，並搏取國際輿論以協助抗爭，在二十世紀和二十一世紀這是少數有效且能博得掌聲的政治策略。

在家庭生活中，甘地這種與法庭對抗的意願則不那麼有吸引力。他隨時準備用絕食或其他自虐方式對周圍的人施加控制。與妻子發生爭執時他會絕食，兒子辜負他的希望時他會絕食，看到兩個人在靜修處睡在一起時他也會絕食。哭著哀求他放棄絕食的人越多，他就越高興。道德勒索作為一種政治策略是有用的，但不應該變成一種生活方式。甘地會和年輕女性睡在一起，但從來不碰她們，以此來證明自己是個禁欲主義者。他還用種種奇怪舉動提醒我們：聖人一般會從遠離他們的人那裡得到更多的尊重。

然而，甘地成了全印度的道德楷模。他能調解穆斯林和印度教徒的關係，讓賤民、低種姓的印度人和受過良好教育的商人、英國培訓出來的印度律師同參與一項活動，雖然時間不長。他很早就明白個人形象的力量，而一個人的形象取決於他的著裝。早年在英國學習法律的時候，他穿套裝，紮蝶形領結。在印度做一名激進的律師的時候，他穿英式正裝，但頭上卻裹著頭巾。在為契約工人奔走疾呼的時候，他會穿上與他們同一款式的棉質束腰外衣。為了抵制昂貴的英國機織布，他只穿印度粗布製成的衣服。甘地在全球的聲譽與日俱增。在照相的時候，他都會繫上一條自己親手紡成的纏腰帶。

甘地將自己變成了一種標誌。拐杖和寬鬆的褲子是查理．卓別林的標誌，軍帽和小鬍子是希特勒的標誌，只不過這兩個人的世界與甘地無關。但對於攝影界來說，這三個人都很重要，因為他們一眼就能被認出來。

喚醒印度次大陸的甘地很幸運，因為他的對手是英國。英國殖民當局陷入了一種兩難的局面：一方面，英國人要在印度實行統治；另一方面，他們也希望獲得當地人的喜愛和尊敬。甘地很清楚這一點。英國思想家拉斯金和愛德華．卡彭特、唯靈論者安妮．貝贊特，以及很多主張婦女參政的英國人都影響過甘地。他的英文寫作能力非常好，若非如此也無法取得成功，這種語言不但有利於團結印度的反抗勢力，而且能擴大他在全球的影響力。

總之，甘地的道德勒索對英國人非常管用，至少有時是這樣，這使他們感到非常尷尬。英國人鎮壓反抗運動，將甘地投入監牢，但他們並不願意這樣做。但希特勒就不這麼想。（甘地完全不瞭解希特勒，他認為希特勒應該和英國人差不多。他說，希特勒或許沒有傳說中那麼壞，建議猶太人留在德國，看納粹分子敢不敢將他們囚禁或槍殺——甘地根本搞不清楚狀況。）二戰爆發前，希特勒曾對英國總督說：「你們只需要槍斃甘地……之後，麻煩就會迅速消失，而且速度快到令人驚訝。」[35]

與反抗大英帝國相比，甘地反對希特勒只是一段小插曲。從佔領印度的那一刻起，英國人就想成為開明的統治者。在經過英國東印度公司幾十年的橫徵暴斂之後，英國議會希望能在次大陸建立起一個能長期運行、公平的行政系統，他們認為長此以往這對印度是有好處的。此後，英國在印度的統治經常搖擺於鎮壓和改革之間。

十八世紀五〇年代，從一名矮胖的職員神奇地變成一個軍事天才的羅伯特・克萊武擊敗了法國軍隊和地方武裝部隊，使東印度公司在蒙兀兒帝國取得了統治地位，英國在印度的故事由此拉開序幕。但回到英國之後，他因聚斂了過多的個人財富而受到指控，隨後自殺，年僅四十九歲。在克萊武之後，華倫・黑斯廷斯成為印度總督。在超過十四年的任期中，他建立起了一套更加高效的行政系統。但他卻再次因腐敗遭到了指控，這場在英國議會進行的政治審判持續了七年之久。雖然最終獲判無罪，但此時他已經是心力交瘁了。在審判期間，一位議員——愛爾蘭的哲學家和政治家艾德蒙・伯克——曾表示，英國在印度的統治並不成功：「英格蘭沒有（在印度）建立教堂、醫院、宮殿和學校，也沒有修建橋樑、公路、運河和水庫。」[36]

之後繼任的印度總督都將他的指謫謹記在心。除了禁止一些印度教的殘忍習俗——如喪夫的妻子為了證明（或者不得不向親戚證明）自己的忠貞，而在葬禮上撲向火葬柴堆——英國人還修建了城市，引進了英國式的法律，並將印度軍團編入英軍戰鬥編列，聽從英國的指揮。英式教育得以普及，也有像歷史學家湯瑪斯・巴賓頓・麥考利這樣的殖民地官員，希望印度最終能走向自治。印度是五方雜處之地，一些剛到這裡的英國人很難理解這個國家。但也有一些英國人很輕易地就折服於印度的古代文化，懷著敬佩之情學習。然而，佔領者不可能看得起被佔領者的文化，即便看得起也不會長久。

殖民主義也為印度帶來了好處。例如，英國人對印度教的文化遺址進行了考古發掘。這是信奉伊斯蘭教的印度統治者不曾關心的事，因為他們畢竟是異族入侵者蒙儿兒人的後代。但甘地明白，殖民主義對英國和印度都有消極影響。它使殖民勢力變得野蠻，使他們無法達到自身期許的最高理想；它對於印度人來說是種恥辱，使他們既無法尊重他們的統治者，也無法尊重自己。西元一八五七年，英國在印度相對清白的歷史畫下了句號。英國小學生在課堂上所學的是：這是一場印度人發動的兵變；而印度小學生所接收的訊息則是：這是一場民族起義，或者說這是「第一次獨立戰爭」。這是一場血腥、令人絕望的戰爭。開始的時候，傳言英國人用牛油和豬油潤滑印度教士兵和穆斯林士兵的彈匣，但傳言很快變成一場反抗英國的起義即將展開。但好在英國人在起義的謀劃階段就加以抑止，因為參與起義的人數並不多。當起義者發生分裂且指揮失當的時候，很多印度人——從王公貴族到以軍團編制的軍隊——都脫離了起義軍的隊伍。在遭受屠殺和圍攻之後，許多叛亂者被英軍「炮斃」——將他們綁在大炮的炮口上，然後炸得四分五裂。反抗失敗後，蒙兀兒帝國也退出了歷史舞臺。

現在，印度成了英國真正意義上的「私有財產」，英國派了一批又一批精明幹練的官員來管理印度行政參事會。這是人類歷史上最清廉、最高效的官僚機構之一。

學習過古典文學，接受了平等觀念的年輕人，在從英格蘭的公立學校畢業之後，前往印度出任稅收官和法官。他們要遠渡重洋，還要克服語言上的障礙。英屬殖民印度如日中天的時候，次大陸上不但出現了教堂和運河，而且出現了三萬英里長的鐵路，英語則取代了波斯語成為共同語言。事實上，波斯語在蒙兀兒帝國的南部地區從未廣泛流傳。英國人還給印度帶去了普通法系。英國人統治印度的時間不比蒙兀兒人短，雖然他們沒為印度留下泰姬瑪哈陵，但卻給印度留下了許多繁華的現代城市和一座宏偉的都城——新德里。到了西元一九〇一年，印度已經成為僅次於中國的人口大國，人數尚少的中產階級的政治意識逐漸覺醒。[37] 此外，英國人還為印度帶去了板球運動。

但受過古典教育的公務員也消除不了帝國主義骨子裡的不公正。他們對印度缺乏瞭解，秉持著的基督教福音派教義和道德化的自由主義使他們變得心胸狹窄。許多人認為印度人天生懶惰、狡猾、奸詐、迷信，簡直一無是處。這意味著，當印度發生像愛爾蘭一樣的大饑荒時，英國統治者可以立刻將其歸咎為災民的不幸並袖手旁觀。結果上百萬饑民就這麼餓死了。但即便不是饑饉之年，印度經濟也無法增長。原因出在以下幾點：第一，印度向英國出口的商品價格過低；第二，印度的工業產品得不到保護，因此很難與英國經歷工業革命後的產品競爭；第三，關稅扼殺了印度剛要起步的商業。

最重要的是，管理和保護英屬印度的錢最終都是出自印度人身上——印度全部稅收的四分之一被殖民當局用來支付工資、養老金、債務、利息和軍費。[38]（之後，英國工業實力有所下降，經濟也陷入困境。因此，許多英國人認為，他們不但使印度變得更加文明，而且為此花了不少錢。但事實絕非如此。帝國再怎麼以高尚自居，也不可能將宗主國的錢貼給殖民地。）如果印度不參加第一次世界大戰，不購買英國的機器和工業品，而是將錢用於本國發展，那麼它會不會早就超過中國了？這個問題很難回答。印度的精英階層被排除在自己國家的管理階層之外，這使他們的恥辱感逐漸加深，再加上人民對經濟狀況的抱怨，最終使革命不可避免地爆發。

英國政府進行著緩慢而謹慎的政治改革，從西元一八九二年直選立法委員會，到西元一九一〇年允許更多人參加選舉，再到第一次世界大戰，當二百萬印度志願軍奔赴戰場的時候，給印度一個「地方自治」的含糊承諾。但這些並不能制止騷亂和間或出現的炸彈襲擊。西元一九一九年四月，在旁遮普省的一座小鎮，雷金納德．戴爾將軍在沒有發出警告的情況下，命令軍隊向人群開槍，製造了「阿姆利則慘案」。在英國統治印度的歷史中，這是最黑暗的一天。遭到軍隊開火的群眾中，有一部份是示威者，其他則只是參加節日慶典的普通村民。士兵們向手無寸鐵的群眾射擊了一六五〇發子彈，造成三七九人到五三〇人死亡（死亡數字還有爭議），超過一千二百人重傷，其中包括婦女和兒童。戴爾將軍說他下令開槍是為了替之前一場叛亂中喪生的五名歐洲人報仇。慘案發生後，他還強迫印度人在一位傳教士曾經受到攻擊的地方爬行。他對他的行為感到心安理得，根本沒有一絲愧疚。回到英國後，一些保守派報紙還將其視為帝國的英雄。[39]

如果說戴爾將軍代表了英國人在印度最殘忍、最糟糕的一面，我們也不能忽略像艾倫·奧塔維安·休姆（Allan Octavian Hume）這樣的反例。休姆是英屬印度的官員，因支持印度人而聲名狼藉，退休後他還於西元一八八五年籌建了印度國民大會黨。這個黨起初是個追求印度自治的政治活動組織，後來在印度精英的領導下發展為一支推行獨立運動的主要政治力量。

阿姆利則慘案之後，印度人更是下定了決心。莫逖拉爾·尼赫魯是一位溫和的親英國律師，他曾經在國會中非常活躍，並把兒子賈瓦哈拉爾送到哈羅公學和劍橋大學深造。慘案發生後，他將小禮帽、昂貴的西裝和領帶，以及妻子的連衣裙等衣物一起扔到火堆裡燒了。他處理掉了英式傢俱，開始穿甘地式的粗布衣服。西元一九四七年，他的兒子賈瓦哈拉爾·尼赫魯宣佈印度獨立，並成為印度執政時間最長的總理，他是印度近代史中唯一一個可以與甘地相提並論的人。從某種意義上講，他的政治生命就是從阿姆利則開始的。為了使印度打消獨立的念頭，英國進行了改革，並推行了一些安撫政策，但慘案的發生使之前的全部努力都付諸流水。

慘案發生後，甘地的非暴力不合作運動，以及各式各樣的罷工、騷亂和暴力襲擊使英國在印度的統治變得愈發艱難。甘地在全球的聲望已經越來越高，並且領導了與繼任總督的談判，這令溫斯頓·邱吉爾非常厭惡。西元一九三一年，甘地前往倫敦參加圓桌會議，討論印度的未來，英王喬治五世將他請到了白金漢宮，工人們也簇擁著他。但在國內，甘地既不能安撫穆斯林政治家，也不能平息印度教極端主義者的怒氣。英國的改革方案是有實質內容的。選舉後，國會中的政治人物控制了印度各邦，英國的公務員都要聽命於他們。但由於印度王公的反對——他們害怕失去各邦的半自治權，而這份擔憂不無道理——和倫敦的政治欺詐，新德里從未建立起新的自治政權。

在第二次世界大戰期間，當日本對印度構成威脅的時候，一些國大黨黨員投靠了敵人。議會對殖民當局採取不合作的態度。尼赫魯遭到拘留，甘地則入獄，但兩人隨後又被釋放。英國政府有時也會試圖控制局面。工黨政治家史塔福．克里普斯（Stafford Cripps）前往印度商討戰後印度自治的問題，但甘地和尼赫魯都拒絕了他的方案，因為他們認為這份方案不夠民主。甘地希望英國贏得戰爭，但他卻有一個非常奇怪的想法：非暴力主義是打敗納粹主義的更好選擇。不列顛之戰發生時，他認為英國應該邀請希特勒和墨索里尼發動攻擊：「讓他們佔領美麗的大不列顛島和島上的漂亮建築吧。除了靈魂和思想之外，什麼都可以給他們。」他的建議被禮貌地拒絕了，英國顯然更喜歡用防空部隊和噴火式戰鬥機解決問題。[40]

在戰爭進行到一半的時候，局勢已經很明顯了，印度無論如何一定會獨立。英國在日軍的進攻下已經名譽掃地，而且經過六年戰爭後，實際上也已經破產，距離獨立只剩下一些相關細節待處理。西元一九四五年大選後，工黨上臺。王室成員蒙巴頓動爵被派往印度處理獨立的收尾工作。而且倫敦給的時程很緊迫。然而，在議會領導獨立運動的時候，穆斯林與印度教徒之間的分歧卻越來越大了。儘管甘地竭力彌合分歧，但卻收效甚微。

被印度教領袖拒絕後，穆罕默德．阿里．真納將穆斯林聯盟引向了另一個方向，他希望西北部地區的旁遮普和孟加拉能獲得國家的地位。將每一個穆斯林佔主要居民省份的首字母連在一起就構成了「巴基斯坦」這個詞。英屬印度將無法由一個單一國家來繼承。甘地為國家統一付出了巨大努力。當穆斯林與印度教徒之間相互殺戮的時候，他又要上路了。他準備絕食，並懇求他們將彼此視為兄弟。但是印度與巴基斯坦（後來東巴基斯坦獨立，成為孟加拉）之間還是出現了分界線，之後開始了巨大的移民潮：在巴基斯坦境內的印度教徒遷往印度，在印度境內的穆斯林遷往巴基斯坦。移民過程中發生了許多瘋狂的殺戮。

穆斯林和印度教徒之間的猜忌和仇視可以追溯到蒙兀兒帝國時期。儘管英國統治印度長達兩個世紀，但卻沒有能力、也不願意彌合兩派的分歧，而現在矛盾爆發了。兩方的衝突在旁遮普省尤其顯著，穆斯林、印度教徒和錫克教徒之間爆發了戰爭，這場衝突可能造成了一百萬人喪生，其中有人被砍死，有人遭到槍殺，有人被鈍器重擊而死，也有人是被燒死的，還有人死於缺水和斷糧。大約有一千萬人遷移到新國界以南或以北之處，這是歷史上規模最大的非自願移民，規模甚至大過數年前發生在德國與俄羅斯的遷徙。甘地終其一生追求和平，但卻得面對如此可怕的結局。他極度悲傷，為了抗議暴力活動，又一次開始絕食，甚至拒絕就席印度獨立日的慶典。於是，印度教的極端主義者認為他是叛徒。西元一九四八年一月三十日，一個激進分子刺殺了甘地。

甘地在終結英國對印度統治的過程中扮演了重要角色，並創造了一種反抗不公正的新模式，堪稱是二十世紀最成功的政治家之一。但這個新生國家的發展道路卻與他的最初理想背道而馳。甘地一生都在追隨托爾斯泰，並嚮往著他的簡樸農民生活。甘地期待印度成為追求精神生活的國度，放棄鐵路、工廠和大城市，回到自給自足的鄉村生活。他是極端的保守主義者，有些共產黨員希望拋棄西方文明，而甘地希望用和平方式達到這一目的。甘地的許多英國朋友也想過理想化的田園生活，他們期待人類能回到村莊、果園和手扶犁的時代。當然，他也希望國家不發生分裂，穆斯林、基督徒和印度教徒能在同一片土地上和諧相處。

然而，現實卻是分裂、資本主義和城市化，今天這兩個擁有核武器的國家仍在相互敵視，仍為喀什米爾爭吵不休。兩國在邊境地區劍拔弩張，甘地的夢想已經越來越遠。然而，儘管仍存在著腐敗、暗殺和宗教極端主義的再起，今日的印度已經成了世界上最強大的經濟體之一，有著繁忙的城市、工廠、受過良好教育的中產階級，以及民主制度。印度比大部分前殖民地國家都更為成功。印度擁有十二億人口，GDP幾乎是英國的兩倍，它是最有可能主宰下一個世紀的幾個國家之一。但即便如此，這依然不是聖雄甘地想要的印度。

冷戰，熱衝突

對於許多國家和許多勇敢的民族來說，冷戰其實並不「冷」。朝鮮、越南、安哥拉、索馬利亞、中國邊境，以及拉丁美洲地區和中東地區的戰火都相當猛烈。匈牙利、捷克、波蘭和阿富汗的叛亂者也面臨著令人血脈賁張的生死交戰。冷戰左右著二戰後中東地區的政治。在那裡，美國的盟友以色列與蘇聯支持的阿拉伯國家展開激戰，伊朗也和伊拉克相互拼搏。冷戰起初或許只是兩種文明典範之爭，兩種領導權之爭，兩座首都之爭，但這場爭鬥的影響實在太廣泛，以至於在四十年間，地球上幾乎沒有哪個地方不受波及。這場大戲的核心部份是不斷升級的核恐嚇，這就像是一場以地球為賭注的豪賭，玩家則是分別坐在美國與蘇聯的政府辦公室裡的一小群人，他們很容易就忽略了，世上幾乎所有角落都有人正因為這場賭局而流血。

兩個曾經的盟友展開了競爭，但並不知道自己在做什麼。美國和蘇聯認為自己的領土應該有多大？這場衝突是否決定著人類的未來？如果真是這樣的話，雙方會對抗到什麼地步？這些疑問使得西元一九四八年到一九六三年的十五年間成了冷戰中最危險的時期。度過這個時期之後，儘管美國身陷越南戰爭，但華盛頓和莫斯科都明白，應保持以「恐怖平衡」為基礎的軍事僵局，並開始謹慎締結核武相關條約。西元一九五二年，美國首先試爆了熱核武器。九個月後，蘇聯也跟進了。西元一九五四年，美國又試爆了威力更強的武器。事態至此已非常明顯，兩個超級大國之間的戰爭很可能導致人類滅亡。因此，雙方的對抗必須轉由代理人執行，並且在較為緩慢卻極度重要的經濟領域展開競爭。

其實，在蘇聯有能力對資本主義國家發動核打擊之前，這種模式就已經初見端倪了。美國用馬歇爾計畫來支持西歐的戰後復興。二戰之後，希臘的保皇黨和共產黨之間爆發了內戰，而史達林希望在土耳其設立海軍基地，於是向安卡拉施壓。因此，始於西元一九四七年的馬歇爾計畫首先援助了這兩個國家。但美國對歐洲事務的介入並不僅限於此。獲准使用顛覆、破壞、政治宣傳等各種手段的美國中央情報局還插手了西元一九四八年的義大利大選，以阻止共產黨勝選。同一年，史達林手下人馬核准了針對捷克斯洛伐克民主政黨的暴力行動，以此宣示他們決心捍衛蘇聯在西元一九四五年新增的領土。

為了打擊對手，美國和蘇聯都組建了自己的陣營。西元一九四九年四月，北大西洋公約組織成立，美國正式對西歐提供軍事保護，使西歐得以安心地迷戀於邱吉爾的煽動演說，並且無須擔憂「鐵幕」東側所集結的坦克師。在數量上佔有絕對優勢的蘇聯紅軍沒必要立刻採取反制措施，但在西元一九五五年，華沙條約組織還是應運而生。然而，雙方都不想用軍事手段打擊對手。這當然不是出自戰時的同盟之情，一來是蘇聯忌憚美國的原子彈；二來是蘇聯在「二戰」中元氣大傷——蘇聯的傷亡人數幾乎是美國傷亡人數的九十倍；三來美國對新的聯合國的作用表示樂觀，認為今後歷史學家只能在故紙堆中研究戰爭。

當史達林試圖在分裂的德國引發一些變化的時候，美蘇兩國對彼此的戒慎第一次面臨重大考驗。史達林打算用切斷一切補給的方式來封鎖位於德意志民主共和國境內的西柏林。史達林的目的是使東德和西德重新建立聯繫，從而形成一個中立的緩衝地帶，但他始終堅信德國人終將選擇共產主義。由於西方國家用大規模的長期空運支持西柏林，所以史達林的想法並未成為現實。柏林危機使美蘇兩國不得不直接接觸。但在西元一九四九年春天，蘇聯做出了讓步，西柏林重新開展商業活動——而商業活動能夠吸引來民主價值。令人尷尬的是：大量的人從東柏林逃到了西柏林。

當時即將觸動戰火的，其實是世界的另一端。這是歐洲唯一一次不屬於戰爭前線與最危險區域。在二戰末期，蘇聯紅軍從北方進入朝鮮半島，美軍則從南方進入，部分是為了協助抗日。兩個超級大國將朝鮮一分為二，隨後從半島撤軍。從此朝鮮半島上出現了兩個政權：右翼政府控制著朝鮮南部，金日成領導的共產黨控制著朝鮮北部。西元一九五〇年，金日成說服史達林，他可以在短時間內迅速解放全國。就在他幾乎快要成功的時候，美國發動仁川登陸，戰局立刻逆轉。

但毛澤東決定抗美援朝，集結在中朝邊境的三十萬「志願軍」將美軍打得節節敗退。以美國、英國和澳大利亞為主的聯合國軍最後還是頂住了中國軍隊的進攻。華盛頓本可以使用原子彈，卻沒有使用，於是韓戰成了一場漫長而血腥的塹壕戰。

我們現在知道，蘇聯飛行員曾出現在朝鮮的天空上；在韓戰爆發的前一年，蘇聯剛剛擁有了自己的原子彈（這得感謝他們在西方國家安排的間諜），但它還不能對美國構成威脅。因此，即便美國使用了核武器，蘇聯也不可能立刻以牙還牙。那美國為什麼不在韓戰中使用原子彈呢？這主要是因為美國不想開這個先例。核武器不能輕易使用，更不能只是用來平衡並不影響美國未來的戰局。很顯然，如果美國使用了核武器，蘇聯最終也會採取同樣的行動。儘管韓戰十分慘烈，但最終還是形成了僵局，在戰爭最初打響的地方附近畫上了句號。兩個新建立起來的政權成了蘇美兩國的翻版：一個是嚴厲而暴力的史達林主義國家，另一個是狂熱資本主義國家。

自此之後，美國和蘇聯展開了瘋狂的軍備競賽，不僅比核彈頭，還比潛艇、洲際導彈、衛星、偵察機和隱藏式的導彈發射井。但與此同時，這兩個國家都在不安地環顧全球，為自己爭取盟友的支持，並把中立的國家拉到自己這一邊。於是，它們在非洲、亞洲和拉丁美洲煽動戰爭，為獨裁政權提供支援。美國粗暴地干涉中南美洲政治，支援伊朗國王和越南（過去的法屬印度支那）南部的李承晚，並試圖拉攏阿拉伯國家，但大多以失敗告終。蘇聯則集中於它在中歐的衛星國家，以及兩個外交關係日漸緊張的國家：一個是共產主義盟友——中國；另一個是歐洲最有獨立思想的共產主義國家——約瑟普．布羅茲．狄托領導的南斯拉夫。在二戰期間，南斯拉夫靠自己的力量從納粹統治中解放出來，其間沒有得到蘇聯的幫助，因此自認為不需要對莫斯科馬首是瞻。

這兩個國家成了一場更廣泛運動的組成部份，這場運動揭示了這樣一個事實：美國和蘇聯包圍了世界，並足以對所有國家構成威脅，但它們並沒有看上去那麼強大。如果領導人足夠自信的話，他們不但可以帶領國家避免落入在熊與鷹之間選邊站的局面，甚至可以讓兩個強國彼此互鬥。在西元一九五五年的萬隆會議上，中國、南斯拉夫和其他國家共同商討了關於「不結盟」的問題。仍然留在英聯邦中的「社會主義共和國」印度與蘇聯和西方國家都保持著良好關係；納瑟領導的埃及更傾向於蘇聯，它不但使英法這樣的老牌帝國蒙羞，而且對美國的援助不屑一顧。西元一九六六年，法國退出北約軍事一體化，此時它已經承認了毛澤東領導的中國。與其說法國屬於西方陣營，還不如說它更像是個不結盟運動國家。

非洲由於對前殖民者的忠誠而面臨著漫長而悲慘的掙扎。新生的非洲國家究竟是應該與歐洲宗主國繼續保持密切聯繫，還是應該建立人民共和國，將他們最優秀的學生派往莫斯科學習馬列主義呢？

如果非洲的反殖民政黨能夠抨擊馬克思主義，那麼西方國家就會對它們的一黨專政、腐敗和種種惡行睜一隻眼閉一隻眼——就算它們是「壞蛋」，但它們畢竟是「我們」的壞蛋。因此，非洲出現了許多獨裁者，例如烏干達的伊迪·阿敏、薩伊（以前的比屬剛果）的蒙博托·塞塞·塞科、馬拉威的海斯廷斯·班達、肯亞的丹尼爾·阿拉普·莫怡。在共產主義陣營方面，有衣索比亞的門格斯圖·海爾·馬里亞姆，古怪又無能的安哥拉人民解放運動以及莫三比克的解放陣線，它們的背後都有蘇聯的支持。但蘇聯的支援只是出於冷戰的需要，因此對烤焦的土地和饑餓的兒童並不怎麼熱心。在安哥拉，美國支持了一個奉行民族主義的反政府遊擊隊——爭取安哥拉徹底獨立全國聯盟（UNITA）。非洲觀察家理查·道登（Richard Dowden）曾尖銳地指出：「除了壞帳和為將軍們準備了冬日裡的陽光外，安哥拉幾乎沒給蘇聯帶來什麼。」[41]

非洲的去殖民化運動突如其來地開始加速，儘管相關的團體及個人都還未能取得時間與支援來準備投入運動，而這突然的加速其實也是冷戰的一部份。一方面，歐洲政府——從里斯本到布魯塞爾，從倫敦和巴黎——不想為保住殖民地而鎮壓非洲的解放運動；另一方面，面對共產主義的威脅，這些國家也沒有精力展開打擊蘇聯代理人的戰爭。它們更希望早日和親西方的新統治者達成協議，繼續保持兩國的經貿關係，至於這些新生國家的政治，充其量只能排在第二位。

在東西方衝突的大背景下，種族隔離的南非成了和美英兩國關係不融洽的「中立夥伴」，這主要得力於南非強烈的反共傾向。冷戰也使得羅伯特·穆加比，一位接受馬克斯思想洗禮的辛巴威破壞者，拋開了他的競爭對手——親莫斯科的約書亞·恩科莫。二十世紀的非洲歷史充滿了暴政、腐敗、種族主義、虐待和無度的揮霍，無數非洲人的生命在這一時期凋謝，這些也應該算到冷戰的帳上。

到了一九五〇年代中期，美蘇新領導層嘗試用各種方法來處理建立在核武器之上的「恐怖平衡」。

美國總統哈利・杜魯門是個意志堅定的人，但這個深受羅斯福影響的理想主義者不久就被艾森豪取代了。至少在上任初期，艾森豪在使用核武器這個問題上顯得更加大膽。西元一九六一年，約翰・甘迺迪接替艾森豪，成為美國總統。這個年輕的民主黨人認為美國具有捍衛世界自由的使命，看他那副高談闊論的樣子，就好像立刻要向莫斯科宣戰似的。

艾森豪和甘迺迪面對的是蘇聯新一任領導人，有如牛蛙的尼基塔・赫魯雪夫。赫魯雪夫是一名優秀的工人，在史達林時代平步青雲，他性格衝動，有時候甚至顯得有些粗魯。在赫魯雪夫執政初期，蘇聯製造導彈的能力還不及西方，但不久便迎頭趕上了。西元一九五七年，蘇聯發射了第一枚洲際彈道導彈和首顆人造衛星，為西方政壇帶來了非常巨大的震撼。赫魯雪夫相信，在科學和經濟的推動下，蘇聯可以趕超美國。與此同時，為了減緩國內令人戰戰兢兢的政治氛圍，他在共產黨大會上作了一份秘密報告，公佈史達林所犯的錯誤，並抨擊他所塑造的個人崇拜。

然而，有國家以為莫斯科當局願意稍微緩解緊張的政治氛圍，意味著當局決定放鬆對共產主義衛星國家的控制，於是在一九五六年，痛徹理解到事實並非如此，蘇聯的坦克開進東歐鎮壓叛亂，造成約兩萬人死亡。

西元一九六二年，赫魯雪夫和甘迺迪為全世界造成了（迄今為止）最接近核滅絕的一場危機。事件的起因在古巴。美國雇傭軍在豬玀灣展開拙劣的登陸行動，希望鎮壓菲德爾・卡斯楚領導的馬克思主義革命，但以失敗告終。此前，美國在土耳其部署了可以攻擊蘇聯的中程導彈。因此，赫魯雪夫也想在古巴部署導彈，這樣既可以保護新的加勒比盟友，又可以威懾美國。這是個可能在冷戰時期引發戰爭的「熱」點。這時，蘇聯已經試驗了威力更大的核武器，將尤里・加加林送入了太空。與此同時，為了阻止國民流失，蘇聯的盟友東德為了阻止國民流失，修建了著名的柏林牆。（到此時已經有二百萬人移出東德。）

這些事實表明，共產主義陣營的軍事力量達到了前所未有的水準，心志也更為堅決。然而，儘管蘇聯的決心十分堅定，但它的導彈技術仍遠遠落後於美國。赫魯雪夫希望通過在古巴部署導彈一事提高蘇聯的聲望，同時推動拉美國家的革命運動。另一方面，甘迺迪也想通過這次導彈危機提高美國的聲望，遏制南美洲的革命浪潮。甘迺迪警告赫魯雪夫，如果蘇聯繼續向古巴輸送導彈，他將對運輸船展開攻擊。他也堅持已經部署的導彈應該拆除。攻擊蘇聯船隻意味著爆發全面開戰。甘迺迪發出了最後通牒，全世界為之屏息。

就在這時，赫魯雪夫做出讓步，蘇聯拆除了部署在古巴的導彈。從表面上看，美國在這場導彈危機中大獲全勝。但事實上，他在克里姆林宮的對手也得到了自己想要的東西，其中最重要的有兩點：一是美國撤走了部署在土耳其的導彈，二是美國接受了卡斯楚的馬克思主義政權。美蘇領導人之間設立了「熱線」電話。此後還有許多危機時刻。例如，西元一九六九年中蘇兩國軍隊在邊境發生衝突，以及美國自冷戰時期以來最慘痛的失敗——對抗越南的共產黨政權。越南戰爭在一九六五至一九七五年間波及了寮國和柬埔寨，並且證明了空襲無法消滅游擊隊。

但在古巴危機之後，華盛頓和莫斯科都同意做出一些讓步，以免因為一個小小的誤判造成人類滅亡。繼《禁止核試驗條約》之後，美蘇又於西元一九六八年簽署了《核武禁擴條約》。之後，美蘇兩國在一九七二年進行了第一次戰略武器限制談判，以限制雙方的導彈數量。還有一項條約是禁止擁有足以抵抗核導彈的武器，這項條約說明了，「相互保證毀滅原則」——這是歐本海默不那麼冷酷的時候所衷心希望的——確實是美國的官方政策。在分裂的世界中，兩大陣營開始嘗試與對方和平共處，於是雙方同意共存的「低盪」（détente）時期到來了。在這段時期，世界似乎陷入了永無休止的停滯，冷戰最終成了「凍結的和平」，這好比兩個重量級摔跤手進行一場消耗戰，他們擒抱住彼此，既無法掙脫，也無法摔倒對方。

從表面上看，美蘇競爭雖然比早期階段緩和，但「凍結的和平」仍然只是幻影，因為兩個陣營內部的衝突比陣營間的衝突更激烈。事實上，沒有哪個政治集團能達到真正意義上的平靜。在鐵幕的後面，儘管蘇聯能勉強跟上北約軍備競賽的步伐，但在經濟方面的失敗使它無法促進財富增長，便無從說服人民這是一個更好的社會，還有政治高壓和死氣沉沉的生活都是值得的。古巴導彈危機和內政的失敗使赫魯雪夫備受指責。西元一九六四年，他被解除權力。但列昂尼德・布里茲涅夫領導的新政權下都是舊人馬，在社會明顯開始陷入蕭條的情況下仍尸位素餐。西元一九六八年，蘇聯終結了捷克斯洛伐克的起義——也就是人稱「布拉格之春」，向全世界展現了最得民心的共產黨事實上是如何對待自己的人民。

然而在西方，反對和反抗舊領導人的情緒也首次激蕩了政壇。美國發動了血腥的越南戰爭，大量年輕人被徵召入伍，國內的反戰情緒日益高漲。戰後，美國出現了「嬰兒潮」，導致人口出生率上升。無論是民主黨總統林登・詹森還是共和黨總統理查・尼克森，他們都面臨著一個問題，即如何將國家的軍事戰略和這個充滿了「嬰兒潮世代」（二戰後出生率飆升的產物）的年輕國家的需求結合起來。研究冷戰的歷史學家約翰・路易斯・蓋迪斯（John Lewis Gaddis）指出，從西元一九五五年到一九七〇年，美國學院與大學的招生人數增加了三倍：「政府未能預見到，更多的年輕人、更好的教育遇上了僵持的冷戰，使可能成為社會動盪的導火線……超越國籍的革命，直接導向了反抗既定秩序，無論其屬於何種意識形態；這種情況是從來沒有發生過的。」[42]

反越戰示威活動也震動了柏林、巴黎和倫敦。另一方面，美國這名「冷戰鬥士」的政治名譽也受到極大損害。在這一時期，美國介入瓜地馬拉和智利事務的決定性證據曝光，中央情報局幫助反對派推翻民選的左翼政府。智利領導人薩爾瓦多．阿葉德和數以千計的人為此失去了生命，另有許多人受到嚴刑拷打。這一切與民主國家所誇耀的道德優越性背道而馳。年輕的激進份子開始將敵對國家的政治領袖視為英雄和偶像——如卡斯楚、切．格瓦拉、胡志明和毛澤東——左翼思潮開始在校園中蔓延。激進主義未能成功改變西方政權，即使是在一九六八年發生了驚動一時的「事件」的法國亦然。但這說明了國際關係的「低盪」並不意味著平靜。

最後，解體的是蘇聯這方，且比西方預期得更快，也更有戲劇性。在總統尼克森因為違法監聽和說謊而下台之前，美國開始與毛澤東領導的中國改善關係，這加深了莫斯科的憂慮和被包圍感。對於蘇聯這個暮氣沉沉的政權來說，經濟失敗的跡象越明顯，就給西方越多機會煽動人民的不滿。蘇聯對《世界人權宣言》的認同鼓勵了國內的異議分子，他們向全世界散佈蘇聯體制的壓迫與殘酷。亞歷山大．索忍尼辛的作品特別有影響力。在波蘭，造船廠工人舉行示威。西元一九七八年，波蘭人卡羅爾．沃伊蒂瓦（Karol Wojtgla）當選為教皇，也就是聖若望保祿二世。他訪問故鄉時，激起了民眾極大的熱情，這使信奉無神論的領導人感到惴惴不安。次年，蘇聯入侵阿富汗，在那裡扶植了一個左翼政府。這是一場耗資巨大的血腥戰爭。美國的反應很高明，扶植了一批由穆斯林組成的遊擊隊——或者說，這一舉動在當時看起來很高明。

蘇聯不是敗給了軍隊，而是敗給了軍費——其中相當一部份軍費花在了導彈上。美國新一任總統隆納．雷根曾經是位演員，他是個生性開朗，看上去相當單純的人。雷根奉行「主動防禦戰略」，開始建立一個針對蘇聯的導彈防禦系統，而這項戰略包含衛星追蹤，並且向一部知名電影致敬，於是立刻被命名為「星戰計畫」（Star wars）。西元一九七七年起，蘇聯和北約又開始了新一輪的核競賽。當蘇聯用SS20導彈威脅西歐的時候，美國也在那裡佈署了潘興導彈和巡弋導彈作為回應。對於蘇聯來說，建立起一個匹敵美國的導彈防禦系統是不可能的，因為經濟上承受不了。雷根將蘇聯稱為「邪惡帝國」，他的口吻越來越輕蔑，態度越來越強硬，這說明美國領導人已經不再懼怕蘇聯的威脅了。可能許多人會覺得這種想法很愚蠢，但考慮到當時領導蘇聯的都是年紀大到不可思議、任期又短的老人——如西元一九八二年到一九八四年執政，患有不治之症的尤里·安德洛波夫（編按：蘇聯第六任最高領導人），還有看似無法活到上臺的繼任者康斯坦丁·契爾年科（編按：蘇聯第五任總書記）——這樣想似乎也不為過。

蘇聯搖搖欲墜的這段時期，世界也出現過幾次危機。但當米哈伊爾·戈巴契夫入主克里姆林宮後，蘇聯終於有了一位充滿活力和自信的領導人。上臺後，他開始和美國討論裁軍的問題。自西元一九八六年到一九八七年，戈巴契夫和雷根舉行了三次重要的峰會，為建立全新的蘇美關係做準備。就連素以強硬著稱的英國首相瑪格麗特·柴契爾都對他抱有好感，稱他是「我可以和他做生意的人」。在國內，儘管戈巴契夫似乎沒有整體規劃，但他心裡很清楚，變革是需要的，而蘇聯體系終將瓦解，但他也希望當這片廣大國土上的政治氛圍變得更加開放、經濟變得更加自由時，富有活力的溫和派能夠掌權。戈巴契夫提出「開放與重建」，但面對像中國共產黨那樣急速傾向擁抱市場經濟及資本主義的作法時，他卻退縮了。在國際上，他希望結束全球性的對抗，甚至是終結冷戰。但他想在蘇聯內部做什麼，就不那麼顯而易見了。

在西元一九八九年這個重要年份，答案揭曉了。事情肇始於匈牙利打算和鐵幕另一側的奧地利改善關係，東歐人紛紛掙脫蘇聯，而戈巴契夫並未阻止。在波蘭，船廠工人萊赫·華勒沙領導的團結工會贏得了下院選舉，獲得了權力。東德的人民開始用輪子投票，紛紛將他們的家當裝進小小的特拉貝特牌國民車，經由匈牙利開往奧地利，獲得自由。在經過幾天的騷亂後，東柏林不再理會來自莫斯科的壓力，柏林圍牆就此開放，欣喜的德國人開始湧入，在柏林圍牆上手舞足蹈，之後將它推倒。保加利亞共產黨認輸並宣佈舉行自由選舉。在布拉格，大規模的遊行示威迫使捷克共產黨做出讓步，反對派領袖劇作家瓦茨拉夫．哈維爾領導了一場「天鵝絨革命」，他隨後成了捷克總統。但在羅馬尼亞這個最殘暴而特殊的共產主義衛星國，事態並未和平發展。獨裁者尼古拉．齊奧塞古命令軍隊向人群射擊，但未能鎮壓人民的起義。不久，他和妻子遭到逮捕，經審判後處決。

隔年，德國重新統一。而隨著波羅的海三國宣佈獨立，蘇聯走向了解體。蘇聯的強硬派發動了一場針對戈巴契夫的政變，但他們很快意識到，戈巴契夫（藉由其明智的不作為）所預見到的蘇聯瓦解已經不可避免了。強硬派沒有得到軍隊的支持，剛上任的領導人——善於表演的酒鬼鮑利斯．葉爾欽——爬上了一輛包圍俄羅斯國會大廈的坦克，公然反抗強硬派謀劃的政變行動。當烏克蘭等大批國家宣佈獨立的時候，他表現得相當寬容，實質上地推動了蘇聯的解體。

冷戰之所以終結，是因為馬克思主義這一政治與經濟哲學，在蘇聯的實踐下受到考驗而最終走向崩解。蘇聯——以及現在的俄羅斯——有著豐富的自然資源，包括石油、天然氣、木材和廣大的良田。儘管起步比較晚，一度看似非常有望實現工業化，並藉此大幅提高蘇聯人民的物質生活——就全世界標準而言，蘇聯人的教育程度也是十分良好的。然而，獨佔式的國家企業體制、中央集權、恐怖統治，加上共產主義統治者的腐敗和懈怠導致了浪費、物資短缺、犬儒主義和絕望。

最後，除了有關那場「偉大的愛國戰爭」的英雄主義的記憶外，幾乎沒有什麼能留住人們的忠誠，但年輕俄羅斯人對這場戰爭的興趣遠不及於他們的父執輩。擺脫蘇聯控制的東歐國家開始積極尋求加入歐盟，這說明了在經歷兩個世代的壓迫以後，這些國家的進取心和能量正在迅速恢復。

俄羅斯的運氣不佳，從未享受過民主文化，幾乎是從沙皇專制直接跨進了馬克思主義獨裁。在西方顧問的建議下，俄羅斯實施了以企業私有化和市場自由化為主要內容的「休克療法」，並組建了新的政黨。此後，俄羅斯經歷了物價飛漲、失業率高升和資產剝離。資產剝離造就了新興的「寡頭」階層，他們之中很多人都比「強盜式貴族」好不到哪去。此時，已經轉變為民族主義者的共產黨精英開始著手對付這些來自莫斯科和（剛改名的）聖彼得堡的資本巨頭。而對於普通的俄國老百姓來說，他們既承受了舊政治的犬儒、獨裁和壓迫，又體會到了資本主義最粗野、扭曲的一面。誰是冷戰下最大的輸家？除了他們之外還有誰呢？

鄧小平父子與中國的復興

國家往往不是太大就是太小。十九世紀和二十世紀上半葉的中國就是典型的例子。對於西方人來說，中國的近代史充滿了無休止的戰爭、政變、起義和政權倒臺。從晚清開始，中國人就嘗試著進行現代化，他們引進了鐵路、電報和蒸汽輪船。清朝在第一次世界大戰爆發前幾年滅亡，在滅亡之前，他們還制定了現代的憲法，組建了議會。在近代歷史中，中國湧現出了許多帶有傳奇色彩的改革家，他們試圖將中國從一個滿是農民和地主的龐大帝國推向工業化城市時代。但這項任務顯然太艱鉅了。中國實在是太大了，地區之間差異明顯，彼此聯繫又不夠緊密。

中國這個時期出現了許多直到今天都令人耳熟能詳、值得好好認識一番的政治人物。其中之一是李鴻章，這個協調晚清政局的重臣為中國建立了工業基礎，並試圖將中國變為擁有獨立地位的強國。另一個是袁世凱，地主出身，通過軍隊晉升，後來成了保皇派，更當上了中華民國的總統。當然，其中最著名的當屬孫文。孫文出生在一個農民家庭，他和袁世凱時而合作時而對抗，人們普遍將他視為中國現代民族主義的奠基人。隨後是蔣介石，他是國民黨的領袖，改革了中國的銀行、語言、教育和通信設施，但他也是個腐敗，且極度無能的軍事獨裁者。上述幾個政治人物都很有權勢，且雄心勃勃，堪比羅斯福、邱吉爾和墨索里尼。

但繁雜的國內事務和列強環伺的國際局勢使他們不堪重負。十九世紀末，中國爆發了義和團運動，隨後八國聯軍佔領北京。在與俄、法、英、日等國簽訂完喪權辱國的《辛丑合約》後，李鴻章於西元一九〇一年黯然辭世。自一九一二年起，袁世凱變得越發獨裁，並在幾年後公然稱帝。日本藉機逼迫中國再度簽下喪權辱國的不平等條約。最後，他被迫退位，並留下了一個軍閥割據的中國。孫文儘管後來逐漸傾向軍國主義與專制獨裁，但直到今天他在中國和臺灣都享有很高聲譽。西元一九二五年，孫文因癌症與世長辭，此時的中國仍然受軍閥蹂躪，國民政府只控制著南方地區。儘管與蘇聯和美國建立了聯盟，但蔣介石從來無法有效統治——在日軍入侵的時候如此，在共產黨勢不可擋的時候也是如此。

這些政權始終無法做到中央集權。然而，中國並未因此擁有平靜和諧、不受傲慢的北京控制的自治村莊與城鎮；相反，中國變成了一個不受法律約束、充滿恐懼的不安全的國家。在廣大的農村地區，成百上千萬的中國人還在過著自給自足的傳統生活：他們種莊稼，吃自家產的糧食；他們飼養牲畜，循傳統祭天敬祖；他們說長道短，吵架拌嘴，對離村子最近的城鎮都知之甚少，更不要說關心國家政治了。在二十世紀上半葉，從科西嘉島到冰島，從土耳其到智利，世界上大部份地區的農民都過著類似的生活。

但中國未能建立起單一而有效的金融、稅收、通訊系統與軍事體系。使人民任由地方上的地主、土匪、外國侵略者、宗教極端分子宰割。發生饑荒和軍閥混戰的時候，老百姓基本上得不到任何幫助。

由晚清至一九四九年前的死亡人數難以精確計算，但估計是個相當巨大的數字。在中國，有一個村莊從破四舊和紅衛兵的衝擊中倖存下來。這個村莊裡豎立著一座瞭望塔，用於防範土匪。這座瞭望塔建於一九一八年。

大規模的死亡在中國歷史上並不罕見。從西元一八五一年到一八六四年，貌似基督徒的宗教狂熱分子發動了太平天國運動，他們佔領了中國南部和中部的大部份地區。這場起義大約造成二千萬人喪生，這是世界歷史上最具破壞性的災難之一。西元一八九八年到一九〇一年的義和團運動讓全世界看到了晚清時期的中國是多麼虛弱。二戰時期，日軍佔領中國的東北地區、華北地區和沿海地區，他們製造了一場又一場的大屠殺，其中最臭名昭著的就是西元一九三八年的南京大屠殺。在這場屠殺中，約有二十萬平民遇害，超過八萬名婦女被強暴。在第二次世界大戰期間，中國大約有二千萬人死亡，這個數字遠超其他參戰國的死亡人數，僅次於蘇聯。

在這些駭人的統計峰值周圍，環繞著高高矮矮的其他山峰。這些不同規模的死亡人數是由宗教狂熱分子、祕密會社、穆斯林將軍和軍閥發動的無數叛亂造成的。除此之外，在這幾十年中，「一個中國」只是文化和語言上的概念，遠非政治實況。此外，還有一些多數讀者也不願置身其中的恐怖細節。第一手史料顯示，當饑荒發生，人率相食，村子裡既無孩童也無牲畜。從一些不太清晰的照片中我們可以看到，無論是叛亂者還是被俘的政府軍士兵都會被砍下頭顱，入侵者甚至會以燒掉廟宇和摧毀城市中心的方式洩憤。

所以，當毛澤東和中國共產黨造成二十世紀人類史上最大的災難時，我們得先了解過去發生了甚麼事。中國人渴望統一和秩序，這並不是一句空洞的政治口號。國家的人口越多，國內的事務就越複雜，維持統一和安定的難度也就會越大。西元一六四四年，滿人政權推翻了明朝。自此之後，中國的統治者不但要考慮腹地和漫長的海岸線，而且還要關心國家西部、北部和東部的少數族群，如蒙古族、藏族，以及穆斯林。貨幣和語言上的差異，以及沼澤和山脈的阻隔使國家分成了許多不同的區域，即便是中等大小的國家也很難克服這種區域差異。

儘管在二戰時最終敗在了美國這個超級大國手下，但從十九世紀後半葉到二十世紀早期，日本在明治天皇的帶領下確實取得了飛速的發展。這足以說明一個中央政權強而有力的較小國家能夠取得什麼樣的成績。與日本人相似，中國人也想引進西方軍事技術，建造或購買新型的鐵甲艦，改革官僚機構和教育系統。但中國的領導人——無論是晚清的皇帝還是民國的總統——都無法落實這些改革。看到一個個改革成功的國家，他們恐怕只能感到汗顏吧。

這引起了中國知識份子——尤其是左翼知識份子——的焦慮。這種焦慮感體現在毛澤東的統治上，因此他計畫在最短的時間內實現工業化。中國的歷代帝王與老百姓幾乎沒有密切聯繫，因為他們的子民實在太多了，而且這些人又住在那麼廣大的國土上。皇帝們和馬克思主義統治者會把自己關在北京的高牆裡，每日辛勤工作，看他們的政治決策會帶來什麼結果。西元一九〇一年，在八國聯軍的進攻下，掌權近半個世紀的慈禧太后逃離北京，這時她才看到真正的中國。她的子民過得如何呢？她發現到處都是饑民，他們什麼都吃，貓、狗、樹葉、樹皮，甚至人肉。[43] 唯一的差別是，當毛澤東終於了解，他所遇到的饑荒比起慈禧時代造成二百萬人喪生的饑荒還要嚴重時，他的心情卻十分愉快。

毛澤東統治的中國與剛成立的蘇聯頗有相似之處：擁有廣闊的國土，區域差異明顯，中央勢力比較弱。與史達林相似，毛澤東也利用馬克思—列寧主義學說打入權力中心。按照這一學說，只要殺死夠多資產階級，就能建立一個無階級的人間樂園。這是個沒有道德約束的哲學武器。

在一九二〇年代，蘇維埃共產黨一直在鼓勵世界革命，他們認為處於內亂的中國是一片充滿希望的土地。從言論上看，國民黨（於一九二七至一九四五年間執政）在言論上屬於左翼勢力，而且規模也比較大，因此成了蘇聯屬意的夥伴。在蘇聯的授意下，剛剛成立的中國共產黨和國民黨進行了黨內合作。國民黨的很多領導人都到莫斯科學習過。但在二〇年代後期，蔣介石突然轉向右翼，開始攻擊共產黨。於是，共產黨被迫轉移到中國西北一帶。那裡已經很靠近中國和蘇聯的邊境。但與此同時，國民黨仍在步步緊逼。西元一九三四年，一支紅軍主力被包圍，覆滅迫在眉睫。

這支紅軍只好孤注一擲，跨越艱險地形進行撤退，並與其他紅軍會師，這段撤退後來被稱為「長征」。為了逃離國民黨軍，紅軍多次長途行軍。這段過程帶來的最大政治影響就是讓原本已經失勢的毛澤東地位再度攀升，成了中國共產黨實質上的領導人。關於「長征」的種種故事，包括隱匿山中、英勇渡河，和山路中的死鬥等等，這些冒險經歷後來成為毛澤東主義在中國的奠基神話，於是其真實情形已掩埋在政治宣傳海報、電影與妄想之下而無法考證。北京的天安門廣場上有座毛主席紀念堂，離紀念堂不遠的地方是中國國家博物館。在博物館的中心展廳，懸掛著許多描繪長征的美術作品。至少從技術的角度來看，其中某些畫作相當有水準。

史達林從很早的時候就開始關注毛澤東這個上海出身的共產黨游擊隊隊長，只是一直沒給他強有力的支持。史達林更傾向於蔣介石，但也將他的兒子留在蘇聯做為人質。甚至在蔣中正被張學良脅持時，史達林也設法幫他解圍，而毛澤東則希望能除掉蔣中正。一九三七年，日本發動侵華戰爭。此時，中國共產黨和國民黨若能摒棄前嫌，合作對抗日本侵略，將對史達林大有好處。但毛澤東希望和蔣介石保持距離，他們之間一直進行著殘酷的鬥爭。與敵人相比，紅軍不但規模較小，而且裝備也比較落後。但在抗日戰爭期間，當國民黨軍隊在沿海和平原地區抵抗日本侵略的時候，毛澤東鞏固了紅軍了在中國西北地區的根據地，並以恐怖手段排除異己，確立自己在黨內的地位。

儘管中國共產黨的軍隊在二戰的餘波中幾乎被消滅殆盡，但終究存活下來並得到了史達林的支持。他們很晚才加入對日抗戰，而毛澤東打算等蔣介石被日軍充分削弱後，立刻推翻他的統治。蘇聯藉由日軍戰俘和德國物資獲得了成百上千的飛機、坦克和大炮，以及數以萬計的機槍和步槍。他們將這些武器交給了毛澤東的軍隊。同時，蘇聯還為毛澤東的軍隊提供了軍事訓練（其中部分訓練很顯然是由原本的日本軍人指導的）此外，朝鮮軍隊和原屬滿洲國軍隊的中國士兵也獲得了同樣的訓練。蘇聯還幫中國維修了許多鐵路和橋樑。

作為回報，毛澤東向蘇聯輸出糧食。就像是蘇聯在一九三〇年代出口糧食以換取西方的工業物資，並因此導致俄羅斯發生了可怕的饑荒，毛的做法同樣地造成了中國的大饑荒。一九四七年至一九四八年，中國爆發了全面內戰。在此期間，蘇聯為中國共產黨提供了巨大的幫助，而這是毛澤東從不願意公開承認的。[44] 由於指揮失當、腐敗和十年抗日戰爭所造成的疲憊，國民黨在內戰中徹底失敗。毛澤東的手下使用了恐怖戰術，包括刻意讓長春的人民遭受飢餓來強迫其投降，據說約三十萬人因此餓死。蔣介石敗退臺灣，但他的繼任者仍然認為國民政府——至少在理論上——是控制著全中國的合法政府。

西元一九四九年十月一日，毛澤東宣佈中華人民共和國成立，他成了五億五千萬名中國人的領袖。當西方走上戰後復原的道路，歐洲和美國享有人類前所未見的富足生活與個人自由時，中國人正面臨恐怖與飢餓。這個多難之邦並未淪入下一場巨大動盪，而是轉向妥協，最終造就了今日的中國，一個巨大的經濟體。中國如何走到這一部，背後有個複雜而悲慘的故事，並點綴著英勇奮鬥的光芒。

領導中國走出毛主義的最主要角色，也曾經是毛澤東的追隨者，一位個頭不高但剛強的人——鄧小平。考慮到他為這國家所帶來的巨變，鄧小平可以視為二十世紀下半葉最有影響力的人。在討論鄧小平將中國帶向何方，以及如何幫助中國改變之前，我們必須先理解他接手時的中國是什麼樣子。

一九五〇年代，毛澤東將土地收歸國有與清洗異議份子導致三百萬人死亡。許多人被迫自殺——在上海，許多人從高樓跳下身亡，在當地被戲稱為跳傘[45]。但這只是開始。張戎與喬・哈勒戴（Jon Halliday）這兩位作者認為毛澤東建立的獄政體系與勞改營（仿自蘇維埃古拉格體系）造成了兩千七百萬人的死亡。不同於蘇聯，毛澤東手下喜歡散播恐怖氣氛。許多處決是在戶外場合公開執行，並脅迫群眾觀看。毛澤東對中國人心靈造成的傷害必然大於史達林時期的蘇聯。

毛澤東的野心是讓中國成為世界強權，一個真正意義上的世界強權。為了實現這個目標，他希望在短時間內，將中國從農業國改造成為強大的工業國。毛澤東借鑒蘇聯的經驗，制訂了宏偉的工業計畫和農業計畫。到了一九五〇年，作為世界大戰的勝利者，史達林手裡已經有了核武器，並成了共產主義陣營的領袖。毛澤東決定在更大的規模上、以更快的速度模仿他的作法，企圖藉此超越史達林。

結果確實也是大規模的。「大躍進」爆發了四年飢荒，一九五八年至一九六一年，據統計造成了三千八百萬人死於飢餓，堪稱人類歷史上最慘烈的清洗。毛澤東對於人命損失沒有絲毫憐憫與關注，他很清楚正在發生的情況，因為就連平日只會奉承上意的共產黨基層幹部都已將慘狀向上級通報了。持有土地的農民被迫進入人民公社，好讓國家保有更多糧食。毛一再地蔑稱中國農民只會貪婪與逃避勞動，甚至打算進一步企圖摧毀他們的思考能力。他說人民的屍體正好可以當成肥料。毛澤東下令人民在自家院子升火，把家裡的金屬製品都丟進去煉鐵。大型運河、水壩、水庫未經計畫就開始興建，粗製濫造的結果是崩毀、坍塌，引發更大的環境浩劫。毛澤東有一個瘋狂的念頭，是消滅會吃穀物的麻雀以減少糧食消耗，他要人民不斷製造聲響讓麻雀不敢著地，體力耗盡而死。但麻雀也吃害蟲，少了麻雀，便促成了瘟疫的爆發。

大規模群眾運動的爆發是在毛澤東指示下發生的，毛滿腦子都是讓中國全面崛起以成就他的霸業。首先，他認為中國應建設纖龐大又先進的海軍以控制太平洋，進而控制世界。他有著各式各樣的野心。毛還談到要設立地球管理委員會，在毛主義的思維下所有的人將穿著統一的制服。張戎與哈勒戴兩人引用了西元一九五七年毛澤東在莫斯科的談話——準備犧牲三億中國人來完成世界革命的事，而這是當時一半的中國人口。毛把數以萬計的部隊投入戰場以支持北韓與西方對抗，並且高調地鼓吹兩邊使用核武器。他不是開玩笑的。

西元一九六八年五月是個動盪的月份。西方國家興起了嬉皮運動，喊出「愛與和平」和「權力歸花」（Flower Power）的口號，政府受到了學生造反的挑戰。二十五歲的鄧樸方當時身處北京。他是才華橫溢的物理系學生，過著美滿的生活。鄧樸方是一位中共領導人的長子，他生活的中南海位於首都北京的中心地區，緊鄰紫禁城。那裡也是毛澤東和其他中共領導人生活的地方。有人曾這樣描述中南海：「那裡是仙境，有湖水，有園林，有馬可波羅穿行過的宮殿，有忽必烈修建的高樓廣廈。那裡是供皇帝后妃宦官遊玩的地方。」[46]

但不久後，鄧樸方落入了可怕的境遇。他的父親當時被定調為走資派，鄧小平的子女被迫必須要在公開場合告發他，鄧樸方被「紅衛兵」打到皮開肉綻。在空蕩蕩的舊大學宿舍，這位年輕人倒在水泥地的血泊中，四層樓高的地方，窗子是開著的。他們告訴鄧樸方你不會活著離開這間房子，他唯一的生路是跳窗。

鄧樸方說，他在絕望之下，跳了。這不是少數個案。紅衛兵用的手段之一是「逼迫自殺」，一個在精心策劃下界於自殺與被殺的辭彙。鄧樸方被找到時，面目全非地躺在石磚地上，他的脊椎破碎。他理應得到治療，但是當他被送到醫院時，院方以他是走資派子女為由拒絕接受。鄧樸方得到最好的待遇就是扔給他一件毯子，讓他與其他傷殘的人待在潮濕的地板。令人吃驚地，他活了下來。人也癱了，他得學習織籃球網賺取食物。他的雙親足足有一年的時間不曉得他的遭遇。

鄧樸方的父親就是鄧小平。鄧小平是個清瘦而結實的人。在長征時期，他是毛澤東的戰友；在解放戰爭期間，他領導軍隊擊敗國民黨，取得了最後的勝利。的確，鄧小平很受毛澤東器重，毛澤東戲稱他為「小個子」。與毛澤東相似，鄧小平來自中國偏遠地區一個殷實的農民家庭，在離最近道路好幾英里遠的一幢茅草屋裡長大。而如前所述，二十世紀中國是個政治複雜而又危險的地方。他的父親是一位受人尊敬的改革家，與當地軍閥結盟，這在當時並不是一件矛盾的事。而他的兒子鄧小平，據兒時玩伴回憶，特別擅長翻筋斗。他後來被送到鎮上念書，他的老師思想前衛，鼓勵學生參與留法勤工儉學。

西元一九二〇年，鄧小平前往法國，讀書的錢很快就花光了。在巴黎，他在施耐德公司、雷諾汽車廠的車間以及餐館工作，以牛奶和可頌麵包維生。他接觸到了許多貧困的移工，逐漸接受了當時在歐洲洶湧澎湃的革命思想。一九二五年，他成了一名共產黨員，並結識了當時人在巴黎，後來成為中共第二號人物的周恩來。赴莫斯科深造後，鄧小平回到中國，成了一位獨當一面的革命者。他領導過上海的地下黨組織，也領導過武裝起義。之後，鄧小平參加了「長征」。在毛澤東取得勝利後，鄧小平向他證明自己是個忠誠而決絕的追隨者，頭一次是在他的家鄉省份四川，第二次則是一九五二年在北京成為統治集團的一員。

鄧小平支持了對「右派」的血腥清洗以及愚蠢的「大躍進」，這讓他成了毛澤東的「金童」，於一九五五年進入中國共產黨政治局，位居黨內第四。然而，他也即將與毛分道揚鑣。文化大革命讓毛澤東成了人類歷史上殺人最多的凶手。一九六〇年代大躍進所造成的人為與經濟的災難，其規模之大已經讓黨內統治核心集團認識到事情必須有所改變。因此，一九六二年召開的「七千人大會」對經濟政策進行了調整，例如控制糧食與其他民生物資以供出口、全面投資工業與軍事的策略都大幅減少等，一改過去毛澤東所主張的「大躍進」策略。

之後，農民回到了田裡，農業生產得以恢復。饑荒也逐漸消失。在鄧小平帶來的新的自由風氣中，作為政治改革的推動者，鄧小平引用了農民的一種說法：「不管黑貓白貓，抓得到老鼠就是好貓。」這類的意見表達了鄧小平的立場——無論是馬克思主義或資本主義，都不及經濟成長來的重要。儘管毛澤東對這種說法持不同意見，但其身邊的重要幹部——劉少奇、周恩來、鄧小平，有如手剎車一般緩住了毛的激進改革，而毛澤東思想的熱潮也有所消退。

一九六六年，作為回應毛澤東發動了「文化大革命」。這場大動盪肇因於一件小事——一齣在上海上演的歷史劇。毛澤東認為這齣歷史劇是在影射他——企圖顛覆社會。這並不是毛澤東第一次以創造性破壞加強自己並打擊敵人。「四人幫」開始搶奪權位，其中有毛令人感到恐怖的妻子江青，她之前是上海的一名演員。她開始領導群眾，打擊所有毛主席以外的權威。包括學生和工廠工人在內的年輕人和普通老百姓都成了「紅衛兵」。他們戴上紅袖章，張貼大字報，建立各種小隊，砸打學校和政府部門、恐嚇老師與官員。這些狂亂的暴力派系也經常彼此互鬥。

作家、藝術家，甚至只是穿的搶眼一點的普通百姓都被捉，他們被剃頭並在群眾的喊叫中被定罪。老人與婦女被戴高帽，他們的脖子掛著木製告示牌，被毆打，甚至致死。其中許多人自殺身亡。孩子告發父母，學生告發師長。第一階段估計大約有五十萬人遇害，但是某些學者認為文革時期（西元一九六六年到一九七六年）估計有三百萬人遇害。平心而論，這樣的公開處刑以及有意的殺害人民，其對社會的衝擊要遠甚於饑荒與錯誤的政策。一位研究者認為死亡人數遠遠超出上述的數字，大約有兩千萬人。

四人幫宣布要破四舊：舊思想、舊文化、舊風俗、舊習慣。實際上，所有與中國傳統有關聯的人事物都遭到破壞：廟宇、各種的宗教儀式、傳統喜慶、經典書籍文本、繪畫、建築、雕塑。今天，中國人飢渴地在西方拍賣會上買回中國古代藝術品，正是因為文化大革命浩劫後留下了一個缺乏文化實體的中國。相較於法國大革命中最極端的革命者嘗試將古老政體的日曆與宗教掃清，還有莫斯科列寧主義者將過去與現在割裂開來，中國傳統遭到的破壞有過之而無不及。

文革風暴粉碎了鄧小平的家與國家主席劉少奇，毛澤東則離開北京，並且號召紅衛兵「砲打司令部」。就在他七十三歲的慶生會上，他還為全國陷入內戰而舉杯慶賀。接著，中國領導集團所在的中南海落入造反派手中，成為造反派大本營。就在一九六七年一月一日，過去在中南海為共黨領導人執行電信交換服務的辦事員，稱自己為戰鬥團，並且毆打劉少奇與鄧小平。他們過去曾經是辦理文書的一員，現在則扛起了紅旗，開始了惡毒的貓捉老鼠遊戲，讓這些他們過去的上司在大庭廣眾下被羞辱、被迫坐「飛機」，也就是舉起雙手放在頭後，還有數不盡的自我批判審查會。劉少奇展現了十分堅強的骨氣。他被打得特別嚴重，他的年輕兒子被迫目睹雙親受苦。劉少奇當時已七十歲，身患糖尿病與肺炎，在極大的痛苦與羞辱下支撐了三年，直到死前依然不肯向毛澤東低頭。

在長征期間，鄧小平曾經是毛澤東的親密戰友，或許因此他受到的衝擊相對小一些。毛表示鄧小平「不該被一擊斃命。」但鄧小平在被捕之後還是被免除了所有職務。西元一九六九年十月，鄧小平和他的妻子被逐出北京，這時他們也還不知道自己的兒子仍躺在醫院地板上未獲得治療，隨後他們被送往江西。在江西，鄧小平過著簡樸的生活，他在一家牽引機維修廠工作，平時自己砍柴燒火，自己種植蔬菜。在維修廠中，人們都知道，鄧小平是一位出色的工人。為了保持健康，他經常散步。此外，他還閱讀了大量的書籍。

一九七一年，在鄧小平及其妻子的強烈要求下，鄧樸方終於和他們團聚了。鄧小平過去長年作為軍人與政治領導人，鮮少扮演父親的角色。團聚後，他每天都會給兒子按摩雙腿，希望有助於他的恢復。為了防止鄧樸方生褥瘡，他每兩個小時就會為兒子翻一次身。

「文化大革命」使北京陷入了混亂，就如同法國大革命的暴力使得許多革命領袖最終走上了斷頭台，俄羅斯的老布爾什維克最終被槍決，中國領導階層也開始一一倒下。林彪是毛澤東指定的繼承人，他試圖發動一場政變。行動敗露後，林彪和他的妻子死於原因成謎的飛機墜毀。事後，毛澤東將與林彪敵對的鄧小平請回北京靜養。鄧小平本來拒絕了，然而為了讓人相信他已經深刻地自我反省，他在黨員大會上裝聾作啞，並在自我批判中不時自嘲。

與此同時，毛澤東也改變了對「文化大革命」（也包括「大躍進」）的看法，認為這場運動是「七分成績，三分錯誤」。鄧小平頂住了來自「四人幫」的壓力，對此表達了不同的看法。此時，毛澤東的身體狀況已經很不理想，並出現罕見的神經失調症狀。一九七六年一月，深受中國人民愛戴的周恩來與世長辭。周恩來是鄧小平的親密戰友。在鄧小平受迫害期間，周恩來給予了很多幫助。但如今四人幫又視鄧小平為頭號敵人而不斷攻擊。周恩來的去世再度保護了鄧小平，並成就了周恩來最偉大的功績，也就是結束了「文化大革命」，並葬送了毛主義。

事情是這樣的，「四人幫」不希望人們過份地追悼周恩來。周雖然個性圓滑，但他屬於溫和派，與四人幫不同派別。但中國人民似乎非常不能同意四人幫的主張。事實上，四川和上海已經出現了反對「文化大革命」的聲音。在南京，人們組織了各種紀念周恩來的活動；在武漢，更是有人貼出了攻擊「四人幫」的大字報，稱他們為謠言販子，稱江青為像毒蛇一樣狠毒的女人。但最重要的反抗活動出現在北京的天安門廣場，這座古老城市中的廣場是毛澤東所下令興建，日後也成了一九八九年的大屠殺事發地點。

四月有中國的傳統節日清明節。按照慣例，人們會在這天祭拜死者，但在共產主義推行下，這天被更改為紀念革命先烈的日子。周恩來或許已被官方所「遺忘」，但牛欄山小學的學生並未如此。他們來到天安門廣場留下花圈。花圈很快被清除了，但一所中學的學生隨後跟進了。隨後，事態進一步發展，工廠的工人、政府機構的辦公人員、大學和中學的在校學生，甚至軍人也紛紛前來紀念。廣場上的花圈越來越多，且並未被清除。花圈上出現了許多強烈抨擊「四人幫」的標語，其中一則指責江青：

某女士真瘋狂
妄想當女皇
給你個鏡子照一照
看你是個啥模樣？[47]

這引起了「四人幫」的恐懼。四月五日，也就是清明節當天，大約有兩百多萬人聚集天安門廣場，這是一九四九年中國共產黨掌權以來規模最大的抗議活動。它是否會成為一場重大變革的開端呢？最抗議群眾和海報都被撤離，「四人幫」又開始攻擊鄧小平。就在這時，唐山發生了大地震，造成二十五萬人喪生。「四人幫」竟對這受害慘重的城市喊話，要求他們自尊自重（彷彿這場地震是上天降予的懲罰），加強批判鄧小平的「反革命修正主義路線」。[48]

但天安門廣場上的示威活動表明了「文化大革命」的無政府主義群眾運動為中國帶來了負面的影

響。西元一九七六年九月，毛澤東逝世。隨後，「四人幫」在實質上由溫和派發動的政變下遭到逮捕。江青在審判法庭上依舊表現出令人欽佩的倨傲不屈，最終自殺身亡。

鄧小平仍受到官方的打壓，但在隔年已逐漸恢復，並以他的方式順利取得實權。事實證明，他比華國鋒——毛澤東選擇的繼承人——更有謀略，鄧在一九七六年的「北京之春」中鼓勵批判文化大革命。鄧小平從來不屬於自由派。日後發生在天安門廣場的示威與屠殺，便說明了當他被夾在要求民權的學生與嚴酷的左翼毛派份子中間，他可以多麼的冷酷無情。但他打開了門戶，讓中國接受外來的影響。他也打垮了造成許多慘劇的激進派分子，並讓中國走上一條追趕「亞洲四小龍」的經濟騰飛之路。

鄧小平是個勇敢的人，從不奴顏婢膝，咬緊牙關低頭前行，只把精力放在他認為重要的事情上，這是一種我們很少注意到的勇敢。鄧小平以堅忍贏得勝利，令中國得以從毛主義的灰燼中重新發展起來，他等待風浪與災難過去，直到屬於自己的時刻到來。他不放棄、不投降，但總是極力避免致命的最終衝突發生。今天的中國，是鄧小平的中國，依舊保有一些冷酷無情的面相。儘管獲得了值得誇耀的成長，擁有強大的工業實力、龐大的新城市，以及巨大的消費主義市場，但這個國家依然有貧苦且受到惡劣對待的工人，駕駛撞到孩童後很可能乾脆倒車輾過免得支付醫療費，走在路上要遇到善心陌生人的可能性遠低於其他地方。

這段故事還有一段插曲：在鄧小平的悉心照料下，鄧樸方渡過了難關。他成了一位熱心的慈善家，創建了中國殘疾人福利基金會。西元二〇〇八年，北京成功舉辦了奧運會，鄧樸方也是奧組委的負責人之一。現在，他是一位受人尊敬的人，在許多方面都發揮著重要作用，但他也象徵著一九六〇年代那段最黑暗的時代。鄧小平將中國帶向了繁榮，今天的中國創造了經濟奇跡，正在飛速發展；他的兒子也向人們傳遞著善意和關懷。

聖戰*

在一九七〇年代，如果你告訴美國領導人，美國將贏得冷戰，但宗教戰爭將是他們在海外面對的下一個難題，那麼他們一定哈哈大笑，懷疑你精神不正常。有些人猜測，或許以色列才會打宗教戰爭。在第二次世界大戰期間，納粹分子屠殺了大約六百萬猶太人。戰後，美國支援猶太人在巴勒斯坦地區建國。這個決定是對猶太人強有力的支持，但也刺激了周邊的阿拉伯國家。西元一九四八年，以色列驅逐了巴勒斯坦的阿拉伯人。這不但激起了被驅逐者的憤怒，而且引起了中東地區其他穆斯林的不滿。但他們無力阻止以色列的茁壯發展，它受到美國的支持，變成了像堡壘一樣的國家。此外，西方國家高度依賴中東地區的石油，因此他們支持了那些親西方，但並不民主的政權。因此，美國遭到許多穆斯林痛恨。在與蘇聯的長期對抗中，這似乎無關緊要。伊斯蘭世界在軍事和經濟上都不夠強大，至今依舊如此。所以以色列無論何時被攻擊，都能輕易反擊。恐怖分子劫持飛機也只是疥癬之疾，不是嗎？

回顧過去，在一九七九年一月，伊朗便已經浮現不祥之兆。得到西方支持卻壓迫人民的伊朗國王，穆罕默德．禮薩．巴勒維遭到政變推翻，釀成了伊斯蘭革命。美國在這次事件中丟盡了臉。事實證明，在經歷了與蘇聯的長期對峙後，西方在處理和穆斯林的關係時顯得異乎尋常的笨拙。一九八〇年，伊朗和伊拉克之間爆發了戰爭。這場長達八年的戰爭造成近百萬人死亡。為了平衡，對於美國及其盟友來說，薩達姆．海珊的獨裁政權比阿亞圖拉．何梅尼領導的伊朗更有價值。然而，「敵人的敵人就是朋友」這句話被以最戲劇化的方式證明為並不完全正確。在兩伊戰爭結束後兩年，身陷債務危機的薩達姆入侵了石油資源豐富的小國科威特。美英主導的多國聯軍將伊拉克軍隊趕出了科威特。但出於對聯合國決議的尊重，聯軍並沒有攻佔伊拉克首都巴格達，也沒有推翻薩達姆政權，這種做法是非常愚蠢的。

在阿富汗問題上，西方尤其是搬石頭砸自己的腳。一九七八年到一九七九年，蘇聯入侵阿富汗，於是美國開始支援激進伊斯蘭組織，他們組織的游擊隊與蘇軍周旋了將近十年。之後，美國又開始支援和煽動規模更大的伊斯蘭武裝組織，其中最有代表性的就是阿富汗的塔利班和遍佈世界的基地組織。基地組織形成於西元一九八八年，領導人叫奧薩馬·賓拉登，他是沙烏地阿拉伯的一位建築業大亨之子，對西方人恨之入骨。賓拉登希望沙烏地政府能派他的游擊隊去對抗入侵科威特的伊拉克軍隊，他認為伊斯蘭國家太依賴異教徒的美國人了，這使他怒不可遏。賓拉登先是前往蘇丹，後來又去了阿富汗，他從來不掩飾自己的反美主張。

華盛頓似乎從來沒有認真考慮過可能遭遇由宗教因素激起的敵人。美國是出於宗教因素而協助以色列，此舉不僅受到在美國的猶太人熱烈支持，也獲得許多美國新教基督徒認可，考慮到這一點，華盛頓的疏失顯得尤其古怪。穆斯林激進分子蔑視美國的物質文化，美國基督徒則反過來蔑視伊斯蘭世界的發展遲滯。同時，以色列邊界戰爭使它在周邊樹立不少敵人——伊朗、伊拉克、敘利亞和埃及。賓拉登有一項重要主張是解放巴勒斯坦、摧毀以色列（伊朗同樣有此野心）。對伊斯蘭極端分子來說，這些口號是非常有號召力的。在穆斯林心中，美國和以色列是綁在一起的，另一方面，西方也非常敵視伊斯蘭教。他們為自己的觀點找到了一個證據：在南斯拉夫分裂成諸小國的過程中——其中包括穆斯林人口佔

---

* 編注：Jihad在阿拉伯語中原指「奮鬥」、「鬥爭」的意思，中文音譯為「吉哈德」，可指內心善惡的鬥爭，也可指信徒與不信者的鬥爭。在伊斯蘭恐怖攻擊事件變得頻繁之後，在英語世界也常被用來指稱「為了伊斯蘭理念採取的暴力或攻擊行動」，因此此處維持「聖戰」的翻譯。

大多數的波士尼亞與赫塞哥維納——這些國家均堅持自古以來就存在的分歧。這導致了許多駭人的屠殺，足可讓許多美國人和歐洲人聯想到納粹的種族滅絕。

二〇〇一年九月十一日，基地組織襲擊了紐約世界貿易中心的「雙子星大廈」。當美國總統喬治·布希聽到這個消息的時候，他臉上的表情具有重要的象徵意義：這個世界強權得知了歷史還沒有終結，完全沒有。這是一場精心策劃、謹慎實行的恐怖襲擊。紐約、華盛頓受到的攻擊造成大約三千人喪生，維吉尼亞和賓夕法尼亞也受到了襲擊。這激起了美國憤怒和反抗的愛國浪潮。美國及其盟友在阿富汗——賓拉登和基地組織在此盤踞——展開迅速的軍事行動，並推翻了包庇他們的塔利班政權。這開啟了一場漫長的戰爭，至今都沒有結束。為了消滅阿富汗的抵抗力量，在那裡建立起民主制度，西方國家和它們在當地的盟友進行過各種嘗試，但最後都以失敗告終。喀布爾政權不但腐敗，而且非常不得民心，加上塔利班的士兵能夠撤出邊境躲到巴基斯坦，這讓美國及歐洲的軍隊幾乎不可能打贏這場仗，儘管賓拉登已於二〇一一年在巴基斯坦境內被擊斃，但撤到巴基斯坦北部地方的塔利班仍然在與美國人和歐洲人作戰。

同樣重要的是，當美國總統布希和他的英國盟友東尼·布萊爾下令進攻伊拉克的時候，他們並未遵守聯合國裁軍決議。布萊爾面對著巨大的反戰浪潮，而且他的盟友如法國等堅決反對入侵伊拉克。布希和布萊爾指責伊拉克擁有大規模殺傷性武器，但事實表明，海珊沒有這樣的武器。另一方面，海珊認為，如果英美以為他擁有大規模殺傷性武器，會讓他的處境比較安全，事實上，這也是一種誤判。無論如何，英美自二〇〇三年三月開始大規模轟炸巴格達，聯軍迅速擊敗了海珊的軍隊。海珊——他曾經是華盛頓的壞朋友裡最好的一個——終究被捕，並處以絞刑。然而，很少有一場勝仗會衍生出如此棘手的後果。內戰使國家陷入混亂。因此，美國、英國和其他國家不得不在伊拉克派駐大量的軍隊，這種情況一直持續到了西元二〇一一年。在戰爭初期，西方國家擺出一副道貌岸然的樣子，但之後出現了虐囚事件，加上聯合政府無力鎮壓教派間的暴力衝突，以及混亂的難民危機，使西方國家的道德權威徹底破產。伊拉克平民死於戰爭的人數有好幾個估計值，且差異非常大，從六十萬以上到大約十五萬都有。

阿富汗戰爭和伊拉克戰爭是軍事上的勝利，戰略上的失敗。這兩場戰爭提醒人們，即便是最具強勢地位的強權大國也不能為所欲為。壓制別國的文化、侵略別國的領土、將民主強加到別人頭上是一種危險的想法。民主制度在戰後的東德和日本或許行得通，這是因為它們之前有一些民主經驗，而且在全球衝突中遭遇到了軍事上的失敗。對於這兩個國家來說，來自蘇聯的威脅要比來自美國的大。阿富汗和伊拉克的經驗表明，全世界不可能共同實行單一的政治—經濟制度。

歷史沒有終結，取而代之的是文化戰爭或「文明」的衝突，其中包括宗教衝突。有些西方國家擁有大量的穆斯林人口，例如英國、荷蘭和法國，不難察覺人們對他們有了更多疑慮；另一方面，一些伊斯蘭國家也有不少基督徒人口，例如伊拉克、巴基斯坦和埃及（在推翻穆巴拉克後這樣的情形也沒有改變），這些少數族群感受到了更多的威脅。美國訂立了極其嚴苛的國家安全法案，在古巴的關塔那摩灣設立監獄以關押大量的恐怖主義嫌疑犯，在那裡對他們嚴刑拷打。「反恐戰爭」對開放社會及其崇高理想的危害逐漸顯現出來。該如何面對危險的伊斯蘭評論家，這個兩難的困境令西方社會不得不重新面對自雅典審判蘇格拉底以來便已引起，但從未能解決的難題。

西方世界的揮霍

如果西方至少在經濟領域保住了主導地位，那就沒什麼話好說。但到了西元二〇〇九年，中華人民共和國對世界經濟增長率的貢獻超過了百分之五十。中國並非有什麼創新之舉，只是遵循已有的發展規律：從農村到城市，從基礎製造業到精密製造業，第一次工業革命期間的英國和美國東部是這樣走過來的，二戰後的日本、韓國和臺灣也是這樣走來的。但這條發展之路也有自身的弊端，例如工廠的工作環境比較差，富人極度奢侈，以及以及國家為了追求成長而不顧一切地污染環境，上述國家都有這些狀況，這是經濟增長的常態問題。但中國也有其自身的特點：第一，中國是由自稱共產黨的人所領導的；第二，中國幅員遼闊；第三，中國的發展速度極快。

到了二〇二五年，中國預計將有二一九座城市人口超過百萬，而歐洲人口過百萬的城市只有三十五座。[49] 中國的經濟發展幾乎影響到了世界的每一個地區。非洲、蒙古、拉丁美洲和澳大利亞為中國提供了各種礦產。而中國的低成本製造業則為西方國家提供了過量的廉價商品。結果，中國擁有了龐大的外匯存底，正如喬納森·芬比（Jonathan Fenby）所說，中國可以用這些外匯存底「買下整個義大利，或者在西元二〇一一年的歐洲債務危機時為葡萄牙、愛爾蘭、希臘和西班牙償還所有的主權債務，剩下的錢能夠買下谷歌、蘋果、ＩＢＭ和微軟，再剩下的錢還能夠買下曼哈頓和華盛頓的全部不動產，到那時中國或許還有錢買下世界運動品牌前五十強的特許經營權」。[50]

西元二〇一〇年，中國對美貿易順差達到二千七百三十億美元。歷史上從未出現過如此顯著的例子足以說明：一個潛在的經濟強國將會在政治領域和軍事領域變得更加強大。而一旦經濟成長率開始下滑，它還可以靠著規模臃腫而技術先進的軍事來維持好一陣子的優勢。二十世紀初的英國就是這樣，現在的美國也正在步英國的後塵。但這要付出非常高的代價：本來可以用於重振經濟的能源和資金都被用於執行海外任務。現在，美國的經濟總量是中國的四倍，但中國正以驚人的速度縮小和美國之間的差距。最近的研究表明，到西元二〇二〇年，中國將趕上美國。三十年後，中國的經濟規模將達到美國的兩倍。51

因此，中國將擁有改變世界的能力。中國領導人依舊宣稱對臺灣及其他南海上的島嶼用有主權，也拒絕承認國內發生的維權運動以及西藏獨立運動。海軍的規模不斷擴大，在澳大利亞、菲律賓到越南、印度都造成區域緊張。另一方面，中國的領導階層不再像過去那樣表現團結一致，共同面對國內的最大問題，維持高經濟成長率，以便滿足更具自信也更傾向消費的人民，並面對各種挑戰，如官方審查、污染問題，以及如何使中國經濟變得更加多元化。中國聲明，它的發展完全是出於和平的目的。但經濟力量勢必帶來政治力量。事情總是如此，然而，隨著中國主權財富基金越加深入西方企業，美國人和歐洲人卻不安地發覺他們幾乎無法得知這些資金有多少來自中國政府，又有多少來自中國企業。

冷戰結束後，資本主義陷入了巨大的失衡，中國也在其中扮演了關鍵角色。西方國家過於鬆懈，生產得太少，而消費得太多，這有相當大程度源於中國刻意壓低其幣值。二〇〇八年的金融危機首度顯現了今日西方資本主義的脆弱，這次金融危機與一九二九年的大蕭條並無本質上的區別。在危機爆發前，銀行用誰都聽不懂的花言巧語向客戶發放了大量的貸款。這些客戶中包括購房者，他們認為房價將繼續上漲，讓他們可以還清銀行貸款。但事實上，這是一場賭博。使用複雜的演算法來計算風險意味著只有極少數人，甚至連銀行中也只有極少數人，知道自己在做什麼。在經濟增長週期，這或許還能運作好一段時間，然而，儘管新型電子產品成了獲利產業，但這種繁榮並不能反映出真實的經濟實力。美國人購買來自中國的廉價商品。事實上，他們是靠向中國人賒帳維生。

西元二〇〇七年，美國的房地產泡沫破滅。許多銀行這時才發現，他們所持的債務擔保證券遠沒有他們想像的那麼值錢。許多大公司最後走向破產，一波危機席捲美國和歐洲，使得英國、愛爾蘭和美國需要付出極高代價為銀行紓困。為了避免大規模的深度衰退，各主要經濟體唯有迅速採取措施，但西方國家還是進入了低速成長或零成長期，政治領袖的威望大幅下降。

他們是咎由自取，因為經濟危機是由於他們在政治上缺乏進取心造成的。在美國和歐洲（特別是英國），金融巨頭幾乎威脅到了每一個人。將傳統銀行業務與風險更大的投資銀行業務分隔開來的防範措施已經消失，規章制度只是擺擺樣子。銀行經理人可以拿到天文數字的薪酬和獎金，而且不需多做解釋。政客似乎只滿足於能夠從一片繁榮的金融部門徵稅，並將這些錢用到選民希望用到的地方，而不問過多的問題。與此同時，西方經濟看起來是失衡的，製造業衰退了非常多。

無論是政府還是個人都喜歡提前消費，今天花錢，明天還款。事實上，政客們已經不再討論經濟政策了。所以，一旦增長週期結束，國家就會陷入痛苦之中。在美國，共和黨因此鼓吹不受政府制約的自由市場。在歐洲，幾乎所有國家都徘徊在銀行破產的邊緣，歐元幾乎崩潰。雅典、倫敦和馬德里出現騷亂，華爾街上聚集了大批示威者，西方一點也沒有勝利的樣子。

美國贏得了冷戰的勝利，華盛頓為新的「單極」（這是一個幾何學中不存在的概念，更不用說政治學了）世界到來而歡呼雀躍，但隨之而來的是政治上的苦果。經濟主導權正在從西方向中國轉移。時髦的華爾街式資本主義陷入了精神衰弱。美國及其盟友並非沒有新的敵人，西方無法在戰場上消滅的古老宗教信徒開始挑戰「現代性」在整個二十世紀的發展。

這令人驚訝嗎？金融資本主義是經由泡沫和危機而進化的。亞當．斯密告訴我們，坐擁巨額資產的公司和腰纏萬貫的富人一旦聚集在一起，而且未受到適當的管制，他們就會為了利己而做出損害公眾的事。即便在被西方視為王牌的民主制度中，也會出現許多問題：政客將太多的金錢花在競選上，因此不可能對銀行家採取強硬態度；花了太多時間去考慮地緣政治，因此無暇關心本國經濟是否健康發展。選民希望得到廉價的商品和寬鬆的信貸環境，政客們也樂於給他們這些東西。但事實證明，現代市場資本主義的運行邏輯儘管優於國家社會主義，但卻是狹隘和不合歷史的。它把消費主義放在了第一位，卻低估了一些長期存在的人類本能，例如精神追求、集團意識和恐懼。事實上，這些因素從未遠去。

會思考的機器

西元一九九七年五月十一日，紐約發生了一件可以被載入史冊的事：電腦擊敗了號稱世界上最敏銳的人—當時最出色的西洋棋大師加里．卡斯帕洛夫。他是眾人稱譽為史上最優秀的西洋棋手，獨一無二的大師。若說他下棋的時候就像是一部機器，也只是一種偷懶的比喻方式。有著驚人的記憶力和出色的戰略意識，但他也非常有膽量和情緒化。卡斯帕洛夫來自一個有猶太血統的亞美尼亞家庭，在充滿壓力的蘇聯西洋棋壇中成長，年僅二十二歲時就成了世界頂尖棋手。在之後二十年裡，他幾乎一直保持著這個頭銜，直到二〇〇五年退休。

卡斯帕洛夫之前也和電腦對弈過。一九八五年在漢堡，他同時對戰三十二組西洋棋軟體，結果全部獲勝。四年後，ＩＢＭ公司開發的電腦「深思」（Deep Thought）在紐約挑戰卡斯帕洛夫。卡斯帕洛夫說，如果他輸掉這場比賽，那麼將會使人類感到「不甚愉快」。他希望「自己是挽救了人類自尊心的人」。經過兩個半小時的對陣，他贏得了比賽。七年後，ＩＢＭ公司又推出了新電腦「深藍」（Deep Blue）。西元一九九六年，卡斯帕洛夫在費城與「深藍」對戰，在先輸一局的情況下，連續扳回數局後取勝。隔年，卡斯帕洛夫即將和「深藍」進行第二次對決，消息鬧得沸沸揚揚。在曼哈頓的公平中心大樓，世界媒體都在關注這場史詩般的人機大戰。海報貼滿了紐約，上面畫著卡斯帕洛夫專注地望著半空，旁邊寫著：「如何讓電腦感到驚愕？」《新聞週刊》在封面上寫道：「人腦背水一戰」。

這僅僅是商業炒作嗎？不完全是。西洋棋起源於六世紀的印度，隨後經由波斯和伊斯蘭世界傳入歐洲。這是一種特殊的遊戲，可以在最大程度上考驗人們的記憶力和運籌力。很自然，人們經常拿西洋棋和數學相提並論，西洋棋高手也往往精通數學。當然，棋手也得擁有一種無法被簡化為習慣的天賦。西洋棋考驗一個人的邏輯思維，但它還有種其他紙牌遊戲和棋類遊戲，甚至中國的圍棋都無法比擬的神奇魅力。玩上了就會著迷。

許峰雄是電腦「深藍」的設計者之一。他說，從一九四〇年代開始，研究電腦理論的人就夢想設計出能下棋的機器。一九五〇年代，一位研發人工智慧的先驅指出：「如果一個人能成功設計出會下棋的機器，那麼他就已經觸及人類智慧的核心。」[53] 卡斯帕洛夫同意上述觀點。但他決心證明：電腦只能機械地下棋，電腦在一些重要層面上是相當笨拙的，它沒有創新能力。

卡斯帕洛夫輕鬆贏了第一局，這進一步堅定了他的信心。第二局是比賽的轉捩點。不精通西洋棋的人無法理解，但這局確實非常重要。為了在後面取得優勢，卡斯帕洛夫決定放棄一個兵。電腦西洋棋程式一般會獲取眼前的利益。因此，按照卡斯帕洛夫的設想，它應該吃掉這個兵。但電腦並不是靠直覺下棋，它評估了棋子移動的所有可能性，然後計算了對手可能會有的所有反應，接著再評估自己所能走的下一步，如此反覆計算下去。

這很容易嗎？在一盤棋中，移動棋子有多少種可能的組合？這個數字比宇宙中原子的數量還要大。要預測到幾步之後的棋局就需要非凡的計算能力；人類棋手依靠的是棋譜和心理分析。但現在「深藍」的舉動更像是個（非常優秀的）人類棋手。在「應急模式」運行了一段時間後，這個冰箱大小的金屬盒子拒絕吃掉卡斯帕洛夫的兵，反而走了一步很有遠見、很有戰略性的棋。這步棋完全不像是電腦走出來的。

電腦所表現出來的直覺令卡斯帕洛夫大吃一驚。不久之後，他搖搖頭，投子認輸。事實上，電腦也曾犯下一個錯誤。如果抓住這個錯誤，卡斯帕洛夫不但可以少損失一個兵，而且可以使這個兵發揮很大作用。後來聽到這件事時，他感到很震驚。他說，如果是這樣的話，他或許就不會輸了。在之後的幾盤棋中，他和了三盤，但輸掉了最後一盤。在這場比賽中，他表現得非常不理想，那簡直無法被稱為比賽。

在賽後的記者招待會上，有人問卡斯帕洛夫，ＩＢＭ公司是否在幕後搗鬼——是否「存在人為干預比賽的情況」。卡斯帕洛夫回答說，這讓他想起了西元一九八六年在墨西哥舉辦的世界盃上阿根廷對陣英格蘭的比賽。在這場比賽中，阿根廷球星馬拉度納用手將球打入英格蘭隊的球門，而沒有被裁判發現，並稱「這是上帝之手」。對於他的指責，在場的ＩＢＭ工程師怒不可遏。按照他們的觀點，自己幾年的辛苦工作被一個輸不起的人玷污了。這只是一段插曲，關於這個問題的爭論或許永遠不會平息。卡斯帕洛夫再三要求ＩＢＭ公司將電腦的下棋過程列印出來，但公司拒絕了。因為電腦的設計團隊認為，這些資料或許會使卡斯帕洛夫在未來的比賽中獲得不公平的優勢。比賽結束後，ＩＢＭ公司將拆解開的「深藍」放進倉庫，至今都沒有再使用過。

關於這場比賽的另一個爭論還在持續：這真的是場人與機器的競賽嗎？比賽失敗後，卡斯帕洛夫感到筋疲力盡、憂慮、憤怒和懷疑，然而這台擁有著卡斯帕洛夫過去對手都無法企及的強大計算能力的電腦卻不會有這些狀況。因此，在這個層面上，這是一場人機對戰。卡斯帕洛夫擁有自我，而「深藍」沒有。然而，深藍本身是人腦的產物，因此這是一場「父」與「子」之間的較量。許峰雄這樣寫道：這場比賽「體現了人類的兩種角色，即作為執行者與作為工具製造者……『深藍』並不具備智慧，它只是一件在某一特定領域展現智慧行為的精巧工具」。因此，儘管卡斯帕洛夫輸掉了比賽，但他才擁有真正的智慧：「深藍永遠都想不出那些虛構的指責。」[54]

過了一段時間之後，卡斯帕洛夫也認為：「深藍」是項偉大的成就，這台電腦是「IMB公司創造出的人類的成就……但它運用智慧的方式就和一台可定時的鬧鐘是一樣的。說我輸給了一台價值一千萬美元的定時鬧鐘並沒有安慰到我」。[55]除了電腦專家之外，至少六位西洋棋大師參與了「深藍」的研發。因此，卡斯帕洛夫的對手不單單是一家公司，而是大量積累的人類知識，以及充分的準備。IBM公司因為這次事件獲得大量曝光，讓他們在輸給矽谷的後起之秀之後，得以應回不少面子。

儘管如此，電腦已經在許多領域趕上或超越人腦了，這在我們的生活中屢見不鮮。如今，數十億人通過網路以自己的虛擬形象進行互動，這足以證明科技改變了我們的生活；而事實很快會獲得證明，人工智慧比我們想像中的更重要。科學家正在讓機器獲得「視覺」（這是最難克服的問題之一），讓機器可以回應人類的語言。各大學和實驗室正在從生物化學的角度研究人腦如何處理資訊，其研究成果或許會被應用在下一代電腦上。因此，「深藍」走出的那步讓卡斯帕洛夫感到驚訝的棋應該永載史冊。

讓機器匹敵人類智慧的夢想古已有之，但這個夢想在一九五〇年代才成為一個嚴肅的科學問題，這都要感謝電腦科學的進步和對人腦的深入研究。艾倫．圖靈是位聰明的科學家。在二戰期間，他在布萊切利園的戰時單位工作，是破譯德國密碼的關鍵人物。圖靈也是一位電腦領域的先驅，對機械智慧很感興趣。在戰爭爆發前，他就已經開始研究電腦理論了。一九三六年，他設想出了一種有計算能力的「圖靈機」，它可以從一條長紙帶上讀取資訊，進行數學計算。當時，穿孔卡片和真空管就是最先進的技術了。但戰爭加速了發明的問世。為了破譯納粹的密碼，英國在布萊切利園組裝了一台叫「巨像」（Colossus）的機器。這台用電驅動的機器實現了程式化和數位化，被普遍視為世界上第一台電腦。

西元一九五〇年，圖靈提出著名的「圖靈測試」：測試者在與受試者分隔開的情況下同時與一個人和一台電腦交流（透過鍵盤溝通以隱藏受試者身份），如果測試者分辨不出哪個是電腦，那麼這台電腦就算通過測試。圖靈認為這個測試有助於回答這個問題：機器是否會思考，或者說機器是否具有意識。但圖靈未能看到電腦在日後的發展。身為同性戀者的圖靈，在一九五二年和另外一個男子被判處「嚴重猥褻罪」。作為刑罰的一部份，他不得不接受化學閹割。除此之外，他還失去了參與政府專案的機會。西元一九五四年，他死於氰化物中毒，很可能是自殺。

兩年後，美國新罕布什爾州的達特茅斯學院召開了一場會議。在會上，人工智慧之父馬文·閔斯基和提出「人工智慧」一詞的電腦專家約翰·麥卡錫等人討論了自然語言、電腦程式設計和數理邏輯。這次會議為電腦科學的發展奠定了基礎。當時，像閔斯基和麥卡錫這樣的樂觀主義者遠遠超越了當時科技的可能性。在亞瑟·克拉克這樣的科幻小說家的慫恿下，人們在一九五〇年代和六〇年代遍認為人工智慧將在七〇或八〇年代成為現實。圖靈曾經認為西洋棋是一種有用的人工智慧測試系統，因為它蘊含著複雜的邏輯和圖形結構；一九五八年，兩位在匹茲堡卡內基梅隆大學工作的科學家預言，一九六八年數位電腦將在世界西洋棋大賽中奪冠。[56] 但由於當時電腦的計算能力比較弱，他們的預言並沒有成真。

但他們還是繼續為此努力。在電晶體取代舊式真空管後，問題逐漸得到解決。電晶體可以作為半導體的開關，控制電子信號，因此它是數位電腦的重要部件。第一代電腦用的是銅線，因此運行速度比較慢。許多人都試圖解決這一問題。受雇於德州儀器公司的傑克·基爾比在這方面做出了貢獻。一九五八年，他在電晶體元件上裹了一層鍺，這是一種碳基的半金屬，之後又將這些元件和品質上乘的金絲連接到振盪器和放大器上。儘管稍後證明矽的性能更好，但是「晶片」已經應運而生了。本質上，就是將沙子加熱、切割，再用氣體跟紫外光蝕刻成電子開關的技術。英特爾公司的創辦人之一，高登·摩爾，他在一九六五年預言積體電路上能夠集成的電晶體數目每年都會翻倍。儘管這個爆炸性的指數增長預言遭到了廣泛的批評，但事實證明，他的預言大部份是對的。到了一九七〇年代末，微處理器已經能夠縮小到一張晶片上。這對研發IBM的西洋棋電腦很重要，這部電腦是從電路板上六千個電晶體開始的。

下一步我們還將期待什麼？許多狂熱的人相信電腦的運算速度和其他參數將以加速度或指數式增長。電腦的技術進步不是線性增加，而是乘上一個常數。其區別在於：前者是性能以一個緩慢的速度穩定增加，而後者是在經歷了開始階段的緩慢增加後，性能指數會出現一個近乎垂直的大幅上升，就像飛機起飛那樣。摩爾創造的「摩爾定律」也是如此。如果將本書講述的時間範圍內的世界人口數量變化繪製成一張曲線圖的話，這張圖也會呈現同樣的上升曲線。寬泛地講，在本書講述的歷史故事中，人類社會也是指數式成長：從以千年計的狩獵－採集時代發展到相對快速的農耕革命時代，再到城市、帝國和工業化時代以越來越快的速度一路猛衝至今。

科學家暨作家雷蒙．庫茲威爾使「奇點」（the Singularity，像God一樣，享有開頭大寫的尊榮待遇）一詞流行起來，他用這個詞指稱科技高速深化發展以至於改變人類生活的時間點。庫茲威爾的觀點來自數學家暨科幻小說家弗諾．文奇。文奇大膽預言，到了二〇三〇年，「計算機的超級智慧」將帶來「奇點時代」。到那時，規模龐大的電腦網路將擁有人類無法企及的智力水準。他所用話語近乎帶有宗教性，或許會催生一種新的宗教或崇拜。庫茲威爾聲稱，「二十一世紀上半葉將會出現一個具有里程碑意義的事件」。就像黑洞改變了物質和能量的模式一樣，「即將到來的奇點將會越來越快地改變人類生活，從性生活到精神生活的各種層面」。

事實上，流行文化已經反映出了人們對這種現象可能會戕害人類自由的憂慮。如果說莎士比亞創作歷史劇是為了向都鐸時期的觀眾發出未來的警訊，那麼好萊塢拍攝科幻電影——如《魔鬼終結者》、《銀翼殺手》、《駭客任務》等等——是為了讓二十一世紀的觀眾意識到電腦智力指數式發展可能帶來的後果。將人類和人造物結合，意味著人類將能夠克服肉體的脆弱——不僅能延長壽命，也會改進思考能力。庫茲威爾認為：「我們的思考速度非常慢。電路處理資訊的速度比神經處理資訊的速度快數百萬倍。與快速增加的知識相比，我們在生理上受到了極大的限制……奇點將使我們超越肉體和大腦的極限。」[57]

許多懷疑論者認為，機器仍然只是人類的工具，它們或許很快可以駕駛汽車和火車，可以打掃房間，就像今日的機器代替了很多工人和研究人員，但這些機器始終沒有意識，不會控制地球，更不會對人類構成威脅。美國數學家傑克．施瓦茨（Jack Schwartz）強調，電腦與人腦不同，不能處理「相對無序的資訊」，也不能利用內嵌的組織化構造激發行動，更不會去思考現實世界。但他也認為，「從地球的發展歷史看，人類幾乎壟斷了智力的所有高級形式，這是人類存在的重要基本事實之一」。因此，如果人工智慧真的成為現實，「那麼它將會創造出新的經濟、新的社會和新的歷史」。[58]

科學家對「意識」的含義展開了激烈的辯論：除了能夠處理資訊的完整而精巧的神經網路之外，「意識」還包涵其他更多的什麼嗎？但「奇點」的提出還是觸及了一個深層問題，即人類應如何理解自己。就實際效果而言，科技永遠不是中立的，也無法預測。電話的設計發明本是為了能在家裡欣賞古典音樂會，而早期的網路熱衷者將網路視為全世界共用的學術圖書館，而不是充斥著政治和色情內容的社交平臺。現在，一些科學家開始思考，是否能夠通過程式設計使人工智慧或機器智慧變得聰明，能夠學習和自行複製。

本書講述的歷史有一個潛在的關鍵主題，那就是人類歷史中存在一種失衡現象：一方面，人類改造世界的技術能力不斷增強，從設法種植出更大的胡蘿蔔，到發明火藥和蒸汽機，之後又出現人工智慧；另一方面，人類管理自身的政治能力卻始終未獲得成功的發展。稱職的政府一般會引領科技進步，因為當政府尊重言論自由、保護發明專利、能夠創造利潤和保障個人安全，通常都會對發明家形成鼓勵。但是反過來未必行得通：科技進步並不會催生出政治美德。而不稱職的政府——無論那意味著帶來壓迫，或只顧當下享受而不思考未來，或者貪污腐敗——卻更加常見，這使得好政府所催生的科技成果很可能落入不稱職的政府手中。

在西元一九九七年的人機對弈中，加里．卡斯帕洛夫表現出人類的不穩定性和缺陷。許峰雄是對的：卡斯帕洛夫並不是輸給了機器，而是輸給了製造機器的人，和他一樣具有人性、充滿熱情的人。他們可以在比賽結束後將電腦拆解，收進倉庫。但巨大的科技進展就像核武器和網際網路一樣，是不可能被輕易地束之高閣的。它終將出現在險象環生的政治舞臺上。因此，卡斯帕洛夫從棋壇引退之後加入了政壇，這不失為一個好消息。他致力於俄羅斯的政治改革，勇於發聲，無懼地批評普丁的獨裁政府。

住滿人的世界

十四世紀晚期，來自英格蘭鄉村地區的教士威廉．朗蘭，創作了基督教長詩《農夫皮爾斯》（Piers Plowman）。在這首詩中，他想像了一個人擠人的世界，「一片住滿人的園地」（a fair field full of folk）。但他大概很難想像這個世界如今擁擠的程度。在他生活的時代，地球上的人口數量是耶穌基督出生時的兩倍。一九五〇年之後，世界人口的增長速度是人類剛學會種植農作物時的一百倍，是人類學會種植農作物之前的一萬倍。今天，世界人口達到了七十億，工業革命時的人口大約只有這個數字的七分之一。

這是人類的巨大成就。在本書中，有人認為地球上的人太多了，需要消滅一部份——但他們從來沒想消滅自己，也沒想消滅他們的家人——這種可比種族屠殺的想像遠超過本書所提過的任何一位瘋狂統治者。二十世紀，世界人口經歷了快速增長，並持續至今，這個問題來自於一系列的成功，例如成功地開發出疫苗，成功地實施了淨水計畫，以及成功地實現了農業上的「綠色革命」。「綠色革命」包括農業機械化、培育新型農作物、興修水利和（一九四〇年以後）化肥的廣泛應用。根據估計，如果沒有這些革命，要養活現在這麼多人口，至少還要再有一塊像北美洲那麼大的農田。換句話說，農業革命多養活了二十億人。但大多數觀察家認為，這幾十億人口已經超過了地球的承受範圍。我們需要更多的水，消耗了太多的化石燃料。為了填飽肚子以及建構相關的生物圈，我們佔用了太多土地。

迄今為止最廣為人知的問題是氣候變遷。人類燃燒化石燃料產生了大量的二氧化碳（即溫室氣體），排放到大氣中的二氧化碳妨礙了地球的自我冷卻，結果導致全球氣溫上升。但排放多少二氧化碳，以及確切後果為何，我們就不得而知了。氣溫上升導致了許多不可預測的極端天氣。根據現有情況推斷，一種可能是氣候問題被誇大了，只要使用更清潔的能源就能解決問題；一種可能就是大災難將讓人類在這個世紀終結。但科學界普遍持悲觀態度。頗具遠見的英國科學家詹姆斯·洛夫洛克將地球理解成一個生命有機體（這是個隱喻），並為那些對氣候變化憂心忡忡的人發聲。他說道：「人類就好比瘟疫，使地球高燒不退」。[59]

氣候變遷只是人類數量激增所帶來的後果中最廣為討論的一個。儘管地球大部份地區都被水覆蓋著，但能供給工業、農業和人類飲用的淡水資源卻非常有限。現在，世界許多地區都面臨著嚴重的水資源短缺，特別是亞洲和非洲。越來越多的人從河裡取水，河上又修建了許多水壩，所以河水不再變多，而是變少了。

土壤品質是另一個日益嚴峻的問題。土壤是位於地殼和大氣之間，一層八十英里後的外殼，也是地理學與生物學的交會點。土壤非常薄，是極其珍貴的資源。歷史學家約翰・麥克尼爾用優美的語言描述了土壤：「它由礦物質顆粒、有機物、氣體和大群的微生物組成。它是薄薄的一層，深度不超過人的髖部，通常還更淺。土壤要經過幾百年，甚至幾千年才能形成。最終因為海水的侵蝕而停止擴張。在形成和侵蝕之間，它構成人類生存的基礎。」[60] 哈伯和其他科學家的研究成果被世界各地廣泛應用之後，土壤已經退化到了相當嚴重的程度—就算集約利用肥料也不能提高作物產量。自從一九六〇年之後，非洲的糧食產量逐年下降；中國也有大約三分之一的耕地受到侵蝕而廢棄。

此外，人類還面臨著濫砍濫伐和物種滅絕的問題。人類經常砍伐森林，一來是為了獲取木材（正如我們所知，這對古希臘人、納斯卡人和日本人來說都很重要），二來是希望將林地改造為耕地。歐洲北部曾經覆蓋著大片森林。但經歷了二十世紀的大規模砍伐後，消失的森林面積約莫等於現有森林面積的一半森林。濫砍濫伐主要集中在熱帶地區，特別是南美洲亞馬遜河流域和奧里諾科河流域的熱帶雨林、西非以及印尼。在保持氣候健康方面，森林發揮著重要作用，因為它可以解決二氧化碳問題。此外，雨林中生活著許多瀕臨滅絕的動物和植物，因此也很可能隱藏著許多能夠幫助人類生存的祕密。許多科學家預言，百分之三十的現有物種將在下個世紀滅絕。如果他們所言成真，那麼這將是聰明的人猿所犯下的另一個錯誤。

還有兩個問題也應列入這份悲慘的重大問題清單。第一是過度捕撈和海洋酸化。如果我們能看清海洋表面下發生了什麼，這兩件事所引起的環境災難一定將是世界性的醜聞，而這確實危及了我們重要的海洋食物來源。第二是空氣污染。現在，世界上超過半數的人都生活在城市中。大城市的空氣污染會導致許多人喪生，首當其衝的就是老人和身體虛弱的人。按照麥克尼爾的估算，在二十世紀，大約有四千萬人死於空氣污染，這個數字超過了兩次世界大戰的傷亡人數，與一九一八年到一九一九年大流感期間的死亡人數大體相當。

許多的失敗都是由成功引起的，環境問題也不例外。我們的汽車、航空旅行和日益豐富的物質生活都是導致環境問題的罪魁禍首。此外，為了過上更好的生活，大量受污染影響的人口從農村和小城鎮流向大城市，但事實上他們只能住在貧民窟或棚戶區裡。縱觀全球，從農村向城市的人口流動（以中國和印度的規模最大）是人類歷史上規模最大的移民潮。

在本書即將結束的時候，我想討論一個比「環境」更重要的問題。全球災難的警告正在籠罩著人類，讓我們覺得未來黯淡無光。世界人口快速遞增的上升曲線始於石器時代，在經歷了農耕─遊牧時代和工業時代後，一直延續到今天和未來。在剛剛過去的一個世紀，世界人口數量增長了四倍，這本身就是條大新聞。這件事所引發的新問題不該與其他事件混為一談，也不該被輕忽。人口增長的問題也最能夠證明本書的一大主題，即人類具有超凡的技術創新能力。這條曲線由用火到手斧，再到挑選植物與馴化動物，直到發明蒸氣引擎跟疫苗，還會再往上。

但人口問題也與本書的第二大主題有關，也就是我們在推進政治智力和社會智力進展上的長期遲滯。只有在這兩方面獲得更多進展，我們才能避免那些由成功引起的失敗。

但無論如何，我們所面對的並不全是壞消息。史蒂芬．平克在《人性中的善良天使》一書中指出，與以往相比，現在我們死於暴力的可能性已經大大降低了。從總體上看，早期社會的暴力活動更多。儘管有些人對平克提出的狩獵─採集社會的死亡率提出質疑（我們前面有討論過），但在他的研究中，中世紀之後的資料基本上都是普遍被接受的。殺戮減少可以歸結為以下幾個原因；第一，國家變得越來越大，因此國家的數量變得越來越少，國家間的衝突也就會隨之減少；第二，法律和秩序的建立有助於減少殺戮，這點在城市中尤為明顯；第三，現代以來的人道主義不斷發展，從啟蒙運動時期的反對奴役和暴力，到今天我們越來越難以容忍家庭暴力。隨著我們對其他人的生活習性瞭解得越來越多，以及社會管理愈發完善、社會複雜程度越來越高，暴力活動就會越來越少，人們就會變得越來越善良。

簡單地說，這是文明在發揮作用。

如果你閱讀若干個世紀前城市生活的詳細文字記錄，或者留意一下許多被我們稱為「文學經典」的作品中提到謀殺和暴力活動的頻率，就能感受到文明的力量。儘管西方式的民主制度並未推廣到如同一九八九年後的樂觀主義者所預期的那樣廣泛，但世界大部份地區確實比以前更有秩序了，有著更多的限制和管理。（但吸菸者、冒險家和其他人會認為規矩太多了。）如果我們認為政府的首要任務是保護公民的生命安全，那麼政治確實也有很大進步，令人印象深刻。

我們還應該看到人類在全球範圍內其他方面取得的成就：裁軍、公平審判戰犯，以及成功地應對一些特殊問題—如氟氯碳化物氣體破壞臭氧層。從一九七〇年代到一九九五年，在各項國際條約的約束下，全球的氟氯碳化物使用量減少了百分之八十，在一些主要國家已經完全禁用。雖然聯合國行動遲緩、華而不實，有時甚至令人感到氣憤，但它通過的《世界人權宣言》已經成了世界發展的基礎，至少在理論上來說如此。沒有人希望聯合國解散。各國就爭奪水資源、濫砍濫伐、兩極冰蓋消融、海洋環境、清潔能源等問題簽署了一系列國際條約，這成了新世紀的重要政治議題。儘管二〇〇九年的哥本哈根世界氣候大會以失敗告終，儘管一些超級政治體——如歐盟——尚未進入民主框架，但與剛剛離開非洲時相比，人類大家庭已經變得更加團結互助了。

我們至少仍然有能力處理那些由成功引發的問題。全球暖化引起了廣泛的憂慮，但這並不是世界末日，最終能被解決。洛夫洛克並不是唯一一個認為，核能源是減少二氧化碳排放的重要手段的「綠色」

思想家。儘管風力發電還存在許多問題，但我們已經有了越來越多的替代能源能夠取代煤和石油。太陽能前途遠大。核能還存在一些技術上的障礙，卻是一種極具潛力的能源。此外，我們還可以利用一些「地質工程學」的技術來解決環境問題，例如向宇宙發射氣溶膠或遮光物，通過遮擋陽光的方式來為地球降溫。要實現這一目標就需要簽訂新的國際條約，因為不同的國家將會受到不同的影響。但歷史經驗表明，我們已經將許多資源和腦力投注在開發替代能源，早晚有一天會取得突破。如果外星人從宇宙注視地球，並將賭注壓在人類的智慧上，那麼它們到目前為止一定沒有輸掉太多。

在當今社會，只要財富越來越多，女性受教育的程度越來越高，出生率就會變得越來越低，這也是我們保持樂觀態度的理由之一。在農業社會，人力就是財富，而當時嬰兒死亡率很高，因此盡可能地多生孩子是明智之舉。但現在不同，隨著嬰兒死亡率的下降，人們的觀念已經發生了轉變，隨著避孕措施逐漸普及，女性也有更多工作機會，這種「直覺」很快就反轉了。因此，儘管因為年輕人口增加，人口還會快速增長四十年，但人口激增的態勢將得到緩解。

然而，這裡還有一個問題：大量人口出生在了不該出生的地方。當我們看到衣索比亞饑荒新聞，值得注意的事實是：該國的人口從二十世紀初的大約五百萬增長到了今天的八千萬。到本世紀中期，預計衣索比亞人口還會成長一倍。到那時，非洲人口將增加十億。我們希望世界人口能以和平的方式下降，但戰爭、疾病和饑荒導致人口下降的可能性也很高。在未來，擁有大量年輕人口的國家最容易爆發騷亂，因為在數以千萬計的年輕人中，很多人都找不到工作。

要解決由成功引發的問題，就需要調動一切手段，如科技進步、制定新的國家條約，以及**改變**我們的行為模式和心理預期。英國皇家天文學家馬丁．里斯認為，人類要想生存下去，就必須在這兩代的時間裡採取孤注一擲的行動，勝算大約是五五波。但他在西元二〇一〇年BBC的《賴斯講座》（Reith

Lectures）節目中提到，談論世界人口的理想數字毫無意義，因為：

> 我們不能想像二〇五〇年後人們的生活方式、飲食、旅行和能源需求。如果維持現在的人口數量，並讓每個人都達到今天美國人的生活水平，那麼地球將難以為繼……如果人們都吃素食，不旅行而是靠超級網路和虛擬實境互動，那麼地球將可以使一百億人過上高品質的生活。

這顯然是不可能的，也沒有什麼吸引力。但今天的西方家長擔心，他們的下一代的生存條件將會變得比自己更差（如果不是更少浪費的話）。我們可以保持現在的人口數量，也可以容許人口再增加一些。因為科學進步—如應對地球暖化的技術和基因改造食品—可以幫地球渡過難關。但如果人口繼續增加，我們就不可能像現在這樣隨心所欲地開車、航空旅行、吃到來自世界各地的食物了。

但除了一九三〇年代戰間期的淒慘歲月，民主國家還沒有過物質極度貧乏的日子。這些國家的政黨體系、選舉週期以及政治語言已經習慣了告訴選民，更好的時代就在前面。我們很難想像他們對未來表示悲觀的樣子。當然，歷史證明，人們也有其他有意義且幸福的生活方式：關注家庭、社群生活、精神世界、教育和藝術。在沒有什麼變化的年代，我們就是這麼過活的。這是歷史的一部分。但不幸的是，我們願意去相信煽動者許下的諾言，也會放縱我們的貪念、憤怒與採取暴力。這也是歷史的一部分。「智人」有時候會被翻譯為「聰明的人」。我們是聰明的人猿，非常聰明的人猿，儘管有時也會陷入困境。但或許更好的翻譯是「智慧之人」。我們還有一小段路要走。

41. Richard Dowden, *Africa: Altered States, Ordinary Miracles* (Portobello Books 2008), p. 84.
42. John Lewis Gaddis, *The Cold War* (Penguin 2011), p. 184.
43. See Jonathan Fenby, *The Penguin History of Modern China* (2009), p. 92.
44. See Jung Chang and Jon Halliday, *Mao: The Unknown Story* (Jonathan Cape 2005).
45. See Jung Chang and Jon Halliday, *Mao: The Unknown Story* (Jonathan Cape 2005).
46. Harrison E. Salisbury, *The New Emperors: China in the Era of Mao and Deng* (Little, Brown 1992), pp. 3-4.
47. From Roderick Mac Farquhar and Michael Schoenhals , *Mao 's Las t Revolution* (Harvard University Press 2006).
48. Richard Evans, *Deng Xiaoping and the Making of Modern China* (Hamish Hamilton 1993).
49. Jonathan Fenby, *Tiger Head, Snake Tails* (Simon & Schuster 2012), ch. 1.
50. Fenby, *Tiger Head, Snake Tails*, ch. 1.
51. Martin Jacques, *When China Rules the World*, 2nd edition (Penguin Books 2012), p. 518.
52. This section was suggested by, and bears a heavy debt to, one of the BBC researchers and assistant producers for *History of the World*, Chris O'Donnell.
53. Feng-Hsiung Hsu, *Behind Deep Blue* (Princeton University Press 2002), p. 4.
54. Feng-Hsiung Hsu, op. cit., pp. ix-x.
55. Garry Kasparov, *New York Review of Books*, 11. February 2010.
56. Daniel Crevier, *AI: The Tumultuous History of The Search For Artificial Intelligence* (Basic Books 1993).
57. Ray Kurzweil, *The Singularity Is Near* (Duckworth, 2009), ch1.
58. Quoted in Nils J. Nilsson, *The Quest for Artificial Intelligence* (Stanford University Press 2010), Web version, p. 647.
59. James Lovelock, *The Revenge of Gaia* (Penguin Books 2006), p. 3.
60. J.R. McNeill, *Something New under the Sun* (W.W. Norton 2000), ch. 2.

10. Kershaw, op. cit., pp. 127-9.
11. Bullock, op. cit., ch. 3.
12. Hitler, *Mein Kampf*, p. 128.
13. Hitler, op. cit., pp. 596-7.
14. Timothy Snyder, *Bloodlands: Europe between Hitler and Stalin* (The Bodley Head 2010), p. 19.
15. Kershaw, op. cit., p. 270.
16. Madeline Gray, *Margaret Sanger: A Biography of the Champion of Birth Control* (Richard Marek, New York 1979), p. 37.
17. See Armond Fields, *Katharine Dexter McCormick* (Praeger 2003), ch. 20.
18. *The Selected Papers of Margaret Sanger*, vol. 3, ed. Esther Katz (Illinois Press 2010), p. 265.
19. Bernard Absell, *The Pill* (Random House 1995), p. 121.
20. Robert Jutte, *Contraception: A History* (Polity 2008), p. 210.
21. Absell, op. cit., p. 169.
22. Max Hastings, *All Hell Let Loose* (Harper Press 2011), p. 143.
23. Kershaw, op. cit., p. 656.
24. Synder, op. cit., p. 39.
25. Snyder, op. cit., p. 182.
26. Hastings, op. cit., p. 150.
27. Hastings, op. cit., p. xviii.
28. Kai Bird and Martin J. Sherwin, *American Prometheus: The Triumph and Tragedy of J. Robert Oppenheimer* (Alfred Knopf/Atlantic Books, 2009), pp. 287-9. Much of my account of Oppenheimer is taken from this excellent biography.
29. Bird and Sherwin, op. cit., pp. 296, 314.
30. Bird and Sherwin, op. cit., p. 314.
31. Bird and Sherwin, op. cit., p. 323.
32. Jad Adams, *Gandhi: Naked Ambition* (Quercus 2011), p. 2.
33. John Keay, *India: A History* (Harper Press 2000), p. 486.
34. Adams, op. cit., p. 136.
35. Adams, op. cit., pp. 220-1.
36. See Brian Lapping, *End of Empire* (Granada 1985), pp. 24ff.
37. See Andrew Roberts, *A History of the English-Speaking Peoples Since 1900* (Weidenfeld & Nicolson 2006), p. 12.
38. Keay, *India: A History*, pp. 450-1.
39. Keay, op. cit., pp. 475-6.
40. Adams, op. cit., p. 229.

27. Eugene D. Genovese, *The Political Economy of Slavery* (New York 1965), quoted in McPherson, op. cit., ch. 1.
28. H.W. Brands, *American Colossus* (Random House 2010), pp. 145-6.
29. These details are taken from Mark Ravina, *The Last Samurai: The Life and Battles of Saigo Takamori* (John Wiley 2004), the first and last chapters.
30. A good account of Samurai history can be found in Charles J. Dunn, *Everyday Life in Traditional Japan* (Tuttle Publishing 1969), ch. 2.
31. Aizawa Yashushi, quoted by Andrew Gordon, *A Modern History of Japan* (Oxford University Press 2009), pp. 20-1.
32. Ravina, op. cit., ch. 1.
33. Ravina, op. cit., p. 196.
34. See Stephen Turnbull, *Samurai: The World of the Warrior* (Osprey Publishing 2003), ch. 9.
35. Adam Hochschild, *King Leopold's Ghost* (Macmillan 1999), p. 233. My account relies both on this book (and on John Reader's *Africa: A Biography of the Continent* (Penguin Books 1998).
36. The accounts of Lin and the early stages of the First Opium War are taken from W. Travis Hanes III and Frank Sanello, *The Opium Wars* (Sourcebooks 2002); and Jack Beeching, *The Chinese Opium Wars* (Harvest/HBJ 1975).
37. See John Keay, *China: A History* (Harper Press 2009), pp. 446-9.
38. Barbara Tuchman, The Zimmermann Telegram (Viking Press 1958), p. 107.
39. Tuchman, op. cit., p. 108.
40. Tuchman, op. cit., pp. 183-7.
41. Tuchman, op. cit., p. 200.
42. See Ronald W. Clark, *Lenin: The Man behind the Mask* (Faber and Faber 1998), pp. 196-210.

第八部　一九一八年到二〇一二年：我們的時代

1. Vasily Grossman, *Everything Flows* (Vintage Classics 2011), p. 220.
2. Steven Pinker, *The Better Angels of Our Nature* (Allen Lane 2011), p. 195.
3. See T. Hager, *The Alchemy of Air* (Harmony Books 2008), quoted by Andrew Charlton, *Man-Made World*, his essay on the aftermath of the Copenhagen climate change summit, 2010.
4. Charles Bracelen Flood, *Hitler: The Path to Power* (Hamish Hamilton 1989), p. 589.
5. Alan Bullock, *Hitler: A Study in Tyranny* (Hamlyn 1952/1973), ch. 3.
6. Adolf Hitler, *Mein Kampf*, tr. Ralph Manheim (Pimlico 1992), pp. 53-4, op. cit., p. 620.
7. Hitler, op. cit., p. 620.
8. Ian Kershaw, *Hitler* (1-vol. edition; Penguin 2009), p. 42.
9. Martin Kemp, *Christ to Coke* (Oxford University Press 2011), p. 7.

37. For these and other figures see Allan Chase, *Magic Shots* (W. Morrow, New York 1983), pp. 42-9.
38. Chase, op. cit.

第七部　資本主義及其敵人

1. J.R. McNeill, *Something New under the Sun: An Environmental History of the Twentieth-Century World* (W.W. Norton 2000), ch. 3.
2. McNeill, op. cit., ch. 5.
3. Joyce Appleby, *The Relentless Revolution* (W.W. Norton 2011), p. 60.
4. J. Steven Watson, *The Reign of George III* (Oxford University Press 1960), p. 33.
5. Appleby, op. cit., pp. 80-3, and Joel Mokyr, *The Enlightened Economy: Britain and the Industrial Revolution 1700-1850* (Yale University Press 2009), ch. 1.
6. Mokyr, op. cit., ch. 1.
7. Christopher Hill, *The Century of Revolution, 1602-1715* (Edinburgh University Press 1961), p. 32; also quoted in Appleby, p. 40.
8. Arthur Herman, *The Scottish Enlightenment* (Fourth Estate 2001), p. 142.
9. John Lord, *Capital and Steam Power* (London 1923), ch. IV.
10. See Herman, op. cit., p. 306.
11. By Lord, op. cit.
12. See Jenny Uglow's brilliant book about them, *The Lunar Men* (Faber and Faber 2002).
13. Mokyr, op. cit., ch. 7.
14. See Gregory L. Freeze, *Russia: A History* (Oxford University Press 1997), p. 201.
15. This story is brilliantly told in Orlando Figes, *Natasha's Dance* (Allen Lane 2002), pp. 96ff. It is an indispensable guide to the time, and unlike so many books of Russian history, very well written.
16. Rosamund Bartlett, *Tolstoy: A Russian Life* (Profile Books 2010), ch. 6.
17. Figes, op. cit., p. 238.
18. See A.N. Wilson, *Tolstoy* (Hamish Hamilton 1988), p. 334.
19. Carl Sandburg, *Abraham Lincoln: The War Years*, vol. IV (Harcourt, Brace, New York 1939), pp. 176-7.
20. Sandburg, op. cit., vol. III, p. 441.
21. Herbert Mitgang, *Abraham Lincoln: A Press Portrait* (Quadrangle 1971), pp. 476-82
22. See James M. McPherson, *Drawn with the Sword: Reflections on the American Civil War* (Oxford University Press 1996), part II, ch. 5.
23. Esmond Wright, *An Empire for Liberty* (Blackwell 1995), pp. 472-3.
24. Wright, op. cit., p. 466.
25. David Reynolds, *America: Empire of Liberty* (Allen Lane 2009), ch. 6.
26. Quoted in McPherson, op. cit., ch.1.

7. Heilbron, op. cit., p. 258.
8. John Keay, *India: A History*, p. 25.
9. Keay, op. cit., p. 322.
10. See Roger Pearson, *Voltaire Almighty* (Bloomsbury 2007), ch. 13.
11. Pearson, op. cit.
12. These stories can all be found in Roger Pearson, op. cit. -- a splendid introduction to Voltaire's world as well as his life.
13. Christopher Clark, *Iron Kingdom: The Rise and Downfall of Prussia* (Penguin Books 2006), ch. 7; the description of Katte's execution comes from the same source.
14. Clark, op. cit., ch. 8.
15. John Ferling, *Independence: The Struggle to Set America Free* (Bloomsbury Press 2011), ch. 2.
16. Figures from the Economic History Association/ Jenny B. Wahl.
17. Ronald Takaki, *A Different Mirror* (Little, Brown 1993), p. 31.
18. Takaki, op. cit., p. 45.
19. Takaki, op. cit., p. 45.
20. See Thomas Keneally, *Australians: Origins to Eureka* (Allen & Unwin 2010), p. 127.
21. Jared Diamond, *Guns, Germs and Steel* (Vintage Books 2005), p. 155.
22. Watkin Tench, *A Complete Account of the Settlement at Port Jackson* (published on the Internet by (Project Gutenberg).
23. Keneally, op. cit., p. 18.
24. *Captain Cook's Voyages*, ed. Glyndwr Williams (Folio Society 1997), p. 125.
25. See Richard Gott, *Britain's Empire: Resistance, Repression and Revolt* (Verso 2011), p. 84.
26. Richard Holmes, *The Age of Wonder* (Harper Press 2008), p. 37.
27. V. Gatrell, *The Hanging Tree* (Oxford University Press 1994).
28. Gott, op. cit., p. 85.
29. See Keith Smith, 'Bennelong among His People', *Aboriginal History*, 33, p. 10.
30. Tench, op. cit.
31. C.L.R. James, *The Black Jacobins* (Vintage Books 1989), ch. IV. Though this was written by the West Indian Marxist in 1938. And contains some now outdated material about the brilliance of Lenin and the coming African revolution, it remains the essential and superbly researched account of the Haiti revolt.
32. Marcus Rediker, *The Slave Ship* (John Murray 2007), p. 5.
33. Matthew White, *Atrocitology* (Canongate 2011), p. 161.
34. James, op. cit., p. 140.
35. James, op. cit., p. 197.
36. Arthur Allen, *Vaccine* (W.W. Norton 2007), pp. 36-49.

7. Ian Morris, *Why the West Rules - For Now* (Profile Books 2010), pp. 460-3.
8. David Landes, *The Wealth and Poverty of Nations* (Harvard 1998), ch. 12.
9. Gerhard Benecke, *Society and Politics in Germany, 1500-1750* (Routledge & Kegan Paul 1974).
10. For Gutenberg, see Stephan Fussel, *Gutenberg and the Impact of Printing* (Ashgate 2005), tr. Douglas Martin; for Luther and printing, see Thomas Robisheaux, Rural Society and the Search for Order in Early Modern Germany (Duke University Press 1989).
11. Diarmaid MacCulloch, *Reformation* (Allen Lane 2003), p. 152.
12. Malcolm Pasley, *Germany: A Companion Guide to Social Studies* (Methuen 1972).
13. MacCulloch, *Reformation*, p. 160.
14. These figures come from Robert C. Davis, 'Counting Slaves on the Barbary Coast', *Past and Present*, vol 172, August 2001, and from his Christian Slaves, Muslim Masters (Palgrave Macmillan 2003).
15. Quoted in Donald Ostrowski, 'The Growth of Muscovy', in Maureen Perrie (ed.), *The Cambridge History of Russia*, vol. 1. (2006), p. 227.
16. Yuri Semyonov, *The Conquest of Siberia*, tr. E.W. Dickes (George Routledge & Sons 1944), p. 11.
17. R.G. Skrynnikov, quoted in AlanWood, *Russia's Frozen Frontier* (Bloomsbury Academic 2011), p. 28.
18. Neil Rhodes (ed.) and others, *King James VI and I: Selected Writings* (Ashgate 2003).
19. Antony Farrington (ed.), *The English Factory in Japan*, vol. 1. (British Library 1991), p. 296.
20. See R.H.P. Mason and J.G. Caiger, *A History of Japan* (Tuttle Publishing 1997), and John Whitney Hall (ed.), *The Cambridge History of Japan*, vol. 4. (1991).
21. Morris, op. cit., p. 451.
22. Quoted in Farrington, op. cit., p. 75.
23. Larry Neal, *The Rise of Financial Capitalism* (Cambridge University Press 1990), ch. 1.
24. For comparative prices, see Mike Dash, *Tulipomania* (Victor Gollancz 1999), pp. 123, 183. In this section I have relied heavily on his book and that of Anne Goldgar, *Tulipmania* (University of Chicago Press 2007). For a general view of the Dutch Republic at the time, no book has bettered Simon Schama's *The Embarrassment of Riches* (Knopf 1987).
25. Dash, op. cit., p.134.

第六部　自由的夢想

1. James Reston Jr, *Galileo: A Life* (Cassell 1994), p. 69.
2. Reston, op. cit., p. 74.
3. J.L. Heilbron, *Galileo* (Oxford University Press 2010), p. 358.
4. Quoted in Lisa Jardine, *Going Dutch* (Harper Press 2008), pp. 56-7.
5. N.A.M. Rodger, *The Command of the Ocean* (Allen Lane 2004), p. 151.
6. See David Starkey, *Crown and Country* (Harper Press 2010), p. 394.

32. Frances Wood, *Did Marco Polo Go to China?* (Secker & Warburg 1995.
33. Bamber Gascoigne, *The Dynasties of China* (Robinson 2003), p. 128.
34. William J. Bernstein, *A Splendid Exchange* (Grove Press 2008), p. 75.
35. Wood, op. cit., p. 104.
36. Wood, op. cit., p. 43.
37. See John Julius Norwich, *A History of Venice* (Penguin Books 1983), pp. 215-16.
38. See Morris, op. cit., pp. 396-8.
39. See Daron Acemoglu and James A. Robinson, *Why Nations Fail: The Origins of Power, Prosperity and Poverty* (Profile Books 2012), pp. 100-10.
40. See John Julius Norwich, *Byzantium: The Decline and Fall* (Viking Books 1995), p. 171, and Judith Herrin, *Byzantium* (Penguin Books 2007), p. 250.
41. John Julius Norwich, *Byzantium: The Early Centuries* (Penguin Books 1990), p. 25.
42. John Julius Norwich, *Byzantium: Decline and Fall* (Viking 1995), p. 182; and the previous quotation is from Nicetas Choniates, in Norwich, *Decline and Fall*, p. 179.
43. Zhou Jiahua, 'Gunpowder and Firearms', in *Ancient China's Technology and Science* (Chinese Academy of Sciences, Foreign Language Press 2009), pp. 185-9.
44. See Judith Herrin, *Byzantium* (Allen Lane 2007), p. 142.
45. See Norwich, *Byzantium: The Apogee*, p. 323, and Norwich, *Byzantium: Decline and Fall*, p. 420.
46. Norwich, *Byzantium: Decline and Fall*, p. 429.
47. *The Notebooks of Leonardo da Vinci* (Oxford World Classics, 2008).
48. See David Gilmour, *The Pursuit of Italy* (Penguin 2011), ch. 3,
49. For a good explanation of this, and the workshop system, see Patricia Lee Rubin and Alison Wright, *Renaissance Florence: The Art of the 1470s* (National Gallery Publications 1999).
50. Giorgio Vasari, *Lives of the Artists* (Penguin 1965), p. 233.
51. See the essays by Martin Kemp and Jane Roberts in *Leonardo da Vinci* (South Bank Publications/Hayward (Gallery 1989).

第五部　世界走向開放

1. James Wilson, *The Earth Shall Weep* (Grove Press 1998), p. 20, working from Russell Thornton's figures.
2. Wilson, op. cit., p. 21.
3. Hugh Thomas, *Rivers of Gold* (Weidenfeld & Nicolson 2003), p. 63. And notes on Toscanelli.
4. Thomas, op. cit., p. 124.
5. See Norman Cantor, *The Sacred Chain* (HarperCollins 1995), p. 190.
6. See the opening chapters of Daron Acemoglu and James A. Robinson, *Why Nations Fail* (Profile 2012), which follow this argument in greater detail.

3. Ian Morris, *Why the West Rules - For Now* (Profile Books 2010), p. 337.
4. Norman Davies, *Europe: A History* (Oxford University Press 1996), pp. 222ff.
5. Quoted by Jonathan Lyons, *The House of Wisdom* (Bloomsbury 2010), p. 15.
6. Lyons, op. cit., ch. 3.
7. Lyons, op. cit. My account of al-Khwarizmi and Averroës rests heavily on his book.
8. Jonathan Clements, *The Vikings* (Robinson 2005), p. 103.
9. Geoffrey Hosking, *Russia and the Russians* (Allen Lane 2001), p. 31.
10. Clements, op. cit., pp. 12-13.
11. Jonathan Shepard in Maureen Perrie (ed.), *The Cambridge History of Russia*, vol. 1, pp. 54-6.
12. Diarmaid MacCulloch, *A History of Christianity* (Allen Lane 2009), p. 507,
13. A.J.H. Goodwin, 'The Medieval Empire of Ghana', *The South African Archaeological Bulletin*, vol. 12 no. 47, pp. 108-12.
14. Nehemia Levtzion, *Ancient Ghana and Mali* (Holmes & Meier 1980), pp. 125-6.
15. See Felix Chami and Paul Msemwa, 'A New Look at Culture and Trade on the Azanian Coast', *Current Anthropology*, vol. 38, no. 4, pp. 673ff.
16. Al-Umari, quoted in *Corpus of Early Arabic Sources for West African History*, ed. and tr. J.F.P. Hopkins (Cambridge University Press 1981), pp. 266-8.
17. Ibn Battuta, quoted in Hopkins (ed.), *Corpus*, pp. 283ff.
18. J.D. Fage, *A History of West Africa* (Cambridge University Press 1969), p. 24.
19. See for instance, John Reader, *Africa: A Biography of the Continent* (Penguin 1997), who also provided my source for the difficulty of arousing camels.
20. Ibn Khaldun, quoted in Roland Oliver (ed.), *The Cambridge History of Africa*, vol. 3. (Cambridge University Press 1977), p. 379.
21. Oliver (ed.), *The Cambridge History of Africa*, vol. 3, p. 391.
22. Felipe Fernandez-Armesto, *Civilizations* (Pan Books 2000), p. 98.
23. Ivan Hrbek in Oliver (ed.), *The Cambridge History of Africa*, vol. 3, p. 90.
24. Charles Hercules Read, quoted in Neil MacGregor, *A History of the World in 100. Objects* (Allen Lane 2010), p. 501.
25. See John Man, *Genghis Khan: Life, Death, and Resurrection* (Bantam 2004), p. 34.
26. Man, op. cit., pp. 15-17.
27. John Keay, *China: A History*, p. 357.
28. See Orlando Figes, *Natasha's Dance* (Penguin 2002), ch. 6.
29. Morris, op. cit., p. 392.
30. Man, op. cit., p. 137.
31. Richard Humble, *Marco Polo* (Weidenfeld & Nicolson 1975), p. 209

Army (Bantam 2007), pp. 118-19; and John Keay, *China: A History*, pp. 75-6. They are differences of emphasis rather than fact.

8. Diarmaid MacCulloch, *A History of Christianity* (Allen Lane 2009), pp. 70-1.
9. Norman Cantor, *The Sacred Chain: A History of the Jews* (HarperCollins 1995), p. 61.
10. Shlomo Sand, *The Invention of the Jewish People* (Verso 2009), pp. 166-9.
11. Sand, op. cit. p. 151.
12. I am indebted to Mary Beard for putting me right on some of this, though she bears no responsibility for my anti-Roman-religion prejudices.
13. Robin Lane Fox, *The Classical World* (Allen Lane 2005), p. 306.
14. Mary Beard describes this, however, as 'sheer Greek fantasy.
15. Nigel Bagnall, *The Punic Wars* (Pimlico 1990), ch. 1.
16. Barry Cunliffe, *The Ancient Celts* (Oxford University Press 1997), and Terry Jones and Alan Ereira, *Barbarians* (BBC Books 2006).
17. Robin Lane Fox, *The Classical World*, op. cit., p. 379.
18. Ian Morris, *Why the West Rules - For Now* (Profile Books 2010), pp. 296-297.
19. Morris, op. cit., p. 306.
20. Karen Armstrong, *The First Christian: St Paul's Impact on Christianity* (Pan Books 1984), p. 45.
21. Acts 9: 3-5.
22. Charles Freeman, *A New History of Early Christianity* (Yale 2009), p. 210.
23. For more on this see Peter Watson, *The Great Divide* (Weidenfeld & Nicolson 2012).
24. My information is drawn from Helaine Silverman and Donald Proulx, *The Nasca* (Wiley-Blackwell 2002). and Michael Mosley, *The Incas and Their Ancestors: The Archaeology of Peru* (Thames & Hudson 1992).
25. Joe Nickell, *Unsolved Mysteries* (Kentucky University Press 2005.
26. See the work of David Beresford-Jones of the McDonald Institute for Archaeological Research, Cambridge University.
27. J. Armitage Robinson, *The Passion of St Perpetua* (Cambridge UniversityPress 1891), and Freeman, op. cit., p. 205.
28. David Woods, 'On the Death of the Empress Fausta', *Greece & Rome*, vol. xlv, pp. 70-83.
29. Freeman, op. cit., p. 237, quoting Eusebius.
30. Tom Holland, In *the Shadow of the Sword* (Little, Brown 2012), pp. 40-1.
31. See Hugh Kennedy, *The Great Arab Conquests* (Weidenfeld & Nicolson 2007), p. 56.

第四部　走出混亂的大熔爐

1. John Julius Norwich, *The Popes: A History* (Chatto & Windus 2011), ch. V.
2. John Keay, *China: A History*, p231.

12. Robin Lane Fox, *The Classical World* (Allen Lane 2005), p. 61.
13. J.K. Davies, *Democracy and Classical Greece* (Fontana 1978), p. 88.
14. Ramachandra Guha, *India after Gandhi* (Macmillan 2007), pp. 115-16.
15. The story is told in John Keay, *India Discovered* (HarperCollins 2001), ch. 1.
16. John Keay, *India: A History* (HarperCollins 2002), pp. 24ff.
17. Keay, *India*, op. cit., p. 35.
18. See Romila Thapar, *The Penguin History of Early India* (Penguin Press 2002), ch. 5, and Trevor Ling, *The Buddha* (Temple Smith 1973), pp. 66ff.
19. Keay, *India*, p. 64.
20. See Jacques Gernet, *A History of Chinese Civilization* (Cambridge University Press 1992), pp. 41ff.
21. John Keay, *China: A History* (Harper Press 2008), p. 53.
22. Karen Armstrong, *The Great Transformation* (Atlantic Books 2006), p. 35.
23. Benjamin Schwartz, *The World of Thought in Ancient China* (Belknap Press 1985), p. 56.
24. Lionel M. Jensen, 'The Genesis of Kongzi in Ancient Narrative', in *On Sacred Grounds ... the Formation of the Cult of Confucius*, ed. Thomas A. Wilson, Harvard East Asian Monographs 217. (2002).
25. Annping Chin, *Confucius: A Life of Thought and Politics* (Yale 2008).
26. Arthur Waley (tr.), *The Analects of Confucius* (Allen & Unwin 1938).
27. Armstrong, *The Great Transformation*, op. cit., p. 206.
28. Plato, *Phaedo*, in the 1892 Benjamin Jowett translation, usefully republished by Sphere Books in 1970.
29. I.F. Stone, *The Trial of Socrates* (Cape 1988), p. 66.
30. Stone, op. cit., p. 146.
31. William H. McNeill, *A World History* (Oxford University Press 1998), p. 148.
32. See Robin Lane Fox, *Alexander the Great* (2006).
33. Arrian, *Anabasis Alexandri* (Life of Alexander), Book V, part 4.

第三部　劍與道

1. *Rome and China: Comparative Perspectives*, ed. Walter Scheidel (Stanford/ Oxford University Press 2009).
2. See S.A.M. Adshead, 'Dragon and Eagle', *Journal of South-East Asian History*, vol. 2, October 1961.
3. John Hill, *The Peoples of the West* (2004), translation from the Weilüe of Yu Huan: see Washington.edu.silk road/texts.
4. Romila Thapar, *The Penguin History of Early India* (Penguin Books 2002), p. 321.
5. Ramachandra Guha, *India after Gandhi* (Macmillan 2007), pp. 378-9. I am also indebted to Toby and Saurabh Sinclair for their help in this passage.
6. Sima Qian, quoted in John Keay, *China: A History* (Harper Press 2008), p. 89, and in sundry other places.
7. See for example the competing views of Derk Bodde and new evidence quoted in John Man, *The Terracotta*

14. Spencer Wells, op. cit., pp. 37-41.
15. Ian Hodder, *Catalhoyuk: The Leopard's Tale* (Thames & Hudson 2006).
16. Rodney Castleden, *Stonehenge People* (Routledge 1987).
17. Castleden, op. cit.
18. Gwendolyn Leick, *Mesopotamia: The Invention of the City* (Penguin Books 2001), p. 163.
19. Leick, op. cit., p. 59.
20. Ian Morris, *Why the West Rules-For Now* (Profile Books 2010), p. 206.
21. J.A.G. Roberts, *A History of China*, 2nd edition (Palgrave Macmillan 2006), p. 3.
22. Wen Fong (ed.), *The Great Bronze Age of China* (Thames & Hudson 1980), p. 70.
23. David P. Silverman (ed.), *Ancient Egypt* (Duncan Baird 2003).
24. Dr. William Murnane in David Silverman, op. cit.
25. The best book on Deir el-Medina is Morris Bierbrier, *The Tomb-Builders of the Pharaohs* (American University in Cairo Press/British Museum 1982).
26. Cathy Gere, *Knossos and the Prophets of Modernism* (University of Chicago Press 2009), opening pages.
27. Evelyn Waugh, Labels (1930), quoted by Mary Beard in her review of Cathy Gere, op. cit., at www.martinfrost.ws

第二部　為戰爭一辯

1. My information here relies on many secondary sources, including most obviously Herodotus and Thucydides, but also Robin Lane Fox, *The Classical World* (Penguin 2005); Raphael Sealey, *A History of the Greek City States, 700-338. bc* (University of California Press 1976); and J.K. Davies, *Democracy and Classical Greece* (Fontana 1978), plus J.M. Roberts, *History of the World* (Penguin 2007) and William. McNeill, *World History* (Oxford University Press 1998).
2. Caroline Alexander, *The War That Killed Achilles* (Faber 2009), has much influenced this thought.
3. Alexander, op. cit., p. 5.
4. See Michael Wood, *In Search of the Trojan War* (BBC Books 2005), p. 182.
5. Alexander, op. cit., p. 13.
6. Jonathan Sacks, *The Great Partnership: God, Science and the Search for Meaning* (Hodder & Stoughton 2011), ch. 4, 7.
7. See Mark S. Smith, *The Early History of God: Yahweh and the Other Deities in Ancient Israel* (HarperCollins 2002), ch. 1.
8. Karen Armstrong, *The Bible: The Biography* (Atlantic Books 2007), p. 24.
9. See Simon Sebag Montefiore, Jerusalem (Weidenfeld & Nicolson 2011), pp. 40-6.
10. See Ilya Gershevitch, *The Cambridge History of Iran*, vol. 2. (1985), ch. 7, pp. 392ff.
11. All Herodotus quotations are taken from the Penguin edition, translated by Aubrey de Sélincourt in 1954.

注釋

導　論

1. David Gilmour, *The Pursuit of Italy* (Allen Lane 2011), p. 33.
2. Niall Fergusson, *Civilization* (Allen Lane 2010), p. 43.
3. J.R. McNeill and William H. McNeill, *The Human Web* (W.W. Norton 2003), p. 4.
4. McNeill and McNeill, op. cit., p. 7.

第一部　走出熱帶，走向冰原

1. Tim Flannery, *Here on Earth* (Text Publishing Company 2010), ch. 4.
2. Stephen Oppenheimer, *Out of Eden*, pp. 343-6.
3. Mark Pagel, *Wired for Culture: Origins of the Human Social Mind* (Allen Lane 2012), pp. 216-17.
4. Chris Stringer, *The Origin of Our Species* (Allen Lane 2011), p. 245.
5. Brian Fagan, *Cro-Magnon* (Bloomsbury Press 2010).
6. Stringer, op. cit., p. 242.
7. Cynthia Stokes Brown, *Big History* (W.W. Norton & Company 2007), p. 52
8. Flannery, op. cit., quoting C.P. Groves, *Perspectives in Human Biology* (1999), 'The Advantages and Disadvantages of being Domesticated', and M. Henneberg, 'Decrease of Human Skull Size in the Holocene', *Human Biology* 60, pp. 395-405.
9. The Theory of Steven Mithen, quoted in Brian Fagan, op. cit.
10. See, for example, Lawrence H. Keeley, *War before Civilization* (Oxford University Press 1990).
11. Steven A. LeBlanc with Katherine Register, *Constant Battles: Why We Fight* (St Martin's Griffin/Macmillan 2004).
12. See Jared Diamond, *Guns, Germs and Steel* (W.W. Norton 1997), ch. 5, and Spencer Wells, *Pandora's Seed: The Unforeseen Cost of Civilization* (Allen Lane 2010).
13. Diamond, op. cit., p. 139.

THE TIME
大時代
01

BBC十萬年人類史（全新插圖修訂版）

A History of the World

作者	安德魯・馬爾（Andrew Marr）
譯者	邢科、汪輝
執行長	陳蕙慧
總編輯	張惠菁
責任編輯	張惠菁、吳鴻誼
特約編輯	余鎧瀚
行銷總監	陳雅雯
行銷企劃	尹子麟、余一霞、張宜倩
封面設計	莊謹銘
內頁排版	宸遠彩藝
社長	郭重興
發行人兼出版總監	曾大福
出版	廣場出版 / 遠足文化事業股份有限公司
發行	遠足文化事業股份有限公司
地址	231 新北市新店區民權路 108-3 號 3 樓
電話	02-22181417
傳真	02-22180727
客服專線	0800-221029
法律顧問	華洋法律事務所　蘇文生律師
印刷	呈靖彩藝有限公司
初版一刷	2018 年 4 月
二版二刷	2021 年 5 月
定價	720 元

AGORA
廣場
出版

Book-Cover Photo by Francis G. Mayer/Corbis/VCG via Getty Images

國家圖書館出版品預行編目(CIP)資料

BBC十萬年人類史（全新插圖修訂版）/ 安德魯.馬爾(Andrew Marr)著；邢科，汪輝譯. -- 二版. -- 新北市：廣場出版：遠足文化發行, 2021.04
面；　公分
譯自：A history of the world.

ISBN 978-986-98645-5-8（平裝）

1. 世界史

711　　109012874

● 親愛的讀者你好，非常感謝你購買廣場出版品。
我們非常需要你的意見，請於回函中告訴我們你對此書的意見，
我們會針對你的意見加強改進。

若不方便郵寄回函，歡迎傳真回函給我們。傳真電話 —— 02-2218-0727

或上網搜尋廣場出版FACEBOOK
https://www.facebook.com/agorapublish

● 讀者資料

你的性別是 ☐ 男性 ☐ 女性 ☐ 其他

你的職業是 ______________________ 你的最高學歷是 ______________________

年齡 ☐ 20 歲以下 ☐ 21~30 歲 ☐ 31~40 歲 ☐ 41~50 歲 ☐ 51~60 歲 ☐ 61 歲以上

若你願意留下 e-mail，我們將優先寄送______________________衛城出版相關活動訊息與優惠活動

● 購書資料

● 請問你是從哪裡得知本書出版訊息？（可複選）
☐ 實體書店 ☐ 網路書店 ☐ 報紙 ☐ 電視 ☐ 網路 ☐ 廣播 ☐ 雜誌 ☐ 朋友介紹
☐ 參加講座活動 ☐ 其他 __________

● 是在哪裡購買的呢？（單選）
☐ 實體連鎖書店 ☐ 網路書店 ☐ 獨立書店 ☐ 傳統書店 ☐ 團購 ☐ 其他 __________

● 讓你燃起購買慾的主要原因是？（可複選）
☐ 對此類主題感興趣
☐ 參加講座後，覺得好像不賴
☐ 覺得書籍設計好美，看起來好有質感！
☐ 價格優惠吸引我
☐ 議題好熱，好像很多人都在看，我也想知道裡面在寫什麼
☐ 其實我沒有買書啦！這是送（借）的
☐ 其他 __________

● 如果你覺得這本書還不錯，那它的優點是？（可複選）
☐ 內容主題具參考價值 ☐ 文筆流暢 ☐ 書籍整體設計優美 ☐ 價格實在 ☐ 其他 __________

● 如果你覺得這本書讓你好失望，請務必告訴我們它的缺點（可複選）
☐ 內容與想像中不符 ☐ 文筆不流暢 ☐ 印刷品質差 ☐ 版面設計影響閱讀 ☐ 價格偏高 ☐ 其他 ______

● 大都經由哪些管道得到書籍出版訊息？（可複選）
☐ 實體書店 ☐ 網路書店 ☐ 報紙 ☐ 電視 ☐ 網路 ☐ 廣播 ☐ 親友介紹 ☐ 圖書館 ☐ 其他 ______

● 習慣購書的地方是？（可複選）
☐ 實體連鎖書店 ☐ 網路書店 ☐ 獨立書店 ☐ 傳統書店 ☐ 學校團購 ☐ 其他 __________

● 如果你發現書中錯字或是內文有任何需要改進之處，請不吝給我們指教，我們將於再版時更正錯誤

____
____
____
____
____